RESPUBLICA GUELPHERBYTANA

CHLOE

BEIHEFTE ZUM DAPHNIS

BAND 6

RESPUBLICA GUELPHERBYTANA

Wolfenbütteler Beiträge zur Renaissance- und Barockforschung

Festschrift für Paul Raabe

Herausgegeben von

AUGUST BUCK UND MARTIN BIRCHER

Rodopi

AMSTERDAM 1987

CIP-GEGEVENS KONINKLIJKE BIBLIOTHEEK, DEN HAAG

Respublica

Respublica Guelpherbytana.
Wolfenbütteler Beiträge zur Renaissance- und
Barockforschung. Festschrift für Paul Raabe /
hrsg. von August Buck und Martin Bircher. —
Amsterdam : Rodopi. — (Chloe ; Bd. 6)
Teksten in het Duits, Engels en Italiaans.
ISBN 90-6203-778-X
SISO 825.2 UDC 82.09:820/860"14/175"
Trefw.: Barok ; letterkunde / Renaissance ; letterkunde.

Printed in The Netherlands

INHALT

GELEITWORT

Obwohl die Renaissanceforschung seit dem Ende des Zweiten Weltkrieges auf internationaler Ebene einen bis in die Gegenwart andauernden Aufschwung erlebt hat, war Deutschland daran zunächst nicht beteiligt. Jahrzehnte vergingen, bis sich bei uns die Einsicht durchsetzte, daß die deutsche Wissenschaft auf einem Gebiet, in dem sie einst führend gewesen war, nunmehr Gefahr lief, in provinzieller Isolierung den Anschluß an die internationale Forschung zu verlieren. Zu den wenigen, die schon früh zu dieser Einsicht gelangten, gehört Paul Raabe. In der Überzeugung, daß die Herzog August Bibliothek dank ihrer einmaligen Bestände an Quellen zur Kulturgeschichte der Frühen Neuzeit ein geeigneter Ort wäre, von dem eine Wiederbelegung der Renaissance-Studien in Deutschland ausgehen könnte, regte er an, auf interdisziplinärer Basis und unter Beteiligung ausländischer Gelehrter den "Wolfenbütteler Arbeitskreis für Renaissanceforschung" zu gründen.

Ähnliches läßt sich sowohl von Paul Raabes Inspiration zur Gründung des "Internationalen Arbeitskreises für Barockliteratur" aussagen wie auch von seiner steten tatkräftigen Unterstützung seiner Aktivitäten. Schon vor Raabes weit beachteter Ausstellung "Barocke Bücher-Lust" des Jahres 1972 war die Bibliothek Herzog Augusts in Wolfenbüttel ein Geheimtip unter Freunden und Forschern des deutschen Barock. Erst seit Raabes Direktion und seit der Etablierung des barocken Arbeitskreises begann sich der Wolfenbütteler Bibliotheks-Sesam zu öffnen. Seither hat hier an der Oker die Barockforschung ihre Heimat und ihren Mittelpunkt gefunden.

Wenn die beiden Arbeitskreise in den zehn bzw. dreizehn Jahren ihres Bestehens dazu beitragen konnten, die Wirkung der Renaissance und des Barock als konstitutives Element der Neuzeit zu erhellen, haben sie dabei in allen Bereichen ihrer Tätigkeiten, ihrer Kongresse und Kolloquien und ihrer Publikationen, bei der Durchführung von Ausstellungen sowie bei der Pflege der Beziehungen zur internationalen Forschung, in jeder Hinsicht die volle Unterstützung Paul Raabes gefunden. Ohne seinen auf genauer Kenntnis der Situation der internationalen Wissenschaft beruhenden, wohl überlegten Rat und ohne seine Gabe, finanzielle Hilfsquellen zu erschließen, hätten die Arbeitskreise ihren Aufgaben nur unzureichend gerecht zu werden vermocht.

Die Beziehungen zwischen den beiden Arbeitskreisen und ihrem Gründer werden geprägt durch die humane Gesinnung einer Forschungsstätte, welche in ihrem Bemühen, die Werte der Tradition für die Gegenwart fruchtbar zu machen, der dem modernen Menschen drohenden Geschichtslosigkeit und der damit verbundenen geistigen Verarmung entgegenwirken will. Zu diesem von Paul Raabe ausgehenden Engagement bekennen sich auch der "Wolfenbütteler Arbeitskreis für Renaissanceforschung" und der "Internationale Arbeitskreis für Barockliteratur" in der Hoffnung, damit die von ihrem Gründer in sie gesetzten Erwartungen zu erfüllen. Als ein Zeichen des Dankes, den die Arbeitskreise Paul Raabe schulden, und zugleich als Ausdruck der menschlichen Verbundenheit mit ihrem Gründer wollen die zu seinem 60. Geburtstag vorgelegten Beiträge zur Renaissance- und zur Barockforschung, deren meiste Verfasser zu den Mitgliedern der Komitees gehören, verstanden sein.

August Buck *Martin Bircher*

I. BEITRÄGE ZUR RENAISSANCEFORSCHUNG
(herausgegeben von August Buck)

August Buck

DIE AUSEINANDERSETZUNG MIT JACOB BURCKHARDTS RENAISSANCEBEGRIFF*

Wo auch immer die Renaissanceforschung nach ihrem Selbstverständnis fragt, kann sie nicht umhin, sich mit dem Renaissancebegriff auseinanderzusetzen, den Jacob Burckhardt in seiner 1860 erschienenen *Kultur der Renaissance in Italien* geprägt hat[1] und der bis in die Gegenwart fortwirkt. Daher hat man anläßlich der hundertsten Wiederkehr der Veröffentlichung von Burckhardts Studie mit Recht feststellen können: "No other work has had a comparable influence in the formation of the concept of the Renaissance."[2] Burckhardts Einfluß ist nicht auf den Kreis der Fachgelehrten beschränkt geblieben, vielmehr hat er sich, über ihn

* Wenn Werner Kaegi in seiner Burckhardt-Biographie konstatiert, "die Nachwirkung von Burckhardts Buch (der *Kultur der Renaissance in Italien*) zu beschreiben, wäre eine große Aufgabe" (*Jacob Burckhardt, Eine Biographie* Bd.III, Basel/Stuttgart 1956, 744), so wollen die folgenden Ausführungen lediglich Prolegomena zur Lösung dieser Aufgabe sein.

1. E.M. Jansen: Jacob Burckhardt und die Renaissance, Jacob Burckhardt Studien, Erster Teil, Assen 1970; eine materialreiche Untersuchung mit zahlreichen treffenden Bemerkungen zur Renaissanceforschung, jedoch infolge ihrer Struktur mühsam zu lesen; vgl. ferner Einleitung des Herausgebers, in: J. Burckhardt; Die Kultur der Renaissance in Italien, Hg. v. W. Kaegi, Stuttgart 1930, XIX-LXXI; W.K. Ferguson: The Renaissance in Historical Thought, Five Centuries of Interpretation, Cambridge, Mass. 1948; französisch: La Renaissance dans la pensée historique, Paris 1950; H. Schulte Nordholt: Het Beeld der Renaissance, Amsterdam 1948; H. Baeyens: Begrip en Probleem van de Renaissance, Leuven 1952.

2. H. Baron: Burckhardt's 'Civilization of the Renaissance', A Century after its Publication, In: Renaissance News 13 (1960), 207.

hinausgehend, auf das allgemeine Geschichtsbewußtsein der Gebildeten erstreckt. Während Burckhardt einerseits die Grundlagen der modernen Renaissanceforschung geschaffen hat, ist anderseits sein Renaissancebild bis ins 20. Jahrhundert hinein von seinen historischen Grundlagen losgelöst und im sogenannten Renaissancismus zu einem Mythos verklärt worden, in dem man in Abkehr von der ungeliebten Gegenwart eine Lebenssteigerung jenseits der Grenzen der Moral zu finden hoffte.

Eine ausgesprochene Abneigung gegen die eigene Zeit war auch für Burckhardt der stärkste Antrieb, sich in ihr abzuwenden und in die italienische Geschichte zu versenken. In der Entwicklung Europas seit der Französischen Revolution in Richtung auf eine radikal egalitäre Demokratie sah er einen Traditionsverfall, der zum Bruch mit der abendländischen Überlieferung zu führen drohte: Der Despotismus der Demokratie im Verein mit Gleichmacherei, Vermassung und Industrialisierung leiteten ein neues Zeitalter der Barbarei ein. Der durch ein solches Krisenbewußtsein genährte Pessimismus trieb Burckhardt immer wieder in das Land, das seine zweite Heimat werden sollte: "Haec est Italia Diis sacra."[3] Dort begeisterte er sich für die italienische Kunst und entdeckte die Kultur der Renaissance. Bei der Lektüre der Biographien des Vespasiano da Bisticci während eines römischen Aufenthaltes im Jahre 1847 entstand, wie Burckhardt später in einem Gespräch mit Ludwig von Pastor geäußert hat, "der erste Gedanke zur *Kultur der Renaissance in Italien*".[4]

Zunächst galt Burckhardts Aufmerksamkeit hauptsächlich der Kunst der Renaissance. Ihr widmete er fast die Hälfte des 1855 erschienenen *Cicerone,* "einer Anleitung zum Genuß der Kunstwerke Italiens", der wichtigsten Vorarbeit für die fünf Jahre später veröffentlichte *Kultur der Renaissance in Italien.* Im *Cicerone* wendet Burckhardt den Begriff der Renaissance, einen Ausdruck der "jetzigen Kunstsprache",[5] auf die Baukunst an und setzt ihn in bezug zu der Möglichkeit "einer Wiedergeburt der

3. Motto des Cicerone, In: J. Burckhardt: Der Cicerone. Eine Anleitung zum Genuß der Kunstwerke in Italien, Stuttgart 1939, XV.

4. L. Freiherr von Pastor: Tagebücher, Briefe, Erinnerungen, hg. v. W. Wühr, Heidelberg 1950, 273.

5. Burckhardt: Der Cicerone aaO. 160.

ganzen antiken Architektur",[6] an welche die zeitgenössischen Künstler geglaubt hatten. Indem er zwei Perioden der Renaissance unterscheidet, eine Zeit des Suchens etwa von 1420 bis 1500 und daran anschließend "die goldene Zeit der modernen Architektur" bis 1540,[7] verlegt er in die Hochrenaissance die höchste architektonische Vervollkommnung im "Einfach Großen".[8] Auch die Malerei "erstieg ... seit dem Ende des 15. Jahrhunderts die höchste Stufe, die zu erreichen ihr beschieden war."[9] Sie erhob sich aus dem "Studium des Lebens und des Charakters", d.h. aus der realistisch orientierten Kunst des Quattrocento, zur idealen Überhöhung der Wirklichkeit in "der vollendeten Schönheit".[10]

Der *Cicerone* enthält bereits Überlegungen, die wieder begegnen, als Burckhardt "von der Kunst kommend ... den Blick auf das Ganze ... (des) geschichtlichen Lebens richtet."[11] Wenn er die Renaissance in der Kunst vom Beginn des 15. Jahrhunderts bis 1540 datiert bis zum Auftreten der "ersten Vorzeichen des Barockstils",[12] so fällt auch die Blüte der gesamten Renaissancekultur ungefähr in den gleichen Zeitraum, allerdings findet Burckhardt schon im 14. Jahrhundert Wesenszüge der Renaissance, zu deren Vätern er sogar noch Dante zählt. Was die Rolle der Antike anbetrifft, vermeidet er es im *Cicerone* ihren Einfluß überzubewerten: "Nicht auf genauere Nachahmung des Altertums hin",[13] sondern aus eigenen Kräften erfolgte der Aufschwung der Malerei im Cinquecento. Dementsprechend konstatiert er in der *Kultur der Renaissance in Italien* die "Wiedergeburt" sei "in einseitiger Weise zum Gesamtnamen des Zeitraums überhaupt geworden."[14] Obwohl die Renaissance nicht verständlich wird,

6. Ibid.
7. Ibid. 161.
8. Ibid. 282.
9. Ibid. 812.
10. Ibid.
11. Mittelalter und Renaissance (1907), In: W. Goetz: Italien im Mittelalter II, Leipzig 1942, 156.
12. Burckhardt: Der Cicerone aaO. 161f.
13. Ibid. 812.
14. J. Burckhardt: Die Kultur der Renaissance in Italien, Durchges. v. W. Goetz, Stuttgart 1952, 161; von nun an zit. als: Burckhardt: Kultur, Seitenzahl.

falls man die "Einwirkung der antiken Welt" nicht berücksichtigt, ist es nicht die wiedererweckte Antike allein, "sondern ihr enges Bündnis mit dem neben ihr vorhandenen italienischen Volksgeist", das "die abendländische Welt bezwungen hat";[15] ein "Hauptsatz dieses Buches", wie Burckhardt betont.

Die Ursache der Renaissance ist also in einem Wandel der Geisteshaltung des Italieners zu suchen, in seiner "Ausbildung zum modernen Menschen".[16] Während im Mittelalter sich der Mensch "nur als Rasse, Volk, Partei, Korporation oder sonst in irgendeiner Form des Allgemeinen" erkannte, erhebt sich nunmehr "mit voller Macht das Subjektive, der Mensch wird geistiges Individuum und erkennt sich als solches."[17] Daraus erwächst sein Selbstbewußtsein, das Vertrauen in seine schöpferischen Kräfte, wie es Giovanni Pico della Mirandola in seiner Rede über die Menschenwürde, "einem der edelsten Vermächtnisse der Kulturepoche"[18] zum Ausdruck gebracht hat: Gott hat den Menschen weder sterblich noch unsterblich geschaffen, damit er sein "eigener freier Bildner" sei.[19]

Das Entstehen des Individualismus wurde durch die in wesentlichen Punkten vom übrigen Europa abweichende politische Entwicklung Italiens[20] gefördert. Dort waren politische Gebilde entstanden, in denen "der moderne europäische Staatsgeist zum erstenmal" in Erscheinung tritt, d.h. "der Staat als berechnete, bewußte Schöpfung, als Kunstwerk."[21] Das geschah einerseits in

15. Ibid.
16. Ibid. 123.
17. Ibid.
18. Ibid. 330
19. Ibid. 331.
20. Der Bedeutung der wirtschaftlichen Entwicklung war sich Burckhardt (wie die ganze zeitgenössische Historiographie) noch nicht bewußt und erkannte daher nicht, daß der wirtschaftliche Aufschwung der italienischen Kommunen im 13. Jahrhundert nicht nur wichtige materielle Voraussetzungen für die Entstehung der Kultur der Renaissance geschaffen, sondern auch im Frühkapitalismus die Ausbildung einer Mentalität gefördert hat, welche die Emanzipation des Individuums vorbereitet.
21. Burckhardt: Kultur, 4.

den Territorien oder Städten, wo Gewaltherrscher außerhalb jeder Legitimität lediglich aufgrund ihrer persönlichen Tüchtigkeit die Macht ausübten, anderseits in den Kommunen, sofern in ihnen aus den ständigen Parteikämpfen neue Herrschaftsformen hervorgingen und das mehr als anderswo in Florenz. In seiner Geschichte findet man "die höchste politische Bewußtheit, den größten Reichtum an Entwicklungsformen" vereinigt, so daß es "den Namen des ersten modernen Staates der Welt verdient."[22]

In der Politik offenbarte sich die objektive Betrachtung der Wirklichkeit, welche als "Entdeckung der Welt" das komplementäre Phänomen zur "Entdeckung des Menschen" darstellt.[23] Die neu gewonnene Lebensansicht hat Burckhardt in fast allen Bereichen[24] der kulturschöpferischen Tätigkeit des Menschen verfolgt: in der Persönlichkeitskultur, dem Bildungswesen, der Literatur, der Wissenschaft, der Geselligkeit und den Festen, der Sitte und der Religion.

Innerhalb der Geisteskultur gilt Burckhardts besonderes Interesse den Humanisten. Indem diese die Kenntnis der Antike vermitteln und auf ihr das verbindliche Bildungsprogramm des Zeitalters begründen, vertreten sie "eine neue Sache in der Welt",[25] stellen in dieser Funktion "eine neue Menschenklasse"[26] und zugleich "ein neues Element in der bürgerlichen Gesellschaft"[27] dar. Sie bewirken kraft der Reproduktion des Altertums, hauptsächlich auf dem Wege über die Restauration des klassischen Lateins, die allgemeine Latinisierung der Bildung, die für viele Bereiche des privaten und öffentlichen Lebens der italienischen Renaissance charakteristisch ist.

22. Ibid. 70.

23. Burckhardt übernahm die Formel von der "Entdeckung der Welt und des Menschen", mit der er den vierten Abschnitt seines Werkes überschreibt, von Jules Michelet, der in dem 1855 erschienenen siebenten Teil seiner Histoire de France mit dem Untertitel "Renaissance" diese als eine Epoche und die Geburtsstunde des modernen Denkens begriffen hat.

24. Es fehlt die Kunst, die "größte Lücke dieses Buches" (Burckhardt: Kultur, 3), die Burckhardt später nur teilweise in Franz Kuglers Geschichte der Baukunst von 1867 ausgefüllt hat.

25. Burckhardt: Kultur, 189.

26. Ibid.

27. Ibid. 185.

Obgleich Burckhardt davor warnt, aus dieser Modeerscheinung "einen voreiligen Schluß auf die ganze Denkweise zu ziehen",[28] also auf einen etwaigen Paganismus der Humanisten zu schließen, behauptet er, daß uns deren Religiosität "gleichgültig sein darf",[29] womit er zweifellos die Bedeutung der christlichen Komponente im italienischen Humanismus unterschätzt hat.[30] Damit entging ihm auch, daß den christlichen Humanisten ihre Religion eher als subjektive Gesinnung denn als objektive Verkündigung erschien; ein Wandel im religiösen Bewußtsein, der im Einklang mit Burckhardts These vom Durchbruch der Subjektivität in der Renaissance steht.

In der kulturschöpferischen Tätigkeit entfaltet das Individuum seine vielseitigen Anlagen und steigert sich zu überragender Größe. Die eigentlichen Träger der Kultur der Renaissance sind ihre "großen Männer". Deren Prototyp feiert Burckhardt in Leon Battista Alberti als der Inkarnation des "uomo universale", charakterisiert durch die Aussage: "Die Menschen können von sich aus alles, sobald sie wollen."[31] Historische Größe findet er nicht nur im Reich des Geistes und der Kunst, sondern auch in der Politik und der Kriegführung, bei Herrschern und Condottieri. Die dämonische Größe einiger von ihnen jenseits aller sittlichen Bedenken erregte ebenso seine Bewunderung wie seinen Abscheu. Er bewundert ästhetisch, was er ethisch verabscheut: Ein ästhetisch-ethischer Dualismus, den er in der *Kultur der Renaissance in Italien* bekundete, noch ehe er sich in Schopenhauers Philosophie vertiefte.

Dieser Dualismus läßt Burckhardt, was häufig übersehen worden ist, auch die Schatten erkennen, die das glänzende Bild der Renaissance trüben: eine allgemeine Verwilderung der Sitten, gipfelnd im Verbrechen um seiner selbst willen, ausgeführt durch "Menschen von absoluter Ruchlosigkeit".[32] Es ist die Kehrseite

28. Ibid. 230.

29. Ibid. 474.

30. A. Buck: Christlicher Humanismus in Italien, In: Renaissance Reformation, Gegensätze und Gemeinsamkeiten, Vorträge hg. v. A. Buck, Wolfenbütteler Abhandlungen zur Renaissanceforschung Bd. 5, Wiesbaden 1984, 23-34.

31. Burckhardt: Kultur, 132.

32. Ibid. 427.

des zuerst in Italien voll ausgebildeten Individualismus. "Mit seiner Begabung und mit seinen Leidenschaften ist er (der Italiener) für alle Höhen und für alle Tiefen dieses Weltalters der kenntlichste, bezeichnendste Repräsentant geworden; neben tiefer Verworfenheit entwickelt sich die edelste Harmonie des Persönlichen und eine glorreiche Kunst, welche das individuelle Leben verherrlichte, wie weder Altertum noch Mittelalter dies wollten oder konnten."[33]

Haben sich schließlich die über der Renaissance liegenden Schatten so verdichtet, daß sie die Kultur erstickten? Burckhardt glaubte nicht an ein allmähliches Versiegen der schöpferischen Kräfte der Renaissance. Gegenreformation und spanische Fremdherrschaft haben die "besten Blüten des italienischen Geistes" geknickt[34] und die Fortentwicklung der Renaissance verhindert: "Italien hat ... den Kulturtrieb der Renaissance nicht gesund durch- und ausleben können, weil die (spanische) Eroberung und die Gegenreformation dazwischenkamen."[35] Über ihr aufgezwungenes Ende hinaus blieb das geistige Erbe der Renaissance lebendig. Da Burckhardt nicht dazu neigte, historische Entwicklungslinien nachzuziehen, beschränkte er sich auf wenige Hinweise. Wenn in der Einleitung von der italienischen Renaissance als von einer Kulturepoche die Rede ist, welche "als nächstes Muster der unsrigen noch jetzt fortwirkt",[36] wird der Nachweis dafür implizit durch die Darstellung selbst erbracht. Sie demonstriert an Hand vielfältiger Belege, daß der Italiener der Renaissance "der Erstgeborene unter den Söhnen des j e t z i g e n Europas" gewesen ist.[37] Die von ihm gewonnene "Erkenntnis der Welt und des Menschen" ist es, "um derentwillen ... die Renaissance von Italien die Führerin unseres Weltalters heißen muß."[38]

Burckhardt hat seinem Werk den Untertitel "Ein Versuch" gegeben, weil er sich bewußt war, daß die von ihm behandelte

33. Ibid. 429.
34. Ibid. 293.
35. Ibid. 492.
36. Ibid. 3.
37. Ibid. 123; Sperrung vom Verfasser.
38. Ibid. 527.

"Kulturepoche" als solche und im Hinblick auf ihr Fortwirken bis in die Gegenwart sehr verschieden beurteilt werden konnte. "Auf dem weiten Meere, auf welches wir uns hinauswagen, sind der möglichen Wege und Richtungen viele, und leicht könnten dieselben Studien, welche für diese Arbeit gemacht wurden, unter den Händen eines anderen nicht nur eine ganz andere Benutzung und Behandlung erfahren, sondern auch zu wesentlich verschiedenen Schlüssen Anlaß geben."[39] Solche Bearbeitungen des gleichen Themas durch andere hielt Burckhardt für wünschenswert, da der Gegenstand wichtig genug sei, "Forscher der verschiedensten Standpunkte zum Reden aufzufordern."[40]

Die von Burckhardt gewünschte produktive Auseinandersetzung mit seinem Werk wurde ein Leitmotiv der modernen Renaissanceforschung für mehr als ein Jahrhundert; eine Auseinandersetzung, in der sich drei einander ablösende, teilweise einander überlappende Phasen unterscheiden lassen. Nach einer im allgemeinen positiven Aufnahme des Werkes begann in den letzten Jahrzehnten des 19. Jahrhunderts eine zunehmend stärker werdende Kritik, die bis in die dreißiger Jahre unseres Jahrhunderts fortdauerte. Mit der Widerlegung dieser Kritik setzte die Rehabilitierung Burckhardts ein, die in der Gegenwart als abgeschlossen betrachtet werden kann, nachdem die prinzipielle Gültigkeit von Burckhardts Renaissancebegriff nicht mehr ernstlich in Frage gestellt wird.

Wenn eine schon 1861 in der *Historischen Zeitschrift* erschienene Besprechung feststellte, Burckhardts "Versuch" sei "in hervorragender Weise gelungen" und biete einen "vortrefflich documentirten Beitrag zum Verständnis der modernen europäischen Culturgeschichte überhaupt",[41] so ist dieses Urteil Bernhard Erdmannsdörffers, eines Privatdozenten aus Jena, jahrzehntelang unangefochten geblieben. Auch in Italien und Frankreich fand man Worte der Anerkennung und des Lobes für Burckhardts Werk, "livre admirable, le plus complet et le plus philosophique

39. Ibid. 3.
40. Ibid.
41. B.E., In: Historische Zeitschrift 6 (1861), 520-522.

qu'on ait écrit sur la renaissance italienne", wie Hippolyte Taine in einem Vortrag erklärte.[42]

Unter dem Einfluß Burckhardts steht die in den Jahren 1875-1886 erschienene siebenbändige Darstellung *The Renaissance in Italy* von John Addington Symonds, insbesondere der zweite Band *The Revival of Learning* von 1877, in dessen Vorwort der Verfasser Burckhardt und Georg Voigt[43] als diejenigen Autoren nennt, denen er sich besonders verpflichtet fühlt. Dank Symonds' schriftstellerischer Qualitäten gelang es ihm, den umfangreichen Stoff, zu dem auch die von Burckhardt nicht behandelte Kunst gehörte, so zu gestalten, daß sein Werk zahlreiche Leser auch außerhalb der gelehrten Welt fand und dadurch der von Burckhardt geprägte Renaissancebegriff in England populär wurde.

Im Zeichen der "double discovery of the world and the discovery of man" charakterisiert Symonds die italienische Renaissance wie Burckhardt als die Wiege der Moderne. Italien schuf die geistige Atmosphäre, in welcher eine neue für ganz Europa vorbildliche Kultur gedeihen konnte. Entsprechend seiner breit angelegten Darstellung konnte Symonds den Renaissance-Humanismus viel ausführlicher behandeln als Burckhardt und dabei auch aus Voigt schöpfen, den Burckhardt nicht verwertet hat.[44] Trotzdem weist das Bild der Humanisten bei Symonds keine neuen Züge auf. Allerdings wird der rationalistische Aspekt stärker hervorgehoben als bei Burckhardt: "The essence of humanism consisted in a new and vital perception of the dignity of man as a rational being apart from theological determinations."[45]

Symonds monumentales Werk blieb die einzige Gesamtdarstellung der italienischen Renaissance in der unmittelbaren Nachfolge Burckhardts. Mit der wachsenden Spezialisierung der

42. Zit. n. W. Kaegi: Jacob Burckhardt, Eine Biographie, Bd. III, Die Zeit der klassischen Werke, Basel/Stuttgart 1956, 763.

43. G. Voigt: Die Wiederbelebung des klassischen Altertums oder Das erste Jahrhundert des Humanismus (1859).

44. Burckhardt lernte Voigts Werke erst kennen, als die Drucklegung der Kultur der Renaissance bereits weit fortgeschritten war.

45. J.A. Symonds: The Revival of Learning (1877), Third ed., London 1897, 52.

an der Erforschung der Renaissance beteiligten Einzeldisziplinen mögen Zweifel aufgekommen sein, ob eine Synthese in der Art Burckhardts noch wissenschaftlich zu verantworten wäre. Daher sind es nunmehr thematisch begrenzte Spezialuntersuchungen, in denen Burckhardts Renaissancebegriff fortlebt. In Italien wandelte Pasquale Villari in der seiner Monographie über Machiavelli[46] vorausgeschickten Studie über die Renaissance auf Burckhardts Spuren. Obwohl er die Renaissance als kulturelle Blütezeit feierte, hatten für den nationalbewußten Italiener die Phänomene des sittlichen Verfalls als die Folgen eines hemmungslosen Individualismus ein größeres Gewicht als für den kosmopolitisch gesonnenen Burckhardt. Villari sah hinter der glänzenden Fassade der Kultur die sich ausbreitende Korruption, die das Entstehen eines Nationalstaates verhinderte und das Land der Fremdherrschaft auslieferte. Es ist die These, die bereits Machiavelli vertrat und die das italienische Geschichtsbild des Risorgimento bestimmt hat.

Dieses Geschichtsbild liegt auch Francesco De Sanctis' *Storia della letteratura italiana* von 1870/71 zugrunde, die zur nationalen Gewissensprüfung aufrufen wollte. Trotz seiner Verurteilung des vom Leben getrennten Kultes der schönen Form als Selbstzweck in der Kunst und der Literatur, stimmt De Sanctis in mancher Beziehung mit Burckhardt überein[47]: Auch für De Sanctis besteht ein Bruch zwischen dem Mittelalter und der Renaissance, welche die moderne Welt einleitet. Auch bei De Sanctis ist der moderne Italiener ein Individualist, fixiert auf das Leben im Diesseits und gleichgültig gegenüber Moral und Religion. Aber alle diese Eigenschaften erhalten einen negativen Akzent, insofern sie nicht nur den geistigen Fortschritt bewirken, sondern auch die moralische Dekadenz fördern.

46. P. Villari: Niccolò Machiavelli e i suoi tempi, Firenze 1877-1882, 2 Bde.

47. Obwohl De Sanctis Burckhardt gut gekannt und vermutlich seine Schriften teilweise gelesen hat, ist ein unmittelbarer Einfluß der "Kultur der Renaissance" trotz vieler Übereinstimmungen nicht nachzuweisen (A. Janner: Jacob Burckhardt und Francesco de Sanctis, In: Zeitschrift für Schweizerische Geschichte 12 (1932), 210-232.

In den italienischen Literaturgeschichten von Gustav Körting,[48] Adolf Gaspary[49] und Philippe Monnier[50] begegnet man ebenfalls den Grundzügen von Burckhardts Auffassung der Renaissance. Ihr entspricht es, wenn Gaspary sich mehr für die Autoren interessiert, in denen sich "eine starke Individualität zeigt" als für die allgemeine Entwicklung.[51] In dem den Humanisten gewidmeten Kapitel hielt er sich an Voigt, dem er jedoch vorwarf, manche Persönlichkeiten zu "grell" gezeichnet und damit entstellt zu haben.[52] Monnier ist noch stärker von Voigt abhängig, was ihn nicht daran hindert, eine ungerechtfertigte Kritik an den Humanisten zu üben: "n'ayant rien à dire, ils ne disent rien, interminablement."[53]

Wie in der Literaturgeschichte ist auch in der Kunstgeschichte Burckhardts Renaissancebegriff übernommen worden. Drei deutsche Kunsthistoriker, Karl Schmaase, G.F. Waagen und Wilhelm Lübke haben sich als erste über sein Werk geäußert und zwar zustimmend.[54] Hippolyte Taine, der Burckhardt bewunderte, definierte in seiner *Philosophie de l'Art en Italie* von 1866 das Milieu, in dem sich die italienische Renaissancekunst entwickelt hat, mit aus Burckhardt entlehnten Begriffen. Die drei Bände, die Eugène Muentz der Kunst der Renaissance gewidmet hat,[55] "demeurent le monument le plus imposant du genre historique culturel dans l'histoire de l'art suivant la tradition de Burckhardt."[56]

Noch bevor Muentz sein Bekenntnis zu Burckhardt ablegte,

48. G. Körting: Geschicht der Literatur Italiens, Leipzig 1878-1884, 2 Bde.

49. A. Gaspary: Geschichte der italenischen Literatur, Berlin 1885-1888, 2 Bde.

50. Ph. Monnier: Le Quattrocento, Essais sur l'histoire littéraire du XVe siècle italien, Paris 1900, 2 Bde.

51. Gaspary aaO.II, III.

52. Ibid. 650.

53. Monnier aaO. nouvelle éd., Paris 1924, I, 228.

54. Kaegi: J. Burckhardt aaO. III, 747ff.

55. E. Muentz: Histoire de l'Art pendant la Renaissance, Paris 1889-1895.

56. Ferguson: La Renaissance dans la pensée historique aaO. 227.

hatte ebenfalls unter Berufung auf Kunstdenkmäler die grundsätzliche Kritik an Burckhardts Kultur der Renaissance eingesetzt. In den 1879 erschienenen *Origines de la Renaissance* verlegte der französische Historiker Émile Gebhart die Anfänge der Renaissance ins 12. und 13. Jahrhundert zurück. Mit den pisanischen Bildhauern, mit Giotto und der zeitgenössischen Architektur begann die Erneuerung der Kunst. "Les origines de la Renaissance ... précédaient de beaucoup l'éducation savante que les littérateurs du XVe siècle répandirent autour d'eux."[57] Burckhardt, so lautete Gebharts Kritik in der Besprechung der französischen Übersetzung der *Kultur der Renaissance,* habe deren Ursprünge im Mittelalter nicht erkannt und keine entsprechenden Verbindungslinien gezogen.[58]

Indem Gebhart später eine weitere Verbindung zwischen dem Mittelalter und der Renaissance herstellte, identifizierte er sich mit einer These des deutschen Kunsthistorikers Henry Thode.[59] Wie dieser glaubte er in Franz von Assisis religiösem Erleben bereits das subjektive Bewußtsein des modernen Menschen entdecken zu können. Die Anstöße, die von der Persönlichkeit des Heiligen und seiner Auffassung der christlichen Religion auf die Kunst ausgingen, lösten in ihr die "Renaissance" aus: "Von Giotto bis Raphael vollzieht sich eine einheitliche Entwicklung, der eine einheitliche Weltanschauung und Religionsauffassung zu grunde liegt."[60]

Die Aufwertung des Mittelalters durch Gebhart und Thode ist der gemeinsame Nenner der gesamten Kritik an Burckhardt bis in die dreißiger Jahre des 20. Jahrhunderts. Indem man das Mittelalter unter verschiedenen Aspekten gegen die Renaissance ausspielte, suchte man deren Bedeutung einzuschränken, um ihr schließlich jede Originalität abzusprechen und sie als Epochen-

57. E. Gebhart: Les origines de la Renaissance en Italie, Paris 1879, VII.

58. E. Gebhart: La Renaissance italienne et la philosophie de l'histoire, La théorie de Jacob Burckhardt, In: Revue des deux mondes 72 (1885), 342-379.

59. H. Thode: Franz von Assisi und die Anfänge der Kunst der Renaissance in Italien, Berlin 1885.

60. Ibid. 4. Aufl., Wien 1934, 80.

begriff zu eliminieren. Diese Kritik richtete sich im einzelnen gegen Burckhardts Grenzziehung zwischen Mittelalter und Renaissance, ferner gegen die Funktion der Antike und die Rolle der Naturwissenschaften in der Renaissance und schließlich gegen den Schlüsselbegriff von Burckhardts Konzeption, gegen den Individualismus.

Im Jahre 1893 hat Konrad Burdach die Auffassung vertreten,[61] wonach - wie aus einer anderen Perspektive bereits Gebhart und Thode behauptet hatten - die Renaissance in der mittelalterlichen Religiosität wurzelt und zwar in einer weit verbreiteten Sehnsucht nach einer spirituellen Wiedergeburt des Menschen, die u.a. bei Franz von Assisi und Joachim von Fiore begegnet, durch Cola di Rienzi der beginnenden Neuzeit vermittelt und dann säkularisiert worden ist. Diese Auffassung hat Burdach später ausgebaut und mit Quellenstudien zu stützen gesucht.[62] Dabei wird die Grenze zwischen Mittelalter und Renaissance verwischt: Überall ertönte schon im Mittelalter der Ruf nach einem neuen Leben, und die Renaissance war im Kern religiös: "Diese Weltkinder der Renaissance (sind) im Innersten ihres Wesens immer gläubige Christen und Glieder der Kirche geblieben und (werden) sich dessen wieder bewußt, sobald tiefe Erschütterungen sie in Seelennot bringen."[63] Wie Burdach verkannte auch Ernst Walser[64], daß nicht das Fortleben mittelalterlicher Frömmigkeit die Religiosität der Renaissance charakterisiert, sondern eine neue Einstellung zur christlichen Lehre, was - wie bereits angedeutet - auch Burckhardt verborgen geblieben ist.

Die Tendenz der Forschung, die Ursprünge der Renaissance ins Mittelalter zu verlegen, wuchs mit den Fortschritten der Mediävistik. In dem Maße, wie man die mittelalterliche Kultur besser kennenlernte, glaubte man, bereits in ihr viele der Elemente

61. K. Burdach: Vom Mittelalter zur Reformation, Halle 1893.

62. Vgl. vor allem: Rienzo und die geistige Wandlung seiner Zeit, In: Burdach, Vom Mittelalter zur Reformation, Forschungen zur Geschichte der deutschen Bildung, Berlin 1913-1928.

63. Über den Ursprung des Humanismus, In: Burdach, Reformation, Renaissance, Humanismus, 2. Aufl., Berlin/Leipzig 1926, 123.

64. E. Walser: Gesammelte Studien zur Geistesgeschichte der Renaissance, Basel 1932.

entdecken zu können, die Burckhardt und seine Anhänger der Renaissance zuschrieben. Man behauptete, die Wiederentdeckung des Altertums, ohne welche die Renaissance "nicht die hohe weltgeschichtliche Notwendigkeit gewesen (wäre), die sie war"[65], hätte schon im Mittelalter stattgefunden. Unter der Vielzahl angeblicher Renaissancen seit Karl dem Großen ist in bezug auf die Kritik an Burckhardt die des 12. Jahrhunderts am wichtigsten. Die ausführlichsten Darstellungen der "Renaissance of the 12th century" —der Begriff ist von H. Rashdall in seiner Geschichte der mittelalterlichen Universitäten geprägt worden[66] —stammen von einem nordamerikanischen und einem schwedischen Historiker: Im Jahre 1927 veröffentlichte Charles Homer Haskins ein Buch mit dem programmatischen Titel *The Renaissance of the Twelfth Century*[67], und zwei Jahre später erschien zuerst auf schwedisch, dann 1933 in französischer Übersetzung eine Studie Johan Nordströms *Moyen âge et Renaissance.*[68]

Haskins hielt sich für berechtigt, von einem "revival of the Latin classics" zu sprechen, da dem 12. Jahrhundert nahezu die gleiche Zahl lateinischer Autoren bekannt gewesen ist wie später der Renaissance und sie nicht nur als Stilmuster dienten, sondern auch in ihrem Bildungswert anerkannt wurden. Aus diesem neu erwachten Interesse für die lateinischen Klassiker, aus der Rezeption wichtiger griechischer Autoren in lateinischen Übersetzungen, aus der intensiven Beschäftigung mit dem Römischen Recht und den Naturwissenschaften folgerte Haskins, daß im Lichte der geistesgeschichtlichen Kontinuität die italienische Renaissance an Glanz verliert und nicht den radikalen Wandel herbeiführte, den man ihr zugeschrieben hat.

Nordström ging über diese Relativierung der Bedeutung der italienischen Renaissance noch hinaus und betrachtete sie nur mehr als ein Anhängsel der Renaissance des 12. Jahrhunderts, in der sich in Frankreich die die Moderne vorbereitende Erneuerung der

65. Burckhardt: Kultur, 161.

66. H. Rashdall: The Universities of Europe in the Middle Ages, Oxford 1895.

67. Ch.H. Haskins: The Renaissance of the Twelfth Century, Cambridge, Mass. 1927.

68. J. Nordström: Moyen âge et Renaissance, Paris 1933.

europäischen Kultur vollzogen hat.[69] Daraus folgerte man, das 12. Jahrhundert sei "le vrai siècle de la Renaissance", und die italienische Renaissance entbehre jeder Originalität.[70] Dieses Urteil hat Paul Renucci bestätigt, als er zwanzig Jahre später aus dem "Aufstand der Mediävisten"[71] das Fazit zieht. Die Rezeption der Antike auf dem Hintergrund der "geistigen Revolution" des 12. Jahrhunderts hat in der abendländischen Geschichte nicht ihresgleichen: "Aucune génération n'a fondé plus d'espérances sur la résurrection de la culture antique, aucun siècle peut-être n'a interrogé les Anciens, maîtres de la raison pratique et de la raison pure, avec plus de confiance et d'émotion."[72]

Wer das Verhältnis des Mittelalters, insbesondere des 12. Jahrhunderts, zur Antike so bewertet, ist sich nicht bewußt, daß das Mittelalter das antike Erbe ausschließlich aus christlicher Perspektive betrachtet und ausgebeutet hat. Dank der das mittelalterliche Geschichtsdenken beherrschenden Fiktionen der "translatio imperii" und der "translatio studii" lebte die Antike in der Gegenwart fort. Sie wurde nicht aus historischer Distanz als eine in sich abgeschlossene Epoche erfaßt und konnte daher nicht "wiedergeboren" werden. Wo man auch immer auf die Antike zurückgriff, ist sie es nicht als ein Ganzes, sondern es handelt sich um einzelne antike Elemente, die in den Dienst der christlichen Wahrheitsfindung gestellt, als Exempla zur Illustrierung des christlichen Weltbildes verwendet werden.

Die dem Mittelalter versagte Möglichkeit, die Antike als eine eigene Welt zu erfassen, bot sich erst dann, als infolge des fortschreitenden Säkularisierungsprozesses das Individuum seine mittelalterlichen Bindungen nach und nach aufgab und in der Sehnsucht nach neuen Idealen die Antike mit neuen Augen sah. Dieser Wechsel der Perspektive (und nicht etwa eine plötzliche Vermehrung der Kenntnis der Antike) ist es gewesen, welcher der italienischen Renaissance das griechisch-römische Altertum als eine

69. Ibid. 46f.

70. J. Boulenger: Le vrai siècle de la Renaissance, in: Humanisme et Renaissance 1 (1934), 9-30.

71. Ferguson: La Renaissance dans la pensée historique aaO. 297ff.

72. P. Renucci: L'aventure de l'Humanisme Européen au Moyen-Âge, (IVe - XIVe siècle), Paris 1953, 165.

lebensformende Kraft offenbarte und damit als einen neuen Weg zur Daseinsbewältigung. So bewahrt in der Geschichte des Nachlebens der Antike die Renaissance des 14. bis 16. Jahrhunderts die ihr von Burckhardt zugesprochene Bedeutung einer Epochenschwelle zwischen Mittelalter und Neuzeit.[73]

Wenn Haskins zu den Phänomenen der "Renaissance des 12. Jahrhunderts" auch den "Revival of the Sciences" zählte, berief er sich dabei auf namhafte Wissenschaftshistoriker wie Pierre Duhem[74] und Lynn Thorndike[75]. Diese glaubten, die Anfänge der modernen Naturwissenschaft im Mittelalter gefunden zu haben. Dagegen habe das Italien der Renaissance nichts zum Fortschritt der Naturwissenschaften beigetragen; für sie sei das 15. und 16. Jahrhundert eine Zeit der Stagnation, wenn nicht gar des Niedergangs gewesen. Erst im 17. Jahrhundert habe die "wissenschaftliche Revolution" begonnen. Demnach war die Renaissance in der Entwicklung der Naturwissenschaften eine unproduktive Periode zwischen zwei Blütezeiten, dem ersten Aufschwung mit Mittelalter einerseits und dem Jahrhundert eines Galilei, eines Descartes und eines Harvey anderseits.

Im Widerspruch zu dieser These stand Burckhardts Auffassung, wonach für die Naturwissenschaften wie auch für andere Disziplinen die italienische Renaissance jeweils einen "großen neuen Abschnitt" einleitet und damit "dann jedesmal das moderne Zeitalter der betreffenden Wissenschaft beginnt, hier mehr dort weniger entschieden."[76] Was die Naturwissenschaften angeht, "stand Italien zu Ende des 15. Jahrhunderts mit Paolo Toscanelli, Luca Paccioli (sic!) und Leonardo da Vinci in Mathematik und

73. Zu dieser Interpretation der Renaissance vgl. E. Garin: La cultura del Rinascimento, Bari 1967; J.C. Margolin: L'humanisme en Europe au temps de la Renaissance, Paris 1981. Vom kunstgeschichtlichen Standpunkt aus lehnt Erwin Panofsky die mittelalterlichen Renaissancen ab: Renaissance and Renascences in Western Art (1960), New York and Evanston 1969.

74. P. Duhem: Le système du monde de Platon à Copernic, Paris 1913-1917.

75. L. Thorndike: A. History of Magic and Experimental Science, New York 1923-1941, 6 Bde.

76. Burckhardt: Kultur, 227.

Naturwissenschaften ohne allen Vergleich als das erste Volk Europas dar, und die Gelehrten aller Länder bekannten sich als seine Schüler."[77] Auf einen detaillierten Beweis für diese Behauptung verzichtet Burckhardt; denn "in die Fachwissenschaften (ausgenommen die Historiographie) hinein dürfen wir den Humanismus nicht begleiten."[78]

Überzeugende Beweise für den von Burckhardt behaupteten Primat der italienischen Renaissance in der modernen Naturwissenschaft hat die Forschung der letzten Jahrzehnte geliefert.[79] Im Gegensatz zu Duhem und Thorndike stellte George Sarton aufgrund vertiefter Quellenkenntnis fest: "The Renaissance scientists introduced not a 'new look' but a new being. The novelty was often so great that one could hardly speak of a Renaissance or rebirth; it was a real birth, a new beginning."[80] Bei diesem Neuanfang hat der Vergleich mit den von den Humanisten erschlossenen naturwissenschaftlichen Schriften der Antike eine wichtige Rolle gespielt. Das antike Erbe wirkte als Katalysator bei der Erneuerung bereits bestehender Wissenschaften wie der Mathematik und der Astronomie und bei der Erhebung von praktisch geübten Tätigkeiten in den Rang von Wissenschaften wie bei der Botanik und der Mineralogie. Kurz, die italienische Renaissance markiert auch in der Geschichte der Naturwissenschaften eine Epochenschwelle.[81]

77. Ibid. 269.

78. Ibid. 227.

79. G.S. Sarton: The Quest for Truth: Scientific Progress during the Renaissance, In: The Renaissance, Six Essays (1953), New York 1962, 55-76; F. Krafft: Renaissance und Naturwissenschaften - Naturwissenschaften der Renaissance, Ein Überblick über die Nachkriegsliteratur, In: Humanismusforschung seit 1945, Kommission für Humanismusforschung, Mitteilung II, Boppard 1975, 111-183; A.G. Debus, Man and Nature in the Renaissance, Cambridge 1978; M. Boas Hall: Il Rinascimento scientifico, In: Il Rinascimento, Interpretazioni e problemi (1979), Bari 1983, 323-352.

80. Sarton aaO. 57; "la rivoluzione scientifica è un momento indiscindibile del Rinascimento". (E. Garin: Rinascite e rivoluzioni, Movimenti culturali dal XIV al XVII secolo, Bari 1975, 309).

81. Zum Problem der "Medical Renaissance" vgl. The medical renaissance of the sixteenth century, Ed. by A. Wear, K. French and J.M. Louie, Cambridge 1985.

Schwerer als alle anderen Einwände gegen Burckhardt wiegt die Kritik an seinem Begriff des Individualismus. Wer dessen Bedeutung in Frage stellt, erschüttert die Grundlage, auf welcher Burckhardts Konzeption der Renaissance beruht. Wenn Johan Huizinga bestreitet, daß "Der Individualismus ... der alles beherrschende Grundzug der Renaissance" gewesen sei[82], und diese Behauptung mit dem Hinweis begründet, auch im Mittelalter hätten geprägte Individualitäten gelebt -u.a. ein Abaelard, ein Johannes von Salisbury und ein Chrestien de Troyes -, war sich Burckhardt dieser Tatsache durchaus bewußt: "Schon in viel früheren Zeiten gibt sich stellenweise eine Entwicklung der auf sich selbst gestellten Persönlichkeiten zu erkenne."[83]

Auch die Entfaltung des religiösen Individualismus während des Mittelalters in Gestalten wie Bernhard von Clairvaux, Joachim von Fiore und Franz von Assisi läßt sich nicht, wie Gebhart, Thode und später noch Ernst Walser meinten[84], gegen den Individualismus als Kennzeichen der Renaissance ins Feld führen. Denn Burckhardt geht es bei Individualismus in erster Linie um eine im Mittelalter nicht begegnende Geisteshaltung, um ein neues Lebensgefühl, das keineswegs auf die überragenden Persönlichkeiten beschränkt blieb, sondern das veränderte Selbst- und Weltverständnis des modernen Menschen schlechthin bestimmte. Das bestätigte Wilhelm Dilthey, als er die Entstehung des modernen wissenschaftlichen Bewußtseins untersuchte und dabei von dem "klassischen Gemälde" sprach, das Burckhardt vom ersten Auftreten des modernen Menschen entworfen hat.[85]

In seinem monumentalen Werk über die Philosophie der Renaissance, mit dem Ernst Cassirer eine Lücke in Burckhardts "grandiosem Bild ... der Kultur der Renaissance" ausfüllen wollte, findet sich bereits die apodiktische Feststellung: "Daß die

82. Das Problem der Renaissance, In: J. Huizinga, Wege der Kulturgeschichte, München 1930, 132.

83. Burckhardt: Kultur, 123.

84. Walser: Gesammelte Studien aaO. XXXVI.

85. Die Bedingungen des modernen wissenschaftlichen Bewußtseins (1883), In: W. Dilthey: Gesammelte Schriften I, Leipzig u. Berlin 1923, 354; Dilthey zitiert wörtlich die betreffende Passage aus Burckhardt: Kultur 123.

Renaissance mit allen ihren geistig produktiven Kräften auf eine Vertiefung des Problems des Individuums gerichtet ist, bedarf keines näheren Erweises. Burckhardts grundlegende Darstellung bleibt in diesem Punkte unerschüttert."[86] Seit Cassirer dürfte Burckhardts Individualismus-Begriff weitgehend von der Forschung akzeptiert worden sein. Anläßlich des Zentenariums der *Kultur der Renaissance in Italien* meint Paul Oskar Kristeller in einem Überblick über die wechselnden Aspekte der Geistesgeschichte der Renaissance seit Burckhardt, dieser habe weder den Individualismus noch den Prozeß der Säkularisierung in der Renaissance überschätzt.[87] Zuletzt hat 1982 Stefan Skalweit aus den Erträgen der Renaissanceforschung hinsichtlich des Individualismus das Fazit gezogen, man habe Burckhardt fälschlich die Meinung unterstellt, das Mittelalter hätte keine kräftigen Individualitäten gekannt, während es sich für ihn um die (von Skalweit nicht bestrittene) "Steigerung und Vermehrung der Individualität" gehandelt hat.[88]

Außerhalb der Sphäre der historischen Studien hat Burckhardts Individualismus-Begriff aufgrund einer weiteren Mißdeutung ein überraschend großes Echo in breiten Bildungsschichten gehabt und - was für ein Werk der Gelehrsamkeit ungewöhnlich ist- indirekt sogar einen gewissen Einfluß auf den Lebensstil ausüben können. Im Zentrum dieser Mythisierung der Renaissance im sogenannten Renaissancismus steht Burckhardts Auffassung von den überragenden Persönlichkeiten der Epoche, die man als Verkörperungen des Renaissance-Menschen schlechthin verstand. Obwohl sich Burckhardt der Faszination menschlicher Größe im Guten wie im Bösen nicht entziehen konnte, flößte ihm doch die Brutalität der jede Moral verachtenden Bösewichter ein "tiefes Grauen" ein[89], was

86. E. Cassirer: Individuum und Kosmos in der Philosophie der Renaissance, Leipzig/Berlin 1927, 37.

87. P.O. Kristeller: Changing Views of the Intellectual History of the Renaissance since Jacob Burckhardt, In: The Renaissance, A Reconsideration of the Theories and the Interpretations of the Age, Ed. by T. Helton, Madison 1961, 30.

88. St. Skalweit: Der Beginn der Neuzeit, Darmstadt 1982, Erträge der Forschung Bd. 178, 15.

89. R. Stadelmann: Jacob Burckhardt und das Mittelalter, In: Hist. Zeitschr. 142 (1930), 493.

der Renaissancismus übersah oder nicht sehen wollte, als er seine Vorstellung vom Renaissance-Menschen ausbildete.

Es war eine Vorstellung, die letzten Endes auf Wilhelm Heinse und Stendhal zurückgeht, die man durch Burckhardt bestätigt glaubte. Heinses ins Cinquecento versetzte Romanfigur Ardinghello, der den ästhetischen Immoralismus inkarniert, vereint in seiner Lebensführung den Drang nach Schönheit mit dem durch keine Moral eingeengten Willen zur Macht.[90] Ähnliche Züge wie in diesem Renaissance- Menschen begegnen bei Stendhal wieder. In den Italienern der Renaissance erblickte er das wild wachsende Individuum, das im Zeichen einer unbändigen Lebensenergie sich jeder Leidenschaft hingibt, sich an keinerlei Konventionen gebunden fühlt und selbst vor dem Verbrechen nicht zurückschreckt.[91]

Vornehmlich an diese romantische Tradition und erst in zweiter Linie an Burckhardt knüpfte Joseph Arthur comte de Gobineau an, als er, erfüllt von Haß gegen die egalitäre Demokratie seiner Zeit, sich für die italienische Renaissance begeisterte, in welcher die Gesellschaft von einer Elite "großer" Männer beherrscht worden war. Er stellt diese in dramatisch bewegten Gesprächen mit ihren Zeitgenossen als vom Machttrieb und Kunstgenuß besessene Menschen dar; ein viele Leser faszinierendes Zerrbild der Renaissance, das zum Wunschbild des "fin de siècle" werden sollte.[92]

Aus der Perspektive dieses Wunschbildes hat Friedrich Nietzsche den Renaissancebegriff des von ihm als seinen Lehrer verehrten Basler Kollegen[93] umgedeutet und mit dieser Interpretation lange Jahre das Bild der Renaissance für das große Publikum bestimmt. Nach Nietzsche ist die Renaissance gekennzeichnet durch

90. W. Rehm: Das Werden des Renaissancebildes in der deutschen Dichtung vom Rationalismus bis zum Realismus, München 1924, 61ff.

91. Ch. Simon: Stendhal - Jacob Burckhardt als Entdecker der italienischen Renaissance, In: Neue Schweizer Rundschau 1933/34, 690-698.

92. J.A. de Gobineau: La Renaissance, Scènes historiques, Paris 1877.

93. Über Burckhardts distanziertes Verhältnis zu Nietzsche vgl. K. Löwith: Jacob Burckhardt, Der Mensch inmitten der Geschichte, Stuttgart 1966, 11-61.

"Befreiung des Gedankens, Mißachtung der Autoritäten, Sieg der Bildung über den Dünkel der Abkunft, Begeisterung über die Wissenschaft und die wissenschaftliche Vergangenheit des Menschen, Entfesselung des Individuums, eine Glut der Wahrhaftigkeit und Abneigung gegen Schein und bloßen Effekt."[94] Wenn die Renaissance, "das goldene Zeitalter dieses Jahrtausends"[95], ihre Aufgabe, die "Umwertung" der christlichen Werte zu "Gegenwerten"[96], nicht vollständig hat lösen können, trägt Luther mit seiner Reformation Schuld daran, der "Protest zurückgebliebener Geister".[97] So steht über der Renaissance "ein großes Umsonst".[98] Indem Nietzsche die angebliche Fragestellung der Renaissance wieder aufgriff, fand er in ihr "eine historische Rechtfertigung" seiner Philosophie.[99] Im Übermenschen feierte der Renaissance-Mensch fröhliche Urstände. Die Renaissance erscheint als eine Botschaft an die Gegenwart, als eine Aufforderung, die Welt neu zu formen.

In der Umdeutung, die Burckhardts Renaissancebegriff durch Nietzsche erfuhr, drang er in die Literatur ein und wurde durch ihre Vermittlung sogar zu einer modischen Weltanschauung. Dabei wirkte Nietzsche "als Verkünder eines zuchtlosen Individualismus, des Macht- und Herrenmenschentums, des Schönheits- und Lebenskultes, als Verkünder des Ruchlosigkeits- und Renaissanceästhetizismus."[100] An diesen Vorstellungen berauschten sich dekadente Literaten, erfüllt von der Sehnsucht nach ursprünglicher Lebenskraft, die sich ohne moralische Skrupel schrankenlos

94. F. Nietzsche: Menschliches, Allzumenschliches I, 237; In: N., Werke in zwei Bänden, München 1967, I, 356.

95. Ibid.

96. Der Antichrist 61; In: Nietzsche, Werke aaO. II, 543.

97. Menschliches Allzumenschliches aaO.

98. Der Antichrist aaO.

99. M.J. Wolff: Richtlinien der Renaissancebewegung, In: Germanisch-Romanische Monatsschr. 20 (1932), 294.

100. W. Rehm: Der Renaissancekult um 1900 und seine Überwindung, In: Zschr.f. deutsche Philologie 54 (1929), 304f. Zum Einfluß des Renaissancismus auf das deutsche Drama vgl. G. Uekermann: Renaissancismus und Fin de siècle, Die italienische Renaissance in der deutschen Dramatik der Jahrhundertwende, Berlin 1985.

entfaltet. "Der Übermensch, das Überweib spuken nun überall in der Dichtung"[101], wobei sich Cesare Borgia als Prototyp des großen Frevlers besonderer Beliebtheit erfreute und sein Leben verschiedene Male dramatisiert worden ist.

Der Renaissancekult hat nicht nur eine umfangreiche literarische Produktion von geringem künstlerischem Wert gezeitigt, sondern wurde auch zur Inspirationsquelle für bedeutende Dichter wie D' Annunzio, Maeterlinck, Hofmannsthal, Stefan George und Schnitzler. Im Zentrum ihrer Renaissance-Gesinnung stand das Verlangen nach einem elitären Dasein in von Sünde umwitterter reiner Schönheit. Sobald jedoch der Renaissancismus aus dem literarischen Bereich heraustrat und die Lebenshaltung zu bestimmten suchte, mußte er auf die Dauer scheitern. Als eine Erscheinungsform der Dekadenz wurde er zusammen mit ihr überwunden. Kennzeichnend dafür ist Thomas Manns Absage an den hysterischen Kult der Renaissance und die ästhetische Verherrlichung der Ruchlosigkeit. Nachdem diese Absage von der "opinio communis" akzeptiert worden war, zeigte die Literatur nur noch ein stoffliches Interesse an der Renaissance. Ihr Mythos hatte seine Attraktivität eingebüßt.

Wie auch immer der Renaissancismus zu erklären ist, —als Reaktion auf eine seelische Verarmung, als Sehnsucht nach dem Starken im Bewußtsein der eigenen Schwäche, als Flucht aus der verachteten Wirklichkeit in eine Traumwelt — bezeugt er jedenfalls ein ungewöhnliches Interesse für die Renaissance, das letzten Endes durch Burckhardt angeregt oder gefördert, sich in der Verbreitung seines Buches widerspiegelt. Bereits kurz nach seiner Veröffentlichung erschienen in den Jahren 1861/62 zahlreiche und ausführliche Besprechungen in Deutschland.[102] Obwohl das Buch sich zunächst nur langsam verkauft hatte, erfuhr Burckhardt im Jahre 1868, daß die *Kultur der Renaissance in Italien* schon "seit Jahr und Tag" vergriffen war,[103] und entschloß sich daher zu einer zweiten von ihm selbst durchgesehenen Auflage.[104]

101. Ibid. 306.

102. Einleitung des Herausgebers, In: Burckhardt, Kultur, Hg. v. Kaegi aaO.LVII; gl. die Besprechung von Erdmannsdörfer a.o.S.

103. Einleitung aaO.LVIII.

104. Burckhardt: Kultur, Leipzig 1869.

Mit der dritten von Ludwig Geiger besorgten Auflage begann ein für eine wissenschaftliche Studie wohl beispielloser Publikumserfolg. Von 1877 an bis 1919 erschienen neun weitere gleichfalls von Geiger bearbeitete Auflagen, davon in kurzen Abständen sechs Auflagen von 1896 bis 1908 während der Blüte des Renaissancismus. Nachdem Walter Goetz in der 13. Auflage von 1922 den Text von den Zusätzen und Verbesserungen Geigers befreit und in seiner ursprünglichen Gestalt wiederhergestellt hatte[105], folgten bis heute circa zehn Ausgaben, darunter die von Werner Kaegi im 5. Band der Jacob Burckhardt-Gesamtausgabe.[106] Die letzte mir bekannte Ausgabe stammt aus dem Jahre 1985.[106a] Den Gesamterlös aus den bis 1944 verkauften deutschen Ausgaben der *Kultur der Renaissance in Italien* hat man auf eine halbe Million geschätzt.[107]

Das Interesse für Burckhardt außerhalb Deutschlands offenbarte die ständig steigende Zahl der Übersetzungen seines Werkes. Die erste aus der Feder von Diego Valbusa erschien 1876 begreiflicherweise in Italien.[108] Es folgte 1878 eine Übertragung ins Englische durch S.G.C. Middlemore. Eine Besprechung der 1885 veröffentlichten französischen Übersetzung von L. Schmitt bestätigt, daß zu diesem Zeitpunkt Burckhardt bereits vom allgemeinen historischen Bewußtsein weitgehend assimiliert worden war: "Ses idées se sont répandues même hors d'Allemagne, elles ont filtré dans les esprits de notre génération sans que nous y prenions garde et sans que nous demandions d'où elles venaient."[109] In seinem Todesjahr 1897 konnte Burckhardt noch eine ungarische und eine polnische Übersetzung entgegennehmen. Aus jüngster Zeit

105. Burckhardt: Kultur, Durchges. v. W. Goetz, Stuttgart 1922; zuletzt 1976.

106. Burckhardt: Kultur, Hg. v. W. Kaegi, Berlin u. Leipzig 1930.

106a. Burckhardt: Kultur, Neudruck der Urausgabe, Hg. v. K. Hoffmann, Stuttgart 1985.

107. Kaegi: Burckhardt, Eine Biographie, Bd.II: Das Erlebnis der geschichtlichen Welt, Basel 1950, 756, Anm.

108. La civiltà del Rinascimento in Italia, saggio di Jacopo Burckhardt, tradotto sulla seconda edizione tedesca dal professore D(iego) Valbusa, con aggiunte e correzioni fornite dall'autore, Firenze 1876.

109. Zit. n. Einleitung des Herausgebers aaO.LXVIII.

liegen weitere Übersetzungen vor. 1953 erschien Valbusas Übersetzung in einer von G. Zippel revidierten Fassung mit einer Einleitung von E. Garin[110] und wurde 1968 neu aufgelegt. Ein Jahr zuvor veröffentlichte F. Tarquini eine neue Übersetzung. Ferner erschienen zwei spanische Übersetzungen in den Jahren 1962 und 1974, drei französische 1958, 1963 und 1967, eine rumänische 1969 und eine ungarische 1978. Eine keineswegs vollständige Übersicht über die Übersetzungen, die zusammen mit den deutschen Neuauflagen der letzten Jahrzehnte einen überzeugenden Beweis für die Aktualität der *Kultur der Renaissance in Italien* in der heutigen Forschung darstellen.

Burckhardts Aktualität erklärt sich nicht nur daraus, daß "niemand heute den Fortgang der Forschung nach 1860 verstehen (kann), ohne sein Buch zu kennen,"[111] sondern auch, was uns wichtiger erscheint, aus der Tatsache, daß die Grundzüge von Burckhardts Renaissancebild nach wie vor als richtungweisend anerkannt werden und seine Autorität als Klassiker der Renaissanceforschung heute mehr denn je unangefochten ist.[112] Daher soll abschließend gefragt werden, welche Erkenntnisse Burckhardts über die italienische Renaissance ins historische Bewußtsein eingegangen sind und jenseits des gelehrten Meinungsstreites als allgemein gültig angesehen werden dürfen.

Wenn Burckhardt in einem Brief an König Maximilian II. von Bayern noch vor dem Erscheinen seines Werkes schreibt: "die Renaissance sollte dargestellt werden, insofern sie Mutter und Heimat des modernen Menschen geworden ist, im Denken und im

110. Trotz einiger kritischer Einwände steht Garin, den man den "italienischen Burckhardt" genannt hat, in Burckhardts Nachfolge; vgl. Garin: Kultur der Renaissance, In: Propyläen-Weltgeschichte VI, 429-534, Frankfurt a.M./Berlin 1964; italienisch: La cultura del Rinascimento, Bari 1967.

111. Kaegi: Burckhardt, Eine Biographie, Bd.III aaO. 675.

112. "Fondamentalmente, gli studiosi del Rinascimento si muovono ancora in questo contesto di idee (del Burckhardt); anzi probabilmente la posizione del Burckhardt, nelle sue linee essenziali, gode oggi di un favore più vasto e indiscusso che non nei periodi precedenti la prima e la seconda guerra mondiale" (D. Hay: Storici e Rinascimento negli ultimi venticinque anni, in: Il Rinascimento, Interpretazioni e problemi aaO. 4.

Empfinden sowohl als im Formenbild"[113], so hat er entsprechend dieser Forderung den Nachweis erbracht, daß der Ursprung der Moderne in der italienischen Renaissance liegt. Die Selbstentdeckung des modernen Menschen in seiner Autonomie vollzieht sich im Italien der Renaissance, das den für die Neuzeit konstitutiven Prozeß der Säkularisierung einleitet; eine These, welche die Forschung im 20. Jahrhundert verifiziert hat: "Das sittliche Verhalten, die geistige und künstlerische Entwicklung und einige Auspekte der Politik und des wirtschaftlichen Lebens, die Europa im 16. Jahrhundert zu einer neuen kulturellen Einheit zusammenschließen ... all das war weitgehend italienischen Ursprungs."[114] Dementsprechend hat Jean Delumeau in einer der gewichtigsten unter den in letzter Zeit erschienenen Gesamtdarstellungen der Renaissance diese als die erste Phase der Neuzeit verstanden.[115]

Die Modernität der Renaissance - und damit Burckhardts These - wird bestätigt durch das epochale Selbstverständnis, das im Zusammenhang mit der von Burckhardt nicht behandelten Bedeutungsgeschichte des Begriffs "Renaissance" und seiner Ersatzbegriffe Gegenstand eingehender Forschungen gewesen ist.[116] Im Bereich der gelehrten Beschäftigung mit den Autoren des griechisch-römischen Altertums vertraten die italienischen Humanisten die Überzeugung, einer neuen Zeit anzugehören. Diese wurde als Wiedergeburt, Wiederauferstehung, Wiedererweckung, Wiederherstellung der Antike begriffen, die das gesamte kulturelle Leben, Kunst, Literatur, Philosophie, Naturwissenschaft, Medizin

113. Brief an Maximilian II. (1858); zit. n. Einleitung des Herausgebers aaO.XLVI.

114. D. Hay: Geschichte Italiens in der Renaissance, Stuttgart 1962, 31; ähnlich äußert sich J.-C. Margolin: "C'est vers l'Italie que tournent leurs regards dans les dernières décennies du XVe siècle et tout le long du XVIe siècle, ce que l'Europe compte de savants, d'artistes, de philosophes, de lettrés" (L'Avènement des temps modernes, sous la direction de J.-C. Margolin, Paris 1977, 222).

115. J. Delumeau: La civilisation de la Renaissance, Paris 1967.

116. A. Buck: Das Geschichtsdenken der Renaissance, Krefeld 1957; La coscienza della nuova età, In: Garin: La cultura del Rinascimento aaO. 11ff; Literaturangaben: 186f.

und Politik, erfaßt und zu der Italien berufen erscheint: "questa provincia (Italien) pare nata per risuscitare le cose morte."[117]

Mit wachsendem Selbstbewußtsein angesichts der vielseitigen Entfaltung der Renaissancekultur betonte man bei der normgebenden "imitatio" der antiken Vorbilder den Aspekt der "aemulatio", des schöpferischen Wetteiferns mit den Alten, die zu übertreffen in den Bereich der Möglichkeiten der Modernen rückte. In der bereits während der Renaissance einsetzenden "Querelle des Anciens et des Modernes"[118] führte man zwei prinzipielle Argumente ins Feld, um die Überlegenheit der Moderne zu beweisen: Einerseits den ungeachtet der Antike-Begeisterung schwerlich zu widerlegenden Vorrang der christlichen Lehre gegenüber der antiken Weisheit, anderseits den unbestreitbaren Fortschritt der Wissenschaften und der Technik.

Die hauptsächlichen Träger des epochalen Selbstverständnisses waren die Humanisten, deren geistesgeschichtliche Bedeutung, sowie ihre Rolle in der Gesellschaft Burckhardt richtig eingeschätzt hat. Freilich ist gerade in diesem Bereich der Forschung vor allem dank der Erschließung neuer Quellen und neuer Fragestellungen weit über Burckhardt hinausgekommen.[119] Wenn Burckhardt von den lateinischen Traktaten und Dialogen spricht, in denen die Humanisten "einzelne Fragen moralischer und philosophischer Natur"[120] im Medium der antiken Autoren behandelt haben, so

117. Dell'arte della guerra VII, In: N. Machiavelli, Opere, a cura di A. Panella, Milano 1939, II, 664.

118. Zu ihrer Problematik, auf die Burckhardt nicht eingegangen ist, liegen zahlreiche neuere Untersuchungen vor; vgl. u.a. G. Margiotta: Le origini italiane della "Querelle des Anciens et des Modernes", Roma 1953; H. Baron: The "Querelle" of Ancients and Moderns as a Problem for Renaissance Scholarship, In: Journal of the History of Ideas 20 (1959), 3-22; H.R. Jauss: Antiqui/moderni (Querelle des Anciens et des Modernes), In: Historisches Wörterbuch der Philosophie, Hg. v. J. Ritter, Bd.I (1971), 409-414; A. Buck: Die "Querelle des Anciens et des Modernes" im italienischen Selbstverständnis der Renaissance und des Barocks, Wiesbaden 1973.

119. E. Garin: Der italienische Humanismus, Bern 1947; italienisch: L'umanesimo italiano, Bari 1964; Margolin: L'humanisme en Europe aaO.

120. Burckhardt: Kultur, 221.

berührt er hier im Ansatz ein zentrales Thema der modernen Humanismusforschung: die menschenkundliche Literatur der Humanisten, die auf dem Boden des neu erwachten Interesses für das Individuum erwächst und die Stellung des Menschen im Spannungsfeld von Sosein und Seinsollen erörtert; eine in ihrer Funktion bis vor kurzem verkannte Literatur, die, wie schon Burckhardt wußte, den Zeitgenossen nicht moralphilosophische Gemeinplätze vermittelt hat, vielmehr "eine mühsam neu errungene Anschauung von Dingen, über die man sich seit dem Altertum noch nicht wieder ausgesprochen hatte."[121]

Mit dem Begriff der Epoche verbindet sich die Vorstellung von einem abgeschlossenen Zeitraum, der kraft der ihm eigenen Merkmale von der vorangegangenen und folgenden Epoche abgegrenzt ist. Die Abgrenzung, welche die Renaissance selbst vorgenommen hat, kehrt bei Burckhardt wieder und ist allen Einwänden zum Trotz bis heute gültig geblieben: Zwischen dem Ausgang des Mittelalters um die Mitte des 14. Jahrhunderts und der Mitte des 16. Jahrhunderts erstreckt sich die italienische Renaissance. Obgleich infolge der Kontinuität der historischen Entwicklung mittelalterliche Elemente in der Renaissance fortleben, ist sie keine Übergangszeit, in der Altes und Neues sich die Waage halten, sondern eine Epoche mit einer eigenen Physiognomie[122] und daher auch mit einer eigenen Kultur. Wenn nach Burckhardt die Vorbedingung für diese Kultur die Freiheit des individuellen Wachstums der Persönlichkeiten war, von denen Italien seit dem Ausgang des 13. Jahrhunderts zu "wimmeln" begann[123], so dachte er dabei wohl auch an die in der abendländischen Geschichte einmalige Konzentration besonderer

121. Ibid.; zur Bedeutung der humanistischen Menschenkunde vgl. Das moralische Denken des Renaissance-Humanismus, In: P.O. Kristeller: Humanismus und Renaissance II, Hg. v. E. Keßler, München 1976, 30-84.

122. "the so-called Renaissance period has a distinctive physiognomy of its own and ... the inability of historians to find a simple and satisfactory definition for it does not entitle us to doubt its existence" (P.O. Kristeller: Renaissance thought (1955), New York 1961, 4).

123. Burckhardt: Kultur, 124.

Begabungen[124], welche die Urheber des geistigen Aufschwungs der Renaissance gewesen sind, was schon den Zeitgenossen bewußt war. So schrieb Vespasiano da Bisticci kurz vor dem Ende des 15. Jahrhunderts: "A la presente età ha fiorito in ogni facultà d'uomini singularissimi, ... in questa età hanno fiorito tutte le sette liberali."[125]

Da Burckhardt die durch die kreativen Geister der Epoche geschaffene Kultur als ein "in sich ... vollständig durchgebildetes Ganzes"[126] ansieht, faßt er die einzelnen Kulturäußerungen in einer synchronischen Synthese zusammen.[127] Die statische Kohärenz dieses Querschnitts, welcher die historische Dimension der Entwicklung vor und innerhalb der Renaissance vernachlässigt und deswegen häufig Gegenstand der Kritik gewesen ist, erscheint im Licht der modernen Strukturforschung als ein Positivum.[128] Nur aufgrund der Betrachtung der Strukturen, der im geschichtlichen Wandel konstanten "Auffassungen" und "Richtungen des Lebens"[129], hat Burckhardt die italienische Renaissance als eine universale Sinneinheit begreifen können. Als solche ist sie der historische Bezugspunkt für das Verständnis der Neuzeit und bleibt daher aktuell für diejenigen, welche die eigene Zeit mit dem Maßstab der Geschichte messen.

124. P. Burke: Culture and Society in Renaissance Italy 1420-1540, New York 1972, beziffert die "creative élite" der Renaissance auf 600 Maler, Bildhauer, Architekten, Schriftsteller, Humanisten, Wissenschaftler und Musiker.

125. Vespasiano da Bisticci: Le Vite, Ed. crit. con introduzione e commento di A. Greco I, Firenze 1970, 32.

126. Burckhardt: Kultur, 335.

127. Um eine synchronische Synthese der als Einheit begriffenen italienischen Renaissance hat sich neuerdings Leonid M. Batkin bemüht: Die historische Gesamtheit der italienischen Renaissance, Versuch einer Charakterisierung eines Kulturtyps, Dresden 1979.

128. M. Ciliberto: Il Rinascimento, Storia di un dibattito, Firenze 1975, 16.

129. Löwith: J. Burckhardt, Der Mensch inmitten der Geschichte aaO. 184.

Notker Hammerstein

RES PUBLICA LITTERARIA - ODER ASINUS IN AULA? ANMERKUNGEN ZUR "BÜRGERLICHEN KULTUR" UND ZUR "ADELSWELT".

> *Der Berühmte Mann*
> Wenn Sie vielleicht die Güte haben, der Dame zuerst von mir zu sprechen, ihr, da sie eine Fremde ist, meine Bedeutung, meinen Rang in der wissenschaftlichen Welt und in der Gesellschaft klarzulegen - so würde ich mich dann sofort nachher durch den Grafen Altenwyl ihr vorstellen lassen.
> *Neuhoff*
> Aber mit dem größten Vergnügen.
> *Der Berühmte Mann*
> Es handelt sich für einen Gelehrten meines Ranges nicht darum, seine Bekanntschaften zu vermehren, sondern in der richtigen Weise bekannt und aufgenommen zu werden.
> (Der Schwierige, 2. Akt, 2. Szene)

Wenn ein bedeutender Gelehrter - wie es hier alsbald geschieht — für ein "wunderbares Werk", für "philosophische Tiefe ... immense Bildung" gelobt wird und das noch in "feiner Gesellschaft", es sich aber zugleich herausstellt, daß der "Mann dieses Rangs" einer Verwechselung mit dem "Verfasser ... einer journalistischen Kompilation", seinem "Fakultätsgenossen Brückner" anheim gefallen ist, läßt das einen "Berühmten Mann" nicht nur an seiner Berühmtheit Schaden nehmen. Er wird auch - und so war gewiß die Absicht! - zur leicht komischen Figur, zum hatte seine Chance - vorausgesetzt er erwies sich als erzogen und gebildet -, so daß ein italienischer Humanist schließen konnte: "Wo irgend ein gelehrter Mann seinen Sitz aufschlägt, da ist gute Heimat".[31]

Im Laufe des 15. Jahrhunderts und zu Beginn des 16. bestimmten zunehmend "Höfe", hofähnliche Herrschaften, das kulturelle und politische Bild und Geschehen in Italien, so daß gerade auch für die jungen Nordländer kein Unterschied zur eigenen Umgebung insoweit bemerkbar war (schien). Die letztlich ja aus ganz anderen Voraussetzungen erwachsenen Verhältnisse der neuen Kultur konnten dank dieses fruchtbaren Mißverständnisses der eigenen Welt anzupassen gesucht werden. Einschließlich des (feudalen) Adels konnte diese italienische, nunmehr "höfische" Welt Vorbild werden für die eigenen Anstrengungen.[32] Daß das zunächst nur in wenigen Fällen geschah, ändert nichts an dieser Möglichkeit! Die rasche und weite Verbreitung etwa des *Cortegiano* auch im Reich belegt das auf seine Weise hinreichend. Wie wenige andere Bücher hat es der sich wandelnden adligen Welt ein erhebliches Stück dieser italienischen Renaissancekultur vermittelt. Schließlich war es ja auch weniger eine Anleitung für Fürstendiener, "Höflinge" als vielmehr eine Aufforderung zur Selbstvollendung. Takt, civile conversatione, Eleganz (sprezzatura) als gesellschaftliche Pflicht, das Ideal des im besten Sinne "dilettante", des Gebildeten und Eduzierten, konnten für Adlige wie "Nicht-Adlige" Richtschnur sein, so wie es die italienischen

Cinquecento tra il privato della familia e il governo dello Stato, In: C. Vivanti, ed., Storia d'Italia, Annali 4, Turin 1981, S. 857-894.

31. Zit. n. Burckhardt, S. 79.

32. Die interessanten Überlegungen von H.G. Koenigsberger: Republics and Courts in Italian and European Culture in the 16th and 17th Centuries. In: Past & Present 83, 1979, S. 32-56 folgen leider den üblichen Topoi, ermangeln insbesondere zureichender Kenntnis der abendländischen musiktheoretischen Tradition. Sein Beitrag "Musik und Religion" in Bd. 8 Wiener Beitr. z. Gesch. d. Neuzeit (vgl. Anm. 14) zeigt das noch deutlicher. Vgl. dagegen Notker Hammerstein, "Recreationes ... Principe dignae". Überlegungen zur adligen Musikpraxis an deutschen Höfen und ihren italienischen Vorbildern, in: L. Finscher, Hg., Claudio Monteverdi: Festschrift für Reinhold Hammerstein, Laaber 1986, S.213-236.

gelehrten aber uneleganten, zu geselligem Umgang unfähigen Wichtigtuer.

Mit dieser feinsinnigen und gesellschaftlichen Ironie in der zitierten Szene zielte Hugo von Hofmannsthal auf einen typischen, im Wien des fin de siècle durchaus bekannten Sachverhalt der feinen Welt. Die Sache selbst war keine neue. Sie erweist sich - wie hier im *Schwierigen* — als später Nachhall einer traditionsreichen Auseinandersetzung zwischen adliger und gelehrter oder auch "bürgerlicher" Welt. In mannigfacher Weise hat dieses Verhältnis nicht nur während der frühen Neuzeit höchst unmittelbar die gelebte Wirklichkeit, die Realität bestimmt. Es hat auch danach noch die Wissenschaften selbst, die gelehrten Auffassungen von diesem ehemaligen Verhältnis geprägt und mitbestimmt.

Die von Hofmannsthal eher angedeutete denn breit ausgespielte Unverträglichkeit beider Welten, ihre genuine Andersartigkeit - um nicht zu sagen: Gegensätzlichkeit - wird weithin angenommen. Es läßt sich dabei nicht zuletzt auf den eigentlich nicht adelsfeindlichen Goethe verweisen, der auf Eckermanns Feststellung, daß "gründliche Bildung ... bei fürstlichen Personen selten" vorkomme, erwiderte: "Sehr selten; es gibt zwar viele, die fähig sind, über alles Mögliche sehr geschickt mitzureden, aber sie haben es nicht im Innern und krabbeln nur an der Oberfläche. Und es ist kein Wunder, wenn man die entsetzlichen Zerstreuungen und Zerstückelungen bedenkt, die das Hofleben mit sich führt."[1]

In der Tat erstrebte die frühneuzeitliche Fürstenerziehung - und sie war begreiflicherweise stilbildend für die gesamte adlige Erziehung - ein brauchbares, wenngleich breit gespanntes aber eben nützliches Wissen zu vermitteln. Es galt ihr, wie es ein sprichwörtlicher Topos formulierte "Je gelehrter - je verkehrter" oder auch "literatus princeps raro felix".[2]Der elegante Hofmann sollte "den schweren Schulstaub abgeschüttelt / und den Büchern / mit Hintansetzung anderer Angelegenheit / nicht zuviel ergeben

1. Zit. nach Norbert Elias: Über den Prozeß der Zivilisation I, Frankfurt/M 1976, S. 31.

2. Vgl. zu diesem Topos - die lateinische Version wird von Johann Peter Ludewig: Vollständige Erläuterung der Güldenen Bulle ... Frankfurt/M 1716/19, II, S. 1450 mitgeteilt - Wilhelm Kühlmann: Gelehrtenrepublik und Fürstenstaat, Tübingen 1982, S. 328 ff., 347 ff.

sein: wol wissend / daß offt zwischen der Klugheit und Wissenschafft eine Kluft befestigt, daß diese und jene nicht können zusammenkommen", wie es bei Nicolaus Faret hieß.[3]

Daß umgekehrt von den "Scharrhansen, Rülzen und Filzen von Adel" gesprochen wurde - wie bei Luther - von "Schalksnarren", oder wie bei v. Birken vom "Adelspöbel" ist gleichfalls hinreichend bekannt.[4] Es verweist darauf, wie es Calixt 1660 formulierte, daß "die Adligen und Reichen gewöhnlich davon beinahe überzeugt sind, daß die Studien ihres Adels und ihres Reichtums nicht würdig seien".[5]Indem sie sich aber anmaßten, der bestimmende und herrschende Stand zu sein, verstoße das gegen Natur und Vernunft gleichermaßen. "Die Natur — meinte Lessing 1759 — kennt diesen hassenswerten Unterschied nicht, den die Menschen zwischen sich machten. Sie teilt die Qualität des Herzens ohne Vorzug für die Adligen und Reichen aus".[6]

Für die Gelehrten, die Gebildeten war es wie für die Künstler dementsprechend belastend, bedrückend, ja häufig erniedrigend, sich dieser scheinbar von Gott vorgegebenen Adelswelt des ancien régime ausgesetzt zu wissen. Der Anspruch der absolutistischen Fürsten auf Gehorsam, Dienst und Einordnung führte zwangsläufig dazu, daß "Hofluft ... insoweit unfrei (machte)...", infolge der "Abhängigkeit aller von einem".[7] Die gesamte komplizierte Sozialordnung der frühen Neuzeit, die im täglichen Umgang wie im feierlichen Zeremoniell hierarchisch so mannigfach gestuften Ränge der handelnden Personen — schließlich war selbst der Adel höchst "ungleich" — traten besonders deutlich an den jeweiligen

3. Ebd., S. 353.

4. Vgl. Nachweise in: Notker Hammerstein: Fürstenerziehung der frühen Neuzeit am Beispiel Hessen-Homburg, in: Bad Homburg v.d.H. 782-1982, Bad Homburg v.d.H. 1983, S. 133-190.

5. "Solent enim nobiles et divides fere persuasum habere, studia non esse sua nobilitate et divitiis digna"; Orationes Selectae, Helmstedt o.J. (1660), zit. n. Kühlmann: Gelehrtenrepublik, S. 89.

6. Zit. n. Elias: S. 20.

7. Eberhard Freiherr von Schenk zu Schweinsberg: Die Wandlung des Adelsbildes in der Kunst, in: Helmut Rössler, Hrsg.: Deutscher Adel 1430 - 1555 (Deutsche Führungsschichten der Neuzeit 1), Darmstadt 1965, S. 1-23, hier S. 10 ff.

Höfen hervor. Daß dort das Leben nicht immer anregend sein konnte, belegen Kürzel wie: "Bei Hof - bei Höll". Freilich war bei der alles überwölbenden adligen Lebensweise für den gelehrten Nichtadligen kaum ein Entrinnen aus diesem Kreis möglich, allenfalls auf Kosten von Ansehen, Einfluß und Unterhalt.

All dies zeige sich schon bei Beginn der frühen Neuzeit, im Umkreis von Humanismus und Renaissance, wie vielfach zu lesen steht, gerade auch im Blick auf unsere eigene Vergangenheit. Die Vielzahl und Buntheit des Reichsadels, die Territorialisierung des Reichs, die hohe Zahl von Universitäten und gelehrten Schulen, die konfessionell gespaltene aber hautnahe Existenz der Reichsglieder, das Fehlen einer Hauptstadt und vieles mehr hätten unsere alteuropäische Welt besonders ausgeprägt und konservativ statisch sein lassen. Der eher späte Eintritt in eine bürgerliche Gesellschaft - verglichen mit Westeuropa - entspreche dem, wie auch der Tatbestand, daß zunächst gedanklich, wissenschaftlich bürgerliche Selbstbestimmung auf den Begriff gebracht, nicht aber sogleich auch politisch eingelöst worden sei.

Ohne nun die ganze Weite dieses Problemumfelds abzuschreiten, sollen im folgenden an einzelnen, zufällig ausgewählten Punkten diese Argumente neuerlich erörtert werden. Gerade im Blick auch auf das Ideal der "gelehrten Welt", der Studierten und Gebildeten könnte es ja sein, daß hier spätere Entwicklungen, besser: polemische Abgrenzungen das Urteil präjudizieren, die Einsicht in auch mögliche Verhältnisse, in vergangene aber reale Bedingungen erschweren. So wie für den "Hofkünstler" Korrekturen am scheinbar feststehenden Urteilsmaßstab notwendig und erhellend waren[8], ist es ja auch für den Hof insgesamt. Seine Bedeutung für die Erziehung zur modernen Welt, seine Leistungen für Zivilisation und Kultur sind immer noch erst unzureichend deutlich, bedürfen weiterer Analysen und Untersuchungen.[9] Wie gesagt, an einigen ausgewählten Punkten soll dies

8. Martin Warnke: Hofkünstler. Zur Vorgeschichte des modernen Künstlers, Köln 1985.

9. Der Einfachheit halber verweise ich, auch für die entsprechende Literatur, auf die Kongreßakten des Wolfenbütteler Arbeitskreises für Renaissanceforschung und des Internationalen Arbeitskreises für Barockliteratur, August Buck, u.a., Hg., Europäische Hofkultur im 16.

zu Ehren des Hüters und Mehrers einer der köstlichsten Bücher- und Kulturschatzhäuser der frühen Neuzeit in — freilich lockerer — Form geschehen.

Mitten im Zweiten Weltkrieg hat Franz Schnabel in einem den damaligen Machthabern gegenüber gewiß kritisch zu verstehenden Aufsatz über "Humanismus und bürgerliches Denken"[10] lapidar festgestellt: "Die humanistische Bewegung läßt in Deutschland unmittelbarer noch als in anderen Ländern die innere Verwandtschaft zwischen den Idealen des Humanismus und dem bürgerlichen Denken erkennen". Wenig später heißt es: "So finden wir denn in der Geschichte der letzten fünfhundert Jahre Blüte und Verfall des Humanismus im engsten Zusammenhang mit Aufstieg und Niedergang der bürgerlichen Kultur". Die stand ihm wiederum für "exakte Arbeit, ernste Pflichterfüllung und einer von Geist geführten Ordnung, ... um der menschlichen und nationalen Kultur, dem staatlichen und gesellschaftlichen Sein einen höheren Ausdruck zu geben". Nicht "adlige Geburt" sondern "befriedigende Kraft des Geistes", "Leistung" befähige zur Führung, sei "innerster Trieb der bürgerlichen Bewegung".

Für Alfred von Martin waren Humanismus und Renaissance —um noch einige andere Stimmen anzuführen — Ausdruck einer "neuen Bürgerkultur", deren "soziologische Selbstauswirkung (freilich) ... denkbar gering zu veranschlagen ..." sei.[11] Für Max Steinmetz drang "... der Humanismus in Deutschland nun in breiter Front ein als ideologischer Ausdruck des um seine Anerkennung ringenden frühen Bürgertums".[12]

Für Volker Press, der vorsichtig abwägend eine "auf den Adel

und 17. Jahrhundert, 3 Bde., Hamburg 1981 sowie die gesondere Publikation: Elger Blüm u.A., Hrsg.: Hof, Staat und Gesellschaft in der Literatur des 17. Jahrhunderts. In: Daphnis 11, Heft 1-2, Amsterdam 1982.

10. Jetzt in: Franz Schnabel: Abhandlungen und Vorträge, hrsg. v. Heinrich Lutz, Freiburg/Basel/Wien 1970, S. 174 ff., hier S. 175.

11. Alfred von Martin: Soziologie der Renaissance, München 1974³, S. 52, 54.

12. Max Steinmetz: Die Konzeption der deutschen Universitäten im Zeitalter von Humanismus und Reformation. In: Les Universitées Européennes du 14ᵉ au 18ᵉ Siècle, Genf 1967, S. 114-127, hier S. 115.

gerichtete Orientierung des Bürgertums" erkennt, ist es mit Schnabel und Bosl gleichwohl gewiß, "daß der allgemeine Quellgrund des europäischen und somit auch des deutschen Humanismus das städtische Bürgertum war".[13] Indem nach 1600 eine Refeudalisierung im Reich eingesetzt habe, habe die Adelswelt "damit schließlich einer Bewegung im wesentlichen gesteuert, die eine prinzipiell adelsfeindliche Tendenz hatte".[14]

Recht lebhaft werden solche Zuordnungen und Definitionen ferner bei Literaturhistorikern des "Barockzeitalters" vorgenommen, die sich mit dem späten 16. und 17. Jahrhundert befassen. Literaturwerke drückten "bürgerliche Selbstreflexionsbedürfnisse" aus, seien "Manifestationen bürgerlicher Tugend- und Moralvorstellungen",[15] formulierte Voßkamp. Für K. Garber haben gelehrt-poetische Traktate aus dem Umkreis gelehrter Societäten - aber nicht nur da! - eine "strikt antifeudale Physiognomie". Die Hervorhebung von Vernunft, Tugend, Leistung, die scheinbar ständisch unspezifische Argumentation vieler Schriften zur höfischen Gesellschaft flankiere gleichwohl "den Aufstieg der neuen bürgerlichen Klasse einschließlich des Humanistenstandes".[16]

Andere wiederum wollen von einer Stände übergreifenden Gemeinsamkeit in gelehrt-literarischen Bemühungen überhaupt

13. Volker Press: Führungsgruppen in der deutschen Gesellschaft im Übergang zur Neuzeit (1500). In: Hans Hubert Hofmann, Günter Franz, Hrsg.: Deutsche Führungsschichten in der Neuzeit. Eine Zwischenbilanz, Boppard 1980, S. 29-78, hier S. 74.

14. ebd., S. 50; vgl. ferner ders.: Adel im Reich um 1600, in: Grete Klingenstein, Heinrich Lutz (Hrsg.): Spezialforschung und "Gesamtgeschichte" (Wiener Beitr. z. Gesch. d. Neuzeit 8) München 1982, S. 15-47, bes. 36 ff.

15. Wilhelm Voßkamp: Landadel und Bürgertum im deutschen Schäferroman des 17. Jahrhunderts. In: Albrecht Schöne (Hrsg.): Stadt-Schule- Universität-Buchwesen und die deutsche Literatur im 17. Jahrhundert (Barock-Symposion 1974), München 1976, S. 99-111, hier S. 110, 107.

16. Klaus Garber: Gelehrtenadel und frühabsolutistischer Staat. In: Kultur zwischen Bürgertum und Volk (Argumente-Sonderband AS 103) Berlin 1983, S. 31-43, hier S. 37, 33.

nichts erkennen, gehen von einer fortdauernden Trennung "feudalstaatlich führender" Schichten und Bürgertum aus, das zwar in humanistischen Vorstellungen seine moralisch-politischen Ideale formuliert habe, aber eigentlich nie in Statuskonkurrenz zum Adel getreten sei. Dieses - im Grunde spätere Konkurrenzdenken - sei zwar gedanklich im 17. Jahrhundert vorbereitet worden, aber erst im späten 18., zur Zeit der Französischen Revolution, hervorgetreten.[17]

Wilhelm Kühlmann erschien die zu wohlfeile Verwendung des Begriffs bürgerlich "gewiß bedenklich". Er fuhr dann aber fort - und auch in seiner bedeutenden Abhandlung zum deutschen Späthumanismus erscheint er in diesem Punkt nicht recht entschieden[18] - "doch kann man wirklich darauf verzichten, nach den Verbindungslinien zu fragen, die zwischen dem italienischen Bürgerhumanismus ... und den Entwicklungen in Deutschland bis ins 18. Jahrhundert verlaufen".[19]

Aber genug der Stimmen! Es soll auch nicht die unterschiedliche Auffassung dessen, was bürgerlich denn nun ist, umständlich erörtert werden. Sicherlich hängen viele dieser — und weiterer — Schlußfolgerungen mit unterschiedlichen Vorstellungen von diesem schillernden Begriff zusammen, der recht weit auseinander Liegendes, letztlich Inkompatibles vereinen soll. Was bürgerliche Gesellschaft, bürgerlich selbst in dem nach ihm genannten Jahrhundert auszeichne, ist schließlich keineswegs besser geklärt![20] So darf hier wohl davon ausgegangen werden, daß unbestreitbare Phänomene wie die Entstehung des Humanismus — eines vielfach gleichermaßen undeutlich verwandten Begriffs übrigens! — in der

17. Klaus Bleeck, Jörn Garber: Nobilitas: Standes- und Privilegienlegitimation in deutschen Adelstheorien des 16. und 17. Jahrhunderts. In: Daphnis 11, S. 49-114.

18. Vgl. Anm. 2.

19. In seiner Besprechung des darin entschieden urteilenden Buchs von G.E. Grimm: Literatur und Gelehrtentum in Deutschland. In: Intern. Archiv f. Sozialgeschichte der deutschen Literatur 10, Tübingen 1985, S. 270-275, hier S. 273.

20. Am bequemsten informiert jetzt: Utz Haltern: Bürgerliche Gesellschaft. Sozialtheoretische und Sozialhistorische Aspekte (Erträge der Forschung Bd. 227) Darmstadt 1985.

italienischen Renaissance, seinem Auftreten in Augsburg und Nürnberg etwa, in Straßburg, Basel, Erfurt, seinem Fortwirken in späthumanistischen Kreisen der gelehrt-literarischen Welt für dieses Urteil der Grund gewesen sind. Aber schon für den deutschen Humanismus selbst bedeutet das eine unzulässige Einschränkung. Es wird da nicht bedacht, daß nicht zuletzt auch "Fürstenstädte" und Höfe den Humanisten oftmals Heimstatt boten. Auch waren die deutschen, diese außeritalienischen Städte nicht eigentlich durch Konkurrenzdenken, Leistungsgesinnung, Talentförderung gekennzeichnet. Sie verfolgten damals, innerhalb ihrer Mauern im allgemeinen eine der fürstlichen Politik gleichlaufende Tendenz. Die städtischen, diese "bürgerlichen" Lebensformen hatten wie in den Territorien zunehmend sozialem Ordnungsdenken -Disziplinierung wie G. Oestreich sagte - zu entsprechen und zu folgen.[21] Wie dort herrschten auch in den Städten eine große Spannweite sozialen Standorts, höchst unterschiedliche Wertvorstellungen und abgestufte Rechtstellungen vor.[22] Von diesen Städten ging im Grunde denn auch keinerlei "Streben ... nach Überwindung des Feudalismus" aus, wie seinerzeit bereits O. Brunner feststellte. Ihre Oberschicht, selbst die nichtpatrizische, habe vielmehr "in ihrem Lebensstil und Ethos dem Adel" sehr nahegestanden.[23]

Bis ins späte 18. Jahrhundert finden sich im Reich in der Tat keine Stimmen, die diese ständestaatliche Ordnung im Politischen aufheben, beiseite schieben möchten.[24] Politische bzw. "gesellschaftliche" Analytiker von Althusius und Limnäus über Hippolithus a Lapide, Leibniz — dem gewiß bemerkenswertesten — Conring, Thomasius bis Schmauss, Schlözer, Friedrich Carl

21. Arno Borst: Lebensformen im Mittelalter, Frankfurt/Berlin 1973, S. 420 ff.

22. Alfred Haverkamp: Die "frühbürgerliche" Welt im hohen und späten Mittelalter. In: HZ 221, 1975, S. 571-602.

23. Otto Brunner: Stadt und Bürgertum in der europäischen Geschichte, jetzt in: ders.: Neue Wege der Verfassungs- und Sozialgeschichte, Göttingen 1968, S. 213-224, hier S. 223.

24. Vgl. auch den Artikel "Reich". In: Geschichtliche Grundbegriffe. Historisches Lexikon zur politisch-sozialen Sprache in Deutschland, hrsg. v. Otto Brunner u.a., Bd. 5, Stuttgart 1984.

von Moser und Dalberg - um nur ein paar Namen zu nennen - waren unerschütterlich von der Vorteilhaftigkeit, ja Gottgewolltheit der öffentlichen Ordnung dieses Reichs überzeugt.[25] Ihre Kritik bewegte sich innerhalb jeweils des fürstenstaatlich vorgegebenen Rahmens, zielte auf moralische, institutionelle administrative Besserung nicht solche der Staatsform.[26] Insoweit unterschied sich diese "bürgerliche" Elite, diese "bürgerliche" Welt von der späteren nicht unerheblich, was begreiflicherweise schon allein an ihren historischen Bedingungen abzuleiten steht.

Wenn also auf Reichsboden die städtische Welt einen weniger "bürgerrepublikanischen"[27] Charakter hatte als gelegentlich vermutet, trifft eine andere der genannten Beobachtungen doch fraglos zu. Der Humanismus wurde zumeist von Nichtadligen über die Alpen gebracht. In Italien ausgebildete, vielfach auch graduierte Akademiker, manchmal auch "nur" dort vagierende Studiosi waren es, denen die frühe Bekanntschaft mit dieser Geistesbewegung zu danken stand. Ob sie in fürstlichen, in städtischen Diensten oder an Universitäten Anstellung fanden, sie suchten das neue, südländische Ideal in ihrer Umgebung zu wiederholen, es nachzuahmen.[28] Noch im 17. Jahrhundert galt schließlich Italien als vorbildliches Muster in diesen gesellschaft-

25. Literatur und Nachweise vgl. Notker Hammerstein: Jus Publicum Romano-Germanicum. In: Diritto e Potere nella Storia Europea (Atti del quarto Congresso Internazionale della Società Italiana di Storia del Diritto) Florenz 1982, S. 717-753.

26. Sog. "bürgerliche" Kritik am Hof, am Geburtsadel - wie sie früher recht unbekümmert und heute gelegentlich noch gern in der "Barock-Forschung" - als "politische" Äußerung gegen Absolutismus, Fürstenherrschaft, Ständestaat usf. interpretiert wird, entpuppt sich bei historisch-politischer Analyse gern als Kritik an Höflingen, Strebern, Schmeichlern.

27. Davon spricht gar unbekümmert, als sei das ein Spezifikum jeder frühneuzeitlichen Stadt, in der Latein-Schulen standen, Claus Uhlig, Moral und Politik in der europäischen Hoferziehung. In: Literatur als Kritik des Lebens. Festschrift Ludwig Borinski, Heidelberg 1975, S. 27-51.

28. Grundlegend noch immer Paul Joachimsens Aufsätze, jetzt in: Paul Joachimsen: Gesammelte Aufsätze, 2 Bde., Aalen 1970/1983.

lich-eleganten Praktiken, wie etwa Harsdörffer in seinen *Frauenzimmergesprächspielen* 1649 bezeugte: "Unsere Gesprächspiele sind von den Italienern abgesehen / welchen auch die Frantzosen nachgeahmet / und ist solche Verstandübung auch an vielen Teutschen Fürstenhöfen / mit sondrem Behagen / eingeführet worden / ...".[28a]

Dort in Italien hatten sie erlebt, wie in einer neuen Öffentlichkeit, einer Gesellschaft eigener Art die "Mächtigen" mit den Gelehrten und Gebildeten — den Humanisten — Umgang pflogen. Vielfach gehörten diese Mächtigen selbst zu den Humanisten, hingen ihren Lebensidealen an. Die letztlich nichtfeudale Welt im Italien der Renaissance, die vielen "scheinfeudalen" Herrschaften nichtlegitimer Herkunft entwickelten, wie bereits Jacob Burckhardt erkannte, eine neue Rationalität und Rechenhaftigkeit, eine "bewußte Berechnung aller Mittel".[29] Ihre rastlose Tätigkeit, die Erfolg, Ruhm, Aufstieg allein der eigenen Tatkraft zu danken meinte, ließ die politisch Agierenden in den "Gelehrten, Dichtern, Musikern und Künstlern" Menschen der gleichen Art, die eben alles ihren geistigen, künstlerischen Mitteln dankten, erkennen. Der Umgang mit ihnen brachte in den Augen der Öffentlichkeit eine Art neue Legitimität, befreite vom Makel illegitimer Herrschaft. Das Zusammenleben in der Stadt, wo auch der italienische "Adel" lebte, machte nicht nur alles öffentlicher, bekannter, auch direkter und unmittelbarer. Es zwang die Herrschenden möglichst alle und alles zu kennen, auf diese Öffentlichkeit Rücksicht zu nehmen. Anders als im Norden waren insoweit selbst die "Höfe" offener, hatte der "Fürst" nicht vorab Umgang mit Adligen.[30] Der Virtuoso, ja jeder Befähigte

28a. Zit. n. Emilio Bonfatti: La "Civil Conversazione" in Germania. Letteratura del comportamento da Stefano Guazzo a Adolph Knigge 1574-1788 (Universitá dei Studi di Trieste, Facoltá di Magistero) Udine 1979, S. 74.

29. Jacob Burckhardt: Die Kultur der Renaissance in Italien, Ausg. Wien o.J. (Phaidon-Verlag) S. 4; das folgende Zit. S. 25; vgl. ferner Notker Hammerstein: Die Utopie als Stadt. In: La citta italiana del Rinascimento fra Utopia e Realtà. Centro Tedesco di Studi Veneziani (Quaderni 27) Venedig 1984, S. 37-53.

30. J. Burckhardt: S. 30; ferner Walter Barberis: Uomini di corte nel

Renaissancekommunen vorgeführt und entwickelt hatten.[33] Selbst für die Gelehrten konnte und mußte das verpflichtend sein, längst etwa vor Thomasius' frühaufklärerisch höfischer Wissenschaft. So formulierte 1620 Besold: "Affectationem Literarum esse vitandam doctrinaeque: eum magis doctum prudentemque censerem, qui artem occultat, ita ut in naturam transiisse videatur".[34]

Gewiß, man kann diese Haltung und Welt insoweit "bürgerlich" nennen. Ebenso zutreffend, wenn nicht zutreffender wäre es jedoch, sie — gemäß gleichfalls allgemeinerem Sprachgebrauch — als aristokratisch zu bezeichnen. Genauso wenig wie das Renaissance-Individuum schon dem des "bürgerlichen" Jahrhunderts, dem des Neuhumanismus entsprach, so wenig tat es dieser "Bürger", was eigentlich eine Selbstverständlichkeit ist!

Wie allenthalben in Europa wurde im 15. Jahrhundert auch im Heiligen Römischen Reich deutscher Nation versucht, bessere staatliche Verhältnisse zu erzielen. Ob das mit Verdichtung der Herrschaft bezeichnet oder mit dem Entstehen des modernen Staates in eins gesetzt wird —wie früher gerne gesagt wurde — : entscheidend war, daß überall neue Herrschaftsverfahren, Herrschaftsmethoden und -zwecke verfolgt wurden. Die Rezeption des Römischen Rechts, die zunehmende Schriftlichkeit, Verwissenschaftlichung, Aufbau von Behörden usf. bezeichnen - grosso modo - alle das gleiche, das, was damit gemeint wird.[35]

33. Außer Burckhardt, S. 210 ff. vgl. auch E. Loos: Baldassare Castigliones "Libro del Cortegiano", Frankfurt/M 1955.

34. Zit. n. Kühlmann: Gelehrtenrepublik, S. 335. Das Zit. S. 330 von D. Heinsius beschreibt das seinerseits ebenfalls präzise, anscheinend eine Passage Polizianos aus dessen Oratio super Fabio Quintiliano paraphrasierend. Dort hatte die Rhetorik diese Wirkkraft. "Sie allein hat die verstreut lebenden Menschen zuerst innerhalb der Mauern einer Stadt zusammengeführt, sie durch Gesetz, Sitte und überhaupt durch eine menschliche und bürgerliche Erziehung miteinander verbunden". — Zit. n. August Buck: Die humanistische Tradition in der Romania, Bad Homburg/Berlin/Zürich 1968, S. 162.

35. Vgl. u.a. Peter Moraw: Von offener Verfassung zu gestalteter Verdichtung. Das Reich im späten Mittelalter 1250 bis 1490. (Propyläen-Geschichte Deutschlands 3) Berlin 1985. Heinrich Lutz: Das Ringen um deutsche Einheit und kirchliche Erneuerung, 1490-1648, (Proyläen-

Im Reich vollzog sich dieser Vorgang vorab in den Territorien.[36] Doch nicht im übergreifenden Ganzen des Sacrum Romanum Imperium, wurde politisches, "staatliches" Leben erfahren. Im Dienst der Territorialfürsten — das war damals auch der Kaiser —konnten sich nun an Universitäten Graduierte als gelehrte Räte, Sekretäre, Ratgeber bewähren. Anfänglich rar und gesucht — viele von ihnen wechselten mehrfach den Herrn, viele bildeten im Laufe des 16. Jahrhunderts eigene "Dynastien" — setzten sie die Normen, Regeln und Verfahren fest, mit denen der Ausbau der Territorien —und auch Städte — vorangetrieben wurde.[37] Ihr Bestreben war wie das ihrer Herren, dem Fürsten, den Landesherren mehr an Kompetenzen und Gestaltungsmöglichkeiten zuzuschanzen, zur Förderung des gemeinen Nutzens. Nicht immer war es dabei klar, wer der eigentlich Agierende, Verantwortliche war: der Herr oder der Diener.

Ganz analog vollzog sich das bei der Übernahme der neuen geistigen und kulturellen Ideale. Die in Italien infizierten Räte brachten nicht nur häufig die dortigen Vorstellungen mit, sie veranlaßten die Landesherren, diesen Vorstellungen ebenfalls gewogen und offen zu sein. Sie waren es auch vielfach, die die außerhalb dieser frühhöfischen Sphäre lebenden humanistischen Literaten stützten und förderten. Eigentlich dauerhafter als im Umkreis eines sogenannten "Bürgerhumanismus" in den Städten

Geschichte Deutschlands 4) Berlin 1983; Franz Wieacker: Privatrechtsgeschichte der Neuzeit, Göttingen 1967.

36. Vgl. Dietmar Willoweit, in Kap. 4, Territoriale Staatsbildung. In: K.G.A. Jeserich u.a.: Deutsche Verwaltungsgeschichte I, Stuttgart 1983.

37. Rudolph Endres: Die deutschen Führungsschichten um 1600. In: Deutsche Führungsschichten (wie Anm. 13), S. 79-110; Notker Hammerstein: Universitäten - Territorialstaaten - Gelehrte Räte. In: Roman Schnur, Hrsg.: Der Beitrag der Juristen beim Aufbau der frühmodernen Staaten, Berlin 1986, S.687-735. - Zur Bedeutung dieser "ordnungsmächtigen Beamten", zur Rolle der Territorialstaaten, der des Absolutismus und seiner Sprache vgl. die grundlegenden Analysen bei Conrad Wiedemann: Barocksprache, Systemdenken, Staatsdenken, In: Intern. Arbeitskreis für Barockliteratur (1. Jahrestreffen in der Herzog-August-Bibliothek), Wolfenbüttel 1973, S. 21-51.

konnten diese "Intellektuellen" denn auch in dem Umfeld von Fürsten leben.[38]

Das Eindringen humanistischer Vorstellungen und Methoden in die Universitäten zeigt das recht deutlich. Vorab landesherrlichem Schutz, dem des Fürsten selbst oder dem seiner Räte, verdankten diese Theorien — und die Männer, die sie vertraten —, daß sie an diesen Institutionen wirksam werden konnten. In Heidelberg, Wittenberg, Wien, Freiburg, Erfurt etwa war das damals der Fall. Gegen den Widerstand der eingesessenen Professoren konnten dort humanistische Auffassungen und Materien sich dank des Rückhalts am Hof allmählich durchsetzen. Namen wie der des Kaiser Maximilian, Kurfürst Friedrichs des Weisen, Friedrichs I. und Philipps von der Pfalz, der Eberhards von Württemberg, Adlige wie Johann von Dalberg, Georg III. Schenk von Limpurg stehen für diesen Vorgang. Ganz im Gegensatz dazu vermochten sich etwa im großstädtischen und traditionalistischen Leipzig, in Köln dies neue Lebensgefühl zunächst nicht durchzusetzen. Ohne fürstliches Interesse, ohne den Nachdruck des Hofes waren die beharrenden Kräfte im allgemeinen die stärkeren.[39]

Erfolg, Aufstieg und Leistungsfähigkeit dieser nichtadligen Räte boten "Bürgerlichen" nicht nur ein höheres Maß an sozialer Mobilität, wie gern gesagt wird, sondern belehrten die geborenen Berater des Fürsten - den Adel -, daß akademische Vorbildung Voraussetzung für politische, für öffentliche Tätigkeit geworden war. Adlige Vorrangstellung im fürstlichen Rat, am Hof als Leitungszentrum der Territorien, in führenden Positionen erlitt damals denn auch erhebliche Einbußen. Nichtadlige wurden aufgrund ihrer besseren Qualifikation bevorzugt, hatten außer-

38. Wolfgang Zorn: Die soziale Stellung der Humanisten in Nürnberg und Augsburg. In: Otto Herding, R. Stupperich, Hrsg.: Die Humanisten in ihrer politischen und sozialen Umwelt (Komm. f. Humanismusforschung, Mitt. 3), Boppard 1976, S. 35-50.

39. Der Einfachheit halber verweise ich auf meinen Aufsatz: Zur Geschichte und Bedeutung der Universitäten im Heiligen Römischen Reich Deutscher Nation. In: HZ 241, 1985, S. 287-328; dort die wichtigste Literatur.

ordentliche Möglichkeiten während des 16. Jahrhunderts, wie bekannt.

Nun hatten ja auch die Humanisten verlangt, daß die verantwortlich Handelnden erzogen sein müßten. Nicht zuletzt die Fürsten aber auch ihre Räte hätten ausgebildet zu sein. Denn, so war die Meinung: "qualis princeps talis populus; Principum luxum imitantur nobiles, nobilium cives, atque etiam rustici".[40] Gewiß hatte das neben der Selbstvervollkommnung, stellvertretenden Erfahrung, unparteiischem Rat auch die Funktion, fürs Regiment fähiger zu machen. Denn es galt: "... ein Fürst studieret darumb, damit er Land und Leut zu regieren tüglicher sey, ...", was wiederum zur Folge hatte, daß er nicht mit "minutiis grammaticorum oder philosophorum ... seine beste Zeit ..." verliere.[41]

In Erasmus' Institutio principis christiani waren diese Voraussetzungen und Bedingungen guter Herrschaft weithinwirkend und sozusagen klassisch formuliert worden. Zusammen mit Castigliones Cortegiano — der 1565 selbst in einer deutschen, in München veranlaßten Ausgabe vorlag -[42] und wenig später auch mit Guazzos De conversatione civili bildeten diese "Hof-Bücher" wichtige Anleitungen, verpflichtende Erziehungsfibeln für die elegante, adlige Welt. Häufig, ja fast regelmäßig waren diese Schriften schließlich in Adelsbibliotheken zur Hand, vermittelten die Einsicht in die Notwendigkeit einer Heranziehung, einer gelehrten Unterweisung gerade auch der Adligen.[43] So hieß es in einer der vielen Fürstenspiegel:

40. Conrad Heresbach: De educandis erudiendisque principum libri, Ausg. Straßburg 1598.

41. Die Zit. in: Notker Hammerstein: "Großer fürtrefflicher Leuthe Kinder". Fürstenerziehung zwischen Humanismus und Reformation. In: August Buck, Hrsg., Renaissance - Reformation. Gegensätze und Gemeinsamkeiten (Wolfenbütteler Renaissance-Forschungen 4) Wiesbaden 1984, S. 265-285, hier S. 277.

42. Dieter Breuer: Oberdeutsche Literatur 1565 - 1650, München 1979, S. 101.

43. E. Bonfatti, (wie Anm. 28a); Otto Brunner: Adliges Landleben und europäischer Geist, Salzburg 1949; Klaus Ley: Nachwort in: Giovanni della Casa, Galateus. Das Büchlein von erbarn / höflichen und

"Et extant in hac ratione pleraque multa Platonis, Aristotelis, Plutarchi, Senecae, Ciceronis, Ambrosij, Augustini, Bartoli, Martini Landeas. et innumerabilium propie aliorum quoque scripta, quorum lectio inprimis utilis est moribus formandis. Vehementer autem utiles sunt eae de informando recto Principe, et instituendo milite Christiano praeceptiones, quas cum singulari atque erudita pietate tradet Des. Erasmus Rotterdamus: quibus cum nihil sit vel pulchrius vel elegantius putavimus esse, eorum nos officiorum pium et rectum Principem in hoc parvo opuscolo commonuisse, ...".[44]

Die hohe Bedeutung und Verantwortung, die den Landesherren durch die Reformation zusätzlich zuerkannt worden war, ließen es trotz distanzierter Haltung Luthers zum Humanismus nicht weniger unabweisbar erscheinen, dafür vorzubilden. Ebenso wie für die Universitäten galt auch für die Adels- und Prinzenerziehung, daß sie den Idealen einer aus humanistischen Vorstellungen und Glaubenswahrheiten vermischten Gelehrsamkeit zu folgen hatten.[45] Auf diese Weise überwogen gelegentlich entschieden humanistische Momente, die Freude an konfessionsfreien Dingen, vor eigentlicher Religiosität. Und es bildete sich zudem ein gemeinsames Verständnis, eine ständeübergreifende Sprache der "Gebildeten" über Kunst und Literatur, über die Inhalte und Gegenstände eben dieser Kultur aus.

Anders als in früheren Jahrhunderten konnten Standesschranken in diesem Umkreis überwunden werden. Das gemeinsame Interesse, die erwähnte Freude an dieser Kultur erhielten einen wichtigen Freiraum für die Beschäftigung mit geistigen Dingen.[46] Auch hatte die Reformation — und unterstützte darin den Humanismus — den Unterschied zwischen Laien und geistlichem

holdseligen Sitten, verdeutscht von Nathan Chytraeus (Deutsche Neudrucke, Reihe Barock), Tübingen 1984.

44. J. Omphalius: De officio et potestate principis, Basel 1550, S. 48.

45. Vgl. etwa Bleeck / Garber (wie Anm. 17), S. 59 ff.

46. Außer Kühlmann: Gelehrtenrepublik, insb. Gunter E. Grimm: Literatur und Gelehrtentum in Deutschland. Untersuchungen zum Wandel ihres Verhältnisses von Humanismus zur Frühaufklärung, Tübingen 1983; Dieter Breuer: Gibt es eine bürgerliche Literatur im Deutschland des 17. Jahrhunderts? In: Germanisch-Romanische Monatsschrift, NF 30, 1980, S. 211-226.

Stand aufgehoben. Geistige Tätigkeit war auch von dieser Seite hinfort jedermann angemessen. Sie war kein Privileg mehr, wurde eher eine Pflicht! Der Gebildete galt ihr als der eigentlich Gesittete, wie das etwa Sturm oder Melanchthon und später gelegentlich selbst die Jesuiten vertraten.

Viele "Bürgerliche" stiegen also in höhere, einflußreiche Stellungen auf und erzogen durch ihr Beispiel wie auch ihre Forderungen die Adligen dazu, Bildung, Kultur als notwendig ansehen zu lernen. Gewiß hatte es auch bereits im Mittelalter gelegentlich "soziale Mobilität" gegeben. Damals geschah das zumeist im Rahmen kirchlicher Karrieren. Die umschlossen aber durchaus, da die Geistlichen vielfach auch als Räte der Fürsten tätig waren, weltliche Aufgaben. Jetzt waren solche Möglichkeiten nicht nur zahlreicher aufgrund des Ausbaus der Gemeinwesen zu frühmoderner Staatlichkeit. Sie ruhten zudem auf breiterem Fundament auf, waren nachhaltiger akzeptiert als zuvor, da dank des Humanismus, der italienischen und alsbald auch einheimischen Vorbilder Gesittung, sapientia, moderatio, eloquentia, justitia generell als Leitbilder angesehen und postuliert wurden.

Folgerichtig wandten sich Adlige zunehmend den Universitäten, den Studien zu.[47] Ihre Kinder wuchsen in der Obhut von wohlausgewählten Präceptoren auf, erhielten eine Vorbildung, wie sie wenige "Bürgerliche" aufzuweisen hatten.[48] All das ging nicht unbedingt rasch vor sich, setzte sich eigentlich erst gegen Ende des 16. Jahrhunderts mehr und mehr durch. Dann aber hatte der Adel den Vorsprung der Nichtadligen längst wieder wettgemacht. Er konnte seinerseits nunmehr beanspruchen, für die Tätigkeit in Staat und Politik vorgebildet und ebenso prädestiniert zu sein, wie

47. Vgl. zuletzt Rainer A. Müller: Aristokratisierung des Studiums? Bemerkungen zur Adelsfrequenz an süddeutschen Universitäten im 17. Jahrhundert. In: Helmut Berding, Hrsg., Universität und Gesellschaft (Geschichte und Gesellschaft 10, 1), 1984, S. 31-46; zum Problem des italienischen Adels vgl. auch die z.T. ein wenig abweichenden, in vielem jedoch ergänzenden Überlegungen in: Cesare Mozzarelli / Pierangelo Schiera (Hrsg.): Patriziati e aristocrazie nobiliari, Trento o.J. (1978).

48. Als Fallbeispiel vgl. Notker Hammerstein: Prinzenerziehung im landgräflichen Hessen-Darmstadt. In: Hess.Jb.f.Landesgeschichte 33, 1983, S. 193-237.

das früher schlicht aufgrund der Geburt der Fall gewesen war. Und diesen Anspruch löste er zunehmend auch ein, sodaß ab 1600 es immer schwerer für Nichtadlige war, in leitende, höfische Positionen zu gelangen. Der "bürgerliche" Bildungsvorsprung war insoweit ausgeglichen worden.

Begreiflicherweise wählten die Adligen solche Disziplinen, die administrativen und politischen Tätigkeiten hilfreich zu sein vermochten. Neben der unumgänglichen Beschäftigung mit artistischen Fächern —insbesondere Historien, Oratorie, modernen Sprachen, Poetica, Philosophia practica — war das vor allem die Jurisprudenz. Hinzu traten jeweils kavaliersgemäße Exerzitien wie Reiten, Fechten, Tanzen usf., was gelegentlich dann zur Ausbildung eigener Ritterakademien führte.[49] Es braucht das hier aber nicht näher erörtert zu werden, verfolgten diese Anstalten in ihren Ausbildungsabsichten keine anderen als die hier erörterten Ziele.

Verständlicherweise galt es übrigens in jedem Fall als unziemlich, zu graduieren, nicht hingegen, während der langen Ausbildung immer wieder öffentlich geprüft zu werden, oder besser: aufzutreten und elegant gebildet zu erscheinen. Denn so etwas unhumanistisches wie Sitzfleisch oder Schweiß sollte erst recht einen adligen Herrn nicht verunzieren.

Ohne bereits über zureichende Einzeluntersuchungen zu verfügen, erlauben ein wenig zufällige Befunde den Schluß, daß zwischen 7 und 17% der Studiosi an Universitäten des Reichs während des 17. Jahrhunderts adliger Herkunft waren. Schon zuvor war dieser Prozentsatz angewachsen und im 18. Jahrhundert nahm er sogar noch zu, zumindest an manchen Universitäten, was aber hier nicht zur Erörterung steht. Diese Prozentzahlen müßten sich gewiß noch verschieben, wenn mit eingerechnet würde, daß viele Adlige eine voruniversitäre, eine private Ausbildung erhalten hatten, die Immatrikulationen — im allgemeinen — nur die erfassen, die sozusagen zusätzlich eine juristische Fakultät besuchten. Der Prozentsatz der "Gebildeten" von Adel dürfte insoweit also noch höher liegen, wenngleich quantitative

49. Norbert Conrads: Ritterakademien der frühen Neuzeit. Bildung als Standesprivileg im 16. und 17. Jahrhundert, Göttingen 1982.

Ergebnisse den Tatbestand selbst nicht wesentlich verändern können.

Eine andere Beobachtung bestätigt, wie ich meine, diese Schlußfolgerung. Schon im 16. Jahrhundert und noch mehr im 17. war es üblich, junge Adlige auf eine Kavaliersreise zu schicken.[50] Im Grunde suchte möglichst jede adlige Familie - war es finanziell nur möglich - solche karrierenfördernde Erfahrung zu ermöglichen. Wer konnte, begab sich auf eine solche "Bildungsreise". Bezeichnenderweise verfolgten "Bürgerliche", die über juristische oder medizinische Studien einen Aufstieg nehmen wollten, das gleiche Ziel, strebten zu einem ausländischen Studium, obwohl sie dazu häufig in konfessionell anders ausgerichtete Länder ziehen mußten — was für den Adel natürlich gleichermaßen zutraf. Nach wie vor galten ja französische oder italienische Universitäten, eine dortige Graduierung als besonders herausragende und empfehlende Leistung. Nicht nur das venezianische Padua hat sich daher noch lange gewehrt, der kirchlichen Verpflichtung auf einen Eid zur Rechtgläubigkeit bei der Graduierung Folge zu leisten. Auch an anderen Orten, in Siena, Neapel, Montpellier etwa wurden solche Vorschriften bis weit ins 17. Jahrhundert hinein zu umgehen gewußt, ganz so, wie das später holländische Universitäten gegenüber Nichtcalvinisten handhabten. Erst in einer späteren Zeit, dem späten 17. und 18. ahrhundert, galt eine solche Graduierung nicht mehr allzuviel. Der Aufstieg, die Verjüngung eigener Universitäten, die Übernahme eleganter Wissenschaften, wie man sagte, erlaubte eine solche Einstellung. Da wurde gern die ausländische Graduierung herabgesetzt, wurde das - wie etwa bei Johann Peter von Ludewig - ältere Diktum abwertend zitiert: "sumimus pecuniam et mittimus doctores (asinos) in Germaniam".[51]

50. Vgl. u.a. H. Kühnel: Die adlige Cavaliers-Tour im 17. Jahrhundert. In: Jb.f.Landeskunde Niederösterreichs, NF 36, Wien 1964, S. 364ff.; Gernot Heiss: Bildungsverhalten des Niederösterreichischen Adels im gesellschaftlichen Wandel: Zum Bildungsweg im 16. Jahrhundert. In: Spezialforschung und "Gesamtgeschichte" (Wiener Beiträge zur Geschichte der Neuzeit, hrsg. v. G. Klingenstein u.a.) Wien 1981, S. 139ff.

51. Johann Peter von Ludewig: Consilia Hallensium Jureconsultorum... Halle 1733/34, Vorrede, S. XXX.

Daß auf solchen Auslandsreisen, daß während des Besuchs ausländischer Universitäten wie auch dem der einheimischen, wichtige, hilfreiche Bekanntschaften für die Zukunft geschlossen werden konnten und wurden, liegt auf der Hand. Adlige und Nichtadlige einschließlich Präceptoren und Hofmeistern befanden sich schließlich in wenig festgezurrten gesellschaftlichen Verhältnissen, konnten bei aller zu beachtenden zeremoniösen Umgangsweise an solchen Orten gleichwohl offener miteinander verkehren. Das meinte etwa Zesen, wenn er im *Adriatischen Rosemund* schrieb: "Wan aber ein Kaufmann oder ein anderer, seinen Sohn auf der Hohen schulen freien künsten unterhält, so ist ihm, so lang er den Freien künsten oblieget, wohl vergönnet, daß er sich einem von adel gleichhalten mahg".[52] Viele spätere Karrieren können denn auch auf (vorübergehend) gemeinsame Studienzeit zurückgeführt werden.

Die Vertrautheit zwischen Rat und Fürsten war aber noch eine andere. Das gemeinsame Erziehungsideal —späthumanistisch, die antike Überlieferung wie auch die neuere Kunst gleichermaßen schätzend — schuf eine inhaltliche Übereinstimmung in geistigen Dingen, eine umfassende kulturelle Verständnismöglichkeit. Ob literarisch, musikalisch, künstlerisch — es wurde verstanden und gewußt, worum es sich handelte. Die Höfe verbesserten sich kulturell nicht nur, sie hatten längst die Städte — es sei denn die Residenzstädte - als geistige und kulturelle Zentren abgelöst. Diese Entwicklung, diese Voraussetzungen waren zudem konfessionsneutral, sie trafen auf alle Religionsgemeinschaften zu, wiesen allenfalls gewisse, jedoch letztlich nicht gravierende Modifikationen auf.

Im Umkreis solcher Höfe oder Universitäten — es waren das begreiflicherweise niemals alle, eher die kleinere Anzahl, was aber die Sache dadurch nicht ändert — in solcher Umgebung konnte sich weit über die Reformation und die anschließende Konfessionalisierung hinaus ein gewisser intellektueller Freiraum erhalten. Er ließ künstlerische und literarische Anstrengungen frei

52. Zit. n. Daniel Laforge: Theorien über Hof, Staat und Gesellschaft in Philipp von Zesens Adriatischer Rosemund. In: Daphnis 11, S. 253-276, hier S. 272 ff.

von Zensur und Überwachung zu. Vielfach war es sogar üblich, weit über die Landesgrenzen hinaus, in einer gewissen "Internationalität" geistige Auseinandersetzungen und künstlerische Diskussionen zu führen. Sie waren zudem frei und unbeschwert von Standesgrenzen. Die gemeinsamen Liebhabereien bestimmten den Umgang miteinander. Eine Erasmianische respublica litterata fand sich in gelind religiöser, allemal "intellektueller" oder besser: gebildeter, ständeunabhängiger Atmosphäre an solchen Plätzen zusammen. Es mochte den Beteiligten scheinen, die Verhältnisse am Hofe von Urbino, so wie sie Castiglione geschildert hatte, wiedergewonnen zu haben. Oder sie mochten wähnen, in neustoischer Magnanimitas, so wie es Lipsius empfohlen und verstanden hatte, miteinander zu verkehren, entsprechende Ideale zu pflegen und zu verwirklichen. Ob lateinisch, muttersprachlich, gelehrt, künstlerisch, politisch, juristisch: jeweils wurde gesucht, den einengenden, gelegentlich selbst bedrückenden, den äußeren zeremoniellen Verhältnissen zu entkommen, um in freierem Umgang eine der jeweiligen Zeit angemessene Humanität, Stilisierung und Versittigung zu erzielen.

Bezeichnenderweise haben denn auch Vereinigungen wie die Fruchtbringende Gesellschaft Impresen, Symbole und auch eigene, neue Namen gewählt, um die vorgegebenen gesellschaftlichen und ständischen Schranken, die damit verbundenen Rücksichten im Interesse allgemeinerer Verpflichtungen überschreiten zu können.[53] Künstler und Gelehrte rückten dementsprechend innerhalb der Hof-Ordnungen vor, nachdem sie sich zu Beginn des 16. Jahrhunderts noch auf recht bescheidenem Rang gefunden hatten!

Zu Ende des 16. und zu Beginn des 17. Jahrhunderts erreichte diese Entwicklung eine besondere Blüte.[54] Fast als sollte die sich vehement zuspitzende, sich verhärtende politisch-konfessionelle Lage überspielt werden, an vielen Universitäts- bzw. Schulorten

53. Klaus Conermann: Die Fruchtbringende Gesellschaft und ihr Köthener Gesellschaftsbuch. In: ders.; Hrsg.: Fruchtbringende Gesellschaft Bd. 2, Leipzig/Weinheim 1985, S. 30 ff.

54. Vgl. Notker Hammerstein: Schule, Hochschule und Res Publica litteraria. In: Sebastian Neumeister / Conrad Wiedemann, Hrsg.: Res Publica Litteraria (Wolfenbütteler Barockforschungen) Wiesbaden 1987.

und ihren Höfen bestanden solche gelehrten, künstlerischen Vereinigungen, blühende Zirkel.[55] Oft hatten sie untereinander Kontakt, sie wußten voneinander. Der Dreißigjährige Krieg hat das zwar nicht überall, begreiflicherweise aber vielerorts unterbrochen, denn untergegangen sind diese Bemühungen und Traditionen auch dann nicht. Im modifizierten Gewand, gewiß, wirkten sie bis weit ins 18. Jahrhundert hinein fort.

Inzwischen hatten sich freilich die allgemeineren Verhältnisse nachhaltig gewandelt. Der Bedarf an vorgebildeten Männern wuchs nicht recht mehr weiter. Viele der Stellen wurden vermehrt wiederum mit Adligen besetzt, da diese sich entsprechende Fähigkeiten zugelegt, eine Ausbildung erfahren hatten. Sie hatten sich inzwischen mit dem Ausbau der frühmodernen Höfe abgefunden, sahen die neue Indienstnahme durch die Fürsten nicht mehr als standeswidrigen Casus an, akzeptierten weithin die neue Kultur.

Das führte begreiflicherweise zu einer schärferen Standesabgrenzung, einer deutlicheren Hierarchisierung der Höfe. Gewiß befanden sich nach wie vor auch nichtadlige Räte im fürstlichen Umkreis und selbst bei Hofe. Aber sie hatten sich, wie die Hofmänner selbst, außerhalb eines gelehrten, literarischen oder künstlerischen Umgangs den mannigfach abgestuften Hofregeln anzupassen. Oft konnten sie dort zudem erfahren, daß sogenannte praktische Erfahrung, daß entsprechend der politischen Entwicklung zunehmend auch kriegerische Ausbildung der durch Bücher vorgezogen wurde. Die Tendenz zur absolutistischen Durchdringung des Landes — im Reich eigentlich nur in Ansätzen vorhanden, mehr Gestus denn real — ließ gleichwohl eine stärkere "Ver-Hofung" modern und erstrebenswert erscheinen. Folgerichtig hatten dem Geburtsadel zunächst die glänzenderen Stellen eingeräumt zu werden, konnte der auch ohne gelehrte Bildung — ganz ohne Kenntnisse und Ausbildung ging es hingegen nach wie vor nicht ! —tonangebend und bestimmend sein. Die humanistische Behauptung, "sunt enim haec duo virtus inquam scientia

55. In Tübingen, Heidelberg, Herborn, Danzig, Zerbst, Beuthen, Wien, Straßburg, Dillingen, Mainz etwa.

verae nobilitatis insignis"[56] verlor an verpflichtendem Charakter, was den offiziellen Status zu Hofe betraf. Freilich galt nach wie vor: "virtus et scientia nobilitant naturaliter" aber mit dem Zusatz, "non civiliter".[57]

Ein eigener Bereich des Höfischen, so ließe sich formulieren, bildete sich allmählich neben vielen weiteren, den auch traditionell bestehenden heraus. Dort hatten die im Zirkel der Gebildeten entwickelten Verhaltensweisen und Regeln ein anderes Gewicht, bestimmten andere Wertmaßstäbe Umgang und Ansehen. Nach wie vor bestanden aber auch die gelehrt-literarischen, kunstliebenden adlig-nichtadligen Kreise fort, wandten sich Dichtung und künstlerisches Schaffen ausschließlich an die Gebildeten vom Fürsten über den Adligen zu nichtadligen Beamten, Professoren, Studiosi und Interessierten.

Da im Reich die Höfe zudem niemals in einem dem französischen Vorbild vergleichbaren Maße absolutistisch, elitär und politisch funktional waren, waren sie im allgemeinen viel weniger abgeschlossen, streng reglementierend und überpersönlich als dieser. Auch ließ die Kleinheit und Überschaubarkeit, die politische Bedeutungslosigkeit vieler dieser Höfe für recht lange eine allenfalls patriarchalische Regierungsweise, oder besser: Verwaltung angemessen erscheinen und sich durchsetzen. Politisch - außerhalb von Justiz, Religion, innerer Verwaltung, Schulwesen und künstlerischer Selbstdarstellung - im allgemeinen nur wenig interessiert, verblieb der fürstliche Umgang entschieden "familiärer" als etwa an den Höfen von Madrid, Versailles oder London.[58] Erst im Laufe des 18. Jahrhunderts, als infolge aufgeklärter

56. Diese übliche Meinung hier mit den Worten Johann Chlichthovius: De vera nobilitate opusculum, Paris 1520, S. 51; zit.n. Hilde de Ridder-Symoens: L'Aristocratisation des universités au XVIe siécle (Acta III Conventus ... Cracovie) Krakau 1980, S. 38.

57. Zit.n. Kühlmann: Gelehrtenrepublik, S. 355.

58. Der undifferenzierte Gebrauch der Begriffe Absolutismus, Hof, Feudalabsolutismus, absolutistische Herrschaft, Disziplinierung usf. scheint mir für viele Mißverständnisse mitverantwortlich zu sein. Die Unterschiede, die vielfach gar nicht zu vergleichenden Verhältnisse - selbst innerhalb des Reichs - dürften solcherart nicht ständig verwischt werden, soll ein tragfähiges Ergebnis erzielt werden!

Forderungen und politischer Veränderungen eine Verengung, eine Abwehrhaltung der höfischen Welt gegenüber dem Nicht-Adel eintrat, kam es allmählich zum Bewußtsein eines — auch politischen - Antagonismus zwischen menschheitlicher, bürgerlicher Würde und Adelsstolz. Im 17. Jahrhundert jedoch hatte die Kritik noch einen ganz anderen Charakter!

Die erwähnte, nach 1580/1600 zunehmende "Verhofung", die Zeit zudem wieder schärferen politischen Windes im Reich, die gelegentliche Bevorzugung geburtsständischer Argumente wiesen die "Intellektuellen" damals auf verschiedene Wege. Sie konnten die Gelehrsamkeit und Bildung eleganter, politischer, höfischer machen, Schulstaub, Pedanterei, "Blackscheißerei" überwinden wollen bzw. anprangern. Der auch öffentliche Charakter der Bildung - ganz im Sinne des Humanismus und entgegen der deutschen Neigung, Lebensfragen in Wissensdinge und die in Gewissensfragen umzustilisieren — konnte wieder ins Bewußtsein gerufen werden, wie etwa bei Besold, Boecler, Althusius, Heinsius.[59] Bildung und Versittigung, auch arma und litterae gehörten danach zusammen, verlangten den freien Austausch bei geformtem Umgang. "Conversatio civilis est moribus decentibus utendi. Vel ars mores secundum decorum et recta rationem conformandi. Eodem sensu etiam Ethica vocari potest, quae revera nihil aliud, quam ars decore conversandi cum hominibus"[60] steht bei Althusius zu lesen.

Kühne Faust und blanker Degen
Künnen Würd und Ruhm erregen;
Ruhm und Würde muß sich legen,
Stützet Feder nicht den Degen.[61]

dichtete Friedrich von Logau.

Man konnte aber auch unter den vermeintlich gewandelten Umständen leiden und es beklagen, daß die "Höfe" wenig Respekt vor wahrer Bildung zeigten. Die Dummheit von Höflingen und Militärs, die zu geringe Achtung des Fürsten vor Gelehrsamkeit — bezeichnenderweise werden sie selbst niemals unmittelbar

59. Vgl. die Zit. oben.
60. Zit.n. Bonfatti (Anm. 28a, S. 152).
61. Zit.n. Kühlmann: Gelehrtenrepublik, S. 351.

angegriffen[62] — die Ungebildetheit vieler Adligen konnten insoweit angeprangert werden. Da wurde dann gern die unverdiente Zurücksetzung der Gelehrten - der sich unschwer als Artist oder Theologe entpuppt[63] - beklagt werden. Adlige erscheinen fast immer als Höflinge, "... die im reiten / und fechten / tanzen / springen / instrumentieren / Ballen schlagen / manches großes Lob gewonnen / und ihnen selbsten die güldenen Pforten an Königlichen und Fürstlichen Höfen zu staatlichen Aemptern und Würden geöffnet", nicht aber dem "frommen Studenten", der "in lateinischer Sprache schöne Exempel der Tugend an Helden, Marthyren und Bekennern ... vorzustellen" in der Lage ist, wie Mayfarth formulierte.[64] Seine Empörung über das Auftreten des "Rectors einer vornehmen Hohen Schul" am Hof, wo der Hofnarr ihn auf Anstiften von Höflingen — "Teller Lecker und Suppen Fresser" — despektierlich herabsetzt, erinnert von fern an die Szene im *Schwierigen.* Entgegnet der Rektor doch: "Ich habe Gott zu loben und zu dancken / daß er mich aus dem Staube erhob / und zu einem Meister oder zu einem Rectoren dieser hohen und durch die gantze Welt sehr tewer berümbten Schule gesetzet". Es ist da nur folgerichtig, wenn danach der Fürst überaus für die Inauguration dieser Schule gelobt wird, und allein dem "Orenbläser", den Narren die Leviten gelesen werden. Beide seien kaum wert "aus meinem Munde zu vernehmen / wie hoch bey Gott die Meister solcher Schulen / die ich regiere / angesehen / ihren Verdiensten auch kein Feld Hauptmann und Volckbezwinger gleichen".[65]

62. Ein Fürst ist niemals dumm, ungebildet, charakterlos! Wird er wirklich einmal als Unfigur beschrieben, sodann als Tyrann. Das erlaubt eine formale Bestimmung, ist ein topisches Argument ohne direkt persönlichen Bezug. In unserem Zusammenhang zeichnen sich Tyrannen dadurch aus, daß sie "dieses gewisseste Arcanum ihrer Regierung (haben), daß sie die Unterthanen nicht studieren" lassen, wie Christian Weise formulierte, daß sie zudem alle Bücher verachten.

63. Zu Recht charakterisiert Kühlmann: Gelehrtenrepublik, diese Einstellung als eine - wie hier bei Moscherosch - die Ausbildungsanstalten als "Ort der philosophisch und theologisch reflektierten und systematisierten Moralität" begreift (S. 365).

64. Zit.n. Kühlmann: Gelehrtenpolitik, S. 108 f.

65. Ebd., S. 367, Anm. 154.

Hofleuten, die im 18. Jahrhundert dann den Beigeschmack des Höflings erhalten, Schmeichlern, Blendern galt also die Kritik, nicht der Herrschaftsform, den Fürsten, auch nicht den verdienstvollen und pflichtbewußten Räten. Es ließen sich aber selbst in Schmeicheleien gute und sinnvolle Momente erkennen, Absichten, die einer — immer nur monarchisch vorstellbaren — gerechten Herrschaft dienten. Ausgerechnet Voltaire kann das bezeugen, wenn er nämlich im 21. Kapitel seiner Geschichte des Zeitalters Ludwigs XIV. über den Sonnenkönig schrieb: "Il aimait des louanges et il est à souhaiter qu'un roi les aime, parce qu'alors il s'efforce de les mériter".[66]

Den Gefahren am Hof, seinen Verführungen und Deformationen, nicht eigentlich ihm selbst galt also die Kritik. Häufig mischte sich zudem enttäuschte Aufstiegserwartung, verletzter Stolz über nichtangenommene Dienstbereitschaft oder schlicht auch nur stubengelehrte Weltferne unter solche Kritik. Selbst noch Lessing, dem "bürgerliches" Selbstbewußtsein kaum abzusprechen steht, meinte einmal im Zusammenhang mit solchen Hofkritikern: "Aus dem Innersten seiner Studierstube zieht oft ein Mann wider ihn [den Hof] los, der, ungeschickt sich an demselben zu zeigen, ihn nur mit fremden Augen sieht, und die Menschen nur aus Büchern kennt, worin sie fast alle Zeit abscheulicher geschildert werden, als sie sind".[67] Wahrscheinlich stand da bei Lessing freilich die ergänzende und anders als hier argumentierende Auffassung dahinter: "Unsere schönen Geister sind selten Gelehrte und unsere Gelehrte selten schöne Geister!"[68]

Grundsätzlich galt nämlich auch für Lessing, daß — wie es das obenangeführte Zitat belegt — "... der Hof der Ort eben nicht ist, wo ein Dichter die Natur studieren kann". So galt ihm folgerichtig: "Aber wenn Pomp und Etiquette aus Menschen Maschinen macht, so ist das Werk des Dichters, aus diesen Maschinen wieder Menschen zu machen".[69]

66. Voltaire: Le Siecle de Lous XIV., Ausgabe Paris 1962, S. 303.

67. Lessing: Werke, hrsg.v. H.G. Göpfert, München 1970 ff., III, S. 68.

68. Zit.n. Franz Xaver Wegele: Geschichte der Deutschen Historiographie seit dem Auftreten des Humanismus, München / Leipzig 1885, S. 670 f.

69. Lessing: Hamburgische Dramaturgie, 59. Stück.

Das war schließlich das allgemeine Bestreben in der zweiten Hälfte des 18. Jahrhunderts, entsprach weitverbreiteter Auffassung. Nicht etwa, daß die forma regiminis, die fürstliche Herrschaft als solche in Zweifel gezogen, allgemeine "bürgerliche" Mitsprache eingeklagt worden wäre. Die deformierende, den individuellen Freiheitsraum einengende Tendenz der Höfe, deren "Höflings-, Günstlings-, Mätressenwirtschaft" wurden wie z.B. in Schillers *Kabale und Liebe* angeklagt und bekämpft.[70] Daß Edelmut, Hilfsbereitschaft, Treue, paternalistische Fürsorge, adlig-libertäre Ehre im höfischen Bereich nicht mehr bzw. nicht hinreichend geschätzt und gestützt wurden: darum ging es. Daß dort aus dem adligen Stand — wozu auch Gebildete, eduzierte Nichtadlige gehören mochten — eine aus den herkömmlichen, strengen Ehren- und Pflichtenschranken herausgelöste adlige Gesellschaft entstanden war, die sozusagen in äußerlicher Etikette und Abschirmung erstarrt war, erschien als Stein des Anstoßes.[71] Die Wertschätzung des Galanten und Höfischen, wie es noch zu Beginn des aufgeklärten Zeitalters akzeptiert schien, war nunmehr das Ärgernis. Früher, für Thomasius etwa war es schließlich seinerzeit selbstverständlich gewesen, im Bemühen, die Gelehrsamkeit wieder "höfisch" zu machen, einen ständeübergreifenden Umgang zu ermöglichen. Das hat er denn auch bewirkt, für sich vorgelebt und es insoweit für die kommende Mode-Universität des aufgeklärten Jahrhunderts, für Göttingen, verbindlich gemacht.[72] Danach ging es allein darum, die Wissenschaften — und ihre

70. Vgl. auch H.A. Korff: Geist der Goethezeit, I, Leipzig 1962^{6}, insb. S. 201 ff.; Paul Michael Lützeler: Lessings Emilia Galotti und Minna von Barnhelm. Der Adel zwischen Aufklärung und Absolutismus. In: Peter U. Hohendahl, Hrsg.: Legitimationskrisen des deutschen Adels 1200-1900 (Literaturwissenschaft u. Sozialwissenschaft 11) Stuttgart 1979, S. 101-118, hier S. 116.

71. Gut - und meine Überlegungen ergänzend - hier Dietrich Gerhard: Der deutsche Adel bis zum 18. Jahrhundert. In: Legitimationskrisen, S. 17-28, sowie Rudolf Vierhaus: Höfe und höfische Gesellschaft in Deutschland im 17. u. 18. Jh., jetzt in: E. Hinrichs, Hrsg.: Absolutismus, Frankfurt/M 1986, S. 116-137.

72. N. Hammerstein: Die deutschen Universitäten im Zeitalter der Aufklärung. In: Z.f.Histor.Forschung 10, 1983, S. 73-89.

Vertreter — aus theologischer Unbeholfenheit zu lösen, sie eben "galant" zu machen, ganz analog zu den früheren humanistischen Vorstellungen,[73] ... daß man wohl und anständig zu leben, auch geschickt und zu rechter Zeit zu reden wisse, daß man seine Lebens-Art nach dem Gebrauch der vernünftigen Welt richte ...",[74] wozu offensichtlich auch der Hof gehörte, war das Streben. Nicht von ungefähr postulierte Thomasius gar ein Jus decorum, denn ihm war das "Decorum ... die Seele der menschlichen Gesellschaft ..."[75]

In diesen Vorstellungen war also eine Änderung eingetreten. Wie hatte es, wann und warum dazu kommen können? Einige wenige, eher knappe denn ausführlich begründende Argumente sollen abschließend dafür genannt werden, ohne Anspruch auf Vollständigkeit zu erheben.

Das auch im Heiligen Römischen Reich Deutscher Nation vordringende aufklärerische Denken brachte für das sich nach wie vor solcherart bezeichnende und dementsprechend traditionsreich verstehende Gemeinwesen und seine in zahllosen "Territorialstaaten" lebenden Untertanen neue, eigenwillige, antitraditionalistische Momente. Der Mensch als Vernunftwesen schien den Aufklärern schließlich gleich, gleich hatte er auch vor dem Gesetz, dem Recht der Natur zu sein. Dafür und dahin hatte er ggf. erzogen zu werden, wie denn auch allgemeine Glückseligkeit und die daraus resultierende Tugendhaftigkeit dekretiert und anerziehend herbeigeführt werden mußten. "Die Staatsklugheit bestehe eben in der Geschicklichkeit — formulierte Achenwall —das Beste des ganzen Staates dergestalt zu besorgen, daß dadurch die Glückseligkeit aller und jeder Mitglieder sammt und sonders würcklich befördert werden."[76]

73. Ders.: Reichspublicistik und humanistische Traditionen. In: Richard Toellner, Hrsg.: Aufklärung und Humanismus (Wolfenbütteler Studien zur Aufklärung VI) Heidelberg 1980, S. 69-85.

74. Christian Thomasius: Welcher Gestalt man den Frantzosen im gemeinen Leben und Wandel nachahmen solle? (Ndr.hrsg.v. A. Sauer) Stuttgart 1894, S. 11; vgl. insges. auch Notker Hammerstein: Jus und Historie, Göttingen 1972.

75. Hammerstein: Jus und Historie, S. 58 ff.

76. Gottfried Achenwall: Die Staatsklugheit nach ihren ersten Grundsätzen, Göttingen 1761, § 12.

Der Hallische Professor Lamprecht definierte in bewußter Anlehnung an Cicero als staatliche Aufgabe, "die Bürger in allem Betracht gesitteter, gesunder, aufgeklärter, wohlhabender, sicherer zu machen, ihnen Bequemlichkeiten und Annehmlichkeiten des Lebens zu verschaffen".[77] Um diesen Zweck zu erreichen, durfte der (aufgeklärte) Fürst seinen Staat zur "Zuchtanstalt" emporveredeln, im Bewußtsein freilich, wie es Friedrich II., Josef II., Leopold II. u.a. formulierten, nur als "Delegierte und Beauftragte des Volkes" (Leopold II.) zu handeln.

Jeder hatte an dieser Aufgabe mitzuwirken an dem Platz, die ihm Stand, Staatsinteresse und Ratio zugewiesen hatte. Infolgedessen kam es zu scharfer Zuweisung, Funktionalisierung der öffentlichen Aufgaben. Offiziere konnten bei Friedrich d.Gr. nur aus dem Adel stammen. Allenthalben wurde eine scheinbar rein zweckrationale Aufteilung der Funktion gemäß Ständen erstrebt, was praktisch eine Festschreibung der fließenden (Standes-) Grenzen bedeutete.[78] Aus sozialen wurden generelle Unterschiede und das in dem Augenblick, in dem Vernunft, Gleichheit, Naturrecht und Gesellschafts - sowie Herrschaftsvertragsmodelle die Überzeugungen, die wissenschaftlichen Lehrmeinungen erobert hatten. Alles für und nichts durch das Volk wollte aber nach der ebenfalls neuen Gewaltenteilungslehre nicht mehr so recht einleuchten.

Der "Wiederaufbau" nach dem kriegerischen 17. Jahrhundert, die Mundanisierung der Wissenschaften und Lebensbereiche, die verbesserte, juristisch und cameralistisch verfeinerte Regierungsweise der Höfe, die bessere Ausbildung vieler Menschen führten insgesamt zu einem besseren Funktionieren der öffentlichen und privaten Aufgaben, einer "perfekteren" Verwaltung und "Staatsleitung". Die Versachlichung und Rechenhaftigkeit wirkte naturgemäß auf den Umgang des Fürsten mit Räten, Bediensteten,

77. G.F. Lamprecht: Versuch eines vollständigen Systems der Staatslehre, Berlin 1784, zit.in: Fritz Hartung: Der aufgeklärte Absolutismus, jetzt in: K.O. von Aretin, Hrsg.: Der aufgeklärte Absolutismus, Gütersloh 1974, hier S. 60.

78. Rudolf Vierhaus: Vom aufgeklärten Absolutismus zum monarchischen Konstitutionalismus. In: Legitimationskrisen (Anm. 70), S. 119-135.

der Gesellschaft insgesamt zurück. Die Höfe wurde zunehmend zur rein gesellschaftlichen Staffage, wurden von Etikette und Rangunterschieden geprägt. Sie bestanden in gesellschaftlicher Exklusivität ohne eigentlich politische Entscheidungszentren weiterhin zu sein. In "Nachahmung der Franzosen" suchten viele dem Vorbild vergleichbar zu erscheinen, was zum à la Mode-Wesen, zum "höfischen Sumpf" der Günstlinge etc. führen konnte, zumindesten solcherart empfunden und gern angegriffen wurde.

"... die französische Seuche ist ein Übel an deutschen Höfen, wo ein französischer Harlekin mehr als ein wahrer Deutscher gilt", schrieb 1757 Winckelmann in einem Brief.[79] Solche "Höfe" beleidigten in mehrfacher Hinsicht insoweit die Außenstehenden, nicht nur in ihrem Anspruch auf Mündigkeit. Die wegen ihrer Hegemonialpolitik verdächtig gewordene französische Art schien auch wenig mit der "teutschen Libertät", der rechtlichen, herkömmlichen Freiheit übereinzustimmen. Und die wurde nicht nur im politischen Umfeld aufrechtzuerhalten gesucht, sondern auch bei den Reichspublicisten, den Reichsjuristen — im gelehrten und künstlerischen Bereich — damals neu formuliert.[80] Gerade auch der gute Geschmack, ehemals ja die Domäne von Höfen, leide, so war eine verbreitete Meinung, unter diesen Bedingungen. "In Athen, wo nach der Verjagung der Tyrannen ein demokratisches Regiment eingeführt wurde, an welchem das ganze Volk Anteil hatte, erhob sich der Geist eines jeden Bürgers, und die Stadt selber über alle Griechen". Der "gute Geschmack" sei damit "allgemein" geworden, wie neuerlich Winckelmann in seiner *Geschichte der Kunst des Altertums* diese Auffassung zusammenfaßte.[81]

Die sich mündig fühlenden und erzogenen, kunstliebenden und

79. Winckelmanns Briefe an seine Freunde in der Schweiz, Zürich 1778, zit.in: Carlo Antoni: Der Kampf wider die Vernunft, Stuttgart 1951, S. 71.

80. Notker Hammerstein: Voltaire und die Reichspublicistik. In: Peter Brockmeier, u.a., Hrsg., Voltaire und Deutschland, Quellen und Untersuchungen zur Rezeption der französischen Aufklärung, Stuttgart 1979, S. 327-342.

81. Zit.n. Antoni (Anm. 79), S. 75.

gelehrten Bürgerlichen fühlten sich von dieser —insoweit wenig aufklärerischen — Hofwelt abgestoßen, mißkannt und eingeengt. Der "fürstliche Dienst" mache unfrei, nicht zwar der am Staatswohl, an der salus publica, die aber als überpersönliche, als allgemeine anzusehen begonnen wurde. So konnte etwa Justus Möser in der Rezension von Friedrich Carl von Mosers *Deutschem Nationalgeist* — einem weiteren dieser vielen damaligen politischen Erneuerungsaufrufen — feststellen: "Am Hofe lebt nicht der Patriot, nicht der Mann, der zur Nation gehört, sondern der gedungene Gelehrte, der sich schmiegende Bediente und das Chamäleon, das allzeit die Farbe annimmt, welche ihm unterlegt wird".[82]

Ein vernünftiger zwischenständischer Umgang schien am Hofe also nicht mehr möglich, wie noch Jahrhunderte zuvor. Der hatte jetzt anderen Regeln zu folgen, so wie es Goethe in einem Brief an Johanna Fahlmer 1776 beschrieb, wo er über seinen Umgang auch mit Adligen einschließlich des Herzogs selbst berichtete. "Sie sollten nicht glauben, wie viel gute Jungens und gute Köpfe beisammen sind, wir halten zusammen, sind herzlich untereins und dramatisieren einander, und halten den Hof uns vom Leibe".[83]

Das ist in der Tat eine neue, eine ganz andere Art der res publica litteraria, die an der älteren wenig Gefallen mehr findet, ihre erregte Empfindsamkeit im genuin Privaten und dergl. erleben will. So zogen sich damals ja auch viele fürstliche Familien hinter den Hof ins eher Private zurück, wie es am deutlichsten z.B. bei Maria Theresia zu beobachten steht.

Naturgemäß bot ein solches Verhalten mannigfache Gefahren, für das Ansehen fürstlicher Herrschaft ebenso, wie die emsige Ineinssetzung der fürstlichen Existenz mit dem Dienst am Staat, dessen erster Diener zu sein sie ausschließlich legitimiere. Auch das mußte egalisierend, standesgefährdend wirken, wie es wiederum bereits Goethe zu erkennen meinte. "Friedrich [d.Gr.] sondert sich vom Hofe ... Joseph wirft die äußeren Formen weg ... Maxime, der Regent sey nur der erste Staatsdiener. Die Königin von Frankreich

82. Justus Möser: Werke IX, (hg. v. B.R. Abeken), Berlin 1843, S. 243.
83. Goethes Briefe (Hamburger Ausgabe) I, Hamburg 1962, S. 208 (Brief Nr. 133).

entzieht sich der Etikette. Diese Sinnesart geht immer weiter bis der König von Frankreich sich selbst für einen Mißbrauch hält".[84]

Solcherart waren also einige Momente, die allmählich eine Entgegensetzung von höfischer Scheinwelt, von Despotismus und Unfreiheit zu humaner, richtiger, das ist bürgerlicher, freier Welt bedingten. Selbst wenn davor gewarnt wurde, Monarchie und Despotie in eins zu setzen, die "aristokratischen Staten" wie Venedig oder Amsterdam "Freistaten" zu nennen, wie es August Ludwig von Schlözer 1783 tat[85], Sicherung gegen fürstliche Unaufgeklärtheit durch Preßfreiheit, öffentliche Meinung usf. wollte auch er nicht entraten. Ab der Mitte des Jahrhunderts war es bei vielen ausgemacht, wie das Claudius formulierte: "Der König sei der bessere Mann, sonst sei der Bessere König", oder, wie Goethe in Dichtung und Wahrheit, sich seiner altdeutschen Jugendbegeisterung erinnernd, schrieb: "Es war zum Credo geworden, man müsse sich einen persönlichen Adel erwerben, und zeigte sich in jenen schönen Tagen irgendeine Rivalität, so war es von oben herunter".[86]

Diese Stimmen ließen sich leicht vermehren, wie bekannt. In ihrer zufälligen Auswahl verweisen sie hinreichend auf den ab der Jahrhundertmitte bemerkbaren Aufbruch zu anderen Zielen und Vorstellungen. Vorab blieben adlige Abschließung und Höfe die Kritisierten, daneben aber meldete sich ein Anspruch auf

84. Zit.n. Walter H. Bruford: Kultur und Gesellschaft im klassischen Weimar, 1775-1806, Göttingen 1966, S. 79.

85. Die Stelle in den Staatsanzeigen, 4, S. 3 lautet: Welcher Schwindel treibt die Leute, Monarchie und Despotie für unzertrennliche Begriffe zu halten? die Bürger monarchischer Staten ohne Unterschied Fürsten-Sklaven zu schelten? die aristokratischen Staten von Venedig, Algier, Genua, Tripoli, Freiburg, Amsterdam ... vorzüglich FreiStaten zu nennen? als ausgemacht anzunemen, daß Freiheit freilich das höchste Gut der Menschheit weit unsicherer bei Einem ErbHerrscher als bei Deux-Cent Erblichen oder alljährlich veränderten RatsHerren, aufgehoben sei?" -Daß nach der Französischen Revolution, dem terreur, die "Hof-Kritik" umschlug, sich der älteren teutschen Libertät und Reichsharmonie zu versichern suchte, gehört nicht mehr hierher, ist aber leicht verständlich.

86. Hamburger Ausgabe 10, Hamburg 1960², S. 119.

Einlösung der Menschenrechte, auf Anerkennung des neuen, "bürgerlich" genannten Wertekanons. Nicht alle Gelehrten, nicht einmal alle Kritiker verfolgten immer und überall dies Ziel. Nach wie vor galt das Reich in seiner auch hierarchischen Stufung, galten Kaiser, Fürsten, aufgeklärt erleuchtete Höfe als Hort von Rechtlichkeit, des Friedens, gerechter Ordnung. So wie in den früheren Jahrhunderten keineswegs an jedem Hof eine res publica litteraria entstehen konnte, vorkam, geduldet wurde, war es jetzt wiederum selbstverständlich, daß ein nichtadliger Mann von Geist die "Tyrannei einiger wenigen Leute genannt Adel" (Schlözer) bekämpfte, jeden Umgang mit ihnen oder einem Hof ablehnte. Erst mit dem neuen, ungleich anderen politischen Aufbruch im Gefolge der Französischen Revolution und der Revolutionskriege kam es zu diesem scharfen und begreiflichen Antagonismus - was aber hier nicht mehr Thema ist.

Gab es nun während der frühen Neuzeit ein "Grundproblem des Bürgertums", demzufolge seit Humanismus, Renaissance — den "bürgerlichen" Errungenschaften — eine unnatürliche, da nur in der Geburt begründete Unterordnung und Abhängigkeit von adligen Schichten, von Fürsten und Höfen bestanden habe? Waren Gelehrsamkeit, Poeterey, städtische oder universitäre Existenz genuin "bürgerlich", in ihrem Freiheitsdrang Vorreiter eines "modernen Staatsbürgerrechts" (Bosl)?

Die vorangegangenen Überlegungen dürften gezeigt haben, daß diese Fragen bzw. Benennungen solcherart nicht zureichend sind. Das war gewiß auch früher vielfach bekannt, unbeschadet je neuerlicher Zuschreibung, immer wieder in diesem Sinne bemühter Terminologie. Damit schleppt sich aber eine Vorstellung fort, die die Einsicht in genuine Verhältnisse frühneuzeitlichen sozialen und gelehrten Lebens verzerrt. So wie vor kurzem die Vorstellung einer "Volkskultur" zurechtgerückt[87], die Bedeutungslosigkeit des Bauernstandes als hypothetisch erkannt wurde[88], scheint es

87. Literatur und Volk im 17. Jahrhundert. Probleme populärer Kultur in Deutschland (Int. Arbeitskreis f. Barockliteratur in der Herzog-August-Bibliothek Wolfenbüttel), Wiesbaden 1985; vgl. insbes. Wolfgang Brückner: Begriff und Theorie von Volkskultur für das 17. Jahrhundert, S. 3-21.

88. Vgl. etwa Peter Blickle: Deutsche Untertanen, München 1981;

nunmehr an der Zeit, die Zuordnung "bürgerlicher" Kategorien und Wertvorstellungen im Sinne des 19. und 20. Jahrhunderts, in Nachfolge der darin ja polemischen Aufklärung, zur Lebenswirklichkeit des 16., 17. und 18. Jahrhunderts zurechtzurücken.

Die ständische Ordnung war keineswegs so unflexibel, ausschließend und ausschließlich wie das gerne unterstellt wird. Die gelehrte und künstlerische Welt - ihrerseits topisch argumentierend, sich gebunden wissend, traditionalistisch, in vielem gar nicht klar voneinander getrennt, weitgehend gemeinsamen Idealen und Normen verpflichtet — schuf ein Selbstverständnis, die Abbilder einer Zeit, die in (gemeinsamer) Aufnahme, in der Übernahme und Fortbildung durch weltlichen und geistlichen Hof erst Anerkennung, Hochschätzung und Verbreitung erfuhren. Da waren allemal über- oder vorständische Verständigungsmöglichkeiten gegeben. Selbst durch den Konfessionshader hindurch erhielt sich hier ein gelehrt-geistiger Freiraum in der Zeit zwischen 1550 und 1750 etwa. "Civile conversatione", die Konsens stiftende gemeinsame Begeisterung, die gemeinsame Tätigkeit — nicht das "Hinterfragen" — bestimmten den Umgang dieser Literati. Daß dies gar nicht so selten der Fall war, belegen auch die Gegenbilder eines täppischen, uneleganten "asinus in aula". Daß dieses Ideal des sich selbst gewissen, gebildeten, selbstbeherrschenden, versittigten Manns vielfach ein Ideal blieb, die tägliche Mühsal Ärgernis, Beschwernis und Ungenügenheitsgefühle förderte, versteht sich gewiß gleichermaßen. Aber selbst dann wurde nie der Gesamtzusammenhang dieser res publica litteraria radikal in Frage gestellt. Man hielt es äußerstenfalls so, wie es wiederum Goethe einmal formulierte: "... man muß die Zustände überhöhen, um von ihnen nicht unterdrückt zu werden".

Winfried Schulze: Bäuerlicher Widerstand und feudale Herrschaft in der frühen Neuzeit. (Neuzeit im Aufbau 6) Stuttgart-Bad Cannstatt 1980.
Peter Blickle u.a.; Aufruhr und Empörung. Studien zum bäuerlichen Widerstand im Alten Reich, München 1980.

Josef IJsewijn

JACOB BALDES "CHOREAE MORTUALES"

Unter den deutschen neulateinischen Dichtern der Barockzeit ragt Jacob Balde hoch hervor, und sein Werk zieht laufend Kritiker und Literaturliebhaber an. Davon zeugen nebst vielen Büchern und gelehrten Aufsätzen, - wie E. Schäfers grundlegende Arbeit *Deutscher Horaz*[1] - auch die für ein größeres Publikum gedachten Anthologien von M. Wehrli *(Dichtungen,* Köln und Olten 1963) und Andrée Thill *(Choix de poèmes lyriques,* Mülhausen 1981) und schließlich eine von Frau Prof. Thill 1982 in Baldes Geburtsort Ensisheim im Elsass einberufene wissenschaftliche Tagung.[2] Wenn Balde heute trotzdem nicht noch mehr Leser findet, liegt die Ursache zweifelsohne in seinem oft schwierigen Latein. Sprache, Bilder und Anspielungen sind ohne spezialistische Exegese oft vom Laien nicht mehr oder nur teilweise zu verstehen. Die einzigartige Mischung von Klassik, mittelalterlichen Themen und humanistisch-barocker Form hat in seiner Dichtung ein besonders reiches, zugleich aber sehr komplexes und manieristisches Gebilde geschaffen, das in unserer Zeit einen gründlichen Kommentar als unabdingbare Voraussetzung zum richtigen Verständnis und vollen Genuß dieser Poesie erfordert.

1. Eckart Schäfer: Deutscher Horaz: Conrad Celtis, Georg Fabricius, Paul Melissus, Jacob Balde. Die Nachwirkung des Horaz in der neulateinischen Dichtung Deutschlands, Wiesbaden 1976. Wichtig dazu ist die Rezension von Wilfried Stroh, In: Gnomon 53 (1981, S. 321-337). Neuere Literatur wird alljährlich verzeichnet im Instrumentum Bibliographicum der Zeitschrift Humanistica Lovaniensia, Löwen.

2. Jean-Marie Valentin (Hrsg.): Jacob Balde und seine Zeit. Akten des Ensisheimer Kolloquiums 15.-16. Oktober 1982. Bern, Frankfurt/M., New York 1986. Jahrbuch für Internationale Germanistik: Reihe A. Kongressberichte Bd.16. Diese Akten standen bei der Redaktion dieses Aufsatzes noch nicht zur Verfügung.

Ich möchte hier an einem der berühmtesten Gedichte Baldes eine solche Exegese wagen, nämlich seinen *Choreae Mortuales (Lyrica* II 33), und diese Arbeit dem höchst verdienstvollen Direktor einer der schönsten und reichsten humanistisch-barocken Bibliotheken der ganzen Welt, Herrn Prof. Dr. Paul Raabe in Wolfenbüttel, in Dankbarkeit und Freundschaft widmen.

Der Zugang zu dem eindrucksvollen Gedicht, einem Totentanz auf dem abendlichen Friedhof, ist zwar im allgemeinen durch die zwei genannten Anthologien und die hinzugefügten deutschen bzw. französischen Übersetzungen sehr erleichtert. Trotzdem wiederhole ich hier noch einmal den Text, damit Original und Interpretation sich bequem nebeneinander befinden.

Saltemus, socias jungite dexteras:
iam maneis dubius provocat Hesperus:
per nubeis tremulum Cynthia candidis
    lumen cornibus ingerit.

In lodice senes non bene pendula,
in ferruginea cyclade virgines:
sed picta violis grex tener instita
    alternos facimus pedes.

Heic et Pontificum ture fragrantibus
rus pastoris olens pileus infulis
et regum Tyriis paenula vestibus
    miscentur sine nomine.

Nullus de tumulo sollicitus suo
aut pompae titulis invidet alteri.
Omneis mors variis casibus obruit
    nullo nobilis ordine.

Nobis nostra tamen sunt quoque sidera,
sed formosa minus: sunt Zephyri licet
veris dissimiles auraque tenuior
    cupressisque frequens nemus.

O dulces animae, vita quibus sua
est exacta, nigris sternite floribus
quam calcamus humum, spargite lilia
    fuscis grata coloribus.

Aptos ut choreis inferimus pedes!
Ut nullo quatitur terra negotio!
Dempta mole leves et sine pondere
umbrae ludimus alites.

Ter cantum tacito murmure sistimus,
ter nos Elysium vertimus ad polum,
ter noctis tenebras (stringite lumina)
pallenti face rumpimus.

Nos quicunque vides plaudere manibus,
cantabis simileis tu quoque naenias.
Quod nunc es, fuimus. Quod sumus, hoc eris.
Praemissos sequere et vale.

Der literarische Hintergrund und die Inspirationsquelle des Gedichtes ist - wenn wir einmal vom persönlichen Erlebnis der Sterblichkeit des Autors absehen - zugleich klassisch und spätmittelalterlich. Das kann bei dem Späthumanisten Balde keineswegs Staunen erregen: Imitation von Klassikern ist ja selbstverständlich bei einem Humanisten; Balde zeigt darüber hinaus ganz deutlich ein sehr reges Interesse für spätmittelalterliche (lateinische) Dichtung. Er hat die *Philomena* von John Peckham klassisch umgedichtet[3] sowie auch die *Stabat Mater* Sequenz. Sein berühmtes Schachgedicht *Ludus Palamedis (Lyrica* III 13) ist wesentlich und bis zu wörtlichen Anklängen mitgeprägt durch das anonyme Lied *Cur mundus militat sub vana gloria* usw.

Die konstitutiven Quellen der *Choreae mortuales* sind soweit ich sehe fünf: Vergils *Aeneis,* Buch VI; die Ode I iv *(Solvitur acris hiems...)* des Horaz; eine Stelle aus Claudians *De Raptu Proserpinae,* Buch II; die römische Komödie und, für das Mittelalter, der Volksglauben an die in einem Friedhof zum Tanzen auferstehenden Toten und das daraus entwickelte einfache Bühnenspiel, das es lateinisch *(Plausus Mortis)*[4] und in dem

3. Andrée Thill: La Philomela de Jacobus Balde, Création poétique dans une 'paraphrase' néolatine, In: Revue d'Etudes latines 58 (1980), S.428-448.

4. Ein gutes Beispiel aus humanistischer Zeit ist der Plausus Luctificae

Volkssprachen (danse macabre usw.) gegeben hat.

Daß Balde beim Dichten seiner *Choreae mortuales* an ein wenn auch schlichtes Bühnenspiel gedacht hat, geht ganz klar aus der letzten Strophe hervor: Er hat dort nicht weniger als drei Verben eingesetzt, die für Szenenende und Endszenen der klassischen lateinischen Komödie charakteristisch sind. Zuerst finden wir *plaudere,* und zwar in Verbindung mit einem unübersetzbaren Wortspiel. Normalerweise sagt man *mănibus plaudere,* in die Hände klatschen (so z.B. Plautus, *Casina* 1017). Das Metrum bei Balde erfordert jedoch *mānibus* mit langem *a* zu lesen, und man soll also verstehen "den Schatten zujauchzen", wie am Ende jeder römischen Komödie die Zuschauer gebeten werden, den Spielern zuzujauchzen: "Plaudite!" Baldes letzter Vers "Praemissos sequere et vale" gehört in demselben literarischen Kontext. Der Befehl *sequere,* "folge mir hinter die Kulissen", schließt öfters Szenen ab (vgl. z.B. Plautus, *Asinaria* 941; *Pseudolus* 1331; Terenz, *Hecyra* 879 usw.), und *Vale(te)* findet man immer wieder mit dem schon genannten *Plaudite* verbunden als finale Grußformel: "Vos valete et plaudite". (Vgl. Plautus, *Epidicus* 733; *Menaechmi* 1162; *Truculentus* 968; Terenz, *Heautontimorumenos* 1067; *Eunuchus* 1094; *Phormio* 1055).

Wir müssen also das Gedicht verstehen, beinahe wie das Libretto eines Schattenspiels oder eines mittelalterlichen Totentanzes. Zugleich aber hat dieses mittelalterliche Spiel ein rein klassisches, horazisches Vorbild nach dem alterprobten Prinzip der Kontrastimitierung verwendet. Bei Balde tanzen die Toten zwischen den Gräbern; bei Horaz dagegen tanzen lebensfreudige Nymphen und Grazien zur Wiederkehr des das Leben erweckenden Frühjahrs. Dabei soll aber nicht übersehen werden, wie in der zweiten Hälfte derselben horazischen Ode die *Pallida Mors* und der Gedanken an die *Manes*, unsere nahe Zukunft, das heitere Bild plötzlich grausam zerstören kommen, ein für viele Horazinterpreten schwieriges und kaum lösbares Problem.

Daß Balde Horaz bestimmt auch hier im Sinn gehabt hat, wird

Mortis des sonst kaum bekannten Dichters Eusebius Candidus, erstmals Antwerpen 1532 erschienen. S. meine Ausgabe A Latin Death-dance Play of 1532, In: Humanistica Lovaniensia 18 (1969), S. 77-94.

schon vom Anfang des Gedichtes deutlich, denn die zwei bald (*iam*: Balde, V.2; Horaz, V.5) zum Reigentanz führenden Figuren sind bei genauerem Zusehen identisch: "Iam Cytherea choros ducit Venus imminente Luna" schrieb Horaz, also Venus und der Mond. Balde nennt Hesperus und Cynthia. Letztere ist natürlich der Mond, wie die weitere Beschreibung klar macht und wie schon im Altertum einer der poetischen Mondnamen lautete. Vgl. z.B. Lukan I 218: "gravido pluvialis Cynthia cornu". Hesperus ist aber, wie wir aus Cicero, *De Natura Deorum* II 53 wissen, die *Stella Veneris,* also Venus in ihrer abendlichen Erscheinung. Morgens heißt sie Phosphorus oder Lucifer. Der Wahl dieses Namens für Venus ist geschickt: Einerseits bleibt die Parallele zu Horaz erhalten, andererseits wird die lebensfreudige Venusgestalt zum Symbol des Abends oder der Nacht, also der dunklen Zeit der Schatten. Wenn wir also beim Anfang des Gedichtes an Horaz erinnert werden, wird dieser Eindruck bestätigt durch den Parallelismus in der Beschreibung des Tanzes: "Alternos facimus pedes" (V.8) und "Ut nullo quatitur terra negotio" (V.26) stehen dem horazianischen Vers 7 "Alterno terram quatiunt pede" ganz nahe, wie auch der Name des Tanzes (Horaz, V.5: *choros:* Balde, V.25: *choreis)* derselbe ist: *chorus* und *chorea* sind ja Synonymen die jeweils *metri causa* gewählt werden, wie man in Horazens Oden leicht sehen kann.

Es gibt aber nicht nur Horaz. Frau Andrée Thill hat überzeugend dargelegt, daß Vergils Beschreibung von Aeneas' Besuch in der Unterwelt Balde auch vor Augen gestanden hat und daß z.B. die Zeichnung der *senes* in V.5 wesentlich eine Spiegelung von Charon in V.361 des 6. Buches ist. Für weitere Vergilanklänge verweise ich auf die Untersuchung von Frau Thill.[5]

Die zentrale Strophe des Gedichtes, auf deren Bedeutung wir bald zurückkommen werden, ruft die Erinnerung wach - noch einmal durch einer Kontrastimitation - an die Stelle II 282 ff. in Claudians *De Raptu Proserpinae.* Claudian ist, wie bekannt, ein von Balde geliebter und öfters benutzter Dichter. An der

5. Andrée Thill: Cimetière et Champs Elysées. Jacob Balde, Choreae Mortuales (Lyrica, II, 33) et Virgile, Enéide, VI. In: Hommage á Jean Granarolo. Paris 1985, S. 339-347.

genannten Stelle versucht der Gott der Unterwelt, Pluto, das entführte Mädchen Proserpina zu trösten, indem er sagt:

Amissum ne crede diem: sunt altera nobis
Sidera, sunt orbes alii lumenque videbis
Purius...
...Zephyris illic melioribus halant
Perpetui flores...
Est etiam lucis arbor praedives opacis...

Übrigens folgt ein wenig weiter (V.302) das Leitmotiv von Baldes Gedicht (und der zweiten Hälfte der horazischen Ode): "Omnia mors aequat...". Claudian und Horaz fließen hier zusammen in Baldes barocke Todesmeditation.

Totentanz, Horaz, Claudian haben jedoch nur Ansätze geliefert. Das neue Gedicht ist keineswegs bloße Schulübung, sondern ein reichhaltiges und eigenständiges Kunstwerk. Seine Struktur ist, wenn ich richtig sehe, klassisch einfach gegliedert und erinnert dabei an horazischen *Dispositio*-Techniken. Der Wortlaut zeigt manierierte *Abundantia* in gut gewählter Bilder- und Symbolenreihung.

Strukturell ist, wie gesagt, diese Ode ganz einfach, zugleich aber höchst kunstvoll gebaut. Das Ganze spielt sich auf einem Friedhof ab, nur die mittlere fünfte Strophe bringt uns mit Claudian eine Weile in die Unterwelt oder das Totenreich (nach antiker Auffassung). Diese Strophe ist ganz klar das Kernstück und um sie gruppieren sich je vier Strophen in einer einander gegenübergesetzten 1+3 bzw. 3+1 Anordnung. Strophe 1 ist Auftakt und Inszenesetzung, die letzte dagegen Abschiedsgruß und Warnung an den Zuschauer. Die Tänzer werden in der Gruppe 2-4 in ihrer vom Tode veranlaßten Gleichschaltung vorgeführt, in 6-8 tanzen sie vor unseren Augen mit Sang und blassen Fackeln auf von ihnen selbst gestreuten schwarzen Blumen - noch ein schroffer Gegensatz zu dem frischen Grün bei Horaz.

Unter den Toten hat der Dichter bloß einige Gruppen konkret ausgemalt, aber in solcher Weise, daß diese Gruppen symbolhaft die ganze menschliche Gesellschaft darstellen: in Strophe zwei begegnen uns alt und jung, Mann und Weib: 'senes' und 'virgines' sind dafür die ausreichenden lateinischen Begriffe. Ihre Kleider sind ebensoviele Todessymbole: der "Lodix" schlottert unschön weil die Greise nur Gerippe sind; die Blumen auf dem Saum des grauen Mädchenkleides, "Violae", sind die antiken Friedhofsblumen. Heute würden wir eher an Chrysanthemen denken.

Strophe drei nennt Mächtige und Reiche (Pontifices, reges...) vermischt mit Schwachen und Durchschnittsbürgern ("Pastoris pileus" und "paenula" sind hier die Symbole). Alle sind aber im Tode gleich, wie Strophe vier nachdrücklich betont, und deshalb völlig miteinander vermischt. Diese Vermischung ist, wie schon Müller[6] richtig bemerkt hat, auch sprachlich in Strophe drei auffallend stark betont durch die ganz überraschende und bei erster Lektüre fast undurchschaubare *Collocatio verborum:* Man lese noch einmal die Verse 9-10 und 11-12.

Die zentrale Strophe versetzt uns einen Augenblick vom irdischen Friedhof in die Unterwelt, die aber nicht, wie Pluto bei Claudian behauptet, sogar schöner ist als der menschliche Lebensraum, sondern "formosa minus". Es gibt dort wohl Sterne, aber unschöne; es gibt auch Zephyrwinde, jedoch "veris dissimiles". Wehrli und Müller[7] haben das interpretiert als 'ungleich jenen im Lenz', nehmen also "veris" als Genitiv Singular von *ver,* Frühling. Metrisch ist das möglich; auch dem Sinn nach läßt sich diese Interpretation wohl verteidigen, sei es, daß man eine gewisse Härte im sprachlichen Ausdruck als *Brevitas* in Kauf nimmt. Diese Härte zu vermeiden ist jedoch möglich, denn "veris" kann genau so gut Dativ Mehrzahl von *verus,* wahr, sein.[8] Das ergibt dann, sprachlich viel einfacher, poetisch jedoch vielleicht blasser: "ungleich den wahren Zephyrwinden". Man darf sogar die Möglichkeit nicht ganz ausklammern, daß Balde auf manieristischer Weise mit der doppelten Interpretationsmöglichkeit gespielt hat, ein *lusus verborum* also, der sich dem Fall des *Mănibus/Mānibus* ähnelt. Schließlich hat die Unterwelt eine dünnere Luft, und in dem Park der Toten ("nemus" bei Balde, "lucus" bei Claudian) stehen Zypressen, abermals ein geläufiges antikes Todessymbol.

6. Martin Heinrich Müller: "Parodia Christiana". Studien zu Baldes Odendichtung. Zürich 1964, S.50-51.

7. Max Wehrli: Jacob Balde. Dichtungen. Köln, Olten 1963, S.71; Müller, o.l., S.51.

8. Dieser Interpretation ist Frau Thill in ihrer Anthologie S.27 gefolgt.

Strophen 6-8 schildern den Tanz in seinen unterschiedlichen Phasen: Zuerst werden schwarze Blumen und dunkelfarbige Lilien auf den Boden gestreut. Müller hat zu Unrecht dieses Bild heiterer gedeutet, indem er übersetzte: "Weisse Lilien sind auf den schwarzen Boden gestreut",[9] denn"fuscis grata coloribus" darf in keinem Fall mit dem Akkusativ "humum" in Verbindung gebracht werden und gehört eindeutig zu "lilia". In der Schattenwelt ist ja alles dunkel, sogar die Lilien. Rhetorisch-stilistisch hat Balde hier mit einem Oxymoron gewirkt, da Lilien sonst Symbol von Helle sind: *candida lilia!*

Sobald die Blumen auf der Erde verstreut sind, schweben die leichten Schatten tanzend an unseren Augen vorüber. Strophe 7 ist insgesamt die heiterste des ganzen Gedichtes, und wäre da nicht das Wort "Umbrae", könnte man meinen, die horazischen Nymphen und Grazien zu sehen: "Nymphae ludimus alites"! Es ist, als ob die Schatten sich einen Moment von den drückenden Lasten des irdischen Lebens befreit fühlen und, obwohl selbst des Lebens beraubt, sich trotzdem freuen. Es wäre aber verfehlt, in der Freude der Toten ein christliches Element zu sehen. Die ganze Ode zeigt kaum etwas typisch Christliches und könnte fast von einem heidnischen Autor gedichtet worden sein. Balde hat aber anders als Horaz Leben und Tod nicht einander gegenübergestellt, sondern vielmehr ineinander fließen lassen und so ein morbides Universum von lebenden Toten heraufbeschworen.

Der Gegensatz zu Strophe neun ist besonders scharf: Dieser letzte Teil der Tanzbewegungen wirkt furchterregend und schauderhaft wie eine Beschwörung oder Hexerei. Es spielt dabei bewußt eine Zahlensymbolik mit ("Ter...ter...ter"), die altheidnischen Riten und frühchristlicher Liturgie gemeinsam ist. Man vergleiche z.B. einerseits das uralte Lied der römischen Arvalbrüder, das *Kyrie* der lateinischen Messe mit seiner dreimal dreifachen Anflehung andererseits. Daß Balde dieser alten religiösen Tradition folgt, steht außer Zweifel: denn er hätte statt "ter" genau so gut "bis" schreiben können. Vers und Sprache ließen das ohne weiteres zu.

In Strophe neun herrschen Klang- und Lichtsymbole vor: Sie

9. S.52. Diese Stelle ist von Wehrli richtig übersetzt worden.

sind abwechselnd gedämpft und im Dunkel aufhellend. Hier bricht wahrscheinlich das einzige Mal auch eine christliche Vorstellung durch, nämlich im "Elysium...ad polum". Nach antik-heidnischem Glauben lag das Elysium entweder im fernen Westen der Welt oder aber unter der Erde, und so ist es auch noch bei vielen humanistischen Dichtern, z.B. im zweiten *Basium* des Janus Secundus. Das Elysium hoch im Himmel *(polus)* entspricht jedoch christlicher Auffassung, seitdem Christus zum Himmel aufgestiegen war.

Das "stringite lumina" ist bei Wehrli unrichtig und deshalb als Bild zu schwach übersetzt worden: "Zündet die Lichter an!" Der lateinische Ausdruck erinnert an "stringite gladios", d.h. zieht die Schwerter, und sollte somit vielmehr als "Hoch die Fackeln" verstanden werden. Die Tänzer haben offenbar bleiche Fackeln mitgebracht und heben sie während des Tanzen rhythmisch empor - was übrigens viel wahrscheinlicher ist als ein Anzünden während ihrer Bewegungen.

Diese erhobenen Fackeln sind das letzte Bild, das wir geboten bekommen, ein Bild eines geheimnisvollen Schattenspiels. Der Zuschauer erhält aber kaum die Zeit, sein Schaudern zu unterdrücken, denn im selben Augenblick hört er schon die düsteren Abschiedsworte: bald wird er selbst auch mittanzen! "Iam te premet nox fabulaeque Manes" hatte auch Horaz geschrieben, mit vielleicht stärkerer Melancholie, denn er läßt zum Schluss die Freuden des bald vergangenen Lebens noch einmal Revue passieren. Balde bevorzugt einen effektvolleren Schluß, indem er sofort den Vorhang senkt. Das geschieht aber mit dem fast sarkastisch klingenden Wort: "Sequere" - "folge", was hier nur bedeuten kann "ins Grab"; und dadurch wird dem letzten Wort: "Vale" - "Sei gesund!" ein wohl besonders düsterer Klang zuteil, ganz im Einklang übrigens mit einem Tanz, der nicht wie üblich ein Ballet des freudigen Lebens darstellt, sondern dem Tod und seiner Finsternis gewidmet ist. Der Anfang des Gedichtes "Saltemus" und das Ende "Vale" sind scheinbar voll Glück und Freude, bei genauerem Zusehen findet man das Umgekehrte. So wirkt das ganze Gedicht wie ein Oxymoron.

Tibor Klaniczay

CELTIS UND DIE SODALITAS LITTERARIA PER GERMANIAM*

Die letzten anderthalb Jahrzehnte brachten einen außergewöhnlichen Aufschwung der Forschung auf dem Gebiet der Akademien der Renaissance mit sich. Obwohl die frühen positivistischen Bearbeitungen der akademischen Gründungen der einzelnen Länder zur Verfügung standen, war lange Zeit das einzige Beispiel für eine nach modernen Gesichtspunkten aufgebaute Bearbeitung der Frage das 1947 erschienene klassische Werk von Frances Yates, *The French Academies of the Sixteenth Century,* aus dem hervorgeht, was für weite Perspektiven die Untersuchung der Akademien und ähnlicher gelehrter Gruppen für die intellektuelle Geschichte der Renaissance zu eröffnen imstande ist.[1] Am Ende der 70er Jahre trat endlich eine Änderung auf diesem Gebiet ein,

* Diese kleine Schrift verdankt ihr Entstehen dem gelehrten Direktor der Herzog August Bibliothek, dem Schöpfer eines der blühendsten Kulturzentren unserer Epoche, dem großzügigen Unterstützer jeder nützlichen und edlen Forschungsbestrebung. Dank ihm habe ich die Gastfreundschaft der Bibliothek und ihre vorbildlichen Forschungsmöglichkeiten genießen können. Ich habe diese Möglichkeiten vor allem im Interesse meines in Angriff genommenen Buches über den Akademiegedanken in Ungarn im XV. und XVI. Jahrhundert genutzt. Ein besonderes Interesse widmete ich der Tätigkeit der "Sodalitas litteraria Danubiana" in Ungarn bzw. der Teilnahme der Humanisten der ungarischen Hauptstadt am Leben dieser Gesellschaft, was mich jedoch bald dazu nötigte, mich mit der gesamten Geschichte der Sodalitas zu beschäftigen und mich mit den einzelnen umstrittenen Fragen auseinanderzusetzen.

1. London, The Warburg Institute 1947; Repr. Nendeln, Liechtenstein, Kraus 1973.

und seitdem ist die Akademie-Geschichte eins der bevorzugtesten Themen der Renaissance-Forschung.[2]

Trotz dieses Aufschwunges erstreckte sich die Forschung noch

2. Siehe u.a.: José Sánchez, Academias literarias del siglo de oro espanol, Madrid, Gredos 1961; Lawrence Rose, The Accademia Venetiana. Science and Culture in Renaissance Venice. In: Studi Veneziani, 11 (1969), S.191-242; Claudia Di Filippo Bareggi, In nota alla politica culturale di Cosimo I: l'Accademia Fiorentina. In: Quaderni Storici 8 (1973), S. 527-574; Michel Plaisance, Une premiére affirmation de la politique culturelle de Côme Ier: La transformation de l'Académie des "Humidi" en Académie Florentine (1540-1542). In: Les écrivains et le pouvoir en Italie à l'époque de la Renaissance, Première Série, Hrsg. André Rochon, Paris, Univ. de la Sorbonne Nouvelle, 1973, S. 361-439 (Centre de Recherche sur la Renaissance italienne, 2); Ders., Culture et politique à Florence de 1542 à 1551: Lasca et les "Humidi" aux prises avec l'Académie Florentine. In: Les écrivains et le pouvoir en Italie à l'époque de la Renaissance, Deuxième Série, Hrsg. André Rochon, Paris, Univ. de la Sorbonne Nouvelle 1974, S. 149-292 (Centre de Recherche sur la Renaissance italienne, 3); Armand L. De Gaetano, Giambattista Gelli and the Florentine Academy. The Rebellion against Latin, Firenze, Olschki 1976; Richard S. Samuels, Benedetto Varchi, the "Accademia degli Infiammati" and the Origins of the Italian Academies. In: Renaissance Quarterly 29 (1976), S. 599-634; Gino Benzoni, Aspetti della cultura urbana nella società veneta del '5-'600. Le Accademie. In: Archivio Veneto 109, no. 143 (1977), S. 87-159; August Buck, Die humanistischen Akademien in Italien. In: Der Akademiegedanke im 17. und 18. Jahrhundert, Hrsg. Fritz Hartmann, Rudolf Vierhaus, Bremen u. Wolfenbüttel, Jacobi Verlag 1977, S. 11-25 (Wolfenbütteler Forschungen, 3); Cesare Vasoli, Cultura e "mitologia" nel principato, considerazioni sulla "Accademia fiorentina". In: C.V., La cultura delle corti, Bologna, Cappelli 1980, S. 159-189; Vincenzo De Caprio, I cenacoli umanistici. In: Letteratura italiana, Hrsg. Alberto Asor Rosa, Bd. I, Torino, Einaudi 1982, S. 799-822; Amedeo Quondam, L'Accademia, ibid., S. 823-898; Robert J. Sealy, S.J., The Palace Academy of Henry III, Genève, Droz 1981 (Travaux d'Humanisme et Renaissance, CLXXXIV); Università, Accademie e Società scientifiche in Italia e in Germania del Cinquecento al Setteconto, Hrsg. Laetitia Boehm, Ezio Raimondi, Bologna, Il Mulino 1981; Tibor Klaniczay, Le mouvement académique en Hongrie à l'époque de la Renaissance. In: Hungarian Studies 2 (1986) im Druck.

nicht zur Genüge auf die Frühgeschichte des Akademiegedankens auf deutschem Boden, obwohl es sich dabei um eine entscheidend wichtige Frage des deutschen Humanismus handelt.[3] Es ist kein Zufall, daß der deutsche Erzhumanist, Konrad Celtis, es als eines der Hauptziele seines Lebens betrachtete, auf deutschem Boden ein Gegenstück zu den in Italien kennengelernten Akademien zu schaffen, und darin eine Garantie für die Positionen des Humanismus nördlich der Alpen erblickte. Was den Charakter, die Organisation, die Tätigkeit und die Realität der dank Celtis' Bemühungen zustandegekommenen Sodalitas und der späteren Sodalitäten betrifft, ist die Meinung der neuesten Fachliteratur jedoch noch keineswegs einheitlich, obwohl die 1940 erschienene, in Vergessen geratene und kaum zitierte Dissertation von Gerhard Hummel[4] sowie das 1975 herausgegebene und besonders in seinen Anmerkungen wichtige Gesichtspunkte enthaltende Buch von Raimund Kemper,[5] von welchem kaum Notiz genommen wurde, meiner Ansicht nach die Grundfragen genügend geklärt haben. Trotzdem beschränkt sich die inhaltsreiche Arbeit von Heinrich Lutz auf Fragestellungen und sieht davon ab, eindeutige Antworten zu formulieren,[6] während Moritz Csákys geistreiche Argumentation die Unternehmung von Celtis mehr als eine

3. Die deutsche Forschung hat sich bis jetzt eher der Geschichte der Akademien und gelehrten Gesellschaften des XVII. und XVIII. Jahrhundert gewidmet. Vgl. Der Akademiegedanke im 17. und 18. Jahrhundert, Hrsg. Fritz Hartmann, Rudolf Vierhaus, Bremen-Wolfenbüttel, Jacobi Verlag 1977 (Wolfenbütteler Forschungen, 3); Sprachgesellschaften, Sozietäten, Dichtergruppen, Hrsg. Martin Bircher, Ferdinand von Ingen, Hamburg, Hauswedell 1978 (Wolfenbütteler Arbeiten zur Barockforschung, 7).

4. Die humanistischen Sodalitäten und ihr Einfluß auf die Entwicklung des Bildungswesens der Reformationszeit, Leipzig, Edelmann 1940.

5. Die Redaktion der Epigramme des Celtis, Kronberg/Ts., Scriptor Verlag 1975.

6. Die Sodalitäten im oberdeutschen Humanismus des späten 15. und frühen 16. Jahrhunderts. In: Humanismus und Bildungswesen des 15. und 16. Jahrhunderts, Hrsg. Wolfgang Reinhard, Mitteilung XII der Kommission für Humanismusforschung der Deutschen Forschungsgemeinschaft 1984, S. 45-60.

poetische Fiktion, denn als eine Realität wertet.[7] Im Nachstehenden möchte ich, der Richtung der Forschungen von Hummel und Kemper folgend, mit einigen Betrachtungen zur Klärung der Frage beitragen.

Als Hauptziel seiner schriftstellerischen, organisatorischen und Lehrtätigkeit betrachtete Celtis die kulturelle Erziehung des für barbarisch gehaltenen Germaniens, den edlen Wettbewerb mit der italienischen Wissenschaft "Italicarum litterarum aemulationem".[8] Folgerichtig war er bestrebt, den akademischen Gedanken, den er während seines Aufenthaltes in Italien in der Umgebung Marsilio Ficinos bzw. Pomponio Letos bei seinen Besuchen an der florentinischen und römischen Akademie zwischen 1487 und 1489 kennengelernt hatte, nach Deutschland zu verpflanzen.[9] Seine diesbezüglichen Absichten dürften sich dann, 1489 und 1490, durch die Erfahrung in Buda sowie seine Bekanntschaft mit dem humanistischen Kreis in Krakau sicherlich noch verstärkt haben.

Celtis' erster Besuch in Buda erfolgte zu Beginn des Jahres 1489, als er aus Italien über Venedig nach Krakau fuhr.[10] Etwas später,

7. Die "Sodalitas litteraria Danubiana": historische Realität oder poetische Fiktion des Konrad Celtis? In: Die österreichische Literatur. Ihr Profil von den Anfängen im Mittelalter bis ins 18. Jahrhundert (1050-1750), Graz 1985, S. 739-785. Ich bin dem Verfasser dafür dankbar, daß er es mir ermöglichte, seine Arbeit schon im Manuskript zu lesen.

8. Der Briefwechsel des Konrad Celtis, Hrsg. Hans Rupprich, München, Beck 1934, S. 31, 45 (Veröffentlichungen der Kommission zur Erforschung der Geschichte der Reformation und Gegenreformation. Humanistenbriefe, III).

9. Kurt Leopold Preiß, Konrad Celtis und der italienische Humanismus, Diss. phil. Wien, 1951 (Maschinenschrift), S. 118-163.

10. Was das Datum von Celtis' erstem Besuch in Buda betrifft, herrscht in der Fachliteratur eine ziemlich große Konfusion. Der einzige erfaßbare Zeitpunkt zwischen dem 9. Mai 1487 und dem 7. September 1491 ist nämlich der Sommer 1489, weil sich Celtis damals an der Krakauer Universität inskribierte. Er schreibt in zahlreichen Gedichten über seine Reisen und gibt mitunter einander widersprechende Hinweise bezüglich der zurückgelegten Strecken: die Wirklichkeit wird dabei, im Geiste der poetischen Fiktion, willkürlich verändert und der sehr bewußt geplanten Komposition eines jeweiligen Bandes angepaßt. Jenö Ábel, der den fiktiven Angaben Glauben schenkt, nimmt an, daß Celtis im ersten

aber schon nach dem Tod des Königs Mathias, schrieb er dann eine seiner Oden *Ad Coetum Ungarorum de monstris quae praecesserant divi Mathiae regis Ungariae,* die dann 1492 in Ingolstadt als Anhang seines Buches *Epitoma in utramque Ciceronis rhetoricam* in Druck erschien.[11] In diesem Gedicht weist er auf die im Kreise der "durch ihre Gelehrsamkeit so berühmten" pannonischen Freunde verbrachten Stunden, auf ihre erhabenen Gespräche und die sorgenverscheuchende Zecherei hin. Was Celtis unter dem Ausdruck "coetus" verstand, geht eindeutig aus dem später abgeänderten Titel des Gedichtes hervor. In der 1512 erschienenen posthumen Ausgabe seiner Oden findet man nämlich

Viertel des Jahres 1490 aus Polen über Böhmen nach Wien fuhr und dazwischen in Buda haltmachte, oder aus Wien in die Residenzstadt des Königs von Ungarn einen Ausflug unternahm. Vgl. Magyarországi humanisták és a dunai tudós társaság (Ungarische Humanisten und die gelehrte Donaugesellschaft), Budapest 1880, S. 9-10. Diese Kombination ist schon darum unhaltbar, da nirgends bestätigt wird, daß der deutsche Humanist zur Zeit von König Mathias' österreichischer Herrschaft in Wien gewesen ist. Der im Jahre 1513 (am Anfang der posthumen Ausgabe von Celtis' Oden) abgedruckte Lebenslauf scheint viel glaubwürdiger zu sein. Hier finden wir nach der Aufzählung von seinen Reisen nach Italien folgenden seinen Besuch in Polen betreffenden Satz: "A Roma per Venetiam, Ylliricum et Pannonicum, Sarmatas adiit". (Rupprich, ed. cit., S. 610). Der größte Teil dieser 1513 herausgegebenen Vita war von den Freunden des Celtis bereits in der Mitte der 1490er Jahre verfaßt worden, so daß er kaum Irrtümer enthalten dürfte. (Vgl. Kemper, op. cit., S. 72). Preiß, der Celtis' Reiserouten am eingehendsten studiert hat, verlegt den Aufenthalt in Buda ebenfalls auf die erste Hälfte des Jahres 1489.

11. Dieser kleine Anhang enthält außer unserem Gedicht noch vier andere: Drei handeln von Krakauer Persönlichkeiten, das vierte trug ursprünglich (1492) den Titel: De navigatione sua Sarmatica. Vgl. Conradus Celtis Protucius, Libri odarum quattuor, ed. Felicitas Pindter, Lipsiae, Teubner 1937, Nr. I, 19, 20; 21; IV, 3 (Bibliotheca Scriptorum Medii Recentisque Aevorum). Offensichtlich beabsichtigte Celtis hier, einige Proben aus seiner Krakauer Ernte zu geben, was ebenfalls zu der Annahme berechtigt, daß das Gedicht über die Ungarn in Krakau als Erinnerung an einen zeitlich vor dem Aufenthalt in Polen liegenden Besuch in Buda entstanden ist.

bereits folgenden Titel: *Ad sodalitatem litterariam Ungarorum de situ Budae et monstris quae praecesserant mortem divi Mathiae Pannoniae regis.*[12] Den Begriff "coetus" bestimmte er also später als "sodalitas litteraria", - ein Ausdruck der, zuerst an der römischen Akademie des Pomponio Leto gebraucht, im Wortschatz des Celtis, wie wir sehen werden, gleichbedeutend mit "Academia Platonica" war.

Wenn wir auch keine sicheren Belege dafür haben, daß sich die Humanisten von Buda in den letzten Jahren der Regierung Königs Mathias Corvinus in einer Gesellschaft von institutionellem Charakter zusammengeschlossen haben, enthalten die Quellen reichliches Material über die Beschäftigung mit dem florentinischen Plantonismus, über die häufigen gelehrten Zusammenkünfte, Symposia der in der ungarischen Residenzstadt weilenden ungarischen und ausländischen Humanisten. So lebte hier unter anderen seit 1476 Francesco Bandini, ein namhaftes Mitglied der florentinischen Academia Platonica, der ein ständiger Vermittler zwischen dem König und seinen Humanisten sowie dem großen Ficino war. Letzterer sandte alle seine neuen Werke laufend seinen Anhängern in Buda zu.[13] Es nimmt also nicht Wunder, daß Celtis auf die Gesellschaft der Humanisten von Buda einen der für die Proto-Akademien verwendeten Namen, nämlich "coetus" gebraucht.

Es ist bekannt, was für eine große Rolle die verschiedenen Riten, Feste, Symbole, Kultstätten im Leben der frühen italienischen akademischen Gruppen gespielt haben. Etwas Ähnliches fand

12. Der endgültige Titel wurde von Pindter gegeben, op. cit., nr. II, 2.

13. Giuseppe Huszti, Tendenze platonizzanti alla corte di Mattia Corvino. In: Giornale critico della filosofia italiana 11 (1930), S. 135-162, 220-287; Paul Oskar Kristeller, Francesco Bandini and his Consolatory Dialogus upon the Death of Simone Gondi, in P.O.K., Studies in Renaissance Thought and Letters, Roma, Storia e letteratura 1956, S. 395-410; Tibor Klaniczay, Mattia Corvino e l'umanesimo italiano, Roma, Accademia Nazionale dei Lincei 1974, S. 16-19 (Problemi attuali di scienza e di cultura, 202); Klára Pajorin, Bonfini symposionja (Das Symposium von Bonfini). In: Irodalomtörténeti Közlemények 85 (1981), S. 511-534; Péter Kulcsár, Az ujplatonizmus Magyarországon (Der Neoplatonismus in Ungarn), ibid. 87 (1983), S. 41-47.

Celtis auch in Buda vor. Er schrieb nämlich, mit einigen Abänderungen ein berühmt gewordenes Epigramm ab, "Huius nympha loci...", welches, so berichtet Felice Feliciano, der 1479-1480 in Ungarn römische Inschriften sammelte, am Ufer der Donau (super ripam Danubii) zu lesen war, wo es als Inschrift für eine in Stein gehauene schlafende Nymphe diente. Das Gedicht selbst, an dessen antiken Ursprung keiner der Zeitgenossen zweifelte, wurde zwischen 1464 und 1470 in Rom von Giovanni Campano vielleicht für die Academia Romana verfaßt.[14] Am Anfang des XVI. Jahrhunderts wurde der mit einer schlafenden Nymphe und mit Campanos Epigramm geschmückte Brunnen in den römischen akademischen Kreisen als etwas wie ein heiliger Ort, eine Art von Symbol der Quelle des Helikon betrachtet.[15] Einen solchen Brunnen gab es also - wahrscheinlich mit einer römischen Statue aus Pannonien, welche eine liegende Frauengestalt darstellte, - auch in Buda, irgendwo am Ufer der Donau. Vielleicht in einem Garten unterhalb des Schlosses, dem möglichen Schauplatz der über Plato und Ficino geführten Gespräche? Wir wissen es nicht, so wenig wie wir feststellen können, ob Celtis das Gedicht nicht bereits in Rom abgeschrieben hat. Aber selbst wenn dies der Fall wäre, dürfte ihn der Umstand, daß er in Buda Ähnliches zu Gesicht bekam, nicht unberührt gelassen haben. Jedenfalls hielt er es für bedeutend, da er das Gedicht nicht nur abgeschrieben, sondern es auch seinem Freund Dürer zugeschickt hat, der dann die Statue der schlafenden Nymphe mit der Inschrift in Form einer Zeichnung festhielt.[16]

Weitere Impulse zum Akademiegedanken konnte Celtis dann in Krakau bekommen, wo um Filippo Buonaccorsi, Callimachus,

14. Otto Kurz, Huius nympha loci, a Pseudoclassical Inscription and a Drawing by Dürer. In: Journal of the Warburg and Courtauld Institute 16 (1953), S. 171-177; Dieter Wuttke, Zu "Huius nympha loci". In: Arcadia 3 (1968), S. 306-307; Elisabeth MacDougall, The Sleeping Nymph: Origins of a Humanist Fountain Type. In: Art Bulletin 57 (1975), S. 356-365; Agnes Ritoók-Szalay, Nympha super ripam Danubii, In: Irodalomtorténeti Közlemények 87 (1983), S. 67-74.

15. Phyllis Pray Rober, The "Coryciana" and the Nymph Corycia. In: Journal of the Warburg and Courtauld Institute 40 (1977), S. 223-239.

16. Reproduktion s. in Kurz, op. cit., S. 174, T. 23.

dem ehemaligen Mitglied der Academia Romana, bereits ein gelehrter Freundeskreis, bestehend aus Dichtern, Professoren, humanistisch eingestellten Beamten entstanden war, bei dessen Zusammenkünften Celtis ein gern gesehener Gast wurde. Aufgrund unklarer Hinweise in den späteren Gedichten des Celtis nimmt die Fachliteratur an, daß er zum erstenmal dort eine gelehrte Gesellschaft unter dem Namen "Sodalitas litteraria Vistulana" ins Leben rief.[17] In seinem Briefwechsel, die Briefe seiner Krakauer Freunde einbegriffen, sowie in seinen in Polen geschriebenen oder polnische Beziehungen aufweisenden Gedichten findet man jedoch nicht den kleinsten Anhaltspunkt zu dieser Annahme. Der später auftauchende Name "Sodalitas Vistulana" hat - wie wir sehen werden - eine andere Erklärung.[18]

Über den Plan der Gründung einer Sodalitas oder Akademie liest man zum erstenmal am Ende des Jahres 1491 in einem an Sixtus Tucher, Professor der Rechte in Ingolstadt, gerichteten Brief von Celtis. Dieser teilt seinem Freund nicht nur mit, daß er sich in Ingolstadt niederzulassen gedenkt und im nächsten Jahre dort unterrichten möchte, sondern auch, daß er sich mit dem Gedanken trägt, eine "platonische Akademie" zu gründen.[19] Die Bedingungen dafür ergaben sich allerdings erst vier Jahre später, und zwar in Heidelberg, wo Celtis im Sommer 1495, vor der Pest flüchtend, auf den Rat seiner Freunde angekommen war. Fahnenträger der humanistischen Studien war hier zu dieser Zeit Johann von Dalberg, Bischof von Worms, Kanzler der Universität Heidelberg und Vertrauensmann des Kurfürsten von der Pfalz. Unter seiner Schirmherrschaft entstand die abwechselnd Akademie, Coetus oder Sodalitas genannte Gruppe.[20] Die erste sichere

17. Antonina Jelicz, Konrad Celtis na tle uczesnego Renesansu w Polsce, Warszawa, 1956, S. 40-55; I. N. Goleniščev-Kutuzov, Il Rinascimento italiano e le letterature slave dei secoli XV e XVI, Milano, Vita e pensiero, 1973, Bd. I, S. 285-286; Gioacchino Paparelli, Callimaco Esperiente, 2 ed., Roma, Nuova Società 1977; S. 178-180.

18. Vgl. Hummel, op. cit., S. 12; Preiß, op. cit. S. 183.

19. "Ego junctis mihi, de quibus plenus spei essem pro doctrinae et morum compositione, Academiam illam Platonicam erigerem et aperirem" Rupprich, ed. cit., S. 31.

20. Karl Hartfelder, Konrad Celtis und der Heidelberger Humanisten-

Angabe stammt vom 21. November 1495, aber aus dem Umstand, daß im nächsten Jahr - und sehr wahrscheinlich auch in den darauffolgenden Jahren - der 7. November als "omnium philosophorum festum" gefeiert wurde, läßt sich folgern, daß die Gründung am 7. November 1495, dem Geburtstag von Platon, ihm Rahmen eines Symposiums erfolgt war.[21] Am 21. November und vielleicht anläßlich einer an diesem Tage gehaltenen Zusammenkunft wurde Celtis' Ode an Dalberg vorgelesen, deren ursprünglicher Titel viel über die Gesellschaft verrät. Der Bischof wird darin der unsterbliche und ewige princeps der "sodalitas litteraria per Germaniam", der Verfasser selbst der "praeco", d.h. der Bote, der Fürsprecher derselben genannt.[22] Ungleich den italienischen sowie dem Budaer und Krakauer Beispiel, schwebte Celtis nicht nur eine lokale oder regionale Gruppe vor Augen, sondern eine sich auf ganz Germanien erstreckende Organisation. Verglichen mit den italienischen Proto-Akademien war es eine Neuerung, daß er sich die Benennung "princeps" nicht vorenthielt, obschon seine Freunde ihm manchmal auch diesen Titel gaben und

kreis, In: Historische Zeitschrift 47 (1882), S. 15-36; Ders., Heidelberg und der Humanismus. In: Zeitschrift für Allgemeine Geschichte, Kultur-, Litteratur- und Kunstgeschichte 2 (1885), S. 177-195; 671-696; Karl Mornenweg, Johann von Dalberg, ein deutscher Humanist und Bischof, Heidelberg, Winter 1877; Karl Hartfelder, Zur Gelehrtengeschichte Heidelbergs am Ende des Mittelalters. In: Zeitschrift für die Geschichte des Oberrheins 45 (1891), S. 141-171; Martin Matz, Konrad Celtis und die rheinische Gelehrtengesellschaft, Ludwigshafen 1903.

21. Angaben bezüglich des festlichen Conviviums im Jahre 1496: Rupprich, ed. cit., S. 224,227. - Vgl. Gustav Bauch, Die Reception des Humanismus in Wien, Breslau, Marcus 1903, S. 70. Laut Bauch ist die richtige Leseart der zitierten Worte: "annuum philosophorum festum". Falls er recht hat, was zu kontrollieren ich nicht in der Lage war, ist der Text noch frappanter, denn dann hieße es hier: das jährliche (jährlich begangene) Fest der Philosophen und nicht das Fest aller Philosophen.

22. Libri odarum ... ed. cit., nr. III, 1. - Der in der Wimpheling-Kopie bewahrt ursprüngliche Titel ibid. S. 125: Ioanni Cam. Dalburgio Vormacensi episcopo sodalitatis litterariae per Germaniam immortali et aeterno principi per Conradum Celtem eiusdem sodalitatis praeconem pie et religiose daedicatum immortali virtuti et honori consecratum. - Vgl. Hummel, op. cit., S. 22.

sich selbst als einen geistigen Führer und "Geschäftsführer" betrachteten. Dementsprechend nannte ihn Dalberg den "primipilus", den ersten Würdenträger der Sodalitas, während andere ihm den von ihm selbst gebrauchten Namen "praeco" oder aber "dux perpetuus" bzw. "symposiarcha" gaben.[23]

Die in Heidelberg gegründete Akademie hatte - genau wie die italienischen - wahrscheinlich keine bestimmte Mitgliederzahl, aber für eine Art von Mitgliederwerbung gibt es Belege. Im Dezember 1495 schrieb Celtis mehrere Briefe an anderswo angesiedelte Humanisten, um sie aufzufordern, an den Zusammenkünften teilzunehmen. Heinrich von Bünau, humanistischer Edelmann, dankt ihm von Worms dafür, daß "vestra tota ἀχαδεμια" seine Anwesenheit wünscht;[24] Jakob Wimpheling entschuldigt sich aus Speyer und teilt mit, daß er wegen einer Krankheit sich nicht zur Zusammenkunft des "coetus" begeben könne. Wimpheling erwähnt auch die "Vorschriften bezüglich der wissenschaftlichen Tätigkeit und des Verhaltens" (et doctrinae et morum praecepta in vestris coetibus conclusa); ein Umstand, aus dem man auf irgendwelche gemeinsam angenommenen und vielleicht auch schriftlich festgelegten Prinzipien, "Regeln" für die Tätigkeit der Gesellschaft, schließen kann.[25]

Celtis kehrte zwar im Frühjahr 1496 nach Ingolstadt zurück, doch die "sodalitas per Germaniam", welche, von Heidelberg ausgehend, langsam zu einer die Humanisten von ganz Südwestdeutschland umfassenden Gesellschaft wurde, hielt ihre regelmäßigen Zusammenkünfte auch weiter im Hause von Johannes Wacker, Vigilius, Professor der Rechte an der Universität Heidelberg, der dafür den Titel Hausherr, hospes, der Sodalitas erhielt. Die Tätigkeit der Gesellschaft erschöpfte sich nicht in den oft bis zum frühen Morgen dauernden Geselligkeiten, an denen außer dem Vortrag von Gedichten und ernsten Diskussionen und geistreichen Wortgefechten, auch Wein, Spiel,

23. Rupprich, ed. cit., S. 169, 175, 201, 449.

24. "Summopere gratulor, quod vestra tota ὀχαδεμια vel potius ut Platoni placet, me ferme omnium literarum inexpertum exoptat" Rupprich, ed. cit., S. 164.

25. Rupprich, ed. cit., S. 169. - Vergl. Hummel, op. cit., S. 23-25; Lutz, op. cit., S. 49.

Spaß und Frauen auf dem Programm standen,[26] sondern sie verlangte auch eine intensive gelehrte Arbeit.[27] Bald nach Celtis' Abreise mußte sich Dalberg nach Freising begeben, wo er alte Handschriften fand; aber da er keine Zeit hatte, sie durchzuschauen, bat er Celtis "pro literarii ordinis sodalicio" dringend an Ort und Stelle zu fahren, um diese Arbeit zu verrichten.[28] Gleichzeitig fuhren Vigilius und Wimpheling zur Buchmesse nach Frankfurt, wo sie griechische und hebräische Bücher kauften, die besondes durch die Ankunft Reuchlins aus Stuttgart eine besondere Aktualität bekommen hatten. Reuchlin ließ sich in Heidelberg nieder und wurde von da an das aktivste Mitglied der Gesellschaft. Seine Gegenwart veranlaßte die anderen, den princeps allen voran, sich mit großem Eifer auf das Studium der griechischen Sprache zu verlegen.[29] Ende Juni 1496 begab sich die ganze Gesellschaft nach Sponheim, um den berühmten Abt Trithemius zu besuchen und seine einzigartige Bibliothek zu besichtigen und anschließend in Cues den Nachlaß des großen Cusanus zu studieren.[30] Das Andenken dieser "Peregrinatio Cusana" bewahrt uns ein satirisches Gedicht von Reuchlin, in dem der Verfasser Heinrich von Bünau neckt, weil dieser während der Schiffahrt auf dem Rhein mit zwei Mädchen schäkerte, alle anderen aber das Nachsehen hatten.[31]

So entstand das Modell der akademischen Lebensform der Humanisten in Deutschland. Obwohl Celtis seine Epigramme oft an die "Academia" richtet,[32] wird diese Benennung immer seltener gebraucht, weil man begonnen hatte, den Begriff auf die Universitäten anzuwenden. Franciscus Bonomus, Mitglied der

26. Siehe darüber die schöne Ode von Celtis voll nostalgischer Erinnerungen: Ad Johannem Vigilium sodalitatis litterariae Rhenanae hospitem in situm Heidelbergae et quare decennio peregrinatus fuerit, in "Libri odarum ..." ed. cit., nr. III, 5.

27. Vergl. Kemper, op. cit., S.83

28. Rupprich, ed. cit., S.175.

29. Hummel, op. cit., S.30.

30. Rupprich, ed. cit., S.185-186, 195-196, 229.

31. Hummel, op. cit., S.36.

32. Fünf Bücher Epigramme von Konrad Celtis, Hrsg. Karl Hartfelder, Berlin 1981; repr. Hildesheim, Olms 1963, S. 76, 85, 102, 104, 105.

Sodalitas, adressiert am 20. Juni 1497 einen Brief an Celtis als "sodalitatis nostrae princeps", im Brief selbst redet er ihn jedoch mit "academiae nostrae princeps" an.[33] Im Weiteren findet sich für letzteres kein Beispiel.

Der Akademie- oder nennen wir ihn nunmehr Sodalitas-Gedanke findet sehr bald Anklang in den übrigen Provinzen Germaniens, besonders nachdem Kaiser Maximilian Celtis am 7. März 1497 zum Professor der Rhetorik und Poetik an die Universität Wien berufen hatte.[34] Nach Celtis' Übersiedlung nach Wien im Oktober dieses Jahres, verlagerte sich der Schwerpunkt der Sodalitas-Bewegung in die Residenzstadt des Kaisers an die Ufern der Donau.[35]

Der Boden war hier schon vorbereitet, und zwar dank einiger Persönlichkeiten des öffentlichen Lebens, die gleichzeitig begeisterte Anhänger des Humanismus waren.[36] Unter ihnen befand sich Johannes Krachenberger, Graccus Pierius, Protonotar, selbst Verfasser von humanistischen Werken; Johannes Fuchsmagen, Fusemannus, kaiserlicher Rat, dessen Mäzenatentum von einer Anzahl von Dichtern und späteren Sodalitas-Mitgliedern bereits

33. Rupprich, ed. cit., S. 270

34. Ibid., S. 260-261.

35. Mit der Sodalitas Danubiana hat sich die österreichische Literatur seit dem XVIII. Jahrhundert sehr viel beschäftigt. Außer den zahlreichen faktischen Irrtümern begeht sie allerdings immer wieder den Fehler, die Gesellschaft als eine selbständige, von der deutschen akademischen Bewegung mehr oder weniger unabhängige Organisation zu betrachten. Dieser Anschauung schloß sich auch Jenö Abel an, obschon er wenigstens die Irrtümer der früheren Autoren korrigierte und in seinem bis auf den heutigen Tag grundlegenden Werk (Magyarországi humanisták és a dunai tudós társaság; Humanisten aus Ungarn und die gelehrte Donaugesellschaft, Budapest 1880) den Großteil der Informationen bezüglich der Teilnahme von Ungarn zusammengetragen hat. Desungeachtet wiederholt die zeitlich spätere Arbeit von Guido List die herkömmlichen Irrtümer (Literaria Sodalitas Danubiana. In: Österreichisch-Ungarische Revue 14 (1893), S. 403-422). Zur Überprüfung und Kritik der älteren Literatur, siehe: Moritz Csáky, op. cit.

36. Bauch, op. cit.; Karl Grossmann, Die Frühzeit des Humanismus in Wien bis zu Celtis Berufung 1497. In: Jahrbuch für Landeskunde von Niederösterreich N.F. 22 (1929), S. 150-325.

vom Anfang der 90er Jahre gefeiert wurde.[37] Der höchste kirchliche Würdenträger, Administrator des Bistums von Wien, war Johannes Vitéz jun., Bischof von Veszprém, der "in den humanistischen Wissenschaften sehr bewandert" und als langjähriger Botschafter des Königs Mathias Corvinus am Heiligen Stuhl in den 80er Jahren mit den römischen humanistischen Kreisen und vielleicht auch mit der Akademie von Pomponio Leto in Berührung gekommen war.[38] Seine Bekanntschaft mit einem Schüler von Leto, dem infolge seiner laxen Moral und seiner Unverträglichkeit später übel beleumdeten Girolamo Balbi, stammt auch aus dieser Zeit.[39]

Balbi, der von 1485 an in Paris unterrichtet hatte und dem diese Stadt infolge seines Verhaltens verleidet wurde, begab sich, nach einem kurzen Abstecher nach England, in den Schutz seines bischöflichen Freundes und erhielt mit dessen Hilfe eine Professur

37. Die Mehrheit der in der Handschrift nr. 664 der Universitätsbibliothek Innsbruck gesammelten Gedichte ist von Anton Zingerle herausgegeben worden: Beiträge zur Geschichte der Philologie, Bd. I, Innsbruck 1880. - Csáky (op.cit.) schreibt irrtümlich, daß diese Gedichte bereits am Anfang der 90er Jahre von Fuchsmagen herausgegeben wurden, was schon darum unmöglich ist, weil es darunter auch einige um 1500 herum geschriebene Stücke gibt (vgl. Zingerle, S. XXXII).

38. Galeotto Marzio schreibt von ihm: "vir in jure pontificio et studiis humanitatis eruditus" De egregie, sapienter, iocose dictis ac factis regis Mathiae, Hrsg. Ladislaus Juhász, Lipsiae, Teubner 1934, S. 26 (Bibliotheca Scriptorum Medii Recentisque Aevorum). - Vgl. Ábel, op. cit., 102-110.

39. Dafür haben wir allerdings keine Belege, aber da Balbi am Anfang der 1480er Jahre noch in Rom studierte und die erste diplomatische Sendung von Vitéz in Rom auf diese Zeit fällt, kann man nichts anderes annehmen. Es wurde zwar auch behauptet, daß sie sich in Paris kennengelernt hatten, was jedoch ausgeschlossen ist, da laut Galeotto Marzio die Entsendung von Vitéz nach Paris vor seinem Aufenthalt in Rom, also vor 1480 fällt, und Balbi erst in der Mitte der 80er Jahre nach Frankreich zog. - Über das Leben von Balbi, siehe: Ábel, op. cit. S. 32-74; G. Rill, Balbi, Girolamo. In: Dizionario Biografico degli Italiani 5 (1963), S. 370-374; Zsuzsa Hermann, Egy humanista karrierje (Balbi Jeormos); (Die Karriere eines Humanisten - H. Balbi). In: Egyetemi Könyvtár Évkönyvei 2 (1964), S. 225-243.

an der Wiener Universität. Von da an wird er, das ehemalige Mitglied der Academia Romana, der laut des - übertriebenem Lob nicht abgeneigten - Erasmus "allen Dichtern dieses Jahrhunderts voran ist", die höchste Autorität in den humanistischen Wissenschaften in Wien.[40] Er war es, der Celtis' Einladung schon 1496 in die Wege leitete.[41]

Wenn man die ganze kleine Schar der in den 90er Jahren heranwachsenden Wiener Humanisten miteinbezieht, kann man ruhig behaupten, daß hier eine intellektuelle Gemeinschaft im Entstehen war, welche nur auf eine entsprechende organisatorisch veranlagte Persönlichkeit wartete, um korporativ vor die Öffentlichkeit zu treten. Diese sich selbst bereits als Sodales betrachtenden Literaten bereiteten dem "dux perpetuus" der Sodalitas einen würdigen Empfang: sie stellten einen Kranz von Epigrammen zusammen, ließen ihn als Einblattdruck erscheinen und veröffentlichten ihn gleichzeitig auch am Anfang der Ausgabe des dem Apuleius zugeschriebenen Werkes *De mundo seu cosmographia,* welches Celtis zu diesem Anlaß als eine Art von Einführung vorgesehen hatte. Bei den 18 unter dem Titel *Episodia sodalitatis litterariae Danubianae ad Conradum Celten, dum a Norico Gymnasio ad Viennam Pannoniae concesserat*[42] vereinigten

40. "qui omnibus hujus seculi poetis anteferatur": Brief von Erasmus an Antonius Gerard, wahrscheinlich aus 1489. In: Ders. Erasmi Roterodami Opus epistolarum, Hrsg. P.S. Allen, Bd. I, Oxonii 1906, S. 116. - Die moderne Forschung teilt die Ansicht des großen Zeitgenossen nicht und hat bewiesen, daß ein Teil seiner Gedichte Plagiate sind: Godelieve Tournoy-Thoen, La tecnica poetica di Girolami Balbi. In: Ecumenismo della cultura. I. Teoria e prassi della poetica dell'umanesimo, Hrsg. Giovannangiola Tarugi, Montepulciano 1975, S. 101-123; Gilbert Tournoy, The Literary Production of Hieronymus Balbus at Paris. In: Gutenberg Jahrbuch, 53 (1978), S. 72-75. Ders., L'oeuvre poétique de Jerome Balbi après son arrivée dans le Saint-Empire romain. In: L'humanisme allemand, Paris 1979, S. 321-337.

41. Rupprich, ed. cit., S.188-189.

42. Über zwei Exemplare des Einblattdruckes: Gedeon Borsa, Drei weitere unbekannte Einblattdrucke aus dem XV. Jahrhundert in der Österreichischen Nationalbibliothek. In: Gutenberg Jahrbuch 25 (1960), S. 55-61. Diese zwei Exemplare kannte bereits Bauch (vgl. op. cit., S. 299); aber später scheinen sie verloren gegangen zu sein, denn Rupprich

Epigrammen, handelt es sich nicht um das gewohnte Gemisch von Willkommensadressen, sondern um das gründlich durchdachte kollektive Werk einer Gemeinschaft, welches eine komplizierte esoterische Bedeutung in sich barg.[43] Seine Vorbereitung und Abfassung - die kaum ohne die persönliche Mitwirkung des Gefeierten selbst vor sich gehen konnte - benötigte eine entsprechende organisatorische Arbeit, denn unter den Verfassern finden wir zwei Humanisten aus Böhmen, einen aus Krakau und vier aus Buda, sowie mehrere alte Freunde von Celtis aus Deutschland, von denen einige bereits an der Tätigkeit der in Heidelberg gegründeten Sodalitas teilgenommen hatten.[44]

Das ist also die Gruppe, deren Mitglieder an verschiedenen Orten lebten, aber gemeinsame Ideale verfolgten und unter dem Namen "sodalitas litteraria Danubiana" auftreten. Was damit gemeint war, erklärt sich aus den zwei letzten Epigrammen, deren Verfasser "Duo Bonomi, regis et reginae Romanorum secretarii" waren. Es handelt sich um die Brüder Petrus und Franciscus Bonomus aus Triest, Sekretäre Maximilians bzw. der Bianca Sforza. Franciscus taucht bereits unter den Mitgliedern der Heidelberger Gesellschaft auf, er nahm auch an der "peregrinatio Cusana" teil. Hier schreiben sie nun folgendes: Celtis warb die Sodales früher am Rhein an, und sie standen unter dem Schutz des Bischofs von Worms "Vangionum praesul"; nun schwärmen die Sodales an der Donau, wer wird wohl ihr Schutzherr sein?[45] Auf

fand sie nicht mehr (vgl. ed. cit., S. 299). - Der vollständige Titel der pseudo-Apuleius-Ausgabe ist: Lucii Apulei Platonici et Aristotelici philosophi Epitoma divinum de mundo seu cosmographia ductu Conradi Celtis, Viennae, 1497. - Die Ausgaben der Episodia: Rupprich, ed. cit., S. 300-307; Conradi Celtis Quae Vindobonae prelo subicienda curavit opusula, Hrsg. Kurt Adel, Lipsiae, Teubner 1966, S. 6-11.

43. Vgl. Hummel, op. cit., S. 56-58; Kemper, op. cit., S. 197.

44. Z.B. Heinrich Spiesz (Cuspidius), der bei der Gründung der Heidelberger "Akademie" anwesend war oder Franciscus Bonomus, der an der "peregrinatio Cusana" teilnahm.

45. Nuper apud Rhenum scripsisti, Celti, sodales,
Vangionum praesul quis sua iura dedit.
Sed nunc Danubii cum sint tibi, Celti, sodales,
Jura sodalitii quis dabit ergo chori?
Rupprich, ed. cit., S. 306; Adel, ed. cit., S. 11.

diese Frage antwortet das letzte Epigramm, dessen Titel verkündet, daß das Donau-Sodalitium den Bischof von Veszprém zum Prinzeps gewählt hat.[46] Daraus geht klar hervor, daß die "Sodalitas litteraria Danubiana" nicht etwa als eine neue Institution, sondern als die erweiterte Form einer schon existierenden verstanden werden muß. Bis jetzt lag der Schwerpunkt am Rhein, nun hat sich an der Donau ein anderes Zentrum herausgebildet. Prinzeps wurde hier ebenfalls das lokale Kirchenoberhaupt, wie in Heidelberg, was der Gesellschaft in beiden Fällen Schutz, Autorität und vermutlich auch eine materielle Unterstützung sicherte.[47] Die Rolle des "hospes" fiel wahrscheinlich Cuspinianus, der späteren führenden Gestalt des Wiener Humanismus, zu; darauf läßt die bis zum heutigen Tag existierende Gedenktafel schließen, welche er, zwischen 1506 und 1508, an seinem eigenen Haus "zum ewigen Andenken an die sehr gelehrten Männer der Sodalitas literaria Danubiana" anbringen ließ.[48]

Mit der Entstehung des Wiener Sodalitas-Zentrums schlossen sich immer mehr Humanisten aus Österreich, Böhmen, Mähren und Ungarn der Bewegung an. Der gerade in Krumau weilende Jakob Canter bittet Celtis am 25. April 1498, ihn in die Sodalitas

46. "Sodalitium Danubianum episcopum Vespriensem (!) principem sodalitatis elegit" (ibid.).

47. Vgl. Hummel, op. cit., S. 59

48. "Cuspinianus Sodalitatis Litterariae Danubianae Viris Etuditissimis in Memoriam Sempiternum fecit". - Die Tafel zählt dann die Namen von 12 Sodales auf, von denen 6 schon 1497 auftauchen; fünf unter den Verfassern der Episodia, der sechste ist Celtis selbst. Da nach den Namen der Sodales noch die Worte "Musae novem Carites tris" zu lesen sind, ist anzunehmen, daß die Anzahl (12) der Sodales der Summe der 9 Musen + 3 Grazien entspricht. Warum gerade diese 12 Namen gewählt worden sind, ist nicht mehr festzustellen. Vgl. Hans Ankwicz-Kleehoven, Der Wiener Humanist Johannes Cuspinian, Graz-Köln, Bühlau 1959, S. 90-92. - Aus dem Umstand, daß die Liste der Verfasser der Episodia und jene der Sodales auf der Cuspinianus-Tafel sich nicht decken, folgert Csáky, daß Cuspinianus einen von der Gesellschaft des Celtis unabhängigen eigenen gelehrten Freundeskreis gehabt hat, was angesichts der Einheit der Sodalitas-Bewegung unwahrscheinlich ist.

aufzunehmen, da er ihr, obwohl körperlich entfernt, geistig aber umso näher ist.[49] Dies ist ein gutes Beispiel dafür, daß die von Celtis beseelte "Phoebea sodalitas nostra" - wie er sie in einem aus 1502 datierten Brief nennt[50] - nicht die Gemeinschaft von ständig zusammenlebenden, sondern eine lockere Gruppe von Menschen ist, welche durch ihre wissenschaftlichen und literarischen Bestrebungen miteinander verbunden sind. Dementsprechend betrachtete Celtis einen jeden, der mit ihm bezüglich literarischer Fragen Kontakt pflegte, an ihn Briefe oder Gedichte richtete, als Sodalis. Die Briefe, genauer jene Briefe, die er dafür würdig fand, sammelte er zu einem Band, dem er eigenhändig den Titel *Libri epistolarum et carminum Sodalitatis litterariae ad Conradum Celtem gab.*[51] Die Entstehung der Donau-Sodalitas beeinträchtigte also die Einheit der germanischen Sodalitas keineswegs, was auch daraus hervorgeht, daß Celtis vier Jahre nach der Entstehung der Danubiana Johann von Dalberg unverändert als "princeps" der "sodalitas litteraria per universam Germaniam" anredet.[52] Der "princeps" der Danubiana, Johannes Vitez jun., starb 1499, und von irgendeinem Nachfolger ist uns nichts bekannt. Aber auch sonst darf man hier nicht an eine konsequente Titelvergabe denken. "Princeps" ist im Falle der Sodalitas weniger ein Titel als vielmehr ein Epithet. So konnte Celtis selbst von seinen Gefährten mitunter "princeps" genannt werden, und er wiederum verwendet den Titel für Fuchsmagen und Krachenberger, nämlich gerade im Vorwort des Apuleius-Bandes, an dessen Anfang auch die die Wahl von Vitéz verkündenden Episodia gedruckt sind.[53]

Eine Sodalitas, die für ein ganzes Reich stand, konnte

49. "dignare vero me asscribere sodalitati vestrae etsi corpore absentem, animo tamen praesentissimum" Rupprich, ed. cit., S. 328-329.

50. Ibid., S. 473.

51. Wien, Österreichische Nationalbibliothek, Cod. 3448.

52. Rupprich, ed. cit., S. 468

53. Adressiert ist das vom 1. November datierte Vorwort folgendermaßen: "Conradus Celtis Protucius, triformis philosophiae doctor imperatoriisque manibus poeta laureatus, Joanni Fusemanno, regio senatori, et Joanni Gracco Pierio prothonotario, sodalitatis litterariae Danubinae principibus S.P.D.": Rupprich, ed. cit., S. 295. - Vgl. Ábel, op. cit. S. 16; Csáky, op. cit.

selbstverständlich keine tatsächlich wirksame Organisation sein; ernsthafte Arbeit konnten nur Gruppen von Gelehrten leisten, die am selben Ort oder wenigstens nahe beieinander wohnten. Die große Sodalitas begann sich folglich von selber in eine Ansammlung von kleineren lokalen Gruppen zu verwandeln, und der Name Sodalitas wurde von da an auch auf diese angewendet. Dietrich Ulsenius, einer der Verfasser der Begrüßungsverse der Sodalitas Danubiana, redet bereits im Jahre 1496 den damals in Ingolstadt weilenden Celits als "princeps" der "sodalitas litteraria Bavarica" an, und versteht unter dieser wohltönenden Benennung den Kreis der Mitarbeiter, die seinen Freund dort umgaben.[54] Um nicht mit der Danubiana verwechselt zu werden, beginnt die Heidelberger Gesellschaft nach 1497 unter dem Namen "Rhenana" aufzutreten.[55] Als im Jahre 1501 mehrere Sodalitas-Mitglieder mit dem Verfasser an der Spitze in Linz vor Kaiser Maximilian das Theaterstück *Ludus Dianae* von Celtis vortrugen, begrüßten sie ihren Gastgeber, Blasius Höltzel, den Sekretär des

54. Rupprich, ed. cit., S. 209.

55. Vgl. die Gedichte von Celtis: Libri odarum ..., ed. cit., nr. III, 5, 15. - Martin Pollich von Mellerstadt, Professor in Leipzig, beruft sich in seiner 1501 daselbst erschienenen Streitschrift *Laconismos tumultuarius* gesondert auf die unter der Leitung von Dalberg stehende "Sodalitas Rhenana" und auf die von Celtis geführte "Sodalitas Danubiana". Merkwürdigerweise erwähnt er als dritte Fachautorität eine mysteriöse "Sodalitas Leucopolitana", welche - so behauptet er - von Mathaeus Lupinus, einem gelehrten Schulmeister aus Grossenhain, gegründet worden war, aber, da dieser kurz vorher gestorben war, nun von dem hervorragenden böhmischen Humanisten Bohuslav Lobkowitz von Hassenstein geleitet wird. Andere Quellen, den reichen Briefwechsel von Lobkowitz, z.B. mit Martin Pollich mitinbegriffen, enthalten nicht die leiseste Andeutung auf eine solche Gesellschaft. Auch der Name Leucopolis ist verdächtig; es ist die selten gebrauchte lateinische Bezeichnung von Wittenberg, wo zu jener Zeit noch keine Universität existierte und wo, unseres Wissens, am Ende des XV. Jahrhunderts kein humanistischer Kreis tätig war. Vgl. Gustav Bauch, Geschichte des Leipziger Frühhumanismus mit besonderer Rücksicht auf die Streitigkeiten zwischen Konrad Wimpina und Martin Mellerstadt, Leipzig, Harrasowitz 1899 (XXII. Beiheft zum Centralblatt für Bibliothekswesen).

Kaisers, und späteres Mitglied der Augsburger Gruppe, mit einem Epigramm als Mitglieder einer "sodalitas litteraria Linciana", obwohl es sich nur um eine einmalige Gelegenheit handelte.[56] Die vom Bischof Stanislas Thurzó unterstützten Humanisten von Olmütz, die sich gewohnheitsgemäßig in einem Meierhof versammelten, liebten es, ihre Gruppe "sodalitas Meyerhofiae oder Maiorhoviana" oder auch, in Anbetracht der einstigen germanischen Bewohner von Mähren, "sodalitas Marcomannica" zu nennen.[57] Und als am Anfang der 1500er Jahre in Augsburg unter der Leitung von Konrad Peutinger eine starke Gelehrtengruppe zusammentrat, erschien der Name "sodalitas litteraria Augustana". In einem im September 1505 verfaßten Brief gebraucht Celtis selbst den Ausdruck "sodalitas nostra Augustensis", datiert jedoch den Brief zu gleicher Zeit "ex... contubernio nostro litterario Augustensi".[58] Das Wort "contubernium" entspricht übrigens den lokalen Sodalitas-Filialen entschieden besser. Bezeichnenderweise steht auch am Anfang einer handgeschriebenen Kopie der 1497 zu Ehren Celtis' herausgegebenen *Episodia:* "Danubianum contubernium".[59] Auch die

56. Die in Linz weilenden Sodales stellten diesmal zu Ehren von Höltzel einen ganzen kleinen Band von Gedichten zusammen, welcher außer dem kollektiv verfaßten Epigramm auch individuelle Begrüßungsgedichte enthielt. Aus irgendeinem Grund wurde die Sammlung jedoch nie gedruckt, aber die Handschrift blieb im Besitz eines der Sodales, vermutlich eben des gefeierten Höltzel; denn 17 Jahre später erschienen die Gedichte, um neue ergänzt und dem ehemaligen Wiener Sodalis, mittlerweile Bischof von Triest gewordenen Petrus Bonomus gewidmet, der nunmehr den Rang eines kaiserlichen Rates innehatte: Complurimum eruditorum vatum carmina, ad magnificum virum D. Blasium Hoelcelium, sacri Caesaris Maximiliani consiliarius Moecenatem eorem (!) precipuum, Augustae Vindelicorum /in celeberrima principum conventu/ impressa, 1518. - Vgl. Preiß, op. cit., S. 283.

57. Rupprich, ed. cit., S. 535, 591; Gustav Bauch, Zu Augustinus Olomucensis. In: Zeitschrift des deutschen Vereines für die Geschichte Mährens und Schlesiens 8 (1904), S. 132-136; Hummel, op. cit., S.104-118.

58. Rupprich, ed. cit., S. 586-487; Hummel, op. cit., S.95-97.

59. Ábel, op. cit., S. 15.

Gemeinschaft der Schüler des von Celtis in Wien gegründeten "Collegium poetarum et mathematicorum" begrüßt den Kaiser als "Sodalitas litteraria Collegii Poetarum Viennae", an einer anderen Stelle: "Sodalitas litteraria Viennensis Collegii", wohingegen Celtis die Widmung der die Gedichte der Schüler enthaltenden Veröffentlichung "ex ... contubernio litterario Viennae" datiert.[60] Mit nicht geringerem Recht könnte man - ganz gleich, ob der Ausdruck in den Quellen vorkommt oder nicht - von einer Sodalitas oder einem contubernium im Zusammenhang mit einer jeden Stadt sprechen, wo Celtis' Anhänger und Freunde sich während einer gewissen Zeit versammelten, regelmäßig zusammenkamen und eine wissenschaftliche Tätigkeit ausübten. Das gilt für so bedeutende humanistische Zentren wie das von Celtis oft besuchte Nürnberg oder das von ihm wiederholt besuchte Buda, wo von 1497 an eine ordnungsgemäß konstituierte Gruppe seiner Getreuen wirkte und das von Bohuslav Lobkovitz von Hassenstein, dem führenden Dichter des tschechischen Humanismus, abwechselnd "coetus", "contubernium", "sodalitium" oder "academia" genannt wurde.[61]

Diese lokalen Gruppen lebten, genauso wie die von Heidelberg, ihr eigenes Leben, waren aber gleichzeitig mit starken Fäden miteinander und besonders mit Celtis verknüpft und bewahrten so die virtuelle Einheit der Sodalitas. Was diese von ihm ins Leben gerufene literarische Republik zusammenhielt, waren nicht nur seine Person und sein mannigfaltiger Briefwechsel, sondern auch die häufigen gegenseitigen Besuche und besonders die von der Sodalitas unterstützten Veröffentlichungen, vor allem die Werke

60. Conradus Celtis Protucius, Ludi scaenici, Hrsg. Felicitas Pindter, Budapest, Egyetemi Nyomda 1945, S. VIII, 190-20 (Bibliotheca Scriptorum Medii Recentisque Aevorum).

61. Bohuslai Hassensteinii a Lobkovic Epistulae, ed. Jan Martinek, Dana Martinková, Bd. II, Leipzig, Teubner 1980, S. 69, 77. - Wie in der Bezeichnung der Gesellschaft und ihrer einzelnen Gruppen, scheint auch in der Benennung der Mitglieder keine Einheitlichkeit geherrscht zu haben. Neben dem meistgebrauchten Namen "sodalis" findet man "contubernalis", "cultor sodalitatis litterariae", "commilito", "Phoebeus vir", ja sogar den heiteren Namen "combibo". Vgl. Rupprich, ed. cit., S. 169, 195, 225, 323, 574, 587.

von Celtis selbst bzw. die von ihm zum Druck vorbereiteten Werke. Das Grundprinzip, das er bei der Veröffentlichung befolgte, war, daß die unter dem Namen der Sodalitas erscheinenden Bücher erst dann gedruckt werden sollten, wenn die aus den Mitgliedern der Gesellschaft gewählten Lektoren, "censores", ihr Urteil über sie geäußert hatten und die notwendigen Verbesserungen durchgeführt worden waren. In dieser Hinsicht diente er selbst als Vorbild, indem er zur Zensur seines über Nürnberg geschriebenen Buches im Jahre 1495 Johann von Dalberg und Johann Löffelholtz, Janus Coclea, einen Humanisten aus Nürnberg, einlud.[62] Die eigentliche großangelegte Verlagstätigkeit begann 1497 mit der Wiener Apuleius-Ausgabe, die erste Veröffentlichung, welche den Namen der Sodalitas verkündete. In den folgenden Jahren gab Celtis in Wien nur kleinere Schriften heraus; er scheint in dieser Stadt Differenzen mit den Druckern gehabt zu haben, so daß seine Ausgabe der *Germania* von Tacitus zwar 1500 in Wien, aber ohne Impressum erschienen ist. Von da an jedoch fand er, zuerst in Nürnberg, dann in Augsburg, die ihm entsprechenden Druckereien und Betreuer seiner Veröffentlichungen.

1501 gab Celtis in Nürnberg das schon erwähnte Theaterspiel *Ludus Dianae* heraus, dem bald eine der bedeutendsten Veröffentlichungen des Celtis und der Gesellschaft folgte, nämlich die Ausgabe der von Celtis entdeckten Werke der Hroswitha.[64] Für das Buch, welches dazu berufen war, das hohe Niveau der frühen deutschen Kultur zu verkünden, schrieben zahlreiche Sodales vom Rhein und von der Donau, allen voran Dalberg, je

62. Ibid., S. 155, 158.

63. Ludus Dianae in modum comedie coram Maximiliano Rhomanorum rege ... in arce Linsiana Danubii ... per Petrum Bonomum ..., Ioseph Grunpekium ..., Conradum Celtem ..., Ulsenium Phrisium, Vincentinum Longinum ... representatum (Nürnberg 1501). Als Celtis im nächsten Jahr das Spiel im Band *Quatuor libri amorum* wieder herausgab, setzte er anstelle der Aufzählung der mitwirkenden Sodales die Formel "per sodalitatem litterariam Danubianam". Vgl. Ludi scaenici, ed. cit., S. VI, IX.

64. Opera Hrosvite illustris virginis et monialis Germane gente Saxonica orte nuper a Conrado Celte invente, (Nürnberg 1501).

ein Begrüßungsepigramm zum Zeichen der Einheit der Sodalitas.[65] Eine besondere Aufmerksamkeit verdient das Impressum, laut dem das Buch mit dem für die "Sodalitas Celtica" erteilten Privileg des Reichsrates, senatus rhomani Imperii, erscheint. Ein ähnliches Kolophon befindet sich am Ende des im folgenden Jahr und ebenfalls in Nürnberg erschienenen Bandes der *Quatuor libri amorum* von Celtis.[66] Der Umstand, daß die diesmal seinen eigenen Namen tragende Sodalitas vom 1501 in Nürnberg versammelten Reichsrat ein Druckprivileg erhielt, bedeutete mehr oder weniger die rechtliche Anerkennung der Organisation.[67] Im übrigen scheinen die Verlagsbedingungen in Nürnberg nicht zufriedenstellend gewesen zu sein, denn 1504 wollte Celtis die Sammlung der zu Ehren von Maximilian verfaßten Preisgedichte der Schüler des "Collegium poetarum" in Venedig bei Aldo Manuzio drucken

65. Sodalitatis litterariae epigrammata in Norinbergae conventu principum et decretoriis imperii diebus constituta. Hrsg.: Rupprich, ed. cit., 468-471. - Neben dem Kolophon des Buches befindet sich ein (auf die Sodalitas hinweisendes?) Emblem: drei Hügel mit einer kleinen Fahne auf dem mittleren Gipfel. Links und rechts vom Emblem liest man die Buchstaben A. und P. In ihrer maschinenschriftlichen Dissertation ("Die Lyrik des Konrad Celtis", Diss. Wien 1930), die ich mit eigenen Augen leider nicht gesehen habe, meint Felicitas Pindter (S.132), daß die Buchstaben die Abkürzungen der "Academia Platonica" sind. Falls die Verf. recht hat, sehen wir darin einen neuerlichen Beweis für die Treue, mit der Celtis an seiner ursprünglichen Zielsetzung festgehalten hat. Vgl. Preiß, op. cit., S. 311.

66. Conradi Celti Protucii primi inter Germanos imperatoriis manibus poetae laureati Quatuor libri amorum secondum quatuor latera Germaniae, Norimbergae 1502. Die moderne Ausgabe: Felicitas Pindter (Lipsiae, Teubner) 1934 (Bibliotheca Scriptorum Medii Recentisque Aevorum).

67. Zur Frage: Raimund Kemper, Sodalitas litteraria a senatu Rhomani Imperii impetrata. Zur Interpretation der Druckprivilegien in der Editio princeps der Roswitha von Gandersheim (1501) und in der Ausgabe der Quatuor Libri Amorum Secundum Quatuor Latera Germaniae des Conrad Celtis (1502). In: Euphorion, 68 (1974), S. 119-184; Dieter Mertens, Sodalitas Celtica impetrata? Zum Kolophon des Nürnberger Hroswith-Druckes von 1501. In: Euphorion, LXXI/1977/, S. 277-280.

lassen. Da dieser der Aufforderung mit freundlichen Worten auswich, weil es, behauptet er, besser sei, über Könige kein Buch herauszugeben, "timendi sunt reges",[68] fand Celtis den gesuchten Partner unter den Mitgliedern der Sodalitas von Augsburg. Er ergänzte das Manuskript mit seiner eigenen, anläßlich des 1504 gefeierten militärischen Sieges von Maximilian geschriebenen *Rhapsodia* und ließ das Buch mit der Zustimmung dreier Augsburger Zensoren mit Peutinger an der Spitze, 1505 daselbst erscheinen.[69] Er wiederum wirkte - eigentlich als Zensor - bei der Herausgabe von Peutingers Inschriftensammlung durch die "Sodalitas Augustensis" mit.[70] Im Jahre 1507 gab er, ebenfalls in Augsburg, die von Petrus Tritonius und "anderen gelehrten Musikern unserer Sodalitas litteraria" komponierten vierstimmigen Oden heraus,[71] und im gleichen Jahre kam es, wieder in dieser Stadt, zu der Veröffentlichung der von Celtis entdeckten sogenannten *Ligurinus*-Handschrift. Mit der Vorbereitung des

68. Rupprich, ed. cit., S. 569.

69. In hoc libello continentur: Divo Maximiliano Augusto Chunradi Celtis *ραψωδια* Laudes et victoria de Boemannis ... publico spectaculo Vienne acta. Anno 1504. - Divo Maximiliano Sodalitatis litterariae Collegii poetarum Viennae in delectu publico per classes decantatae et recitatae laudes pro erectione eiusdem Collegii. - Die Texte des raffiniert zusammengestellten Bändchens sind in der Ausgabe von Pindter gänzlich durcheinandergebracht: Ludi scaenici, ed. cit., S. 7-13, 16-27. - Besondere Beachtung verdient das Kolophon: "Finiunt panegyrici decantati Divo Max. August. per Soda. litterar. Danubiana (.) Censoribus Chunra. Peutingero, Johann. Foeniseca, Sebast. Sperantio (.) Impressi autem Auguste Vinde. per magistrum Joann. Otmar... Anno 1505". Der Verfasser des in Augsburg während der Abwesenheit von Celtis redigierten Kolophons schreibt statt "Sodalitas litteraria Collegii poetarum" einfach "Danubiana". Andererseits ist dies der einzige Fall, wo die Zensoren gesondert aufgezählt werden.

70. Romanae vetustatis fragmenta in Augusta Vindelicorum et eius dioecesi, (Augsburg 1505). Vgl. Rupprich, ed. cit., S. 586-588.

71. Melopoiae sive Harmoniae Tetracenticae ... per Petrum Tritonium et alios doctos sodalitatis litterariae nostrae musicos secundum naturae et tempora syllabarum et pedum compositae et regulatae ductu Chunradi Celtis foeliciter impresse ... (Augsburg 1507). - Den vollständigen Text des Titelblattes s. Rupprich, ed. cit., S. 404-405.

Druckes betraute er die Sodales von Augsburg, die die Arbeit ausführten und mit einer von verfaßten Widmung veröffentlichten.[72]

Aus der Geschichte der Drucklegung der Bücher der Sodalitas geht klar hervor, daß Celtis, obwohl Professor in Wien bis zu Beginn des Jahres 1508, nicht imstande war, im Rahmen einer Donau-Gesellschaft zu wirken. Es hat sogar den Anschein, daß er gegen Ende seines Lebens, nach Heidelberg und Wien, Augsburg als die eigentliche Basis seiner Unternehmungen betrachtete. In seinem am 24. Januar 1508 verfaßten Testament verfügt er, daß die Handschriften seiner unveröffentlichten Werke nach ihrer Kontrolle durch gelehrte Zensoren, welche unter seinen guten Freunden auszuwählen seien, Peutinger in Augsburg zugestellt werden sollten und dieser für ihre Drucklegung sorgen sollte.[73]

Ein noch beredteres Zeugnis für Celtis' gesamtdeutsche Denkweise legt die geplante, aber nie ausgeführte *Germania illustrata* ab. Celtis betrachtete dieses Werk als ein mehr oder weniger kollektives Unternehmen und rechnete besonders auf die Hilfe seiner Sodales.[74] Ihm schwebte eine gewaltige Vision von Germanien vor, die er mit verschiedenen esoterischen Zahlenkombinationen verknüpfte.[75] Bereits seine Gedichtbände waren dementsprechend zusammengestellt. Die Fortsetzung des Titels *Quatuor libri amorum* lautet: *secundum quatuor latera Germaniae,* also gemäß der vier Seiten Deutschlands, den vier Himmelsrichtungen, was den vier großen Flüssen des Landes entspricht, und mit den vier Lebensaltern, den vier Temperamenten, den vier Liebesaffairen des Celtis - und selbstverständlich mit den vier Sodalitaten harmonisiert. An die Spitze seiner nie gedruckten Epigramm-Sammlung steht ein Epigramm, das den Titel *Ad*

72. Ligurini De gestis Imperatoris Caesaris Friderici primi Augusti libri decem carmine heroico conscripti nuper apud Francones in sylva Hercynia et druydarum coenobio a Chunrado Celte reperti postliminio restituti ... (Augsburg 1507).

73. Rupprich, ed. cit., S. 606.

74. Hummel, op. cit., S. 133-135.

75. Vgl. Lawrence V. Ryan, Conrad Celtis and the mystique of number. In: From Wolfram and Petrarch to Goethe and Grass, Forster-Festschrift, Hrsg. D.H. Green, Baden-Baden, Koerner 1982, S. 181-191.

quatuor sodalitates litterarias Germaniae trägt, und in dem er die Gliederung der Sodalitas gemäß der Verteilung nach Rhein, Weichsel, Donau und dem Baltikum, Codoneus, angibt.[76] Zu weiteren Kombinationen veranlaßte ihn die Einbeziehung der Gebirge von Germanien. In einem kleineren Verszyklus, welcher unter dem Titel *Germania generalis* als eine Art Einleitung zur *Germania illustrata* betrachtet werden kann und im Anhang der Tacitus-Ausgabe erschienen ist, handelt ein Gedicht von den vier Flüssen, das darauffolgende von den drei Gebirgen Germaniens, dem Harz, den Alpen und den Karpathen.[77] Die Summe von vier und drei gestatten dem Verfasser eine Spekulation mit der Zahl sieben, in Einklang mit den sieben Weisen, den sieben Planeten, den sieben Hügeln von Rom usw. - und natürlich mit sieben Sodalitäten. Diese Idee wiederum war der Anlaß zum 1500 verfaßten sieben jeweils siebenzeilige Epigramme enthaltenden Zyklus, *Septenaria sodalitas litteraria Germaniae,* welcher mittels einer ziemlich wirren Kombination von Flüssen und Bergen eine siebenfach unterteilte Sodalitas vermuten läßt.[78] Diese von Celtis erfundenen mannigfaltigen - einander und den in der Wirklichkeit belegbaren Gruppen widersprechenden - Sodalitas-Namen haben dann viele Forscher irregeleitet, so daß sie eine phantastische Wucherung der von Celtis gegründeten Gesellschaften angenommen haben. In den Augen anderer diente die Erwähnung dieser Unmenge von Sodalitäten lediglich dazu, das Vertrauen in die Ernsthaftigkeit von Celtis' Unternehmen zu erschüttern.[79]

In dem oben angeführten Zusammenhang wird auch die Frage nach dem Status der am häufigsten untersuchten "Sodalitas litteraria

76. Hartfelder, ed. cit., S. 1.

77. Adel, ed. cit., S. 59-61.

78. Das Gedicht setzte er an die Spitze eines Heftes, in welchem mit der Zahl 7 spielende Texte gesammelt sind: In hoc libello continentur: Septenaria sodalitas litteraria Germaniae - Ausonii sententiae septem sapientium septenis versibus explicatae - usw. (Wien 1500). Hrsg.: Adel, ed. cit., S. 78-80.

79. Csáky vor allem (op. cit.) vertritt einen ziemlich skeptischen Standpunkt. Seine Behauptung, daß die vier bzw. sieben Sodalitäten eine poetische Fiktion sind, ist richtig; daraus folgt aber nicht, daß Celtis überhaupt keine den italienischen Proto-Akademien ähnliche Gesell-

Danubiana" geklärt. Es handelt sich also nicht darum, daß die von Celtis angeregten Humanisten aus Wien, Böhmen und Buda ihrerseits ebenfalls eine gelehrte Gesellschaft gegründet haben. Ihre Funktion war es lediglich, die von Celtis erdachte Germanische Sodalitas auf das Donaugebiet auszubreiten, ihren Schwerpunkt hierher zu verlagern. Das Beiwort Danubiana, gleich Rhenana, Augustana, usw. kommt in den Quellen überhaupt nur sehr selten vor, die Unternehmung von Celtis wird meistens nur als "Sodalitas litteraria" erwähnt. Er selbst betrachtete es am liebsten als "Sodalitas litteraria per Germaniam", und in seinen Augen konnten die Gruppen von Wien, Olmütz, Buda nur die Filialen dieser Sodalitas sein. Daß Buda genau so wenig zu Germanien gehört wie die Karpathen, Olmütz oder die Weichsel, störte Celtis nicht im geringsten. In seiner Vision gehört alles zu Germanien, was nördlich der Alpen bzw. östlich von Gallien liegt und wo das römische Christentum Fuß gefaßt hatte. Diese Auffassung, welche ohne den ethnischen Charakter und die politischen Grenzen in Betracht zu ziehen, irgendeine imaginäre geographische und kulturelle Einheit im Auge hat, war auch außerhalb Deutschlands wirkenden Sodales nicht fremd. Das aktivste und wertvollste Mitglied des Contubernium von Buda, Augustinus Moravus Olomucensis aus Mähren, sprach ebenfalls von "unserer Germania" als er Celtis begrüßte.[80] Und in Übereinstimmung damit konnte Beatus Rhenanus, einer der Fortsetzer von Celtis' Werk, in Janus Pannonius einen großen Dichter aus Germanien feiern.[81]

Aus dem Gesagten geht hervor, daß die Unternehmung von Celtis einen besonderen, einmaligen Fall in der Geschichte der Akademien der Renaissance darstellt. Er war der erste, der es

schaft gegründet hat. Daß er eine akademische Gemeinschaft tatsächlich ins Leben gerufen hat, bezeugt Peutinger dort, wo er 1505 die "litterariae tuae sodalitatis institutae commilitones" erwähnt. Vgl. Rupprich, ed. cit., S. 587.

80. Ibid., S. 322.

81. "Ianum et Erasmum, tametsi Germanos, et recentes, non contemptius ac Politianum et Hermolaum, imo quam Maronem Tulliumve lego" In: Iani Pannonii Quinquecclesiensis episcopi Sylva panegyrica ... Basileae 1518, Beatus Rhenanus Epistola dedicatoria.

versuchte, eine ein ganzes Land, eine ganze Nation, zu präsentierende gelehrte Gesellschaft ins Leben zu rufen. Die Vorstellung war utopisch, und so ist es verständlich, daß in der Vision des Erzhumanisten der poetischen Imagination auch eine bedeutende Rolle zufiel, besonders dort, wo er die vierfache bzw. siebenfache Unterteilung der "Sodalitas Germaniae" entwirft. Die ideale Spekulation mit den Zahlen gewinnt in seiner Vision die Oberhand und führt dazu, daß Celtis die realen Bedingungen der Gründung einer Akademie zu seiner Zeit außer acht ließ. Dank seiner Initiative entstand jedoch eine Anzahl von gelehrten Gruppen, und mehrere setzten ihre Tätigkeit auch nach des Meisters Tode fort, bis zu dem Augenblick, wo die Reformation das intellektuelle Leben von Deutschland in gänzlich andere Bahnen lenkte. Die ursprünglich auch auf Buda und Olmütz ausgebreitete "Sodalitas litteraria Danubiana" schrumpfte zu einer Wiener gelehrten Gesellschaft zusammen, die unter der Leitung von Cuspinianus und später Collimitius-Tannstetter bis zum Anfang der 1520er Jahre tätig war. Die Sodalitas von Augsburg zeichnete sich in den 1510er Jahren durch eine bemerkenswerte Publikationstätigkeit aus. Wir wissen, daß in Nürnberg, Speyer, Straßburg und Schlettstadt ebenfalls "sodalitates litterariae" gewirkt haben.[82] Die Erschließung ihrer Tätigkeit gehört zu den Aufgaben der künftigen Forschung.

82. Vgl. Lutz, op. cit., S. 52-57.

Gerhard Müller

DAS AUGSBURGER BEKENNTNIS FÜR ITALIEN: EINE ÜBERSETZUNG VON 1562

Die Übersetzungstätigkeit war in Europa im 16. Jahrhundert reich. Schriften, die in der Sprache der Gelehrten verfaßt worden waren, wurden in Volkssprachen übertragen, wenn Verleger oder Drucker einen Bedarf vermuteten.[1] Auch die Confessio Augustana, die in deutscher und lateinischer Sprache Kaiser Karl V. am 25. Juni 1530 übergeben worden ist,[2] ist in diverse Sprachen übersetzt worden. Christian August Salig hat in seiner *Vollständigen Historie der Augspurgischen Confession und derselben Apologie ..., Mitgetheilet aus der Wolfenbütteler Bibliothec* (Halle 1730), verschiedene Drucke genannt, die er aufspüren konnte. Zu Übersetzungen ins Italienische meinte er:

> Italiänische Ubersetzungen glaube ich nicht, daß sie gedruckt worden. Denn die Versionen, die der Pabst bekommen, mögen wol fein sanft in der Vaticana liegen, indem es dem Pabst nicht zu rathen war, daß die Confession in des gemeinen Mannes Hände kähme und das Volck aus den greulichen Vorurtheilen gerettet würde, die es von der Lutherischen Lehre eingesogen.[3]

Nun gibt es in der Tat im Vatikan eine Überlieferung des Augsburgischen Bekenntnisses.[4] Es war aber auch im 16. Jahrhundert keineswegs zu erwarten, daß ein solches Werk

1. Vgl. z.B. die Ausgaben und Übersetzungen des Aurelius Augustinus aus dem 16. Jahrhundert, die verzeichnet sind im Index Aureliensis Bd.II. Genf 1966. S. 396-445.

2. Vgl. Johannes von Walter: Der Reichstag zu Augsburg. In: Luther-Jahrbuch 12 (1930) S. 50-52.

3. Salig, S. 713.

4. Vgl. Nuntiaturberichte aus Deutschland 1533-1559. 1. Ergänzungsband 1530-1531, bearbeitet von Gerhard Müller. Tübingen 1963. S. 82 Anm. 4.

ausgerechnet in Rom gedruckt werden würde — es sei denn, daß dadurch der häretische Charakter des Luthertums hätte verdeutlicht werden sollen. Aber dazu hätte es geeignetere Werke gegeben, weil die Confessio Augustana unpolemisch ist und das betont, was die Reformation mit der römisch-katholischen Kirche verbindet. Außerdem war Luther ja 1520 durch Papst Leo X. gebannt worden, so daß sich eine weitere Äußerung Roms damals erübrigen mußte.

Salig fährt fort: "Nun kans wol seyn, daß eine Version, die der Kayser hat machen lassen, damals gedruckt worden, davon mir aber keine zu Gesicht gekommen."[5] Heute vermutet niemand, daß Karl V. oder seine Ratgeber sich mit Publikationsplänen der Confessio Augustana ins Italienische trugen. Denn dem Kaiserhof konnte 1530/31 eine Verschärfung der kirchlichen Lage angesichts der Spannungen mit Frankreich und England und der Türkengefahr nur ungelegen sein, so daß auch eine Publikation der Confutatio des Augsburger Bekenntnisses unterblieb,[6] während jedoch dieses von evangelischer Seite veröffentlicht wurde.[7] Salig kannte aber eine italienische Übersetzung von 1562,[8] die uns hier beschäftigen soll.

Sie trägt den Titel: *La Confessione della fede, data all'-Invitissimo Carolo V nella Dieta di Augusta del MDXXX.* Aus dem Titel geht weiter hervor, daß es sich um eine neue Übersetzung aus dem Lateinischen ins Italienische "durch einige treue Christen, Liebhaber Italiens", handelt.[9] Hier wird behauptet, daß die Apologie der Confessio Augustana und die Confessio Saxonica von 1551 hinzugefügt worden seien, die auf dem Konzil von Trient hatten übergeben werden sollen. Sodann wird Psalm 119,46 zitiert, was sich auch sonst auf dem Titel der Ausgaben des Augsburger

5. Salig, S. 713.

6. Vgl. von Walter, S. 73 f.

7. Die Editio princeps erschien 1531, vgl. Die Bekenntnisschriften der evangelisch-lutherischen Kirche (zit.: BSLK) 6. Aufl. Göttingen 1967. S. XX.

8. Salig, Vgl. S. 713.

9. Vgl. die bibliographischen Angaben im Verzeichnis der im deutschen Sprachbereich erschienenen Drucke des XVI. Jahrhunderts, I, 4. Stuttgart 1985. S. 553 Nr. C 4794.

Bekenntnisses zitiert findet. Gedruckt wurde das Werk in Tübingen 1562. Das *Verzeichnis der im deutschen Sprachbereich erschienenen Drucke des XVI. Jahrhunderts* nennt Ulrich Morhart den Älteren als Drucker,[10] was durch das Druckbild erschlossen werden konnte. Neben einer Blattzählung mit arabischen Ziffern, bei der Titel- und Schlußseite nicht mitgezählt wurden (sie reicht bis Blatt 103), steht eine weitere, die A I a bis N VIII a umfaßt.

In der Vorrede wird berichtet, die Confessio Augustana sei vor sechs Monaten von einem geldgierigen Drucker so sinnentstellend in einer italienischen Ausgabe publiziert worden, daß durch diese Fehler neue Schmähungen (gegen die Anhänger dieses Bekenntnisses) entstehen könnten. Es sei deswegen erforderlich gewesen, eine verbesserte Übersetzung zu veröffentlichen, weil dies die Ehre der Fürsten und der Religion erfordert habe.[11] Daß hier Fürsten als betroffen bezeichnet werden, kann nicht überraschen, haben doch sie 1530 zusammen mit Vertretern von Reichsstädten das Augsburger Bekenntnis unterzeichnet und nicht Theologen. Auch in dieser Publikation werden die unterzeichneten Stände mitgeteilt.[12] Es heißt in der Vorrede: "Wir publizieren sie"- nämlich die Confessio Augustana -"genau berichtigt nach dem echten Examplar".[13] Welches dieses "echte Exemplar" ist, darauf wird zurückzukommen sein. Wenn dann behauptet wird, die zugefügte Apologie dieses Bekenntnisses sei ebenfalls dem Kaiser übergeben worden,[14] so ist dies unrichtig. Als Karl V. im September 1530 während des Reichstages die Apologie überreicht werden sollte, hat er dies auf eine Bemerkung seines Bruders Ferdinand hin abgelehnt.[15]

Die uns überlieferte Übersetzung von 1562 soll also an die Stelle einer anderen, schlechten treten. Es heißt in der Vorrede, man habe gefürchtet, daß die schlechte Veröffentlichung, kaum

10. Ebd.

11. Das Buch steht in der Herzog August Bibliothek in Wolfenbüttel unter der Signatur 1189 Theol. Die referierten Sätze finden sich auf Bl. A II a.

12. Vgl. Bl. N VII b.

13. Bl. A II a.

14. Ebd.

15. Vgl. BSLK S. XXII.

verbessert, nochmals publiziert worden wäre.[16] Dieses so hart kritisierte Werk ist bisher nicht bekanntgeworden. Aber da es wohl in keiner großen Auflage erschienen war und durch unser Buch ersetzt werden sollte, kann es durchaus untergegangen sein. Die neue Übertragung will aber nicht nur Ersatz sein, sondern sie soll laut Vorrede alle guten und klugen Menschen, die diese Werke lesen, überzeugen, daß darin keine Lehren vertreten werden, die der Autorität der Heiligen Schrift und der heiligen katholischen Kirche widersprechen. Vielmehr werde klargelegt, daß "die Unsrigen", also die Anhänger der Reformation, mit Recht einige Mißbräuche getadelt und Licht auf einige christliche Lehren gerichtet haben, "die bis zu dieser Zeit verderbt gewesen waren". Es heißt:

> Über die Glaubensgerechtigkeit waren vorher die Kirchen, die Klöster, die Schulen und alle Bücher der neuen Theologen stumm. Was die Lehre von der Buße angeht, so gab man den Gewissen keine sichere Tröstung. Keiner lehrte, wie die Sünden durch den Glauben an Christus vergeben werden. Die Lehre von den Satisfaktionen war für die Gewissen tödlich. Die Sakramente wurden gottlos entweiht, nachdem die Meinung entstanden war, daß die Menschen sich rechtfertigen durch das getane Werk.[17]

Implizit wird damit zum Ausdruck gebracht, daß durch die Reformation an diesen Stellen Abhilfe geschaffen wurde.

Weiter wird behauptet, daß durch die alte Verkündigung die Lehre vom Glauben völlig unterdrückt und verschiedene Götzendienste hervorgerufen worden seien. Es heißt:

> Die menschlichen Traditionen waren schlimmer als Labyrinthe, denn sie waren ins Unendliche gewachsen — teilweise aufgrund von jüdischem Aberglauben, teilweise aufgrund von tyrannischen Interpretationen.

Das Dispenswesen wird angegriffen, durch das Gewinn erzielt worden sei. Weiter wird behauptet, daß die Reformatoren diese schlimmen Zustände nicht getadelt hätten, um die "Civilta Ecclesiastica"[18] zu vernichten, sondern um die Herrlichkeit Christi

16. Vgl. Bl. A II b.
17. Vgl. Bl. A II b-A III a.
18. "Civiltà Cattolica" wurde im 19. Jahrhundert bekanntlich der

deutlich herauszustellen. Auch solle das Evangelium wieder in seiner ursprünglichen Reinheit zum Ausdruck gebracht werden, um den jammervollen Gewissen zu helfen.[19] Man könne jetzt nicht aufhören, die Wahrheit zu verteidigen, da doch Christus gesagt habe:

> Jeder, der mich bekennen wird vor den Menschen, den werde auch ich bekennen vor meinem Vater, der in den Himmeln ist; und wer mich verleugnen wird vor den Menschen, den werde auch ich verleugnen vor meinem Vater, der in den Himmeln ist.[20]

Die Vorrede wird mit dem Appell geschlossen, daß alle guten Menschen sich über die Reformatoren und deren Lehre kein Urteil bilden möchten aufgrund der Schriften oder der

> Schreie der Gegner, die sich bemühen, die Wahrheit mit tausend Betrügereien und Verleumdungen zu unterdrücken, sondern wie es vernünftig ist, so mögen sie auch uns hören und den ganzen Streitfall erkennen, der niemand verborgen sein sollte, da es hier um die Herrlichkeit Gottes, die Religion und das Heil der Seelen geht.[21]

Die Verfasser verfolgen mit ihrem Werk also mehrere Ziele. Zunächst wollen sie einen fehlerhaften Text ersetzen, der zu Mißverständnissen Anlaß geben kann. Sodann wollen sie apologetisch die Wahrheit der reformatorischen Verkündigung erweisen: Die Italiener sollen sich in ihrer eigenen Sprache ein Urteil bilden können. Nach wie vor wird nach der Meinung unserer Übersetzer des Augsburgischen Bekenntnisses die Lehre der Reformation in Italien weder richtig noch angemessen wiedergegeben. So wichtige Texte wie die Confessio Augustana, deren Apologie und die Confessio Saxonica können dann aber aufzeigen, daß durch die Reformation falsche Lehren und Mißbräuche abgestellt und daß durch die rechte Lehre des Evangeliums die Gewissen getröstet werden.[22]

Titel einer einflußreichen Zeitung, vgl. Enciclopedia Italiana Bd. 10. Rom 1950. S. 515.

19. Vgl. Bl. A III a.
20. Vgl. Bl. A III b und Matthäus 10,32 f.
21. Vgl. Bl. A III b.
22. Das ist ein Argument, das auch im Augsburger Bekenntnis benutzt wurde, vgl. BSLK S. 83 c.

Salig schrieb über unser Buch: "Zwar stehet in diesem Titul, daß die Apologie und Sächsische Confession von a. (="anno") 1551 mit gedruckt sei, ist aber bey meiner Edition nicht bei."[23] Auch im *Verzeichnis der im deutschen Sprachbereich erschienenen Drucke des XVI. Jahrhunderts* wird durch Punkte angedeutet, daß die in München vorliegende Ausgabe wohl unvollständig sei.[24] Wer sich aber den Schluß unseres Exemplares ansieht, dessen Text mit dem des Müncheners identisch ist, der liest dort die Worte: "Tosto havareti la Defesa della Confessione della Apologia, et la Confessione delle Chiese Sassoniche."[25] Demnach ist also zunächst nur die Confessio Augustana übersetzt worden — nur diese war auch laut Ausweis der Einleitung bereits in einer italienischen Übersetzung gedruckt gewesen. Die Autoren, die dies korrigieren wollten, hatten vor, zwei weitere lutherische Bekenntnisse hinzuzufügen, aber offenbar ist ihnen dies nicht sofort gelungen. Sie begnügten sich mit der verbesserten Übersetzung des Augsburgischen Bekenntnisses und versprachen eine Erweiterung, die aber wohl nie erschienen ist. Soweit sind die Intentionen der Verfasser dieses Buches und die Integrität dieser Publikation erwiesen. Es bleiben dann noch die Fragen nach dem "echten Exemplar", welche Fassung sie also ihrer Übertragung zugrunde legten, und nach den Verfassern.

Christian August Salig meinte, die vorliegende Version sei "aus einer geänderten Edition übersetzet, welches der zehnde Articul ausweiset."[26] Johann Wilhelm Feuerlein war etwas präziser, als er formulierte, der Verfasser habe "die korrupte lateinische Konfession des Jahres 1540 benutzt."[27] In dem Text geht aus Artikel 10 hervor, daß es sich hier nur um eine Übersetzung des lateinischen Textes der Variata von 1540 handelt: "Cerca la cena del signore affermono, che col pane et col vino si dia veramente il

23. S. 713 Anm. o.
24. Vgl. I, 4, S. 553 Nr. C 4794.
25. Bl. N VII b.
26. Salig, S. 713.
27. Vgl. Bibliotheca symbolica evangelica lutherana. Nürnberg 1768. S. 63; Feuerlein meint ebd., die im Titel versprochene Übersetzung der Confessio Saxonica sei wohl niemals erschienen; zur Apologie äußert er sich nicht.

corpo et il sangue di Cristo a chi lo riceve nella cena del signore."[28] Daß die Variata auch sonst der Übersetzung zugrunde lag, geht aus Artikel 20 hervor, der gegenüber dem Text von 1530 erheblich verändert ist. Melanchthon hatte hier einen neuen Abschnitt "über den Glauben" hinzugefügt. Dieser wird nun in unserer Übersetzung zum "Articolo XXI."[29] Ein weiterer Abschnitt mit der Überschrift "Über die guten Werke" wird in unserer Übersetzung zum Artikel 22 der Confessio Augustana.[30] Völlig konfus droht man aber zu werden, wenn dann ein weiterer Abschnitt folgt, der mit "Artic. XXI" bezeichnet wird[31] — es handelt sich hier um den "alten" Artikel 21 der Confessio Augustana, in dem es um die Heiligenverehrung geht, also um den letzten Artikel des ersten Teils dieses Bekenntnisses. Die "spänigen Artikel" des zweiten Teils, in dem es um die Mißbräuche geht, werden in der Reihenfolge und im Wortlaut wieder der Variata entnommen, so daß zum Beispiel zunächst die Messe behandelt wird[32] und erst dann der Laienkelch, während hierüber in der Invariata von 1530 an erster Stelle gesprochen worden war.[33]

Unsere Übersetzung ist also ein Beispiel für die Verbreitung, die die Variata lange Jahre fand. Sie war eine akzeptierte Fortschreibung der Invariata von 1530[34] und wurde erst wieder problematisch, als vor allem die Abendmahlslehre neu diskutiert wurde und die Differenz zwischen dem Text von 1530 und dem von 1540 Beachtung fand.[35]

28. Bl. C I b.

29. Bl. D III b.

30. Bl D III b: "Delle buone opere. Artic. XXII". Ob unsere Übersetzung damit Fehler ihrer Vorlage übernimmt, vermag ich nicht zu sagen. Aber als Möglichkeit sei dies immerhin angedeutet.

31. Bl. E VII b.

32. Vgl. Bl. F III b — G IV b und den Druck der Variata in: Corpus Reformatorum, Bd. 26. Braunschweig 1858. Sp. 349-415.

33. Vgl. BSLK S. 85 f.

34. Vgl. Wilhelm Maurer: Confessio Augustana Variata. In: Ders.: Kirche und Geschichte, Bd. 1. Göttingen 1970. S. 213-266.

35. Vgl. Arthur Heidenhain: Die Unionspolitik Landgraf Philipps von Hessen. Halle 1890 und Paul Tschackert: Die Entstehung der lutherischen und der reformierten Kirchenlehre samt ihren innerprotestantischen Gegensätzen. 1910 = Göttigen 1979. Besonders S. 531 ff.

Allerdings steht unsere Übersetzung aber auch an einer Grenze. Bereits 1561 hatten sich die evangelischen Fürsten nicht auf den Text von 1530 oder den von 1540 zu einigen vermocht.[36] Und am 30. Oktober 1563 berief sich der Braunschweiger Rat in seiner auf diesen Tag datierten Vorrede zum Corpus Doctrinae der Stadt auf die 1530 dem Kaiser überantwortete Confessio, "darauff wir uns allezeit gezogen und beruffen wollen."[37] Dementsprechend wurde auch die Invariata in ihrer deutschen Fassung in dieser Sammlung von Bekenntnisschriften abgedruckt.[38] Da dieses Corpus von dem damaligen Stadtsuperintendenten Joachim Mörlin und seinem Koadjutor Martin Chemnitz zusammengestellt worden war,[39] ist es nicht verwunderlich, daß sie 1567 in dem ebenfalls auf sie zurückgehenden Corpus Doctrinae für das Herzogtum Preußen wiederum auf den deutschen Text des Augsburger Bekenntnisses von 1530 zurückgriffen.[40] Bekannt ist, daß die Invariata ebenfalls im Konkordienbuch von 1580 verwandt worden ist.[41]

Was den Verfasser angeht, so schreibt Christian August Salig:

> Ich zweifle auch nun nicht mehr, daß er [Pietro Paolo Vergerio der Jüngere] die Augspurgische Confession nebst der Sächsischen und Würtenbergischen, welche zu Tübingen a. 1562 in Italiänischer Sprache herausgekommen und derer ich im ersten Theile gedacht, übersetzet, und also diese Version von ihm herrühre.[42]

Abgesehen davon, daß die Confessio Saxonica — wie wir gesehen haben — 1562 nicht ins Italienische übersetzt wurde und daß auch

36. Vgl. Heidenhain S. 214 ff.

37. Der Erbarn Stadt Braunschweig Christliche Ordenung, Bl. A III a; vgl. dazu Inge Mager: Das Corpus Doctrinae der Stadt Braunschweig im Gefüge der übrigen niedersächsischen Lehrschriftensammlungen. In: Die Reformation d. Stadt Braunschweig. Festschrift 1528-1978. Braunschweig 1978. S. 111-122 und S. 139-143.

38. Vgl. Der Erbarn Stadt Braunschweig ..., Bl. A I a-L I b.

39. Vgl. Mager S. 113.

40. Vgl. Repetitio corporis doctrinae ecclesiasticae oder Widerholung der Summa und inhalt der rechten, allgemeynen Christlichen Kirchen Lehre. Königsberg 1567. Bl. A I a-D VIII a.

41. Vgl. BSLK S. 44-137.

42. Vollständige Historie der Augspurgischen Confession und derselben zugethanen Kirchen, 2. Theil. Aus der Wolfenbüttelschen Bibliothec. Halle 1733. S. 1175.

eine Übersetzung der Confessio Virtembergica in dieselbe Sprache und aus dem gleichen Jahr nicht bekannt ist (hier liegt bei Salig eine Verwechslung mit der geplanten Übersetzung der Apologie der Confessio Augustana vor), so gibt Salig auch keinen Beleg für die Überwindung seiner Zweifel. Feuerlin hat unter Hinweis auf die Aussage Saligs den ehemaligen päpstlichen Nuntius Vergerio für den erwiesenen Autor gehalten.[43]

Für Vergerio als Autor spricht, daß er die Confessio Augustana hoch achtete. So hat er sich zum Beispiel 1559 um die Annahme dieses Bekenntnisses in England bemüht.[44] Für Vergerio spricht auch, daß er 1556 ein Werk des Johannes Brenz aus dem Lateinischen in das Italienische übertragen hat, das ebenfalls in Tübingen, und zwar bei der "vedoa del Morchardo" erschienen ist.[45] Gegen Vergerio als Autor spricht aber, daß er sich in der Übersetzung von 1562 nicht genannt hat. Das ist in dem Buch von 1556 nämlich durchaus der Fall gewesen.[46] Auch wird in der Einführung zu unserer Übertragung der Confessio Augustana

43. "Vergerius est auctor huius uersions" (S. 63); zu Vergerio vgl. auch Gerhard Müller: Pietro Paolo Vergerio in päpstlichen Diensten 1532-1536. In: Zeitschrift für Kirchengeschichte 77 (1966) S. 341-348; zum Zusammentreffen Vergerios mit Luther in Wittenberg vgl. Gerhard Müller: Luthers Beziehungen zu Reich und Rom. In: Leben und Werk Martin Luthers von 1526 bis 1546, herausgegeben von Helmar Junghans. Göttingen 1983. S. 393 f. und 857.

44. Vgl. Eduard von Kausler und Theodor Schott (Hg.): Briefwechsel zwischen Christoph, Herzog von Württemberg und Petrus Paulus Vergerius. Tübingen 1875. (= Bibliothek des Litterarischen Vereins in Stuttgart, Bd. 124). S. 195 f.

45. Precedentie alla Apologia della Confessione dello Illustrissimo Signor Duca di Wirtemberga. Del Brentio; vorhanden in der Herzog August Bibliothek zu Wolfenbüttel unter der Nummer 409 Theol. mit einer eigenhändigen Widmung des Vergerio.

46. Vgl. die mit dem Namen "Vergerio" unterzeichnete Vorrede a 2 a — c 2 a, die in Stuttgart am 1.1. 1566 verfaßt worden ist. Dem Wolfenbütteler Exemplar liegt übrigens ein loses Blatt bei, das mit "d" und "d 2" paginiert ist (also eine Art Zusatz zur Vorrede) und das dieselbe Ortsangabe und dasselbe Datum trägt; der Text erweist sich als ein Brief an König Sigismund von Polen, dem Vergerio diese Übersetzung schickt, da der König, seine Frau und viele seiner Räte Italienisch verstünden.

behauptet, es handele sich um eine Mehrzahl von "Autoren". Sollte es sich um Italiener gehandelt haben, die den lutherischen Glauben angenommen hatten und die ihn gerne in ihrem Heimatland verbreitet gesehen hätten? Jedenfalls hat Vergerio am 25. April 1559 an Herzog Christoph von Württemberg geschrieben, es wünschten italienische Exulanten von Genf nach Württemberg zu kommen, die dort die Confessio Augustana anzunehmen beabsichtigten — was zugleich hieß, daß sie sich vom Genfer Calvinismus abwenden wollten.[47] Wir erfahren auch nichts über Pläne des Vergerio, das Augsburger Bekenntnis in seine Muttersprache übertragen zu wollen, jedenfalls soweit Briefe oder andere Äußerungen von ihm bisher bekannt geworden sind.[48] Sollte er seinen Landsleuten die Druckerei Morhart in Tübingen als geeignet empfohlen oder vermittelt haben? Aber auch darüber hören wir nichts in seinen Briefen. Es mag also die Frage nach dem Autor (oder den Autoren) dieser Übersetzung noch offenbleiben.

Wichtiger ist, daß diese Version den Wortlaut der Variata wiedergibt.[49] Wichtiger ist auch, daß hier der Versuch gemacht wird, dem Luthertum in Italien aufzuhelfen. Allerdings ist dies nicht geglückt. Denn weder mußte unsere Ausgabe nachgedruckt werden, weil sie gefragt gewesen wäre, noch ist in Italien eine Nachwirkung greifbar.[50] Aber daß 1562 "Liebhaber Italiens" sich bemühten, dies zu ändern, das bleibt der Erinnerung wert.[51]

47. Vgl. Kausler/Schott S. 207.

48. In den Briefen von oder an Vergerio, die Christian Heinrich Sixt der Biographie dieses Mannes hinzugefügt hat (Petrus Paulus Vergerius, päpstlicher Nuntius, katholischer Bischof und Vorkämpfer des Evangeliums, 2. Ausgabe. Braunschweig 1871. S. 533-594), ist zwar öfter vom Augsburger Bekenntnis die Rede, aber nicht von Übersetzungsplänen ins Italienische; vgl. auch Friedrich Hubert: Vergerios publizistische Tätigkeit. Göttingen 1893; auch hier finden sich keine Hinweise auf unsere Übersetzung.

49. Wilhelm Neuser bereitet eine Analyse der Wirkungsgeschichte der Variata vor.

50. Vgl. dazu zusammenfassend zuletzt Manfred E. Welti: Kleine Geschichte der italienischen Reformation. Gütersloh 1985. (= Schriften des Vereins für Reformationsgeschichte 193).

51. Die Grundlagen für diese kleine Studie wurden 1980 zusammengestellt, als ich auf Anregung und mit Unterstützung des Jubilars das erste kirchenhistorische Kolloquium mit Erlanger Studenten an der Herzog August Bibliothek durchführen konnte.

Paul Gerhard Schmidt

EURICIUS CORDUS UND ERASMUS VON ROTTERDAM. DIE THRENODIE AUF ERASMUS AUS DEM JAHRE 1519.

Als einen Kampf gegen die Barbarei bezeichneten die italienischen Humanisten ihre Bemühungen um die Wiederherstellung der durch Abschreibfehler verderbten Texte antiker Autoren. Hermolaus Barbarus z.B. verglich die Tätigkeit des emendierenden Philologen mit den Taten des Herakles, der Monstren wie die Hydra zu besiegen und einen Augiasstall auszumisten hat.[1] Der Heraklesvergleich wurde in der Folge zum oft verwendeten Topos. Eine lateinische Elegie aus dem Winter 1516/17 etwa würdigt die nach langen Vorarbeiten Anfang 1516 erschienene kritische Ausgabe des griechischen *Neuen Testamentes* durch Erasmus, das ihn "zum Zentrum des wissenschaftlichen Studiums der Theologie machte",[2] als die Tat eines deutschen Herakles:

At melior venit nostris fortuna diebus,
non ea barbaries quae fuit ante manet.
Hanc tandem veniens Alcides conficit hydram
auspice Germanis natus Erasmus ave,
neve renascenti rursum cervice valescat,
multus ei fidam fert Iolaus opem.
Quam si non possum vacua praestare pharetra,
pone tamen laetus proelia cerno comes,
et bis "io paean!" et "io" bis clamo "triumphe!
perdit io vires pessima lerna suas."[3]

1. Silvia Rizzo: Il lessico filologico degli umanisti. Rom 1973 (= Sussidi eruditi. 26.) S. 229.

2. Johan Huizinga: Europäischer Humanismus: Erasmus. Hamburg 1958. (= rde. 78.). S. 82.

3. Carl Krause, Zwei neue Gedichte des Euricius Cordus (1486-1535), mitgetheilt und übersetzt. In: Hessenland 5 (1891), S. 114-119 (hier: Elegia ad discipulos, Vers 67-76, S. 115).

Der Verfasser dieser Verse, der hessische Humanist Euricius Cordus (1486-1535),[4] begrüßt überschwenglich die glücklichen Zeiten, in denen der Herakles Erasmus die alte Barbarei besiegt; sich selbst sieht er dabei in der Rolle des anfeuernden und bewundernden Zuschauers. Cordus, zu jenem Zeitpunkt an der Schule des Marienstiftes in Erfurt tätig, bemühte sich wie die anderen Mitglieder des Erfurter Humanistenkreises, mit Erasmus in Verbindung zu treten. Sein Freund Eobanus Hessus, der - von ihm viel beneidet - Erasmus im Herbst 1518 aufsuchte, sollte den berühmten Humanisten auf Cordus aufmerksam machen. Zu Cordus' großer Enttäuschung geschah dies nicht. Möglicherweise wandte sich Cordus nun in einem nicht erhaltenen Brief direkt an Erasmus. Am 17. April 1519 sandte Erasmus eine freundliche, aber sehr allgemein gehaltene Antwort ab, in der er unter Bezug auf Cordus' Tätigkeit an der Schule den Lehrerstand lobt und ihn in der Hierarchie der für den Staat wichtigen Ämter unmittelbar auf Fürsten und Bischöfe folgen läßt.[5] Die einmal geknüpfte Verbindung wollte Cordus nicht abreißen lassen; so versuchte er, mit einem *Carmen elegiacum* die Aufmerksamkeit des großen Humanisten erneut auf sich zu lenken. Er griff ein im Frühjahr 1519 umlaufendes Gerücht auf, die Falschnachricht von Erasmus' Tod. Erasmus glaubte den Urheber dieses Gerüchtes zu kennen; genüßlich charakterisiert er in einem Brief an Johann Schlechta den anonymen Ohrenbläser, ein Mitglied des Dominikanerordens, als schlechten Latinisten, denn er habe die Formulierung gebraucht, Erasmus sei "sine lux, sine crux, sine Deus" verstorben.[6] Die falsche Todesnachricht fand offenbar weite Verbreitung. Cordus will sie von Willibald Pirkheimer erfahren haben.[7] Es steht nicht fest, wann er davon hörte und wie lange er

4. Die Sekundärliteratur über Cordus zuletzt bei Gisela Möncke: Der hessische Humanist Euricius Cordus und die Erstausgabe seines Bucolicon von 1514. In: Daphnis 14 (1985) S. 65-98.

5. Opus Epistolarum Des. Erasmi Roterodami, ed. P.S. Allen. 3, Oxford 1913, S. 533f. (Nr. 491).

6. P.S. Allen: Opus Epistolarum. S. 551-553 (Nr. 950 vom 23. April 1519).

7. Willehad Paul Eckert: Erasmus von Rotterdam und Willibald Pirkheimer. In: Willibald Pirkheimer 1470/1970. Dokumente, Studien,

sie als glaubwürdig ansah. Vermutlich Anfang Mai 1519 jedenfalls verfaßte er - ob nun im guten Glauben an die Authentizität der Todesnachricht oder nicht, sei hier unentschieden - eine poetische Klage über den Tod des Erasmus.

Nach der bald folgenden allgemeinen Widerlegung des Gerüchtes hätte kein Grund mehr bestanden, das Gedicht zu veröffentlichen. Cordus mochte dieses Dokument seiner Verehrung für den großen Humanisten aber nicht im verborgenen lassen. Der Text wurde gedruckt, konnte anstandshalber aber nicht direkt an Erasmus gesandt werden. Ein Exemplar der Threnodie, das keinen Hinweis auf ihren Verfasser enthielt, gelangte auf noch nicht geklärtem Wege in die Hände des Erasmus. Am 13. August 1519 wandte er sich an Christoph Hack aus Jerichow mit der Bitte, jener möge dem unbekannten Dichter danken. Den Inhalt der Dichtung gibt Erasmus mit den Worten wieder: "mortem meam deplorat meque tandem inter divos collocat".[8] Dieses Gedicht gilt in der Erasmus- und der Cordusforschung einhellig als verloren.[9] Bekannt war bisher nur der bald auf die Threnodie folgende poetische Widerruf des Cordus, seine gleichfalls an Hack gerichtete *Palinodia,* in der er seiner Freude darüber Ausdruck gibt, daß der Herakles Erasmus noch am Leben sei.[10]

In der Herzog August Bibliothek Wolfenbüttel fand ich ein Exemplar der bisher vermißten Threnodie.[11] Im Blick auf eine

Perspektiven. Anläßlich des 500. Geburtsjahres hrsgg. vom Willibald-Pirkheimer-Kuratorium. Nürnberg 1970. S. 11-22 und Christian Götte: Kurzinventar des Nachlasses von Emil Reicke (1865-1950) zur Edition von Willibald Pirckheimers Briefwechsel (= Gratia. 1.). Göttingen 1977, gehen auf diesen Punkt nicht ein. Cordus nennt Bilibaldus als Quelle; vgl. den in Anm. 11 genannten Titel, Vers. 43.

8. P.S. Allen: Opus Epistolarum. 4, Oxford 1922, S. 55 (Nr. 1008 vom 13. August 1519).

9. So zuletzt Hans-Peter Dilg: Die "Palinodia" des Euricius Cordus und seine Beziehung zu Erasmus von Rotterdam. In: Alma Mater Philippina Wintersemester 1971/2. S. 31-34.

10. Gedruckt z.B. in Euricius Cordus Simesusius: Opera poetica omnia. s.a. (1564?). S. 77-80.

11. Paul Gerhard Schmidt: Euricius Cordus. In: Akten des 6.

Neuausgabe der *Opera omnia poetica* des Euricius Cordus soll hier der Text der Dichtung abgedruckt werden, die von einer auf den 7. Mai 1519 datierten Prosavorrede an Johannes Drach aus Karlstadt begleitet ist.[12] Die 136 Verse der Threnodie mit zahlreichen Anklängen an die antike Dichtung schildern die Trauer des Erfurter Humanistenkreises, und sie fordern die deutschen Dichter auf, nach dem Vorbild des Orpheus in das Totenreich herabzusteigen und Erasmus zurückzugewinnen. Rasch korrigiert sich der Dichter. Nicht in der Unterwelt, im Himmel ist der "divus Erasmus" zu finden, umgeben von Paulus und Hieronymus, deren Texte er emendierte. Wie Herakles als Lohn für seine Mühen, so erlangt auch Erasmus die verdiente Aufnahme in den Himmel. Die Threnodie des Euricius Cordus erweist sich damit als Dokument des humanistischen Freundschaftsgedankens und als Zeichen für die hohe Schätzung der philologischen Tätigkeit; sie zeigt die Apotheose des Philologen.

Euricius Cordus Iohanni Draconi ex urbe Caroli bonarum litterarum adsertori s.p.d.

En elegidium istud qualecumque, ut voluisti, vel tuis auspiciis emitto. Vide, quo me impuleris, utque nasutis illis aemulis respondeas, qui me hac arrepta occasione Erasmo adulatum et suam superstiti posteritatem ex composito finxisse dicent. Tu nosti, quam vere hae fuerint lacrimae, quamque ex animo vobiscum acerbe doluerim nihil minus quam in vivis Erasmum sperans, de cuius obitu tam constans fama undique percrebuit. Quid tandem gratum in hoc me facere sperassem tanto viro, quem tot laudum, quibus eum boni et docti omnes certatim vehunt ad nauseam usque, si umquam esuriit, saturum huiusmodi mea non dico non morari, sed quodammodo contemnere seu potius misereri sciam? Longo enim intervallo vos istos eius amicos sequor nec is sum, qui quale vos ingenium exhibere queam. Vobis id feliciter cessit, qui ultra hoc, quod vestra ipsi claritudine conspicui estis, magni illius luminis splendore illustrati lucetis. Quare mecum

Internationalen Kongresses der International Association for Neo-Latin Studies. Wolfenbüttel August 1985 (im Druck). Verzeichnis der im deutschen Sprachgebiet erschienenen Drucke des 16. Jahrhunderts 4 (1985) C 5066. Signatur: 44.3. Quodl. 4° (8). Der Titel lautet: Erasmus Roterodamus obiisse creditus ab Euricio Cordo defletur.

12. Zu Drach vgl. P.S. Allen: Opus Epistolarum. 3. S. 406f. (Brief vom 17. Oktober 1518) und S. 534f. (Brief vom 18. April 1519).

saepe ridere soleo, quoties in mentem venit huius insaniae, quod idem et mihi non contigisse dolebam et ob id cum Eobano meo vel, si mavis, tuo quasi de iniuria expostulabam quadam elegia, quod et mei apud Erasmum non meminerit. Ignorabam stultus ego, quam non tutum esset apud virum illum quodlibet audere, quamque candidum et ab omni parte beatum[13] esse oporteat quod laudari et placere debeat Erasmo. Quem etsi integerrimum esse constet, timendum tamen, ne et suum innocentia nasum habeat. Modeste igitur et non sine iudicio factum ab Eobano, quod de me ut laude indigno tacuit, id quod illi ignoscens non male verto sicuti nec illud, quod idem fecerit in hodoeporico. Non enim unius obscuri illustrandi gratia tot claros hac collatione obfuscare voluit. Hoc ideo praefari mihi placuit, ut ipsum ex suspicione ista evellam, qua in elegia, quam ad eum scripsi, notatus videri posset; hanc enim cum quadam ad eundem altera adieci, ut videant Erasmici isti sodales et inter litteratores esse, qui tantum numen adorent. Tu, mi Draco, has una patrocinio tuo ut bonas litteras omnes tuere. Vale Erfordiae Anno MDXIX No.Ma.

Euricius Cordus Christophoro Haco suo s.d.

Hei mihi, quae noster mala nunciat, Hace, libellus!
  Turbida plus solito quam grave Musa gemit!
Tristior his certe nunquam tibi litera venit[14]
  Quam timeo, stupida ne modo mente cadas.
Ista per ambages dici tibi nuncia possent;
  Lentus ut insinuet se dolor ille, velim.
Ne tua deiiciat subitus praecordia terror
  Neve animo totus destituare tuo.
Non adeo pavidas unquam perterruit aures[15]
  Qui fremit immisso desuper igne deus,
Quam gravis haec, sed eo gravior nunc fama sonabit
  Tale, quod expectes iam timeasque nihil.
'Pristina num pateris redivivi incommoda morbi?
  Haec columis' dicas 'est tua, Corde, manus?
Sospite te quid erit, quod me tam duriter angat,
  Quo tam deficiens cor doluisse queat?
Ipse quidem, sed adhuc infirmo corpore, vivo
  Et suus instaurat languida membra vigor.[16]

13. Horaz Carm. 2, 16, 28.
14. Ovid Her., 3,1.
15. Ovid Her. 3,59.
16. Ovid Her. 20,228.

Sed tibi si quisquam defunctum dicat Erasmum,
Quo tamen haec velles funera corde pati?
Illud idem est. Quid agis? Turbatane tempora vellis
Sauciaque iniectis unguibus ora secas?
Num subitis totas imples ululatibus aedes?
Nunquid humi famulo saepe vocante iaces?
Fle, lacrima, plora, luge, geme, lamentare,
Quaeque potes, tanti signa doloris habe!
Tam iustae indulge, miser, et concede querelae;
Quantus es, in tristes i liquefactus aquas.
Quis bonus et vere verus pietatis amator
Temperet et siccis audiat illa genis?
Continuo quis non oculos exhauriat imbre
Et velut orbatus rugiat usque leo?
Quis satis in lacrimas Rhenus, quis sufficit Hister
Quae vel ubique etiam totius unda maris?
Ah infande dolor, pro magni numina caeli,
Pro nimium certae tam rata fila colus,
Crudeles nimium Parcae, nimium impia Fata,
Quae tantum nobis surripuere decus!
An veluti quondam falsa haec mendacia speras?
Ah misero quam spes excidit illa mihi![17]
Hactenus ut vanae nolenti credere famae
Illius en testis littera mortis adest.
Noricia scribit gravis id Bilibaldus ab urbe;
Hanc quantum credis pondus habere manum?
Hoc quoque perculsus queritur rumore Melanchton,
Venit et hinc deflens talia fata liber.
In nigro est omnis doctorum turba colore
Et vocat immites terque quaterque deos.
Illacrimans dudum tundit sua pectora Langus,
Maestus idem Ionas et facit Hessus idem,
Luget et Urbanus, luget Draco, luget et Ortus
Nuperque ad Clarias ductus Adamus aquas.
Non opus est, ut, quae mea sint lamenta, requiras;
Scire potes, quo me mors ferat ista malo.
Non ita defleti, qui me genuere, parentes,[18]
Sic potuit natos plangere nemo suos.

17. Ovid Fast. 6,313.
18. Vergil Aen. 1,606.

Quam mihi carus erat semper, tu testis, Erasmus,
Delicias habui quem coluique meas.
Ergone conticuit triplicis facundia linguae[19]
Et iacet infusi spiritus ille Dei?
Quod sibi nunc columen labens ecclesia subdet?
Quis priscae adsertor religionis erit?
Quis restaurabit tua, Iesu, dogmata vindex?
Dira quis Alcides postmodo monstra feret?[20]
O nullo posthac reparabile tempore damnum,[21]
Iugiter aeternos flenda ruina dies!
Hoc ego qua cautum naturae lege putarim
Quae tamen invidia haec, quae tamen ira fuit,
Quod quaedam tot aves, tot brutus saecula cervus
Vivit et humani sunt quasi bulla dies[22]
Et quae sunt meliora minus diuturna severant?
Nunquid id indignum dixeris esse scelus?
Heu ubi cessarunt magni altera munera Phoebi,
Huncne putem vatem deseruisse suum?
Vestrum ubi nunc, medici, quintum quod dicitis, illud
Quod velut aeterna corpora servat aqua?
Nunc tua ubi, Aesculapi, iacet ars, qua dicitur olim
Ex lacero factus Virbius Hippolyto?[23]
Si verum est, duros quod placant carmina manes,
Et qua per effusas exiit umbra preces,
Quid bona Germani non itis turba poetae
Dulceque concinitis voce lyraque melos
Et blandis fidibus carum revocatis Erasmum?
Deside quid mutum pollice cessat ebur?
Taenarias posita formidine[24] quaerite fauces[25]
Quod patuit toties, ite, patebit iter!
Squalidus obstiterit praetento navita conto
Prisca timens pedibus vincula forte suis,

19. Ovid Trist. 4,4,5.
20. Ovid Met. 9,736.
21. Ovid Met. 1,379.
22. A. Otto: Die Sprichwörter der Römer. Leipzig 1890. Nr. 275 (nach Varro r. r. 1,1,1).
23. Ovid Met. 15,544.
24. Vergil Aen. 2,76.
25. Vergil Georg. 4,467.

Non sociam Diti raptum venisse puellam,
Nec vos Tartareum dicite velle canem,
Sed tentare deos, an ferrea fata moveri
Et fugiens aliquo vita redire queat.
Sic sua Threicio rediit iam frigida coniunx,
Heu data quod caecus foedera rupit amor!
Ignoscenda quidem cupidum dementia cepit,[26]
Sed potuit parvam sustinuisse moram.
Hac utinam obtentus mihi lege daretur Erasmus,
Quam timido vellem cautior ire pede!
Ista licet cuperem nimio magis ora tueri[27]
Et nihil in terris tam mihi dulce foret.
Quid Stygiae vobis tanta cum luce tenebrae?
Non penes infernos hoc decet esse iubar!
Fallor, apud tristes non est hic spiritus umbras,
Possidet aeternum vectus ad astra thronum.
Promeritum divus conscendit Erasmus Olympum,
Assidet hic Christo proximus, ille Deo.
Quem pius expressit, vixit docuitque magister
Inque suis suavi sparsit odore libris.
Iam novus ad dulces epulas conviva recumbit[28]
Immortale bibens quo iuvat usque merum,
Circumfusa inter sanctae collegia turbae,
Inter honorandos religione patres,
Qui bene de nostra meriti pietate fideque
Hunc socium agnoscunt suspiciuntque suum.
Nunc te, docte senex, Hieronyme, convenit ille,
Nunc videt et vultus, maxime Paule, tuos.
Quos duo restituit caeco quasi lumina mundo,
Pristinus ut rursus surgat ubique nitor.
Despicit ex illis subiectum sedibus orbem
Compare dispensans sidera numen ope.
Hunc ego nanque Deum precibus votisque vocabo
Et stata sollemni munere festa colam.[29]
Quod mala si vivum mihi Fata videre negarunt,
Quo sita sint, visam, quod datur, ossa loco.

26. Vergil Georg. 4,488.
27. Vergil Aen. 6,688.
28. Arator Act. 1,577.
29. Ovid Fast. 3,170.

Hic super arcanum prostratus in ora sepulcrum
Singultu quatiam saxa solumque meo.
Cernere erit varias circumpendere tabellas
Ista, quibus multus busta poeta colet.
Inter eas etiam Cordinae symbola Musae
Hoc in vicino pariete carmen erit:
"Si quis forte subis huius penetralia templi,
Hinc procul audacem siste, profane, pedem.
Aetherea missus Christi legatus ab arce
Hic situs hanc sacram fecit Erasmus humum.
Quem sua si digne deberet condere virtus,
Non satis haec tellus ipsa nec astra forent."

Agostino Sottili

LAUREE PAVESI NELLA SECONDA METÀ DEL QUATTROCENTO

Pavia è università la cui importanza nella storia culturale d'età umanistica è tanto conclamata quanto poco dimostrata. Se poi l'Umanesimo culmina nella seconda metà del Quattrocento, sull'affermazione appena fatta non possono sussistere dubbi: non va oltre la metà del secolo l'importantissimo Codice diplomatico di Maiocchi, le Memorie dal canto loro sono antiquate e scarse per il periodo in questione.[1] Non sono invece rare le fonti archivistiche tanto milanesi quanto pavesi, e questo benché non molto si sappia su quello che può offrire l'archivio vescovile ticinense. La ricchezza di fonti rende impensabile una continuazione a breve scadenza del codice maiocchino: bisognerà procedere per tappe. Quanto vasta sia la collezione dei rotoli dei professori è noto, non altrettanto invece quanto lo sia anche la documentazione relativa alle lauree. Ne pubblico per questo una lista di ben 591 numeri su di un arco di cinquant'anni, con la certezza tuttavia che l'elenco è ancora frammentario. Per gli anni dal 1450 al 1459 ho pochissimi atti da segnalare. La lacuna è spiacevole per chiunque si occupi di Umanesimo tedesco perché in essa cade la laurea di Albrecht von Eyb.[2] Non conosco atti di laurea per il 1466 e il 1467; per il 1468 ne segnalo uno solo: non può trattarsi che di mancati ritrovamenti perché l'università prosperava. Col 1469 la documentazione diventa continua, ma con sbalzi evidenti: il 1474 è rappresentato da 40 documenti, il 1481 da 9; da 26 il 1487, e da 3 il 1486; da 3 e 4 rispettivamente il 1493 e il 1499: da 37 il 1497. E' probabile che su

1. Memorie e documenti per servire alla storia dell'Università di Pavia, Pavia 1878; R. Maiocchi: Codice diplomatico dell'Università di Pavia, Pavia 1905-1915.

2. M. Herrmann: Albrecht von Eyb und die Frühzeit des deutschen Humanismus, Berlin 1893. P.169.

differenze così vistose abbiano inciso ragioni interne alle vicende dello Studio, ma è altrettanto certo che esse sono da ricondursi insieme alla perdita o non ritrovamento di ulteriore documentazione. Bastino due esempi: il 10 agosto 1474 ottenne il dottorato in utroque Paul de Baenst (n°216)[3], rettore cessante nella facoltà giuridica e 'in utroque publice licentiatus'; ma il documento relativo a questa licenza non compare nella lista qui stampata. E' stato edito, ma dalla copia appartenuta all'interessato, l' 'instrumentum laureationis' di Gabriel von Eyb, rogato dal notaio Matteo Paltonieri[4]: ma tra gli atti di questo notaio che ho potuto sfogliare l' 'instrumentum' in questione non si trova, che andò quindi forse perso con altro materiale uscito dalla stessa mano.

Va detto che gli studiosi dell'Università di Pavia hanno certamente conosciuto le filze notarili dalle quali ho tratto la lista delle lauree. Mario Ascheri ha segnalato l'esistenza di atti dottorali tra le carte di Matteo Paltonieri[5]; l' 'instrumentum' per Giason del Maino (n°108) è stato stampato in un non recente articoletto il cui autore dichiara di aver avuto segnalazione da Roberto Maiocchi,[6] il quale quindi, ed è inevitabile, ben sapeva che Pietro Mombretto aveva rogato per l'Università. Gli atti di Ludovicus de Lege sono stati sfogliati da Jörg Mauz.[7] Roberto Maiocchi ha utilizzato le carte di Pietro Mombretto, Matteo Paltonieri, Ludovicus de Lege e Gian Giorgio Sisti nel secondo volume del codice diplomatico degli eremitani pavesi di Sant'Agostino;[8] gli atti del Sisti sono stati saltuariamente usati da E. Picot,[9] che non ha saputo leggerli a

3. Biographie nationale publiée par l'académie des sciences, des lettres et des beaux-arts de Belgique, I, Bruxelles 1866, 620-621; J. Wils: Matricule de l'Université de Louvain, II Bruxelles 1946. P. 139.

4. O. Rieder: Doktordiplom des Eichstätter Bischofs Gabriel von Eyb. In: Sammelblatt des historischen Vereins Eichstätt 22 (1907) p. 61-70.

5. M. Ascheri: Gianfrancesco Sannazari della Ripa, Milano 1970. P.21.

6. M. Mariani: La laurea di Giason del Maino. In: Bollettino della Società pavese di storia patria 3 (1903) p.238-246.

7. Ulrich Molitoris aus Konstanz (ca. 1442-1507). Leben und Schriften, Konstanz, Diss., 1983. P. 139.

8. Codex diplomaticus Ord.E.S.Augustini Papiae. II Pavia 1906 p.123,170,282,349.

9. Les professeurs et les étudiants de langue française à l'Université de

dovere perché invece di Sisti scrive Testi.

Quella che offro a Paul Raabe è dunque una scoperta di quarta o quinta mano; la novità consiste nella lista in sé, che per la prima volta riunisce un numero così alto di lauree pavesi. Chi ha qualche confidenza con la storia culturale tedesca del Quattrocento riconoscerà comunque in Gabriel de Nurimberg (n°182) Gabriel Baumgarten.[10] Non ho ritenuto giunto il momento di riunire le lauree pavesi in un volume simile agli Acta graduum padovani o alle lauree senesi di G. Minnucci,[11] dove oltre al nome del dottorando si leggono altre preziose informazioni sulla vita universitaria. Data la certa lacunosità della lista il rischio di offrire una fonte subito superata è troppo grande. Per ora è preferibile accontentarsi di un secco elenco di laureati, badando a non trarre da esso conclusioni ad esempio sul numero di studenti che veramente frequentavano lo Studio ticinense: esso era ovviamente di gran lunga superiore a quello rispecchiato dal numero di laureati, come dimostrano i non molti verbali di elezione dei rettori che i medesimi notai hanno raccolto.

Pubblicando comunque la lista che segue sono certo di rendere un qualche servizio agli studiosi di storia universitaria italiana di età umanistica e spero di aver fatto cosa gradita anche ai localisti pavesi.

Per economia di spazio ho fatto ricorso alle seguenti abbreviazioni: dott.: dottorato, lic.: licenza, civ.: civile, can.: canonico, bacc.: baccelierato; il numero tra parentesi che segue ogni segnalazione di laurea si riferisce alla filza dell'Archivio Notarile di Pavia, nell'Archivio di Stato della medesima città, che ha conservato il documento. Ho aggiunto un ovvio indice dei nomi per rendere praticabile l'elenco.

Pavie au XVe et au XVIe siècle. In: Bulletin philosophique et historique (jusqu'à 1715) du comité des travaux historiques et scientifiques 1915 p.79.

10. G. Bauch: Die Universität Erfurt im Zeitalter des Frühhumanismus. Breslau 1904; E.P. Goldschmidt: Hieronymus Münzer. London 1938. P.14.

11. Le lauree dello studio senese alla fine del secolo XV. Milano 1981; Le lauree dello studio senese all'inizio del secolo XVI (1501-1506). Milano 1984, ed i volumi successivi.

* * *

1. 1453, 7 maggio: Johannes Maria de Fabis, lic. in med. (85 c.426r)
2. 7 maggio: Mateus de Meda, lic. in med. (85 c.426r).
3. 19 maggio: Franciscus de Medicis de Mediolano, lic. e dott. in arti (85 c.425r).
4. 1455, 26 novembre: Georgius de Pischarolo Cremonensis, lic. e dott. in civ. (325 c.581r).
5. 1459, 21 marzo: Stephanus Bertalis de Cruniacho diocesis Viennensis in Delfinatu, in iure civili publice licentiatus, dott. in civ. (325 cc.283r-284r).
6. 9 aprile: Girardinus de Stanghis de Valentia filius domini Dominici, lic. e dott. in arti (325 c.278r).
7. 30 giugno: Iacobus ex Inviciatis de Alexandria, lic. e dott. in arti (325 c.255r-v).
8. 4 luglio: Andreas de Bassis de Ceva, lic. e dott. in arti (325 c.250r).
9. luglio-agosto: Stephanus de Boscho, lic. e dott. in arti (325 c.242 bis v:la data è ricavata dalla posizione del documento nella filza).
10. 14 agosto: Udalricus Ellenbog de oppido Veltkirch artium doctor, lic. e dott. in med. (325 cc.238r-239r).
11. 24 agosto: Guilielmus Perrete de Gebennis, dott. in can. (88 cc.204r-205r).
12. 5 ottobre: Sifridus Zigeler de Erffordia Alamanus, lic. e dott. in can. (325 cc.231r-232r).
13. 1460, 28 febbraio: Iohannes de Bruscola, lic. in can. (325 c.186r).
14. 7 maggio: Filipus de Scarabellis, lic. e dott. in arti (89 c.158bis r).
15. 19 maggio: Franciscus de Bonromeis, lic. in can. (89 c.164bis r).
16. 20 maggio: Presbiter Iacobus de Podio de Sardignia in iure can. publice licentiatus, dott. in can. (89 cc.159r-160r).

16bis 5 giugno: Iohannes de Mondanis archidiaconus Placentinus, lic. e dott. in can. (89 cc.173r-174r).

17. 7 giugno: Francischus ex Iuliis de Andoria Ianuensis, lic. e dott. in arti (325 c.175r-v).
18. 20 giugno: Laurentius de Laporta Placentinus, lic. in civ. (89 c.121r).
19. 22 giugno: Laurentius de Laporta, dott. in civ. (89 c.121r).
20. 7 luglio: Andreas Buterii de Lugduno Francigena, lic. in civ. (325 c.172r-v).
21. 12 luglio: Ubertus de Castaneis de Burgofrancho, dott. in med. (89 c.178bis r).

22. 26 luglio: Iohannes de Calzavachis Parmensis, lic. e dott. in civ. (89 c.111bis r).
23. 28 luglio: Baldasar de Aymo Cremonensis, lic. e dott. in civ. (89 cc.179r-180r).
24. 21 agosto: Bartholomeus de Nigris civis Papiensis, lic. e dott. in med. (325 cc.156r-157r).
25. 2 settembre: Andreas Buterii de Lugduno Francigena, dott. in civ. (325 cc.154r-155r).
26. 8 settembre: Iohannes Iacobus de Campixe, lic. e dott. in sacra pagina (89 c.55r-v).
27. 16 ottobre: Iohannes Pichot de Noromandia Lexoviensis diocesis artium magister, lic. in utroque (325 c.144r-v).
28. 1461, 28 marzo: Francisus de Negronibus de Romana, lic. e dott. in arti (325 c.131r-v:senza anno).
29. 21 aprile: Iohannes de Grossis de Septebuo ex provincia Monteferati, lic. e dott. in civ. (325 c.81r-v).
30. 7 maggio: Cexar de Landulfis artium doctor civis Papiensis, lic. e dott. in med. (325 c.78r-v).
31. 1462, 6 febbraio: Iohannes Gulielmus de Constantiis de Pinarolo, lic. e dott. in civ. (325 cc.5r-6r).
32. 1°aprile: Ieronimus de Verona ordinis fratrum heremitarum sancti Augustini, lic. e dott. in sacra pagina (325 c.61r-v).
33. aprile-giugno: Vicentius de Comite ordinis minorum artium doctor, lic. e dott. in sacra pagina (325 c.50r:senza data).
34. 28 giugno: Antonius de Poys de Biella, lic. e dott. in arti (325 cc.37r-38r).
35. 6 novembre: Guido Margaroni Burgundus, lic. in can. (325 c.12r-v).
36. 1463, 5 gennaio: Iohannes Chambellem diocesis Ambienensis de Abboctisvilla, lic. e dott. in civ. (326 cc.7r-8r).
37. 19 gennaio: Guilelmus Rammel Burgundus, lic. in civ. (326 c.9r-v).
38. 4 maggio: Nicolaus de Sfondratis de Cremona, lic. e dott. in utroque (326 cc. 41r-42r).
39. 21 luglio: Martinus de Gatis Ianuensis, lic. e dott. in med. (326 cc.49r-50r).
40. 25 agosto: Petrus (Wacker) de Heydelberga, lic. in civ. (326 c.62r-v).
41. 30 agosto: Iohannes de Besutio, lic. e dott. in civ. (90 c.434bis r).
42. 1464, 23 gennaio: Luchinus de Gerlis civis Papiensis, lic. e dott. in arti (91 cc.228r-229r).
43. 3 marzo: Bartolameus de Mirabiliis Mediolanensis filius domini Galdini, lic. e dott. in civ. (326 c.140r).
44. 12 marzo: Stephanus de Tornielis de Novaria ordinis fratrum minorum, lic. e dott. in sacra pagina (362 c.138r-v).

45. 5 giugno: Iohannes Symonis de Cabilonis Burgundus, lic. in civ. (326 c.117r-v).
46. 11 luglio: Baldasar de Alice de Iporegia, lic. e dott. in civ. (326 cc.107r-108r).
47. 16 luglio: Aluisius de Lucino Cumanus, lic. e dott. in civ. (326 cc.183r-184r).
48. 1°ottobre: Petrus Wacker de Simßhein spirensis diocesis Alamanus, dott. in civ. (326 cc.155r-156r).
49. 16 ottobre: Erasmus Rockhil de ducatu Carniole clericus Aquilegensis diocesis, bacc. in sacra pagina (91 c.68r-v).
50. 17 novembre: Petrus Odini Burgundus Cabilonensis diocesis clericus, canonicus prebendatus ecclesie cathedralis de Puteo in Advernia, dott. in utroque (326 cc.144r-145r).
51. 29 novembre: Antonius de Collis de Viglevano, lic. e dott. in civ. (326 c.143r).
52. 11 dicembre: Iohannes Priggenhagen rector ecclesie sancte Katharine Osnaburgensis Alamanus, lic. in can. (326 c.185r).
53. 1465, 24 gennaio: Matheus Ixnardi sancti Stephani Nitie provincie prior, lic. e dott. in can. (91 cc.434r-435r).
54. 21 marzo: Iohannes Vest de Constantia, bacc. in sacra pagina (91 c.346r).
55. 5 aprile: Laurentius de Balbis de Aviliana, lic. e dott. in civ. (326 c.206r-v).
56. 14 giugno: Guillelmus Lonaton Burgundus, lic. in civ. (326 c.266r-v).
57. 16 luglio: Antonius de Catharanis Mediolanensis, lic. e dott. in civ. (91 c.40bis r).
58. 12 dicembre: Petrus de Castilione prior prioratus sancte Marie Thoryaci in Sabaudia diocesis Gracionopolitane, lic. e dott. in can. (96 cc.417r-418r).
59. 1468, 8 novembre: Leonardus Iohannis Marie de Carnelevariis artium doctor, lic. e dott. in med. (326 c.289r-v).
60. 1469, 6 gennaio: Marchus Antonius de Curte civis Papiensis, lic. e dott. in utroque (326 c.298r).
61. 30 gennaio: Iohannes Maria de Vercellis artium doctor, lic. e dott. in med. (326 c.301r-v).
62. 13 febbraio: Scipio de Barbavariis Mediolanensis, lic. e dott. in utroque (326 c.307r-v).
63. 21 febbraio: Iohannes de Cervo de Collonia, lic. e dott. in can. (326 c.312r-v).
64. 8 marzo: Paulus de Cardano clericus Mediolanensis, lic. e dott. in can. (326 c.327r).

65. 13 marzo: Iohannes de Koltmoiger de Togershoin, lic. e dott. in arti (326 cc.328r-329r).
66. 9 maggio: Antonius de Stampis, lic. e dott. in med. (326 c.353r-v).
67. 19 maggio: Dominicus de Cotis Ianuensis, lic. e dott. in utroque (326 c.355r-v).
68. 30 maggio: Batista de Bernarigio Mediolanensis, lic. e dott. in arti (326 c. 358r-v).
69. 14 giugno: Antonius de Pectenariis Alexandrinus, lic. e dott. in civ. (326 cc.366r-v, 367r-368r).
70. 21 giugno: Viscardus de Campixe civis Papiensis, lic. e dott. in civile (326 c.370r-v).
71. 10 luglio: Christoforus de Ripa Mediolanensis, lic. e dott. in arti (326 c.375r-v).
72. 26 luglio: Paulus de Putheo Mantuanus, lic. e dott. in civ. (326 c.382r-v).
73. 7 agosto: Franciscus de Cohazano artium doctor civis Papiensis, lic. e dott. in med. (326 c.385r).
74. 8 agosto: Iohannes Maria de Ruzonatis (sic?) de Alexandria, lic. e dott. in arti e med. (326 c.386r-v).
75. 20 dicembre: Iohannes Iacobus de Sancto Nazario, lic. e dott. in arti (326 c.324r). A 324v la notizia: "Nota quod prefatus dominus vicecanzelarius (*Franciscus de Piro*) precepit antedictum (sic?) quod deberet studere per menses XVIII in artibus quia fuit reprobatus; ita iuravit studere".
76. 1470, 14 febbraio: Augustinus de Lege filius magistri Antonii, lic. e dott. in arti (327 c.92r-v).
77. 19 febbraio: Iohannes Barlierer de Esslingen, lic. in can. (96 c.448r-v).
78. 24 febbraio: Bertolameus de Dionixiis de Fossano Pedemontanus, lic. e dott. in civ. (327 cc.84r-85r).
79. 10 marzo: Franciscus de Mascarelis de Ceva, lic. e dott. in civ. (327 c.81r-v).
80. 19 marzo: Guilelmus de Narbona, lic. e dott. in arti e med. (327 cc.76r-77r).
81. 11 aprile: Donatus de Lacruce Mediolanensis, lic. e dott. in civ. (327 c.58r).
82. 14 aprile: Batista de Malumbris Cremonensis, lic. e dott. in utroque (327 cc.56r-57r).
83. 14 aprile: Iohannes Andreas de Amidanis Cremonensis, lic. e dott. in utroque (327 c.57r).
84. 2 maggio: Batista de Vicemalis Mediolanensis, lic. e dott. in utroque (327 c.53r.).

85. 23 maggio: Antonius de Penazollis de Alexandria, lic. e dott. in civ. (327 cc.42r-v).
86. 28 maggio: Iacobinus de Alexandria, lic. e dott. in arti (327 c.41r-v).
87. 8 giugno: Mozinus de Mozinis Cremonensis, lic. e dott. in arti (327 c.33r-v).
88. 19 giugno: Andreas de Novaria, lic. e dott. in arti e med. (327 c.30r-v).
89. 22 giugno: Christoforus de Lampugnano, lic. e dott. in civ. (327 c.27r-v).
90. 26 giugno: Paulus de Capris civis Mediolanensis, lic. e dott. in civ. (327 cc.23r-24r e 25r-v).
91. 9 luglio: Thomasius de Bosiis civis Mediolanensis, lic. e dott. in arti (327 c.131r-v).
92. 10 luglio: Felix de Tadinis de Martinengo, lic. e dott. in arti (327 c.131v.).
93. 23 agosto: Iacobus de Caziis archipresbiter ecclesie sancti Michaelis terre Olegii Novariensis diocesis, lic. e dott. in can. (328 cc.161r-162r).
94. 4 settembre: Adam Hilthebrant zum Lamp de Spira Alamanus, lic. e dott. in can. (327 cc.109r-110r).
95. 1471, 4 marzo: Iacobus de Peliciis de Caxali, lic. e dott. in arti e med. (327 c.176r-v).
96. 22 maggio: Leonardus Hemerly de Constancia Alamanus, lic. e dott. in utroque (92 cc.484r-485r).
97. 20 novembre: Conradolus de Stanghis preceptor ecclesie sancti Antonii civitatis Cremone, lic. e dott. in can. (327 cc.174r-175r).
98. 1472, 23 gennaio: Ieronimus de Crispis Mediolanensis, lic. e dott. in med. (327 c.189r).
99. 5 febbraio: Betinus Tizonus de Carravazio, lic. e dott. in arti (327 c.253r-v).
100. 11 marzo: Ambrosius de Inviciatis ordinis humiliatorum professus domus sancte Marie Brayde Mediolani, lic. e dott. in sacra pagina (327 c.262r-v).
101. 8 aprile: Iohannes Loffelholz de Nuremberga, lic. in civ. (327 c.251r-v).
102. 13 aprile: Christoforus de Rippa Mediolanensis, lic. e dott. in med. (92 c.315r-v).
103. 20 aprile: Iacobus Arnaudi de Vapernico, lic. e dott. in civ. (92 c.316r-v).
104. 21 aprile: Christoforus Mendel de Steynfels Alamanus, lic. e dott. in civ. (327 cc.246r-v e 247r).

105. 27 aprile: Franciscus de Burla, lic. e dott. in arti e med. (92 c.324r-v).
106. aprile: Matheus de Curte ordinis minorum, lic. e dott. in sacra pagina (92 c.197r-v: il giorno, una domenica, è illeggibile).
107. aprile: Luchas de Barberiis de Cona ordinis minorum, lic. e dott. in sacra pagina (92 c.197v: incompleto; presumibilmente stessa data del precedente).
108. 5 maggio: Iason de Mayno Mediolanensis, lic. e dott. in utroque (327 c.233r).
109. 11 maggio: Guido ex nobilibus de Castiliono, lic. e dott. in civ. (92 c.334r-v).
110. 12 maggio: Melchionus de Caziis Novariensis, lic. e dott. in utroque (327 c.226r-v).
111. 26 maggio: Bassianus de Perratis abbas monasterii sancti Petri de Bergolio Alexandrine diocesis ordinis sancti Benedicti, lic. e dott. in can. (92 c.364r-v).
112. 27 maggio: Batista de Aycardis Ianuensis, lic. e dott. in can. (327 c.223r-v).
113. 30 maggio: Ludovicus de Correis de Provincia, lic. e dott. in civ. (92 cc.553r-554r).
113bis 2 giugno: Presbiter Petrus de Rivarollo Placentinus, lic.e dott. in can. (327 c.222r).
114. 3 giugno: Ciprianus de Valecamonica de Brisia, lic. e dott. in arti (92 c.554r-v).
115. 7 giugno: Petrus de Bellano rector artistarum et medicorum studii Papiensis, dott. in med. (327 c.220r-v).
116. 23 giugno: Stephanus de Bellomonte Burgondus, lic. in utroque (92 c.551r-v).
117. 30 giugno: Iohannes Stephanus de Guidobonis Terdonensis, lic. e dott. in arti (327 c.204r-v).
118. 14 luglio: Andreas de Fagnano Mediolanensis, lic. e dott. in can. (327 c.198r-v).
119. 26 luglio: Ambrosius de Pusterla Mediolanensis ordinis heremitarum sancti Augustini, lic. e dott. in sacra pagina (327 c. 10r-v).
120. 28 luglio: Mathias de Scazosis de Blandrate, lic. e dott. in utroque (92 c.557r-v).
121. 8 agosto: Filipus Sagramorus de Arimino canonicus ecclesie Ariminensis, lic. e dott. in can. (327 cc.190r-191r).
122. 7 novembre: Gaspar de Zambinis de Parma olim rector, lic. e dott. in utroque (327 c.306r-v: il documento manca di anno, ricavabile dalla menzione del rettore Antonius de Bugerinis Cremonensis).
123. 24 novembre: Gaspar de Sarazeno, lic. in civ. (92 c.18r-v).

124. 24 novembre: Augustinus de Madiis de Sallis, lic. e dott. in med. (92 c.19r-v).
125. 3 dicembre: Alexander de Raude civis Mediolanensis, lic. e dott. in utroque (327 c.314r-v).
126. 15 dicembre: Stephanus de Mortario (sic? o Mortano?), lic. e dott. in med. (327 c.319r).
127. Iohannes Aluysius de Bossiis, lic. e dott. in utroque (92 c.1r: il documento è incompleto; per la posizione nella filza va probabilmente datato a fine 1472).
128. Franciscus de Eustachio, lic. e dott in can. (92 c.558r-v: il documento è frammentario, ma va datato al 1472-73 perché all'atto partecipa il rettore Antonius de Bugerinis Cremonensis).
129. 1473, 13 gennaio: Ardicinus de Cella de Monteferrato, lic. e dott. in utroque (93 cc.89r e 615r-v).
130. 18 gennaio: Angellus de Abonis, lic. e dott. in med. (327 c.331r-v).
131. 19 gennaio: Fridericus de Nipponburg diocesis Spirensis, lic. e dott. in utroque (93 c.616r-v).
132. 22 gennaio: Augustinus de Balbis civis Papiensis, lic. e dott. in arti (327 c.332r-v).
133. 26 gennaio: Iohannes Vredewolt de Groninghen artium doctor et sacre pagine bachalarius, lic. e dott. in sacra pagina (93 c.23r-v).
134. 28 gennaio: Hugo Parvibenedicti alias Gruffioni Eduensis diocesis de comitatu Mirronensi artium doctor, lic. e dott. in med. (327 c.345r-v).
135. 1° febbraio: Guido de Rupeforte Burgundus, lic. e dott. in utroque (93 cc.31r-32r).
136. 9 febbraio: Nichasius Vergelois filius Iohannis artium magister diocesis Tornacensis, lic. in civ. (93 cc.617r-v, 619r).
137. 10 febbraio: Stephanus de Advocatis de Vercellis, lic. e dott. in med. (93 cc.618r, 619r-v).
138. 15 febbraio: Baptista de Gaspardis de Carpignano Novariensis, lic. e dott. in med. (93 c.619v).
139. 19 marzo: Franciscus de Astruga de Nitia, lic. in civ. (327 c.388r-v).
140. 1° aprile: Rodericus Bottinus de Avinione, lic. e dott. in can. (93 cc.605r-606r).
141. 5 aprile: Thomas de Michelotis de Peruxio, lic. e dott. in civ. (327 c.402r-v).
142. 6 aprile: Udalricus Iufalt rector parochialis ecclesie sancti Petri in Tzinzers Curiensis diocesis, lic. in can. (93 c.606r-v).
143. 10 aprile: Baldasar de Walch Feldkirch Alamanus, lic. in can. (327 c.406r-v).

144. 30 aprile: Ludovicus de Borborinis de Pontremulo, lic. e dott. in civ. (93 cc.622r-623r).
145. aprile-maggio: Ambrosius de Pasqualibus, lic. e dott. in arti e med. (93 c.123r-v).
146. 4 maggio: Iohannes Antonius de Nigris, lic. e dott. in arti (93 c.623r-v).
147. 8 maggio: Iacobus Cadolle Provincialis de Marsilia, lic. in civ. (327 c.409r-v; v.anche n°267).
148. 12 maggio: Iohannes Haintzel de opido Wangen Alamanus Constanciensis diocesis, lic. e dott. in can. (327 c.413r-v).
149. 19 maggio: Batista de Castiliono civis Mediolanensis, lic. e dott. in utroque (327 c.418r).
150. 19 maggio: Filipus de Novaria, lic. e dott. in arti e med. (93 c.113r).
151. 22 maggio: Bernardinus de Capitanis de Cimana, lic. e dott. in can. (93 c.114bis r).
152. 31 maggio: Mathias de Constantia Alamanus rector artistarum et medicorum, lic. in med. (327 c.420r).
153. 1° giugno: Baptista de Bernadigio, lic. e dott. in med. (93 c.92r).
154. 2 giugno: Batista de Coyris Mediolanensis artium doctor, lic. e dott. in med. (327 c.419r-v).
155. 4 giugno: frater Christoforus ordinis humiliatorum, lic. e dott. in arti (327 c.422r-v).
156. 7 giugno: Mathias de Constantia rector artistarum et medicorum, dott. in arti e med. (327 c.421bis r).
157. 15 giugno: Franciscus de Ozino Mediolanensis, lic. e dott. in civ. (327 c.421r-v).
158. 16 giugno: Antonius de Terciis de Pergamo, lic. e dott. in arti (93 c.112bis r).
159. 19 giugno: Marianus de Riciis, lic. e dott. in med. (93 c.211r).
160. 19 giugno: Daniel de Vistarino Laudensis, lic. e dott. in utroque (327 c.437r-v).
161. 22 giugno: Petrus de Canobio, lic. e dott. in arti (93 c.203r).
162. 23 giugno: Nicolaus Fontana Placentinus, lic. e dott. in utroque (327 c.426r-v).
163. 26 giugno: Bernardinus de Biragho de Frescarollo, lic. e dott. in arti (93 c.202r-v).
164. 28 giugno: Damianus de Nilonibus (sic?) de Parma, lic. e dott. in can. (93 c.161r).
165. 6 luglio: Franciscus de Zuchonibus de Mantua artium doctor, lic. e dott. in med. (93 cc.198r-199r).
166. 7 luglio: Ludovicus de Mantua, lic. e dott. in arti (93 c.199r-v).
167. 8 luglio: Bartolomeus de Bexutio, lic. e dott. in can. (93 c.196r).

168. 14 luglio: Dominicus de Ducibus Cremonensis, lic. e dott. in arti (327 c.425r-v).
169. 26 luglio: Nicolaus de Dovaria Cremonensis, lic. e dott. in utroque (327 cc.437r-438r).
170. 10 agosto: Antonius de Bugerinis in utroque iure publice licentiatus iuristarum rector, dott. in utroque (327 cc.444r-445r).
171. 11 agosto: Arnoldus Lalaing ecclesiarum collegiatarum sancti Salvatoris Harlebecensis nec non beate Marie virginis Brugensis prepositus, lic. e dott. in utroque (93 cc.603r-604r).
172. 12 agosto: Nicolaus de Monte de Brugis in Flandria, lic. in utroque (327 cc.454r-455r).
173. 25 agosto: Amedeus de Duino Gebennesis diocesis, lic. e dott. in utroque (93 c.604r-v).
174. 26 agosto: Iohannes Henrichus Vogt de Sumeronb Alamanus, lic. e dott. in civ. (327 cc.503r-504r).
175. 27 agosto: Wernherus Cluesse de Northeim Maguntinensis diocesis, lic. in can. (93 c.613r-v).
176. 27 agosto: Michael Durandus filius condam Berteti de Bossono parochie sancti Jorii mandamenti Dugnii Gebennensis diocesis in utroque iure bachalarius, lic. in can. (327 c.499r-v; 93 cc.243r e 613 v-614r).
177. 4 settembre: Luchinus de Ferufinis Alexandrinus, lic. e dott. in utroque (327 c.495r-v).
178. 6 settembre: Iacobus de Bottis prepositus ecclesie sancti Iohannis Mediolani ordinis humiliatorum, lic. e dott. in can. (93 cc.611r-612r).
179. 16 ottobre: Iohannes de Berrutis de Alexandria, lic. e dott. in arti e med. (327 c.490r-v).
180. 11 dicembre: Blasius de (segue spazio bianco) Alexandrinus, lic. e dott. in utroque (327 c.467r-v).
181. 16 dicembre: Guilelmus Stortilionus Alexandrinus, lic. e dott. in civ. (327 c.466r-v).
182. 18 dicembre: Gabriel de Nurimberg, lic. e dott. (sic?) in civ. (93 cc.265 bis r e 311r).
183. 20 dicembre: Benedictus de Iudicibus (sic?), lic. e dott. in civ. (93 c.320bis r).
184. 1474, 10 gennaio: Augustinus de Lege artium doctor civis Papiensis, lic. e dott. in med. (327 c.463r-v).
185. 11 gennaio: Augustinus de Poma, lic. e dott. in med. (93 cc.328r-329r).
186. 22 gennaio: Andreas de Balziis de Sancto Nazario, lic. e dott. in arti (93 cc.328bis r, 329r).

187. 24 gennaio: Iohannes de (segue spazio bianco) Alamanus, lic. e dott. in med. (327 c.507r-v).

188. 1° febbraio: Gaspar Vogt de Friburg Alamanus, lic. in can. (93 c.609r-v).

189. 11 marzo: Stephanus Tyard Burgundus, lic. in civ. (327 c.523r-v).

190. 1° aprile: Iohannes de Raude Mediolanensis artium doctor, lic. e dott. in med. (327 c.513r-v).

191. 4 aprile: Iohannes Iacobus de Guerris, lic. e dott. in civ. (93 cc.404r-405r).

192. 26 aprile: Stephanus de Nocte ordinis humiliatorum prepositus ecclesie Omnium Sanctorum Papie dicti ordinis, lic. e dott. in can. (327 c. 574r-v).

193. 27 aprile: Iohannes Petrus de Peliciis de Casali sancti Evasii, lic. e dott. in arti (93 cc.415r-v, 416r).

194. 27 aprile: Iohannes Augustinus de Cella de Casali sancti Evasii, lic. e dott. in arti (93 cc.414r e 416r).

195. 28 aprile: Presbiter Ůdolricus Molitoris de Ysin presbiter Constanciensis diocesis et rector ecclesie parochialis in Christazhoffen (sic?) eiusdem diocesis, lic. in can. (327 c.567r-v).

196. 9 maggio: Antonius de Monteodo (sic) Sabaudinensis, lic. in civ. (93 c.442r-v).

197. 10 maggio: Petrus de Capitaneis, lic. e dott. in arti (327 c.562r-v).

198. 11 maggio: Aluysius de Ianua ordinis servorum sancte Marie, lic. e dott. in arti (93 c.414r-v).

199. 14 maggio: Iacobus de Bosiis Mediolanensis filius condam domini Lanzaroti, lic. e dott. in utroque (327 c.560r-v).

200. 16 maggio: Dominicus de Casali, lic. e dott. in arti (93 c.625r).

201. 22 maggio: Antonius de Trivulzio preceptor sancti Antonii Mediolani ordinis sancti Augustini, lic. e dott. in can. (93 cc.627r-628r).

202. 23 maggio: Iohannes Botechon de Grayaco Bisontinensis diocesis Burgundus, lic. in civ. (93 c.628r-v).

203. 24 maggio: Renobertus de Campo Burgundus curatus de Longapetra diocesis Bisuntinensis, lic. in utroque (327 c.559r-v).

204. 26 maggio: Franciscus de Brunzonibus de Cremona, lic. e dott. in utroque (93 cc.629r-630r).

205. 27 maggio: Nazarius Danbenton Burgundus Eduensis diocesis, lic. in utroque (327 c.557r-v).

206. 28 maggio: Petrus de Grassis Mediolanensis, lic. e dott. in utroque (93 c.451r).

207. 1° giugno: Presbiter Andreas de (segue spazio bianco) Laudensis, lic. e dott. in can. (327 c.549r-v).

208. 2 giugno: Robertus Chevron Normandus, lic. in utroque (93 c.454r).
209. 3 giugno: Nicolaus de Favariis Ferrariensis, lic. e dott. in arti e med. (327 c.548r-v).
210. 10 giugno: Marcus de Castiliono, lic. e dott. in utroque (92 c.355bis r).
211. 25 giugno: Iohannes Fugel de Argentina alio nomine de Bruchsella Alamanus, lic. in can. (93 c.608r-v).
212. 18 luglio: Petrus de Boscho Sabaudinensis, lic. in civ. (93 c.638r-v).
213. 23 luglio: Iohannes Haneton Pichardus, lic. in civ. (93 c.638v.).
214. 27 luglio: Andreas de Suardis prepositus sancti Calimerii Mediolani ordinis humiliatorum, lic. e dott. in can. (93 cc.485r e 635r-v).
215. 30 luglio: Guido Symoneta, lic. e dott. in can. (93 cc.635r-v e 637r).
216. 10 agosto: Paulus de Baenst olim rector et in utroque iure publice licentiatus, dott. in utroque (93 cc.633r-634r).
217. 13 agosto: Andrianus de Ducibus de Montecalerio, lic. e dott. in civ. (93 cc.631r-632r).
218. 25 agosto: Carolus de Vasis Burgundus, lic. in civ. (93 c.639r-v).
219. 31 agosto: Gabriel de Gambarellis de Placentia, lic. e dott. in utroque (93 c.494r).

219bis 5 settembre: Augustinus de Brigatis, lic. e dott. in civ. (93 c.499r).

220. 6 ottobre: Iohannes Petrus de Ofredis, lic. e dott. in med. (93 c.528r-v).
221. 21 ottobre: Iodoychius Quivijn de Flandria, lic. in civ. (93 c.641r-v).
222. 10 novembre: Petrus de sancta Agatha de Vercellis ordinis heremitarum sancti Augustini, lic. e dott. in sacra pagina (93 c.515r-v).
223. 1475, 17 marzo: Addam Schueczer de Feldkirch, lic. e dott. in med. (93 c.366r-v).[12]
224. 10 giugno: Henricus Schertlin de Leinnenberg (segue cancellato 'de Monteleonis'), lic. e dott. in utroque (94 cc.489r-490r).
225. 27 giugno: Baptista de Sfondratis de Cremona, lic. e dott. in utroque (94 cc.485r-486r).
226. 15 luglio: Iohannes Marcus de Luyno, lic. e dott. in utroque (94 c.465bis v).
227. 21 luglio: Iohannes Augustinus de Beccaria civis Papiensis, lic. e dott. in utroque (94 cc.457r-458v e 458bis r).
228. 23 agosto: Donatus de Pretis de Mantua, lic. e dott. in utroque (94 cc.496r-497r).

12. L'atto è datato 17 marzo 1474.

229. 6 settembre: Urbanus Finiffer de Stutgarten Alamanus, lic. e dott. in can. (94 cc.409r-410r).
230. 7 settembre: Augustinus Panigarolla Ianuensis, lic. e dott. in utroque (94 cc.408r, 497r).
231. 7 novembre: Stephanus de Vasis Burgundus, lic. in utroque (94 c.162r-v).
232. 13 novembre: Iohannes de Espach Maguntine diocesis, in iure canonico publice licentiatus in felici studio Heidelbergensi, orator et legatus domini domini ducis Burgondiorum ad illustrissimum et excellentissimum dominum dominum ducem Mediolani, dott. in can. (94 cc.160r-161r).
233. 20 novembre: Symon de Arena, lic. e dott. in med. (94 c.190bis v).
234. 12 dicembre: Franciscus de Vachis artium doctor, lic. e dott. in med. (94 cc.66r,67r-68r).
235. 18 dicembre: Mattheus de Casellis, lic. e dott. in med. (94 c.69r).
236. 1476, 10 febbraio: Angelus de Gariboldis prepositus ecclesie omnium sanctorum Papie, lic. e dott. in can. (328 c.32r-v).
237. 9 marzo: Anastasius de Platis Mediolanensis, lic. e dott. in utroque (94 cc.121r-122r e 123r).
238. 16 marzo: Marchoaldus de Lapide Alamanus, lic. e dott. in civ. (328 cc.59r-60r).
239. 27 marzo: Carolus Bernardi Burgundus, lic. in civ. (94 cc.119bis r e 122r).
240. 28 marzo: Ludovicus de Lacruce Ianuensis ordinis servorum sancte Marie sacre pagine bachalarius, lic. e dott. in sacra pagina (328 c.69r-v).
241. 29 marzo: Thomas de Canetis de Basignana ordinis carmelitarum, lic. e dott. in sacra pagina (94 c.117r-v).
242. 3 aprile: Laurentius de Marencho de Novis Ianuensis, lic. e dott. in utroque (328 c.79r-v).
243. 6 aprile: Franciscus de Coglonibus de Pergamo, lic. e dott. in arti e med. (94 cc.111r-112r).
244. 8 maggio: Iohannes Petrus de Peliciis de Casali artium doctor, lic. e dott. in med. (328 cc.87r-89r).
245. 9 maggio: Bernardinus de Paterno, lic. e dott. in med. (94 cc.112r-v e 183r-v).
246. 13 maggio: Iohannes de Palavecinis Comensis rector et arcium doctor iam in medicina studens, lic. e dott. in med. (328 cc.91r e 92r-93r).
247. 15 maggio: Iohannes Biscoff Alamanus, lic. e dott. in can. (94 cc.177r-178r).

247bis 25 maggio: Iohannes de Arborio ex Gregio Vercelensis, lic. e dott. in utroque (328 c.99r-v).
248. 30 maggio: Ludovicus de Alla rector, lic. in utroque (94 c.178r-v).
249. 15 giugno: Petrus Martir de Stanghis Cremonensis, lic. e dott. in utroque (94 cc.200r-201r).
250. 25 giugno: Franciscus de Tabernis Mediolanensis, lic. e dott. in arti e med. (328 c.114r).
251. 6 luglio: Dominicus de Tutiis artium doctor, lic. e dott. in med. (328 c.122r).
252. 10 luglio: Theodorus de Guayneriis artium doctor, lic. e dott. in med. (94 cc.213r-v, 213bis r-v, 214r-v).
253. 7 agosto: Franciscus de Prenide (sic?) Mediolanensis (sic?), lic. e dott. in can. (94 c.249v).
254. 9 agosto: Conradus Lyher de Heydelberga, lic. e dott. in utroque (94 cc.234r-235r).
255. 10 agosto: Ludovicus de Allis olim rector, dott. in utroque (94 c.235r).
256. 20 agosto: Benvenutus de sancto Georgio ex comitibus Blandrate preceptor sancti Antonii Albe, lic. e dott. in can. (94 cc.254r-255r, e 254bis r).
257. 21 agosto: Conradus de sancto Georgio, lic. e dott. in civ. (94 cc.254bis v e 255r).
258. 23 agosto: Iohannes Henricus de Pegiis, lic. e dott. in utroque (94 c.257r).
259. 27 agosto: Iohannes Thomas de Zaganis, lic. e dott. in civ. (94 c.259r).
260. 9 settembre: Iacobus de Mengosiis de Placentia, lic. e dott. in utroque (94 cc.311r, 315r-316r).
261. 7 novembre: Iohannes Serandat Gallicus, lic. in can. (94 cc.322r-323r).
262. 1477, 7 febbraio: Raphael de Oddono Ianuensis, lic. e dott. in utroque (96 c.93r).
263. 15 marzo: Augustinus de Mortario ordinis servorum beate Marie, lic. e dott. in sacra pagina (95 cc.20r,21r-v).
264. 22 marzo: Gaspar de Vezano (segue cancellato 'de Pontremullo'), lic. e dott. in utroque (95 cc.4r-5v).
265. 10 maggio: Augustinus de Angellis de Pensauro, lic. e dott. in arti (328 cc.124r, 157r-158r).
266. 16 maggio: Gabriel de Caravazio, lic. e dott. in arti e med. (95 c.214r-v).
267. 31 maggio: Iacobus Candolle Provincialis de Marsilia publice

licentiatus in iure civili in felici studio Papiensi, dott. in civ. (95 cc.208r-209r).

268. 14 giugno: Guido Achardi de Grationopolli in Dalphinatu, lic. e dott. in utroque (95 cc.204r-205r).

269. 26 giugno: Hieronymus de (segue spazio bianco) Alamanus, lic. e dott. in med. (95 cc.32r-33r e 32bis r).

270. 8 luglio: Gabriel de Rizollis Mediolanensis, lic. e dott. in arti e med. (95 cc.214v-215r).

271. 28 luglio: Gaspar de Bulgaro Vercelensis, lic. e dott. in utroque (95 c.47r).

272. 2 agosto: Leonardus de Thusnaco Burgundus, lic. in utroque (95 c.1r-v).

273. 7 agosto: Franciscus de Bobio, lic. e dott. in arti e med. (95 c.53bis r-v).

274. 23 agosto: Stephanus de Summaripa Laudensis, lic. e dott. in civ. (95 cc.2r-3r).

275. 2 ottobre: Petrus Iohannes de Albengha Ianuensis, lic. e dott. in arti e med. (95 cc.318r-319r).

276. 1478,1° marzo: Quiricus de Augusto Therdonensis, lic. e dott. in arti (328 c.130r).

277. 11 marzo: Antonius de Rusticis de Placentia, lic. e dott. in arti (95 c.292r-v).

278. 28 aprile: Filipus de Grassis, lic. e dott. in civ. (95 c.344r-v).

279. 18 luglio: Iohannes Antonius de Nigris, lic. e dott. in med. (95 c.528r-v).

280. 20 luglio: Petrus de Vicecomitibus Mediolanensis, lic. e dott. in utroque (328 c.134r).

281. 23 luglio: Bernardinus de comitibus de (segue spazio bianco) Novariensis, lic. e dott. in arti e med. (95 cc.528v-529r).

282. 24 luglio: Franciscus de Canobio Mediolanensis, lic. e dott. in utroque (328 c.135r).

283. 11 agosto: Iohannes de Monteacuto ordinis sancti Benedicti prior prioratus sancti Necterii diocesis Claremontensis, lic. e dott. in can. (95 cc.536r-537r).

284. 12 agosto: Leonardus Bocza de Sabaudia, lic. in can. (328 c.147r-v).

285. 20 agosto: Aloysius de Guargualiis civis Papiensis artium doctor, lic. e dott. in medicina (328 c.149r: il documento è privo di indicazione d'anno).

286. 25 agosto: Albertus de Inviciatis, lic. e dott. in utroque (95 c.537v).

287. 3 ottobre: Iohannes de Anzariis de Alba, lic. e dott. in civ. (95 cc.352r-v e 539r).

288. 4 novembre: Iodochus de Ott de civitate Monacho Alamanus, lic. in civ. (328 c.167r-v).
289. 15 dicembre: Thomasius de Avanto Normandus, lic. in utroque (96 cc.70r-71r: 'Avanto' si legge nel titolo del documento; nel testo è stato cancellato e sostituito con parola non letta).
290. 22 dicembre: Conradus ex nobilibus de sancto Nazario artium doctor, lic. e dott. in med. (96 cc.451r-452r).
291. 1479, 13 febbraio: Antonius de Oldoynis de Cremona natus... domini Ziliolli ducalis consciliarii, lic. e dott. in utroque (95 cc.448r-v e 449r).
292. 26 febbraio: Iacobus de Langiaco sedis apostolice prothonotarius ex illustri domo Alvernigina de civitate sancti Florii, lic. e dott. in can. (96 cc.190r-191r).
293. 4 marzo: Antonius Gruter de Trayecto inferiori Alamanus, lic. in civ. (96 cc.206r-207r).
294. 27 aprile: Petrus Paulus de Sanctuciis de Urbino, lic. e dott. in arti (96 cc.180r-181r).
295. 8 maggio: Aluysius de Cernuschullo Mediolanensis, lic. e dott. in med. (96 c.181r-v).
296. 15 giugno: Martinus de Nittal Alamanus, lic. e dott. in can. (96 cc.447r-448r).
297. 15 giugno: Iohannes Barlierer de Esslingen Alamanus, dott. in can. (96 c.448r-v).
298. 8 luglio: Bernardinus Balbus Mediolanensis, lic. e dott. in utroque (96 cc.449r-450r).
299. 4 agosto: Ciprianus de Vallecamonica de Brisia, lic. e dott. in med. (96 c.473r-v).
300. 25 agosto: Mateus de Michollis de Laude, lic. e dott. in civ. (96 cc.461r-462r).
301. 4 novembre: Nicolaus de Lancionibus de Tolentino Cremonensis, lic. in utroque (96 cc.371r-372r).
302. 11 dicembre: Benedictus de Castiliono, lic. e dott. in utroque (95 cc.463r-464r).
303. 17 dicembre: Dominicus de Octobellis, lic. e dott. in civ. (95 c.464r).
304. 1480, 4 maggio: Iacobus le Riche de Divitibus Noromandus, lic. in can. (328 c.243r-v).
305. 6 maggio: Georgius de Gemmingen canonicus maioris ecclesie Spirensis Alamanus, lic. e dott. in utroque (328 c.244r-v).
306. 19 giugno: Augustinus de Corsicho ordinis humiliatorum Mediolanensis, lic. e dott. in arti (328 c.258r).
307. 28 giugno: Philippus de Laperrense Normandus ex civitate Rothomagensi, in artibus magister, lic. in utroque (328 c.269r-v).

308. 4 luglio: Ambrosius de Bozulis civis Papiensis, lic. e dott. in civ. (328 c.271r-v).
309. 15 luglio: Iohannes Antonius de Medicis de Busti Mediolanensis, lic. e dott. in arti e med. (328 cc.277r e 278r-279v).
310. 19 luglio: Bernardinus de Augusto de Sallis, lic. e dott. in arti e med. (328 cc.280r e 281r-282r).
311. 4 agosto: Guillelmus Noromandus, lic. e dott. in utroque (328 c.284r-v).
312. 1° dicembre: Antonius de Putheo Alexandrinus, lic. e dott. in civ. (328 c.307r-v).
313. 16 dicembre: Daniel de Placentino, lic. e dott. in utroque (328 cc.312r-313r).
314. 1481, 17 marzo: Iacobus de Stricta Iporigiensis, lic. e dott. in civ. (328 cc.336r-337r).
315. 4 aprile: Iacobus Disome Parisiensis, lic. in civ. (328 c.356r-v).
316. 9 maggio: Mateus de Bossis, lic. e dott. in utroque (328 c.381r).
317. 5 giugno: Bernardinus de Mutiis Pergamaschus olim rector artistarum et medicorum, lic. e dott. in med. (328 c.388r).
318. 20 agosto: Conradinus de Comperatis de (segue parola non letta), lic. e dott. in civ. (328 c.399r).
319. 25 agosto: Mafeus de Micolis Laudensis, lic. e dott. in civ. (328 c.400r).
320. 6 settembre: Antonius de Bernardis Ianuensis, lic. e dott. in utroque (328 c.409r).
321. 23 novembre: Millanus de Becharia de Harena, lic. in utroque (328 c.427r).
322. 24 novembre: Millanus de Becharia, dott. in utroque (328 c.428r).
323. 1482, 10 gennaio: Luchinus de Panizeria de Montecalerio, lic. e dott. in civ. (328 cc.451r-452r).
324. 10 aprile: Damianus de Nannis de Casali, lic. in med. (97 c.555bis r-v).
325. 16 aprile: Iacobus ex comitibus Gambarane filius quondam domini Iohannis civis Papiensis, lic. e dott. in utroque (328 c.487r-v).
326. 20 aprile: Guido de Prez de Sabaudia, lic. in can. (328 c.488r-v).
327. 23 aprile: Gregorius de Guizardis de Ponte Vallistelline, lic. e dott.in arti e med. (328 c.489r-v).
328. 8 giugno: Franciscus de Becaria, lic. e dott. in arti (97 c.499bis r).
329. 15 giugno: Petrus Marchus de Paravexinis de Scipiono, apostolice sedis protonotarius, abbatie sancti Lanfranchi extra muros Papienses commendatarius perpetuus, lic. in utroque (328 c.497r-v).
330. 16 giugno: Petrus Marchus de Paravexinis, dott. in utroque (328 c.497v).

331. 21 giugno: Iacobus de Putheo natus domini Symonis de Bugiella, lic. e dott. in utroque (328 cc.499r-500r).
332. 10 luglio: Ludovicus Boucher de Senonis, lic. in civ. (328 cc.507r-508r).
333. 31 luglio: Conradus Vogler de Arristeyn canonicus ecclesie sancti Iohannis in Hawgis Herbipolensis diocesis, lic. e dott. in utroque (328 cc.517r-518r).
334. 9 agosto: Augustinus de Angelis de Pensauro artium doctor, lic. e dott. in med. (328 cc.528r-529r).
335. 21 agosto: Iohannes de Iudicibus, lic. e dott. in utroque (97 c.439bis r-v).
336. 27 agosto: Antonius de Costis de Gavio, lic. e dott. in civ. (328 c.541r).
337. 4 settembre: Paulus de Landas Picardus de Tornaco, licenza in utroque (328 cc.539r-540r).
338. 27 novembre: Iohannes Petrus de Suardis, lic. e dott. in civ. (97 c.310r).
339. 1483, 27 giugno: Theodoricus Vogt prepositus ecclesie sancti Stephani Constantie, canonicus Turagii in prepoxitura nec non in prepositura Zofingenssi, lic. e dott. in can. (328 cc.601r-602v).
340. 30 giugno: Antonius de Illice Ianuensis, lic. e dott. in civ. (328 c.603r-v).
341. 15 luglio: Ricardus de Roverinis de Gambolate civis Papiensis, lic. e dott. in utroque (328 cc.612r e 615r-616v).
342. 16 luglio: Nicolaus Ricius rector iuristarum, lic. in utroque (328 c.613r).
343. 1485, 19 marzo: Marcus de Sichis de Caravazio, lic. e dott. in civ. (97 c.173r-v).
344. 16 maggio: Philipus Dufay sedis apostolice prothonotarius perpetuus et administrator sancti Saturni de Bosch et sancti Germani... diocesis Burgondus, lic. e dott. in utroque (97 cc.98r-99v).
345. 15 giugno: Bernardinus de Guaciis de Valentia, lic. e dott. in civ. (97 cc.80r-81r).
346. 25 luglio: Federicus de Lampugnano Mediolanensis, lic. e dott. in utroque (97 c.187r-v).
347. 8 luglio: Marchus de Garbaciis de Parma rector artistarum et medicorum almi studii Papiensis, lic. e dott. in arti e lic. in med. (925).
348. 9 luglio: Iohannes Iacobus de Larocha Novariensis, lic. e dott. in utroque (925).
349. 28 luglio: Franciscus de Miralto, lic. e dott. in utroque (925).

350. 3 agosto: Gabriel de Sichis de Caravazio, lic. e dott. in civ. (97 cc.189r-v, 189bis r-v).
351. 4 agosto: Baptista Laudensis, lic. e dott. in utroque (97 c.180bis r-v).
352. 6 agosto: Paulus Etlinger de Bavaria, lic. e dott. in civ. (97 cc.191r-192r).
353. 1486, 2 marzo: Nicolaus Sahß de Spira, lic. e dott. in civ. (97 cc.67r-68r).
354. 16 marzo: Carretus de Carreto, lic. e dott. in civ. (97 cc.71r-72r e 71bis r).
355. Antonius de Lambortinghis de Cumis, lic. e dott. in civ. (97 c.72 r-v:l'atto è frammentario e non datato, è però scritto di seguito al precedente).
356. 1487, 5 aprile: Marsilius de Galinonibus civis Mediolanensis, lic. e dott. in med. (925).
357. 26 aprile: Pasqualis Pardus Ispanus, lic. e dott. in arti e med. (925).
357bis 4 maggio: Philippus de Agaciis de Vercellis, lic. e dott. in arti (925).
358. 9 maggio: Ludovicus Bonifacii de Marsilia, lic. e dott. in civ. (925).
359. 14 maggio: Petrus de Palavicino de Caspano, lic. e dott. in arti e med. (925).
360. 23 maggio: Hyeronimus de Amadeis de Ceva, lic. e dott. in arti (925).
361. 30 maggio: Iohannes de Marenghis de Novis, lic. e dott. in arti e med. (925).
362. 20 giugno: Bernardus de Belingeriis de Bassignana comitatus et diocesis Papiensis, lic. e dott. in med. (925).
363. 26 giugno: Bonifacius de Belingeriis de Bassignana comitatus Papiensis, lic. e dott. in civ. (925).
364. 11 luglio: Iohannes Stephanus de Galleranis de Mediolano, lic. e dott. in arti (925).
365. 13 luglio: Iacobus de Calistano Parmensis, lic. e dott. in in utroque (925).
366. 14 luglio: Marchus Antonius de Cademustis de Laude, lic. e dott. in arti (925).
367. 16 luglio: Benedictus ex Captaneis de Arsagho de Ripalta, lic. e dott. in utroque (925).
368. 18 luglio: Christoforus de Vicomercato civis Mediolanensis, lic. e dott. in arti e med. (925).
369. 20 luglio: Iacobus de Brugera civis Mediolanensis, lic. e dott. in arti e med. (925).
370. 23 luglio: Hieronymus natus condam...artium et medicine doctoris domini magistri Iohannis de Marliano, lic. e dott. in med. (925).

371. 23 luglio: Petrus Antonius de Marliano, lic. e dott. in med. (925).
372. 23 luglio: Aluysius de Marliano, lic. e dott. in med. (925).
373. 8 agosto: Baptista Fiera Mantuanus, lic. e dott. in med. (925).
374. 9 agosto: Claudius Karundelet Brugondus, lic. e dott. in utroque (925).
375. 10 agosto: Bernardinus de Crispis alme huius universitatis iuristarum olim rector, lic. e dott. in utroque (925).
376. 21 agosto: Franciscus de Assio civis Papiensis, lic. e dott. in utroque (925).
377. 17 ottobre: Claudius Ludovici clericus Bisimtensis (sic) diocesis, lic. e dott. in utroque (925).
378. 27 ottobre: Nicholaus Tinctoris de Nuremberghe, lic. e dott. in sacra pagina (925).
379. 7 novembre: Nicholaus Fiambertus civis Papiensis, lic. e dott. in civ. (925).
380. 7 novembre: Iohannes de Lalanda Aragonensis diocesis Cesaraugustensis, lic. e dott. in arti e med. (925).
381. 1488, 13 aprile: Franciscus de Busti ordinis minorum conventus sancti Francisci Papie, lic. e dott. in sacra pagina (925).
382. 15 aprile: Gotfredus de Marinis de Cumis, lic. e dott. in arti e med. (929).
383. 30 aprile: Bernardinus de Busti civis Mediolanensis, lic. e dott. in utroque (925).
384. 10 maggio: Philippus Wyshare de Spira Alamanus, lic. e dott. in can. (925).
385. 19 maggio: Franciscus de Stagno ex utroque genere de Vicecomitum baronum (sic) et militari genere, ut asserit, procreatus, natus quondam spectabilis domini Gasparis, prior de Parisoto et canonicus prebendatus in ecclesia Ruthinensi, lic. e dott. in can. (925).
386. 19 maggio: Antonius de Stagno... in eadem Ruthinensi ecclesia prebendatus canonicus, lic. e dott. in utroque (925).
387. 21 maggio: Bernardinus de Carnegrassa civis Papiensis, lic. e dott. in civ. (925).
388. 23 maggio: Hyeronimus de Trivilio, lic. e dott. in med. (925).
389. 23 maggio: Paulus de Ferandis de Trivilio, lic. e dott. in arti e med. (925).
390. 31 maggio: Franciscus de Mirabilibus civis Mediolanensis, lic. e dott. in utroque (925).
391. 7 giugno: Bernardinus de Figino civis Mediolanensis, lic. e dott. in can. (925).

392. 10 giugno: Humbertus Goulx canonicus et prepositus Eduensis, lic. in utroque (925).
393. 14 giugno: Tadiolus de Vicomercato civis Mediolanensis nobilissimus, lic. e dott. in utroque (925).
394. 16 giugno: Gidinus de Blaxiis de Cremona, lic. e dott. in arti (925).
395. 28 giugno: Luchinus de Galinis de Lomello Lomelline comitatus et diocesis Papiensis, lic. e dott. in arti (925).
396. 2 luglio: Iohannes Iacobus Amstad de oppido Schaffhussensi, canonicus ecclesie collegiate Thuricensis, diocesis Constanciensis nec non parochianus in Noaringesriet diocesis Augustensis, lic. e dott. in can. (925).
397. 3 luglio: Iohannes Beltramus de Attendolis natus condam illustris domini Foschini, lic. e dott. in can. (925).
398. 7 luglio: Iacobus de Curte vulgariter de Stevanagho nuncupatus, lic. e dott. in civ. (925).
399. 7 luglio: Paulus de Ruyno vulgariter de Montepicho nominatus, lic. e dott. in utroque (925).
400. 8 luglio: Bartholomeus de Anibaldis de Valencia diocesis Papiensis, lic. e dott. in arti (925).
401. 10 luglio: Nicolaus Siculus, lic. e dott. in arti (925).
402. 16 luglio: Iohannes de Calistano Parmensis, lic. e dott. in utroque (925).
403. 6 agosto: Spiritus de Mostinis alias de Pegorallis (corr. da Pegoraria) de Ayquis, lic. e dott. in utroque (925).
404. 4 settembre: Raphael de Vastamiliis de Viglevano, lic. e dott. in civ. (925).
405. 4 settembre: Gotfredus de Adelßheim Alamanus, lic. e dott. in utroque (925).
406. 2 ottobre: Iohannes Raerbuzie (Garbusius nel titolo del documento) Trectoriensis (sic) diocesis, lic. e dott. in utroque (925).
407. 17 dicembre: Theodrus Bernardinus de Brobe condominus Lugii marchionatus Montisferrati, lic. e dott. in utroque (925).
408. 1487-1488: Nicolaus de Catanis filius nobilis Antonii Catanii de Bricheraxio burgimagistri (sic?) Pinerolii et Bricheraxii, lic. e dott. in med. per privilegio palatino (926: il documento è mutilo e non datato).
409. 1489, 10 gennaio: Gallus Czening de Yttingen Alamanus, lic. in civ. (926).
410. 12 gennaio: Bartholomeus Cacarayna, lic. e dott. in utroque (926).
411. 13 gennaio: Iohannes Petrus Butigella, lic. e dott. in utroque (926).
412. 18 febbraio: Nicolaus Diert de Amstelredammis de Hollandia Alamanus Traiectensis diocesis, lic. e dott. in med. (929).

413. 25 febbraio: Iohannes de Magdalena Burgondus, lic. e dott. in utroque (926).
414. 20 marzo: Henricus Roßentzveid de Nuremberga, lic. e dott. in med. (926).
415. 26 marzo: Franciscus de Novaria, lic. e dott. in arti (926).
416. 11 aprile: Angelus de Rizardinis de Saviliano ordinis predicatorum, dott. in sacra pagina (926).
417. 14 aprile: Beda de Craveriis Astensis ordinis carmelitarum, lic. e dott. in sacra pagina (926).
418. 27 aprile: Marsilius de Vistarinis de Viqueria, lic. e dott. in arti e med. (926).
419. 4 maggio: Iohannes de Schinchinellis de Soncino, lic. e dott. in arti e med. (926).
420. 5 maggio: Alexander de Vitalibus civis Papiensis ordinis heremitarum conventus sancti Augustini, dott. in sacra pagina (926).
421. 26 maggio: Iacobus Ponzonus civis Cremonensis, lic. e dott. in utroque (926).
422. 27 maggio: Antonius de Crepacorio, lic. e dott. in arti (926).
423. 30 maggio: Mattheus de Brumano civis Cremonensis, lic. e dott. in utroque (926).
424. 1° giugno: Ludovicus de Confanoneriis de Brissia Mantue oriundus, lic. e dott. in med. (926).
425. 2 giugno: Augustinus de Ritiis de Salis, lic. e dott. in arti (926).
426. 3 giugno: Augustinus de Regibus de loco Burgifranchi comitatus Papie, lic. e dott. in arti (926).
427. 5 giugno: Hieronymus de Codognolla Mediolanensis, lic. e dott. in arti (926).
428. 6 giugno: Andrinus de Cotiis, lic. e dott. in arti (926).
429. 8 giugno: Bernardinus de Cazanis alme universitatis artistarum et medicorum dicti studii Papiensis rector, lic. e dott. in arti e med. (926).
430. 22 giugno: Iohannes Maria ex comitibus Mede, lic. e dott. in utroque (926).
431. 27 giugno: Petrus Franciscus de Carpanis de loco Herbe, lic. e dott. in arti e med. (926).
432. 27 giugno: lic. e dott. in arti e med. di un fratello del precedente del quale è taciuto il nome (926).
433. 4 luglio: Iacobus Hilpoldi de Constancia Alamanus ordinis predicatorum, lic. e dott. in sacra pagina (926).
434. 10 luglio: Andreas de Pomo de Bassignana diocesis Papiensis, lic. e dott. in utroque (926).

435. 13 luglio: Ambrosius de Codignolla, lic. e dott. in utroque (926).
436. 20 luglio: Aloysius de Raymondis ecclesie Cotii prepositus, lic. e dott. in can. (926).
437. 21 luglio: Rolandus de Ferariis civis Papiensis, lic. e dott. in civ. (926).
438. 8 agosto: Guidotus de Blanchis de Regio, lic. e dott. in arti e med. (926).
439. 10 agosto: Ludovicus de Peragho civis Mediolanensis rector alme universitatis iuristarum Papiensis, lic. e dott. in utroque (926).
440. 18 agosto: Iohannes Bartholomeus de Dosso, lic. e dott. in utroque (926).
441. 5 settembre: Iohannes Giarente de Marsilia filius quondam domini Fulcheti, lic. e dott. in civ. (926).
442. 17 settembre: Franciscus de Marchixiis civis Papiensis, lic. e dott. in arti e med. (926).
443. 14 ottobre: Isnardus de Vicino civis Papiensis, lic. e dott. in arti (926).
444. 31 ottobre: Franceschinus de Curte legum doctor civis Papiensis, lic. e dott. in can. (926).
445. 3 novembre: Angelus de Pasqualibus, lic. e dott. in arti e med. (926).
446. 12 dicembre: Sigismundus de Burgo Cremonensis, lic. e dott. in utroque (926).
447. 19 dicembre: Symon de Viqueria, lic. e dott. in arti (926).
448. **1490**, 12 maggio: Baptista de Cardano civis Mediolanensis, lic. e dott. in arti e med. (927).
449. 7 giugno: Marcus Antonius de Cademustis de Laude, lic. e dott. in medicina (1119).
450. 7 giugno: Franciscus de Ardiciis de Pixauro, lic. in arti e med. (1119).
451. 8 giugno: Iohannes de Vigiis de Crepacoreo, lic. e dott. in arti (1119).
452. 12 giugno: Carollus Chancey diocesis Lingonensis, lic. in utroque (1119).
453. 21 giugno: Franciscus de Ardiciis de Pixauro, lic. (sic) e dott. in arti e med. (1119).
454. 22 giugno: Iohannes Stephanus de Gallarano, lic. e dott. in med. (1119).
455. 23 giugno: Marchus de Cossogno, lic. e dott. in arti (1119).
456. 25 giugno: Liberius de Calcho, lic. e dott. in civ. (1119).
457. 26 giugno: Bertramus de Buchis de Bremide, lic. e dott. in arti e med. (1119).

458. 28 giugno: Iohannes de Cuxano de Vercellis, lic. e dott. in arti (1119).
459. 10 luglio: Petrus Miraculle civis Mediollanensis, lic. e dott. in utroque (1119).
460. 12 luglio: Iohannes Franciscus de Aplano civis Mediollanensis, lic. e dott. in utroque (1119).
461. 1491, 11 gennaio: Ludovicus Giraudi in artibus magister et studii Montispessulani in medicina bacalarius de civitate Andegavensi oriundus parochie sancte Crucis, lic. e dott. in med. (927).
462. 11 gennaio: Andreas Brian in artibus studii Parisiensis magister ac studii Montispessulani in medicina bachalarius oriundus de Pulchro Monte parochie eiusdem loci Pulchri Montis Turonensis diocesis, lic. e dott. in med. (927).
463. 24 marzo: Iacobus de Zilio de Tridino, lic. e dott. in utroque (1119).
464. 26 marzo: Robinetus Marchandus filius spectatissimi viri Andrici Marchandi in iure civili licentiati de loco sancti Marcelini in provintia Dalphinatus, lic. e dott. in civ. (1119).
465. 28 marzo: Amadeus Regnyr Burgondus, lic. in utroque (1119).
466. 23 aprile: Antonius de Morbiis civis Laudensis, lic. e dott. in arti e med. (927).
467. 25 maggio: Andreas de Sachis Mediolanensis, lic. e dott. in civ. (1119).
468. 18 luglio: Iohannes Antonius de Prenide archipresbiter Vulpeculi, lic. e dott. in can. (927).
469. 19 luglio: Alexander de (...), lic. e dott. in can. (927).
470. 30 luglio: Girardus de Bozanellis Placentinus, lic. e dott. in arti e med. (1119).
471. agosto: Lancellotus Vistarinus Laudensis ac civis Papiensis, lic. e dott. in utroque (1119).
472. 3 agosto: Guarinus de Crepacorico, lic. e dott. in med. (1119).
473. 9 agosto: Carolus de Maraschis Cremonensis, lic. e dott. in utroque (1119).
474. 25 agosto: Thomasius de Landriano civis Mediolanensis nobilissimus, lic. e dott. in utroque (927).
475. 1492, 10 aprile: Lancellottus de Clari de Alesandria, lic. e dott. in arti e med. (927).
476. 13 aprile: Franciscus Balli diocesis sancti Flori ville Murati, lic. e dott. in med. (927).
477. 14 aprile: Karolus de Gotfredis ex dominis Burontii Vercelensis, lic. e dott. in arti e med. (927).
478. 3 giugno: Aluysius de Confluentia alme universitatis artistarum et

medicorum felicissimi Papiensis gymnasii rector benemeritus, lic. e dott. in arti e med. (927).

479. 4 giugno: Hieronymus de Curte natus domini Dominici, lic. e dott. in civ. (927).

480. 5 giugno: Iohannes Iacobus ex comitibus Gambarane, lic. e dott. in civ. (927).

481. 4 agosto: Bononus de Bononis civis Laudensis, lic. e dott. in utroque (927).

482. 5 agosto: Iacobus Antonius ex nobilissima familia de Lature civis Mediolanensis protonotarius apostolicus, lic. e dott. in utroque (927).

483. 14 agosto: Marius Angelus Anguissola civis Placentinus nobilissimus, lic. e dott. in utroque (927).

484. 21 agosto: Franciscus de Senagho ordinis humiliatorum, lic. e dott. in can. (927).

485. 2 ottobre: Petrus de Aliprandis ordinis sancti Benedicti, lic. e dott. in can. (1119).

486. 15 dicembre: Benedictus de Aliprandis olim rector universitatis iuristarum, lic. e dott. in utroque (927).

487. 1493, 23 aprile: nobilis vis Petrus Conette Cenomanensis diocesis, lic. in utroque (1120).

488. 27 aprile: Karolus de Montemirello Parisiensis, lic. in utroque (1120).

489. 27 giugno: Melonus de Lemayret Burgondus, lic. e dott. in can. (1120).

490. 1494, marzo: Gilbertus Raquinius ordinis cluniacensis Galicus, lic. in can. (927).

491. 18 marzo: Bernardinus de Nigris, lic. e dott. in arti e med. (1120).

492. 19 marzo: Iohannes Basin Galicus, lic. in utroque (1120).

493. 10 aprile: Iodochus Rochamer ex Noremberga Alamanus, lic. e dott. in arti e med. (927).

494. 30 aprile: Raymundus Andrici Provincialis, lic. e dott. in utroque (927).

495. 18 giugno: Bernardinus ex Palavicinis de Placentia, lic. e dott. in civ. (1120).

496. 1495, 31 gennaio: Presbiter Franciscus de Betiis canonicus in ecclesia maiori civitatis Casalensis, lic. e dott. in can. (927).

497. 14 febbraio: Antoninus de Bobis de Monteferato, lic. e dott. in utroque (927).

498. 8 aprile: Vuolffangus Chelbel de Neuburg canonicus ecclesie beate Marie ad Gradus Moguntie, lic. e dott. in civ. (1121).

499. 2 maggio: Franciscus de Pavesinis Laudensis alme universitatis artistarum et medicorum florentissimi Papiensis gymnasii iamdicti rectoris, lic. e dott. in arti e med. (927).
500. 23 giugno: Arnoldus Iackensticker de Erklens Alamanus artium doctor, lic. e dott. in med. (927).
501. 8 luglio: Sebaldus Lang de Eslingen diocesis Constanciensis, lic. e dott. in utroque (1121).
502. 15 settembre: Iohannes Iacobus de Ruschis civis Cumanus nobilissimus, lic. e dott. in utroque (1121).
503. 17 novembre: Guilelmus de Garbena de Monteregali, lic. e dott. in utroque (927).
504. 24 novembre: Stefanus Marrota diocesis Eduensis Burgundus, lic. in utroque (1121).
505. 24 novembre: Iohannes de Conthier Lingonensis diocesis Burgundus, lic. in utroque (1121).
506. 14 dicembre: Iohannes Dominicus de Zatiis civis Papiensis, lic. e dott. in utroque (927).
507. 23 dicembre: Iohannes Iacobus Bernerius civis Papiensis, lic. e dott. in civ. (927).
508. 1496, 29 febbraio: Guillelmus Petrus Comes de Barcelonia Yspanus, lic. e dott. in arti e med. (1121).
509. 16 giugno: Christoforus de Pescia civis Papiensis, lic. e dott. in arti (927).
510. 23 giugno: Claudius Autherini de Chamberiaco diocesis Grasinopolitane, lic. e dott. in utroque (927).
511. 23 giugno: Franciscus Merceri de Chamberiaco diocesis Grasinopolitanensis, lic. e dott. in utroque (927).
512. 30 giugno: Petrus Paulus de Cacharanis civis Mediolanensis, lic. e dott. in civ. (927).
513. 12 luglio: Iohannes Azonis de Reynis civis Mediolanensis, lic. e dott. in utroque (927).
514. 19 luglio: Ludovicus de Galarate civis Mediolanensis nobilissimus, lic. e dott. in utroque (927).
515. 23 luglio: Iohannes Aluysius Clarus civis Alexandrinus, lic. e dott. in civ. (1121).
516. 28 luglio: Baptista de Ripa de Casali, lic. e dott. in utroque (1121).
517. 30 luglio: Luchinus Cribelus Mediolanensis huius gymnasii iuristarum rector benemeritus, lic. in utroque (1121).
518. 2 agosto: Bernardinus ex comitibus Medde, lic. e dott. in utroque (1121).

519. 3 agosto: Ludovicus Vicecomes civis Mediolanensis, lic. e dott. in utroque (1121).
520. 4 agosto: Stephanus Sfondratus civis Cremonensis, lic. e dott. in utroque (1121).
521. 5 agosto: Petrus Paulus de Patronis Mediolanensis, lic. e dott. in arti e med. (1121).
522. 6 agosto: Ludovicus de Oppizonibus civis Papiensis natus magnifici iureconsulti et ducalis consiliarii domini Ambrosii, lic. e dott. in utroque (1121).
523. 17 ottobre: Iohannes Antonius de Trivultio civis Mediolanensis, lic. e dott. in utroque (1121).
524 31 ottobre: Valerius de Caysis de Casali Maiori Cremonensis diocesis, lic. e dott. in arti e med. (927).
525. 1497, 23 gennaio: Eurielus de Gemmyngen canonicus Maguntinus Alamanus, lic. e dott. in utroque (927).
526. 23 gennaio: Erpho de Gemmyngen Spirensis et Wormaciensis ecclesiarum canonicus, lic. e dott. in utroque (928).
527. 27 gennaio: Artandus de Varey canonicus claustralis monasterii sancti Antonii ordinis sancti Augustini Vianensis diocesis, dott. in can. (928).
528. 28 gennaio: Iohannes Dinckelspyl Alamanus, lic. e dott. in utroque (928).
529. 31 gennaio: Guillelmus de Crova de Clavassio, lic. e dott. in utroque (928).
530. 11 febbraio: Franciscus Pugele de Tridino, lic. e dott. in utroque (928).
531. 14 febbraio: Nichollaus Clenger de Erffordia provintie Saxonie Alamanus, lic. e dott. in sacra pagina (928).
532. 6 marzo: Iohannes Baptista de Dalfinonibus civis Mediolanensis, lic. e dott. in arti e med. (928).
533. 21 marzo: Baptista de Scribanis Ianuensis, lic. e dott. in arti e med. (928).
534. 4 aprile: Hermannus Rot de Ulma Alamanus, lic. e dott. in utroque (928).
535. 20 aprile: Nicolaus de Ostino Mediolanensis, lic. e dott. in arti e med. (928).
536. 13 giugno: Baptista de Bellonis de Caxalli sancti Evasii, lic. e dott. in arti e med. (928).
537. 19 giugno: Otto Mielich Augustensis, lic. in can. (928).
538. 20 giugno: Iohannes Petrus de Malerio Novariensis, lic. e dott. in arti e med. (928).

539. 21 giugno: Raynaldus de Raxinis Mediolanensis, lic. e dott. in arti e med. (928).
540. 22 giugno: Galeaz de Inviciatis civis Alexandrinus, lic. e dott. in civ. (928).
541. 30 giugno: Palamedes de Violardis de Caxalli sancti Evasii, lic. e dott. in arti e med. (928).
542. 10 luglio: Gabriel de Lupatis Mediolanensis, lic. e dott. in arti e med. (928).
543. 14 luglio: Raynerius de Advocatis Vercelensis, lic. e dott. in utroque (928).
544. 15 luglio: Petrus Maria de Aycardis de loco sancti Georgii Lumeline et diocesis Papiensis, lic. e dott. in arti e med. (928).
545. 26 luglio: Alexander de Gringhelis natus quondam spectabilis artium et medicine doctoris domini magistri Iohannis civis Papiensis, lic. e dott. in arti e med. (928).
546. 31 luglio: Bartolomeus de Rizunicho Mediolanensis, lic. e dott. in civ. (1121).
547. 1° agosto: Deffendinus de Poma artium doctor, lic. e dott. in med. (1121).
548. 3 agosto: Alexander de Guaschis prepositus ecclesie sancti Iohannis Baptiste terre Bassignane Papiensis diocesis, lic. e dott. in utroque (928).
549. 4 agosto: Baptista de Belbello, dott. in med. (928).
550. 7 agosto: Iacobus Stopel de Tettnang diocesis Constanciensis Alamanus, lic. e dott. in arti e med. (928).
551. 9 agosto: Luchinus Cribellus olim universitatis iuristarum huius gymnasii rector, dott. in utroque (928).
552. 9 agosto: Iohannes Rechlinger imperialis consistorii procurator, lic. e dott. in civ. (928).
553. 12 agosto: presbiter Galeaz de Baldo clericus Mediolanensis, lic. e dott. in can. (928).
554. 19 agosto: Iohannes Aluysius de Vicecomitibus civis Mediolanensis, lic. e dott. in utroque (928).
555. 28 agosto: Hieronimus de Ollevano civis Papiensis, lic. e dott. in civ. (928).
556. 29 agosto: Iohannes Dominicus ex comitibus Gambarane civis Papiensis, lic. e dott. in civ. (928).
557. 4 settembre: Bernardinus de Garziis natus domini Iohannis Francisci Papiensis, lic. e dott. in utroque (928).
558. 5 settembre: Rizardus de Petrasancta civis Mediolanensis, lic. e dott. in utroque (928).

559. 16 ottobre: Iohannes de Girellis civis Papiensis, lic. e dott. in arti (1121).
560. 4 novembre: Udalricus Nadler de Amberg Ratisponensis diocesis Alamanus, lic. e dott. in utroque (1121).
561. 20 novembre: Iacobus de Ello de Canturio Mediolanensis, lic. e dott. in utroque (1121).
562. 1498, 19 maggio: Franciscus Camixanus de Pontremulo, lic. e dott. in civ. (1122).
563. 22 maggio: Paulus Tattus, lic. e dott. in utroque (1122).
564. 2 giugno: Conradus de Becharia civis Papiensis, lic. e dott. in utroque (1122).
565. 2 giugno: Thomas ex comitibus de Thierstein rector parochialis ecclesie in Pfeffingen Vasiliensis diocesis, lic. e dott. in can. (1122).
566. 18 giugno: Antonius de Gotii (sic) de Marchinis de Caxallibertramo Novariensis, lic. e dott. in arti e med. (1122).
567. 19 giugno: Daniel Biraghus Mediolanensis, lic. e dott. in utroque (1122).
568. 23 giugno: Sigismundus de Andrianis de Cumis, lic. e dott. in arti e med. (1122).
569. 6 luglio: Henricus de Barberiis de loco Burgifranchi Papiensis diocesis, lic. e dott. in arti e med. (929).
570. 23 luglio: Philipus de Muzano de Laude ordinis heremitarum conventus sancti Augustini Papiensis, dott. in sacra pagina (1122).
571. 3 agosto: Antonius de Bischosiis de Vallentia, lic. e dott. in arti e med. (1122).
572. agosto: Bartollomeus de Aquis, lic. e dott. in utroque (1122:l'atto è incompleto e senza data; probabilmente dell'agosto 1498 per la posizione nella filza).
573. agosto: Octavianus Alcinboldus abbas sancte Christine benemeritus, lic. e dott. in utroque (1122: l'atto è incompleto e senza data; probabilmente dell'agosto 1498 per la posizione nella filza).
574. 21 agosto: Vincentius de Inviciatis civis Alexandrinus, lic. e dott. in utroque (1122).
575. 25 agosto: Polidorus Blingerius de Bassignana, lic. e dott. in utroque (1122).
576. 6 settembre: Iohannes Franciscus de Varixiis de Roxate, lic. e dott. in can. (1122).,
577. 6 settembre: Marchus Antonius de Roxate Mediollanensis, lic. e dott. in utroque (1122).
578. 22 settembre: Franciscus de Nigris sedis apostolice prothonotarius, ecclesie sancti Laurentii prope et extra Novariam abbas, lic. e dott.

in can. (1122: nel titolo del documento il dottorando è chiamato Augustinus).

579. 5 novembre: Franciscus de Modoetia, lic. e dott. in arti e med. (1122).

580. 5 novembre: Gaspar de Modoetia, lic. e dott. in arti e med. (1122).

581. 29 novembre: Iohannes Grand de civitate Lausanne in Sabaudia, lic. e dott. in utroque (1122).

582. 14 dicembre: Antonius de Mirravillis, lic. e dott. in med. (1122).

583. 1499, 11 marzo: Iohannes Tondeur Burgundus diocesis Lingonensis, lic. in utroque (1123).

584. 2 settembre: Iohannes de Gerlis artium doctor civis Papiensis, lic. e dott. in med. (1123).

585. 18 ottobre: Gabriel de Florentia prothonotarius apostolicus, lic. e dott. in utroque (1123).

586. 12 novembre: Franciscus de Bonbelis, lic. e dott. in utroque (1123).

Indice dei nomi

Claus Uhlig

RENAISSANCEFORSCHUNG UND THEORIEDEBATTE: KOLLISION ODER INTERAKTION?

I

Il y a plus affaire à interpreter les interpretations qu'a interpreter les choses, et plus de livres sur les livres que sur autre subject: nous ne faisons que nous entregloser.

Montaigne, "De l'experience", *Essais* III, 13, S. 1199b[1]

Nicht zuletzt aus Unbehagen an Interpretation auf Interpretation entstand in der Literaturwissenschaft seit den 70er Jahren ein Bedürfnis nach Theorie, ein Bedürfnis, das inzwischen voll und ganz befriedigt zu sein scheint. Denn unter den theoretischen Schriften unserer Gegenwart finden sich formalistische, psychologische, phänomenologische, hermeneutische, historische, semiotische und gattungspoetische Ansätze; Strukturalisten sehen sich von Poststrukturalisten, insbesondere der dekonstruktivistischen Richtung, herausgefordert, während die Rezeptionsästhetik, die von der Sprechakttheorie profitiert hat, neben ihrem hermeneutisch-phänomenologischen Zweig noch über einen marxistisch-freudianischen verfügt. Und zum Marxismus gesellen sich, teils abhängig, teils unabhängig von ihm, soziologische und anthropologische Theorien, deren institutionelle oder geschlechtsspezifische Implikationen heute in der Regel auch mitthematisiert werden.[2]

1. Benutzte Ausgabe: Michel de Montaigne: Essais, ed. Albert Thibaudet, Bibliothèque de la Pléiade, Paris, 1950. Danach wird auch im folgenden zitiert.

2. Vgl. dazu Ralph Cohen: "The Joys and Sorrows of Literary Theory". In: Ihab und Sally Hassan (edd.): Innovation/Renovation: New Perspectives on the Humanities. Madison, Wis.-London, 1983, S.111-130, bes. S.111f.

Es wäre ebenso müßig wie verfrüht, schon jetzt die Gründe für den besagten "Triumph der Theorie"[3] angeben zu wollen. Terry Eagleton sieht sie allerdings in politischer Desillusion nach dem Pariser Sommer des Jahres 1968, hätten sich die revolutionären Energien dieser kurzen historischen Phase doch gewissermaßen in den Untergrund geflüchtet, um dort in eine Attacke gegen die Sprache selbst einzumünden.[4] Wie dem auch immer sei, ganz gewiß ist ein extremer Sprachskeptizismus für eine ganze Reihe der genannten Theorien charakteristisch, die darin ihr formalistisches und strukturalistisches Erbe[5] kultivieren, auch wenn sie — so vor allem der poststrukturalistische Dekonstruktivismus — weit darüber hinausgehen.[6]

Was nun aus der Sicht der Renaissanceforschung an diesem Trend zur Theorie beachtenswert ist, ist der Umstand, daß sie selbst, und zwar laut Annabel Patterson ziemlich genau seit 1979, also mit etwa einer Dekade Verspätung, davon affiziert wurde.[7] Ob zu ihrem Nutzen oder Schaden, gilt es im folgenden zu überlegen, obgleich mit endgültiger Sicherheit hierbei gar nicht entschieden werden kann. Immer noch nämlich stehen althergebrachte Titel wie etwa *Poetic Traditions of the English*

3. Vgl. Howard Felperin: Beyond Deconstruction: The Uses and Abuses of Literary Theory. Oxford, 1985, S.26-28.

4. Terry Eagleton: Literary Theory: An Introduction. Oxford, 1983; repr. 1985, S.142f. und 151.

5. Vgl. Fredric Jameson: The Prison-House of Language: A Critical Account of Structuralism and Russian Formalism. Princeton, N.J., 1972 sowie Eugene Goodhart: The Skeptic Disposition in Contemporary Criticism. Princeton, N.J., 1985.

6. Vgl. dazu — statt vieler — Felperin: Beyond Deconstruction, S.18f., 28-37 und 104-146.

7. Annabel Patterson: "Recent Studies in the English Renaissance". In: Studies in English Literature 1500-1900, 20 (1980), 153-180, bes. S.153f. Das Journal wird hiernach abgekürzt als SEL. — Bezeichnend für den Trend ist weiterhin, daß die Zeitschrift New Literary History in Vol. XIV, No.3 (Spring 1983) das Thema "Renaissance Literature and Contemporary Theory" behandelt hat. Diese Zeitschrift wird hiernach abgekürzt als NLH.

Renaissance[8] neben ganz aktuell anmutenden wie z.B. *Milton and the Postmodern*[9], und nicht jeder Spezialist der Renaissance wird die im Textmilieu der Epoche sicher fundierten Untersuchungen von *scholars* wie Barbara Kiefer Lewalski[10] oder Michael Murrin[11] gegen die ihr Textmilieu spekulativ transzendierende Studie einer Kritikerin wie Maureen Quilligan[12] eintauschen wollen.

Wie sich soeben zeigt, ist es kaum möglich, einen wertungsfreien Satz zu schreiben. Vielleicht sollten wir uns in dem Bemühen, ausgewählte theoretische Ansätze hinsichtlich ihres Werts für die Renaissanceforschung zu beurteilen, von Montaignes skeptischer Weisheit leiten lassen, da sie nicht allein unserem vermeintlichen Wissen immer schon voraus ist, sondern in frappierender Weise zentrale Themen der gegenwärtigen Theoriedebatte ironisch antizipiert.

II

Les plus belles vies sont, à mon gré, celles qui se rangent au modelle commun et humain, avec ordre, mais sans miracle et sans extravagance.
Montaigne, "De l'experience", *Essais* III, 13, S.1257b,c

Besonders wirksam geworden ist auf dem Felde der Renaissanceforschung zunächst derjenige anthropologische Ansatz, der sich an

8. Maynard Mack und George de Forest Lord (edd.): Poetic Traditions of the English Renaissance. New Haven-London, 1982.

9. Herman Rapaport: Milton and the Postmodern. Lincoln, Nebr.-London, 1983; vgl. dazu die Rez. von Gordon Braden: "Recent Studies in the English Renaissance". In: SEL, 25 (1985), 183-248, bes. S.236f.

10. Protestant Poetics and the Seventeenth-Century Religious Lyric. Princeton, N.J., 1979; vgl. dazu auch Patterson. In: SEL, 20 (1980), 154-156.

11. The Allegorical Epic: Essays in Its Rise and Decline. Chicago-London, 1980; vgl. dazu die Rez. von Susan Snyder. In: SEL, 21 (1981), 163f., sowie die von Howard K. Moss. In: Comparative Literature, 35 (1983), 384-387.

12. Maureen Quilligan: The Language of Allegory: Defining the Genre. Ithaca, N.Y.-London, 1979; vgl. dazu Pattersons Rez. In: SEL, 20 (1980), 161f.

den Namen von Clifford Geertz knüpft und in der Herausarbeitung einer "interpretativen Kulturtheorie" besteht, derzufolge auch der Mensch als Kulturwesen primär als "cultural artifact" zu gelten habe.[13] Nach Geertz gibt es keine menschliche Natur ohne Kultur, wie es andererseits ohne Kultur keinen Menschen geben könne, der dazu freilich erst durch eine Reihe von Kontrollmechanismen zur Regelung seines Verhaltens werde.[14]

Daß dieses Ziel nun auch auf literarischem Wege zu erreichen sei, steht für Stephen Greenblatt fest, wenn er in seinem Buch *Renaissance Self-Fashioning* unter Stützung auf Geertz' Kulturtheorie für eine "poetics of culture" plädiert, in der die soziologische Komponente sich mit der ästhetischen zum Kunstwerk des Menschen verbinde, der sich in der Literatur ebenso ausspreche wie diese wiederum Verhaltenskodes für ihn bereithalte.[15] Dank seines funktionalistischen Literaturbegriffs gelingt es Greenblatt, am Beispiel von Morus, Tyndale, Wyatt, Spenser, Marlowe sowie Shakespeares *Othello* zu zeigen, wie Identität, als Produkt von aktivem "self-fashioning", d.h. gewollter Selbstgestaltung oder -formung verstanden,[16] entweder erreicht oder verfehlt wird. Fern vom aristotelisch-horazischen Mittelmaß eines Montaigne, repräsentieren die von Greenblatt ausgewählten Individuen indessen eher Deformationen als Formungen des Selbst, das sich in seiner zutiefst pessimistischen Anthropologie stets einer außerhalb des Ichs liegenden Macht oder Autorität beugen müsse. Für Morus wäre diese Autorität der "consensus fidelium" der Kirche, für Tyndale die Heilige Schrift, für Wyatt der despotische Tudorhof und für Spenser jener imperiale zivilisatorische Antrieb, der in *The Faerie Queene* (II, xii) mit Notwendigkeit zur Zerstörung des verführerischen "Bower of Bliss" drängt. Wenn überdies gar der doch relativ unabhängige Marlowe schließlich Selbstentfremdung erleide, so gilt das natürlich in noch stärkerem Maße für Othello, der nicht nur Iagos

13. Clifford Geertz: The Interpretation of Cultures. New York, 1973, S.51.

14. Ebd. S.44,49.

15. Stephen Greenblatt: Renaissance Self-Fashioning from More to Shakespeare. Chicago-London, 1980, S.1-9, bes. S.5.

16. Ebd. S.2f.

Manipulation, sondern auch Desdemonas erotischer Unterwerfung erliege. Wie fiktiv letzten Endes jeder Versuch der Selbstgestaltung sei, gibt Greene in einem knappen Epilog zu seinem Buch zu.[17]

Es stellt sich die Frage, ob Greenblatts soziopolitischer und anthropologischer Ansatz nicht einen Rückfall in den alten Biographismus darstellt, auch wenn an der theoretischen Fundierung und breiten Kontextualisierung von *Renaissance Self-Fashioning* kein Zweifel bestehen kann.[18] In der Tat hat der Verfasser in einem früheren Werk, *Sir Walter Ralegh: The Renaissance Man and His Roles,* das die permanente theatralische Selbstinszenierung einer herausgehobenen, ja öffentlichen Tudorexistenz in ihren Höhe- und Tiefpunkten untersuchte,[19] aus Interesse an der biographischen Methode gearbeitet--ein Verfahren, das zudem gar nicht so weit entfernt ist von Anthony Eslers noch früherer generationstheoretischer Studie *The Aspiring Mind of the Elizabethan Younger Generation,* die ihrerseits wieder über Henri Peyre auf Wilhelm Pinder, also in die 20er Jahre, zurückverweist.[20] Ob man nun die Gruppenbiographie im Stile Eslers mit Lawrence Stone als "prosopography"[21] oder die literarisch vermittelte Identitätssuche von Renaissancepersönlichkeiten mit Greenblatt als "poetics of culture" zu bezeichnen geneigt ist, bleibt letzten Endes unerheblich; wichtig ist hingegen die Erkenntnis, wie sehr die Rhetorik an der Schaffung bzw. theatralischen Selbstinszenierung namentlich des höfischen Menschen beteiligt ist. Indem Greenblatt hierbei auf zeitgenössi-

17. Ebd. S.255-257.

18. Vgl. dazu die Rez. von Thomas M. Greene. In: Comparative Literature, 34 (1982), 184-186, bes. S.184.

19. Sir Walter Ralegh: The Renaissance Man and His Roles. New Haven-London, 1973, bes. S.52-53, 55.

20. Anthony Esler: The Aspiring Mind of the Elizabethan Younger Generation. Durham, N.C., 1966, bes. S.xi, Anm.3 der Hinweis auf Henri Peyre: Les Générations littéraires. Paris, 1984; vgl. ferner Wilhelm Pinder: Das Problem der Generation in der Kunstgeschichte Europas. Berlin, ^{2}1928.

21. Lawrence Stone: The Past and the Present. Boston-London-Henley, 1981, S.45-73.

sche Hoftheoretiker wie Castiglione oder Guazzo, aber auch auf einen Hofkritiker wie Philibert de Vienne verweist,[22] fundiert er die für die Renaissance konstitutive "rhetoric of the self" so überzeugend im epochalen Textmilieu, daß man ihm einen naiven Biographismus nicht vorwerfen kann.

Greenblatt berührt sich in dem zuletzt erwähnten Punkt jetzt mit Daniel Javitchs äußerst subtiler Arbeit *Poetry and Courtliness in Renaissance England,* die sich chronologisch zwischen die beiden Bücher des Erstgenannten schiebt. Wohl nicht so sehr anthropologisch als vielmehr poetologisch ausgerichtet, entwickelt Javitch, und zwar ganz im Sinne einer "Rhetorik des Lebens", seine originelle These, wonach die Blüte der englischen Dichtung im Tudorzeitalter sich dem Paradigma der höfischen Kultur verdanke. Indem er die stilistischen Affinitäten zwischen höfischem Verhalten und rhetorisierter Poesie herausstellt — er inspiriert sich dabei ebenso an der *Arte of English Poesie* (1589) des Elisabethaners George Puttenham wie an der *Rhetoric of Motives* (1950) des vorstrukturalistischen amerikanischen Kritikers Kenneth Burke —, weist er nach, daß der Aufstieg des höfischen Ideals auch den Status der poetischen Kunst erhöht habe. Mit der Schwächung der Autorität des Hofes im England des ausgehenden 16. Jahrhunderts sei allerdings -- und dies ist der zentrale Wendepunkt in Javitchs Argumentation — eine Verkehrung der Positionen eingetreten: nicht mehr der Höfling lebte dem Dichter das Beispiel echter Höfischkeit im zum Kunstwerk stilisierten Dasein vor, sondern der Dichter hatte moralische Normen zu vertreten, wie vor allem Spenser im sechsten Buch der *Faerie Queene* indirekt, aber deutlich klarzumachen wußte.[23]

Bleibt Javitch auch die Exemplifikation seiner These am konkreten poetischen Textmaterial ein wenig schuldig, so ist doch

22. Renaissance Self-Fashioning, S.162-165. Zum damit angesprochenen hoftheoretischen Schrifttum vgl. Claus Uhlig: Hofkritik im England des Mittelalters und der Renaissance. Berlin-New York, 1973, S.1-3 (Castiglione), 217f. (Guazzo), 257-262 (Philibert de Vienne).

23. Daniel Javitch: Poetry and Courtliness in Renaissance England. Princeton, N.J., 1978, bes. S.50-75 (Puttenham), 61, Anm.7 (Burke); vgl. dazu die Rez. von I.A. Richards. In: The Times Literary Supplement, 6.10.1978, S.1117.

zu beobachten, daß sie gewirkt hat. Dies gilt zum einen für Heinrich F. Pletts Aufsatz über die ästhetischen Elemente der höfischen Kultur im England der Renaissance, deren Basis wiederum die Rhetorik, genauer eine als kultureller Metatext begriffene Rhetorik bildet,[24] und zum anderen für Frank Whighams Darlegungen zur höfischen Existenz als solcher, deren symbolisch-rhetorischen Stil er unter Stützung auf Castiglione, Guazzo, Romei und ebenfalls Puttenham im Lichte jener "performer-audience dialectic" zu erfassen sucht, die ihm neben Greenblatt und Javitch besonders Foucault und erneut Burke, im auf den hier in Rede stehenden Artikel[25] folgenden Buch aber auch noch Goffman, nahelegen.[26] Was sich aus der methodischen Symbiose von moderner Theorie und hoftheoretischem Schrifttum bei Whigham ergibt, ist nicht nur ein Gewinn an analytischer Rigorosität, sondern zugleich ein Zuwachs an Erkenntnis hinsichtlich des "performative life as *predicament*",[27] wenngleich wir den höfischen bzw. antihöfischen Traktaten der Renaissance ruhig mehr soziologischen Scharfsinn zutrauen dürfen als gemeinhin — und so noch bei Whigham — üblich ist.[28]

Daß vielleicht nicht jede interdisziplinäre Arbeit, die anthropologische und soziologische Gesichtspunkte mit literarhistorischen Befunden zu einer komplexen Optik verbindet, es mit Whigham — oder auch mit Javitch und Greenblatt — aufnehmen kann, bezeugt Eckhard Auberlens Studie *The Commonwealth of Wit,* auch wenn sie ebenfalls bei dem amerikanischen Soziologen Erving Goffman

24. "Aesthetic Constituents in the Courtly Culture of Renaissance England", In: NLH, 14 (1983), 597-621.

25. " Interpretation at Court: Courtesy and the Performer-Audience Dialectic", In: NLH, 14 (1983), 623-639.

26. Frank Whigham: Ambition and Privilege: The Social Tropes of Elizabethan Courtesy Theory. Berkeley-Los Angeles-London, 1984. Zu Foucault s.u. Anm. 70; zu Burke und Goffman vgl. Daniel Hoffman (ed.): Harvard Guide to Contemporary American Writing. Cambridge, Mass.-London, 1979, S.79,18.

27. Ambition and Privilege, S.37. Whighams Hervorhebung.

28. Vgl. Uhlig: "Renaissance Studies with a Difference?" In: NLH, 14 (1983), 687-694, bes. S.692.

in die Schule gegangen ist.[29] Dies sagt freilich nichts gegen den oben diskutierten Ansatz schlechthin, belegt doch gerade die Erforschung der "Rhetorik des Lebens", was die Interaktion von literarischer Theorie und existentieller Praxis für die Erhellung der Renaissancekultur zu leisten vermag.

III

En semant les questions et les retaillant, on faict fructifier et foisonner le monde en incertitude et en querelles, comme la terre se rend fertile plus elle est esmiée et profondément remuée.

Montaigne, "De l'experience", *Essais* III, 13, S.1197b,c

Im Jahre 1967 veröffentlichte Stanley E. Fish *Surprised by Sin: The Reader in "Paradise Lost"* und legte damit die erste durchgehend leserorientierte Interpretation eines literarischen Werks vor. Seiner Argumentation zufolge beinhaltet das *Verlorene Paradies* Miltons nicht allein den Sündenfall, sondern darüber hinaus die Erziehung des Lesers, der sich zunächst in die falschen Werte des satanischen Heroismus verstrickt sehe, ehe er zur Anerkennung des durch Christus, und zwar immer schon, repräsentierten wahren Heldentums gelange. Sonach vollzieht sich am Leser selbst eine ganz im Sinne des Puritanismus konzipierte psychologische Wandlung vom Sündenbewußtsein zur Erneuerung aus dem Glauben. Indem das Epos ganz allmählich unsere Komplizenschaft mit dem Bösen enthülle, führe es uns schließlich, durch das Stadium des Bewußtseins unserer Schuld, hin zur geistlichen Erkenntnis der Autorität des Gottessohnes. In diesem pädagogischen Prozeß, der sich im Bewußtsein des Lesers abspiele, sieht Fish zugleich die eigentliche Form dieses großen christlichen Epos, welche die formale Struktur überlagere, ja ihre bekannte Problematik sogar auflöse: "... for if the meaning of the poem is to be located in the reader's experience of it, the form of the poem is

29. The Commonwealth of Wit: The Writer's Image and His Strategies of Self-Representation in Elizabethan Literature. Tübingen, 1984, bes. S.13-26; vgl. dazu auch die Rez. von Braden. In: SEL, 25 (1985), 202f.

the form of that experience."[30]

In der Verteidigung dieser gewagten These[31] verfügte Fish 1967 allerdings noch nicht über den theoretischen Apparat, den er sich erst drei Jahre später in dem sprechend titulierten Aufsatz "Literature in the Reader: Affective Stylistics" konstruierte. In Auseinandersetzung mit Riffaterre faßt er dort Bedeutung nicht als objektive Gegebenheit des Textes — für ihn sowieso eine Unmöglichkeit —, sondern als subjektiv vermitteltes Ereignis, dessen reaktive Struktur er durch Verquickung linguistischer mit literaturwissenschaftlichen Beschreibungsmodellen anschaulich machen möchte.[32] Ob Leseprozesse indessen nach dem Vorbild der generativen Transformationsgrammatik formalisierbar sind, wie ihm vorschwebt, wenn er den "Leseakt" definiert, bleibt auch nach diesem ambivalenten Aufsatz die Frage. Höchst problematisch nimmt sich überdies sein Konstrukt eines "informierten Lesers" aus, der in seiner Idealität über dreierlei Kompetenzen, nämlich eine syntaktische, eine semantische und eine literarische, verfügen sollte, um vom gegebenen Text überhaupt erst "affiziert" werden zu können. Die Zirkularität einer solchen Argumentation wird deutlich, wenn Fish schreibt: "In short, the informed reader is to some extent processed by the method that uses him as a control."[33] Daß hiermit der Subjektivität Tür und Tor geöffnet wird, liegt auf der Hand, ganz zu schweigen davon, daß Fishs solipsistische Variante des *reader-response criticism* — so die amerikanische Bezeichnung dessen, was hierzulande "Rezeptionsästhetik" heißt

30. Stanley E. Fish: Surprised by Sin: The Reader in "Paradise Lost". London-New York, 1967; repr. Berkeley-Los Angeles-London, 1971, S.341.

31. Ebd. S.340-356 (Appendix 2: Discovery as Form in "Paradise Lost").

32. Fish, "Literature in the Reader: Affective Stylistics", In: NLH, 2 (1970), 123-162; zuletzt wieder abgedruckt in ders., Is There a Text in This Class? The Authority of Interpretive Communities. Cambridge, Mass.-London, 1980, S.21-67; vgl. auch Rainer Warning (ed.): Rezeptionsästhetik: Theorie und Praxis, UTB 303. München, 1975, S.196-227, und Jane P. Tompkins (ed.): Reader-Response Criticism from Formalism to Post-Structuralism. Baltimore-London, 1980, S.70-100.

33. Zitiert nach Is There a Text in This Class?, S.49.

—, jedwede interpretatorische Gemeinschaft mit Lesern, die sich nach wie vor bestimmten Konventionen und Normen verpflichtet fühlen, aufkündigt, was einer hermeneutischen Destabilisierung der Literaturwissenschaft, besonders auch in institutioneller Hinsicht, gleichkommt.[34]

Weniger radikal, dafür aber mit viel schärferer Begrifflichkeit als Fish hat Wolfgang Iser in einer Reihe von ebenso konsequenten wie einflußreichen Untersuchungen in den 70er Jahren eine "Theorie ästhetischer Wirkung" auf phänomenologischer Basis ausgearbeitet, die den "Akt des Lesens" im Ausgang von Ingardens Kategorie der Unbestimmtheit als Kommunikation zwischen Text und Leser beschreibt.[35] In Isers Rezeptionsästhetik fällt dabei dem Leser die Aufgabe zu, die "Leerstellen" im Text, die seine Unbestimmtheit ausmachen, so an die eigene Welterfahrung anzuschließen, daß es im Prozeß der Rezeption zu einer Konsistenzbildung kommt, die den jeweiligen Text allererst literarisch "realisiert". Klar ist, daß die jeweilige Relation von kommunikativer Unbestimmtheit und kommunikativer Bestimmtheit, die sich auf das Verhältnis von Fiktion und Wirklichkeit projizieren läßt, stets prekär bleibt, klar ist aber auch, daß Iser Fishs Subjektivismus, der diesen übrigens nicht sonderlich stört,[36] eine objektivere, nicht zuletzt mit Hilfe von Austins Sprechakttheorie operierende Wirkungsästhetik entgegensetzt, die sehr wohl

34. Zur Kritik an Fishs Position vgl. u.a. Frank Lentricchia: After the New Chriticism. London, 1980, S.146-148; Jonathan Culler: The Pursuit of Signs: Semiotics, Literature, Deconstruction. London, 1981; repr. 1983, S.119-131; sowie Suresh Raval: Metacriticism. Athens, Ga., 1981, bes. S.127,135.

35. Wolfgang Iser: Die Appellstruktur der Texte: Unbestimmtheit als Wirkungsbedingung literarischer Prosa, Konstanzer Universitätsreden 28. Konstanz, ^{4}1974, ders.: Der implizite Leser: Kommunikationsformen des Romans von Bunyan bis Beckett, UTB 163. München, 1972, ders.: Der Akt des Lesens: Theorie ästhetischer Wirkung, UTB 636. München, 1976. Hingewiesen sei ferner auf den oft zitierten Aufsatz "The Reading Process: A Phenomenological Approach", In: NLH, 3 (1971/72), 279-299, u.a. wieder abgedruckt in Warning (ed.): Rezeptionsästhetik, S.253-276, sowie in Tompkins (ed.): Reader-Response Criticism, S.50-69.

36. Vgl. Fish: Is There a Text in This Class?, S.303-321, bes. S.321.

diejenigen Textstrategien anzugeben weiß, die in die Richtung von Determiniertheit weisen und somit der Interaktion von Text und Leser, bei aller Beachtung der dabei obwaltenden Asymmetrie, den Anstrich des Willkürlichen nehmen.[37]

Da Iser nun indessen vornehmlich an Texten des 18. bis 20. Jahrhunderts arbeitet und zudem das Subjekt seines quasi transhistorisch anmutenden Lesers noch nicht genügend konkretisiert hat,[38] empfiehlt sich an diesem Punkt unserer Erörterung eine Rückkehr zu Fish, der ja gerade das 16. und 17. Jahrhundert zu seinem Textmilieu gemacht und auf diesem Felde durchaus Wirkung erzielt hat. Gedacht ist in diesem Zusammenhang an den 1972 erschienenen Band *Self-Consuming Artifacts,* der die Erfahrung des Lesers angesichts der Literatur des englischen 17. Jahrhunderts zu beschreiben sucht. Ausgehend von Platos *Phaidros,* Augustins *De Doctrina Christiana* und Donnes *Death's Duell* legt Fish die Prinzipien seiner von ihm so genannten "Aesthetic of the Good Physician"[39] dar, wonach — und das ist der Kern dieser leserorientierten Anti-Ästhetik — sowohl Leser als auch Werk im gegenseitigen Eingehen aufeinander verzehrt werden.[40] Und im Lichte der besagten Prinzipien analysiert er

37. Natürlich vermag dieses gedrängte, vor allem auf den Akt des Lesens abhebende Referat der Iserschen Theorie nicht gerecht zu werden, vgl. jedoch ergänzend dazu Warning: "Rezeptionsästhetik als literaturwissenschaftliche Pragmatik", In: Warning (ed.): Rezeptionsästehtik, S.9-41, bes. S.31-35; sowie Lentricchia: After the New Criticism, S.148-150; zum Gegensatz Iser/Fish vgl. darüber hinaus Felperin: Beyond Deconstruction, S.209-211.

38. Das darf trotz des Abschnitts "Historische Differenzierung der Interaktionsstruktur" im Akt des Lesens, S.315-327, gesagt werden; vgl. auch noch Susan R. Suleiman: "Introduction: Varieties of Audience-Oriented Criticism", In: Suleiman und Inge Crosman (edd.): The Reader in the Text: Essays on Audience and Interpretation. Princeton, N.J., 1980, S.3-45, bes. S.25f.; sowie Eagleton: Literary Theory, S.78-84.

39. So der Titel des ersten, theoretischen Kapitels in Self-Consuming Artifacts: The Experience of Seventeenth-Century Literature. Berkeley-Los Angeles-London, 1972, S.1-77.

40. Ebd. S.3: "...the reader's self (or at least his inferior self) is consumed as he responds to the medicinal purging of the dialectician's art, and that art, like other medicines, is consumed in the workings of its

dann Sir Francis Bacons *Essays,* George Herberts Dichtung, John Bunyans *Pilgrim's Progress,* John Miltons *The Reason of Church Government,* Robert Burtons *Anatomy of Melancholy* sowie Sir Thomas Brownes *Religio Medici,* ohne daß diese Werke jedoch für den schon zuvor mit ihnen vertrauten Leser durch sein "dialektisches" Verfahren in ihrer Existenz aufgehoben würden.[41]

Nichtsdestoweniger haben die interpretatorischen Strategien des *reader-response criticism,* ob nun in der Manier Fishs, die inzwischen übrigens weitere Entwicklungsstadien durchlaufen hat,[42] oder anderer hier nicht diskutierter Vertreter der Richtung,[43] gerade in der amerikanischen Literaturwissenschaft Schule gemacht. So bekennt etwa Edward W. Tayler in seinem Buch *Milton's Poetry* bei aller Skepsis gegenüber dem Trend zur Theorie in der amerikanischen Literaturkritik, von der hier erörterten USA-Variante der Rezeptionsästhetik Nutzen gezogen zu haben.[44] Selbstverständlich bleibt der Ansatz nicht auf englische Renaissance-Autoren beschränkt, wie beispielsweise die Ausführungen von Cathleen M. Bauschatz zur Konzeption des Lesens bei Montaigne, der den Kommunikationsvorgang in Analogie zum Tennisspiel beschreibt, überzeugend vor Augen führen.[45] Zu welchen Extremen aber die Methode führen kann, das zu zeigen, bleibt der amerikanischen Anglistik vorbehalten, nämlich der

own best effects. The good-physician aesthetic, then, is finally an anti-aesthetic..."

41. Vgl. dazu auch die Rez. von John T. Shawcross. In: SEL, 13 (1973), 176-178, sowie Cullers -- obschon faktisch nicht ganz korrekte -- Kritik in The Pursuit of Signs, S.128f.

42. Vgl. Fish: The Living Temple: George Herbert and Catechizing. Berkeley-Los Angeles-London, 1978, sowie ders.: "Authors-Readers: Jonson's Community of the Same", In: representations, 7 (1984), 26-58.

43. Vgl. dazu die von Tompkins (wie oben Anm.32) und Suleiman/Crosman (wie oben Anm.38) edierten Sammelbände, letzterer kundig rezensiert von Peter Wenzel. In: Poetica, 14 (1982), 186-193.

44. Edward W. Tayler: Milton's Poetry: Its Development in Time. Pittsburgh, Pa., 1979, S.88f., 184, 189 sowie S.215f. (zur Skepsis).

45. "Montaigne's Conception of Reading in the Context of Renaissance Poetics and Modern Criticism", In: Suleiman/Crosman (edd.): The Reader in the Text, S.264-291.

bereits genannten Maureen Quilligan in ihrem neuen Buch *Milton's Spenser: The Politics of Reading,* das zunächst der alten Frage des Einflusses von Spenser auf Milton nachgeht, dann aber — da Worte wie *influence* oder *tradition* im heutigen theoretischen Diskurs ausgedient haben — die traditionellen Themen Miltons zu semiotischen Problemen und die ethischen Anliegen von *Paradise Lost* sowie anderer Werke Miltons zu hermeneutischen Dilemmata von "reading" transformiert. In dieser Sicht des Gedichts wird Miltons Eva schließlich selbst zur Leserin, ist ihr Wissen, anders als das Adams, doch ein abgeleitetes, womit sie mit dem eigentlichen Leser im Grunde dessen unterprivilegierten Verständnishorizont teile.[46]

So anregend eine Untersuchung wie die Quilligans auch sein mag, es muß festgehalten werden, daß Buchtitel mit dem Begriff *"reading"* bzw. "Rezeption" mittlerweile fast schon zur Mode geworden sind[47] — Zeit vielleicht, unter Umständen von einer kritischen Richtung Abschied zu nehmen, die ganz ersichtlich in die Phase ihrer Anthologisierung eingetreten ist, es sei denn, die Rezeptionsästhetik bzw. der *reader-response criticism* fände — was gerade auf dem Gebiet der Renaissanceforschung noch ein Desiderat wäre — die Kraft, die teils erwiesene phänomenologische Präzision zusätzlich mit jener historischen Kompetenz zu verbinden, auf die das Studium vergangener, aber noch gegenwärtiger Epochen der Literaturgeschichte nicht verzichten kann.

IV

Qui ne diroit que les glosses augmentent les doubtes et l'ignorance, puis qu'il ne se voit aucun livre, soit humain, soit divin, auquel le monde s'embesongne, duquel l'interpretation face tarir la difficulté?

Montaigne, "De l'experience", *Essais* III, 13, S.1198a

46. Maureen Quilligan: Milton's Spenser: The Politics of Reading. Ithaca, N.Y.-London, 1983, bes. S.226; vgl. dazu die Rez. von Braden. In: SEL, 25 (1985), S.238f.

47. Ein neueres Beispiel für viele: William V. Spanos, Paul A. Bové und Daniel O'Hara (edd.): The Question of Textuality: Strategies of Reading in Contemporary American Criticism. Bloomington, Ind., 1982.

Die dritte hier zu besprechende Richtung innerhalb der Theoriedebatte ist die dekonstruktivistische, die in Jacques Derrida ihren prominentesten Vertreter hat, in den USA vor allem an der Yale University zum Tragen gekommen ist und 1981 mit Jonathan Goldbergs Buch über Spensers *Faerie Queene* vollen Einzug in die Renaissanceforschung hielt.

Derridas Ausgangspunkt ist eine Kritik am französischen Strukturalismus, dem er — etwa in dem Beitrag "La structure, le signe et le jeu dans le discours des sciences humaines" — vorwirft, immer noch am "Logozentrismus" als jener schlechten Tradition wahrheitshöriger abendländischer Metaphysik festzuhalten, die an ein unwandelbares Sein hinter den Erscheinungen, an eine Präsenz hinter Wörtern wie *eidos, archè, telos, energeia, ousia* (Essenz, Existenz, Substanz, Subjekt), *aletheia,* Transzendenz, Gewissen, Gott, Mensch usw. glauben will.[48] Für Derridas dekonstruktiven Poststrukturalismus hingegen gibt es keine solchen letzten Gewißheiten, denkt er das Undenkbare doch als ein Spiel von Strukturen, die kein Zentrum haben. Dementsprechend kann auch keinerlei Wirklichkeit von Zeichensystemen abgebildet werden, sondern das freie Spiel von Signifikanten fingiert Signifikate und konstituiert Weltbilder, die aber nicht als anwesend zu denken sind.[49] Charakteristisch für dieses Spiel der Welt ist nun ein ewiges Fließen, eine grundsätzliche Nicht-Identität mit sich selbst, für deren Umschreibung Derrida den Neologismus "différ*a*nce"

48. Jacques Derrida: L'écriture et la différence. Paris, 1967, S.409-428, bes. S.411. Anhand der deutschen Übersetzungen von Derridas Hauptwerken arbeitet bei der Darlegung des dekonstruktivistischen Ansatzes Ulrich Horstmann: Parakritik und Dekonstruktion: Eine Einführung in den amerikanischen Poststrukturalismus. Würzburg, 1983, S.14-19, 87, anhand der englischen Übertragungen Christopher Norris: Deconstruction: Theory and Practice. London-New York, 1982; repr. 1984, S.18-55, 143-145. Vgl. auch unten Anm.55.

49. Derrida: L'écriture et la différence, S.410: "Le centre n'est pas le centre"; ebd., S.411: "... en l'absence de centre ou d'origine, tout devient discours..., c'est-à-dire système dans lequel le signifié central, originaire ou transcendantal, n'est jamais absolument présent hors d'un système de différences. L'absence de signifié transcendantal étend à l'infini le champ et le jeu de la signification".

geprägt hat, der zwischen "différer" als "sich unterscheiden" und "différer" als "aufschieben" oszilliert, um gerade dadurch sprachlich vorzuführen, daß es nichts begrifflich abzubilden gibt.[50]

Zählt für Derrida sonach weder das metaphysisch Wahre noch das empirisch Wirkliche, so läßt er doch nach Ausweis von *De la grammatologie* die Schrift ("ecriture") gelten, die Schrift als Totalität aller möglichen Signifikanten und als Gegenkonzept zur Sprache verstanden, der sie als "Ur-Schrift" vorausgehe.[51] Von der Bindung an ein transzendentales Signifikat, den Logos des Seins, emanzipiert, räumt das freie Spiel der Signifikanten mit der im Akt des Sprechens gegebenen Illusion der Präsenz auf und "dekonstruiert" dergestalt die bedeutungsorientierte Semiologie, um sie im Horizont einer völlig arbiträren Grammatologie zu rekonstruieren. Was aus strukturalistischer Sicht dabei als völlige Sinnzersetzung erscheinen muß, wird vom Poststrukturalisten Derrida lediglich als Reduktion des Sinns bezeichnet, worin er — gegen Hegel und mit Nietzsche — sogar eine existentielle Chance sieht.[52]

Daß Derridas in der Bejahung der Negativität und vor allem in einem radikalen Sprachskeptizismus wurzelnde Position[53] weitgehend als Bedrohung der doch dauernd mit Texten operierenden Literaturwissenschaft aufgefaßt wurde und immer noch wird, dürfte angesichts des Vorstehenden kaum überraschen. Und obgleich einerseits zugegeben werden muß, daß die Auseinandersetzung mit ihm zugleich auch das Interesse an seinen Inspirationsquellen, darunter neben de Saussure und Nietzsche insbesondere Heidegger, zum Nutzen der Literaturwissenschaft geweckt hat,[54] erweist sich andererseits doch die dringende Notwendigkeit, seinem schillernden Verfahren der Dekonstruktion

50. Derrida: Marges de la philosophie. Paris, 1972, S.1-29 ("La différance").

51. Derrida: De la grammatologie. Paris 1967, S.11-142.

52. Derrida: L'écriture et la différence, S.369-407, bes. S.374.

53. Vgl. dazu von Derrida noch Positions. Paris, 1972 und La Dissémination. Paris, 1972.

54. Vgl. hierzu etwa nur Paul de Man: Allegories of Reading: Figural Language in Rousseau, Nietzsche, Rilke, and Proust. New Haven-London, 1979, sowie William V. Spanos (ed.): Martin Heidegger and the

gegenüber wenn schon nicht die Einheit eines Werks, so doch zumindest die Struktur eines Textes zu verteidigen.[55] Dabei wird Derridas und seiner Anhänger theoretisches Niveau freilich verfehlen, wer sich in bloßer Polemik ergeht, sei sie auch noch so konstruktiv gemeint.[56] Hilfreicher ist demgegenüber J. Hillis Millers Klarstellung bezüglich der potentiellen Destruktivität des Verfahrens, wenn er, etymologisch argumentierend, schreibt: "...there is no deconstruction which is not at the same time constructive, affirmative. The word says this in juxtaposing 'de' and 'con'."[57]

Inwiefern die Arbeit am Text jetzt im Rekurs auf das Phänomen der Intertextualität, wodurch der Strukturalistin und Barthes-Schülerin Julia Kristeva zufolge das diachrone Moment der Literatur im synchron gegebenen Text empirisch faßtbar wird,[58] wieder eine gewisse Stabilität erlangen kann, beweisen gerade historisch ausgerichtete, d.h. der Renaissance und ihren Nachwirkungen gewidmete Untersuchungen, gleich welchen

Question of Literature: Toward a Postmodern Literary Hermeneutics. Bloomington, Ind.-London, 1979.

55. Fast wie eine Beschwörung liest sich daher Geoffrey H. Hartmans Titel Saving the Text: Literature/Derrida/Philosophy. Baltimore-London, 1981. Vgl. ferner — neben Norris und Horstmann (wie oben Anm.48) — Jonathan Culler: On Deconstruction: Theory and Criticism after Structuralism. London, 1983, Christopher Butler, Interpretation, Deconstruction, and Ideology: An Introduction to Some Current Issues in Literary Theory. Oxford, 1984, S.60-65, 77-82; sowie Felperin: Beyond Deconstruction, S.104-146.

56. Vgl. dazu z.B. Hayden White: Tropics of Discourse: Essays in Cultural Criticism. Baltimore-London, 1978, S.261-282 ("The Absurdist Moment in Contemporary Literary Theory"), und Gerald Graff: Literature Against Itself: Literary Ideas in Modern Society. Chicago-London, 1979, bes. S.61f.

57. "The Critic as Host". In: Harold Bloom, Paul de Man, Jacques Derida, Geoffrey H. Hartman und J. Hillis Miller: Deconstruction and Criticism. London-Henley, 1979, S.217-253, bes. S.251.

58. Vgl. Julia Kristeva: Semeiotikè: Recherches pour une sémanalyse: Essais. Paris, 1969, S.115, 133-137, 146; sowie dies.: Le Texte du roman: Approche sémiologique d'une structure discursive transformationelle, Approaches to Semiotics 6. The Hague-Paris, 1970, S.146-148.

terminologischen Anspruchs. Unter diesen[59] verdient besondere Beachtung Thomas M. Greenes Werk *The Light in Troy: Imitation and Discovery in Renaissance Poetry,* weil es in exponierter Weise auf die von Derrida und Yale ausgehende Herausforderung der literarhistorischen Forschung antwortet. Indem das Werk zwischen dem theoretischen Horizont der Vergangenheit und der anhaltenden Theoriediskussion unserer Gegenwart methodisch zu vermitteln sucht, entwickelt es zugleich eine Typologie der *imitatio,* und zwar unter Differenzierung nach vier textlichen Strategien, d.h. einer reproduktiv-sakramentalen, einer eklektisch-ausbeutenden, einer heuristischen und schließlich einer dialektischen, mit deren Hilfe es Nachahmungsprozesse in der Dichtung von Petrarca, Poliziano, Ronsard, Du Bellay, Wyatt und Jonson analysiert. Zwar vertraut Greene sich bei all seinen Deutungen der Ägide von Renaissance-Autoren eingestandenermaßen auch in theoretischer Hinsicht an und beklagt die heutige Nivellierung aller Zeiten zur diffusen und beliebigen Jederzeitigkeit, bleibt sich aber trotzdem bewußt, daß er seinen Untersuchungsgegenstand selbst gar nicht mehr im ständig schwächer werdenden Lichte Trojas, dem Symbol für die Renaissance-Kultur, sondern in Wirklichkeit nur noch im Lichte unserer Tage zu sehen vermag. Insofern hat er selbst — und jeder von uns mit ihm — teil am Schicksal jener "Historical Solitude", die er namentlich anhand Dantes und Petrarcas, die sich insbesondere hinsichtlich des eingetretenen Sprachwandels, ja der Historizität der Sprache schlechthin, keine Illusionen machen, dramatisch thematisiert.[60]

59. Vgl. etwa John Hollander: The Figure of Echo: A Mode of Allusion in Milton and After. Berkeley-Los Angeles-London, 1981, Claes Schaar: The Full Voic'd Quire Below: Vertical Context Systems in "Paradise Lost", Lund Studies in English 60 (Lund, 1982) oder R.J. Schoeck: Intertextuality and Renaissance Texts, Gratia 12. Bamberg, 1984.

60. Thomas M. Greene: The Light in Troy: Imitation and Discovery in Renaissance Poetry. New Haven-London, 1982, S.4-27; vgl. ebd., S.3 zur Erklärung des Titels: "A civilization discovered its cultural paths by the light behind it of a vast holocaust, and it used this mythical light as the principle of its own energy"; sowie S.293 zur historischen Nivellierung und S.37-53 zur Nachahmungstypologie.

Daß und wie kraft *imitatio* intertextuell die durch den Zeitenabstand verursachte Entfremdung vom Vorbild der Antike in der Dichtung der Renaissance wieder aufgehoben werden kann, verdeutlicht Greene nun gerade auch in pointierter Opposition zu Derrida, tritt er dessen destruktiver Sprachauffassung doch am Beispiel Dantes entgegen, um die allem Sprachwandel zum Trotz im seiner eigenen Historizität bewußten Text immer noch gegebene, Bedeutung stiftende Funktion des Wortes zu verteidigen. Bedeutung und Herkunft seien im Wort jeweils ganz präsent, was er "etiology" nennt und worauf er nicht nur seine auf Stabilität gerichtete erkenntnistheoretische Zuversicht, sondern auch die in *The Light in Troy* wirksame Konzeption von *imitatio* gründet.[61] Und wenngleich seine Argumentation hier wie durchgehend auf zeitgenössische Theoreme rekurriert und Vertrautheit mit der modernen Hermeneutik und Linguistik verrät,[62] so vergißt er darob nicht, daß er im Interesse seines Themas in erster Linie Historiker und Philologe zu sein hat.

Das gerade ist Goldberg nun nicht in seinem oben schon erwähnten Buch über die *Faerie Queene,* das sich genauer *Endlesse Worke: Spenser and the Structures of Discourse* betitelt und als erste dekonstruktivistische Interpretation ausgibt. Zwar hat Patricia A. Parker mit der Derridas "différance" in all ihrer Ambivalenz stellenweise in Dienst nehmenden Veröffentlichung *Inescapable Romance* Goldbergs Versuch präludiert,[63] aber in theoretischer Entschlossenheit übertrifft er sie bei weitem, ja charakterisiert das Epos, nur weil z.B. Buch III zum Zeitpunkt der Publikation der Bücher IV-VI von Spenser revidiert wurde, gar als

61. Ebd. S.11-16, 19-22; vgl. auch die Rez. von Terence Cave. In: The Times Literary Supplement, 4.3.1983, S.211; sowie die von Jonathan Goldberg. In: SEL, 24 (1984), 158f.

62. Ebd., S.31, 36 (H. Bloom), 36 (indirekte Gadamer-Anspielung), 37 (Gérard Genette), 41, 195 (P. de Man), 45 (Heidegger), 100 (Merleau-Ponty) oder 153 (Nietzsche). — Es sei noch vermerkt, daß Greenes Einfluß spürbar ist in David Quints Origins and Originality in Renaissance Literature: Versions of the Source. New Haven-London, 1983.

63. Inescapable Romance: Studies in the Poetics of a Mode. Princeton, N.J., 1979.

einen "zerbrochenen Text", der die Erwartung des Lesers auf eine sequentiell-homogene Erzählung immer wieder frustriere.[64] Das setzt natürlich einen viel zu naiven Leser voraus, wie er so heute nicht mehr existieren dürfte.[65] Mehr jedenfalls traut Felperin dem Verständnis zu, wenn er einen zentralen thematischen Widerspruch innerhalb des Shakespeareschen Sonettzyklus, nämlich die Diskrepanz zwischen dem "rhetorischen" Sieg über die Zeit zu Beginn und ihrem "faktischen" Triumph gegen Ende, in einer genuin poststrukturalistischen Analyse paradigmatisch darlegt.[66]

Dennoch sei als Fazit festgehalten, daß der dekonstruktivistische Ansatz, aufs Ganze gesehen, der Renaissanceforschung -- und zwar genau im Sinne des vorstehenden Montaigne-Epigraphs -- in der Regel nur Schwierigkeiten aufbürdet, so als gäbe es keine sprachlich-gesellschaftlichen Konventionen und literarisch-rhetorischen Normen mehr,[67] die der heute vielfach anzutreffenden Kultivierung eines hermeneutischen Agnostizismus ein Ende bereiten könnten.

V

Ce n'est rien que foiblesse particuliere qui nous faict contenter de ce que d'autres ou que nous-mesmes avons trouvé en cette chasse de cognoissance; un plus habile ne s'en contentera pas.

Montaigne, "De l'experience", *Essais* III, 13, S.1198b

Dürfen wir nun also mit Montaigne auch heute noch auf

64. Endlesse Worke: Spenser and the Structures of Discourse. Baltimore-London, 1981.

65. Vgl. dazu die sehr kritische Rez. von George K. Hunter. In: SEL, 23 (1983), 166f. Freilich nimmt Goldberg in derselben Zeitschrift Gelegenheit, seinerseits, d.h. aus poststrukturalistischer Sicht, mit der herkömmlichen Renaissanceforschung ins Gericht zu gehen; vgl. seinen Beitrag "Recent Studies in the English Renaissance", In: SEL, 24 (1984), 157-199, bes. S.160f. bezüglich des oben in Anm.8 genannten Werks.

66. Felperin: Beyond Deconstruction, S.147-199.

67. Vgl. dazu insbesondere William J. Kennedy: Rhetorical Norms in Renaissance Literature. New Haven-London, 1978, S.1-19, 189-191; sowie Paul B. Armstrong: "The Conflict of Interpretations and the Limits of Pluralism". In: PMLA, 98 (1983), 341-352.

Fortschritte im Gang der Erkenntnis hoffen? Gewiß, wiewohl unter der Voraussetzung, daß die Renaissanceforschung sich im Stile etwa Greenblatts oder Greenes der Auseinandersetzung mit den durch die gegenwärtige Theoriedebatte aufgeworfenen Fragen stellt. Dabei sollte das Studium der Renaissance sich von der zwar berechtigten, aber übertriebenen Sprachskepsis unserer Tage nicht beirren lassen. Denn vermutlich wird die Neosophistik des Dekonstruktivismus nicht länger dauern als ihre antike Vorgeschichte.[68] Ihr bleibendes Vermächtnis könnte danach darin bestehen, einen naiven Rückgang zur Forschungssituation vor etwa 1970 verhindern zu helfen, liegen doch, neben den oben ausführlicher erörterten, bereits jetzt weitere Werke vor, deren Argumentation in die Diskussion aktueller theoretischer Ansätze eingelassen ist, wodurch es zu einer permanenten Vermittlung des Gegenwarts- und Vergangenheitshorizonts kommt.[69] Weiter wird es nicht ohne eine möglichst breite Kontextualisierung sowie die historisch fundierte Erarbeitung von Interaktionsmustern abgehen, wenn die Renaissanceforschung ihr heute gefordertes Niveau einhalten soll.

Beispielhaft in diesem Sinne wäre, nachdem der französische Strukturalist Michel Foucault mit *Les mots et les choses* 1966 schon den Weg gewiesen hat,[70] der Amerikaner Lawrence Manley mit seiner großen Untersuchung *Convention 1500-1750,* die auf ihre Weise einen epistemologischen Wandel nachzeichnet, den

68. Vgl. Felperin: Beyond Deconstruction, S.104 (Verweis auf Gorgias und die Vorsokratiker).

69. Dafür zwei Beispiele: Nancy S. Struever: The Language of History in the Renaissance: Rhetoric and Historical Consciousness in Florentine Humanism. Princeton, N.J., 1970, und Murray Krieger: Theory of Criticism: A Tradition and Its System. Baltimore-London, 1976.

70. Les mots et les choses: Une archéologie des sciences humaines. Paris, 1966, bes. S.11-16, 229f. Zu Foucaults Methode, die lateralen Beziehungen zwischen den verschiedensten Disziplinen oder Aktivitäten einer Epoche hinsichtlich ihrer gemeinsamen épistémè aufzuspüren, vgl. noch seine Schrift L'archéologie du savoir. Paris, 1969, S.248-251, sowie ferner Hubert L. Dreyfus und Paul Rabinow: Michel Foucault: Beyond Structuralism and Hermeneutics. With an Afterword by Michel Foucault. Brighton, Sussex, 1982, bes. S.18.

Wandel nämlich von normativem zu relativistischem, auf Übereinkunft beruhendem Denken. Aus der antiken Debatte über die Opposition Natur-Konvention, die zugleich auf dem Gegensatz zwischen Philosophie und Rhetorik beruht, entwickelt Manley seine Zentralthese vom frühneuzeitlichen Übergang in eine neue Dialektik, die das Naturgegebene durch das geschichtlich Gewordene ablöst, und erweist ihre Gültigkeit an einer Reihe von Disziplinen bzw. Lebensbereichen, wodurch dann etwa auch der Wandel von präskriptiver (Sidney) zu deskriptiver (Dryden) Kritik in der Literaturtheorie einsehbar wird.[71] Ähnlich interdisziplinär wie Manley ist darauf Barbara J. Shapiro in *Probability and Certainty in Seventeenth-Century England* ausgerichtet, geht es ihr doch um den umfassenden Nachweis, daß während des 17. Jahrhunderts in Naturwissenschaft, Religion, Geschichte, Jurisprudenz und Literatur die herkömmliche Argumentation anhand eines festen Wahrheitsbegriffs allmählich durch den erforderlich werdenden Rekurs auf Wahrscheinlichkeitskonzepte abgelöst wird.[72] Damit greift sie weiter aus als Ian Hackings verwandte, aber im wesentlichen auf die Mathematik des Kontinents konzentrierte Untersuchung *The Emergence of Probability,* die indessen ihrerseits abermals verdeutlicht, was Neuzeit und Gegenwart der Renaissance verdanken.[73]

Daher wird die Beschäftigung mit dieser Epoche der Geschichte auch weiterhin auf das Interesse der Forschung stoßen. Und diese wird immer dort am erfolgreichsten sein, wo sie unter Wahrung von philologischer Präzision und historischer Kompetenz eine polemische Kollision mit dem Theoriebedürfnis unserer Zeit vermeidet und sich statt dessen zu einer produktiven Interaktion mit ihm bereitfindet.

71. Convention 1500-1750. Cambridge, Mass.-London, 1980, bes. S.1-14; vgl. auch die Rez. von Snyder. In: SEL, 21 (1981), 161f.

72. Probability and Certainty in Seventeenth-Century England: A Study of the Relationships between Natural Science, Religion, History, Law, and Literature. Princeton, N.J., 1983, bes. S.3-14, 267-272.

73. The Emergence of Probability: A Philosophical Study of Early Ideas about Probability, Induction, and Statistical Inference. Cambridge, 1975.

Franz Josef Worstbrock

DIE *COLORES RETHORICALES* DES NIKLAS VON WYLE

I

Im Frühjahr 1478, gut ein Jahr vor seinem Tode, bereitete der alte Wyle den Druck seiner gesammelten deutschen Schriften vor.[1] Im Programm standen neben den *Translationen* und der Übersetzung von Boethius' *Consolatio* auch die *Colores rethoricales,* "daz ist die farwen vnd zierung hofliches dichtens von marco tulio cicerone gesetzet".[2] Den Druck erlebten die *Colores* freilich nicht. Wyle hatte von ihnen bei Abschluß der *Translationen* am 5. April 1478 nach eigenem Bekunden nicht mehr in Händen als ein "vor etlichen Jaren" schon gearbeitetes Teilstück, und er äußerte zu diesem Zeitpunkt keineswegs noch Entschlossenheit, das *Colores*-Werk weiterzuführen.[3] So blieb es ebenso wie die verschollene Boethius-Übersetzung wohl unvollendet.

1. Wyle berichtet darüber in seiner Sammelausgabe der Translationen von 1478 (Adalbert von Keller [Hg.]: Translationen von Niclas von Wyle. Stuttgart 1862 [= Bibliothek des Literarischen Vereins Stuttgart 57]), und zwar gegen Ende der auf den 18. Febr. 1478 datierten letzten (S. 364) sowie in der Widmungsvorrede an Georg von Absberg vom 5. April 1478 (S. 9f.). Zusammenfassend zu Wyles Leben und Werk: Franz Josef Worstbrock, Niklas von Wyle. In: Die deutsche Literatur des Mittelalters. Verfasserlexikon, Bd.6, Berlin/New York 1987.

2. Keller, Translationen, S.364[13f].

3. Der Mitteilung Wyles vom 18. Febr.: "dann Ich die colores rethoricales [...] alle zu tütsch transferyert vnd gebracht hab" (Keller, Translationen, S.364[13-15]) widerspricht entscheidend die Feststellung vom 5. April, man habe ihn häufig gebeten, mit der Arbeit an den Colores, die er "vor etlichen Jaren [...] ain tails getransferyret vnd Jn ain verstentlich tutsch gebracht" habe, "ze volfaren" (S. 9[35-38]). In der Frage der Fortsetzung will er sich ausschließlich von seinem Adressaten bestimmen lassen (S. 10[8-12]).

Die Forschung kannte von den *Colores rethoricales* nur noch den Titel, bevor P. Joachimsohn der Nachweis gelang, daß sie sich, wenigstens ein Teilstück von ihnen, in Alexander Hugens von Calw *Rethorica und Formularium Teutsch* erhalten haben.[4] Hugens kompiliertes Lehrbuch der Kanzlei- und Notariatspraxis, das zuerst 1528 erschien, birgt etliche weitere Stücke aus Wyles Feder, solche, die auch anderweit vorliegen, in den Eßlinger Missivenbüchern ihre erste Überlieferung haben oder den *Translationen* entnommen sind.[5] Für die *Colores* aber kommt Hugens *Rethorica und Formularium Teutsch* — die mehrfachen Auflagen und Nachdrucke einbegriffen — die Bedeutung des einzigen Textzeugen zu. Seine Kompilation bewahrt sechs Abschnitte des *Colores*-Werks samt Wyles Widmung an seinen Schwager Dr. Georg Ehinger, Fiskal Kaiser Friedrichs III. in Ulm, in allem ein Textstück von zehn großen Quartseiten.

Der von Hugen abgedruckte *Colores*-Teil muß mit jener "vor etlichen Jaren" entstandenen Teilbearbeitung identisch sein, die, wie bemerkt, Wyle im April 1478 vor sich hatte, ist zumindest ein Bruchstück von ihr. Verfaßt ist er in Wyles Eßlinger Zeit, somit vor Mitte 1469. In der mitabgedruckten Widmung an Ehinger,

4. Paul Joachimsohn: Aus der Vorgeschichte des 'Formulare und teutsch rhetorica'. In: Zeitschrift für deutsches Altertum 37 (1893) S.24-121, hier S.101f. Eingehendere und bisher maßgeblich gebliebene Analyse von Wyles Colores bei Paul Joachimsohn: Frühhumanismus in Schwaben. In: Württemberg. Vierteljahrshefte für Landesgeschichte N. F. 5 (1896) S. 63-126 u. 257-289, hier S.93-96. — Der Hugen-Druck der Colores: Rethorica vnnd For= | mularium Teütsch / der gleich nie gesehen ist [...] Darauß die jungen / beinach alle schreyberey leicht | lich lernen / vnd die erfarnen / die selben on groß sorg | vnd arbeit wol vnderweisen mőgen. [...]. Tübingen: Ulrich Morhart, 1528, Bl.XXIX^{r}-XXXIII^{v}. Exemplar: Wolfenbüttel, Herzog August Bibliothek, Kc 4^{0} 1. Aus Hugens Druck der Colores zitiere ich im folgenden buchstabengetreu und ohne Eingriffe in den zweifellos bisweilen gestörten Text. Die wenigen Abbreviaturen jedoch löse ich auf.

5. Dazu: Joachimsohn, 1893, S. 105 u. Anm.2; ders., 1896, S.95f.; Rolf Schwenk: Vorarbeiten zu einer Biographie des Niklas von Wyle und zu einer kritischen Ausgabe seiner ersten Translatze. Göppingen 1978 (= Göppinger Arbeiten zur Germanistik. 227). S. 176-180 u. 387-389.

deren Datum Hugen tilgte — Bl. XXX[r]: "Geben auf etc. Anno etc." —, ist von "Jungern / dienern vnnd substituten / [...] vnd anndern vil / die bey mir dienende / oder verdingt / vmb lernens willen gestanden seind" die Rede, von einem Schülerkreis, den Wyle neben seiner Tätigkeit als Eßlinger Stadtschreiber, nicht aber mehr als württembergischer Kanzler in Stuttgart unterhielt. Einen Terminus post quem liefert die Tatsache, daß Wyle in den Beispieltexten zum ersten und zweiten Color seine am 13. Dezember 1463 abgeschlossene Übersetzung von Poggios *An seni sit uxor ducenda* (6. Translation) exzerpierte.[6] Die Widmung, mit der Wyle seine damalige Teilbearbeitung der *Colores* versah, und die Bezeichnung "bůchlin", die er ihr gab, machen deutlich, daß er sie als ein eigenes und vorerst abgeschlossenes Opusculum verstanden wissen wollte. Ob es in Hugens Abdruck noch vollständig vorliegt? Die Frage läßt eine sichere Entscheidung nicht zu. Doch tritt der Beispieltext zum sechsten, dem letzten behandelten Color, die aufwendige, drei Quartseiten umfassende rhetorisch prätentiöse Epistel über die Liebe, mit dem Gewicht eines echten Schlußstücks auf, und wohl nicht zufällig sparte Wyle sich bei ihr den erläuternden Anhang, den er sonst den Beispiel-Missiven anfügte. Auch in seinem Umfang wäre das Opusculum über die sechs Colores den meisten übrigen Übersetzungen Wyles vollauf vergleichbar. Exakte Gründe, welche gegen die Annahme der Vollständigkeit sprächen, lassen sich nicht vorweisen.

II

Die Colores, die Wyles Gegenstand waren, meinen die Wort- und Gedankenfiguren, welche die römische *Rhetorica ad Herennium,* die in mittelalterlicher Tradition unter dem Namen des M. Tullius Cicero als dessen *Rhetorica nova* lief, in ihrem 4. Buche vorstellt und erläutert.[7] Der vermeintliche "Tullius" hatte für die Lehre der rhetorischen Figuren seit dem frühen 13. Jahrhundert gleichermaßen in Poetik und Ars dictandi, wie Galfrid von Vinsauf

6. Hinweis von Joachimsohn, 1896, S.94.

7. Rhetorica ad Herennium IV 13, 19 - 55, 69. Harry Caplan [Hg.]: Ad C. Herennium libri IV de ratione dicendi. London 1954 (The Loeb Classical Library) S.274-408.

und Guido Faba, Bene da Firenze und Eberhard der Deutsche ausweisen[8], kanonische Geltung erlangt. Sein Name war mit dem Gebiet der rhetorischen Figuren in dem Maße verbunden, daß für eine Schreibart, die sich typisch durch den Gebrauch von Colores hervortut, der Begriff des "Stilus Tullianus" gebildet wurde.[9]

Von den Figuren im 4. Buch der *Rhetorica ad Herennium*, die auch Wyle noch ausdrücklich als ciceronianisch galten[10], sind es nicht mehr als die ersten sechs der 35 Wortfiguren, die Repetitio, Conversio, Complexio, Traductio, Contentio, Exclamatio, die er in seinem "bůchlin", wie Hugen es abdruckt, traktierte. Übersetzt hat er den vermeintlichen "Tullius" dabei nicht. Zwar verdeutschte er in den meisten Kapiteln — nicht in allen — Exzerpte aus der *Rhetorica ad Herennium,* doch nahm er sie, wie sich zeigen läßt, regelmäßig aus zweiter Hand, anscheinend der gleichen, die ihm auch anderes Material vorgegeben hatte. Schon der methodische Typus, den jedes der sechs Kapitel nach seinem

8. Galfrid von Vinsauf, Poetria nova, vv. 1094-1587. In: Edmond Faral: Les arts poétiques du XIIe et du XIIIe siècle. Paris ^{2}1962. S.231-245. — Augusto Gaudenzi [Hg.], Guidonis Fabe Summa dictaminis. In: Il Propugnatore N. S. 3,1 (1890) S.287-338 u. 3,2 (1890) S.345-393, hier S.356-365. — Gian Carlo Alessio (Hg.): Bene Florentini Candelabrum. Padova 1983 (= Thesaurus mundi. 23). S.41-84 [II 3-67]. — Eberhard der Deutsche, Laborintus, vv.433-598. In: Faral, Les arts poét., S.351-358.

9. Zum Stilus Tullianus vorläufig: Marian Plezia: Quattuor stili modernorum. Ein Kapitel mittellateinischer Stillehre. In: Orbis mediaevalis. Festgabe für A. Blaschka zum 75. Geburtstag. Weimar 1970. S.192-210. Plezia bespricht die Darstellungen der vier Stili bei Johannes de Garlandia und Gervasius von Melkley, aber auch in einer Ars dictandi des 15. Jahrhunderts: "Stili prosayci sunt quattuor. Tullianus videlicet, quo utuntur prosayce scribentes [...] In isto autem stilo solum observatur vocum et sententiarum coloratio, que fit per colores rethoricos [...]" (S.206). Vgl. auch Traugott Lawler (Hg.): The Parisiana Poetria of John of Garland. New Haven / London 1974. S.104 u. 257.

10. Vgl. Wyles Widmung der Colores rethoricales an Ehinger (Hugen-Druck [wie Anm.4], Bl. XXIX^{r}): "[...] das ich woll zuteütsch bringen / die farben vnd zierlichheit der künst hofflichs gedichts / die man zu latein nenet / Colores rethoricales / von Marco Tulio Cicerone gesetzt [...]". Ähnlich in den Translationen (Keller), S.9^{36}-10^{3} u. 364$^{13-14}$.

Aufbau darstellt, läßt aufmerken. Die Kapitel gliedern sich jeweils in zwei Abschnitte: Der erste bietet Definitionen eines Color und unterstützt sie durch kompakte Kurzbeispiele, der zweite, stets deutlich umfangreichere, liefert jeweils das Muster eines geschlossenen Briefs, einer Missive, die für den zuvor erläuterten Color an durchweg zwei Stellen einschlägig ist; ihm schließen sich Hinweise an, welche den im vorstehenden Brief verwendeten Color mit vergewisserndem Zitat eigens herausheben. Die Zweiteilung der Kapitel mit dem steten Gattungsbeispiel des Briefs verbirgt nicht ihren praktischen Bezug und ihre Herkunft. Es ist die Briefrhetorik der Ars dictandi. Ein Muster für die gleiche Anlage und den gleichen primären Anwendungsbereich gibt die Colores-Lehre in der *Sporta* des Nicolaus de Dybin (Tybinus), des seit dem späteren 14. Jahrhundert bis in den Frühhumanismus einflußreichsten Lehrmeisters der Ars dictandi und literarischen Rhetorik in Deutschland[11], ein weiteres die der Tybinus-Tradition angehörende große Ars dictandi *Ab Aristotele philosophorum principe* aus der ersten Hälfte des 15. Jahrhunderts.[12] Ein Beispiel der *Sporta* (Bl.73^{r}):

> Quintus color vocatur contencio et describitur sic: est oracio ex contrarijs dictionibus constituta. Et illa deffinicio est de intencione

11. Über Leben und Werk des Tybinus und die Überlieferung seiner Schriften instruiert maßgeblich Hans Szklenar: Magister Nicolaus de Dybin. Vorstudien zu einer Edition seiner Schriften. Ein Beitrag zur Geschichte der literarischen Rhetorik im späteren Mittelalter. München 1981 (= MTU 65). Zu der Szklenar noch nicht bekannten Sporta des Tybinus s. meine Hinweise in: Beiträge zur Geschichte der deutschen Sprache und Literatur 106 (1984) S.458f. Ich zitiere nach der Hs. Basel, UB, F VI 61.

12. Wolfenbüttel, Herzog August Bibliothek, 69. 11 Aug 2°, Bl.190^{r}-252^{r}. Die Colores-Lehre Bl.224rb-246rb zeigt breite Übereinstimmungen mit der in Tybinus' Sporta. Für den anonymen Verfasser dieser Ars ist Tybinus die jüngste Lehrautorität von schulbildender Bedeutung. Vgl. Bl.220rb: "Moderniores rethores et Tibinus et sui sequaces adhuc posuerunt vnam speciem transsumpcionis de grauioribus quam vocant permutacionem [...]"; Bl.193ra: "Epistola autem a pluribus sic diffinitur: est fidelis secretorum nuncia, et quamuis ista diffinicio sit antiquorum, tamen vt dicit Tibinus epistola non semper secreta comprehenditur [...]".

Tulij dicentis: contencio est cum ex contrarijs rebus oracio conficitur, ut patet in exemplo Laborinti: In luctu rides, inter convivia luges. Exemplifficabo istum colorem dictamine sequenti, in quo miles scribit militi, ut sibi velit prebere auxilium contra inimicos suos: N. miles, quem militare exercicium cunctis reddidit preformosum, domino N. militi singulis, quibus sincera complacencia toto cordis cum conamine roboratur, iugiter antemissis. Racione naturali dictante usus quoque frequencia exemplifficante extat [...] usf.

Auf Tybinus weisen Wyles *Colores rethoricales* mit einer Vielzahl von Einzelstellen zurück. Doch ist nicht nach solchen Ausschau zu halten: Für den Aufweis der Beziehung zu Tybinus bieten sich die jeweils ersten Abschnitte der sechs Wyle-Kapitel als ganze an. Unter den rhetorischen Lehrschriften des Tybinus ist es dessen *Declaracio oracionis de beata Dorothea,* der Wyles *Colores* am nächsten stehen.[13] Sie hat den Rang der ausführlichsten Figurenlehre des deutschen Spätmittelalters; im System der Colores, deren Art, Benennung, Zahl und Reihenfolge, schließt sie sich ihrerseits strikt der *Rhetorica ad Herennium* an. Eine Synopse des ersten Abschnitts von Wyles Darstellung der Contentio und von Auszügen aus der *Declaracio* zum selben Color kann die Wyle bestimmende Beziehung manifest machen und die Art seiner Aneignung veranschaulichen.

(Die Übereinstimmungen zwischen Wyles Deutsch und Tybinus' Latein setze ich auf beiden Seiten kursiv. Dem Tybinus-Text füge ich Zahlen ein, die anzeigen, in welcher Reihenfolge die Exzerpte aus ihnen bei Wyle stehen. Tybinus' *Declaracio* zitiere ich nach ihrer von S. P. Jaffe edierten Fassung im Clm 19876.)

Wyle (Hugen, Bl. XXXI^{v}):	Tybinus (Jaffe, S. 146f.):
Der fünfft Color heißt Contentio/ vnd ist ein farb vnnd zierlichheit/ die da wirt vnd beschicht */ so auß widerwertigen dingen ein oration*	[...] [1] *quintus color qui dicitur contencio,* et describitur sic: Contencio est oracio ex diccionibus contrarias significaciones haben-

13. Samuel Peter Jaffe: Nicolaus Dybinus' Declaracio oracionis de beata Dorothea. Studies and Documents in the History of Late Medieval Rhetoric. Wiesbaden 1974. S.117-212 u. 213-269 die beiden von Jaffe edierten Redaktionen der Declaracio.

gemacht wirt / das ist / *auß worten / die da bedeüten ding / einander widerwertig / oder also / Contencio ist ein legung widerwertiger worten in einer oration* / als so ich sprich / *du lachest in leid / vnd weinest in fröwden* / vnd *Tullius / da zůreden wer / da schweigest / vnd da zůschweigen wer da redst / vnnd mag dich niemand geschweigen* / vnd aber dasselb / *so man dein nit bedarff / so kumpst vnd so man dein notturfftig wer / so mag dein niemand bekommen.* Item *den fründen bist du hert / vnd den feinden lind / vnd Ganfredus / ausser einem reichen bistu worden ein armer / vnd ausser einem seligen / ein vnnseliger* / gestossen ausser dem liecht in die vinstery / aber zů exempel setz ich ein solich Missiue [...]

tibus constituta. [4] *Vel sic: Contencio est verborum contrariorum ad eandem oracionem composicio.* [...] Vnde grecismus: Si dicas contraria. Exemplum eius: [5] *In luctu rides inter conuiuia luges.* [...] Item nota ex laborinto potest trahi talis regula siue diffinicio contencionis talis: Contencio est contexio oracionis [3] *ex diccionibus contrarias res significantibus,* ut apparet in exemplo vlterius *ganfredi, de diuite pauper, de felice miser.*[...] Item [6] *tulius* dicit: [2] Contencio est *cum ex contrariis rebus oracio conficitur,* ut patet in hoc exemplo, [9] *inimicis te placabilem, amicis inexorabilem te prebes.*[...] Item: [7] Taces cum opus est loqui, in silencio semper clamas. [8] *Cum adesse debes, semper abes; cum abes, reuerti cupis* [...]

Was Wyle zur Definition und Illustrierung der Contentio vorträgt, findet sich so gut wie vollständig bereits in der *Declaracio*. Seine einzige Zutat besteht in der Fortführung des Galfrid-Zitats "de diuite pauper, de felice miser" (*Poetria nova* v. 1103f.) um einen weiteren Vers: "gestossen ausser dem liecht in die vinstery" — "de tanta luce retrusus ad tenebras" (v. 1104f.). Das Material des Tybinus erscheint bei Wyle freilich in stark raffender Auswahl und in gänzlich neuer Anordnung. Beibehalten aber ist das Prinzip, mehrere Lehrmeister, genannte und ungenannte, sprechen zu lassen; "Tullius" ist nur einer unter ihnen.

Wyle hatte die Freiheit, den übersetzten Beispielen der lateinischen Vorlage originär deutsche beizufügen, so im Kapitel über die Repetitio (Bl. XXIX^{v}: "[...] deßgleichen ist / so man in teutschem gedicht spricht / ich schlaff / ich wach / ich sing ich sag / so ligstu doch in sinen mir". Im Falle der Traductio, deren eine Spielart in der mehrfachen Setzung äquivoker Wörter besteht —

die andere, mehrfache Setzung eines Worts in verschiedenen Kasus, läßt Wyle aus —, war die Bildung eigener deutscher Beispiele unumgänglich:

Wyle (Hugen, Bl. XXXI^{r}):

Der vierdt Color heißt Traductio / vnd ist ein farb vn̄ zierlichkeit der worten / die also beschicht / *das ein* <wort> [Druck: mensch] *zwirent geleit wirt in einer oration /* vn̄ doch nit vnnder einer gleichen bedeutnuß. Oder also / *Traductio ist* ein Zierlichkeit der worten / *da man in einer oration / ein wort zwirent geleit / in zweyerley teudtnuß zeucht vnd verstat /* als so ich sprich / ich schetzte es nit ring / wann du mir schancktest deinen ring / oder vmbfahe lieb mich armen / mit deinē weissen armen / deßgleichen / ich yß selten můß / dann so ichs thun můß / *vnd des Colores gebraucht sich Antegemeratus in einem bůchlin in allen versen /* das sich anhebt / *Hos morum flores* si carpseris vt rosa flores / aber zů exempel setz ich kurtz ein soliche Missiue [...]

Tybinus (Jaffe, S. 144f.):

[...] [1] *quartus color qui dicitur traduccio.* Et diffinitur sic: Traduccio est eiusdem diccionis secundum diuersas significaciones in oracione eadem resumpcio. [...] [2] Traduccio fit quandocumque aliqua diccio bis ponitur in aliqua vel in aliquibus *clausulis* sub simili terminacione *et diuersis significacionibus* [...] Exempla patent pluribus locis ipsius *antegamerathy: Hos morum flores* [...]

Mit dem abschließenden Hinweis auf den *Antigameratus*[14], dessen Incipit er sinnvoll vervollständigt, kehrt der Übersetzer Wyle merkwürdig zum Latein der Vorlage zurück, tut es, um an das geläufige Schulgedicht des Frowin von Krakau zu erinnern, das mit seinen 430 Versus differentiales Traductiones in Serie ausprägt wie kein anderes. Von "Tullius" aber hört man in diesem Abschnitt nichts; die *Rhetorica ad Herennium* ist in ihm in der Tat mit keinem Worte präsent.

14. Zum Antegameratus und zu seinem Autor vgl. Hedwig Heger: Frowin von Krakau. In: Verfasserlexikon [wie Anm.1], Bd.2, Sp.988-990.

Die Beziehungen der *Colores rethoricales* zu Tybinus lassen sich nicht einzig auf dessen *Declaracio* festlegen. Auch andere seiner rhetorischen Lehrschriften sind im Spiel, neben der genannten *Sporta* auch der Kommentar zur *Poetria nova* des Galfrid von Vinsauf.[15] Die Kompilation, die in Wyles Abschnitt über die Exclamatio zutage tritt, ist für seine Bindung an den spätmittelalterlichen Meister nicht weniger eindrucksvoll:

Wyle (Hugen, Bl. XXXII^{r}):

Der sechßt Color heißt Exclamatio / vnd ist / als Gwido spricht / ein auffrůffung oder ein erhebung der stimm / die da beschicht von bewegnuß des gemůts *auß lieb / leid / frŏwd / haß / zorn /* oder *wunder entsteende / vnd wirt* die farb vnd zierlichheit *gelegt / wenn man ein auffrůfflich rede* oder geschrifft *thůt/* dardurch man wil offnen vnnd zůerkennen geben / ein begird oder *bewegung des gemůts / auß sachen / wie yetz gelaut hatt /* oder *damit man* ander lewt *hiertzů* will reitzen vnd bewegen / vnnd *das ist auch die meinung Tullij /* da er Spricht / *Exclamatio ist* ein red darinn man außlegt vnd zůuerston *gibt / ein zeichen / liebs / leids / zorns / frŏwden / wunders /* oder deßgleichen / vnd aber *Niclaus Grecus spricht /Exclamatio ist ein anredung eins mennschen / oder eins dings / die da beschicht von wegen zů*uil grosser frŏwden oder schmertzens / als Ganfrŏdus

Tybinus, *Sporta*, Bl. 73^{v}:

[1] *Sextus color vocatur exclamacio et secundum Guidonem* describitur sic: *est causa amoris* vel *odij, leticie vel indignacionis aut ammiracionis vociferacio.* Unde exclamacio committitur, *quando quis in sermone ad provocandum aliquem affectum animi* ut gaudium, timorem, compassionem aut dolorem *facit* unam *exhortacionem seu provocacionem* per exclamacionem [...] [7] *unde Gamfredus* circa appostropham: *o Veneris lacrimosa dies, o sidus amarum* [...]

Tybinus, *Declaracio* (Jaffe, S. 148f.):

[...] *Exclamacio est alicuius hominis* aut vrbis vel alterius rei *prenimio amore vel dolore allocucio.* [...] [3] Item sciendum *nicolaus grecus* diffinit eum sic: Exclamacio non est inchoatiua sed subiunctiua que *quibusdam prenarratis* doloris et amiracionis

15. Commentarius in Galfredi de Vino Salvo Poetriam novam. Ich zitiere nach Hs. Prag, Staats- u. Universitätsbibliothek, XII. B. 12, Bl.1^{r}-42^{r}. Zu den weiteren Handschriften dieses Kommentars vgl. Szklenar [wie Anm.11], S.100-110.

spricht / da er / als in zorn bewegt / *Adam anredt* / vmb sein übertreten / *wo ist nun dein Paradiß / vnd dein groß wolluste / dero du gewesen bist eine herre* / Vnd aber der selb / da er klagte den tod seins herrn / weyland künigs zů Engeland / an eim frytag erschossen / *O weinbarer tag des Planeten Veneris / vnd o bitters gestirne* / vnd *von Sant Pauls* wirdt geredt / *o günlichs lobsams liecht aller* liechten / vnd der selb *Paulus zů* got růffende / *spricht / o hǒhe aller Reichtagen /* Aber zů exempel mag ein sollich Epistel vnd Missiue / wiewol schimpfflich mit vil innhalts / gelegt werden [...]

ac indignacionis causam efficit per interpellacionem hominis [...] [5] Exemplum huius ponit *ganfredus*: [7] *O ueneris lacrimosa dies* [...] [8] *de sancto paulo: O gloriosum lumen omnium* ecclesiarum. [...] [9] exemplum huius patet per sanctum *paulum* in epistola ad romanos *dicens*: *O altitudo diuiciarum.* [...] [2] *tulius* diffinit hunc colorem sic: *Exclamacio est que conficit significacionem doloris* aut *indignacionis* per alicuius hominis aut vrbis aut loci aut rei cuiuspiam conpellacionem [...]

Tybinus, Galfrid-Kommentar, Bl.26rb:

[...] [1] *exclamacio* [...] *secundum Chuidonem* describitur sic: *exclamacio est causa amoris uel odij, leticie uel indignacionis vociferacio* [...] [6] exemplum litere ubi autor interrogat *Adam dicens*: O potissima, id est optima, rerum, dico tibi: *ubi est nunc paradisus et illa voluptas*, id est delectatio, *cuius eras dominus?* [...]

In der Kompilation sind Wyle — oder bereits seiner unmittelbaren Vorlage — Versehen unterlaufen: Die Definition, die er als "die meinung Tulij" anführt, entstammt nicht der *Rhetorica ad Herennium,* wiederholt vielmehr mit einiger Abänderung die Eingangsdefinition aus Guido Faba; die Definition des Nicolaus Grecus läßt er aus und zitiert unter dessen Namen eine andere, welche bei Tybinus anonym erscheint.

III

Die drei vorgestellten Abschnitte der *Colores rethoricales* mögen dem Aufweis genügen, daß Schriften des Nicolaus de Dybin die Quellen waren, nach denen Wyle, was die Doktrin betrifft, gearbeitet hat. Die drei nichtzitierten Abschnitte geben den gleichen Befund. Von einer "Verdeutschung der Colores rhetoricales des Cicero", wie Joachimsohn schrieb und ihm die Literaturgeschichte seither nachgeschrieben hat[16], von humanistischer Antikerezeption kann nicht die Rede sein. Ein eigentlicher Übersetzer des Tybinus, auch dies will festgestellt sein, war Wyle dabei nicht. Des Tybinus *Declaracio* erfüllt den Texttypus des scholastisch-wissenschaftlichen Kommentars, nicht allein nach ihrer Einleitung und ihrem Grundriß [17], auch nach ihrer Methode der Erörterung des einzelnen Gegenstands. Im Bereich der Colores zieht Tybinus jeweils alle für die Kenntnis und Klärung der Sache wesentlichen Autoritäten heran, regelmäßig "Tullius", Galfrid von Vinsauf, Guido Faba, Eberhard von Bethune *(Grecismus)*, Eberhard den Deutschen *(Laborintus)*, Nicolaus Grecus, sucht stets ein breites Spektrum der Meinungen zu erstellen, um die gebotenen Unterscheidungen von "modi" und "regule" zu treffen, auftretende begriffliche und klassifikatorische Widersprüche zu diskutieren, systematische Vollständigkeit und Richtigkeit zu erzielen. Wyles Text hat einen anderen Habitus, einen schuldidaktischen; er zieht nichts in die Debatte, sorgt für faßliche Reduzierung, verdeutlicht durch Kompilation, disponiert durchsichtig, indem er gegen Tybinus Definitionen und Beispiele stets jeweils für sich gruppiert. Es besteht freilich die Frage, ob Wyle die *Declaracio* und weitere Schriften des Tybinus selbst benutzte, selbständiger Bearbeiter war oder bereits die Bearbeitung eines

16. Joachimsohn, 1896 [wie Anm.4], S.91. So noch Hans Rupprich: Die deutsche Literatur vom späten Mittelalter bis zum Barock. 1. Teil: Das ausgehende Mittelalter, Humanismus und Renaissance. 1370-1520. München 1970. S.573: "Verdeutschung der 'Colores rhetoricales' des Cicero"; Eckhard Bernstein: Die Literatur des deutschen Frühhumanismus. Stuttgart 1978 (= Sammlung Metzler. 168). S.59: "Veröffentlichung von Ciceros 'Colores Rhetoricales'".

17. Dazu Jaffe [wie Anm.13], S.39-48.

anderen, eine Ars der Tybinus-Tradition, in der Hand hatte. Der Eindruck, daß seine *Colores* unvermischtes Tybinus-Material verwenden, spricht für die erste Annahme, die Beobachtung, daß sie nirgends den Namen des Tybinus nennen, für die zweite.

Daß Wyle dem Meister Tybinus oder einem Anonymus seines Gefolges für die Lehre von den Colores dermaßen volle Geltung zugestand, will sich mit dem Etikett des Humanisten, und sei es des Frühhumanisten, das er trägt, nicht gleich vereinbaren. Kannte er nicht gar den Quintilian und die *Elegantiae* Vallas?[18] Doch wäre Wyle, wäre der deutsche Frühhumanismus durchaus verkannt, wollte man das Eßlinger "bůchlin" als unzeitgemäße Erscheinung notieren. Wyles Zugriff auf spätmittelalterliches Lehrgut entspricht zu seinem Zeitpunkt eher noch der Regel als der Ausnahme.[19] Einer der Wege, der erste und vielleicht entscheidende, auf dem er zu seiner Kenntnis und Aneignung gerade tybinischer Schriften gelangt sein kann, ist durchaus erkennbar. Wyle war Wiener Student, hatte sich am 18. Oktober 1430 dort immatrikuliert und am 5. Januar 1433 den Baccalaureus artium erworben. An der Wiener Universität aber waren Tybinus und Tybinus-Tradition zu

18. Dies weisen die bei Joachimsohn, 1896 [wie Anm.4], S.269f. als Nr.14 und 15 abgedruckten Briefe aus. Ein weiteres Briefzeugnis bei Rudolf Wolkan: Neue Briefe von und an Niklas von Wyle. Beiträge zur Geschichte der deutschen Sprache und Literatur 39 (1914) S.524-548, hier S.542 (Nr.20).

19. Wenige Beispiele: Die anonymen, fälschlich unter dem Namen des Aeneas Silvius gedruckten Praecepta artis rhetoricae bestreiten nach Jaffes [wie Anm.13] Feststellung ihre Colores-Lehre umstandslos mit einem Auszug aus dem Grecismus des Eberhard von Bethune (S.90f.). Peter Luder exzerpiert für seine kleine Metrikvorlesung Isidor und Alexander de Villa Dei; vgl. Eske Bockelmann: Die Metrikvorlesung des Frühhumanisten Peter Luder. Bamberg 1984 (= Gratia.14). S.46-55. Noch Konrad Celtis bezieht in der Ars versificandi et carminum den Grundstock für Versifikation und Prosodie ganz aus mittelalterlichen Quellen; vgl. Franz Josef Worstbrock: Die 'Ars versificandi et carminum' des Konrad Celtis. In: Studien zum städtischen Bildungswesen des späten Mittelalters und der frühen Neuzeit. Hg. von Bernd Moeller u.a. Göttingen 1983 (= Abhandlungen der Akademie der Wissenschaften in Göttingen, Phil.-hist.Kl., 3. Folge. 137). S.462-498.

seiner Zeit und noch weit darüber hinaus von nachweislichem Einfluß. Dies geben Handschriften mit Tybinus-Texten oder unter ihrer Wirkung entstandene Rhetoriken zu erkennen, die aus dem Einzugsgebiet der Wiener Universität stammen oder in Wien selbst geschrieben sind[20], bezeugen aber nicht minder Beispiele der Tybinus-Rezeption, wie sie Jaffe für Sigismund Gossembrot, der wenig später als Wyle in Wien studierte, und für den um 1460 in Wien lehrenden Konrad Päsdorffer beigebracht hat.[21] Am ehesten die Wiener Tybinus-Tradition könnte für Wyle bestimmend geworden sein.

Es sei hinzugefügt, daß die das Gebiet der rhetorischen Elocutio gliedernde Unterscheidung von Colores und Transumpciones, die Wyle noch 1478 in der Vorrede zu den *Translationen*[22] so selbstverständlich traf, wie sie seit Galfrids *Poetria nova,* in der sie zuerst fixiert wurde, geläufig war, auch für Tybinus als die oberste galt; jeder Version seiner Lehre vom rhetorischen Ausdruck legte er sie zugrunde. Wer von Color und Transumpcio sprach, verwendete kein antikes, kein humanistisches, sondern ein mittelalterliches terminologisches Paar, wies schon damit seine Bindung an mittelalterliche Lehrtradition aus.

IV

Das Tybinusgut, das Wyle übernahm, Definitionen und Kurzbeispiele der Colores, diente ihm als Material der technischen Didaxe. In der Erfüllung dieses Zwecks aber erschöpft sich auch seine Aneignung. Sie hat hier ihre klare Grenze. Geschlossene Stilmuster, etwa in der Art der Briefbeispiele der *Sporta,* entlehnte Wyle dem Tybinus nicht. Diente dieser ihm als Fundgrube von Lehrgut, so doch nicht als Stilvorbild. Für seine Exempla einer an lateinischer Stilqualität gebildeten Schreibart, die er dem Deutschen anzuerziehen trachtet, bietet er andere Quellen auf, klar humanistische, Texte Poggios und des Aeneas Silvius, die stets

20. Vgl. das Verzeichnis der Tybinus-Handschriften bei Szklenar [wie Anm.11], S.80-203, bes. S.133f. (Melk, Cod.364), 142 (Wien, Cod.5461), 184 (Clm 14662), 185f. (St.Pölten, Cod.64), 186 (Wien, Cod.3829).

21. Jaffe [wie Anm.13], S.60-66, 70-73, 284-289.

22. Keller, Translationen, S. 11[17].

seine erste Schätzung hatten, gibt dann aber auch eigene Mustertexte an die Hand. Die Missiven des 1. und 2. Kapitels (Bl. XXIX^{v} und XXX^{r}), die zur Repetitio und zur Conversio, bestehen bis auf die Rahmenteile ganz aus Auszügen seiner Übersetzung von Poggios *An seni sit uxor ducenda,* die er in den gesammelten Translationen von 1478 als die sechste veröffentlichte.[23] Ähnlich enthält die Missive des 3. Kapitels (Bl. XXX^{v} — XXXI^{r}) als ihren Hauptteil Wyles — nur hier überlieferte — Verdeutschung von Aeneas Silvius' *Epistola ad Antonium nepotem*[24], einem beliebten Text humanistischer Pädagogik, der auch einen anderen zeitgenössischen Übersetzer reizte[25] und noch in Wimpfelings *Adolescentia* Eingang fand.[26] Danach setzen Wyles eigene Muster ein. Im 4. Kapitel bringt er die politische Missive einer Stadt (Eßlingen) an Markgraf Karl von Baden aus dem Jahre 1453, ein Beispiel also aus seiner amtlichen Korrespondenz als Eßlinger Stadtschreiber (Bl. XXXI^{r})[27]. Die Missive des 5. Kapitels hat mit einem unleidlichen Kritiker zu schaffen, der Wyles "geschrifften vnd gedicht" herabzusetzen offenbar nicht müde wird, ihm damit schon in den früheren Zürcher Jahren zugesetzt hat.

Alle diese Missiven, die aus den Poggio- und Aeneas-Übersetzungen gespeisten wie die von Wyle selbst verfaßten, waren nicht zuletzt für die *Colores* gearbeitet, wurden ihnen — zu einem Teil wenigstens — erst nachträglich angepaßt[28], doch nur in dem Maße, daß keine von ihnen mehr als zwei Belege jeweils für ihren Color aufweist. Mit der Missive im 6. Kapitel, dem über die

23. Keller, Translationen, S.123-144; die Auszüge: S.129^{32}-132^{21} (1. Missive), S.134^{28}-136^{15} (2. Missive).

24. Rudolf Wolkan [Hg.]. Der Briefwechsel des Eneas Silvius Piccolomini. Abt.I, Bd.1, Wien 1909 (Fontes rerum Austriacarum. 61). S.112-114.

25. Berlin, Staatsbibliothek Preußischer Kulturbesitz, Ms. germ. oct. 377, Bl. 7^{r}-9^{v}, v. J. 1488.

26. Jakob Wimpfelings Adolescentia. Hg. von Otto Herding, München 1965. S.354-356.

27. Die Fehldatierung "1427" bei Joachimsohn, 1896 [wie Anm.4], S.94, die eine Verfasserschaft Wyles ausgeschlossen hätte, korrigiert Schwenk [wie Anm.5], S.177 Anm.3.

28. Vgl. Joachimsohn, 1896 [wie Anm.4], S.94.

Exclamatio, verhält es sich anders. Eine fiktive Missive ist sie, "schimpfflich mit vil innhalts", gerichtet an Gott, von dem der in die Fesseln der Liebe geschlagene Schreiber, unfähig, den Folgen seiner Blindheit selbst sich zu entwinden, erlösende Antwort erwartet. Sie ergeht sich in einer bei Wyle sonst nicht gekannten Wortflut, die aber doch den briefförmlichen Aufbau des Stücks nicht verdeckt. Eingangs die Salutatio: "O Ho̊chster gott aller go̊tte / vnnd scho̊pffer aller gescho̊pffte / ein regierer der himel vnd erden / [...] deiner vnaußsprechenlichen und vnbegreiflichen gwaltigen macht in ewigkeit sey von mir armen bey nach verzweifelten / mein schuld in ho̊chster pflicht natůrlicher gescho̊pfft [...] zuuor". Sodann die Narratio, Mitteilung des Ereignisses, allegorisch inszeniert als ein Bericht von einem Überfall auf freiem Feld:

> [...] jch thůn zů dir warem erkenner aller hertz / gedenck vnd heimlichkeit [...] rieffen / manen / vnd allerho̊chsten gallenden stimm schreyen / schmertzlichest erseüfftzen / klagen vnd anbringen / das ich von dem wůtenden Cupido / einem sone der go̊ttin Veneris / durch freuelich gewalt seiner diener / begirt / lust / fro̊wd / empfindung / überwindung / verharrung / verstopffung / vnd verzweifflung / In weitem feld / da ich meint aller sinnlichkeit vnnd verstentnus meins gemůts / natürlicher anfechtung frey sein / angefochten vnd seins willens / in gantz vnuernünnftig verzagung vnd blo̊digkeit gebrestlich vmbgeben / vnd mit vnzalbarn stricken der lieb reitzung grimmigklich gefangen / vnd mit fewrin glůenden gestehelten kettenen gebunden / angenegelt / verstrickt / vnnd verknüpfft bin [...].

Dem schließt sich die Petitio an: "darumb ich ho̊chster begirden thůn anrůffen vnnd ermanen / dich einige macht aller machten / mich armen trostlosen verzweifler / widerumb zů erlo̊sen<t> [...]". Die Petitio bedeutet das Anliegen des Briefs, bedarf, soll sie verfangen, triftiger Begründung, bildet so den argumentierenden, rhetorisch ausladenden Hauptteil. Führendes Argument, das den Gefangenen zu entschuldigen, Gott zu Einsicht und Erbarmen zu bewegen trachtet, ist die erotische Macht der Frau. Sie herrscht über den Mann, seit Eva aus Adams Rippe hervorging, Eva den Mann verführte, der ihr von Gott selbst zur Ehe gegeben war. Eine Exclamatio, die erste, vergegenwärtigt sein Unheil: "wahin was doch kommen dein Adams Paradiß vnnd grosse wollust, der du bist gwesen ein herre"! Alle, auch die großen Könige des Alten

Testaments, Starke und Weise, Samson, Aristoteles, Vergil, hat die Frau zu beugen vermocht; selbst ein Paulus drohte der Anfechtung zu verfallen. Die anziehendste Schöpfung Gottes und die bezwingendste, sie kann gar eine mordende sein: In nicht abreißender Kette, gleichartig in rhetorische Fragen gefaßt, führen die Exempla von jenen, die des Weibes sinnlicher Gewalt erlagen, zu denen, die durch weibliche Hand ihr Leben verloren, Sisara durch Jahel (Richter 4, 20-21), Holofernes durch Judith, Cyrus durch Thamyris (Valerius Maximus 9,10 ext.1). Der rhetorischen Revue folgt das Fazit: Im Schöpfer selber hat die Macht der Frau ihren Urheber, sie entspricht seinem eigenen geheimen Willen. Solcher Erkenntnis antwortet eine zweite Exclamatio: "O weinbarer tag des Planeten Veneris / vnnd bitters gestirne in mänlichs geschlecht gepflantzet". Ist nun für die Bitte um Befreiung aus den Liebesfesseln Gott der erkannte verantwortliche Adressat, darf er auch um Gnade angegangen, von ihm Erlösung erwartet werden: "doch bin ich eingedenck noch etwas hoffnung zů gewarten / deiner gőtlichen gnaden barmhertzigest / vnd überflüssigklich zůerkicken / wie dann auch mitgeteilt hast S. Petern" [...]. An Gottes Gnadenbereitschaft wird appelliert, mit dem Argument wiederum berühmter Exempla. Damit ist die Petitio erfüllt. Ihr folgt als letzter Abschnitt, eröffnet durch eine Anrufung, durch die dritte Exclamatio: "O gott günnlichs lobsams liecht aller liechten / vnd hőhe aller reichtungen / komm zůhilff mir" [...], die beschwörend alles zusammenfassende Conclusio.

Der in der Wyle-Literatur — eine Äußerung Joachimsohns, eine wenig mitteilsame, ausgenommen[29] — nie genannte Text, verdient in mehrfacher Hinsicht, inhaltlich und stilistisch, Beachtung. Das Liebesphänomen, welches sein Gegenstand ist, war im deutschen Frühhumanismus ein neu favorisiertes Sujet. Wyle erfaßt es, ähnlich wie des Aeneas Silvius Liebesnovelle *De Eurialo et Lucretia,* wie Boccaccio-Brunis *De Guiscardo et Sigismunda,* die Wyle beide übersetzte[30], als totale Passion, die kein Entrinnen erlaubt, keine Möglichkeit rationaler Gegenwehr, geschweige denn

29. Ebd., S.94.

30. Keller, Translationen, S.13-78 u. 79-90. Zur Gesamtüberlieferung der beiden Translationen s. Worstbrock [wie Anm.1].

moralischen Widerstands läßt. Weit entfernt von herabsetzender Frauenschelte, begreift der Schreiber der Missive die triumphierende Macht der Frau als die seit je unbesieglichste irdische, schmäht sie nicht, sondern erblickt sie gleichermaßen mit Erschrecken und Bewunderung. So vom Brand der Leidenschaft zu sprechen, kann nicht ein Vorhaben bloß rhetorischer Ostentation heißen. Rhetorisch gesprochen ist diese Missive gleichwohl, mit dem rhetorischsten Affekt. Doch auch dies gilt: Ihre massierte, mit sprachlicher Überfülle prunkende Art der Rhetorik steht dem Maß humanistisch-antikischer Rhetorik noch deutlich fern. Näher als bei einer spezifisch humanistischen siedelt sie bei der *Ackerman*-Rhetorik Johanns von Tepl, wenngleich er dessen Meisterschaft, Fülle in strenge Satzarchitekturen zu fassen, nirgends erreicht. Der ihnen gemeinsame Stilcharakter der rhetorischen Fülle aber wurzelt in einem ihnen gemeinsamen Boden: in der Tradition der spätmittelalterlichen Ars dictandi.

Ist die große sechste Missive, die sich von den fünf vorangehenden nach Thema und Stil und als fiktionale dermaßen unterscheidet, ursprünglich Wyles, oder ist auch sie wieder Übersetzung? Man erkennt sie unter allen als die einzige, deren stilistischen Habitus der Color — hier die Exclamatio —, der vorgeführt werden soll, spezifisch mitkonstituiert. Mehr noch: Der Text enthält in gleicher Folge genau jene drei Exclamationes, die Wyle für den ersten, den doktrinalen Abschnitt des Kapitels dem Tybinus entnommen und nacheinander zitiert hatte. Und schließlich: Die drei Exclamationes stehen jeweils an kompositionellen Angelpunkten des Textes, strukturieren ihn: Die erste: "wahin was doch komen dein Adams Paradiß" [...] steht zu Anfang der ausgreifenden Exempla-Serie der Petitio, die zweite: "O weinbarer tag des Planeten Veneris" [...] an deren Ende; mit der dritten: "O gott günnlichs lobsams liecht" [...] beginnt die Conclusio. Solch präzise Wiederaufnahme der Exclamationes des doktrinalen Abschnitts in der Missive läßt nur den Schluß zu, daß diese in striktem Bezug auf jenen konzipiert und formuliert wurde. Lehre und illustrierende Missive bilden einzig im sechsten Kapitel der *Colores rethoricales* ein komponiertes Ganzes. Das Werk des Tybinus bietet für Wyles Text keine Vorlage; es hätte sie, schaut man nur aufs Sujet und dessen Ausprägung, auch schwerlich bieten können. Aber auch in anderen lateinischen Artes und

Colores-Lehren der Zeit findet man eine Vorlage nicht belegt. So mag man in der sechsten Missive einen Originaltext Wyles vermuten. Er wäre der einzige 'literarische', der von ihm überkommen ist.

V

In der Widmungsvorrede zu den gesammelten Translationen von 1478 hat Wyle, rückschauend auf die Entstehung und erste Entwicklung seines schriftstellerischen Werks, als seinen entscheidenden Anreger den Juristen, gelehrten Rat und Diplomaten Gregor Heimburg genannt.[31] Die Begegnung mit ihm lag weit zurück, war ein Ereignis seines Nürnberger Jahrs 1447, als er dort das Amt eines Ratsschreibers versah, Heimburg mit politischen Aufträgen der Stadt betraut war. Damals in Nürnberg hatte Heimburg dem jungen Wyle eine Maxime eingeprägt, die für seine latinisierende deutsche Stilkonzeption und mit ihr für seine Methode der Übersetzung und sein sprachpädagogisches Programm in der Tat maßgeblich wurde und blieb. Nicht allein Wyles Übersetzungswerk, auch die Lehrschrift der *Colores rethoricales* weist in ihrer Art und Zielsetzung auf Heimburgs Maxime zurück. Die Mittel, welche die lateinische Rhetorik "zů zierung vnd hofflichkait loblichs gedichtes" biete, eigneten sich, so hatte Heimburg bemerkt, gleichermaßen auch fürs Deutsche, könnten "zů zierung sölicher tütscher gedichten als wol gebrucht werden [...] als in dem latine".[32] Was dem Lateinischen recht war, sollte dem Deutschen billig sein. Wyle konkretisierte: [...] "vnd dem gelich mugen die colores rethoricales vnd die transumciones gar nach alle in tütschen gedichten wie in dem latine gebrucht werden".[33] Übertragung der kunstsprachlichen Mittel lateinischer Rhetorik unmittelbar aufs Deutsche, eben sie wird von seiner deutschen *Colores*-Schrift vollzogen. Damit aber verstehen sich

31. Keller, Translationen, S.9^{7} u. 10^{22f}. Über Heimburg zusammenfassend: Peter Johanek, Gregor Heimburg. In: Verfasserlexikon [wie Anm.1], Bd. 3, 1980, Sp.629-642.

32. Keller, Translationen, S.10$^{26-29}$.

33. Ebd., S.11$^{16-19}$.

Wyles *Colores rethoricales* als Umsetzung von Heimburgs Maxime ins praktische Programm.

Nur zögernd, nur nach vielfachem Drängen seiner Schüler[34] hatte Wyle sich entschlossen, seine Lehrschrift auszuarbeiten, und sie blieb Fragment. Aber seine Arbeit an den *Colores* war im Gespräch, auch außerhalb Eßlingens, und es war andernorts sogar ein seinen *Colores* ganz gleichartiger Versuch im Entstehen, wie er von einem befreundeten ehemaligen Schüler erfuhr:

> <L>ieber niclas din yetzigs schriben mir wider minen willen so lang verzogen jst zu freuden komen mir der da biß her geforcht hat das dir etwas vnbekomlichs zugestanden syg des du mich mit dir zu truren vngern tailhafft machen woltest welcher forcht jch aber nu mer durch din schriben entladen bin [... ...] min herre macht ouch vns gesellen die color<e>s zu tútsch vnd dar uff missiuen dar jnne solich colores gelait vnd vil ander zierung vnd schonhait zu lengung vnd kürtzrung der materÿ dienend gebrucht werden. jm jst aber nit gemaint dir noch yemant vszutaillen biß zu der dingen gantzer volbringung wenn aber solichs volbracht wirt so mag ich dero ouch wol erfrowen vnd taillhafftig machen dich dem jch altzit genaigt bin lieb dienst vnd gefallen zubeweysen.[35]

Der Absender des Briefs, die Kanzlei, in der er tätig war, sein "herre", der an den Colores arbeitete, sie alle sind nicht bekannt; die Handschrift, welche den Brief überliefert, läßt ihre Namen ungenannt. Die Kennzeichnung jener deutschen Colores-Bearbeitung, von der wir sonst wiederum nicht wissen, entspricht indes in der Sache wie in der Formulierung so deutlich der Kennzeichnung, die Wyle seinen *Colores rethoricales* gab: "[...] das ich wo̊ll zuteütsch bringen / die [...] colores rethoricales [...] vnd auff der selben farben / yegklich besonder legen / ein Missiue / darinne die selben farben / zum minsten einest gesetzt werd [...]"[36], daß man in Wyles Lehrschrift oder einer ihrer im Unterricht verwendeten Vorstufen das Modell des Ungenannten vermuten darf.

34. So versichert Wyle in der Widmung der Colores an Georg Ehinger, Hugen-Druck Bl.XXIX^{r}.

35. Nürnberg, Germanisches Nationalmuseum, Hs 16581, Bl.128^{r-v}.

36. Wyles Widmung der Colores an Georg Ehinger, Hugen-Druck Bl.XXIX^{r}.

Wyles Schüler, die in beträchtlicher Zahl in Kanzleien des deutschen Südwestens, auch bedeutenden, tätig wurden[37], besaßen Gebrauchssammlungen von Briefen, Stilmüstern, Formularien, die aus seinen amtlichen Missiven, aber auch aus seinen *Translationen* genommen waren, Materialien der Kanzleipraxis und des Unterrichts, die sich von dem zuerst 1482 erschienenen *Formulare und deutsch Rethorica* an in mehreren vielgedruckten deutschen Kanzleilehrbüchern wiederfinden[38], deren Verfasser aber selber nicht mehr Wyle-Schüler waren. Auf diesem Wege sind auch die *Colores rethoricales* erhalten geblieben. Ihrem ersten Druck 1528 in Alexander Hugens *Rethorica und Formularium Teutsch*[39] folgten weitere. Hugens Kanzleibuch und Wyles *Colores rethoricales* als einer seiner Teile mit ihm erlebten bis 1572 mindestens fünf Neuauflagen[40], und die *Colores* gingen in einer um die Missiven gekürzten Redaktion auch in ein anderes Kanzleiwerk

37. Dazu vor allem Schwenk [wie Anm.5], S.54-59, 61-175 passim u. S.401f.

38. Grundlegend dazu Joachimsohn, 1893 [wie Anm.4], S.95-100, und Schwenk [wie Anm.5], S.176-181 u. 387-389. Beispiele von Missivensammlungen aus Wyles Schülerkreis: Nürnberg, Germanisches Nationalmuseum, Hs 16581, um 1465. Ludwigsburg, Hauptstaatsarchiv, Rep. Reichsstadt Eßlingen B 169/74 (dazu Schwenk [wie Anm.5], S.178f.).

39. Vgl. o. Anm.4.

40. Rethorica vnd Formu=| lare / Teütsch / dergleich nie gesehen ist / [...]. Tübingen: Ulrich Morhart, [1530], Bl. XXIX[r]-XXXIII[v]. Exemplar: Wolfenbüttel, Herzog August Bibliothek, 95.11 Qv. 2°.
Rhetorica vnd Formu=| lare / Teütsch / dergleich nie gesehen ist / [...]. Tübingen: Ulrich Morhart, 1537. Bl. XLV[r]-XLVIII[v]. Exemplar: Göttingen, Nieders. Staats- und Universitätsbibliothek, 4° J. Prax. 82/261.
Rhetorica | vnd Formulare / Teütsch / dergleichen nie | gesehen ist / [...]. Tübingen: Ulrich Morhart, 1540. Bl. XXVIII[r]-XXXII[v]. Exemplar: Wolfenbüttel, Herzog August Bibliothek, 71.1 Ju. 2°.
Rhetorica vnd Formula=| re / Teütsch / dergleichen nie gesehen ist / [...]. Tübingen: Ulrich Morhart, 1554. Bl.XXV[v]-XXX[r] Exemplar: Wolfenbüttel, Herzog August Bibliothek, 4.2.2 Rhet. 2°.
Rhetorica | Vnd Formulare | Teutsch / beynach alle Schreibe=| reyen betreffend [...]. Basel: [o.Dr.], 1572. Bl. XXIX[v]-XXXV[r]. Exemplar: Wolfenbüttel, Herzog August Bibliothek, 46.6 Ju. 2°.

ein.[41] In Wyles deutscher Version und deren Vermittlung durch Hugen aber behauptete sich ungeachtet humanistischer Zeitenwende, mehr als zwei Jahrhunderte hindurch, so auch das spätmittelalterliche rhetorische Lehrgut, welches, unverkennbar geblieben, die Handschrift des Meister Tybinus trug.

41. Notariat vnnd Teutsche | Rhetoric / Wes einem iedenn Notarien / Redner oder | Schreiber [...]. Frankfurt a.M.: Christian Egenolff, 1538. Bl.VII^{r-v}. Exemplar: Wolfenbüttel, Herzog August Bibliothek, 71. 1 Ju. 2° (2). Der Druck nimmt Modernisierungen vor: Der mittelalterliche Titel "Colores rethoricales" ist durch "Colores rethorici" ersetzt, die Namen der mittelalterlichen Autoritäten Guido, Nicolaus Grecus usf. sind getilgt; die Texte sind auch sprachlich überarbeitet.
RHetoric / vnd Teutsch | Notariat / wes jeden Notarien / Schreibern / Pro | curatorn / Aduocaten [...]. Frankfurt: Christian Egenolff, 1551. Bl.XII^{v}-XIII^{r}. Exemplar: Wolfenbüttel, Herzog August Bibliothek, 4.2.2 Rhet. 2° (2). Die Überschrift "Die Sechs Red zierungen [...]" erweckt den Eindruck, als gäbe es nur die von Wyle behandelten Colores.

Stefan Zabłocki

DIE POLNISCHEN NEULATEINER ALS VORGÄNGER DES JUNGEN KOCHANOWSKI

Viele Literaturhistoriker, die über Kochanowski schrieben, haben hervorgehoben, daß seine Dichtung eigentlich eine einmalige Erscheinung darstellte. Er war ohne Vorgänger, betonte man oft, und auch erst später, nach seinem Tode, fand er richtige Nachfolger, die imstande waren, seine Dichtungen nachzuahmen. Die Geschichte der polnischen Literatur kennt eigentlich nur einen, der für seinen Vorgänger gehalten werden könnte: Nicolaus Rej, dessen Dichtung jedoch so primitiv ist, daß er überhaupt nicht mit dem Meister Kochanowski verglichen werden kann, so sehr unterscheidet sich sein Werk von der gepflegten Sprache und von der klassizistischen Vorstellungswelt Kochanowskis. War also Kochanowski ein Genie ohne Vorgänger, der wie ein Komet einsam für eine Weile auf dem Himmel der polnischen Dichtung aufleuchtete und sofort verschwand, um seinen Platz für weniger talentierte Nachahmer frei zu machen?

Im Vergleich zu Rej ist die Dichtung von Kochanowski tatsächlich eine Art von Überraschung; verglichen mit ihm, erfaßt man sofort die beispiellose Originalität der Renaissancedichtung Kochanowskis. Man kann ihn natürlich mit zeitgenössischen Humanisten aus der Romania vergleichen, und das tun tatsächlich die Literaturhistoriker gern, etwa mit Ronsard, den Kochanowski in einer lateinischen Elegie erwähnte; der Vergleich verstärkt aber nur den Eindruck, daß Kochanowski daheim weder einen Meister noch Gesellen hatte.

So ist die übliche Meinung der Literaturhistoriker im Zeitalter der romantischen Bewegung entstanden, in der Zeit also, in der man die Geschichte vor allem als eine von genialen Individuen geschaffene betrachtete. Das neunzehnte Jahrhundert neigte dazu, die großen Dichter als treibende und entscheidende Kräfte der Geschichte der Literatur (und Kultur) zu betrachten - nur dank den Werken der außergewöhnlichen Individuen könne sich die Menschheit entwickeln. Kochanowskis Platz in der Literatur- und Kulturgeschichte Polens entsprach dieser Vorstellung sehr gut: Er hätte die neupolnische Sprache geschaffen und hätte die neue, humanistische Literatur in ein bisher primitives Land eingeführt. Diese Auffassung setzt von vornherein voraus, daß Kochanowski ohne Vorgänger war, sonst hätte er nicht von den von romantischen Vorstellungen beeinflußten Kritikern und Literaturwissenschaftlern als einsames Genie dargestellt werden können.

Eine solche Auffassung von Kochanowski liest man sehr oft; auch in der neusten bedeutenden monographischen Darstellung von Pelc tritt sie klar hervor.[1] Trotz aller Verbindung mit der Vergangenheit wird in diesem Buch Kochanowski immer als die große Ausnahme betrachtet, als Dichter, der eigentlich ohne historischen Hintergrund erschien. Doch genauer betrachtet, wurde im sechzehnten Jahrhundert Kochanowski zwar als großer Dichter geschätzt, doch niemand hätte ihm eine so entscheidende Bedeutung zugemessen wie die später lebenden Literaturhistoriker. Damals, also im sechzehnten Jahrhundert, stand er eher in einer Linie mit den polnischen Neulateinern, mit den Schriftstellern also, die von den romantischen Kritikern sehr kritisch beurteilt wurden als Verräter an der nationalen Sprache. Noch der verkannte, im 19. Jahrhundert aber sehr geschätzte Literaturhistoriker Stanislaus Tarnowski, Professor an der Krakauer Universität, hat über Dlugossius geäußert, daß er, wenn er nicht lateinisch, sondern polnisch geschrieben hätte, als der größte polnische Schriftsteller des 15. Jahrhunderts gelten würde.[2] Da er aber nur lateinisch schrieb, gehöre er der polnischen Literatur eigentlich nicht an. Auch der große Brückner wunderte sich, als ein klassischer Philologe aus Lemberg, Kurczkiewicz, die lateinischen Dichtungen des Roisius herausgegeben hat. Warum, so fragte Brückner in seiner Rezension, tat er das, wem nützte eine

1. J. Pelc: Jan Kochanowski, szczyt renesansu w literaturze polskiej, Warszawa 1980. Der vierte Teil des Buches (S.488 ff.) wird wohl bedeutungsvoll betitelt: Poeta Polonus Primus.

2. St. Tarnowski: Historya literatury polskiej Bd.I, Kraków 1900, S.529.

solche Edition, war es nicht schade um Arbeit und Papier?[3] Nach einigen Jahren aber erwies sich die Ausgabe als eine der bedeutendsten Quellen zur Geschichte der polnischen Literatur im 16. Jahrhundert.

Wenn wir die Vorläufer der großen polnischen Schriftsteller suchen, die in der zweiten Hälfte des 16. Jahrhunderts die Grundlagen der in polnischer Sprache geschriebenen Dichtung geschaffen haben, so dürfen wir diese Vorgänge nicht unter den polnisch schreibenden Schriftstellern suchen, da diese tatsächlich fehlen, sondern unter den polnischen Schriftstellern, die lateinisch schrieben; sie wurden später nachgeahmt von den in der Landessprache schaffenden Dichtern. Besonders zwei polnisch schreibende Poeten der polnischen Renaissance hingen von der neulateinischen Dichtung der ersten Hälfte des Jahrhunderts ab, ich meine einige Gedichte von Kleryka, der - teilweise wenigstens - als eigentlicher Vorläufer der humanistischen Muse von Kochanowski betrachtet werden kann, und die frühen Dichtungen von Kochanowski selbst.

Wie wir wissen, ist Kochanowski aus Italien ziemlich enttäuscht nach Polen zurückgekehrt, unter anderem auch, weil er dort keine Anerkennung als lateinischer Dichter gefunden hatte. So begann er, sich als polnisch schreibender Dichter zu profilieren. Es entstanden zwei umfangreiche versifizierte Traktate über die wichtigsten Probleme der Innenpolitik Polens, genannt *Zgoda* (etwa Frieden, innere Harmonie, Versöhnung) und *Satyr* (etwa Satire, weil der Satyr das Volk mahnt und ihm verschiedene Fehler vorwirft).[4]

Beide Dichtungen entstanden in den sechziger Jahren des 16. Jahrhunderts und stellen die Auseinandersetzung mit den wichtigsten Problemen dar, die die Adligen der Zeit beschäftigten.[5]

3. Darüber schrieb ich ausführlich in einer Studie, die der frühen neulateinischen Dichtung Polens im 16. Jahrhundert gewidmet ist: St. Zabłocki: Poezja polsko-łacińska wczesnego renesansu, in: Problemy literatury staropolskiej Bd.II, Wrocław 1973, S. 17 ff.

4. Pelc, op.cit. S. 182 ff. hat die beiden Gelegenheitsgedichte analysiert.

5. Was den historischen Hintergrund und die Entstehung der beiden Gedichte betrifft, vgl. J.Nowak-Dłużewski: Okolicznościowa poezja

Die Literaturhistoriker unterstrichen, daß beide Gedichte sich mit denselben Themen befassen, wie die politischen Schriften der Zeitgenossen Kochanowskis, von Rej also, von Orzechowski und von Solikowski. Die Gedichte wurden zwischen 1562 und 1563[6] geschrieben; herausgegeben wurden sie erst zwei Jahre später, nämlich beide gemeinsam im Jahre 1564.

Kochanowski wollte in die Diskussion eingreifen, die unter den Vertretern der humanistischen Bewegung über die Zukunft Polens entbrannt war; bezeichnend ist, daß der junge Dichter religiöse Probleme nicht berührte, sondern ausschließlich politische. Immer zurückhaltend, wenn es um Religiöses ging, wollte sich Kochanowski vor allem als ein Politiker profilieren.

Beide Gedichte, *Zgoda* und *Satyr,* weisen eine sehr charakteristische Konzeption auf. Es spricht nicht der Verfasser selbst, sondern eine allegorische Figur, die Versöhnung, der Frieden in *Zgoda,* der *Satyr* im zweiten Gedicht. Zgoda, eine weibliche Figur, voll Verständnis für die Probleme der Adligen und voll Einsicht in die Schwierigkeiten des Reiches, versucht den Adligen zu erklären, daß der Staat, den sie zwar erbaut hätten, der aber ihnen auch große Vorteile böte, zugrunde gehen werde, wenn sie untereinander in dauerndem Streit lägen. Nur der innere Frieden könne das Reich vor der Selbstzerstörung retten, sonst zerfalle es einfach, weil die ewigen Querelen den Staat schließlich zersplittern und zerstören werden. Der Staat, so schön von den Ahnen als ein idealer Staat entworfen, gehe jetzt zugrunde, weil die dauernden Streitereien die ganze Struktur lähmten; der Staat versinke langsam in Ohnmacht: (Państwo) "Od przodków waszych pieknie założone, Prze wasz rozterk domowy mdleje roztargnione".[7]

Diese Argumentation, von einer abstrakten Person vorgetragen, hat Kochanowski als erster polnischer Dichter hier genau und überzeugend ausgesprochen - aber nur in einer in polnischer

polityczna w Polsce Bd. II. Czasy Zygmuntowskie, Warszawa 1866, S. 280 ff.

6. Nach Pelc wurde "Zgoda" wahrscheinlich im Dezember 1562 verfaßt.

7. J. Kochanowski: Dzieła polskie, opr. J.Krzyżanowski, 4. Aufl. Warszawa 1960, S. 55 ("Zgoda" V. 7 f.).

Sprache geschriebenen Dichtung. Diese Argumente und diese Denkweise Kochanowskis treffen wir schon in der ersten Hälfte des 16. Jahrhunderts bei den polnischen Neulateinern an.[8] Es war nämlich der damals berühmte, später aber vergessene Dichter Cricius, der als erster eben diese Argumente in die polnische Dichtung eingeführt hat, um die Adligen zu überzeugen, daß es ja wenig Sinn habe, mit König Sigismund um weitere Privilegien einen erbitterten Kampf zu führen. Der Kampf muß - so Cricius damals in seinem oft zitierten und vielgelesenen poetischen Traktat *Religionis et reipublicae querimonia* — eingestellt werden, sonst fällt der Staat auseinander.[9] Das Gedicht wurde 1522 in Krakau herausgegeben und später wiederaufgelegt; ganz offensichtlich betraf es ein wichtiges Problem der Zeit. Von der Erstausgabe blieb wahrscheinlich nur ein einziges Exemplar erhalten, das in der Breslauer Universitätsbibliothek aufbewahrt wird, was seine Popularität bezeugt.

Gerade in der *Querimonia* hat Cricius zum ersten Mal in der polnischen Dichtung allegorische Figuren eingeführt, die eine abstrakte Idee repräsentieren. Es sind das die "Res publica", der Staat selbst also, und die "Religio", die katholische Religion. Die beiden werden dargestellt als von den Adligen herablassend behandelt und überhaupt nicht ernst genommen. Der Sejm, der Landtag also, wird zum Forum für die Eigeninteressen der Adligen degradiert, Eigennutz und private Vorteile sind für die Adligen entscheidend, niemand denkt an den Staat — so klagt die vernachlässigte "Res publica" die herrschenden Schichten an. Das Gedicht wurde — wie gesagt — auch später nochmals herausgegeben: im Jahre 1567, in dem es als Argument diente, um den Leichtsinn der Adligen in der Diskussion um die Vereinigung Polens mit Litauen (die, wie bekannt, 1569 zustandekam), zu charakterisieren und 1606 bei der Zebrzydowski-Rebellion, als die Adligen gegen König Sigismund Vasa revoltierten.

Man darf auch nicht vergessen, daß die Zeit, als das Gedicht

8. Darauf hat J. Krzyżanowski: W wieku Reja i Stańczyka. Szkice z dziejów Odrodzenia w Polsce, Warszawa 1958, hingewiesen.

9. Hrsg. von C.Morawski: Andreae Cricii Carmina, Cracoviae 1888, S. 89 ff.

wieder im Druck erschien, besonders vom Streit für und gegen die katholische Konfession geprägt war, woraus sich hauptsächlich das Interesse der Leser an dem Werk erklärt. Es war also populär und vielgelesen, nicht nur im Erscheinungsjahr, sondern auch später, und so können wir sicher sein, daß auch Kochanowski mit der Problematik vertraut war und das Gedicht gut kannte. Besondere Beachtung verdient die Tatsache, daß sein so oft zitierter Vorgänger Rej am Ende seines *Kurzen Gesprächs zwischen dem Herrn, dem Gemeindevorsteher und dem Pfarrer* die von Cricius angeführten Argumente übernommen hat.[10]

Der Hauptvorwurf von Rej, die Adligen achteten die Gesetze gering ("Za nic sobie ty ustawy maja"), stimmt völlig mit der Feststellung von Cricius überein, daß "decretis nulla facultas" zugebilligt wird, daß niemand die Gesetze beachtet. Die Idee von Rej stammt von Cricius und wirkt wie übersetzt: Die Bürger seien nur mit ihren Privatangelegenheiten beschäftigt, während der Staat und seine Probleme sie nicht im geringsten interessiere. Auch die Ausführung ist bei Rej ähnlich: Es spricht nämlich, genau wie bei Cricius, die 'Res publica' selbst und klagt persönlich die Bürger an.

Es gibt auch eine andere Quelle für Rej (und später für Kochanowski), nämlich das Gedicht eines Cricius-Schülers, des Janicius, der wiederum selbst viele Motive aus der Dichtung des Cricius ausgearbeitet und erweitert hat. Damals war Janicius sicherlich nicht so populär wie Cricius, erst später begann man ihn als einen der größten polnischen Neulateiner zu bewundern, und im 19. Jahrhundert haben Literaturhistoriker ihn zu einem Vorläufer der romantischen Dichtung erklärt.

Janicius hat von Cricius vor allem die Personifikation der "Res publica" übernommen.[11] Cricius hat nämlich diese von Erasmus — dem er auch sonst viel verdankt — entlehnte allegorische Figur

10. Der vollständige Titel lautet: Krotka rozprawa miedzy trzemi osobámi, Pánem, Woytem, á Plebanem, Ktorzy y swe y innich ludzi przygody wyczytáiā, A takież y zbytki y pożytki dzisieyssego swiátá. W Krákowie przez Máćieiá Szarffenberká Latá 1543.

11. Klemens Janicki: Carmina, Dzieła wszystkie, hrsg. von J.Krókowski, Wrocław 1966, (BPP B 15) S. 3 ff.

häufig verwendet. Die vielgelesenen und von Janicius in enger Anlehnung nachgeahmten Dichtungen des Cricius *Dialogus in rempublicam und Threnodia Valachiae,*[12] können uns hier als Beispiel dienen. Im letzten Gedicht spricht nicht die Republik, wie in den vorher erwähnten, sondern die personifizierte Walachei.[13] Das von Feldmarschall Tarnowski geplünderte Land beklagt seine Niederlage in rührenden Worten; dadurch wird der Eroberer sehr geschickt gepriesen als der Mann, der das Land von den Türken befreit und in Ordnung gebracht hat. Dieses Gedicht des Cricius hat grundlegenden Einfluss auf spätere Schriftsteller gehabt. Wir begegnen der Prosopopöie des Staates bei Orzechowski (Orichovius) und auch später bei anderen polnischen Schriftstellern bis zu Skarga. In Gestalt einer weiblichen Figur beklagt der Staat bei ihnen seine Niederlage, oder sagt sie voraus.

Seit Cricius war also diese allegorische Figur in der polnischen Literatur weit verbreitet. Sie mahnt die Zeitgenossen oder versucht,sie zu korrigieren und vor allem enthüllt sie die Ursache einer Niederlage, die hauptsächlich in den ständigen Streitereien liegen, in einer Streitsucht, die tatsächlich so charakteristisch für die polnischen Adligen gewesen ist. Die Gestalt eines traurigen, weinenden Weibes, das seine Zeitgenossen mahnt, tritt auch in vielen Dichtungen des Janicius auf; was Wunder, da Janicius seinen Beschützer und Förderer Cricius sein Leben lang strikt nachgeahmt hat. In seiner *Budae querela*[14] hat Janicius seinen Meister sogar übertroffen: hier spricht die von den Türken eroberte Buda, die nicht nur ihren Fall und ihre unglaubliche Erniedrigung beklagt, sondern auch die christlichen Staaten auffordert, sich zu einem Bündnis gegen die Türken zusammenzuschließen, um sie abzuwehren und die eroberten christlichen Länder zurückzugewinnen.

Wir können jetzt unsere Bemerkungen zusammenfassen: Unter dem Einfluss von Cricius entstand in der ersten Hälfte des 16.

12. A. Cricius, op.cit., S. 112 ff.

13. Das Fürstentum Walachei im Süden des heutigen Rumänien, damals von der Türkei abhängig.

14. Ad D. Ioannem Antoninum, insignem medicum, Budae a Turcis occupatae querela, in: Klemens Janicki, op.cit., S. 58 ff.

Jahrhunderts ein spezieller Zweig der politischen Dichtung Polens, in der die allegorische Figur des Staates oder eines abstrakten Begriffes, wie des der Religion, die Zeitgenossen zur Zusammenarbeit und zum Frieden mahnt, die klagt über deren Streitsucht und über das Fehlen von Solidarität angesichts der Probleme der Gemeinschaft. Zuerst bei Cricius, dann bei Janicius mehrfach auftretend, wurde dieses Motiv von Rej übernommen, der von Cricius abhängen dürfte. In der Mitte des Jahrhunderts entsteht schon eine Fülle paränetischer Literatur, in der häufig die Figur der "Res publica" die Untertanen mahnt und sie auffordert, die Zwistigkeiten aufzugeben und gemeinsam das Land für eine bessere Zukunft aufzubauen. Diese Figur wurde auch zu satirischen Zwecken benutzt. In der Literatur, die nach der unglücklichen Heirat des jungen König Sigismund mit Barbara Radziwill entstand, tritt die Figur der Republik auf, prangert die Leichtsinnigkeit des Königs an und wirft ihm vor, daß er seine erste Frau, Prinzessin Elisabeth von Habsburg, vernachlässigt und verlassen hat.[15] Später ist die allegorische Figur Gemeingut der polnisch geschriebenen Literatur, zuerst vielleicht von Rej übernommen, dann von den Prosaikern.

Daß Rej von Cricius und den anderen polnischen Neulateinern abhängt, verwundert nicht. Er war sehr belesen und verfolgte mit Aufmerksamkeit die zeitgenössische Literatur. Fast alle seine Dichtungen und auch Prosawerke wurden unter dem Einfluß der zeitgenössischen Schriftsteller geschrieben, vor allem der lateinisch schreibenden, aber auch der deutschen; da aber Rej diese zwei Sprachen (d.h. Latein und Deutsch) nur passiv beherrschte, konnte er zwar alles lesen und verstehen, war aber nicht imstande, korrektes Humanistenlatein zu schreiben. Darum hat er auch Polnisch als sein Ausdrucksmittel gewählt; so ist jedenfalls meine Meinung.

Gleichfalls verwundert wenig, daß Kochanowski sich mit dieser Tradition der lateinischen und auch der polnischen Dichtung verbunden fühlte. Aus Italien nach Polen zurückgekehrt, wollte er vornehmlich als politischer Dichter Geltung erlangen; denn es entsprach der Tradition der polnischen Literatur aus der ersten

15. Vgl. Nowak-Dłużewski, op.cit., S. 171 ff.

Hälfte des Jahrhunderts, daß Dichter von Qualität vor allem zu politischen Themen das Wort ergreifen. Die philosophische Dichtung, die Kochanowski erst später pflegte, als er vom höfischen Leben enttäuscht nach Czarnolas übersiedelte, galt allgemein als eine Art von Zeitverschwendung, die eines Staatsmannes nicht würdig war. So ist es selbstverständlich, daß er sich nach seiner Rückkehr aus Italien zunächst mit politischen Dichtungen beschäftigte. Er wollte sich den Namen eines Dichters verdienen, der einen wichtigen Beitrag zur Diskussion über den Zustand des Staates leistete. Darum hat auch Kochanowski nicht versucht, besonders originell zu wirken. Er hat die Thematik gewählt, die viele andere beschäftigte, und hat versucht, die so oft diskutierte Problematik ähnlich wie seine von ihren geschätzten Vorgänger darzustellen.

Zu ihnen zählte er sicherlich eher Cricius als Rej. Drei Jahre nach dem Erscheinen von *Zgoda* wurde die *Religionis et reipublicae querimonia* des Cricius in Krakau wiedergedruckt, wie wir schon bemerkt haben; das Thema der bedrängten Republik wird gerade 1562 von Rej in *Zwierzyniec* aufgegriffen (1562), wo der Autor in der am Ende des Buches befindlichen Klage der Republik (a tu napirwej Rzeczpospolita skarży sie na swe nieszczęście) die gesamte Argumentation von Cricius übernommen hat. So wurde Cricius wiederum aktuell. Die sachlichen und formalen Zusammenhänge zwischen Cricius und dem Anfang der Sechzigerjahre schreibenden Dichter sind also nicht zu übersehen.

Wir kehren wiederum zu *Zgoda* zurück. Wie gesagt beginnt Kochanowski mit der Klage der "Res publica", daß der Staat durch Streitereien zwischen den Adligen lahmgelegt wurde und nicht mehr funktionierte, der Staat, der so schön von den Ahnen geplant und mit deren Grundsätzen so vernünftig eingerichtet worden war.[16] Eine ähnliche Gegenüberstellung einer schönen Idee und einer schönen Vergangenheit mit der tristen Realität der ewigen Zwiste zwischen den Adligen finden wir auch am Anfang der Querimonia von Cricius. "Res publica" wirft den Adligen vor, daß sie den so reichen und schönen Staat durch ihre Streitereien vernichten: "cum mihi sint ... et opes et equi, sint munera plurima

16. Vgl. Anmerkung Nr. 2.

terrae ... tamen ... laceranda domi forisque ... consumor"–spricht die Republik[17] und fährt fort, genau wie Kochanowski, daß die Adligen nur ihre Privatinteressen betreiben und keine Sorge tragen für die Gesellschaft: "proiecti mores veteres virtusque fidesque ... nullá sit vis iussis, decretis nulla facultas".[18] Kochanowski hat diese Klagen fast wörtlich aus Cricius übersetzt: "... zginęły wszystkie prawie poczciwe zabawy (virtusque fidesque), A nastało łakomstwo i swawola wielka, wzgarda sądów, Zuchwalstwo i wszeteczność wszelka".[19]

Es war also Cricius, der als erster Dichter diese Argumente vorgetragen und in einer bestimmten Reihenfolge angeordnet hat. Die Nachfolger, Rej sowie die Prosaiker Orzechowski und Skarga, bedienen sich oft dieser Argumentation und ändern eigentlich nur wenig daran. Vor allem wurden die Adligen getadelt, daß sie die schöne Idee der Ahnen entstellt und verspielt hätten. Auch Kochanowski folgt der Argumentation von Cricius, manches wurde jedoch von ihm geändert, oder sagen wir besser, etwas anders formuliert. Es ist interessant, daß es gerade die Klage über den Untergang der Religion war, die von Kochanowski anders als von Cricius gewertet wurde.

Für Cricius war der Untergang der Religion eine der wichtigsten Ursachen von Polens miserablem Zustand, was bei einem Erzbischof verständlich ist. Um die Bedeutung des Themas zu unterstreichen, hat Cricius die Religion als weitere Person in das Gedicht eingeführt. Nach der Klage der Republik folgt also die Klage der Religion, die übrigens ähnliche Argumente gegen die Adligen vorbringt wie die Republik, daß nämlich sie vor allem sich nur um Eigeninteressen kümmerten, das Gemeinwohl dagegen für sie gänzlich uninteressant sei.

Eine ähnliche Denkweise finden wir auch bei Kochanowski, nur beklagt er den Religionsverfall nicht so ausführlich wie Cricius. Er ist für Kochanowski eher noch ein weiterer Beweis des Egoismus der Adligen, die nicht nur für den Staat, sondern auch für die Religion wenig Interesse zeigten. Die satirische Kraft der

17. Cricius, op.cit., 90 ff. (V. 6 ff.).
18. Ibid., S. 92 (V. 47 ff.).
19. Kochanowski, op.cit., S.58 (V. 127 ff.)

Argumentation des Cricius hat Kochanowski abgeschwächt und verkürzt.

Das hängt sicherlich auch mit den ganz verschiedenen Temperamenten der beiden Dichter zusammen. Cricius war als großartiger Satiriker bekannt, der Hof fürchtete sich seinen Gedichten, die mitleidslos und ohne Rücksicht die Zeitgenossen tadelten. Zu den Anekdoten der Epoche gehört, wie er seinen Rivalen für das erzbischöfliche Amt bloßstellte, indem er in einem Epigramm beschrieb, wie sein Widersacher eine Dame, die er zu sich eingeladen hatte, möglichst schnell, als er beim Tête-à-Tête gestört wurde, entfernen wollte, indem er sie in einem Korb an die Außenwand des Hauses verfrachtete.[20] Die Schwäche der Bischöfe für das weibliche Geschlecht wurde von Cricius oft verspottet, so daß schließlich das Wort "gamratka" entstand, abgeleitet von Peter Gamrat, dem Bischof in Przemyśl und Krakau, mit der Bedeutung "Freundin reicher Männer".

Kochanowski hatte gar kein satirisches Talent und hat daher auch die satirischen Übertreibungen der Argumentation, die er aus dem Gedicht von Cricius übernommen hat, in *Zgoda* gemildert. Das lag vielleicht auch an der Sprache. Cricius bediente sich des Lateins, in dem man leicht aus dem Wortschatz der römischen Satirikern schöpfen konnte — kein Wunder also, daß *Querela reipublicae* stark an Juvenal erinnert. Die polnische Sprache hatte bis dahin keine satirischen Ausdrucksmittel ausgebildet, es fehlten Redewendungen, Wörter, stilistische Eigenheiten der Satire. Die altpolnische Satire entstand viel später, erst im 17. Jahrhundert, als man die satirische Dichtung des Horaz bewußt zu imitieren begann. Es überrascht daher nicht, daß das Gedicht von Kochanowski eher an eine paränetische, moralistische Dichtung erinnert als an eine Satire. Besonders klar sieht man das, wenn man das nächste Gedicht, also den *Satyr* betrachtet. Obwohl *Satyr* benannt, hat das Gedicht nur wenig mit einer Satire zu tun,[21] es ist wie *Zgoda,* eher eine Predigt in poetischer Form, die die Adligen

20. Cricius, op.cit., S. 162, ep. LXX: Casus ridiculus quidam De meretricula demissa in rei per fenestram ex hospitio cuisdem episcopi (es war der Posener Bischof Johannes Latalski) ianua per hospitem occlusa.

21. Über die Bedeutung von Satyr vgl. Pelc, op.cit., S. 190 ff.

wegen ihres Egoismus tadelt und ermahnt.

Möglicherweise hatte auch die *Querela* des Janicius einen gewissen Einfluss auf Kochanowski, der dessen Ausführungen nicht als Satire, sondern als eine Mahnung verstand. Der Bauernsohn Janicius würde nie wagen, eine bittere Satire auf die Adligen zu schreiben, da dies böse Folgen für ihn nach sich ziehen könnte. Außerdem war er als ein lyrisches Talent und wegen seiner Feinfühligkeit bekannt. Er meidet meistens die heikle Problematik der Zeit, die sonst in der Literatur häufig behandelt wurde, oder beschreibt sie vor allem als Lyriker.

Daß Kochanowski die *Budae querela* des Janicius gelesen hat, steht eigentlich außer Zweifel, da sie eines der bekanntesten Gedichte der Epoche war, gepriesen von den Freunden der Habsburger, getadelt von ihren Feinden. Das Motiv von Buda und ihrer Zerstörung durch die Türken hat übrigens Kochanowski in *Zgoda* ausführlich benutzt; die Verantwortlichen für das Unglück jedoch wurden von Kochanowski, anders als bei Janicius, beim Namen genannt: Es sind die Adligen, die an der Vermehrung ihres Wohlstands interessiert sind, sich aber nicht um die Bedrohung ihrer Nachbarn durch die Ungläubigen kümmern. Bei Janicius sind die Schuldigen an dem Desaster die Christen im allgemeinen. Die polnischen Adligen konnten sich beim Lesen der Vorwürfe verhältnismäßig wenig angegriffen fühlen.

Doch zurück zu Kochanowskis Frühwerk. Er hat also die Argumentation, viele Leitmotive sowie sprachliche Ausdrücke von Cricius übernommen und seine Dichtung mit Lesefrüchten aus Janicius, dem Nachahmer des Cricius, angereichert. Worum hat er sich verdient gemacht? Was hat er also eigentlich Neues beigetragen? Es sieht bei oberflächlicher Betrachtung so aus, als ob sein Beitrag im Grunde eher bescheiden gewesen ist. Das trifft aber nicht zu. Kochanowski hat das Original verarbeitet, indem er der Aussage eine etwas veränderte Bedeutung gab. Er übersetzte nicht wörtlich; sein Werk stellt eher eine gelungene Paraphrase dar. Der satirische Ton von Cricius wurde sichtlich gemildert; er folgte der Stimmung des Gedichts von Janicius, das eine wirkliche "querela", also eine Klage ist, nicht Satire wie bei Cricius. Er hat der formell ungeschickt gebauten Satire des Cricius (weil aus zwei Teilen, aus der Klage der Republik und aus der Klage der Religion zusammengesetzt) die satirische Schärfe genommen, das

Gedicht in eine versifizierte Predigt, — vielleicht besser gesagt: in eine moralische Mahnung umstilisiert, seinem Talent als Dichter und seinem Temperament als Mensch folgend. Außerdem hat er die formale Struktur vereinfacht, indem er die beiden Motive, das der Religion und das des Staates, vereinigt hat, sehr geschickt kombiniert; denn nun ist nicht leicht zu erkennen, daß das Gedicht eigentlich zweigeteilt war. Die Personifikation, das beliebte Stil- und Ausdrucksmittel der Humanisten, hat sich seit Cricius in der polnischen Literatur gut eingenistet und hat diese Funktion fast bis zum heutigen Tag in patriotischen Predigten bewahrt. Kochanowski hat sicherlich dazu beigetragen, indem er, dem Beispiel von Janicius folgend, der klagenden Republik viele durchaus sympathische Charakterzüge gegeben hat. Die Zuhörer oder Leser seiner *Zgoda* mußten starke Sympathie für das weinende Vaterland empfinden, besonders, wenn sie nicht so heftig wie im Gedicht des Cricius getadelt werden, selbst schuld daran zu sein.

Kochanowski hat noch mehr geleistet. Verglichen mit Rej, der die Ideen von Cricius in einer eher primitiven Sprache ausgedrückt hat, war Kochanowski imstande, auch abstrakte Vorwürfe und abstrakte Ideen in der polnischen Sprache zu formulieren, die vor ihm nicht fähig gewesen war, als Ausdrucksmittel mit dem Latein zu konkurrieren. Noch Rej hat einen lateinischen Satz durch mindestens zwei polnische Sätze mühsam zu umschreiben versucht und scheiterte meist kläglich, wenn er die abstrakten Begriffe des Lateinischen in polnischer Sprache ausdrücken wollte. Das stellte für Kochanowski kein Problem mehr dar: Er übersetzte oder paraphrasierte das Latein eines Cricius oder Janicius, und wenn er auch den Ton der Gedichte milderte, tat er das absichtlich, um seine Leser nicht allzu scharf anzugreifen. Dasselbe sehen wir übrigens in seiner späteren lyrischen Dichtung. Kochanowski weiß immer, wie er Horaz übersetzen oder paraphrasieren soll, und wenn er etwas in dem übersetzten Text ändert, tut er es nicht, weil er nicht anders übersetzen kann, wie Rej, sondern weil er anders übersetzen will.

So kommen wir zur Schlußfolgerung dieser Betrachtungen. Kochanowski war der erste, der den Ideen der Neulateiner, die vor ihm die Grundbegriffe der politischen Dichtung Polens geschaffen haben, ein neues, ein polnisches Kleid gegeben hat. Er war ein

Genie, wenn wir schon diesen Begriff verwenden wollen, nicht als der Dichter, der ganz neue Ideen und eine neue Weltanschauung geschaffen hat, sondern als der Dichter, der die dem Latein entsprechenden polnischen Ausdrücke kreiert hat. *Zgoda* bietet keine Ideen, die nicht schon vorher formuliert worden sind. Das Neue ist, daß Kochanowski imstande war, diesen Ideen einen perfekten Ausdruck im Polnischen zu geben. Darin ist auch seine Originalität zu suchen. Seine Stärke lag in der Sprache — nicht in der lateinischen, sondern in der polnischen Sprache. Darum konnte er auch später behaupten, er sei der erste polnisch schreibende Dichter, dem sich die Muse geoffenbart hat. Und diese Behauptung war auch richtig in ihrem Stolz und in ihrer Bescheidenheit zugleich.

II. BEITRÄGE ZUR BAROCKFORSCHUNG
(herausgegeben von Martin Bircher)

Wilfried Barner

"STUDIA TOTO AMPLECTENDA PECTORE". ZU PETER LUDERS PROGRAMMREDE VOM JAHRE 1456

Von eher sprödem Reiz sind immer noch, trotz unseres Zuwachses an Einzelkenntnis und Epochendeutung während der letzten Jahrzehnte, die Pionier-Gestalten und die charakteristischen Texte aus der Frühzeit des Humanismus in Deutschland.[1] Couragiert und verdienstvoll, aber zersplittert und mäßig originell, überdies rhetorisch ein wenig dick auftragend: Dieser Eindruck, bald einem einzelnen, bald einer Gruppe geltend, dominiert bei aller Sympathie, ja Verehrung - seit in der zweiten Hälfte des vorigen Jahrhunderts diese Periode als genuine Stufe der deutschen Bildungs-, Wissenschafts- und Literaturgeschichte wiederentdeckt wurde.[2]

Setzt man einstweilen die schon ein wenig obsolet gewordene Streitfrage beiseite, inwieweit die böhmischen Neuerungen um die Wende zum 15. Jahrhundert als der eigentliche Beginn des

1. Ein Überblick über die gegenwärtigen Einschätzungen durch die Forschung kann und soll hier nicht gegeben werden. Anregend immer noch Otto Herding: Probleme des frühen Humanismus in Deutschland. In: Archiv für Kulturgeschichte 38 (1956) S. 344 - 389. Knappe, nützliche Zusammenfassung mit umfangreichen Literaturangaben bei Eckhard Bernstein: Die Literatur des deutschen Frühhumanismus. Stuttgart 1978. Zur Institutionengeschichte, besonders im Hinblick auf Gelehrtenstand und Poetik Gunter E. Grimm: Literatur und Gelehrtentum in Deutschland. Untersuchungen zum Wandel ihres Verhältnisses vom Humanismus bis zur Frühaufklärung. Tübingen 1983. S. 15-114.

2. Für Jahrzehnte prägende, noch heute in Teilen nützliche erste Zusammenfassung: Georg Voigt: Die Wiederbelebung des classischen Alterthums oder das erste Jahrhundert des Humanismus. 2 Bde. Berlin ^{3}1893 (^{1}1859).

deutschen Humanismus gelten dürfen,[3] so scheinen die weiter westlich angesiedelten Manifestationen um die Mitte des Jahrhunderts heterogen genug. Und oft kurzlebig und regional eng begrenzt. Unter den Mächtigen der Zeit ist die Zahl der die "studia" protegierenden Landesfürsten, bei Lichte besehen, vorerst recht bescheiden: Mechthild von Rottenburg (Erzherzogin von Österreich, geborene Pfalzgräfin bei Rhein), ihre Freundin Eleonore von Österreich (Gattin Herzog Sigismunds, des Freundes von Enea Silvio), Friedrich von der Pfalz (Kurfürst, Pfalzgraf bei Rhein) sind schon die wichtigsten.[4] Beziehungen zur burgundischen und zur Wiener Tradition sind ebenso bezeichnend wie "Zufälle" der Verwandtschaft und der Freundschaft.

An Universitäten gelingen, unter landesherrlichem Schutz, humanistische "Durchbrüche" nur hier und da, wie in Heidelberg, Freiburg, Erfurt, Basel, Wien, und auch dort - wie in Krakau - oft nur mit erheblichen Rückschlägen. Die Perspektive des Humanismus-Historikers bedarf immer wieder, besonders für diese Frühphase, der Erinnerung an das oft Episodische oder zunächst Marginale.[5] Humanistengestalten, die eher für Kontinuität und breitere Wirkung zu stehen scheinen, wie Albrecht von Eyb, Niclas von Wyle oder Heinrich Steinhöwel, konzentrieren ihre Tätigkeit gerade nicht auf die Universitäten, sondern suchen charakteristischerweise ihren Rückhalt eher direkt an einem Hof oder in städtischen Diensten. Ihr Name jedoch ist in der Rückschau zuallererst verbunden mit: Übersetzungen. Und dies führt aus dem engeren, dem streng der "lingua eruditorum" verpflichteten Bezirk ostentativ hinaus.

Wie immer dieses (erweiterungs- und detaillierungsbedürftige)

3. Die Kontroversen um das zentrale Paradigma Ackermann bis in die jüngste Zeit stellt dar Gerhard Hahn: Der Ackermann aus Böhmen des Johannes von Tepl. Darmstadt 1984.

4. Eine umfassende neuere Untersuchung - neben manchen Einzelstudien - fehlt bisher zu diesem Gebiet, im Gegensatz etwa zu den italienischen Höfen.

5. Hierzu Notker Hammerstein: Humanismus und Universitäten. In: Die Rezeption der Antike. Zum Problem der Kontinuität zwischen Mittelalter und Renaissance. Hrsg. v. August Buck. Hamburg 1981. S. 23-39.

Erscheinungsbild des "Frühhumanismus"[6] geschichtlich zu begründen sein mag: Gemessen an der nächsten und vor allem der übernächsten Generation, die als "Hochhumanismus" zu bezeichnen sich eingeführt hat, drängen sich schon in den Augen der Wiederentdecker und Neubewerter aus dem 19. Jahrhundert die Defizite auf. Es fehlen die großen, faszinierenden Gestalten vom Range eines Reuchlin, Brant, Celtis, Erasmus oder Hutten. Es fehlt ein strahlender Patron wie Maximilian, um den sich nicht nur idealiter - und eifrig miteinander konkurrierend - die verschiedenartigsten Temperamente auch nationalbewußt sammeln konnten. Und es fehlen, in der neu errungenen "latinitas", präsentierbare und exemplarisch orientierunggebende Werke nach Art des *Henno* Reuchlins, des (von Locher ins Lateinische übertragenen) *Narrenschiffs* von Brant, der *Amores* von Celtis oder der *Facetiae* Bebels. So betrachtet, scheint um die Jahrhundertmitte der universitäre Humanismus, wo überhaupt er sich regt, noch ganz im Zeichen des Sichvortastens, des Anspruchs, der Gesinnung. Wenn ein Moment der Frühe, des heroischen Beginns als Attraktion in Frage kommt, so ist er gleich einer doppelten Relativierung ausgesetzt. Was sich mit effektvoller Rhetorik als das ganz Neue und Notwendige artikuliert, ist zunächst entschiedener Rekurs auf Altes, auf Vernachlässigtes oder Vergessenes. Und was der Institution - nicht zu vergessen: auch dem Landesfürsten und seinen Ratgebern - als das moralisch Anzustrebende, ja gesellschaftlich "Nützliche" angepriesen wird, ist jedenfalls vorderhand etwas nicht in der autochthonen Überlieferung Verankertes. Es ist Import aus dem Süden, mit all dem möglicherweise modisch Attraktiven, das darin liegt, aber auch der Fremdheit, die erst überwunden sein will. Für Petrarca ist der Dialog mit Cicero immediat, für den deutschen Humanisten der Frühzeit führt allenfalls ein mühevoller Weg dorthin.[7]

6. Die wichtigsten geschichtlichen Bereiche und die Hauptpositionen der Forschung bei Bernstein: Die Literatur des deutschen Frühhumanismus. Ausführliche Darstellung der offiziösen DDR-Position bei Winfried Trillitzsch: Der deutsche Renaissance-Humanismus. Leipzig 1981. S. 7-110.

7. Zu Kontrasten solcher Art insgesamt lehrreich Heinz Otto Burger: Renaissance, Humanismus, Reformation. Deutsche Literatur im

Das Bewußtsein, vor einer traditionalen Sondersituation zu stehen,[8] gehört bekanntlich zu den variierten Konstanten des deutschen Humanismus in seinen verschiedenen Stufen und Ausprägungen, bis hin zum Postulat einer besonderen Mission. Die rhetorische Mobilisierung einer zwingenden Analogie von "translatio imperii" und "translatio artium", wie sie sich etwa in Celtis' Ingolstädter *Oratio* von 1492 manifestiert,[9] ist gewissermaßen das ins Triumphalistische gewendete Defizitbewußtsein. Enea Silvios vielzitierter Lehrbrief an Herzog Sigismund von Österreich vom 5. Dezember 1443[10] bezeichnet aus der Sicht eines nach "Germania" blickenden italienischen Humanisten die komplementäre Ausgangsposition. Für jene Typen deutscher Frühhumanisten, von denen eingangs die Rede war, dominieren im Vergleich mit der avancierten Position eines Celtis das Willentliche und das Behauptende eindeutig. Rudolf Agricola vermag auch im Ursprungsland der "renatae litterae" selbst nicht davon zu abstrahieren, als er zu Beginn des Wintersemesters 1476 in Ferrara vor dem Herzog Ercole d'Este das Lob der "philosophia" und der übrigen "artes" singt.[11]

Im Verständnis und in der Bewertung der frühhumanistischen "Pioniere" haben sich diese Momente des Abgeleiteten, Übernommenen und des Fordernden, noch Uneingelösten

europäischen Kontext. Bad Homburg v.d.H./Berlin/Zürich 1969; auch Hans Rupprich: Vom späten Mittelalter bis zum Barock. Erster Teil: Das ausgehende Mittelalter, Humanismus und Renaissance 1370-1520. München 1970. (de Boor/Newald: Geschichte der deutschen Literatur, Bd. IV 1), S. 425-460.

8. Hierzu Wilfried Barner: Über das Negieren von Tradition. Zur Typologie literaturprogrammatischer Epochenwenden in Deutschland. In: Epochenschwelle und Epochenbewußtsein. Hrsg. v. Reinhart Herzog und Reinhart Koselleck. München 1986 (Poetik und Hermeneutik. XII). (u.a. zu Conrad Celtis).

9. Wie vorige Anm.

10. Der Briefwechsel des Eneas Silvius Piccolomini. Hrsg. v. Rudolf Wolkan. 1. Abtlg. Bd. 1. Wien 1909. S. 222-236.

11. Abgedruckt in: Humanismus und Renaissance in den deutschen Städten und an den Universitäten. Hrsg. v. Hans Rupprich. Leipzig 1935. S. 164-183.

wiederholt als Hindernisse erwiesen. Als Wilhelm Wattenbach in den 60er Jahren des vorigen Jahrhunderts, also noch während seiner Heidelberger Zeit, den frühen "Wanderhumanisten" Peter Luder aufgrund glücklicher Dokumentenfunde dem Vergessensein erst eigentlich wieder entriß,[12] war er bezeichnenderweise an der Rekonstruktion der Biographie deutlich mehr interessiert als an der Interpretation seines scheinbar unoriginellen Programms oder gar an der sprachlichen Prägung seiner Texte.[13] Nicht zuletzt aber blieb ihm sein ironisch so titulierter "Held" in Distanz als moralische Persönlichkeit. Sie dünkte ihm, aufgrund zahlreicher bezeugter Affären - besonders auch erotischer Art -, als suspekt.[14] Über Jahrzehnte hin ist Luder den Geruch des verkommenen Bettelhumanisten, ja des Libertinisten kaum losgeworden. Bei Georg Voigt[15] figurierte er als "ein verlumpter und verlotterter Strolch", der "mit der Anmaassung auftrat, die Musen in Deutschland einzuführen und das Barbarenlatein seiner Collegen zu reinigen". Für Friedrich Paulsen[16] repräsentierte er mit seiner "Aufschneiderei", seiner "renommistischen Anpreisung der neuen Bildung" und anderen Zügen "den Standescharakter einer ganzen Gruppe fahrender Humanisten".

Frank E. Barons verdienstvolle Monographie über Peter Luder[17] hat schließlich, jenseits solcher Prädizierungen, viele Einzelheiten des Lebenswegs aufgehellt und ist insbesondere auch den Abhängigkeiten vom italienischen Humanismus nachgegangen, allen voran dem Einfluß von Luders Lehrer Guarino

12. Wilhelm Wattenbach: Peter Luder, der erste humanistische Lehrer in Heidelberg. In: Zeitschrift für die Geschichte des Oberrheins 22 (1869) S. 33-127 (auch als Einzeldruck Karlsruhe 1869).

13. Die Profession des "Historikers" allein ist hier offenkundig nicht ausschlaggebend.

14. So vor allem im Anschluß an den Briefwechsel Luders mit Mathias von Kemnat (und den dort berichteten Liebesabenteuern).

15. Voigt: Die Wiederbelebung. Bd. 2. S. 294-301.

16. Geschichte des gelehrten Unterrichts auf den deutschen Schulen und Universitäten. Bd. 1. Leipzig 1896. S. 76f.

17. Frank E. Baron: The Beginnings of German Humanism: The Life and Work of the Wandering Humanist Peter Luder. Ph.D. Diss. Berkeley 1966 (Ann Arbor, Michigan 1966).

von Verona. Dieses Muster, und in ihm mancherlei andere humanistische Tradition, ist in Luders Heidelberger Programmrede von 1456 - die er in den folgenden Jahren an anderen Universitäten wiederholte - überall zu greifen.[18] Also doch auch hier nur das Importierte, das Unoriginelle, das Willentliche, das Fordernde?

Dreierlei ist vonnöten, um das Charakteristische, eventuell Symptomatische dieser frühen Rede in den Blick zu bekommen. Was sich historisch-biographisch an Anlaß-Kontexten erschließen läßt, muß im Sinne der rhetorischen Kategorie der "circumstantia" als Konstellation begriffen und interpretiert werden. Über den Nachweis bestimmter Zitate und Quellenmomente hinaus muß es darum gehen, die spezifische Weise der produktiven Traditionsverarbeitung zu bestimmen. Schließlich eignet dieser Rede, gerade als einer Manifestation des "Imports" und des "Programms", ein besonderer Wirklichkeitscharakter, der zwar nicht im strikten Verstande Fiktionalität bedeutet, aber auf einer Imaginativität beruht, die erst zu erfassen ist.[19]

Im Sommer des Jahres 1456 hängt am Schwarzen Brett der Heidelberger Universität ein Anschlag aus, der eine Novität ankündigt und rasch einige Aufmerksamkeit erregt haben dürfte. In drei ausladenden, mit neuartig kunstvollen Partizipial-und Gerundivkonstruktionen operierenden Perioden wird eine "lectio publica" angekündigt.[20] Der ruhmreiche Landesherr Friedrich, Pfalzgraf bei Rhein und Reichsverweser des Römischen Reiches, habe, dem klugen Votum seines Hofrats folgend, beschlossen, die lateinische Sprache, die schon fast zur "barbaries" herabgesunken sei, an seiner Hochschule wiederherzustellen. Und er habe angeordnet, die "studia humanitatis, id est poetarum, oratorum ac hystoriographorum libros" öffentlich zu lesen. Dessenthalben werde also ein Peter Luder, besoldet durch den ruhmreichen Fürsten höchstselbst, zu noch näher anzugebenden Zeiten über Horazens *Epistulae* und über die *Historiae* des Valerius Maximus

18. Beispiele bei Baron: The Beginnings. S. 55-59 (mit Anmerkungen S. 185f.); vgl. auch S. 16-29.

19. Dazu unten besonders unter dem Stichwort "evidentia".

20. Abdruck bei Wattenbach (s. Anm. 12). S. 99f.

öffentlich lesen. Wer immer folglich sich durch Verbesserung seines "latinum eloquium" respektabler zu machen beabsichtigte, möge sich die "libros studiorum humanitatis" zu eigen machen, der diesbezüglichen "doctrina" sein dürstendes Ohr leihen und jene "studia" zu hören nicht verschmähen.

Die gezielte Rückversicherung beim Landesfürsten, über das bloß Pflichtschuldige hinaus, ist ebenso offenkundig wie das sorgsam indirekte Vorbringen der "barbaries"-Kritik, und nicht zuletzt die provokante Sicherheit, mit der zweimal die wahre Latinität ("latina lingua", "latinum eloquium") auf die "studia humanitatis" gegründet wird. Und dies wiederum mit der Selbstverständlichkeit des "id est": auf die antiken Klassiker. Das Aktuell-Wichtige und das Akademisch-Lebenspraktische werden unüberhörbar in dem Hinweis auf die "neueste Bildungspolitik" des Dienstherrn[21] und auf die Möglichkeit, sich durch humanistische Studien "clariorem efficere".

Schon herumgesprochen haben dürfte sich, daß dieser Peter Luder aus Kislau im fränkischen Kraichgau - also nicht weither - ein Heidelberger Alumnus gewesen ist und nun, nach immerhin zwanzig Jahren akademischen Wanderdaseins in Italien, die Heimat wiedergesucht hat. Er würde, jedenfalls nach eigenem Anspruch, das "Neueste" aus dem Mutterland der humanistischen Studien präsentieren - eine charakteristische Grundsituation der Wissenschaftsgeschichte mit Verhaltensmustern, die auch der Gegenwart nicht ganz unvertraut sind. Man denke an so manchen Linguisten, der in den 60er Jahren mit sogenannten grauen papers - eifrig daraus zitierend - aus den Vereinigten Staaten zurückkam und somit über brandneues Autoritätswissen zu verfügen beanspruchte.

Über die sittliche Persönlichkeit des etwa Vierzigjährigen[22] wie auch über das etwas vernachlässigte Äußere des weit Herumgekommenen scheint nicht das Günstigste zu berichten zu sein

21. Vgl. Gerhard Ritter: Die Heidelberger Universität, Bd.1. Heidelberg 1936. S. 373-390.

22. Das Geburtsjahr ist lediglich erschließbar, ausgehend von der Immatrikulation an der Heidelberger Universität im Wintersemester 1430/31; angenommen wird 1415/16 (die Zeugnisse bei Baron. S. 8f. mit Anm.).

(und dies wird sich noch manchesmal bestätigen).[23] Die Auseinandersetzungen um "via antiqua" und "via moderna" haben auch die Heidelberger "universitas" gerade schon zur Genüge in Unruhe versetzt.[24] Der "Neue" wird als Außenseiter die Situation womöglich noch komplizieren.

Daß mancher in der Artistenfakultät ob der von außen kommenden Erweiterung des Lehrspektrums nicht gerade erbaut sein dürfte, liegt auf der Hand. Schon in Luders ausgehängtem Kurzprogramm[25] steckt kaum verhüllt der Vorwurf, daß es auf dem zentralen Gebiet der Latinität bei den Heidelbergern nicht zum besten stehe. Die Antrittsrede, die Luder nach Humanistenart halten wird, könnte dieses Tendenziöse möglicherweise noch drastischer und detaillierter in die universitäre Öffentlichkeit tragen. Der generellen Protektion des Ankömmlings durch den Landesherrn, möglicherweise vermittelt durch Friedrichs humanistisch gesonnenen Kanzler Mathias Ramung,[26] ist einstweilen nicht beizukommen. Aber bei der "oratio", einer akademischen Angelegenheit, läßt sich vielleicht einhaken. So beschließt die Artistenfakultät, den Text zur vorherigen Prüfung anzufordern.[27] Fakultäts-Kabale wie seit Jahrhunderten.

Die nun schlaglichtartig in Erscheinung tretende Konstellation ist bemerkenswert. Luders Sache führt der einflußreiche Jurist und Universitäts-Syndicus Johannes Wildenhertz (Rektor im darauffolgenden Jahr), der selbst in Italien studiert hat und wohl spätestens seit jener Zeit den neuen "studia" nicht nur zugetan ist, sondern ihnen vermutlich in der eigenen Lehrpraxis schon Raum gegeben hat.[28] Er steht im Streit um "via antiqua" und "via moderna" deutlich auf der Seite der "antiqua". Wildenhertz übermittelt der Artistenfakultät in einem förmlichen Schreiben unter dem Datum des 14. Juli 1456 Luders Weigerung, seine

23. Zeugnisse hierzu, zum Teil indirekt, in Luders Briefwechsel, besonders mit Mathias von Kemnat.

24. Ritter: Die Heidelberger Universität. S. 379-386.

25. Wattenbach. S. 99f.

26. Hierzu Baron. S. 48-50. Ramung hat in Italien studiert.

27. Wattenbach. S. 100.

28. Die Einzelheiten sind unklar. Bei Ritter: Die Heidelberger Universität. S. 518 ist er "der erste Heidelberger Humanist".

"oratio" einer Vorzensur zu unterwerfen.[29] Wildenhertz läßt im Zitieren der Begründung den Stachel gegen die Inkompetenz der Fakultät ostentativ spüren: "cumque vobis modica aut fere nulla sit noticia poetarum".[30] Der Verdächtigte wolle aber natürlich akzeptieren, daß im nachhinein "si quid vobis inconcinnum visum fuerit aut reprehendendum", durch bestellte Gutachter ein Urteil gefällt wird. Als Sieger werde er so oder so daraus hervorgehen. Im übrigen hege er (scilicet: im Gegensatz zu seinen Verdächtigern) gegen niemanden Mißgunst oder Neid. Er sei nur ein "amator arcium", wundere sich vielmehr, daß sie, die doch auf die "artes" vereidigt seien, diese eher zu unterdrücken als zu heben schienen -"systemimmanente" Argumentation nach schon bewährter Humanistenart, wobei der Spieß der "artes" gerade gegen ihre bestallten Sachwalter gekehrt wird. Mit auffallender Deutlichkeit setzt Wildenhertz in der Ich-Form hinzu, er könne auch persönlich an dem Manne nichts bemerken, was eines Gelehrten unwürdig sei. Vielmehr habe er den Eindruck, daß die Beschwerdeführer durch bloß kaschierte Mißgunst und durch Neid "zernagt" würden.

Das solchermaßen erkennbar werdende Umfeld ist um so wichtiger, als Luder in der tags darauf (am 15. Juli 1456) "coram tota universitate almi studii Heydelbergensis" gehaltenen Rede, zumindest dem überlieferten Wortlaut nach,[31] jegliche Bezugnahme auf den Prinzipienstreit und auf die persönlichen Anfeindungen sorgfältig vermeidet. Keine Erwähnung der Kontroverse um die "viae". Kein expliziter Hinweis auf den korrupten Zustand der "latinitas", wie er noch in der Ankündigung zu finden ist und fast zum humanistischen Standardrepertoire gehört. Ein einziges Mal eine Attacke, die sich

29. Wattenbach. S. 100.

30. Ebda.

31. Abgedruckt bei Wattenbach. S. 100-110 (aus mehreren Handschriften zusammengestellt, mit einzelnen Varianten). Eine kritische Edition mit genauer Berücksichtigung der (eventuellen) Fassungen ist Desiderat. Auszüge nach Wattenbach, mit deutscher Übersetzung, in: Spätmittelalter, Humanismus, Reformation. Texte und Zeugnisse. Hrsg. v. Hedwig Heger. Erster Teilband: Spätmittelalter und Frühhumanismus. München 1975, S. 557-650.

unmittelbar aktuell wenden läßt, anonym, aber deutlich und scharf: bei der prinzipiellen Verteidigung der Poesie gegen die "insectatores poetarum", mit dem an den Wildenhertz-Brief erinnernden Seitenhieb, daß diese von der Sache selbst im übrigen keinerlei Ahnung hätten.[32]

Der Generalton der Rede ist ganz auf Anpreisung, Erläuterung, Aufruf, Werbung gestellt. Alle Vorverdächtigung, alle Aufregung soll durch die aktuelle Überzeugungskraft der "oratio" und des autoritativen "orators" aufgefangen werden - ganz im Sinne des von Luder selbst zitierten *Aeneis*-Verses (1,153): "Ille regit dictis animos et pectora mulcet".[33] Luder ist offenkundig entschlossen, die ihm mit der öffentlichen Rede gegebene Chance zu nutzen. Den Landesherrn weiß er seinem Metier und seiner Person gewogen. Der einflußreiche Wildenhertz hat sich bereits aktiv eingesetzt. Der amtierende Rektor Rudolf von Brüssel, ein Theologe, ist anwesend - wohl nicht nur pflichtgemäß, sondern als Scholastiker mit einzelnen humanistischen Interessen[34] zumindest auch wißbegierig. Gewiß wird mancher nur gekommen sein, um sich indigniert seine Vorurteile bestätigen zu lassen.

Wieviel von der humanistischen Programmatik, von den antiken Zitaten und Anspielungen, von der ausgefeilten Synonymik und Periodik tatsächlich wahrgenommen, verstanden wird, kann nur Gegenstand der Spekulation sein.[35] Das universitäre Novum als solches, Attraktion und Provokation zugleich, ist unverkennbar. Daran ändert die Tatsache wenig, daß sich in der Substanz kaum "Originelles" finden läßt. Luder folgt vor allem dem Muster seines hochgeehrten Lehrers Guarino von Verona,[36] den er während seines Studiums in Ferrara mehr als einmal bei ähnlichen Gelegenheiten erlebt hat. Frank E. Baron konnte an Beispielen

32. Wattenbach. S. 106.

33. Wattenbach. S. 105 (dort von Luder zitiert Aeneis 1, 148-153).

34. Rudolfus de Bruxella (alias de Zeelandia). Vgl. die Bibliographie bei Ritter: Die Heidelberger Universität. S. 499f., (wo auch eine Schrift über einen Petrarca-Brief verzeichnet ist).

35. Skeptisch Wattenbach. S. 42. Positiver Baron, S. 61.

36. Hierzu jetzt umfassend Renate Schweyen: Guarino Veronese. Philosophie und humanistische Pädagogik. München 1973.

zeigen,[37] daß sich Luder in Auffassungen und Formulierungen an verschiedenartige Reden, Vorlesungen, Schriften Guarinos anlehnt. Den Namen selbst erwähnt er an keiner Stelle der Rede; aber das gilt in gleicher Weise für die anderen großen Humanisten, die er selbstverständlich kennt. Das Privileg der Nennung und Zitierung beschränkt er strikt auf Bibel, heidnische Antike und Patristik.

Für die Heidelberger "circumstantia" und für die Frühphase des humanistischen "Imports" scheint es darüber hinaus bezeichnend, daß Luder gerade ein Lieblingsfeld Guarinos konsequent ausklammert: die gräzistischen Studien.[38] Sie konnte er, und sei es bloß als Programmpunkt, nicht auch noch in die Reform der "artes" einbringen. Und vor allem hätte seine eigene Kompetenz dazu nicht ausgereicht.[39]

Der ausgeprägt pädagogische Grundzug von Guarinos Lehre und namentlich seine entschiedene Verankerung der "litterae" in der "virtus" werden in Luders Rede hingegen durchgängig spürbar. Persönlichkeitsbild und "doctrina" Guarinos gehen, schon für die Zeitgenossen, überzeugend ineinander. Menschliche Zuwendung, Verträglichkeit, ja "Mangel" an Streitsucht - verglichen etwa mit Poggio oder Filelfo, denen er freundschaftlich verbunden ist - begründen seine besondere Hochschätzung. Erinnert man sich des "Vorspiels" zwischen Luder und der Heidelberger Artistenfakultät, oder auch des sonst in seinem Leben begegnenden rauhen Tons,[40] so mag man in der "oratio" selbst den mäßigenden Einfluß Guarinos am Werk sehen. Und wenn die auffällige Enthaltsamkeit gegenüber Polemik nur Taktik ist: Das personale Exempel kommt, so betrachtet, mit dem Ziel der

37. Baron. S. 55-59 (mit Anmerkungen S. 185f.).

38. Guarino war in Byzanz bei Manuel Chrysolaras gewesen; als einer der wenigen in Italien des Griechischen mündlich Fähigen dolmetschte er beispielsweise beim Florentiner Unionskonzil. Griechisch lehrte er freilich nur für wenige Interessierte unter seinen Schülern.

39. Positive Zeugnisse dazu finden sich nirgends. Die zu Beginn der Rede erwähnte Reise, die auch in griechische Gebiete führte, mag allenfalls Interesse bei ihm geweckt haben.

40. Die Auswahl der Dokumente bei Wattenbach. S. 90-127 gibt vielfältiges Anschauungsmaterial.

"persuasio" überein. Der Weitherumgekommene hat, für diesen heiklen Anlaß, bei dem richtigen Lehrer gelernt; und er erweist sich als anpassungsfähig.

Der Aufbau der Rede[41] ist schulmäßig klar, "schulmäßig" natürlich vor allem nach dem Muster Ciceros. Dem ganz knappen "exordium", mit Apostrophe der Anwesenden,[42] folgt sogleich in der ersten Person Singularis, die "narratio", die das Grundproblem der Rede in nuce enthält: Abriß seines Lebens- und Bildungsganges von der Kindheit an, mit der Grammatik auf der Schule, der Syllogistik an der Heidelberger Universität, dann den Wander- und Lehrjahren in Italien (und Griechenland) bis zum Entschluß, sich "ad studia optimarum arcium" zu bekehren (das "conversio"-Motiv ist hier wie in vielen Humanistenreden deutlich - man denke an den pathetischen Höhepunkt in Celtis' Ingolstädter *Oratio* von 1492[43]). Damit ist der Übergang geschaffen zur sachlichen "argumentatio", zur Darlegung der "res": dem Abriß zunächst von Trivium und Quadrivium mit Einschaltung der Medizin - von der Luder in späteren Jahren weitgehend leben wird[44] - und der Jurisprudenz und mit Hervorhebung der Ethik, schließlich der Theologie, die unzweideutig als "dominatrix maxima" tituliert wird.

In einem Neuansatz, der die erste Person Singularis wiederaufnimmt, verbindet sich ethische und pathetische Argumentation zu einer bekenntnishaften Bestimmung des "verum et infallibile fundamentum", das als "studia humanitatis" fixiert wird (Luder ist bekanntlich, nach heutigem Wissensstand, der erste, der diesen Begriff in Deutschland in öffentlicher Rede

41. Eine gründliche Analyse ist bisher nicht publiziert worden. Vorstudien hierzu erbrachte eine sorgfältige Hausarbeit von Karl-Heinz Röll (im Zusammenhang eines mit Walter Haug abgehaltenen Seminars über "Literarisches Traditionsverhalten zwischen Mittelalter und früher Neuzeit").

42. Die Abkürzung "etc." kann im konkreten Vortrag (insonderheit bei der Wiederholung an anderen Universitäten) eine detailliertere Ausfüllung mit weiteren Titeln resp. Namen bedeutet haben.

43. Hierzu Barner: Über das Negieren von Tradition (s. Anm. 8).

44. Promotion zum Doktor der Medizin 1464 in Padua, dann in Basel Lehre in der medizinischen Fakultät und ärztliche Tätigkeit in der Stadt.

verwendet hat).[45] Das "conversio"-Motiv kehrt wieder, in christlicher Emphase wird der Segen des Parakleten erfleht.

Die "tria (...) humanitatis genera" werden im eigentlichen Mittel- und Hauptteil der Rede nacheinander materialiter entfaltet: "historia" (auch pluralisch als "historiae", nur einmal als "historiographi"), "oratores" (mit den "precepta rhetorice") und "poetae" (oder "poesis"). Alle drei "genera" werden, jeweils mit dem - wechselnd akzentuierten -Doppelaspekt der "utilitas" und der "iocunditas", von der "virtus" her legitimiert. Hier ist überall Guarino merkbare Leitautorität, freilich nur in der Tendenz; denn auch in dessen "doctrina" sammeln sich bereits die seit Petrarca humanistisch propagierten und ausdifferenzierten Argumente. Untereinander stehen die drei "genera", dispositionell als "partes", im Verhältnis der Klimax, ablesbar schon an dem jeweiligen zentralen Klassikerbeleg.

Für die Historie stammt er aus Cicero, für die Redekunst aus Vergil, und für die Poesie aus Terenz und Vergil. Die 4. Ekloge als "vaticinacio" über Christus und damit als unüberbietbare Würden-Trägerin nimmt die mit dem Parakleten-Motiv gesetzte Linie wieder auf und führt die Rede auf den religiös-pathetischen Höhepunkt, bei dem bereits das Ende ("finis") des Ganzen angekündigt wird.

Der gedehnte Schlußteil bringt zunächst, den Ton plötzlich zurücknehmend, ein erinnertes akademisches Exempel, dann neuen Aufschwung mit beschwörender "peroratio" an die Zuhörer, eine erneute, preisende Zusammenfassung des "existentiellen" Werts der "studia humanitatis". Wiederum anders, fast amtlich ansetzend: die Ankündigung Peter Luders, er werde mit "licencia" des Rektors und "permissio" der Universität "poetas, oratores atque historiographos" erklären und versuchen, auch zum "Quell des Pegasus" zu führen - womit in zurückhaltender

45. Vgl. Erich König: "Studia humanitatis" und verwandte Ausdrücke bei den deutschen Frühhumanisten. In: Beiträge zur Geschichte der Renaissance und Reformation. Joseph Schlecht zum 60. Geburtstag. München und Freising 1917. S. 202-207. Umfassend August Buck: Die "studia humanitatis" und ihre Methode. In: Bibliothèque d'Humanisme et Renaissance 21 (1959) S. 273-290; vgl. ders.: Studia humanitatis. Gesammelte Aufsätze 1973-1980. Wiesbaden 1981.

Formulierung der besonders problematische poetisch-praktische Zweck[46] anvisiert ist. Nach einer umständlich-gestelzten, dankenden "excusatio" für die Inanspruchnahme der Geduld schließt ein Segenswunsch die "oratio inauguralis".

Alles Einzelne ist tradiert, alle Teile sind vorgefertigt, selbst die Grundlinien sind nicht "originell" (sondern stammen wesentlich von Guarino). Aber das Eigene, das im Prozeß der Traditionsverarbeitung zugleich das Neue ist,[47] besteht nicht lediglich darin, daß hier ein humanistisches Rollen-Ich bekannte Programm-Elemente emphatisch und mehr oder weniger geschickt reproduziert. Schon das Zurücknehmen sich aufdrängender Polemik - auch wenn dabei Guarinos Vorbild wirken mag - ist faktisch ein Stück Eingehen auf die besonderen Heidelberger "circumstantia". Aber es ist als ethische Form zugleich Gehalt. Es ist Demonstration einer wenigstens behaupteten humanistischen Souveränität, die in der normativen Leitkategorie der "virtus" gründet. Die "studia humanitatis" sind Betätigungen aus dem Kern des von Gott gesetzten menschlichen Wesens heraus, specifice aus seiner Redefähigkeit. Und insofern sind sie nicht Zusatz, sondern "verum et infallibile fundamentum"; das heißt: Die Hingabe an sie ist Rückkehr zur wahren Essenz der "artes".

Diese sicher auch manchem der Heidelberger Zuhörer nicht unbekannte Argumentation im Sinne einer "Reform von innen" wird von Luder im Zentralteil der Rede durch anthropologische Argumente, durch Hoch-Autoritäten der Bibel, der antiken Klassiker (besonders Vergil und Cicero, aber auch Aristoteles) und durch Kirchenväter (hierbei auffällig Basilius[48]) expliziert. Aber das persuasive Ziel ist "conversio". Hier setzt gleich der Anfang einen unüberhörbaren Akzent auf den Redenden als "persona". Das selbstidentifikatorische Konversionsschema ist zwar als rhetorisches Schema traditionsreich, bis in den Pietismus des 18.

46. Über institutionelle Fortschritte und Hemmnisse an den Universitäten s. Grimm: Literatur und Gelehrtentum (s. Anm.1). S. 94-104.

47. Zu den verschiedenen Typen dieses Verhältnisses Barner: Über das Negieren von Tradition (s. Anm. 8).

48. Wattenbach. S. 106. Basilius wird bei der Verteidigung der Poesie mit besonderer Vorliebe von Humanisten ins Feld geführt.

Jahrhunderts[49] und in die Gegenwart hinein. Aber Luders Chance liegt darin, daß er als in Italien "bekehrter" und nach Deutschland zurückgekehrter Repräsentant der "studia humanitatis" noch Rarität ist. Der persuasive Sinn der einleitenden "narratio" beruht gerade darauf, daß er dies *jenseits* aller möglichen Tradition ausspielen kann (bei Celtis erhält es dann zwar besonderes Gewicht, aber wird schon stereotyp).[50]

Diese authentisierende Tendenz wird an einer zentralen Stelle der Rede gewissermaßen noch von außen, durch Fremdbeispiel, abgestützt. Am Ende des Lobpreises der Poesie, dort wo sie mit Hilfe von Vergils 4. Ekloge als Geschenk des göttlichen Geistes noch einmal ins Unangreifbare gerückt wird, schaltet Luder plötzlich eine eigene Reminiszenz aus seiner Studienzeit in Padua[51] ein. Als sich dort einst aus Anlaß des Examens fast alle Lehrer der Jurisprudenz im Haus des "Rektors der Studenten" Johannes Kreydwiss (Crydwiss) von Esslingen (!), eines Juristen, feierlich versammelt hatten, habe der berühmte Kanonist Antonio Roselli zahlreiche Partien aus Vergils *Aeneis* rezitiert. Dann habe er, an die so renommierten Kollegen gewandt, hinzugesetzt, er wünschte sich, er hätte statt den Rechten diesen Dingen seine ganze Bemühung gewidmet.[52] Luder schließt daran einen neuen hymnischen Aufschwung zum Preis der "studia humanitatis", die sogar von so bewährten Männer gepflegt und verehrt würden.

Die Tendenz der Partie ist durchsichtig und charakteristisch zugleich. Die immer wieder von den Gegnern bestrittene Würde - nicht nur der Nutzen - des Metiers wird personal durch ein "argumentum auctoritatis" bestätigt, noch dazu durch eines, dessen Zeuge er selbst wurde - und dies im Hause eines an einer italienischen Universität zu Ansehen gelangten jüngeren deutschen Gelehrten (mit dem er persönlich befreundet ist). Der authenti-

49. Hier besonders klar ausgeprägt das Schema: Schilderung oder Selbstdarstellung des Lebens vom Punkt der Konversion (Erleuchtung usw.) her gesehen, und bis zu ihm hin.

50. Vor allem bei der Gründung der zahlreichen "sodalitates" werden die italienischen Muster (bei Reisen kennengelernt) immer wieder betont herangezogen.

51. Zum ersten Aufenthalt Luders in Padua s. Baron. S. 31-38.

52. Wattenbach. S. 107; vgl. dort auch S. 39.

sierende Einschub erinnert an das fast renommistisch herausgestrichene Innsbrucker Erlebnis, das Heinrich Bebel in seiner *Comoedia* (1501) dem weltmännisch bewährten Aulicus in den Mund legt: der Kardinal Raimundo habe einen Bittsteller unwirsch abgewiesen, nur weil der sich nicht richtig auf Lateinisch ausdrücken konnte[53] (auch der Aulicus hebt anschließend zu einer großen Apologie der "studia" und insbesondere der Dichtkunst an).

Es sind, so möchte man vielleicht sagen, eher Manifestationen der Wünsche und der Sehnsüchte von Humanisten, die um Anerkennung ringen (unabhängig davon, ob im einzelnen solche Begebenheiten "echt" sind). Aber das Imaginative und das Suggestive sind Qualitäten, die man als Charakteristika erstnehmen muß, wenn überhaupt man solchen Dokumenten namentlich der humanistischen Frühphase in Deutschland gerecht werden will. Es geht dabei nicht nur um die alten rhetorischen Tugenden der "evidentia" (ἐνάργεια) oder der "illustratio", wie sie Cicero, Quintilian, Hermogenes und andere überliefern.[54] Was den versierten Redner auszeichnen muß: Abwesendes ("absentes res") zu ver-gegenwärtigen (etwa einen Tatbestand, ein Ereignis, eine Person), ist zentrale fiktionale Fähigkeit des Poeten.[55]

Der Redner, der wie Luder vor ein akademisches Publikum tritt, um für sein Metier "studia humanitatis" zu werben, ja sogar mit dem emphatischen Ziel der "conversio", arbeitet faktisch mit beidem: dem Anknüpfbaren und dem ganz Anderen, Höheren. Es geht hin und her, die Balance ist zu wahren. Die autobiographische "narratio" zu Beginn setzt unmittelbar beim Redner an, noch dazu bei seiner Heidelberger Frühzeit, und dient doch nur dazu,

53. Heinrich Bebel: Comoedia de optimo studio iuvenum. Über die beste Art des Studiums für junge Leute. Lateinisch/deutsch. Hrsg. v. Wilfried Barner. Stuttgart 1982, S. 54.

54. Die Belege bei Heinrich Lausberg: Handbuch der literarischen Rhetorik. Bd. 1. München 1960. S. 399-402 (S. 810f.). Von daher bestimmt sich auch die zentrale Forderung an den Redner (Dichter), εὐφαντασιωτός zu sein, d.h. in sich die entsprechenden Vorstellungen erzeugen zu können.

55. Auf die tiefgehende Ambivalenz dieser Fähigkeit (zu "täuschen", "Schein" zu erzeugen), kann hier nicht eingegangen werden.

"authentisch" in die Fremde und zu den "studia optimarum arcium" zu führen. Der - fast zu trocken belehrende und repetierende - hodegetische Aufriß der "artes" im Eingangsteil dient dazu, Systemkonformität zu insinuieren und zugleich etwas angeblich Verschüttetes als das Eigentliche, als das "verum fundamentum" zu entwickeln. Das erinnerte Exempel aus Padua, mit Anlaß und Namen, zielt einzig und allein auf das, was jenseits des anerkannten und "nützlichen" juristischen Metiers das Eigentliche ist: "O studia humanitatis omnibus appetenda (...) O studia toto amplectenda pectore".[56]

Das πάθος dieser wiederholten Beschwörungen der "studia" beansprucht, sein Fundament im ἦθος der leitmotivisch auf die "virtus" zielenden Entfaltung der drei humanistischen "genera" zu besitzen. Aber die suggestive Beschwörung ist von der sprachlichen Form ebensowenig zu abstrahieren wie das Beschworene selbst. "Studia humanitatis" sind für Luder wie für die gesamte humanistische Kommunität "studia latinitatis". Daß Luder die entscheidenden differenzierenden Normbestimmungen wie "puritas" oder "elegantia" fast gänzlich unterdrückt,[57] ist auffällig und kaum zufällig. Deutet man es als Rücksichtnahme auf die Pionierphase und auf die aktuellen Heidelberger "circumstantia", so trifft das sicher Richtiges. Aber es bedarf des ergänzenden Hinweises auf den Wirklichkeitscharakter des Ganzen: der Rede und ihres universitären Kontextes.

Jozef Ijsewijn hat angesichts der eingeschliffenen Unterscheidung von mittelalterlichem (oder scholastischem) Latein und Humanistenlatein mit gutem Recht daran erinnert: "Beide Redearten sind artifiziell weitergeführte Studien einer Sprache, die wenigstens seit der Karolingerzeit keine lebendige Volkssprache mehr war".[58] Dieses gemeinsame Artifizielle, dieses - nicht nur von der Volkssprache - Abgehobene macht den besonderen Charakter einer Programmrede wie derjenigen Luders erst möglich. Sie

56. Wattenbach. S. 108.

57. Dies im deutlichen Gegensatz zu Repräsentanten des "Hochhumanismus" wie Celtis oder Bebel.

58. Jozef Ijsewijn: Mittelalterliches Latein und Humanistenlatein. In: Die Rezeption der Antike (s. Anm. 5). S. 71-83; hier S. 71.

bedient sich des spezifischen Spielraums dieses Artifiziellen, um auch in der Komposition und in der Sprachgebung - bei aller Unzulänglichkeit in Details[59] - die entscheidende humanistische Differenzqualität zu demonstrieren.

Luders Programmrede *ist,* was sie propagiert - jedenfalls dem Anspruch nach. Sie ist es in ähnlichem Sinne, wie Celtis' frühe Ode *Ad Apollinem repertorem poetices ut ab Italis ad Germanos veniat* (1492) das, was der Dichter von Apollo erst symbolisch erfleht, selbst schon repräsentiert. Die Grenzen der Gattungen sollen hier nicht verwischt werden. Luders *Oratio* von 1456 ist nicht Fiktion, wie die programmatischen Stücke *Stylpho* von Wimpheling (1494) oder die *Comoedia* von Bebel (1501) szenisch-rezitativische Fiktion sind. Aber der Eindruck des Abgehobenen, Gewollten, der für die Rede insgesamt so charakterisch scheint, wird ohne Zweifel nicht nur durch die "Frühzeitlichkeit" der Entstehungsbedingungen evoziert, sondern durch die selbstsichere, kaum irritierte[60] Entfaltung einer werthaften Eigenwelt einerseits, durch das Suggestive, Beschwörende, Fordernde andererseits.

"O studia toto amplectenda pectore": Das ethosgestützte Pathos dieser Apostrophen und ihrer zahlreichen Varianten in Luders *Oratio* - Totalitätsformeln könnte man sie nennen[61] - hebt den programmatischen Gehalt in einen Eigenbereich, der dem werbenden Zweck nur scheinbar widerspricht. Ausdrückliche Adressaten der Rede sind außer dem Rektor (zu Beginn) die - verehrungsvoll prädizierten - "viri et adolescentes" der Universität und je einmal die "viri" und die "iuvenes", "adolescentes": die

59. Sie zeigt sich auch in der mehrfach noch unsouverän-überzogenen Verwendung von Stilmitteln, die dem Cicero-Ideal oder auch "poetischem" Glanz ("nitor") entsprechen sollen: so etwa gleich in den gehäuften Hyperbata der ersten langen Periode.

60. Irritation zeigt sich am ehesten noch in der scharfen Polemik gegen die "insectatores poetarum" (die er gerade unter den Zuhörern gehäuft vermuten muß).

61. Zu diesem Typus gehören im weiteren etwa: "ad imitacionis studia (...) invitat incendit inflammat" (Wattenbach. S. 103), "pernoctant nobiscum, peregrinantur, rusticantur" (S. 108, lange Partie im Anschluß an Cicero), "Amplectimini..." (S. 108), "tota mentis cruciacione" (S. 109).

Lehrenden verschiedener Position als diejenigen, die zur Tolerierung oder gar zur Unterstützung, und die Studenten, die als zahlende Hörer gewonnen werden sollen.[62] Ein bezeichnendes Detail begegnet kurz vor Schluß, als Luder, unter Bezugnahme auf die Autorität Cicero, zum umständlichen Dank für die geduldige Aufmerksamkeit ansetzt. Plötzlich heißen die Angeredeten, in Nahkontakt zum Namen Cicero, "patres optimi"[63]. Eine Andeutung altrömischen Kolorits ist es wohl doch (so wie später die Ankündigung einer Terenz-Vorlesung mit den Worten "Senatus populusque Romanus..." beginnt).[64] Auch in solchen Gesten - wie in vielen hier hervorgehobenen rhetorischen Zügen - soll sich das ganz Neue als das autoritativ Alte darstellen, und vice versa. Es meldet sich Anspruch auf Spielraum für einen Pionier, der das Exempel seiner Eigenwelt *in* der Rede selbst bereits setzt. Der Spielraum wird in seiner eigentümlichen Spannung zwischen Prätention und Realisation erst erkennbar, wenn man die bestimmten "circumstantia" und die bestimmte Weise der rhetorisch-imaginativen Traditionsverarbeitung beachtet.

Die "evidentia" scheint, zusammen mit der Rückendeckung durch den Landesfürsten und durch einflußreiche Gelehrte wie Wildenhertz, in der Rede jedenfalls so ausgefallen zu sein, daß die Artistenfakultät den "Neuen" gewähren lassen mußte.[65] Luder hat dann, wie angekündigt, über die *Epistulae* des Horaz und über die *Historiae* des Valerius Maximus (übrigens eines Lieblingsautors des Guarino) gelesen, dann über Seneca - mit reduziertem Erfolg - und über Terenz, endlich über den attraktiveren Ovid *(Ars amandi* und *Remedia amoris).*[66]

Was es bedeutet, daß er 1457 seine Vorlesungen in das

62. Als Lehrender ohne "Planstelle" erhielt er vom Landesfürsten kein festes Salär und war wesentlich auf Zahlungen der Studenten und auf sonstige Nebeneinnahmen angewiesen. Geldnot ist, wie bei all den Wanderhumanisten, Dauerthema der Korrespondenz und mancher Gedichte.

63. Wattenbach. S. 109.

64. Wattenbach. S. 122 (Leipzig).

65. Zeugnisse einer Verurteilung durch die vorgesehenen "arbitri" sind nicht überliefert.

66. Wattenbach. S. 44.

Augustinerkloster verlegen muß, ist nicht klar zu sagen. Pfalzgraf Friedrich hat offenbar in seiner Förderung der humanistischen Studien und ihrer Vertreter nicht nachgelassen. Am 13. Februar 1457 lobt ihn der italienische Humanist Arrigino in einem Brief (mit Verwendung der Termini "litterae" und "studia humanitatis") ob der "prestantissimorum virorum copia quam apud te collocasti".[67] Als eines der wenigen humanistischen Zentren ist offenkundig Heidelberg anerkannt, für einige Jahre,[68] und der Pfalzgraf als begehrter Mäzen. Knapp ein Jahr später (10. Februar 1458) hält Luder selbst, in einer auf deutschem Boden recht neuen Form humanistischer Panegyrik, eine begeisterte Preisrede auf Friedrich - was offenbar zur Nachahmung anregte.[69]

1460, im Zeichen der vorübergehenden "Verödung" der Universität durch Pest und Krieg, verläßt er Heidelberg wieder - es mag hinzukommen, daß das 1457 "Brandneue" nicht mehr ganz so neu war. Das Prinzip der "peregrinatio" setzt sich wieder durch. Noch im gleichen Jahr taucht Luder in Ulm auf (möglicherweise am dortigen Socratis Gymnasium lehrend), und schon im Wintersemester 1460/61 an einem der anderen universitären Zentren der humanistischen Bewegung, in Erfurt.[70] In unserem Zusammenhang interessiert vor allem, daß er dort seine Heidelberger *Oratio* von 1456 - ein wenig modifiziert[71] - noch einmal hält (anschließend Vorlesungen über Vergil, Ovid, Terenz, Rhetorik) und schließlich 1462 in Leipzig ein weiteres Mal (wiederum Vorlesungen: Vergil, Terenz, Rhetorik, Verslehre, Interpunktion). Während seiner gerade halbjährigen Leipziger

67. Wattenbach. S. 93.

68. Ritter: Die Heidelberger Universität. S. 449-465; knappe Zusammenstellung der Situtation in den anderen Zentren bei Grimm: Literatur und Gelehrtentum (s. Anm. 1). S. 68-80 (mit reicher Literatur).

69. So offensichtlich den Luder-Freund Mathias von Kemnat mit seiner Chronik Friedrichs I., auch etwa Heinrich Gundelfingen (vielleicht Luders Schüler in Heidelberg) mit mehreren historiographischen Werken.

70. Franz Wilhelm Kampschulte: Die Universität Erfurt in ihrem Verhältnisse zu dem Humanismus und der Reformation. Teil 1: Der Humanismus. Trier 1858.

71. Hierzu Wattenbach. S. 62.

Zeit findet er in Hartmann Schedel[72] seinen bedeutendsten Schüler.

Wie Luder in Heidelberg, den Landesfürsten zitierend, in seinem ersten Anschlag die "barbaries" des dortigen Lateins gegeißelt hatte, so verspricht er jetzt in einer Leipziger öffentlichen Ankündigung die Ausbildung des "ornatus elocucionis" und spöttisch die Befreiung vom "Küchenlatein": "culinario (ut aiunt) latino".[73] Im selben Text aber passiert ihm ein handfester Schnitzer, als er zur Terenz-Einführung in seine Wohnung einlädt: "Ubi omnes volentes lecciones tres gratis interesse poterunt".[74]

Der weitere Weg, über Padua (wo er zum Doktor der Medizin promoviert), über Basel (wo er außer seinen Mediziner-Aufgaben auch eine Stelle als "poeta" versieht) bis nach Wien mag hier nicht näher verfolgt werden. In Wien, dem damals fast schon traditionsreichen[75] Humanistenzentrum - Luder kommt 1470 dorthin - scheint er sich wenig profiliert zu haben.[76] In Heidelberg, kaum anderthalb Jahrzehnte zuvor, war er noch aufsehenerregender, bekämpfter und geförderter "Star". In seiner noch während der Heidelberger Zeit (wohl 1460) entstandenen *Elegia ad Panphilam amicam singularem*[77] heißt es mit augusteischer, an Horaz und Vergil vor allem gemahnender Gestik und Emphase:

Primus ego in patriam deduxi vertice Musas
  Italico mecum, fonte Guarine tuo.[78]

72. Von ihm existieren auch Niederschriften Leipziger Vorlesungen. Hierzu Baron. S. 118-123.

73. Wattenbach. S. 122.

74. Ebda.

75. Die ersten Kollegs über antike Klassiker finden dort bekanntlich schon um die Jahrhundertmitte statt.

76. Möglicherweise in Wien ist er auch gestorben, wohl 1472; vgl. zu Hartmann Schedels wichtigem Eintrag in sein Tagebuch: Baron. S. 164.

77. Über die vielen Deutungen der Elegia, zu deren Verwirrung Luder selbst kräftig beigetragen hat, soll hier nicht gehandelt werden; vgl. Wattenbach. S. 59-62, Baron. S. 89-96, auch Georg Ellinger: Geschichte der neulateinischen Literatur Deutschlands im sechzehnten Jahrhundert. Bd. 1: Italien und der deutsche Humanismus in der neulateinischen Lyrik. Berlin und Leipzig 1929. S. 356-358.

78. Wattenbach. S. 60.

Hier ist, Jahre nach der "oratio inauguralis", Guarino von Verona als wichtigster Lehrer genannt. Und es geht zuvörderst um die Poesie. Nach dem charakteristischen Traditionsmodell des "deducere" - das dann auch Spätere wie Celtis verwenden - darf sich Peter Luder nicht ganz ohne Recht als "primus" in seinem Vaterlande fühlen. Faßt man "patria" wie in der Rede von 1456 zunächst im Sinne eines engeren landsmannschaftlichen Umkreises,[79] so hat er in der Tat als erster in Heidelberg die an den antiken Klassikern orientierte, neuartige und beargwöhnte poetische "ars" aktiv ausgeübt und öffentlich präsentiert - zwar noch ein wenig holprig und mitunter (etwa in der Metrik) gar fehlerhaft, aber als Signal einer vordringenden Bewegung unüberhörbar. In der erweiterten, institutionell verfestigten Bedeutung des "poeta" als der Bezeichnung für den bestallten "Humanisten",[80] darf er, bei aller Ungesichertheit, ebenfalls den Pionierstolz für sich beanspruchen, "primus" zu sein.

Doch alles dies konnte sich nur entfalten auf vorbereitetem Boden. Der Landesfürst war unter seinesgleichen einer der ersten, die den Nutzen der neuen Studien auch für eine modernisierte Staatsverwaltung und Diplomatie anzuerkennen bereit waren. Daß im Zeichen solcher Tendenzen Druck von außen in die Heidelberger "universitas" hineinwirken mußte, ist nicht nur auffällig, sondern gewiß symptomatisch. Aber auch innerhalb der akademischen Korporation geht es nicht etwa um eine strikte Konfrontation von verselbständigten Größen "Scholastik" und "Humanismus".[81] Auch in Heidelberg erwächst, zumindest in relativer Eigenständigkeit, manches Moment der Förderung der "studia humanitatis" aus dem universitären Kontext selbst. Nicht nur eine Verbindungsfigur wie der fürstliche Kanzler Ramung, auch der renommierte Jurist Wildenhertz als aktiv für Luder Eintretender, und der immerhin humanistisch interessierte Rektor

79. Vgl. die Formulierung im Anfangsteil seines autobiographischen Abrisses; Wattenbach. S. 101 ("nec patrio contenta solo").

80. Geraffter Überblick mit zahlreichen Zeugnissen bei Grimm: Literatur und Gelehrtentum (s. Anm. 1). S. 94-104.

81. Dies im Hinblick auf die durch die neuere Forschung (Buck, Kristeller u.a.) herausgearbeiteten mannigfachen Verschränkungen und "Koexistenzen".

Rudolf von Brüssel mögen dies ebenso illustrieren wie die Tatsache, daß noch kurz vor Peter Luders erstem Auftreten - oder gar bereits im Zusammenhang damit - eine Reihe von Büchern für die Artistenfakultät angekauft worden waren, die den humanistischen Studien dienlich sein konnten, darunter Terenz, Cicero, Quintilian und - Petrarca.[82]

Trotz des von dem "poeta" erregten Aufsehens und seiner offenkundigen Förderung durch nicht wenige Persönlichkeiten von Einfluß: Ein eigentlicher Schülerkreis Luders bildete sich in Heidelberg nicht. Das "Seminaristische", das seinem Lehrer Guarino so ausgeprägt eigen war und dann bei Gestalten wie Brant, Wimpheling oder Celtis wieder begegnen wird, fehlt offenkundig. Zweierlei traf wohl komplementär zusammen: das noch Improvisierte, institutionell nicht Gefestigte des Metiers und das Unstete, "Genialische" dieses eigentümlichen Wanderer-Charakters. Dies gilt kaum anders für den ihm am ehesten vergleichbaren, etwa zweieinhalb Jahrzehnte jüngeren "Wanderpoeten" Samuel Karoch von Lichtenberg,[83] der vom Leipziger Humanistenzentrum ausging und über Erfurt, einen kurzen Italienaufenthalt und dann, nach zahllosen universitären Zwischenstationen nördlich der Alpen, schließlich um 1482 auch nach Heidelberg gelangte. Dort aber hatte soeben, während des Rektorats von Jacob Wimpheling (1481/82) und vor allem zentriert um die glänzende mäzenatische Gestalt des fürstlichen Kanzlers Johann von Dalberg, eine erneute, gründliche Reform im Sinne der "studia humanitatis" begonnen.[84]

In den Schatten dieses Aufschwungs, der nicht zuletzt mit Namen wie Rudolf Agricola verbunden ist, gerieten nun auch die

82. Wattenbach. S. 46. Die Ankäufe stammten zum Teil aus dem Nachlaß des Doktor Ludwig von Ast, Dompropst zu Worms und Kanzler der Universität. Wattenbach erwägt, dieser "humanistisch gebildete Mann" sei "vielleicht nicht ohne Einfluß auf Peter Luders Berufung gewesen".

83. Zu ihm, dessen Wiederentdeckung ebenfalls wesentlich Wattenbach zu verdanken ist, s. Heinz Entner: Frühhumanismus und Schultradition im Leben und Werk des Wanderpoeten Samuel Karoch von Lichtenberg. Berlin und Weimar 1968.

84. Ritter: Die Heidelberger Universität. S. 465-491.

Spuren, die Peter Luder hinterlassen haben mochte. Bei Agricola wird zugleich erkennbar, wie die frühe Konzentration auf "poetae", "oratores" und "historiographi" überholt wird durch eine Erweiterung zu Studien im Gesamtkreis der "philosophia", die für Luder zunächst nur legitimatorischer Rahmen war.[85] Celtis' ehrgeizige Erweiterung des humanistischen Programms zu Projekten wie einer *Germania illustrata* führt wiederum auf eine neue Stufe.[86] Nicht mehr nur die "studia humanitatis" im Sinne der Klassiker-Lektüre und -Imitation, sondern weit ausgreifendes, nationales Tätigwerden im Bündnis auch mit großen städtischen Zentren wie Nürnberg ist jetzt das Ziel.

"O studia toto amplectenda pectore": In stolzem, durchaus auch taktisch eingesetztem Hochgefühl, der Erste zu sein, konnte dies noch wie eine Utopie beschworen werden. Aber Luders Programmrede von 1456 ist nicht lediglich defizitär nach Art eines illusionistischen "Jetzt gleich!". Sie besitzt ihren eigenen, notwendigen Charakter. "Studia" als Konversionsziel, "studia" unter Befeuerung durch den Heiligen Geist, "studia" als rhetorisch-imaginativ beschworener Lebensinhalt. Das Vorgreifende, auch das fast bedingungslos suggestive Sichstellen gegen Realität hat den deutschen Humanismus - nicht nur denjenigen der Renaissance - nie ganz verlassen, jedenfalls als *eine* Weise der öffentlichen Selbstpräsentation. Das Widrige der Wirklichkeit ist eher mit der von der Heidelberger Artistenfakultät verlangten Vorzensur angedeutet. Es hat den umtriebigen "poeta" Peter Luder auch künftighin gefordert. Er durfte neben dem Überreden das Sichwehren und das Aufpassen nicht versäumen. Dabei ging es nicht selten handfest und ganz unheroisch zu. In Leipzig mußte er, als er seine *Oratio* von 1456 wiederholte, trotz Genehmigung durch den Rektor und sogar durch den Dekan der Artistenfakultät um seinen Zettel am Schwarzen Brett bangen. Er ließ sich etwas einfallen und warnte vorsorglich. Sein getreuer Schüler Hartmann

85. Dies deutlich in der Partie Wattenbach. S. 102f. Abdruck der Rede Agricolas in Ferrara: s. Anm.11.

86. Hierzu jetzt Dieter Wuttke: Humanismus als integrative Kraft. Die Philosophia des deutschen 'Erzhumanisten' Conrad Celtis. Nürnberg 1985.

Schedel hat das Dokument aufbewahrt: ”Sine cetulam fixam. custos latet ex insidiis quo accusaberis”.[87]

87. Wattenbach. S. 122 (Text am Fuß des Anschlags).

Jill Bepler

KARL GUSTAV VON HILLE (ca. 1590-1647): ZU SEINER BIOGRAPHIE UND ZU SEINEN BEZIEHUNGEN NACH ENGLAND.

Im Mittelpunkt einer Beschreibung der deutschen Kulturbeziehungen im 17. Jahrhundert stehen Frankreich, Italien und Spanien; dagegen spielt England in der Regel nur eine untergeordnete Rolle.[1] Geht man von der Lektüre aus, wurden immerhin die englischen Erbauungsschriftsteller gelesen. Autoren wie Daniel und Jeremiah Dyke, Joseph Hall, Richard Meade und Richard Baxter fanden, gelegentlich unter niederländischer Vermittlung, deutsche Übersetzer.[2] Gleichwohl scheint die Rezeption der englischen Erbauungsliteratur eine Ausnahme zu sein. Die Hauptwerke der englischen Bühne wurden erst im 18. Jahrhundert übersetzt, wenn auch manche Motive schon durch die Aufführungen der englischen Wandertruppen bekannt waren. Die relativ wenigen Übersetzungen von englischen Prosawerken beruhten meist, wie bei Sidneys *Arcadia*, auf französischen Vorlagen[3] oder der lateinischen Version, in der beispielsweise der

1. Zu der Rolle Englands: Gilbert Waterhouse: The Literary Relations of England and Germany in the seventeenth century. Cambridge 1914, und Horst Oppel: Englisch-deutsche Literaturbeziehungen. Berlin 1971. Zum Gesamtkomplex die Referate in: Deutsche Barockliteratur und europäische Kultur. Hg. Martin Bircher u. Eberhard Mannack. Hamburg 1977 (=Dokumente des Internationalen Arbeitskreises für deutsche Barockliteratur. 3.)

2. Hierzu: Udo Sträter: Sonthom, Bayly, Dyke und Hall. Studien zur Rezeption der englischen Erbauungsliteratur in Deutschland im 17. Jahrhundert. Diss. theol. Bochum 1985.

3. Joseph Leighton: On the Reception of Sir Philip Sidney's Arcadia in Germany from Opitz to Anton Ulrich. In: From Wolfram and Petrarch to Goethe and Grass. Festschrift Leonard Forster. Baden-Baden 1982. S.473-488.

Argenis-Roman John Barclays oder auch die Aufsätze von Francis Bacon und Thomas Browne auch in England zuerst erschienen.[4]

So gering der unmittelbare literarische Kontakt war, so selten lassen sich Reisen deutscher Barockliteraten nach England belegen. Faßt man den Begriff des Literaten weit, sind hier Herzog August d. J. (1603), Fürst Ludwig von Anhalt-Köthen (1604) oder Georg Philipp Harsdörffer (ca.1628), deren Reise in den ersten Jahrzehnten dokumentiert wurde, zu nennen.[5] Aber auch diese Reisenden begnügten sich mit einem kurzen Aufenthalt in England und brachten wahrscheinlich wenig Kenntnis von Land und Leuten, geschweige denn der Sprache und Literatur mit nach Hause. Länger blieben deutsche Reisende erst in der zweiten Hälfte des 17. Jahrhunderts: die Nürnberger Christoph und Andreas Arnold (1651, bzw. 1681/2), Herzog Ferdinand Albrecht von Braunschweig-Lüneburg (1664/65) und Martin Kempe (1670/71).[6] Lassen wir hier eine andere Gruppe deutscher

4. Über die gelehrten Kontakte der Zeit, die auf der "lingua universalis" Latein beruhten: Wilhelm Kühlmann: "Ornamenta Germaniae" - Zur Bedeutung des Neulateinischen für die ausländische Rezeption der deutschen Barockliteratur. In: Studien zur europäischen Rezeption deutscher Barockliteratur. Wiesbaden 1983. S.13-36.

5. Die Beschreibung des Aufenthalts von Herzog August in seinem Reisetagebuch, HAB Cod. Guelf. 42.19. Aug. 2°, fol. 27r-30r, beschrieben in: Maria von Katte: Jugendzeit und Bildungsjahre 1579-1603. In: Sammler Fürst Gelehrter Herzog August zu Braunschweig und Lüneburg 1579-1666. Wolfenbüttel 1979. (=Ausstellungskatalog. 27.) S.49-70. Die Reise des Fürsten Ludwig von Anhalt-Köthen: Reise-Beschreibung von ihm selbst in Deutsche Verse gebracht. In: Johann Christoph Beckmann: Accessiones Historiae Anhaltinae. S.165-292. Besprochen in W.D. Robson-Scott: German Travellers in England 1400-1800. Oxford 1953. S.59-61. Harsdörffer beschreibt seine Reise nach England in Georg Philipp Harsdörffer: Memoria Viri prosapia, Virtute atq. eruditione ... Christophori Füreri ab Haymendorf ... . Nürnberg 1639. Hierzu: Theodor Bischof: Georg Philipp Harsdörfer. Ein Zeitbild aus dem 17. Jahrhundert. Nürnberg 1894. S.16ff.

6. Zu den Arnolds: Frans Blom: Christoph und Andreas Arnold in England. Nijmegen 1981; zu Ferdinand Albrecht: Jill Kohl (=Bepler): The Curious Traveller. Literary and Non-Literary Documents of a visit to Restoration London. In: German Life and Letters 36 (1983) S.219-231;

Vermittler englischer Kultur, Emigranten wie Georg Rudolph Weckherlin, Theodore Haak, Samuel Hartlib und Henry Oldenburg, außer acht, dann scheint Karl Gustav von Hille der einzige deutsche Literat der ersten Hälfte des Jahrhunderts zu sein, von dem längere Aufenthalte in England und eingehende Beschäftigungen mit der englischen Sprache und Literatur belegt werden können.

Obwohl Karl Gustav von Hille nur ein einziges Werk publiziert hat, *Der teutsche Palmbaum* (Nürnberg 1647),[7] sichert ihm dies nachhaltiges Interesse, ist es doch die wichtigste Quelle für die Gründungsgeschichte, für Selbstverständnis und Zielsetzung der bedeutendsten deutschen Sprachgesellschaft des 17. Jahrhunderts, der Fruchtbringenden Gesellschaft. Neben dem allzukargen Gründungsmanifest Fürst Ludwigs von Anhalt-Köthen[8] prägt es noch heute unser Verständnis der Vereinigung.[9] Das kleinformatige Buch entstand am Wolfenbütteler Hof, wo Karl Gustav von Hille 1639 eine Anstellung als Hofmeister der Herzogin Sophie Elisabeth (1613-1676) gefunden hatte. Über das Leben des damals schon ungefähr Fünfzigjährigen ist sonst wenig bekannt. Aus Archivalien der Staatsarchive Marburg und Wolfenbüttel und aus Büchern, die ihm gehörten, läßt sich jedoch noch einiges Neue zu seinem Leben und seiner Herkunft mitteilen. Angesichts der zentralen Bedeutung der Fruchtbringenden Gesellschaft bei der Schaffung einer nationalen kulturellen Identität überrascht es, daß ihr erster Geschichtsschreiber, der Lobredner des "teutschen

Robson-Scott: German Travellers. S.97-101. Kempes Versbeschreibung seines Londonaufenthalts in: Johann Herdegen: Historische Nachricht von deß löblichen Hirten- und Blumen Ordens .... Nürnberg 1744. S.293-318. Hierzu: Robson-Scott: German Travellers. S.101-102.

7. Karl Gustav von Hille: Der Teutsche Palmbaum. Nürnberg 1647. (Reprint hg. Martin Bircher. München 1970).

8. Kurtzer Bericht der Fruchtbringenden Gesellschaft Zweck und Vorhaben. Köthen 1622.

9. Klaus Conermann: Die Fruchtbringende Gesellschaft und ihr Köthener Gesellschaftsbuch. Eine Einleitung. In: Fruchtbringende Gesellschaft. Der Fruchtbringenden Gesellschaft geöffneter Erzschrein. Hg. Klaus Conermann. Weinheim 1985. (zit.: Fruchtbringende Gesellschaft). Bd. 2. S.21ff.

Vertrauens", von Johann Rist als "Karel dieser Zeit" besungen,[10] der Sohn eines englischen Söldners war. Zunächst zu Hilles Vater:

James Hill, seine Lebensdaten sind unbekannt, studierte als offenbar ansehnlicher junger Mann in London die Rechte. Wie viele seiner Zeitgenossen der zweiten Hälfte des 16. Jahrhunderts, zog er nach dem Kontinent in der Hoffnung, durch Kriegsdienste Reichtum und Ehre zu erlangen.[11] Um 1590 stand er in schwedischem Sold. Er scheint Karriere gemacht zu haben, denn 1599 und 1600 schickte ihn der schwedische Herzog Karl, später König Karl IX. (1550-1611), als Gesandten nach London. Durch James Hill warb der protestantische Herzog um die Unterstützung Elizabeths I. für seinen Krieg gegen den katholischen Wasa-König Sigismund von Polen. In diesem Krieg geriet James Hill für fünf Jahre in polnische Gefangenschaft, bevor er nach Schweden zurückkehrte. In einem Brief von 1608 berichtet er aus Wismar nach London von seinem endlichen Zerwürfnis mit Karl IX. wegen dessen blutiger Säuberung des oppositionellen schwedischen Adels. Im gleichen Schreiben erhalten wir erste Nachricht von Karl Gustav von Hille. James Hill, dessen Güter in Schweden beschlagnahmt worden waren, bangte um die Sicherheit seiner Frau und seines Sohnes, die er auf schwedischem Territorium zurücklassen mußte.[12] Vielleicht waren sie noch in Zachan in

10. Lobgedicht in: Hille: Palmbaum. (Reprint) S.62. "So lang der Teutsche Palm wird seine Früchte geben/ Und unsre Muttersprach' aus Schuldigkeit erheben/ So lange wird man Euch auch nennen weit und breit Den unverdrossnen Mann und Karel dieser Zeit."

11. 23 Briefe (1592-1627) von James Hill an Mitglieder des englischen Hofes befinden sich im Public Record Office London in den State Papers Sweden (SP 95 1), Poland (SP 88 3), Germany-States (SP 81 9; 11; 34) und Holland (SP 84 134). Auf einem seiner ersten Briefe aus Schweden vom 12. Januar 1592 (SP 95 1,fol.68) hat sich folgende Notiz erhalten: "This hill was a studiant at the law in Lincons In. who procurd a lisance for to travill and at his departuar was with mr. vizchamberlen to know if he would command him enye serviz for her matie. A very Propper man and of good Behavioure...".

12. Brief James Hill aus Wismar an Jakob I. vom 27. Juni 1608 (SP 95 1, fol.149). Hill bittet den König sich an Karl IX. zu wenden, um die Ausreise seiner Familie zu erwirken "to passe out of his Conterye

Pommern, dem Geburtsort Karl Gustav von Hilles.[13] Offenbar sind Mutter und Sohn dem Vater nachgereist, jedenfalls befand sich Karl Gustav von Hille 1609 auf Studienreisen in Deutschland. Im August 1609 schrieb er sich in die Matrikel der Universität Wittenberg ein: "Carolus Gustavus Hill, Megapolit".[14] Möglich ist, daß James Hill vorübergehend in Mecklenburger Dienste getreten war - 1608 hatten ihm die Herzöge eine Stelle angeboten -erst ab 1619 ist er jedoch als Grundbesitzer in Mecklenburg in den Schweriner Archiven nachzuweisen.[15] Daß der junge Hille die Matrikel in Rostock im Januar 1612 als "Carolus Gustavus ab Hille Suecus" unterschrieb,[16] deutet auf eine Restitution der schwedischen Güter des Vaters nach dem Tod Karls IX. 1611 hin.

unmolested." Viele seiner Briefe erwähnen den Verlust seiner schwedischen Güter, so Hill aus Halberstadt an Salisbury vom 18. August 1609 (SP 81, fol.232): "the wronges done me in Sweden as also the kings Matie is oweing me above 7000 dolors, and hath besides all my lands and movabells, which is to moche to loose, but my reputation especially."

13. Zu Hille, mit Angabe des Geburtsortes: Erdmann Neumeister: De Poetis Germanicis. Hg. Franz Heiduk. Bern 1978; Conermann: Fruchtbringende Gesellschaft. Bd.3, S.339-341.

14. Album Academiae Viteborgensis, Jüngere Reihe, Teil I. Hg. Bernhard Weissenborn. Magdeburg 1934, S.88.

15. Das Angebot einer Mecklenburger Stelle erwähnt Hill in seinem Brief an Jakob I. (s. Anm.12). Er hatte ein Regiment in Wismar geworben, für das der schwedische König aber weder Geld noch Schiffe schickte. Als Hill darauf wegen Schulden in Haft geriet, wollten die Mecklenburger Herzöge ihn und die Truppen anwerben. Die Angaben zu Hills Grundbesitz verdanke ich einer freundlichen Auskunft des Staatsarchivs Schwerin. Die Familie Hille taucht erstmals mit dem Obersten James Hill 1619 "mit verschiedenen Gütern im Mecklenburgischen" auf. Am 16. Mai 1646 erwarb Karl Gustav von Hille "das Lehngut Lalendorf im Ritterschaftlichen Amt Goldberg (Mecklenburg-Güstrow)", das seine Söhne 1654 übernahmen. Mit dem Verkauf von Lalendorf 1702 erlischt der letzte Gutsbesitz in Mecklenburg. Archivalien zu Karl Gustav von Hilles Reise nach Mecklenburg und den Kauf von Lalendorf in Nds. StA. Wolfenbüttel, 2 Alt 18251.

16. Die Matrikel der Universität Rostock. Hg. Adolph Hoffmeister. Rostock 1895, Bd.3, S.4.

Ab diesem Jahr finden wir James Hill im Dienst des Brandenburger Kurfürsten Johann Sigismund (1572-1619), von dessen Hof in Berlin er regelmäßigen Bericht nach London erstattete.[17] In der Widmung seines *Teutschen Palmbaum* 1647 erinnert sich Karl Gustav von Hille an seine Jugend als Edelknabe am Brandenburger Hof:

> ... was massen weiland E. Churftl. Durchl. Herrn Großvater/ meinem gnädigsten Fürsten und Herrn/ Christmildes Angedenkens/ ich in meiner zartesten Jugend/ vor einen Edelknaben unterthänigst aufgewartet/ und von demselben unverdiente grosse Gnade erhalten...[18]

Johann Sigismund konvertierte 1613 zum Kalvinismus und wurde durch den Erlaß seines Toleranzediktes 1614 zu einer der Hauptstützen der irenischen Bewegung in Deutschland.

1622, zwei Jahre nach dem Tod Johann Sigismunds, können wir die Spur der Familie Hill/Hille in Kassel wieder aufnehmen, wo der Vater als "Capitain Lieutenant Hyll" eine "Compagnie Leibguardia zu Fuß, auch Fürstliche Hoffahne genannt" befehligte.[19] Karl Gustav von Hille wird ebenfalls in den Kasseler Hofakten erwähnt. Im Januar 1626 begleitete er als Hofjunker den Hofrat Nikolaus Sixtinus nach Güstrow, um die Beerdigung der jungen Herzogin von Mecklenburg Elisabeth, der Lieblingstochter des Landgrafen Moritz von Hessen-Kassel, und die Regelung ihres Nachlasses zu beaufsichtigen.[20]

In Elisabeth, genannt nach ihrer Patin Elizabeth I. von England, fand die anglophile Haltung des Kasseler Hofs zu seiner Blütezeit einen Ausdruck.[21] Um 1590 hatte Landgraf Moritz hier

17. Zu Johann Sigismund vgl. Allgemeine Deutsche Biographie Bd.14, S.159-175; Hills Briefe aus Brandenburg PRO SP 81 11.

18. Hille: Palmbaum, (Reprint), S.15

19. Arthur von Sodenstern: Die Anfänge des stehenden Heeres in der Landgrafschaft Hessen-Kassel und dessen Formationen bis zum Ende des Dreißigjährigen Krieges. Kassel 1867. S.17.

20. Hess. Staatsarchiv Marburg 4a 43, 24 (unfol.) Bericht von Karl Gustav von Hille und Nikolaus Sixtinus vom 30. Jan. 1626.

21. Zur hessischen Landesgeschichte unerläßlich: Christoph von Rommel: Neuere Geschichte von Hessen. Bd. 2. Kassel 1837 und Bd. 3. Kassel 1839. Zu Landgräfin Elizabeth Bd. 2. S.349ff. Elizabeth heiratete

ein glänzendes kulturelles und intellektuelles Hofleben entfaltet. Ein frommer Kalvinist, korrespondierte er mit Heinrich IV. von Frankreich und der englischen Königin. Die Kasseler Hofschule, aus der 1618 die berühmte Ritterakademie hervorging, wurde 1602 durch den Landgrafen auch ausländischen Zöglingen geöffnet.[22] In Berichten über diese Anstalt finden wir englische Namen bei den Schülern wie bei den Lehrern.[23] Auf dem Kasseler Theater, das der Landgraf nach eigenen Entwürfen hatte bauen lassen, spielten englische Wandertruppen nach Vorlagen oder Einfällen des Landgrafen. Seine musischen Neigungen wurden 1623 durch seine Aufnahme in die Fruchtbringende Gesellschaft als "der Wohlgenannte" bestätigt.[24]

Die akademischen gelehrten Kontakte des Landgrafen werden in seiner prächtigen Leichenpredigt besonders deutlich.[25] Sie enthält Epicedien aller namhaften europäischen Universitäten, auch aus Oxford, Cambridge und Edinburgh. Die Verbindungen des Landgrafen mit England, das er selbst nie besucht hat, gingen gleichwohl über ein humanistisches, gelehrtes Interesse hinaus. Regelmäßig schickte er Gesandte in politischer Mission nach Whitehall, aber auch seine Söhne wurden angehalten, das Land zu

1618 Johann Albrecht von Mecklenburg-Güstrow und war somit Stiefmutter der späteren Gattin Herzog Augusts d.J. von Braunschweig-Lüneburg und Dienstherrin Karl Gustav von Hilles, Sophie Elisabeth.

22. Allgemeines zur Ritterakademie: Rommel: Geschichte von Hessen Bd.2 S.437ff. Zu der Hofschule: Theodor Hartwig: Die Hofschule zu Cassel unter Landgraf Moritz dem Gelehrten. Diss. Marburg 1864.

23. Rommel: Geschichte von Hessen. Bd.2. S.464 verzeichnet drei Brüder aus der englischen Familie de Segar, die an dem Kasseler Hof erzogen wurden. Der Name Segar erscheint auch in der Liste der Hofschüler von 1614: Hartwig: Die Hofschule. S.54. Ebenda erscheint auch der Name des Engländers John Stanley, von dem zwei Bücher aus seiner Kasseler Zeit noch in der Herzog August Bibliothek vorhanden sind: Catherin Le Doux: Tobie, Comedie. Kassel 1604. (146.12 Eth.) und Catherin Le Doux: Aminte Pastorale. Marburg 1618. (144.7 Eth.). Ein gewisser Caleb Haslet war in Kassel Tanzmeister: Rommel: Geschichte von Hessen Bd.2 S.473.

24. Conermann: Fruchtbringende Gesellschaft. Bd.3 S.85ff.

25. Monumentum Sepvlchrale ad ... Dn. Mauritii Hassiae. Kassel 1638.

besuchen. 1611 kam sein ältester Sohn Otto auf Einladung des Kronprinzen Heinrich nach England und unternahm sogar die beschwerliche Reise nach Schottland.[26] Nach dem unglücklichen Tod des jungen Landgrafen Otto (er hatte sich 1617 im Delirium erschossen), schickte Landgraf Moritz dessen jüngeren Bruder Philipp 1622 zu politischen Unterhandlungen nach England.[27] Diese politischen Missionen ebenso wie das Bemühen um "gutes Einvernehmen" mit dem englischen Thron wurden jetzt bereits mit der Hoffnung verknüpft, daß England die Sache der Protestanten in Deutschland unterstützen würde.[28]

1626, als Hille nach Güstrow aufbrach, war der Glanz von Moritz' Hofhaltung schon zur Erinnerung verblaßt. In den Wirren des Dreißigjährigen Krieges war der Landgraf schwerem äußerem, aber auch innerem Druck ausgesetzt. Seit 1604 beherrschte der sogenannte Marburger Sukzessionsstreit die hessische Innenpolitik. 1623 wurde in Wien zugunsten von Moritz' lutherischem Rivalen in Hessen-Darmstadt entschieden, und Kassel sah sich mit gravierenden territorialen und finanziellen Verlusten konfrontiert. Die Entscheidung des Reichshofrates war wohl die Quittung für die Haltung des Landgrafen dem Kaiser gegenüber, wie Franz Dickmann erklärt:

> Moritz ... war überhaupt einer der radikalsten Mitglieder der Union,

26. Rommel: Geschichte von Hessen. Bd.2 S.326ff.; Philipp Losch: Die Reise des Landgrafen Otto von Hessen nach England und den Niederlanden im Jahre 1611. In: Hessenland 42 (1931) S.289-296; Robson-Scott: German Travellers. S.85ff.

27. Rommel: Geschichte von Hessen. Bd.2 S.339; John Nichols: The Progresses, Processions, and Magnificent Festivities of King James the First. London 1828. Bd. IV. S.759 und 771/72 über die Aufnahme Philips am Hofe. Zu der Mission: StA Marburg 4f England 62, 4f Frankreich 1245.

28. Eine detaillierte Studie der politischen Bemühungen deutscher Diplomaten am Anfang des Dreißigjährigen Krieges, obwohl ohne Berücksichtigung der hessischen Gesandtschaften, gibt Elmar Weiß: Die Unterstützung Friedrichs V. von der Pfalz durch Jakob I. und Karl I. von England im Dreißigjährigen Krieg (1618-32). Stuttgart 1966. (=Veröffentlichungen der Kommission für geschichtliche Landeskunde in Baden-Württemberg, Reihe B. 37.)

hielt es mit Pfalz und Frankreich, hatte die böhmische Angelegenheit laut für eine allgemeine Reichs- und Religionssache erklärt und die Wahl eines evangelischen Reichsoberhauptes gefordert. Man kannte ihn in Wien als einen unruhigen Geist, der ohne Respekt vor den alten Ordnungen des Reichs immerfort mit umwälzenden Plänen beschäftigt war; man gedachte ihn unschädlich zu machen.[29]

Zu den "umwälzenden Plänen" des Landgrafen gehörte das Projekt eines "Landesdefensionswerkes", das er in Hessen vorbildlich verwirklichen wollte.[30] Die Schaffung eines Landesheeres in der Art der englischen "trained bands", das im Notfall sofort zu den Waffen greifen könnte, sollte die Abhängigkeit von fremden Söldnern verhindern. Die Landstände sahen in Moritz' Plänen aber ihre traditionellen Rechte bedroht und widersetzten sich dem Landgrafen, wo immer sie konnten. Noch im ersten Jahrzehnt des Krieges wurde der Bruch mit den Landständen unvermeidbar. Während der Landgraf auf Seiten der Union in den Krieg eingreifen wollte, bemühten sich die Stände, unterstützt von Moritz' Gattin Juliane, um eine Politik strikter Neutralität. Als 1625 in Den Haag eine Allianz zwischen England, Dänemark und den Generalstaaten beschlossen wurde, schöpfte Landgraf Moritz neue Hoffnung.[31] Christian IV. von Dänemark übernahm die Führung der protestantischen Truppen, zu deren Besoldung die Allianzpartner sich verpflichtet hatten.

James Hill, der 1625/1626 wesentlich an den militärischen Vorbereitungen des Landgrafen beteiligt gewesen war,[32] wurde

29. Fritz Dickmann: Der westfälische Frieden. Münster 1965. S.29.

30. Rommel: Geschichte von Hessen. Bd.2 S.704ff.; Sodenstern: Die Anfänge des stehenden Heeres in der Landgrafschaft Hessen-Kassel; Günther Thies: Territorialstaat und Landesverteidigung. Das Landesdefensionswerk in Hessen-Kassel unter Landgraf Moritz (1592-1627). Darmstadt 1973. (=Quellen und Forschungen zur hessischen Geschichte. 23.)

31. Rommel: Geschichte von Hessen. Bd.3 S.621; Louise van Tongerloo: Beziehungen zwischen Hessen-Kassel und den Vereinigten Niederlanden während des Dreißigjährigen Krieges. In: Hessisches Jahrbuch für Landesgeschichte. 14 (1964) S.199-270. Hier S.215.

32. Sodenstern: Die Anfänge des stehenden Heeres in der Landgrafschaft Hessen-Kassel. S.19.

Februar 1626 von Moritz im strengen Vertrauen nach seiner Einschätzung der Situation gefragt. Fragmentarisch sind Protokolle dieser Gespräche im Marburger Archiv vorhanden.[33] Der Landgraf scheint mit dem Obersten Hill unter vier Augen gesprochen zu haben, und auf Latein. Landgraf Moritz plante die Entsendung von Gesandten an den dänischen und englischen Hof, um über ein gemeinsames Vorgehen zu beraten. James Hill stellte sich für die Mission nach England zur Verfügung. Die Achtung, die der Landgraf dem Engländer entgegenbrachte, spricht aus dem Protokoll:

> den wir soviel vermercken, das er unice natura et longa experientia rerum politicarum et militarium etwas weiter siehet alß andere, deßwegen wir gleichwol niemand zu nahe, sondern allein was die notturft erfordert, geredet haben wollen; Er hat uns alß wir ihn gefraget, zu was end er proprio motu und unwissend ihm nunmehr entdeckten considerationes eine legation zu seinem angebohrnen König MB vorgeschlagen, in sonders vertrawen dieses entdeckt, das er vermeinte, daselbst leicht zu erhalten sein solte, das ein expedition von zehen oder 12000 Mann dermaßen zur versicherung des passes ufm Rhein ... zuversichern, und dadurch der Pfalz sich zu näheren gelegt werden möchte.[34]

Eine Übersetzung von Hills "Relation" berichtet ausführlich über seine Gesandtschaft.[35] Am 8. April 1626 kam er in London an. König Karl I. befand sich in Konflikt mit dem Parlament, das ihm erneut die Finanzierung des Haushalts verweigert hatte und seinen Favoriten Buckingham stürzen wollte. Hill wartete auf einen günstigen Zeitpunkt, sein "Creditivschreiben" einzureichen

33. StA. Marburg 4f England 64 (unfol.) (Feb. 1626) (Die Akte enthält alle Archivalien über Hills Mission nach England.)

34. Ebenda.

35. Ursprünglich war geplant, daß Landgraf Philipp mit Hill nach London reisen sollte. Er begleitete ihn bis Den Haag, begab sich aber dann zum Heer Christians IV. von Dänemark. In Den Haag konsultierte Hill mit dem hessischen Abgesandten Hermann Wolf, der ihn bei dem pfälzischen Residenten in London Johann Joachim von Rusdorf einführen sollte. StA Marburg 4 f Niederlanden 480, Punkt 13. Hills "Relation" über seine Reise, ins Deutsche übersetzt, befindet sich in der Akte 4f England 64, (unfol.) datiert Melsungen 20. Okt. 1626.

und erneuerte alte Bekanntschaften, von denen er "underschiedliche in hohen Amptern befunden". In einer ausführlichen Vordiskussion in diesem Kreis und mit Staatssekretär Conway kamen die militärischen Pläne Kassels zur Sprache. Das nun schon eingeschränkte Ziel seiner Anstrengungen war, daß die Räte

> Ihre Maytt dahin disponieren wolten, damit zue gemeiner sachen besten e.f.g. mit gelt für Werb- und Underhaltung drey tausent man ausgeholffen, und succuriret würde, gleich dan e.f.g. anerbottene dienste zu Ihrem und gemeiner sachen zweck billich zu befordern, hierümb auch gedachte 3000 man, da dieselbe frembder nation sein solte, mihr, der ich deutschlandes kündig und der Ausländischen zupflegen wüste, undergeben werden könten.

Am 2. Mai 1626 hörte der König den Vortrag Hills mit großem Verständnis an, weiterführende Verhandlungen fanden jedoch nie statt. Bei seiner Rückkehr im Oktober machte Hill das Zerwürfnis Karls I. mit dem Parlament für das Scheitern seiner Mission verantwortlich: "darüber alle intenta zurückgangen und auch e.f.g. obangedeüteten succurs nicht willfahret werden können." Immerhin aber brachte der Gesandte eine herzliche Einladung von der englischen Königin für die jüngsten Söhne des Landgrafen mit.

Noch bevor Hill nach Kassel zurückgekehrt war, hatten die Ereignisse in Deutschland für Landgraf Moritz eine verheerende Wendung genommen. Im August 1626 wurde Christian IV. von Dänemark in der Schlacht bei Lutter am Barenberge vernichtend geschlagen. Moritz' Sohn Philipp wurde während der Schlacht gefangen genommen und dann von übereifrigen Kaiserlichen getötet. Die Situation spitzte sich endgültig zu, als Tilly 1627 erneut in Hessen einmarschierte und die Abdankung des Landgrafen zugunsten dessen Sohnes Wilhelm verlangte. Bereits im März 1627 wurden Wilhelm V. die Regierungsgeschäfte im Kasseler Schloß übertragen. Für den abwesenden Landgrafen Moritz unterzeichneten "im güldenen Saal" der Rat und Vertraute des Landgrafen Wolfgang Günther und James Hill.[36] Als sich der

36. Walther Keim: Landgraf Wilhelm V. von Hessen-Kassel vom Regierungsantritt 1627 bis zum Abschluß des Bündnisses mit Gustav Adolf 1631 unter besonderer Berücksichtigung der Beziehungen zu Schweden. In: Hessisches Jahrbuch für Landesgeschichte 12 (1962)

Hofstaat nun auflöste, kehrte James Hill nach England zurück, hielt aber Kontakt nach Melsungen, wohin sich Landgraf Moritz zurückgezogen hatte.[37]

Vielleicht wechselte Karl Gustav von Hille in den Dienst des jungen Landgrafen - im Juni 1627 war er unter den Vertretern Wilhelms V. bei der Übergabe des Amtes Plesse an Georg von Hessen-Darmstadt[38] - bald aber folgte er seinem Vater über Mecklenburg und Paris nach London. James Hill konnte es sich nach langem Militärdienst auf dem Kontinent leisten, nun in London als "private gentleman" zu leben.

In Marburg haben sich eine Reihe von Briefen erhalten, die James Hill nach Melsungen schickte.[39] Diese Briefe sind, wie übrigens auch alle früheren von Hill, in englischer Sprache verfaßt. Ein bezeichnendes Licht auf die Sprachkenntnis des Landgrafen Moritz wirft seine Notiz unter einem der Briefe:

> Gegenwerdig schreiben so wir gerne beandworten wolten soll Ioann Salbach dem Englischen buchhandler Fisscher bringen, dz ers uns ins deutsche verfassen wolle ansprechen, mit erinnerung seines vorigen erbietens, das er uns solche antwort in Engelandt verschaffen wolle.[40]

S.130-210 und 13 (1963) S.141-210. Hier: 12 S.132. Auch Rommel: Geschichte von Hessen. Bd.3. S.674.

37. Rommel: Geschichte von Hessen Bd. 3. S.679 erwähnt, Landgraf Moritz habe seinem Sohn Wilhelm empfohlen, Oberst Hill in seine Dienste zu übernehmen. Dieser habe durch die darmstädtische Invasion die ihm zugedachte Vogtei an der Fulda verloren und bemühe sich jetzt um die Stelle eines Kommandanten über die "Bürgerei" zu Kassel. In einem Brief an Staatssekretär Conway in London vom 6. August 1627 aus Amsterdam (PRO SP 84 134 fol.112) beschreibt Hill seine Lage in Kassel: "In the delyvering over my lords government unto his eldest sone I was elected to a bine president of the counsell of warre and governor at Cassell, butt fynding my yeeres dekayenge, and the borden farr to hevye for a stranger to karrye... I found a fayrer corse, and avoyded the danger and place with honor and so was sent Imbassader unto the Duke of Meckelburge, and so thereby made myself free with good reputation & honor, to be alwayes wellkome, when I shall please to visit those princes, in futer tymes."

38. Keim: Landgraf Wilhelm. S.172.

39. St.A. Marburg 4a 37 10 (unfol.)

40. James Hill an Landgraf Moritz, London 31. März 1629, ebenda.

Ganz nebenbei wird damit die Bedeutung der Buchdrucker und -händler im Kommunikationsnetz des frühen 17. Jahrhunderts gezeigt. Hill seinerseits schreibt an den Landgrafen:

> there is an Englische booke seller kalled wittingegam, that is every ffranckfurt mart there, by whome your excelency kan direct your letters unto me.[41]

Wir wissen nicht, ob Karl Gustav von Hille schon vor seinem Besuch in London 1628 einige Englischkenntnisse erworben hat; jedenfalls nutzte er die Zeit jetzt, die Sprache gründlich zu lernen. Am 29. Januar 1629 schrieben beide, Vater und Sohn, an den Landgrafen.[42] James Hill spricht von den Fortschritten seines Sohns beim Spracherwerb: "My sone is her by my ffrendes, speakes the language as well in a manner as I doo ...".[43] Als wolle er seine neuerworbenen Kenntnisse vorführen, schrieb Karl Gustav von Hille gleichfalls in Englisch:

> From Paris I have wrett unto your grace severall lynes, but never so happye as to reseyve the least command from your princelye highnis; and also out of the Lowe-Conteries. And beeing about the last of October arryved att Londen by my father and alliance, have unto the present continewed in lernyninge the English langwage and other gentyle qualities. My father as my selfe, ever hopinge, of you or your young Princes arryval her ...[44]

Aus diesem Schreiben kann man entnehmen, daß Landgraf Moritz zu dieser Zeit offenbar ein Exil in England erwogen hat.[45]

41. James Hill an Landgraf Moritz, London 10. August 1629, ebenda.
42. Karl Gustav von Hille an Landgraf Moritz, London 29. Januar 1629, James Hill an Landgraf Moritz, London 29. Januar 1629, ebenda.
43. ebenda.
44. ebenda.
45. Hill schreibt von Moritz' "former determination to a sene England" in seinem Brief (ebenda) und von der Entsendung der jüngsten Söhne nach London "who should atraveled under the conduct & charge by your grace, me thereto appoynted ...": James Hill an Moritz, Amsterdam 6. März 1628. Die Pläne des Landgrafen ins Ausland ins Exil zu gehen (er hatte ein Pariser Exil erwogen: Keim. Landgraf Wilhelm. 12. S.199) zerschlugen sich. Im März 1629 verließ er Melsungen jedoch unter Protest, weil Wilhelm die Stadt besetzen ließ, und zog sich nach Frankfurt zurück. Als er 1630 zurückkehrte, beschrieb man ihn als

James Hill unterstützt ihn nach Kräften bei diesem Vorhaben und schildert ihm Land und Leute in den prächtigsten Farben: "good meate to eate and to heare most learned doctorine."[46] In einem anderen Brief heißt es

> I know that you might live her a more contenter lyfe, with half the expences your grace spends at melsunge, wher her ar most plenty of gods word, preched by rare and singular men, as ar to befound in all kingdoms els.[47]

Auch der Sohn zeigt sich von England begeistert:

> Concerning the Climat of this Kingdome, is both helsome, pleasant and riche; but especially I finde the people her to be of a kind natur, much honoring vertue & lerning, a Climat that would give your Grace much contentment, and that a man may live at a rate, as pleaseth him selfe.[48]

Insgesamt blieb Karl Gustav von Hille neun Monate in England.[49] Seine handschriftlichen Bucheinträge zeigen, daß er noch zweimal, 1630 und 1633, nach England kam, vielleicht um den Vater zu besuchen. In dem letzten uns bekannten Brief vom August 1629 hatte James Hill keine Hoffnung mehr, Landgraf Moritz in England zu begrüßen:

> ... for now age dobells apon me, that few yeares hence, I must eyther dye or grow ould, and seying I have wayted now for two years for the arryvynge of you, or for the comynge of your both young princes, I have now agaynst Esterndox, taken a littel mansion howse and grownd, and meane to turne Conterye man and so to spend that littell time I have in g assing ... and looking to my Cattell, a pleasanter lyfe I hope thereby to injoye in this short time I have to lyve then all the time of my former lyfe.[50]

"gantz greiß und veraltet, auch nicht mehr wie (er) zuvor geweßen": Keim: Landgraf Wilhelm. 13. S.162.

46. James Hill an Landgraf Moritz, Den Haag April 1628, St.A. Marburg 4a 37 10 (unfol.)

47. James Hill an Landgraf Moritz, London 16. August 1629, ebenda.

48. Karl Gustav von Hille an Landgraf Moritz, London 29. Januar 1629, ebenda.

49. James Hill an Landgraf Moritz, London 10. August 1629, ebenda: "my sonne, who was by me 9 monthes ... is for 7 wekes returned unto his mother into Meckelenburg ...".

50. James Hill an Landgraf Moritz, London 19. August 1629, ebenda.

In seinen Briefen erscheint Hilles Vater als frommer und kultivierter Mann. An einer Stelle erwähnt er literarische Ambitionen:

> I doo busie myself in setting forth a compendium of my fortye yeares travells, ... it may be my sonne might print it after my death.[51]

Auf literarisches Interesse bei Hilles Londoner Verwandtschaft läßt zumindest die Reisebeschreibung von George Sandys schließen, die ihm in einem schönen Folioband zur Begrüßung geschenkt wurde (Verzeichnis 15). Freilich erwarb Hille auch selbst Bücher während seines Aufenthalts in London. Zusammen mit anderen Stücken seiner Bibliothek befinden sich einige heute in der Herzog August Bibliothek.

Nachdem Hille 1647 tief verschuldet gestorben war,[52] sah sich seine Witwe gezwungen, Bücher aus seinem Besitz zu verkaufen. Als Käufer bot sich natürlich der frühere Dienstherr Herzog August d.J. von Braunschweig-Lüneburg an. Am 13. April 1648 quittierte die Witwe den Erhalt von 70 Reichstalern aus der Wolfenbütteler Hofschatulle "für abgekaufte Bücher".[53] Was bisher aufgefunden werden konnte, deutet darauf hin, daß sich der Herzog vor allem für Hilles fremdsprachige Bücher interessierte. Helmar Härtel hat darauf hingewiesen, daß Herzog August selten ganze Nachlässe kaufte. Vielmehr prüfte er die Angebote sorgfältig, um den Kauf von Dubletten zu vermeiden.[54] Gerade die auf den Reisen in Frankreich und England erworbenen Bücher Hilles scheinen hier Lücken geschlossen zu haben. Eine Liste der von der Witwe gekauften Bücher hat sich offenbar nicht erhalten, die Suche nach diesen Bänden wird jedoch durch den Besitzeintrag Hilles ermöglicht. Zu seinem Namen ergänzte er oft Ort und Datum des Erwerbs. Mitunter fügte er seinen lateinischen Wahlspruch hinzu: Crescit Genus Virtute Hominis, ein Akro-

51. ebenda.

52. Akten über Hilles Finanzen und die Forderungen seiner Witwe nach ausstehendem Sold, sowie einen Entwurf seiner Bestallungsurkunde enthält Nds. St.A. Wolfenbüttel 3 Alt 505.

53. Nds. St.A. Wolfenbüttel 2 Alt 3975, fol.31.

54. Helmar Härtel: Herzog August und sein Bücheragent Johann Georg Anckel. In: Wolfenbütteler Beiträge 3 (1978) S.252.

stichon seiner Initialen. Für seine englischen Bücher fand er dazu bei Camden (Verzeichnis 16) die Entsprechung in einem englischen Sprichwort: "Vertuelesse gentility is worse than beggary". Im Anhang zu diesem Aufsatz werden die bislang aufgefundenen Drucke aus Hilles Besitz verzeichnet; die englischen Erwerbungen sollen hier kurz charakterisiert werden.

Da ein Kontakt deutscher Reisender mit den Werken der englischen Bühne selten zu belegen ist, sind die Dramentexte, die Hille kaufte, von besonderem Interesse. So erwarb er in London Philip Massingers *The Roman Actor* (Verzeichnis 20.8). 1626 zum ersten Mal aufgeführt, 1629 gedruckt, wurde das Stück durch seine Verteidigung der moralischen Funktion des Theaters und der Ehre der Schauspielkunst berühmt. Vielleicht hat Hille das Stück im Blackfriars Theatre gesehen, jedenfalls lassen die Unterstreichungen im Text seine sorgfältige Lektüre vermuten. Mit der gleichen Sorgfalt scheint er William Davenants Erstling *Albovine, King of the Lombards* (Verzeichnis 20.9) gelesen zu haben. Zu einer Aufführung dieser Rachetragödie kam es jedoch erst nach 1660, als Davenant selbst einer der beiden Londoner Theaterleiter geworden war.[55] Als rein literarische Texte sind nur noch zwei Werke zu nennen: die erste englische Übersetzung von Boccaccios *Decamerone* (Anhang 26) und die bereits erwähnte Reisebeschreibung nach dem Heiligen Lande von George Sandys (Anhang 15).

Hilles englisch-französisches Wörterbuch (Verzeichnis 25) läßt annehmen, daß er, wie andere Deutsche des 17. Jahrhunderts auch, die englische auf dem Umweg über die französische Sprache lernte.[56] Der Spracherwerb wurde üblicherweise erleichtert durch

55. Angaben zu den Dramen nach Walter Wilson Greg: A Bibliography of the English Printed Drama to the Restoration. London 1951 (Reprint 1970).

56. Die erste englische-deutsche Grammatik war Martin Edlers The High Dutch Minerva à la mode. London 1680; französisch-englische Grammatiken gab es hingegen schon Anfang des 16.Jahrhunderts. Über den Stellenwert des Englischen als Fremdsprache in Deutschland siehe: Bernhard Fabian: Englisch als neue Fremdsprache des 18. Jahrhunderts. In: Mehrsprachigkeit in der deutschen Aufklärung. Hg. Dieter Kimpel. Hamburg 1985 (=Studien zum Achtzehnten Jahrhundert. 5.) S.178-196.

die Lektüre besonders vertrauter Texte in der fremden Sprache.[57] In erster Linie kam dafür natürlich die Bibel in Frage, und Karl Gustav von Hille erwarb eine in dunkelbraunem Leder gebundene und mit dem Order of the Garter verzierte Ausgabe von 1628 (Verzeichnis 24). In den gleichen Zusammenhang gehören Johann Gerhards *Sacrae Meditationes,* die er sowohl in französischer als auch in englischer Übersetzung besaß (Verzeichnis 12 und 30). Dazu gaben ihm ein englischer Briefsteller "published for the helpe of such as are desirous to learne to write letters" (Anhang 20.1-4), Muster eines gepflegten Sprachgebrauchs. Muster des gepflegten Lebensstils, wie man ihn in England verstand, waren Henry Peachams[58] bekanntem *Compleat Gentleman* (Verzeichnis 17), das Hille 1629 in Cambridge kaufte, zu entnehmen. Peacham beschreibt den englischen Edelmann, und wie er Adel und Tugend verbinden solle. In achtzehn Kapiteln werden die ihm angemessenen Beschäftigungen und Interessen vorgeführt, die Universitätsaufenthalte, das Studium der Kosmographie und die Beschäftigung mit Musik, Poesie, Wappenkunde, Leibesübungen, aber auch Zeichnen und Angeln umfassen. Das Buch erlebte im 17. Jahrhundert drei Auflagen.

Unter Hilles Erwerbungen sind überdies einige Bücher, die sich mit der Geschichte Englands und mit der damaligen Einschätzung ihrer eigenen Rolle in Europa beschäftigen. Ein solches Werk ist *The Apologie* von König James I. (Verzeichnis 22), dessen angehängte "Premonition" sich an alle Regierenden wendet und sie zur Wahrung der Rechte der absoluten Monarchie ermahnt. Thomas Gainsfords *Glory of England* (Verzeichnis 29) erläutert die Gründe für die vermeintliche europäische Vormachtsstellung Englands und bietet einen Vergleich mit anderen Ländern, den er als "combat of comparisons" bezeichnet. Hier stellt Gainsford dem (noch) friedlichen England das Bild eines zerstrittenen Deutschlands gegenüber und kommentiert: "thus you see, why Germany cannot match our example, especially as the Eaglies flies

57. James Howell: Instructions for Forreine Travell. London 1642. Howell empfiehlt dem Reisenden die Lektüre von Aesops Fabeln in der jeweiligen Landessprache.

58. Zu Peacham: Dictionary of National Biography. Bd.44 S.133ff.

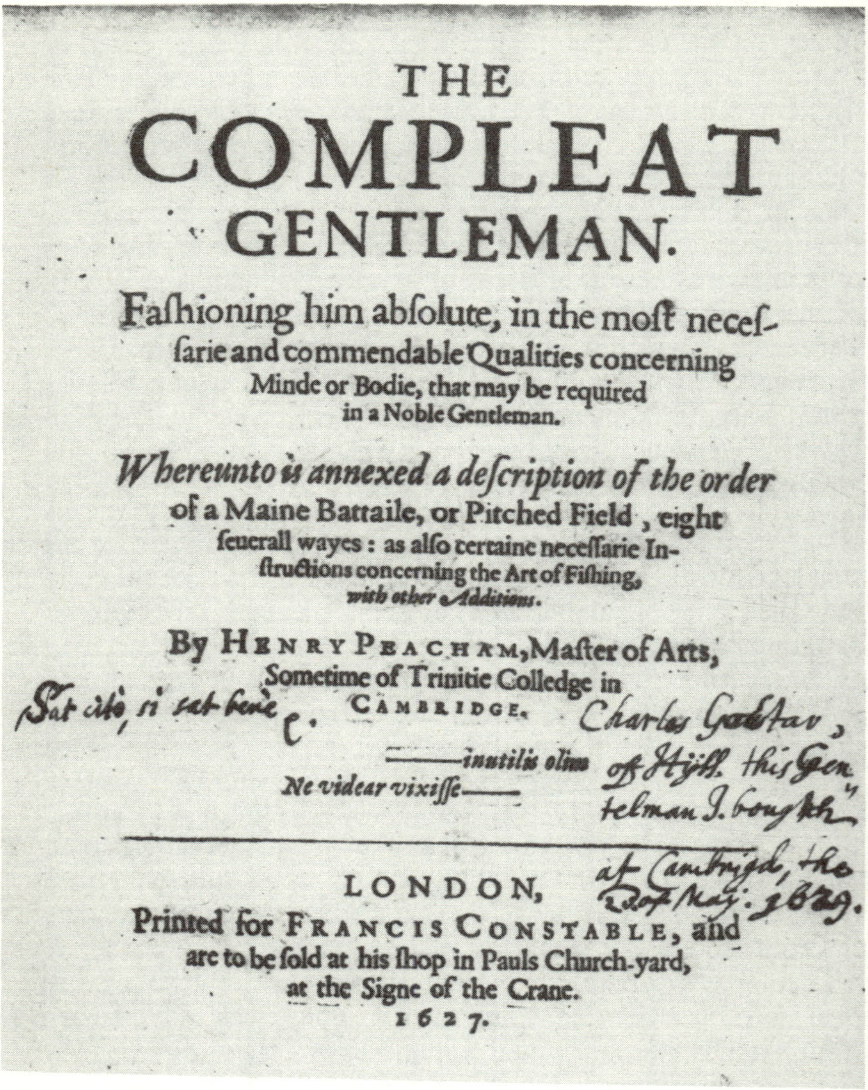
THE
COMPLEAT
GENTLEMAN.

Fashioning him absolute, in the most necessarie and commendable Qualities concerning Minde or Bodie, that may be required in a Noble Gentleman.

Whereunto is annexed a description of the order of a Maine Battaile, or Pitched Field, eight seuerall wayes: as also certaine necessarie Instructions concerning the Art of Fishing, *with other Additions.*

By HENRY PEACHAM, Master of Arts, Sometime of Trinitie Colledge in CAMBRIDGE.

Sat cito, si sat bene

——— *inutilis olim*
Ne videar vixisse ———

LONDON,
Printed for FRANCIS CONSTABLE, and are to be sold at his shop in Pauls Church-yard, at the Signe of the Crane.
1627.

Hilles Exemplar von Henry Peacham: *The Compleat Gentleman*, (Verzeichnis Nr. 17).

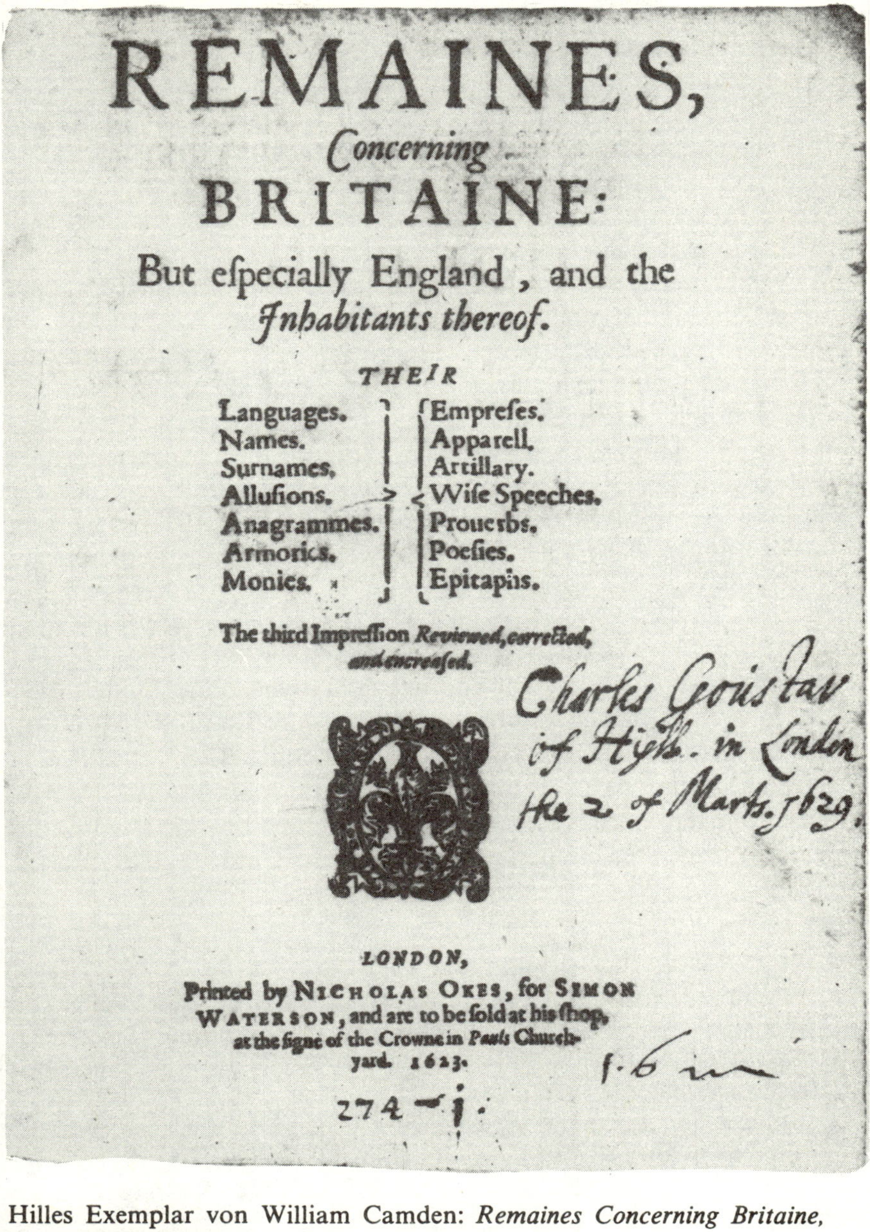

REMAINES,
Concerning
BRITAINE:
But especially England, and the
Inhabitants thereof.

THEIR

Languages.	Empreses.
Names.	Apparell.
Surnames.	Artillary.
Allusions.	Wise Speeches.
Anagrammes.	Prouerbs.
Armorics.	Poesies.
Monies.	Epitaphs.

The third Impression *Reviewed, corrected, and encreased.*

Charles Gouistau of Hyth. in London the 2 of Marts. 1629

LONDON,
Printed by NICHOLAS OKES, for SIMON WATERSON, and are to be sold at his shop, at the signe of the Crowne in *Pauls* Church-yard. 1623.

f. 6 m

274 — j.

Hilles Exemplar von William Camden: *Remaines Concerning Britaine,* (Verzeichnis Nr. 16).

now, with broken wings and bruized sides."[59] Von dem berühmten englischen Historiker Camden kaufte Hille das allgemeine Werk *Remaines concerning Britaine* (Verzeichnis 16), auf das später eingegangen wird, und eine Ausgabe von Karten und Beschreibungen der Grafschaften, die den geographischen Inhalt von Camdens Hauptwerk *Britannia* zusammenfaßt (Verzeichnis 23).

Auf den Einfluß, den Hilles englische Sprach- und Literaturkenntnisse auf den *Teutschen Palmbaum* ausübten, soll weiter unten noch eingegangen werden.

Hilles weiterer Lebensweg nach seiner Rückkehr aus England bleibt unklar. Möglich ist, daß er noch im Dienst Wilhelms V. von Hessen-Kassel stand, den er 1634 zu seiner Hochzeit mit Helena Katharina von Oeynhausen einlud.[60] Seine Bücher weisen auf Verbindungen nach Brandenburg, wo er aufgewachsen ist, hin - ein Sammelband, den er zwischen 1629 und 1636 (Verzeichnis 33) anlegte, enthält Johann Bergius' Beschreibung der Konferenz der lutherischen und calvinistischen Theologen, die 1631 in Leipzig stattgefunden hatte. Bergius, ein Vertrauter der Brandenburger Kurfürsten seit Johann Sigismund, war Hofprediger des Kurfürsten Georg Wilhelm in Berlin. Er war einer der führenden Vertreter der irenischen Bewegung und stand in Verbindung mit Georg Calixt in Helmstedt und mit dem unermüdlichen Schotten John Durie, der sich vor allem in Kassel aufhielt.[61] Hilles Exemplar des Bergius-Traktats (Verzeichnis 33.32) trägt eine Widmung, die wahrscheinlich von Bergius stammt. 1637 wurde Karl Gustav von Hille als "der Unverdrossene" in die Fruchtbringende Gesellschaft aufgenommen, und als 302. Mitglied

59. Gainsford (Verzeichnis 29) S.220.

60. Julius Graf von Oeynhausen: Geschichte des Geschlechts von Oeynhausen. Paderborn 1870-1889. 2.Teil S.142. Einladung vom 25. Mai 1634 zu der am 12. Juni in Allersheim bei Holzminden stattfindenden Hochzeit.

61. Zu Bergius: Bodo Nischan: John Bergius: Irenicism and the beginning of official religious toleration in Brandenburg-Prussia. In: Church History 51 (1982) S.389-404; zur Leipziger Konferenz: ders.: Reformed Irenicism and the Leipzig Colloquy of 1631. In: Central European History 9 (1976) S.3-26.

im Erzschrein der Societät verzeichnet.[62] Als Hille 1647 seinen *Teutschen Palmbaum* veröffentlichte, widmete er ihn Friedrich Wilhelm von Brandenburg, dem Sohn Georg Wilhelms. Der Große Kurfürst Friedrich Wilhelm war seit 1643 in der Gesellschaft "der Untadelige".

1639 wurde Hille Hofmeister der Herzogin Sophie Elisabeth von Braunschweig-Lüneburg. In dieser Stellung blieb er bis kurz vor seinem Tode 1647. Vielleicht hatte er die Herzogin, die wie alle seine bisher identifizierten Dienstherren kalvinistischer Konfession war,[64] schon 1626 bei der Regelung des Nachlasses ihrer Stiefmutter Elisabeth getroffen. Beide Frauen waren literarisch sehr engagiert und gehörten als Mitglieder der "Academie des Loyales", dem nur unter Frauen aufgerichteten Gegenstück zur Fruchtbringenden Gesellschaft, an.[65] Elisabeth von Hessen hinterließ eine große Anzahl italienischer Madrigale und eine deutsche Übersetzung des Schäferromans *La fida ninfa* von Contarina.[66] Sophie Elisabeth ist uns als Dichterin, Komponistin und als Übersetzerin von d'Urfes *Astrée* bekannt.[67]

Als Hofmeister der Herzogin hatte Hille eine der höchsten Stellen am Braunschweiger Hof inne. Bis zu seiner Ankunft 1639 war Herzog August d.J., "der Befreiende", das einzige Mitglied der Fruchtbringenden Gesellschaft am Hof.[68] Die Sozietät faßte

62. Conermann: Fruchtbringende Gesellschaft. Bd. 3. S.339. Conermann vermutet, daß Hille in Güstrower Diensten stand.

63. ebenda. S.347.

64. H. Schnell: Mecklenburg zur Zeit des Dreißigjährigen Krieges 1603-58. Berlin 1907 bezieht sich auf den Ehevertrag zwischen Sophie Elisabeth und Herzog August: "(sie) bekam 15000 Taler als Mitgift und die Freiheit, bei ihrer Konfession zu bleiben und zum Abendmahl zu gehen, wo sie wollte." S.172.

65. Gerhard Dünnhaupt: Merkur am Scheideweg. Eine unbekannte Schwesterakademie der Fruchtbringenden Gesellschaft. In: Virtus et Fortuna. Festschrift für Hans-Gert Roloff. Bern 1983. S.384-392.

66. Jean Woods/Maria Fürstenwald: Schriftstellerinnen, Künstlerinnen und gelehrte Frauen des deutschen Barock. Ein Lexikon. Stuttgart 1984. S.67.

67. Ebenda. S.16-18.

68. August wurde 1634 in die Gesellschaft aufgenommen. Conermann: Fruchtbringende Gesellschaft. Bd.3. S.243.

erst Wurzeln in Braunschweig nach dem Besuch ihres Oberhauptes Ludwig von Anhalt-Köthen 1642. Nach diesem persönlichen Kontakt mit dem Hofstaat wurden Franz Julius von dem Knesebeck als "der Geheime",[69] Jobst Heimart von Lente als "der Schönblühende"[70] und Justus Georg Schottelius als "der Suchende"[71] Mitglieder. Als ältestes Mitglied unter den Hofleuten spielte Hille offensichtlich eine wichtige Rolle in der Kommunikation zwischen Köthen und Braunschweig bzw. später Wolfenbüttel. Seine Korrespondenz mit Fürst Ludwig[72] enthält häufig Nachrichten und Bitten in den Angelegenheiten der "jüngeren" Mitglieder oder Herzog Augusts; im Januar 1643 reiste er selbst nach Köthen.[73] Ihm wurde aufgetragen, die zum Druck des Gesellschaftsbuches nötigen Gelder bei August und Christian von Braunschweig-Lüneburg einzuziehen.

In den Jahren von Hilles Amt in Wolfenbüttel veröffentlichten die "Fruchtbringer" bei Hofe eine Reihe von Werken: Schottelius schrieb 1640 seine *Lamentatio Germaniae Exspirantis,* 1641 die *Teutsche Sprachkunst* und 1645 die *Teutsche Vers- oder Reim-Kunst;* Franz Julius von dem Knesebeck ließ 1643 die *Dreiständigen Sinnbilder* drucken. 1644 entschloß sich auch Hille, seinen literarischen Pflichten gegenüber der Gesellschaft nachzukommen und ein Werk zu verfassen, das der Förderung der deutschen Sprache dienen sollte. Diese Ziele sah man in Köthen am besten durch die Übersetzung hervorragender Werke fremdsprachiger Literaturen verwirklicht. Auch zu diesem Zweck wurde in Köthen eine Druckerei eingerichtet und eine Anzahl Übersetzungen vornehmlich französischer und italienischer Texte unter dem Namen der Gesellschaft herausgegeben. 1644 schickte Ludwig die neuesten Erzeugnisse der Köthener Druckerei für Hilles Sammlung (Verzeichnis 38). In einem bislang unveröffentlichten Brief bedankt sich Hille für Bücher aus Köthen und bittet

69. Ebenda. S.464.
70. Ebenda. S.450.
71. Ebenda. S.466.
72. 20 Briefe aus der Korrespondenz Hilles mit Fürst Ludwig sind abgedruckt in Gottlieb Krause: Der Fruchtbringenden Gesellschaft ältester Ertzschrein. Leipzig 1855. S.191ff.
73. Ebenda S.195 Hille an Ludwig, Braunschweig 21. Januar 1643.

um die Angabe eines passenden Werks, damit er es ins Deutsche übertragen könne. Dabei wird deutlich, daß er Ludwigs Vorliebe für romanische Literatur kennt, er aber auch mit dem Gedanken einer Übersetzung aus dem Englischen spielt:

> Inmittelst thue ich mich wegen der uberschicketen bücher gehorsamst bedancken. Da der höchstgeEhrte H: Nehrende dem Unverdrossenen, ein kleines Italienischeß oder Französcheß buchlein, so die Würde in Unsere Mutter Sprache zu ubersetzen, uberschickete were der selbe entschlossen seine Geselschaftß Schüldigkeit zuer weisen und abzulegen. Eß hatt sonsten der Spielende dem Unverdrossenen ein Englischeß buchlein genand die Wallensteinische Tragedie, vorgeschlagen, ist aber noch zur Zeit nicht Uberschicket.[74]

Bei der hier erwähnten Wallensteintragödie handelt es sich sicher um Henry Glapthornes sehr freie Bearbeitung der Geschehnisse um die Ermordung Wallensteins zu Eger. Sie erschien 1639 in London.[75] Das Stück wurde in Deutschland wahrscheinlich erst 1690 durch eine Aufführung in Berlin bekannt.[76] Jedenfalls scheint Hille das Projekt nicht weiter verfolgt zu haben, vielleicht weil er das von Harsdörffer versprochene Exemplar nicht erhalten hatte. Fürst Ludwig schlug in seinem Antwortschreiben vor, Hille solle die in Frankreich erschienene Biographie des Gaspar de Coligny, Admiral de Chastillon, übersetzen.[77]

Wie wir wissen, entschied sich Hille für ein eigenes Werk statt einer Übersetzung und teilte Ludwig 1645 mit, er schreibe an einer Geschichte der Fruchtbringenden Gesellschaft.[78] In den nächsten

74. Erzschrein Köthen II, fol.24, Hille an Ludwig, Wolfenbüttel 9. Februar 1644.

75. Henry Glapthorne: The Tragedy of Albertus Wallenstein, Late Duke of Fridland, and Generall to the Emperor Ferdinand the second. ... London 1639. (Nr. 564 bei Greg: Bibliography of the English Printed Drama.)

76. Über die spätere Rezeption des Stücks in Deutschland: Waterhouse: The Literary Relations of England and Germany. S.73ff. und dort zitierte Literatur.

77. Erzschrein Köthen II, fol.25, Ludwig an Hille, (März 1644.)

78. Krause: Erzschrein S.203-204, Hille an Ludwig, Wolfenbüttel 8. Oktober 1645.

zwei Jahren arbeitete Hille eng mit Georg Philipp Harsdörffer zusammen, der in Nürnberg die Drucklegung des *Teutschen Palmbaums* beaufsichtigte; später behauptete Harsdörffer, das ganze Werk gehe viel mehr auf seine und Schottelius' Arbeit zurück als auf die Hilles.[79] Trotz der Ankündigung des Werkes bei Fürst Ludwig schickten weder Hille noch Harsdörffer das Manuskript zur Begutachtung nach Köthen. So bleibt der *Teutsche Palmbaum* die Hauptquelle zur Fruchtbringenden Gesellschaft, ohne daß man ihn als die "offizielle" Geschichte der Sozietät betrachten dürfte. Jörg Jochen Berns verweist hier auf eine Rivalität zwischen Köthen und Wolfenbüttel.[80] Die Autoren des Köthener Kreises konzentrierten sich auf die Übersetzungsarbeit, in Wolfenbüttel dagegen versuchten Hille, Glasenapp, Knesebeck oder Schottelius, originale Werke zu schreiben und richteten sich nicht nach ausländischen Vorbildern. Eher noch suchten sie ihre Vorlagen in den deutschen Altertümern. Die Bedeutung von Schottelius' Studienaufenthalt in Holland und der "niederländischen Bewegung" für seine späteren Schriften wird hervorgehoben.[81] Eine ähnliche Bedeutung scheint für Hilles *Palmbaum* dessen Englandaufenthalt, Sprachkenntnis und die Lektüre von William Camden gehabt zu haben.

Auffällig ist in Hilles Palmbaum das leidenschaftliche Plädoyer für eine neue Einschätzung der englischen Sprache und Literatur:

> Ob nun wol die Englische/ vor eine aus vielen zusammengesetzte und verstümpelte Sprache gehalten wird; so ist sie dannoch mit Warheit nicht eine gar so geringschätzig und schlechte/ wie sich solches dieselbige Unverständige einbilden: Sondern sie bestehet in einer

79. Georg Philipp Harsdörffer an Georg Neumark, Nürnberg 1. Mai 1657. In: Aus dem Briefwechsel Georg Philipp Harsdörffers zur Geschichte der Fruchtbringenden Gesellschaft 1647-1658, Hg. C.A.H. Burckhardt. In: Altes und Neues aus dem Pegnesischen Blumenorden III, S.133.

80. Jörg Jochen Müller (=Berns): Wolfenbüttel in der Barockliteratur - Barockliteraten in Wolfenbüttel. In: Beiträge zur Geschichte der Stadt Wolfenbüttel. Hg. Joseph König. Wolfenbüttel 1970. S.75-92. Hier S.84.

81. ders.: Justus Georg Schottelius. In: Deutsche Dichter des 17. Jahrhunderts. Hg. Harald Steinhagen und Benno von Wiese. Berlin 1984. S.415-434.

> solcher Lieblichkeit und hohen Sinnbegriff/ daß auch die allerwürdigste Geist- und weltliche Bücher/ nicht von ihnen in der Lateinischen; sondern viel eher in ihren eigenen Muttersprache beschrieben zu lesen seynd.[82]

Er fordert seine Landsleute auf, die Sprache zu lernen, um sowohl erbauliche als auch literarische Werke aus dem Englischen übersetzen zu können. Dazu verweist er auf Sidneys *Arcadia* als eines der wenigen englischen Werke, das den meisten seiner Leser bekannt war. Freilich basierten die deutschen Ausgaben des Werks alle auf französischen Übersetzungen. Als Kenner beklagt Hille, daß der lebhafte Geist und der Tiefsinn des Originals dabei verloren gehe:

> Arcadien des Ritters Sidney: welcher wegen desen hohen Würde und tiefen Verstands/ über die 30. mal/ von unterschiedenen fremden Völkern/ in ihre angeborne Sprache mit Fleiß zwar übersetzet aber dannoch die Vollkommenheit und innerlichen Verstand desselben/ sowol und eigentlich nicht begreiffen/ noch die Tiefsinnigkeit dessen vollständig ergründen und ausarbeiten können.[83]

Im Vorwort zum *Teutschen Palmbaum* wendet sich Hille an unterschiedlich interessierte Leser einschließlich des "sprachkündigen Lesers", für den er Marginalien "aus den bewehrtesten fremden Geschichtsschreibern" in der Originalsprache beigefügt habe.[84] Die Marginalie zu der zitierten Bemerkung über die englische Sprache entnimmt er William Camdens *Remaines concerning Britaine* (Verzeichnis 16), das er 1629 in London gekauft hatte:

> Our Englisch: I wil not say as sacred as the Hebreu or as Learned as the Greke) but is as fluent as the Latine, and as coerteous as the Spanish as court like as the French, and as amorous as the Italien.[85]

Zu seiner Beschreibung der historischen Entwicklung der deutschen und der englischen Sprache übernimmt Hille die Methode Camdens. In England gilt Camden als Vater der modernen Geschichtswissenschaft.[86] Sein berühmtestes Werk

82. Hille: Teutscher Palmbaum. (Reprint) S.123.
83. Ebenda S.124.
84. Ebenda Vorrede (76).
85. Ebenda S.123.
86. J.R. Hale: The Evolution of British Historiography. From Bacon

Britannia ging aus intensiven Quellenstudien, auch mittelalterlicher Archivalien, hervor. In lateinischer Sprache verfaßt, richtete sich das Werk an die Gelehrten. Anders konzipiert war sein späteres Werk, die *Remaines*.[87] Dem Titel entsprechend handelte es sich dabei um eine Reihe von Aufsätzen, die aus der Arbeit an der *Britannia* hervorgingen. Sie wurden in englischer Sprache gedruckt und wandten sich mehr an den interessierten Laien als an den Gelehrten. Das Buch erschien 1607; Hille erwarb ein Exemplar der dritten Auflage von 1623, dem Todesjahr Camdens.

Im Gegensatz zu Scaliger, der das Englische aus dem Persischen abzuleiten versuchte, behauptet Camden, es habe germanische Wurzeln. Als Erster spürte er den Umformungen des Angelsächsischen zum neuzeitlichen Englisch in alt-, mittel- und neusprachlichen Versionen des Vaterunser nach. Camden selbst schreibt dazu:

> But that you may see how powerable time is in altering tongues as all things else, I will set downe the Lords prayer as it was translated, in sundry ages, that you may see by what degrees our tongue is risen, and thereby conjecture how in time it may alter and fall againe.[88]

In seinen Ausführungen über die Entwicklung der deutschen Sprache im *Teutschen Palmbaum* zitiert Hille eine mittelalterliche Übersetzung des Hohen Liedes Salomonis und schreibt dann dazu:

> Wie sich nun das Hochteutsche von Jahren zu Jahren im Reden und Schreiben geändert/ ist aus diesem alten gnugsam abzunehmen; wie dann auch solches aus folgenden Nieder- und Hochteutschen des Herrn Gebet mit meeren erhellet.[89]

Die Anlehnung an Camden ist offensichtlich. Nachdem er das Vaterunser in verschiedenen deutschen Sprachstufen verglichen hat, zitiert Hille eine angelsächsische Übersetzung des Gebets, um die Entwicklung des Englischen, das er als "eine altdeutsche Mundart" bezeichnet, zu verdeutlichen. Der Text dieser Version

to Namier. London 1967. S.16: "if Lord Verulam is the greatest theorist of the new history in England, Camden is its greatest practioner."

87. William Camden: Remains Concerning Britain. Hg. R.D. Dunn. Toronto 1984, mit Einleitung und Kommentar. Hierzu die Rezension von Hugh Trevor-Roper in Times Literary Supplement. 14.6.1985 S.671ff.

88. Camden: Remaines. (Verzeichnis 16) S.19.

89. Hille: Teutscher Palmbaum. (Reprint) S.120.

ist jedoch nicht Camden entnommen, sondern, wie Hille schreibt, "mir von einem vornehmen gelehrten Mann/ als ein altes Gedächtnis mit geteilet worden".[90]

Für den Sprachpatrioten Hille muß das Buch Camdens als Trost und Ansporn gewirkt haben. Beide sind verbunden in der Abwehr eines französischen Einflusses auf ihre Sprachen. Während Hille den höfischen, französisch durchsetzten *alamode* Sprachgebrauch geißelt, berichtet Camden von der Versklavung des Angelsächsischen durch das normannische Französisch im Mittelalter. Im Englisch seiner Zeit freilich sieht er diese Bedrohung überwunden:

> since which time, our language hath risen by little, and the proverbe proved untrue, which so long hath been used, Jacke would be a gentleman, if he could speake French.[91]

Einig sind sich beide Autoren darüber hinaus nicht nur in der Verknüpfung von Sprache und Sitte, sondern auch in der Gewißheit, daß das Heil nur in der Rückbesinnung auf Lebensformen und Werte der Vorväter liegt. Camden schreibt von

> ... great grandfathers English who had more care to do well than to speak minion-like, and left more glory to us by their exploiting of great actes, than we shall do by our forging a new words and uncuth phrases.[92]

Ähnlich sieht Hille: "unsere alte Teutsche Biderleute ... welche die Freyheit mit dem Degen/ die Redlichkeit mit Worten jederzeit verfochten."[93]

In seinem Aufsatz über das angeblich altdeutsche "Anthyriuslied" in Hilles *Palmbaum* geht Wolfgang Harms der Frage des Beitrags der Fruchtbringenden Gesellschaft zur Anerkennung der deutschsprachigen mittelalterlichen Literatur nach.[94] Die Be-

90. Ebenda S.121.
91. Camden: Remaines. (Verzeichnis 16) S.26.
92. Ebenda S.22.
93. Hille: Teutscher Palmbaum. (Reprint) S.136.
94. Wolfgang Harms: Das angeblich altdeutsche Anthyriuslied in Hilles "Palmbaum". In: Festschrift für Ingeborg Schröbler. Tübingen 1973. (=Beiträge zur Geschichte der deutschen Sprache und Literatur. 95) S.381-405.

ziehungen Hilles zu Camden, der Chaucer als "our English Homer" bezeichnete, zeigen hier ergänzende Zusammenhänge auf.

Vieles konnte hier nur angedeutet werden. Die Verbindung zwischen Hille einerseits und England und Camden andererseits läßt freilich weitergehende Fragen nach einer Rezeption englischer Kultur, besonders im Rahmen der Fruchtbringenden Gesellschaft, noch offen.

VERZEICHNIS

Folgende Bücher aus dem Besitz Karl Gustav von Hilles haben sich in der Herzog August Bibliothek erhalten.[95] Es handelt sich hier ausschließlich um Bücher, die noch von Herzog August selbst in die sogenannte Augusteer Sammlung aufgenommen wurden. Dabei wurden manche Bände relativ bald nach ihrem Ankauf 1648 katalogisiert, andere dagegen erst in den letzten Lebensjahren des Herzogs.

Die Bücher werden chronologisch nach dem Datum ihres Erwerbs durch Hille, sofern dieses zu eruieren war, mit Kurztitel und Signatur aufgeführt. Vollständig wiedergegeben werden Hilles handschriftliche Einträge, die sich, wenn nicht anders vermerkt, auf dem Titelblatt des Werkes befinden. Die Einträge erscheinen hier kursiv.

Zu den englischen Büchern, die Hille erwarb, werden ihre entsprechenden Nummern bei Alfred William Pollard & Gilbert Redgrave: *A Short Title Catalogue of Books Printed in England, Scotland, & Ireland and of English Books Printed Abroad 1475-1640* Second edition. (London 1976/86) angegeben.

1. Publius Ovidius Naso: Les Metamorphoses ... Tradvites En Prose Francoise ... Auec XV. Discours, Contenants l'explication Morale des Fables. Rouen (Berthelin) 1626.
(Titelkupfer): *G. Hÿll A Paris ce 14/4 Octob: 1627.*

(HAB: 96 Poet.)

2. Fernando de Rojas (Celestina) (übersetzt von Jacques de Lavardin): La Celestine Fidellement Repvrgee, et mise en meilleure forme ...

95. Diese Liste kann keinen Anspruch auf Vollständigkeit erheben.

Tragicomedie Iadis Espagnole, ... Plus la Courtizane de Ioachim du Bellay. Paris (Bonfons) (s.a.) (1578)
G. Hÿll à Paris le 4 D'october l'an 1627.

(HAB: 161.1 Eth.)

3. Homer (Ilias) (übersetzt von Souhait): L'Illiade ... auec la suite d'icelle, Ensemble le Rauissement d'Helene, sugiect de l'histoire de Troie. ... Paris (Gasse) 1627
A Paris ce 4 D'October. L'An 1627. G. Hylle.

(HAB: 365.15 Hist.)

4. Le Grand Dictionaire Francois-Latin Avgmenté En Ceste Edition... Iverdon (De l'Imprimerie de la Societé Helu. Caldoresque) 1621

à Chastillon 9/29 (sic) *de Novemb: 1627. G. Hÿll.*

(HAB: 43.4 Gram.)

5. John Barclay (Satyricon) (übersetzt von M. Nau): LOeil Clairvoyant d'Evphormion dans Les Actions des Hommes et de son Regne parmy les plus grands et Signalés de la Cour. Satire de nostre temps. ... Paris (Estoct) 1626
Charles de Hÿlle à Paris

(HAB: 51.18 Eth.)

(In den ersten Seiten hat Hille viele französische Vokabeln mit ihren deutschen Entsprechungen am Rande versehen.)

6. Favoral: Les Plaisantes Iovrnées ... Où sont plusieur rencontres subtiles pour rire en toutes compagnies. Paris (Corrozet) 1626
G. Hÿlle. 1627.

(HAB: 117.10 Eth.)

(Der gesamte Text ist mit Tinte unterstrichen.)

7. Jean Puget de La Serre: Les Amovrs Des Deesses ... Auec les Amours de Narcisse ... Paris (Guerreau) 1627
(Titelkupfer): *G. Hÿlle à Paris*
1627 G Hÿlle

(HAB: 51.20 Eth.)

8. Jean Puget de La Serre: Le Secretaire De La Covr Ov La Maniere d'escrire selon le Temps. Augmentée des Compliments de la langue Françoise A M. de Malherbe. Paris (Billaine) 1627

(Unleserlich) *ce 10 de Fevrier 1628 G. Hylle.* (Deckblatt): *L'amour croist a la mesure, et proportion de L'esperance.*

(HAB: 121.1 Rhet.)

9. Pierre du Moulin: Accomplissement Des Propheties: Où est monstré que les Propheties de S. Paul, et de l'Apocalypse, et de Daniel, touchant les combats de l'Eglise sont accomplies. ... Sedan (Jannon) 1624
A Paris ce 19 de Fevrier 1628 G. Hÿll.

(HAB: 815.8 Theol.)

10. Recveil Des Pieces Les plvs cvrievses qvi ont esté faites pendant le regne de Connestable M. de Lvyne. ... (s.l.) 1628
A Paris ce 29 d'Avril 1628 G. Hÿll

(HAB: 364.1 Hist.)

11. Bernard de Girard: De L'Estat et Svccez Des Affaires De France. Paris (le-Mur) 1619
G. Hÿll A Paris Le 13. de Maÿ 1628.

(HAB: 310.5 Hist.)

12. Johann Gerhard (Sacrae meditationes) (übersetzt von Josias Matras): Cinquante et une Saintes Meditations. Tres-propres Pour exciter a une uraye pieté, & auancer l'homme interieur. ... Güstrow (Jäger) 1626
G. Hyll à Gustrow le 1: de Septem 1628

(HAB: 1289.4 Theol.)

13. (Sammelband von 35 Traktaten, hauptsächlich über die Lage der Hugenotten in Frankreich und die Belagerung der Inseln Rhé und La Rochelle; zitiert wird nur der erste Titel):
L'Anti-Hvgenot av Dvc de Rohan. ... Paris (Brisson) 1627
En souspirant j'espere
Charles de Hille
Receuillié a Paris,
et relié Londres. ce 28: D'Octobre, L'an 1628.

(HAB: 430.3 Hist. (1-35))

(Ledereinband mit Goldverzierungen.)

14. Leonard Marande (Jugement des actions humaines) (übersetzt von John Reynolds): The Ivdgment of Humane Actions A most Learned, & Excellent Treatise of Morrall Philosophie, which fights agaynst Vanytie

& conduceth to the fyndinge out of true and perfect Felicytie. ... London (Mathewes) 1629
Crescit Genus Virtute Hominis G. Hÿlle at London Ao 1628

(HAB: 51.23 Eth.)
Pollard & Redgrave 17298

15. George Sandys: A Relation of a Iourney begun An: Dom: 1610. Foure Bookes. Containing a description of the Turkish Empire, of AEgypt, of the Holy Land, of the Remote parts of Italy and Ilands adioyning. The third edition. London (Allot) 1627
G. Hÿlle at London Ao 1628 (Deckblatt): *Charissimo nepoti suo Carolo Gustavo Hyll ex extraneis partibus in Angliam venienti Itinerarium hoc consanguinitatis et amoris gratia recomendavit Jo: Scrinen Londini quinto Februarii 1628*
(In England herrschte noch der alte Kalender, nach dem das neue Jahr erst am 1. April eines jeden Jahres begann. Deshalb ist das Jahr hier als 1629 zu lesen.)

(HAB: 289.3 Hist 2^0)
Pollard & Redgrave 21728

16. William Camden: Remaines, Concerning Britaine: But especially England, and the Inhabitants thereof. ... London (Okes) 1623
Charles Goustav of Hÿll. in Londen the 2 of Marts. 1629 (Deckblatt): *Vertuelesse gentillitÿ, is worse then beggerÿ.*

(HAB: 274.1 Hist.)
Pollard & Redgrave 4523

17. Henry Peacham: The Compleat Gentleman. Fashioning him absolute, in the most necessarie and commendable Qualities concerning Minde or Bodie, that may be required in a Noble Gentleman. ... London (Constable) 1627
Sat cito, si sat benè.
Charles Goustav, of Hÿll, this Gentelman I bougth at Cambrigd, the 20 of Maÿ 1629. (Deckblatt): *Vertulesse gentillitÿ is worse then beggerÿ*
Crescit Genus Virtute Hominis

(HAB: 69.8 Pol.)
Pollard & Redgrave 19503

18. Juan Huarte (Examen de Ingenios) (übersetzt von R.C.): Examen de Ingenios. The Examination of mens Wits. In which by discouering the varietie of natures, is shewed for what profession each one is apt, and how far he shall profit therein. ... Translated out of the Spanish tongue by

M. Camillo Camilli. Englished out of his Italian ... London (Islip) 1604
This for mee and, mÿ heires, at Oxford the 20 of Julÿ 1629. G. Hÿll. Bought for 5 groats At Oxford the 20 of July

(HAB: 24.10 Eth.)
Pollard & Redgrave 13894

19. (Sammelband):
1. Cronichetta Venetiana Dove Brevemente si contengono La Edificatione di Venetia. Le vite di tutti Serenissimi Dogi... Venedig (Bissuccio) 1605
G. Hÿlle 1629
2. Scielta ... Di Bellissime Canzoni Musicali, & Moderne. Racrolta da diversi Auttori. Trevigi (Righettini) 1620

(HAB: 601.10 Hist.)

20. (Sammelband):
1. Nicholas Breton: A Poste With A Packet of Mad Letters. London (Stansby) 1620
G. Hÿlle at London Ao 1629

Pollard & Redgrave 3689

2. Nicholas Breton: A Poste with a Packet of Mad Letters. London (Flesher) 1628

Pollard & Redgrave 3690.7

3.I. W.:
A Speedie Poste With certaine New Letters. Or, The first fruits of new Conceits, never yet disclosed. Now published for the helpe of such as are desirous to learne to write Letters. ... London (All-de) 1629
Pollard & Redgrave 24909.5

(Der Text ist z.T. unterstrichen.)
4. The Prompters Packet of Letters. Both Private and Familiar. ... London (Macham) 1633

Pollard & Redgrave 20433

5. Richard Bernard: Looke beyond Luther: Or An Answere to that qvestion, so often and so insvltingly proposed by our Aduersaries, asking us; Where this our Religion was before Luthers time? London (Kyngston) 1623

Pollard & Redgrave 1959

6. Thomas Powell: Wheresoeuer you see mee, Trust vnto your selfe, The Mysterie of Lending and Borrowing. London (Fisher) 1623

Pollard & Redgrave 20171

7. Edmond Garrard The Covntrie Gentleman Moderator. Collections Of such intermarriages, as have beene betweene the two Royall Lines of England and Spaine, since the Conquest. London (All-de) 1624

Pollard & Redgrave 11624

8. Philipp Massinger The Roman Actor. A Tragaedie. London (B.A./T.F.) 1629

Pollard & Redgrave 17642

(Gelegentliche Unterstreichungen im Text.)

9. William Davenant: The Tragedy of Albovine, King of the Lombards London (R.M.) 1629

Pollard & Redgrave 6307

(Die ersten Seiten enthalten Unterstreichungen.)

(HAB: 287.15 Quod. (1-9))

21. Simon Goulart de Senlis (Thrésor d'histoires): Schat-Camer Der Wonderbare ende gedencweerdige Historien onses tijts, uyt velerley Autheuren, memoiren ende advijsen, ... nu int Nederduytsch overgheset. ... Delft (Andriesz) 1614

Ex libris G. Hÿlle 1630

(HAB: 558.1 Hist.)

22. (Sammelband):

1. (James I.): An Apologie For The Oath of Allegiance: First set forth without a name, and now acknowledged by the Author ... Together, with a Premonition of his Maiesties to all most mightie Monarches, Kings, free Princes and States of Christendome. ... London (Barker) 1609

Charles Goustav Hÿll bought at Londen the 20 of Appril 1630

Pollard & Redgrave 14401/2

2. Robert Devereux, Earl of Essex: An Apologie of the Earle Of Essex, Against Those which iealously, and maliciovsly, tax him to be the hinderer of the peace and qviet of his covntry. London (Bradocke) 1603

C.G.V.H.

Pollard & Redgrave 6788

(HAB: 68.6 Pol.)

23. The abridgment of Camden's Britannia With The Maps of sevvral Shires of England and Wales. London (Bill) 1626
Londen Ao: 1630 G. Hylle

(HAB: 18.1 Geogr.)
Pollard & Redgrave 4527

24. (Sammelband (Bibel)):
1. The Genealogies Recorded in the Sacred Scriptures, according to every Family and Tribe ... By J.S. (John Speed) s.l., s.a. (London ca. 1628)
G. Hille: Ao 1630 Bacht at Londen.

Pollard & Redgrave 23039

2. The Holy Bible. Conteining the Old Testament and the New. London (Norton/Bill) 1628
Crescit Gloria Virtute Hominis

Pollard & Redgrave 2281

3. The Whole Booke of Psalmes Collected into English Meeter by Thomas Sternhold, John Hopkins and others. London (f.Company of Stationers) 1627

Pollard & Redgrave 2600
(HAB: Bibel-S. 179)

(Brauner Ledereinband mit Goldverzierungen. Vorne und hinten trägt der Einband das Wappen des Hosenbandordens mit ihrem Spruch "Honi soit qui mal y pense".)

25. Randle Cotgrave: A Dictionarie Of The French And English Tongues. ... Wherevnto Is also annexed a most copious Dictionarie, of the English set before the French. By R.S.L. (=Robert Sherwood Londoner) London (Islip) 1632
G. Hÿlle at London 1633

(HAB: 35.4 Gram. 2°)
Pollard & Redgrave 5831

26. Giovanni Boccaccio (Il Decamerone): The Decameron Containing An hundred pleasant Nouels Wittily discoursed, betweene seaven Honourable Ladies, and three noble Gentlemen. London (Iaggard) 1620
G. Hylle at Lond: 1633

(HAB: 17.3 Eth. 2°)
Pollard & Redgrave 3172

27. (Sammelband):
1. Sir Hugh Platt: Delights For Ladies, To Adorne, Their Persons, Tables, Closets and Distillatories With Beauties, Banquets, Perfumes, and Waters ... London (H.L.) 1630
G. Hylle 1633

Pollard & Redgrave 19984

2. A Closet for Ladies and Gentlewomen. Or, The Art of preseruing, Conseruing and Candying... London (Haviland) 1630

Pollard & Redgrave 5437
(HAB: Oecon. 19)

28. Tobias Venner (Sammelband):
1. Via Recta Ad Vitam Longam, Or A Plaine Philosophicall Discovrse Of The Nature, faculties, and effects, of all such things as by way of nourishments, and Dieteticall obseruations, make for the preseruation of Health ... By To. Venner: Doctor of Physicke in Bathe. London (T.S.) 1622
G. Hylle 1633

Pollard & Redgrave 24644

2. ders.: Viae Rectae ad Vitam Longam Pars Secunda Wherein the true use of Sleepe, Exercise, Excretions, and Perturbations is ... discussed ... London (Eld) 1623

Pollard & Redgrave 24648

3. ders.: A Briefe And Accvrate Treatise, Concerning, The taking of the fume of Tobacco, which very many, in these dayes, doe too licentiously vse. London (W.I.) 1621

Pollard & Redgrave 24642
(HAB: 61.3 Med.)

29. Thomas Gainsford: The Glory Of England. Or A Trve Description of many excellent prerogatiues and remarkable blessings, whereby shee triumpheth over all the Nations in the world. ... London (Griffin) 1619
G. Hylle at London Ao 1633

(HAB: 327.5 Hist.)
Pollard & Redgrave 11518

30. Johann Gerhard (Sacrae Meditationes) (übersetzt von Ralph Winterton): The Meditations Of John Gerhard Doct of Divinitie, and

Superintendent of Heldburge. ... Cambridge (Thomas & John Buche) 1627)
G. Hill

(HAB: 1326.3 Theol.)
Pollard & Redgrave 11772

31. Julius Caesar von Padua (Inventio nova): Eine Newe Erfindung einer allgemeinen Arithmetischen Practick/ ... Welche dienlich ist durch alle Welt/ zu kauffen/ verkauffen unnd verhandlen allerley Kauffmans wahren/ so wol in grossen als kleinen/ in allerley sorten Müntz ... Danzig (Hünefeldt) 1631
G. Hylle 1633

(HAB: 18.7 Arith.)

32. (Sammelband):
1. Sylvestrus Kundtmann: Schola principvm juniorum, Das ist: Gründlicher Vnterricht/ wie sich junge Regenten und Potentaten gegen sich selbst/ gegen Freund vnd Feind auch ihre Officirer vnd Vnterthanen/ damit sie in der Regierung allenthalben Christlich/ Fürstlich/ vnd recht Herrisch erfunden werden/ verhalten sollen. Schleusingen (Schürers Erben/Götze) (1631)
G. Hylle 1637
2. Fulvius Paschahn: (übersetzt von Caesar von Jochimsthal): Regier Kunst. Leipzig (Schürer/Götzen) 1628. (Titelblatt fehlt.)
3. Antonio de Guevara (Aviso de privados) (übersetzt von Aegidius Albertinus): Cortegiano: Das ist: Der rechte wolgezierte Hofmann... Leipzig (Leipnitz) 1635.

(HAB: 118.9 Pol.)

33. (Handschriftlich auf Buchrücken): *Miscellanea collecta, de Ao --- 1629 usq. Ao --- 1636.* (Sammelband mit 32 Traktaten über Ereignisse des Dreißigjährigen Krieges. Zitiert werden nur der erste Titel und der von Johannes Bergius, der eine Widmung an Hille trägt):
1. Abdruck Einer Käyserlichen Declaration, ... wegen deß Geistlichen vorbehalts/ beym Religions Frieden ... Rostock (Ferber) 1629
G. Hylle 1639
...
32. Johann Bergius: Relation der Privat-Conferentz, Welche Bey wehrendem Convent Der Protestirenden Evangelischen Chur-Fürsten und Stände zu Leipzig im Jahr 1631 ... gehalten worden ... Berlin (Runge) 1635

(Möglicherweise ein Eintrag vom Autor, durch Schneiden beschädigt): *Domino et Faut... suo volendo Ca... ab Hill ... ddt. Appdi...*

(HAB: 287.16 Quod. (1-32))

34. Trajano Boccalini: Pierre de Touched ov Satyres Dv Temps, Contre l'ambition des Espagnols. Paris (Villery/Guignard) 1635
G. Hÿlle 1641

(HAB: 115.1 Pol.)

35. Blaise de Montluc (Commentaires) (übersetzt von Giulio Ferrari): Commentarii Di Stato, E Di Gverra ... Libri Sette. Doue, oltre ai precetti, & documenti Politici si descriuono Combattimenti, Rincontri, Scaramuccie, Battaglie ... Scola di vera disciplina, e prattica Militare. ...
G. Hylle 1641

(HAB: 64.24 Quod.)

36. Edward Brerewood (Enquiries touching the diversity of languages) (übersetzt von J. de la Montagne): Recherches Cvrieuses Svr La Diversite Des Langves Et Religions par toutes les principales parties du Monde. ... Paris (Varennes) 1640
G. Hÿlle 1641

(HAB: 327.6 Hist.)

37. Sallustius: The Workes of Caius Crispus Salustius Contayning the Conspiracie of Cateline. The Warre of Iugurth. V. Bookes of Historicall fragments. II.Orations to Caesar for the Institution of a Commonwealth And one against Cicero. London (Walkley) 1629
Crescit Genus Virtute Hominis G. Hÿlle Ao: 1642

(HAB: 591.2 Hist.)
Pollard & Redgrave 21624

38. (Sammelband Anhalt-Drucke):
1. Simon Goulart (Le sage viellard) (übersetzt von Tobias Hübner): Der weise Alte/ Welcher Durch geistreiche betrachtungen eines langen und kurtzen Lebens/ ... und der wissenschaft/ darauf die leibs und seelen beschwerungen folgen/ Den Nutzen/ So die weisen Alten/ aus Philosophischen und tröstlichem Rahte götlicher Schrift ... nemen können. Köthen 1643.
G. Hille Ao 1644
2. Virgilio di Malvezzi (Il Davidde perseguitato) (übersetzt von Wilhelm von Kalckheim gen. Lohausen): Der verfolgete David ... Köthen 1643

3. Paul Geslin (La saincte Chorographie) (übersetzt von Ludwig von Anhalt-Köthen): Die heilige Weltbeschreibung/ Der Völcker und örter/ wo die Christliche Kirche ... ihren sitz und wohnung hat. Köthen 1643
4. Francesco Petrarca (Trionfi) (übersetzt von Ludwig von Anhalt-Köthen): ... Sechs Triumphi oder Siegesprachten. Köthen 1643

(HAB: 23.3 Eth. (1-4))

39. René François: Essay Des Merveilles De Natvre, Et Des Plvs Nobles Artifices. Piece tres necessaire, à tous ceux qui font profeßion d'Eloquence. ...
(Titelkupfer): *Crescit Genus Virtute Hominis G. Hylle* (Vorbesitzervermerke): *B. Schunck Balthasar Holtzappel*
(Die fehlenden Seiten 583-590 sind handschriftlich nachgetragen und eingebunden.)

(HAB: 24.4 Quod.)

40. Beschreibung Der Reiß: Empfahung deß Ritterlichen Ordens: Vollbringung des Heyraths: und glücklicher Heimführung: Wie auch der ansehnlichen Einführung: gehaltener Ritterspiel und Freudenfests: deß ... Herrn Friederichen deß Fünften / Pfaltzgraven bey Rhein/ ... Mit der ... Princessin Elisabethen ... Mit schönen Kupfferstücken gezieret. (Heidelberg) (Vögelin) 1613.
G. Hille. 1642

(HAB: 197.15 Hist.)

Martin Bircher

AUTOGRAPHEN BAROCKER AUTOREN

Quellen zur Fruchtbringenden Gesellschaft in der Biblioteka Jagiellońska Kraków, aus dem Besitz der ehem. Preußischen Staatsbibliothek Berlin

In der nächsten Auflage von Paul Raabes nützlichem und jedem Literaturfreund hilfreichem *Quellenrepertorium zur neueren deutschen Literaturgeschichte* wird sich ein Hinweis auf die Biblioteka Jagiellońska Kraków empfehlen, und zwar als Standort wichtiger Drucke und Autographen aus dem barocken Deutschland. Seit wenigen Jahren sind dort die im Zweiten Weltkrieg nach Schlesien ausgelagerten Bestände der ehem. Preußischen Staatsbibliothek allgemein zugänglich. Mehr denn anderswo bewahrheitet sich auch in diesem Zusammenhang Paul Raabes Aussage: "Um sich mit den Schätzen einer Bibliothek bekannt zu machen, ist es auch nützlich, ihre Geschichte zu studieren."[1]

Die Geschichte der Berliner Bibliothek ist schon ausführlich und von berufener Feder dargestellt worden;[2] auch über ihr unglückliches Schicksal während und nach dem Zweiten Weltkrieg können wir uns kurz fassen. Ende 1941 wurden Hunderte von Kisten seltener Bücher, darunter Rara der Gruppe Y sowie "Autographe, die Varnhagen-Sammlung, Lenziana, Handschrift-

1. Paul Raabe/Georg Ruppelt: Quellenrepertorium zur neueren deutschen Literaturgeschichte. 3. Aufl. Sammlung Metzler Bd. 74. Stuttgart 1981. S. 2.

2. Deutsche Staatsbibliothek 1661-1961. I Geschichte und Gegenwart. II Bibliographie. 2 Bde. Leipzig 1961. - Eugen Paunel: Die Staatsbibliothek zu Berlin. Ihre Geschichte und Organisation während der ersten zwei Jahrhunderte seit ihrer Eröffnung 1661-1871. Berlin 1965. Vgl. auch die Literaturangaben bei Raabe/Ruppelt, a.a.O.

ensammlungen aus verschiedenen Sprachen" usw. zunächst ins Schloß Fürstenstein in Schlesien ausgelagert.[3] Noch während des Krieges wurden diese Bestände in die Benediktinerabtei Grüssau verbracht, wo sie das Kriegsende heil überstanden haben. Von da an freilich galten sie als verschollen. Es ist bekannt, wie man erst vor ganz wenigen Jahren wieder von ihrem Überleben vernommen hat und wie sie nun in der Jagiellonischen Bibliothek von Krakau zugänglich gemacht wurden. Ihrem Direktor, Jan Pirożyński, verdanken wir die liberalste Hilfe anläßlich eines kurzen Besuchs im Mai 1983 sowie die Anfertigung von Mikrofilmen aller nachstehend erwähnten Dokumente. Nach diesem Besuch veröffentlichte Barbara Strutz ihren Beitrag "Deutsche Drucke des Barock in der Universitätsbibliothek Krakau",[4] und Thomas Bürger untersuchte die in Kraków erhaltenen Briefe aus dem Nachlaß des Johann Michael Dilherr.[5]

Vom gesamten Autographenbestand der ehemaligen Berliner Bibliothek befindet sich nur ein Teil in Krakau, nämlich die von der Bibliothek im Lauf der Zeit erworbenen einzelnen Autographen sowie die gesamte Sammlung Varnhagen von Ense, die stets getrennt von den übrigen Autographen-Beständen aufbewahrt worden ist, und die durch einen gedruckten Katalog vorzüglich erschlossen ist. Bei Varnhagen von Ense finden sich, von ganz wenigen Ausnahmen abgesehen, kaum Autographen aus dem 17. Jahrhundert. Die ebenfalls sehr bedeutende Autographensammlung Darmstädter verwahrt heute die Staatsbibliothek Preußischer Kulturbesitz in Berlin.[6]

3. Werner Schmidt: "Die Verlagerung der Bestände im zweiten Weltkrieg und ihre Rückführung". In: Deutsche Staatsbibliothek 1661-1961. T. 1. Leipzig 1961. S. 82.

4. In: Wolfenbütteler Barock-Nachrichten XI (1984) S. 49-76. Vgl. auch den darauf folgenden Beitrag von Wolfgang Milde: "Deutsche Handschriften in der Universitätsbibliothek Krakau". S. 76-80.

5. Thomas Bürger: Der Briefwechsel des Nürnberger Theologen Johann Michael Dilherr. In: Barocker Lust-Spiegel. Studien zur Literatur des Barock. Festschrift für Blake Lee Spahr. Chloe Bd. 3. Amsterdam 1984. S. 139-174.

6. Vgl. das Verzeichnis der Autographensammlung von Ludwig Darmstaedter. Berlin 1909.

Über Anlage, Aufbau und Ergänzungen der Berliner Autographensammlung kann hier nicht ausgeführlich gehandelt werden. Viele kleinere Privatsammlungen sind in sie aufgegangen, so etwa diejenige des Präsidenten am rheinischen Cassations- und Revisionshof Karl Hartwig Gregor Freiherr von Meusebach (daraus stammen z.B. die Briefe aus Dilherrs Nachlaß), vor allem aber die für das 17. Jahrhundert wichtige Sammlung des Generalleutnants Joseph Maria von Radowitz (1797-1853). 1849 wurde der Sammler Ministerpräsident und 1850 Minister des Äußeren, er war ein Jugendfreund König Friedrich Wilhelms IV., der die Sammlung nach dessen Tod vor der Auflösung bewahrte, indem er sie der Berliner Bibliothek zum Geschenk machte. Ein guter 1864 veröffentlichter Katalog ist ein wichtiges Hilfsmittel für alle diese nun in Krakau erhaltenen Originale.[7] Die Sammlung Radowitz enthält bedeutende Bestände von Autoren des 17. Jahrhunderts aus allen Gebieten der Kultur und der Politik.

Noch bis zum Kriegsbeginn tätigte die Berliner Bibliothek Neuerwerbungen. Hans Lülfing schreibt über die Erwerbungen "Von 1920 bis 1945": "Die immer noch als dürftig bezeichneten Bestände aus dem 17. Jahrhundert konnten durch den Erwerb einzelner Autographen von Opitz, Dietrich von dem Werder, Moscherosch, Hofmann von Hofmannswaldau, Lohenstein und andern ergänzt werden".[8]

Heute dient in Krakau als bestes Hilfsmittel zur Benützung der Autographensammlung eine 50 Seiten umfassende maschinenschriftliche Liste der Namen, von denen Autographen vorhanden sind. Aus ihr wählten und kopierten wir diejenigen Objekte, die wir für den Barockforscher von Interesse halten. Selbstverständlich ist Auswertung und Darstellung von so heterogenen und stets aus einem Zusammenhang herausgelösten Stücken der

7. (Wilhelm Hübner-Trams): Verzeichnis der von dem verstorbenen Preussischen General-Lieutenant J. von Radowitz hinterlassenen Autographen Sammlung. 3 Teile. Berlin 1864.

8. H. Lülfing, in: Deutsche Staatsbibliothek I, S. 363/4. In einigen Fällen (z.B. Opitz, D. von dem Werder) bietet Hilfe: Wilhelm Frels: Deutsche Dichterhandschriften von 1400 bis 1900. Gesamtkatalog der eigenhändigen Handschriften deutscher Dichter. Leipzig 1934. Im Folgenden zitiert: Frels.

verschiedensten Autoren kein leichtes Geschäft, will man sie nicht in rein alphabetischer Reihenfolge auflisten. Jedes Blatt ist ein Mosaikstein aus der Biographie seines Verfassers, spiegelt ein fast beliebiges Moment seines Lebens wider oder ist ein Hinweis auf die Verbindung zu einem vielleicht wichtigen Zeitgenossen, zu einem wissenschaftlichen Briefpartner oder zu einem Freund. Für das 17. Jahrhundert ergibt sich ein seltsamer Befund: einerseits sind kaum Briefe oder Handschriften der bedeutenden barocken Autoren nachzuweisen; ein Manuskript wurde stets weggeworfen, nachdem es gesetzt worden war. Nachlässe bürgerlicher Dichter blieben nur in den seltensten Fällen erhalten. Von Grimmelshausen kennen wir nur wenige Blätter mit dem autographen Namenszug, von Gryphius sind zwei Briefe und wenige Blätter aus Stammbüchern erhalten. Anderseits enthalten deutsche und ausländische Archive und Bibliotheken riesige Mengen ungehobenen und unbekannten handschriftlichen Materials aus dem 17. Jahrhundert: nicht einmal die Spitze des Eisbergs ist hier sichtbar. Als G. Krause 1861 eine Auswahl von *Urkunden, Aktenstücke und Briefe zur Geschichte der Anhaltischen Lande und ihrer Fürsten unter dem Drucke des dreißigjährigen Krieges* in fünf umfangreichen Bänden edierte, hat er "aus mehr als 15'000 der weder in guter Ordnung noch überall in unbeschädigtem Zustande vorgefundenen Schriftstücken zunächst die gegenwärtige Auswahl getroffen".[9] Der Nachlaß von Sigmund von Birken in Nürnberg, der von 260 verschiedenen Autoren an den Dichter gerichtete Briefe bewahrt, ist zum größten Teil bis heute unpubliziert.[10] Über die Anzahl von Barockbriefen in den Fundgruben (-gräbern?) der Archive und der Bibliothek in Wolfenbüttel kennt man nicht einmal vorsichtige Schätzungen; die Zahlen werden in die Zehntausende gehen, von anderen großen Archiven der Bundesrepublik und der DDR zu schweigen. Wohl ist in den letzten Jahren Entscheidendes zur Erschließung der

9. Leipzig 1861-1866; vgl. Einleitendes Vorwort, S. IX. Im Folgenden zitiert: Krause/ Urkunden.

10. Vgl. Blake Lee Spahr: The Archives of the Pegnesischer Blumenorden. A Survey and Reference Guide. University of California Publications in Modern Philology, vol.LXII. Berkeley and Los Angeles 1960.

gedruckten Briefe des Barocks geleistet worden,[11] doch stets gilt noch unverändert die Feststellung von Hans-Henrik Krummacher von 1977: "trotz einer seit Jahrzehnten stark belebten Barockforschung ist von dem verfügbaren Material noch immer viel zu wenig ediert".[12] Als Aufgaben für die dringend notwendige Erschließung nach der Bibliographierung aller bisher gedruckten Briefe formulierte Krummacher: "die umfassende Bestandsaufnahme der erhaltenen und die Auffindung bisher unbekannter Briefhandschriften". Gern sei an dieser Stelle auch Krummachers Wunsch wiederholt - und unserem Jubilar ans Herz gelegt: "Ein Auskunftskatalog etwa in Wolfenbüttel könnte alle bekannten und neu aufgefundenen Briefe, die noch nicht oder nur unvollständig gedruckt sind, zunächst wenigstens durch Nachweis der Handschriften und ihrer Aufbewahrungsorte der Forschung vermitteln."[13]

Beim Blättern und Betrachten der verloren geglaubten Briefe aus der ehem. Preußischen Staatsbibliothek wird viel von der Magie dieser Blätter, dieser Andenken und Reliquien berühmter Persönlichkeiten aus der Geschichte sichtbar, von der Magie, die einen Sammler wie den Generalleutnant Radowitz zu großen Opfern bewogen hat, um ihrer habhaft zu werden. Man kann sich in der Tat der sinnlich wahrnehmbaren Anziehungskraft der alten Schriftzüge beim Betrachten nicht entziehen, ohne indessen in der Lage zu sein, graphologisch-psychologisch einwandfreie Erkenntnisse daraus ziehen, ohne über Charakter und Persönlichkeit ihrer Schreiber spekulieren zu wollen oder zu können. Wir beschränken uns auf den Inhalt, auf Hinweise zur Bedeutung der

11. Repertorium gedruckter Briefe deutscher Autoren des 17. Jahrhunderts, 1. Teil, hrsg. von Monika Ammermann-Estermann, 2. Teil, hrsg. von Thomas Bürger; in Vorbereitung, erscheint Wolfenbüttel 1987ff.

12. Hans-Henrik Krummacher: Stand und Aufgaben der Edition von Dichterbriefen des deutschen Barock. In: Briefe deutscher Barockautoren. Probleme ihrer Erfassung und Erschließung. Arbeitsgespräch in der Herzog August Bibliothek Wolfenbüttel 10. und 11. März 1977. Vorträge und Berichte hrsg. v. H.-H. Krummacher. Wolfenbütteler Arbeiten zur Barockforschung. Bd. 6. Hamburg 1978. S. 12.

13. H.-H. Krummacher, a.a.O. S. 23.

Berliner Barock-Autographen. Wir haben die Schriftstücke von Mitgliedern der Fruchtbringenden Gesellschaft bevorzugt behandelt, ordnen die Autoren nach der Reihenfolge ihres Beitritts zur Gesellschaft und befreien sie so aus der alphabetischen Zwangsreihenfolge. Aus den bunten Mosaiksteinchen könnte so in Umrissen ein repräsentativ-imaginärer Schauplatz barocker Gelehrter sichtbar werden. Gleichzeitig möge ein Mosaiksteinchen zum Beitrag zu Paul Raabes *Quellenrepertorium zur neueren deutschen Literaturgeschichte* entstehen, und zwar aufgrund eines Materials, das längst verloren geglaubt, durch eine gütige Fügung des Schicksals wieder der Forschung erhalten blieb, um ihr neu erschlossen zu werden.

Briefe aus der Zeit des "Nährenden" (Fürst Ludwig von Anhalt)

Fürst Ludwig von Anhalt (1579-1650) entstammt einer kinderreichen Familie; sein Vater starb 1586 im Alter von erst 50 Jahren.[14] Das Fürstentum Anhalt wurde später in Einzelherrschaften aufgeteilt, von denen Ludwig das kleine Köthen erbte, das er auch bis zu seinem Tod regierte und verwaltete. Ludwig hat in jungen Jahren große Reisen nach Italien und nach England unternommen; er hat hier das Rüstzeug zum Gelehrten wie zum Herrscher erworben. 1617 kam es zur Gründung der Fruchtbringenden Gesellschaft, deren Oberhaupt er bis zu seinem Tod als der "Nährende" blieb. Die kulturelle Bedeutung der Gesellschaft für das Deutschland des 17. Jahrhunderts kann sicherlich kaum überschätzt werden. Ihr erklärtes Hauptziel war die Pflege der Tugend und der deutschen Sprache. Auf einem losen Stammbuch-

14. Von der großen Literatur über Fürst Ludwig und seine Gesellschaft sei nur die neueste Publikation erwähnt: Der Fruchtbringenden Gesellschaft geöffneter Erzschrein. Das Köthener Gesellschaftsbuch Fürst Ludwigs I. von Anhalt-Köthen 1617-1650, hrsg. v. Klaus Conermann. 3 Bde. Leipzig 1985. Im Folgenden zitiert: Conermann/Erzschrein. - Die wichtigste Publikation von Briefen aus der Zeit, da Fürst Ludwig Oberhaupt war: Der Fruchtbringenden Gesellschaft ältester Ertzschrein. Briefe, Devisen und anderweitige Schriftstücke...Hrsg. von G. Krause. Leipzig 1855. Im Folgenden zitiert: Krause/Erzschrein.

blatt von 1604 hatte Fürst Ludwig, dieses Ziel gleichsam vorwegnehmend, geschrieben "La vertu n'a vertu que quand elle est en peine".[15]

Am 29. Juli 1603, Ludwig ist 24 Jahre alt, bereits Mitglied der Accademia della Crusca in Florenz, schreibt er aus Dessau seiner Mutter einen Brief, in dem er von neuen Reiseplänen nach England berichtet.[16] Nach dem Tod des Vaters hatte die Mutter, Eleonore geb. Herzogin von Württemberg (1552-1618), den Landgrafen Georg I. von Hessen-Darmstadt (1547-1596) geheiratet, an dessen Hof Ludwig dann einige Jahre zugebracht hatte, was seine gute Vertrautheit mit den dortigen Verhältnissen und Personen erklärt. Er schreibt seiner Mutter:

> Der Hochgebornen Fürstin Frauen Eleonoren Landtgräffin zu Heßen Gräffin zu Cazenelenbogen, Diez, Ziegenhain vnndt Nidda. Gebohrnen Herzogin zu Württemberg etc. Wittwen Vnser freundtlichen herzlichen Frau Muttern zu Ihr. G. Handen.
>
> Hochgeborne Fürstin, freundliche hertzliebe Frau Mutter, E. G. habe ich ohngefher für ein viertzehen tagen von hinnen aus geschrieben, vnd derselben andeuttung gethan, wie das ich fürhabens were in kurtzem eine reise in frembde Lande für die handt zunemmen, ich konte aber domals eigentlich E. G. noch nichtt berichten, wan ich auffzusein gesinnet, dan mir noch mancherley vorhinderungen fürgefallen, welche es bis hiehero verzogen, so zoge ich auch eben dieselbe woche als mein letzter brieff an E. G. datiertt mitt Bruder Christian nach Berlin zum Churfürsten von Brandenburg, aldar wir zwey tage verharreten, und dan wieder hieherkommen, auch uns aldar alle ehr und Freundtschaft erwiesen worden. Nach diesem so haben wir Brüder noch anwesendt allerley zuvorrichten gehabt, weill wir Bruder Christian noch bey handen, das es sich also etwas mitt meinem auffzug vorweilet, dieweill ich aber nunmehr etlicher maßen gewis, wan vnd wohin meine fürhabende reise solle fortgehen, habe ich E. G. solches anzumelden

15. Diesem Stammbuchblatt liegt noch ein weiteres Blättlein aus Köthen, 27. Juli 1633, lediglich mit der Unterschrift Fürst Ludwigs bei.

16. Signatur: acc. ms. 1913.21[17] - Zu den genealogischen Angaben der Mutter und der hessischen Verwandten vgl. Europäische Stammtafeln, NF, Bd. I: Die deutschen Staaten. Aus dem Nachlaß von Baron Freytag von Loringhoven hrsg. v. Detlev Schwennicke. Marburg 1980. Tafeln 73 und 104.

nicht vnterlaßen wollen, vnd bin ich, nechst göttlicher vorleihung, in willens zukommende woche den ersten oder andern Augusti von hinnen auffzusein, vnd naher Engellandt meinen weg zunemen, welcher aber mehrentheils zu lande, so weitt als es sich thuen leßet, vnd ich auch denselben für der Zeitt Anno 96. gezogen, als durch beyde Frießlande, Holl- vnd Seelandt wirdt fürgenommen werden, und hette ich verhoffet mitt Göttlicher Hülffe, vnd wan der windt gutt innerhalbe drey wochen, oder auffs lengste monatsfrist von hinnen aldar anzulangen. Es geschiehet solche reiß aber fürnemlich darumb, das, weill ich nichts sonderliches hier zu haußе zuschaffen und ich doch die zeitt nichtt gern unnutzlich woltte zubringen, sondern noch eine zeittlang ettwas weitters sehen und erfharen, damitt ich mich also derer örtter bekandt mache, vnd die ietzige gelegenheitt desselben landes rechtt kündig werde, dieweill in so vielen Jharen hero kein König gelebett hatt, so die drey Königreiche Engellandt, Schott- und Irrlandt zusammen gehabet, vnd mit so großer ruhe vnd ohne einigen wiederstandt einbekommen vnd dan der reformirten religion gewesen. Meine meinung ist aber der wegen der vnkosten mich nichtt gar zu lange darinnen auffzuhaltten welches nun die zeitt geben wirdt, und E. G. von mir ferner sollen von dero örttern hero berichtett werden. Gott der almechtige wolle E. G. vnter deßen vnd allezeitt mitt seinem göttlichen segen und benedeyung beywohnen, vnd bey gutter bestendiger gesundheitt bis zu meiner wiederkunft, wills Gott, gnediglich erhaltten, wie ich dann auch E. G. will gebetten haben, wo sie mir ettwas befehlen wollen, das ich auff dieser reise E. G. halben vorrichten oder bestellen solle, sie wollen mir nur solches zuwißen thun, so soll es mitt allem fleis vnd gehorsam meinem vermögen nach vorrichtett werden so können E. G. auch allezeitt die gelegenheitt haben die brieffe fortzuschicken auff Leipzig zu dem postmeister, welcher sie schon meinen leutten wirdt zustellen. Letzlichen will ich E. G. gar söhnlichen gebetten haben sie wollen br. Ludwigen, seiner gemahlin, Fr. Fritzen, Fr. Eleonor, Fr. Lischen vnd Fr. Ursula Maria, allen meinen fr. grus vnd alles liebes vnd guttes vermelden, vnd ich befhele sie samptlich beförders E. G. in Gottes almechtigen schutz vnd schirm. Datum Deßau den 29. Julii Anno 1603. E. G. iederzeidt gehorsamer sohn Ludwig F. zu Anhalt.

Zehn Jahre später, längst schon war Ludwig von der Reise zurück und hatte die Regierungsgeschäfte in Köthen voll in der Hand, teilte er dem Rat der Stadt mit, daß er des "Sebastiani Navii dero Rechten Doctoris, vnd Ewers bestalten Syndici, wegen allerhand vnns angelegenen hochnotwendigen Sachen" benötige

(Köthen, 17. März 1613).[17] Er bittet den Rat, ihm den Rechtsanwalt für eine Woche zur Verfügung zu stellen - ein Indiz für die bescheidenen Verhältnisse in seiner winzigen Herrschaft.

Ein anderes Beispiel für alltägliche Geschäfte und Korrespondenzen in den Anhaltinischen Landen ist ein Brieflein von Ludwigs älterem Bruder Christian I. (1568-1630), der am 1. November 1616 seiner "Muhme und Schwägerin" Catharina Bellica von Nassau, geb. Prinzessin von Oranien in Hanau einen Brief schrieb.[18] Er empfahl ihr bei dieser Gelegenheit den aus Bernburg gebürtigen Gärtner Christian Oßwaldt zur Anstellung, der "das Gärtnerwesen bey vnsrer Hoffhaltung gelernet" habe. Die Adressatin hat die Bitte erfüllt, wie sie am 8. Dezember 1616 auf dem Brief vermerkt hat: "resolvirt, daß hiemit bemelte Persohn zum gärtner Knecht ... angenommen werdten soll". Andere Autographen des "Sehnlichen", der dann als Feldherr des Winterkönigs nach der unglücklichen Schlacht am Weißen Berg in des Kaisers Ungunst und in Gefangenschaft geriet, haben sich in Berlin nicht befunden. Auch nicht Schreiben aus dem Erzschrein der Fruchtbringenden Gesellschaft, wohl aber eine Anzahl von Briefen anhaltinischer Mitglieder, z.T. an die Fürsten gerichtet, mit interessanten Einzelheiten über Verwaltung und Regierung und über die Kriegsgeschäfte des für Anhalt oft verheerenden, dreißig Jahre dauernden Kriegs.

Von dem anhaltinischen Kammerrat, Hofmarschall und Amtshauptmann zu Dessau, Christof von Krosigk (1576-1638) findet sich in Kraków ein Brief an Fürst Ludwig von Anhalt.[19] Auf seinem Gut Hohnsdorf am 17. Juni 1620 geschrieben, ist der Brief somit nur drei Jahre nach der Gründung der Gesellschaft verfaßt worden. Krosigk gehörte zu den Mitgliedern der ersten Stunde, als der "Wohlbekommende" wurde er das 7. Mitglied und ist auf dem berühmten Kupferstich Peter Isselburgs mit der Tafelrunde der ersten zwölf Gesellschafter abgebildet. Krosigk gehört zum führenden Adel in der anhaltinischen Gesellschaft; sein Bruder, seine zwei Söhne waren Mitglieder, seine Tochter heiratete einen

17. Radowitz 321.

18. Radowitz 333. Christian von Anhalt wurde 1619 als der "Sehnliche" das 26. Mitglied der Gesellschaft.

19. Acc. ms. 1913.21[16].

Fürsten von Anhalt. Und so ist das Vertrauen des Fürsten in Krosigk groß, man bespricht alle Regierungsgeschäfte und Politik betreffende Fragen in Offenheit. Es geht in diesem Brief - wie in Tausenden ähnlicher Schreiben dieser Zeit - um politische Ereignisse aus dem Dreißigjährigen Krieg. Man erinnert sich an den gewaltigen Vorrat von Quellen und Urkunden aus der Zeit Fürst Ludwigs; aus über 15.000 Schriftstücken, alle aus Ludwigs Besitz, hat G. Krause eine Auswahl für seine Edition der *Urkunden, Aktenstücke und Briefe* getroffen.[20] Dem einzelnen Schriftstück eignet nur der Wert eines Mosaiksteinchens, das erst im großen Zusammenhang der Geschichte farbenprächtig zum Leuchten käme. Krosigks Brief ist in Krauses Edition nicht aufgenommen; es ist nicht festzustellen, ob er zu jener Zeit bereits dem Archiv entfremdet war, oder ob der Herausgeber ihn der Mitteilung unwürdig erachtete. Krosigk teilt Nachrichten aus Leipzig mit, die er durch einen Boten erhalten habe. Wie "die Unruhe in Böhmen zu stillen" sei, überlegt man hier gemeinsam und diskutiert, daß "zwischen der kayserl. Mayest. und den Chur- und Fürsten im Reiche ein vernehmen und vertrauen zu stabilisieren sein müste". Krosigk orientiert über die Bayerischen und die Unierten, den Markgrafen von Baden, über vermutete Truppenstärke und endet seinen Brief mit dem Stoßseufzer und Wunsch "Gott wolle den seinigen vnt der gerechten Sache beistehen". Bedeutung könnte solcher Brief durch eine stilistische Analyse erhalten: wie hält man es im Kampf wider das Fremdwort? Zieht man Folgerungen aus den Diskussionen um Reinigung der Sprache im Rahmen der Gesellschaft? Oder, wir vermuten und beobachten es weit eher, bleibt der Gebrauch neuer stilistischer Richtlinien auf literarische Übung allein beschränkt?

In ähnlicher Stellung wie Krosigk ist später Martin Milagius (1598-1657), der allerdings erst 1637 als der "Mindernde" in die Gesellschaft aufgenommen wurde. Seit 1635 war er anhaltinischer "Gesamtrat" und in dieser Stellung mit Fürst Ludwig und seinen Brüdern aufs beste vertraut. Er ist Beamter, Kanzler, Politiker und Diplomat. Er interessiert sich aber auch für die Belange der Gesellschaft und schreibt selbständige Werke. Sein in Kraków

20. Krause/ Urkunden; vgl. oben Anm. 9.

erhaltener Brief aus Zerbst vom 22. Oktober 1641 an Fürst Ludwig von Anhalt betrifft "Verpflegungs-sachen des Rochowischen Regiments"; die Hauptakten dieses Casus, die Interventionen der Anhaltiner beim Erzherzog Leopold Wilhelm, sind von Krause publiziert worden.[21] Milagius berichtet von Eigenmächtigkeiten des Obersten Rochow bei der Besetzung eines Stadttores durch seine Truppen, wobei es beinahe "zur thätligkeit zwischen ihnen und den Bayern kommen".

Der wichtigste Berater und Freund der Fürsten von Anhalt war zweifellos Diederich von dem Werder (1584-1647), der "Vielgekörnte" (Nr. 31), ein namhafter Schriftsteller, der sich durch seine Übersetzungen von Tassos *Gerusalemme liberata* und Ariosts *Orlando furioso* schon bei den Zeitgenossen und Mitgesellschaftern hohe Achtung verschafft hatte.[22] Er war in politischen wie in literarischen Dingen eine Stütze Fürst Ludwigs. Nur die paar von Krause publizierten Briefe von dem Werders sind bekannt; Gerhard Dünnhaupt hat immerhin 184 zum größten Teil unpublizierte Briefe Werders aufgelistet, zweifellos längst nicht alle, die erhalten geblieben sind.[23] Die Berliner Bibliothek besaß vier Briefe von dem Werders, stets an verschiedene Adressaten in Anhalt gerichtet, von denen der eine bereits von Krause veröffentlicht worden war.[24] Er hatte darin von einer Gesandtschaft zu den Generalitäten berichtet und schreibt seinen Auftraggebern, den Fürsten von Anhalt, in treu-deutscher Weise:

21. Acc. ms. 1913.21[18]. Vgl. Krause/ Urkunden Bd. 4, 2. Abtl. Nr. XI. S. 226-269; der vorliegende Brief hat Krause offensichtlich nicht vorgelegen. Das Schreiben enthält keine Anschrift, so daß man nur annehmen kann, der "Durchlauchtige, Hochgeborne Fürst" sei Ludwig und nicht etwa einer seiner Brüder.

22. Conermann/Erzschrein gibt zu Werder die gesamten Literaturangaben.

23. Verzeichnet in: Diederich von dem Werder: Gottfried von Bulljon Oder das Erlösete Jerusalem. Hrsg. v. G. Dünnhaupt. Tübingen 1974, S. 40*-50*. Die bei Krause/ Urkunden wiedergegebenen Briefe Werders fehlen in diesem Verzeichnis.

24. Acc. ms. 1913.21[28], Brief aus Köthen, 7. Juni 1641. Zitiert bei Frels, S. 316; in Dünnhaupts Verzeichnis Nr. 109, ohne Hinweis auf die Veröffentlichung in Krause/ Urkunden. Bd. IV,2. S. 134-135.

"Ohne Ruhm zu melden, so weis ich, das ich einen redlichen Advocaten meines Vatterlandes bey den Generaliteten geben habe. Gott gebe das es, wie ich hoffe, etwas gutes wircken möge."

Als Proben solchen Briefwechsels aus dem Umkreis des Oberhaupts der Fruchtbringenden Gesellschaft möge hier der ungekürzte Wortlaut der drei noch unpublizierten Briefe Diederich von dem Werders folgen:

A Son. Altesse Monseigneur Auguste Prince d'Anhalt Plötzkaw. Cito. cito.[25]
Durchleuchtiger Hochgeborner Gnediger Fürst vndt Herr.

E.F.Gn. vom 14. dieses durch dero lacqueyen überschicktes gnediges schreiben habe ich nach dem ich den tag zuvor mit der Schwedischen armée von Freyberg (weil die Kays[erlichen] vndt Cuhrs[ächsischen] arméen es entsetzet) alhier zu Chemnitz angelangt mit gebürendem respect empfangen; Vndt gleich wie ich mich schuldig erkenne, E.F.G. gnedig gethane errinnerungen in acht zunehmen als will ich 1. nicht vnterlassen, so baldt als ich vernehmen werde, das es wegen des Obersten Mortagni praetendirten dritten halben lehnung die nott erfordern wirdt, gebürliche einrede zuthun, vndt vermöge der überschickten Liquidation, seine oder der seinigen praetension, so viel als an mir ist, zuwiederlegen. Das einlosirte Volck in Bernburg 2. wirdt auf mein schon geschehenes ansuchen ehestes auch ordre zu marchiren bekommen auch verhoffentlich kein ander volck wieder dahin gelegt werden, nach dem ich S. Exc. remonstration gethan, wie vndt welcher gestalt die Stattmauern an vnterschiedenen örtern eingefallen, vndt also eine guarnison nicht sicher für einfall

25. Acc. ms.1915.80; vgl. zu diesem Brief besonders Krause/ Urkunden VI, 1, Kapitel XV: "Nachrichten über die Zurückkunft des Schwedischen Feldmarschalls Baner mit der Armée. Absendung der Fürsten zu Anhalt an Denselben. Verpflegung der Montaignischen und Bawyrischen Regimenter in Anhalt". S. 402-454, besonders Brief Nr. 53, Werder an Borstell, 6. März 1639, und Nr. 66, "Vergleich zwischen dem General-Feldmarschall Baner und den Fürsten zu Anhalt, im Namen des Letztern durch den Oberst v. d. Werder abgeschlossen", Zeitz, 31. März 1639. - Bei dem Adressaten des Briefs, Fürst August von Anhalt-Plötzkau (1576-1653), handelt es sich um einen älteren Bruder von Fürst Ludwig, der 1621 als der "Sieghafte" das 46. Mitglied der Gesellschaft wurde.

daselbsten ligen könne, der ChurS[ächsischen] armée auch nicht dadurch anlas gegeben werden möchte, auch guarnison itzo oder künftig dahin zulegen, vndt über das itzo alda weder Paß weder brücke noch Fähre zufinden mehr sey.
In dem Hauptwerck meiner verschickung lebe ich der Hoffnung solche resolution zuerlangen, welche, ob sie vns zwar für vndt an sich selbst schwehr fallen mag, so wirdt sie doch, ob Gott wil in vergleichung der Beschwerden vnserer nachbaren aller miteinander, gutt vndt erleidtlich sein.

Mein langes aufwarten vndt aussenbleiben isr mir über die massen beschwerlich, E.F.G. ohne Zweifel auch selbsten nicht angenem, dieweil ich aber auf eignen Befehl S. Exc. wie auch wegen mangel meiner expedition, nottwendig habe verziehen müssen, ich auch bey vorgehabter retraicte auf die momenta der veränderung achtung zu haben nötig befandt als habe ich solche nottwendikeit meinem willen vndt gemächlikeit billich fürziehen müssen. In wenig tagen hoffe ich zwar meine abfertigung zuerlangen, dieweil ich aber wegen vnsicherheit des weges meinen weg etwas weit werde ümbnehmen müssen, als dürfte meine gäntzliche Heimkunft sich auch sonderlich wegen der tieffe vndt grösse des weges undt der wasser etwas länger verziehen. Alsdan ich mit Gott relation von meiner expedition erstatten will. Gott sey mit E.F.G. Ich verbleibe E.F.G. vntertheniger gehorsamer Diederich von dem Werder m.p.
Chemnitz den 26. Mertz 1639.

A Monsieur Monsieur Henry de Börstell President[26]
Hochedler gestrenger vndt vester Freundtlicher lieber Schwager, Gevatter, vndt sehr werther Freündt.

Zeiger dieses bringt des Engern ausschusses vnvergreifliches Bedenken, was so wohl der F: Hanawischen als auch der

26. Acc. ms. 1937.51.Heinrich von Börstel, der "Eilende" (Nr. 78) war bei seiner Einnahme 1623 in die Gesellschaft Regierungspräsident, Amtshauptmann und Kammerrat in Bernburg, im Dienst Fürst Christians II. von Anhalt. Er lebte von 1581-1647. Vgl. Krause/ Urkunden IV,2, Kapitel II, Nr. 18, Werder an Wieß, 11. Juli 1640; Nr. 22 Fürst Ludwig an Johann Casimir, Christian und Georg Aribert von Anhalt; Nr. 23 "Creditiv für den Obersten von dem Werder zu seiner Absendung an den General-Feldmarschall Banér."

Bentheimischen Fraw Witwen zuantworten sey, stehet zu I.F.G. ferneren gnedigen verordnung.

Der Fürstl. Mecklenburgischen Fraw Wittben ist billich an handt zugehen. Es siehet aber der Herr Gevatter, was mir der Landtrentmeister schreibet, wie wenig vorraht verhanden, vndt das noch über das wenige andere assignationes vndt inhibitiones hin vndt wieder ertheilet werden, also das die liebe Fraw Hertzogin die Summa nicht wirdt erreichen, vndt kein ander creditor, auch nicht der Superintendens von Egeln einen Groschen wirdt bekommen können.

Das Concept an den H. Feldtmarschalck ist wohl abgefast, kan also wohl auf das blanquet abgeschrieben werden. Ich habe oft erinnert ob man ihn was freündtlicher in vocativo tractiren wolle.

Wegen der exceptionen in Schönfeldes sache das ich dieselbe einschicken solle, darvon auch noch heute Illmi.F.G. schriftliche erwehnung getahn, kan ich nicht eigentlich verstehen, was darmit gemeint sey, dan wir ja solche exceptiones nicht aufsetzen können, Sondern würde dem H. Cantzler Milagio leichter als vns fallen. Ich übersende aber dem H. Gevattern gedachten Schönfelds schreiben an I.F.G. damit sothane exceptiones desto füglicher darauf gerichtet werden können.

Meine reise zum Herren FeldtMarschalck befinde ich noch nötig, iedoch nicht ohne gefahr, man wirdt derowegen etwas noch warten vndt auf den Zustandt des Krieges vndt sichere fortkommung etzliche tage sehen müssen. Graff Volradt von Waldeck wirdt nuhmehr in Erffurdt sein, hatt an mich begehren lassen durch einen eignen Botten auch dahin zukommen, würde also meine reise wohl a propos kommen. Ich habe gedacht, ob mir irgendt auch verrichtung nach Weymar zugleich mit aufgetragen würde damit ich mit desto weniger verdacht, auf den nottfall reisen könte.

Der Erffurtische Botte ist vergangen Montag ausgelauffen, Sagt die leiche sey in eine Kirche beygesetzt. Baner sey den Tag gegen Eisenach aufgebrochen, vndt die Kays: gingen gegen Schmalkalden, dannenhero ich zweifele, das sie Salfeldt besetzt lassen solten. Jedoch mus man mehrere gewisheit erwarten. Ich bin für meine Persohn sonsten stündtlich fertig. Gott mit vns. Reinsdorf den 11. July 1640.
D.H.G. dienstwill: Diederich von dem Werder.

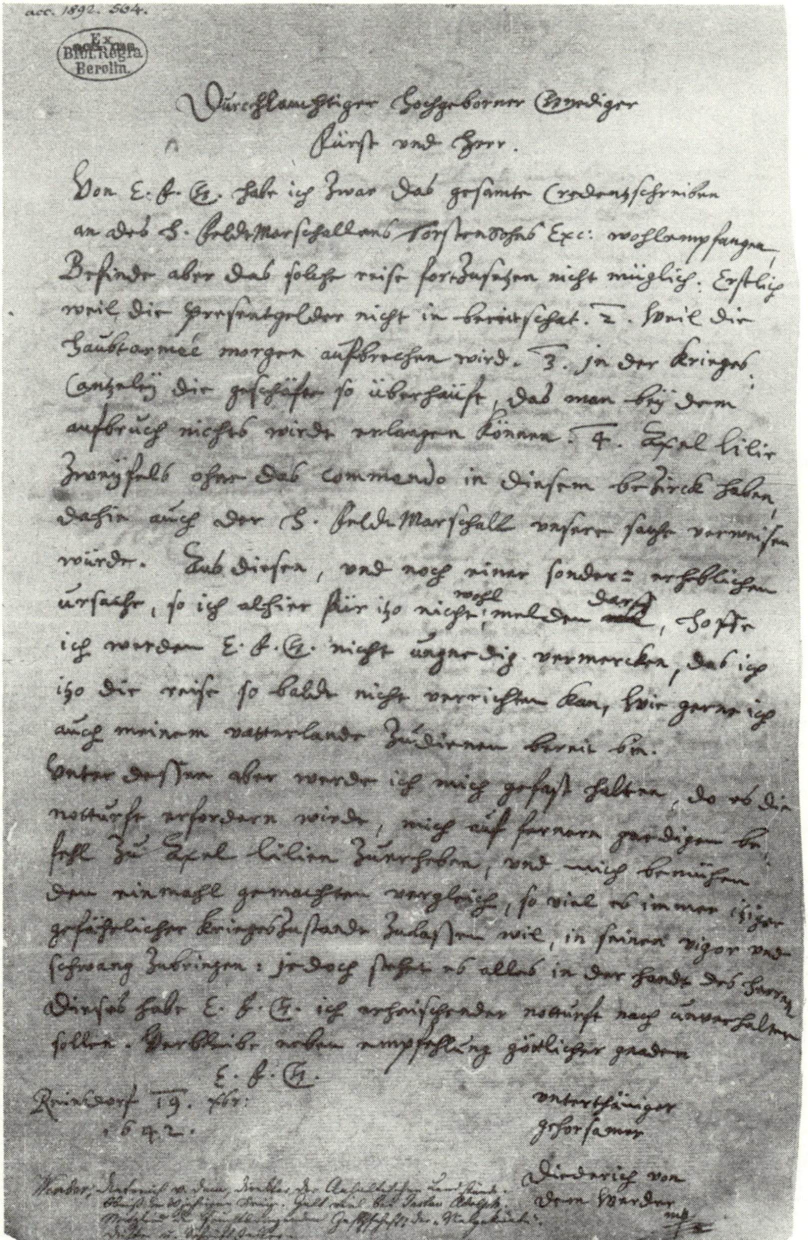

Durchlauchtiger Hochgeborner Gnädiger
Fürst vnd Herr.

Von E. f. G. habe ich zwar das gesamte Credentzschreiben
an des H. feldtMarschallens Torstensohns Exc: wohlempfangen,
Befinde aber das solche reise fortzusetzen nicht müglich. Erstlich
weil die Heuratgelder nicht in bereitschaft. 2. Weil die
Haubtarmee morgen aufbrechen wird. 3. in der Kriegs
Cantzeleij die geschäfte so überhaüft, das man beij dem
aufbruch nichts wird erlangen können. 4. Axel Lilie
Zweijfels ohne das commando in diesem bezirck haben,
dahin auch der H. feldtMarschall vnsere sache verweisen
würde. Das diesen, vnd noch einer sonder= erhebliche
vrsache, so ich alhier für ito nicht wohl melden darff, hoffe
ich werden E. f. G. nicht vngnedig vermercken, das ich
ito die reise so balde nicht verrichten kan, wie gerne ich
auch meinem vatterlande zu dienen bereit bin.
Unter dessen aber werde ich mich gefast halten, do es die
notturft erfordern wird, mich auf fernern gnedigen be-
fehl zu Axel Lilien zuverfügen, vnd mich bemühen
den einmahl gemachten vergleich, so viel es immer itziger
gefährlicher Kriegszustande zulassen wil, in seinen vigor vnd
schwang zubringen: jedoch stehet es alles in der hande des Herren
Dieses habe E. f. G. ich erheischender notturft nach vnverhalten
sollen. Verbleibe neben empfehlung göttlicher gnaden

E. f. G.

Reinsdorf 19. Xbr.
1642.

vnterthäniger
gehorsamer
Diederich von
dem Werder
mp.

Diederich von dem Werder, Brief an Fürst Ludwig von Anhalt, 19. Dezember 1642

Dem Durchleuchtigen Hochgebornen Fürsten und Herren Herren Ludwigen Fürsten zu Anhalt, Graven zu Ascanien, Herrn zu Zerbst und Bernburg, meinem gnedigen Fürsten vnd Herrn [erh.: 19.Xbris, Anno 1642][27]
Durchleuchtiger Hochgeborner Gnediger Fürst vnd Herr.

Von E.F.Gd. habe ich zwar das gesamte Credentzschreiben an des H. FeldtMarschallens Torstensohns Exc: wohlempfangen, Befinde aber das solche reise fortzusetzen nicht müglich. Erstlich weil die Presentgelder nicht in Bereitschaft. 2. Weil die Haubtarmée morgen aufbrechen wird. 3. In der Krieges Cantzeley die geschäfte so überhäuft, das man bey dem aufbruch nichts wirdt erlangen können. 4. Axel Lilie zweyfels ohne das commando in diesem bezirck haben, dahin auch der H. FeldtMarschall vnsere sache verweisen würde. Aus diesen, vnd noch einer sonder-erheblichen ursache, so ich alhier für itzo nicht wohl melden darff, hoffe ich werden E.F.G. nicht ungnedig vermercken, das ich itzo die reise so baldt nicht verrichten kan, wie gerne ich auch meinem vatterlande zudienen bereit bin.
Vnterdessen aber werde ich mich gefast halten, da es die notturft erfordern wirdt, mich auf fernern gnedigen Befehl zu Axel Lilien zuerheben, vnd mich bemühen den einmahl gemachten vergleich, so viel es immer itziger gefährlicher Kriegeszustandt zulassen wil, in seinen vigor vnd schwang zubringen: jedoch stehet es alles in der Handt des Herren. Dieses habe E.F.G. ich erheischender notturft nach unverhalten sollen. Verbleibe neben empfehlung göttlicher gnaden E.F.G. unterthäniger gehorsamer Diederich von dem Werder. Reinsdorf 19. Xbr. 1642.

Dieser Brief stammt aus dem Zusammenhang der Verhandlungen der Fürsten von Anhalt mit dem schwedischen Feldmarschall Torstenson über den Schutz ihres Landes vor den schwedischen Truppen. Werder erweist sich, einmal mehr, als vorzüglicher und für sein Vaterland engagierter Diplomat. Am 20. November 1642 hatte er die Fürsten vom Fortschritt seiner Mission unterrichtet, am 25. November über die fälligen Kontributionen an die Schweden.[28] Dann hatte er, am 5. Dezember, den Kammerrat Wies in derselben Sache angemahnt. Zwei Wochen später schreibt

27. Acc. 1892.564. - Vgl. Krause/Urkunden V,1, S. 55-105 "Verschiedene Nachrichten über die Züge der Schweden."
28. Krause/ Urkunden V,1, Nr. 44, S. 90/1 und Nr. 49, S. 94.

Werder den zitierten (bisher unbekannten) Brief, der deutlich sowohl die finanzielle Not der Fürsten wie die Schwierigkeiten ihres Diplomaten erkennen läßt, weiterhin mit den Schweden zu verhandeln. Schon am folgenden Tag schrieb Fürst Ludwig an Generalmajor Königsmarck. Diese Fürsprache brachte Frucht: der "Schutzbrief des General-Feldmarschalls Torstenson zu Gunsten Anhalts ausgestellt" datiert aus seinem Hauptquartier vom 27. Dezember 1642.[29]

Aus dem gesamten Bestand der Berliner Autographensammlung wäre noch manche wichtige Persönlichkeit zu erwähnen, die mit Fürst Ludwig und der Gesellschaft in Verbindung stand, sowohl unter den verwandten Fürstenhäusern als auch unter den wichtigen Heerführern des Kriegs. Inhaltlich sind diese Schriftstücke oft wenig ergiebig; oft sind es Glückwünsche zum Jahreswechsel an Verwandte, Wünsche zu Familienanläßen, Anweisungen und Anordnungen an Beamte und Untergebene am Hof oder im Heer. Die Tatsache, daß etwa von dem schwedischen Feldherrn Johann Banér (der "Haltende", Nr. 222) oder von Herzog August von Braunschweig und Lüneburg, dem Gründer der Wolfenbütteler Bibliothek (der "Befreiende", Nr. 227) ein paar Schriftstücke und Unterschriften vorhanden sind, ist zunächst nur für den Autographensammler von Interesse.[30] Briefe erhalten dann eine gewisse Bedeutung, wenn sie das vielfältige Geflecht von Beziehungen der Mitglieder untereinander sichtbar machen, wenn sie, gleichsam als Modell, das Funktionieren und Austauschen von

29. Krause/ Urkunden V,1, Nr. 66, S. 104/5.

30. Folgende Autographen erschienen uns von geringem Interesse: Zwei Briefe von Johann Banér, 7. Mai 1634 aus Rostock bei Cüstrin an einen Fürsten und 20. April 1640 aus Erfurt, Verfügung über die Grafen Stolberg. Von Herzog August von Braunschweig ein Stammbuchblatt von 1598, eine Widmung auf dem Vorsatzblatt einer Bibel (22. Februar 1635) an Herzogin Anna zu Stettin-Pommern, ein Brief an Christoph Bernhard, Bischof zu Münster, vom 28. Dezember 1661. Von Augusts Sohn Anton Ulrich von Braunschweig fand sich nur ein Eintrag des Jahres 1665 in Stammbuch 29/ Matthäus Merian d. J., von seinem Bruder Rudolf August zwei Briefe 29. Dez. 1678, und o. D. an Bernhard von Sachsen-Meiningen. Ferner Briefe verschiedener Herzöge von Sachsen, vgl. z. T. den Katalog der Sammlung Radowitz.

Höflichkeits- und Freundschaftsbeteuerungen veranschaulichen. Ein Beispiel hierfür ist ein zunächst unbedeutend erscheinender Brief des Großen Kurfürsten Friedrich Wilhelm von Brandenburg an August von Anhalt-Plötzkau vom 18. Juli 1644;[31] belegbar wird daraus der freundschaftliche Kontakt der beiden regierenden Häuser von Anhalt und Brandenburg. Erst im Vorjahr hatte Fürst Ludwig den Kurfürsten als 401. Mitglied (der "Untadelige") aufgenommen. Nun schreibt der 24jährige Kurfürst über den Berlin-Besuch des zwei Jahre jüngeren Lebrecht von Anhalt (der "Angenehme", Nr. 321), dem Sohn Augusts von Anhalt (der "Sieghafte", Nr. 46).

Bedeutender ist der andere Brief von Friedrich Wilhelm aus der Sammlung Radowitz,[32] ebenfalls an ein wichtiges Mitglied der Gesellschaft gerichtet, und zwar an ihr späteres drittes Oberhaupt, Herzog August von Sachsen-Weißenfels (der "Wohlgeratene").[33] Beide Persönlichkeiten kannten sich seit langem. Es ist wohl kein Zufall, daß sie in der Stammrolle der Gesellschaft benachbarte Plätze innehaben: Friedrich Wilhelm als 401., Herzog August als 402. Mitglied. Sie waren auch durch politische Ereignisse und Verträge miteinander verbunden: August, als der zweite Sohn des sächsischen Kurfürsten, war Administrator des Erzstifts Magdeburg mit Sitz in Halle, und er wußte, daß nach den Bestimmungen des Westfälischen Friedensschlusses diese beiden Residenzen seinen Erben verlustig gingen, indem sie nach seinem Tod an den Kurfürsten von Brandenburg fielen. Der in Kraków erhaltene Brief aus dem Jahre 1653 ist ein interessantes Dokument ihrer Verbindung und ihres Gesprächs über die Regelung der beide Fürsten berührenden Rechte der Stadt Magdeburg - es geht hier um eigenmächtig von der Stadt erhöhte Zölle. Im Kampf gegen die "widerspenstige Stad" wußten sich die beiden Potentaten einig, und sie verbanden sich zu einer gemeinsamen Politik vor dem Reichstag.

31. Acc. ms. 1910.13.

32. Radowitz 180.

33. Über August von Sachsen-Weißenfels vgl. M. Bircher: Halle unter dem "Wohlgeratenen". Herzog August von Sachsen-Weißenfels als Oberhaupt der Fruchtbringenden Gesellschaft. In: Archiv für Geschichte von Oberfranken, 62. Bd., 1982. S. 207-228.

Dem Hochwürdigen, Hochgebohrnen Fürsten, Herren Augußtußen Postulirten Administratorn deß Primat und Erzstiffts Magdeburg, Herzogen zu Sachsen, Landgraffen in Düringen, Marggraffen zu Meißen, auch Ober- und Nieder-Laußitz etc. Unserm freundlichen lieben Vettern und Gevattern. [erh. den 25. Septem. 1653]

Unsere freündliche dienste, und was Wir mehr Liebes und guetes vermögen zuvorn, Hochwürdiger, Hochgeborner Fürst, freündlicher lieber Vetter und Gevatter.

Was E.L. anderweit an Uns, wegen der von der Alten Stad Magdeburg erhöheten und bis dato nicht abgestelleten Zölle, Insonderheit aber auf das Ihro am 15. Augusti, nechsthin von Unß freundvetterlicher wollmeinung nach, in hoc passu überschriebenen unvorgreifflichen bedencken, gelangen laßen und dabey hochvernünfftig erinnern, auch, vermittelst erheblichen gegenmotiven remostriren wollen, Solches alles haben wir aus dero angenehmen Schreiben, vom 5.ten dieses, der länge nach, woll eingenommen und verstanden.

Nun ists nicht ohne, daß wir bißhero aus denen von Unß in obangeregten unsren Schreiben mit mehrerm angeführten ursachen, bedencklich gefunden, noch zur Zeit, und zwar durantibus Comitijs wieder besagte Alte Stad Magdeburg ichtwas Thätliches vornehmen zulaßen; Nachdem wir aber numehr dem werke ferner nachgedacht, und nicht allein die dabey mit einlauffende umbstände: sondern auch E.Ld. hochvernünfftige gedancken, daß nehmlich diese sache nach geendigten Reichstag vor den ReichshoffRaht kommen und daselbst erörtern zulaßen gefährlich sein möchte, reiflich erwogen; So müsten wir selbst dafür halten, daß diese gelegenheit nicht außer acht zulaßen, sondern noch vor endigung gegenwärtiger Reichsversamlung wieder die wiederspenstige Stad mit schleunigster und wircklicher execution zu verfahren sein werde; Inmaßen wir dan E.L. so viell an Unß, zu assistiren nicht unterlaßen wollen, Dero wir auch sonst im übrigen zu allen angenehmen freundvetterlichen diensterweisungen stets geflißen verbleiben, Geben in Unser Veste Cüstrin den 19. Septembr. 1653.
Von Gottes gnaden Friderich Wilhelm Marggraff zu Brandenburg, des Heyl. Röm. Reichs ErzCämmerer und Churfürst zu Magdeburg, in Preußen, zu Gülich, Cleve, Berge, Stettin, Pommern etc. Herzog.
Ew. Gd. dienstwilliger Vetter Friedrich Wilhelm Churfürst.

Von der Gründung der Gesellschaft bis zu seinem Tod, von 1617-1650, hat Fürst Ludwig nicht weniger als 520 Mitglieder aufgenommen. Die heute berühmtesten unter ihnen sind diejenigen, die auf dem literarischen Parnaß des Barockzeitalters einen Platz einnehmen: Dichter, die zur Entwicklung von Sprache und Literatur Wesentliches beigetragen haben. Bedeutende von Fürst Ludwig aufgenommene Autoren finden sich mit einzelnen Schriftstücken unter den ehemaligen Berliner Autographenbeständen: Buchner, Harsdörffer, Logau, Moscherosch, Opitz, Schottelius, Zesen.

Allen voran ist Martin Opitz zu erwähnen, der 1624 mit seinem *Buch von der Deutschen Poeterey* ein Programm aufgestellt hatte, das von Fürst Ludwig und den ihm nahestehenden Mitgliedern nicht besser hätte formuliert werden können. Es gehört zu Ludwigs Bedeutung, daß er die Verdienste des Bürgerlichen um die deutsche Sprache anerkannte und Opitz in seine Gesellschaft integrierte: 1629 erhielt er den Namen der "Gekrönte" auf dem Ehrenplatz des 200. Mitglieds. Im Köthener Erzschrein haben sich interessante Schriftstücke von Opitz erhalten. Seine Autographen sind selten, die meisten von der Forschung gründlich ausgewertet - mit Ausnahme der in der Berliner Sammlung erhaltenen beiden Briefe. Die Staatsbibliothek besaß ein Stammbuchblatt, Breslau 1629 aus der Sammlung Radowitz[34] und erwarb 1909 und 1937 je einen Brief, vom 12. April 1631 an Karl Hannibal von Dohna, bzw. vom 3. Mai 1631 an Nikolaus Rittershusius.

Celsiss[ime] D[omi]ne, Maecenas Vnice; [Karl Hannibal von Dohna][35]

Incerta adhuc Gallorum Pax tamen eos redire iam iussit ad ingenium, varium illud et turbulentum, quodque vbi externum hostem non habet,

34. Im Katalog Radowitz 7455 wird der volle Text des Stammbuchblatts wiedergegeben; überdies findet sich ein inhaltlich wenig bedeutendes Blatt mit zwei aufgeklebten Ausschnitten aus Briefen von Opitz an Abraham von Bibran, je mit voller Unterschrift des Schreibers.

35. Acc. ms. 1937.47, nicht erwähnt bei Frels: Deutsche Dichterhandschriften und bei Marian Szyrocki: Martin Opitz. Berlin 1956, im Verzeichnis der "Briefe", S. 198ff. - Die Eruierung des Adressaten, Karl Hannibal von Dohna, verdanken wir George Schulz-Behrend, Austin/Texas, der freundlicherweise auch die folgenden textlichen Erklärungen beigesteuert hat:
...*Gallorum Pax:* Im März 1630 war ein Friede zwischen Frankreich und

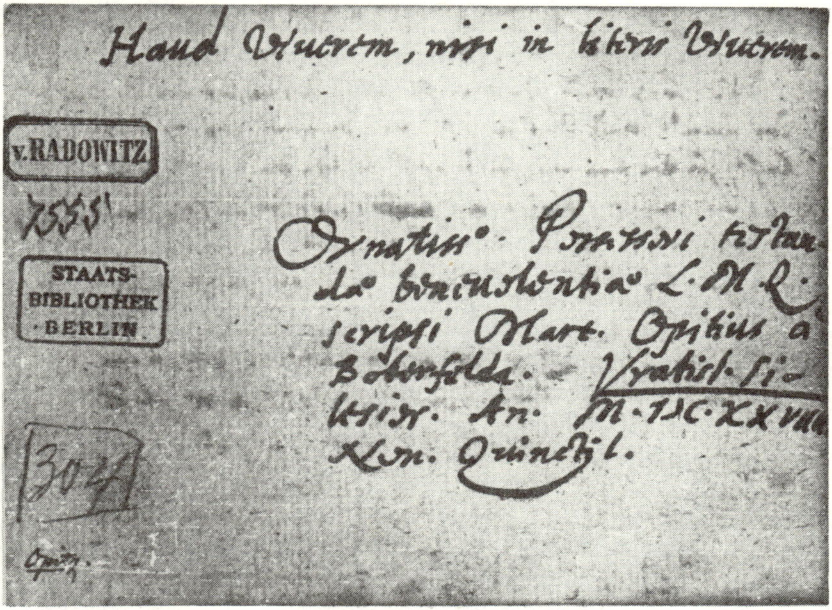

Martin Opitz, Stammbuchblatt von 1629

England geschlossen worden. England hatte 1629 versucht, La Rochelle zu entsetzen, war dabei aber kläglich gescheitert.

...facile apparet: Marie de' Medici und ihr jüngerer Sohn, Gaston Herzog von Orléans, intrigierten gegen Ludwig XIII. und Richelieu.

...Protestantium Consilia: Die Kurfürsten von Brandenburg und Sachsen mit ihren protestantischen Bundesgenossen waren durch Gustav Adolfs Einmischung verblüfft, sie konnten sich nicht entschließen, wie und wo sie ihre beschränkten Kräfte einsetzen sollten. So wurde die Einnahme Magdeburgs (17.-20. Mai 1631) angebahnt.

...omnibus obtruncatis: Tilly befand sich in einer desperaten Notlage; seine Truppen litten Hunger, es fehlte an allem. Pappenheim riet zur Belagerung Magdeburgs; doch erst nahm Tilly Neubrandenburg ein. Jetzt hatten die Schweden es zurückerobert und dort ein zweites Gemetzel angerichtet.

domi sibi negotium facessit. Quo in statu Reginae Matris ac Ducis Aurelianensis res versentur, ex literis hic adiectis facilè apparet. Certè haec intestina odia eo magis reipublicae illi nocebunt, quò tectius, simulato adhuc amicitiae ac amoris nomine, serpere ceperunt. Hic pauca audimus, nisi quae arbitri illi Imperii et Orbis terrarum mercatores, si diis placet, spargunt aut clam, ne quid de summa rerum decedat, massitant: Electorum ac Procerum Protestantium Consilia eò spectare, vt miles statim conscribendus sit. Neque numerum decem legionibus minorem fore. Brandenburgum Nouum à Sueco receptum, Caesarianis qui inibi constiterant omnibus obtruncatis.

Eundem munimentum aut vallum ad Oderam extruere, firmi operis, quodque ad milliaris Germanici ambitum sese extendat. Ego locum tam amplum mendaciis tamen ipsorum minorem existimo. Deus Piissimo Caesari victoriam, ut solet; Celsitudini Tuae felices rerum successus et reditum quem speramus optatum largiatur. Vratisl. a.d. XII. April. MDCXXXI. Celsiss[im]o Nomini Tuo devotißimus Mart. Opitius.
Scripsi Secretario, vt Cels[issimam] T[u]am meo nomine de re non magni momenti precetur. Ego, cui maiora non denegantur quamuis immerenti, solitae clementiae nutum mihi polliceor.

CL[arissimo] Viro, D[omi]no Nicolao Rittershusio, JC.to et Philologo eximio, amico singulari. Norimbergam.[36]

S[alutem] P[lurimam] D[icit] Clarissime Rittershusi, amicorum eximie, Tuas his diebus accepi, vna cum gratissimo munere, Hymnis

36. Acc. ms. 1909.12; verzeichnet bei Frels: Deutsche Dichterhandschriften; Szyrocki: Martin Opitz, S. 205 verzeichnet den Brief aufgrund der Angabe bei Frels. - Vgl. auch Ludwig Geiger: Ungedruckte Briefe von Martin Opitz. In: Archiv für Litteraturgeschichte, Bd. 5, 1876, S. 316-370, und, anon.: Martin Opitz an Nicolaus Rittershausen. In: Archiv für Litteraturgeschichte, Bd. 3, 1874, S. 63-64 (Brief vom April 1631 in der Dresdner Bibliothek). Alexander Reifferscheid: Briefe G. M. Lingelsheims, M. Berneggers und ihrer Freunde. Heilbronn 1889.
Wiederum die textlichen Erläuterungen von George Schulz - Behrend zu diesem Brief:
...Hymnis Margunii: Maximus (oder Manuel oder Michael) Margunius (Bischof auf Kreta, 1522-1602): Hymni Anacreontici.
...latine redditis: Conrad Rittershusius (1560-1613) brachte seine Ausgabe der Hymnen mit lat. Übersetzung, Augsburg 1601 heraus.

Margunii, à magno parente tuo latinè redditis. Tu eius vicem Grotianum opus hic accipies; quod vel propter auctorem amabis. Nam ego praeter versionem nihil illius vendicare mihi possum, quamuis et ipsa labore mihi constiterit non exiguo. Güntherum et Oppianum, si penes Ampl[issimu]m fratrem tuum exempla non sunt, minimè vrgeo: iis enim te privare praeter meam esset modestiam. Phaedrum diu est cum habui: Corippum neque vidi, neque mentionem illius frater facit in laterculo librorum, quem vitae Parentis Optimi adiunxit. Sed et vaenalem vix vllibi prostare existimo, ita vt acceptum prorsus hoc donum mihi censeam, si liberalitate tua abuti denuò audeo. Dempsterus quid tantoperè praestiterit, non video. Vale, patriae, literarum nostrum decus. Vratislaviae, V. Non. Maias MDCXXXI. Tuus, V[ir] CL[arissime] ex animo Mart. Opitius.

Auch August Buchner (1591-1661, seit 1641 der "Genossene", Nr. 362) stand mit Fürst Ludwig in nahem Kontakt[37] und galt als Autorität in der Dichtkunst. Er wirkte zeitlebens als Professor der Poesie an der Universität Wittenberg in Sachsen und hat auch in dieser Eigenschaft vier in Kraków verwahrte lose Stammbuchblätter geschrieben, deren Empfänger nicht bekannt sind.[38] 1625 schreibt er einem Studenten ins Stammbuch: "Nisi utile est, quod

...*Grotianum opus:* Hugo Grotius: De veritate religionis Christianae (1627) wurde von Opitz übersetzt: Hugo Grotius von der Warheit der Christlichen Religion. Breslau 1631.

...*Güntherum:* Opitz zitiert aus Rittershusius' Ausgabe von Guntherus Ligurinus, Tübingen 1598; s. MOGW II 502, Anm.120.

...*Oppianum:* Commentar. in Oppianum de vanatione...Leiden 1597.

...*Corippum:* Flavius Cresconius Corippus, 6.Jh., Epiker aus Afrika, schrieb u.a.: In laudem Justini minoris, zuerst von Michael Ruyz Azagra, Antwerpen 1581 ediert; Dempster brachte 1610 seine Ausgabe zu Paris heraus.

...*Optimi adiunxit:* Die Bibliographie der Arbeiten von Conrad Rittershusius mit der angehängten Vita wurde von Georg Rittershusius, dem anhaltinischen Rat, ausgearbeitet.

...*Dempsterus:* Thomas Dempster (1574-1625), ein Schotte, war Professor zu Paris; s. MOGW II 100, Anm.37.

37. Vgl. Krause/Erzschrein, S. 215-240.

38. Acc. ms. 1908.107 und acc. ms. 1913.21[4]. Nicht bei Frels: Deutsche Dichterhandschriften (da offenbar als zu geringfügig betrachtet).

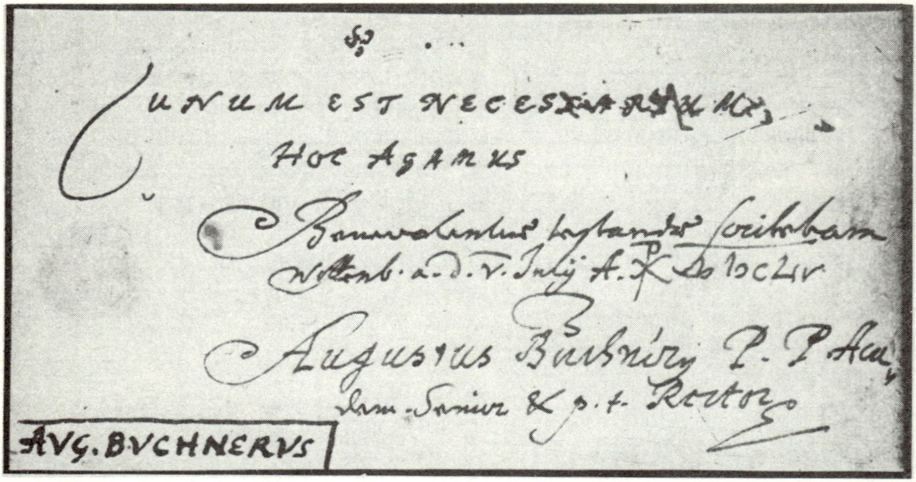

August Buchner, Stammbuchblatt, 5. Juli 1654

facimus, stulta est gloria". 1646 schreibt er einem anderen: "Tutissima res timor est praeter Deum". In den Jahren 1651 und 1654 hält er zweimal die Devise fest: "Unum est necessarium. hoc agamus". Dieselbe Devise schreibt er auch am 5. April 1654 in das Stammbuch des Johann Niklas aus Ratibor in Schlesien.[39]

Friedrich Logau, der "Verkleinernde" (Nr. 510), gehört zu den erst spät aufgenommenen Mitgliedern und wurde erst zehn Jahre nach dem Erscheinen seiner berühmten *Teutschen Reimen-Sprüche* der Mitgliedschaft gewürdigt. Ein autographes Gedicht findet sich im soeben erwähnten Stammbuch des Johann Niklas, in dem sich auch Buchner eingetragen hatte.[40]

39. Stammbuch 44; es ist komplett erhalten. Sammlung Radowitz 9757-97.

40. Vgl. Anm. 39; Logaus Gedicht wurde im Katalog Radowitz erstmals veröffentlicht, sodann von Gustav Könnecke, Bilderatlas zur Geschichte der deutschen Nationalliteratur, Marburg 1881, S. 123; in der 2. Auflage Marburg 1895 fehlt es.

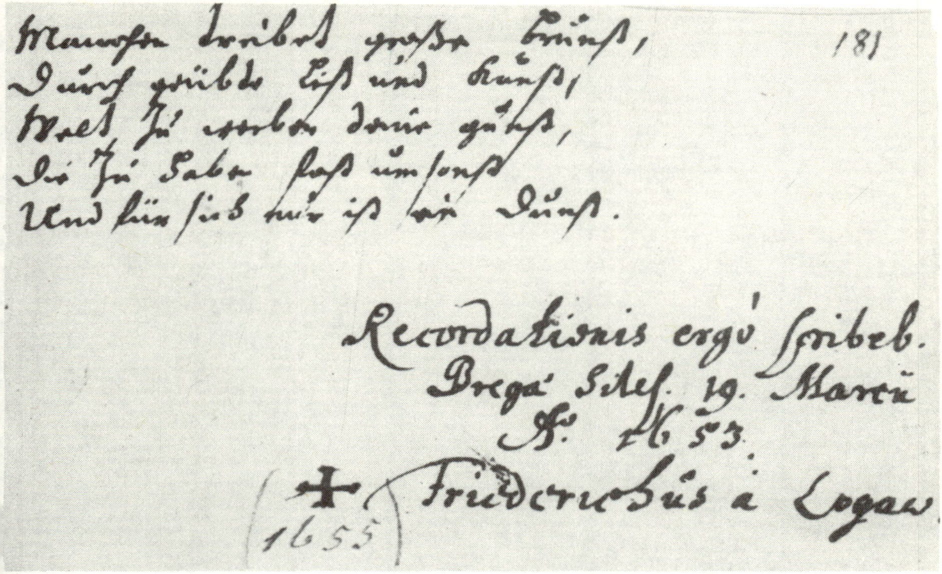

Friedrich von Logau, Stammbuchblatt für Johannes Niklas, 19. März 1653

Manchen treibet große Brunst,
Durch geübte List und Kunst,
Welt, zu werben deine gunst,
die zu haben fast umsunst
Und für sich nur ist ein Dunst.
Recordationis ergo scribeb.

Bregae Siles. 19. Martii Ao. 1653.
Friederichus a Logaw.

Vom "Traumenden", Johann Michael Moscherosch (1601-1669, Nr. 436), der seine *Wunderliche und Wahrhafftige Gesichte* unter dem Pseudonym Philander von Sittewalt herausbrachte, ist 1937 in Berlin ein Stammbuchblatt aus dem Jahre 1659 erworben worden, bei dem nur zu bedauern ist, daß die biographischen Zusammenhänge nicht näher zu erhellen sind. Moscherosch, im Dienste des Friedrich Casimir II. von Hanau-Münzenberg in Hanau, schrieb einem Freund, der seit anderthalb Jahren

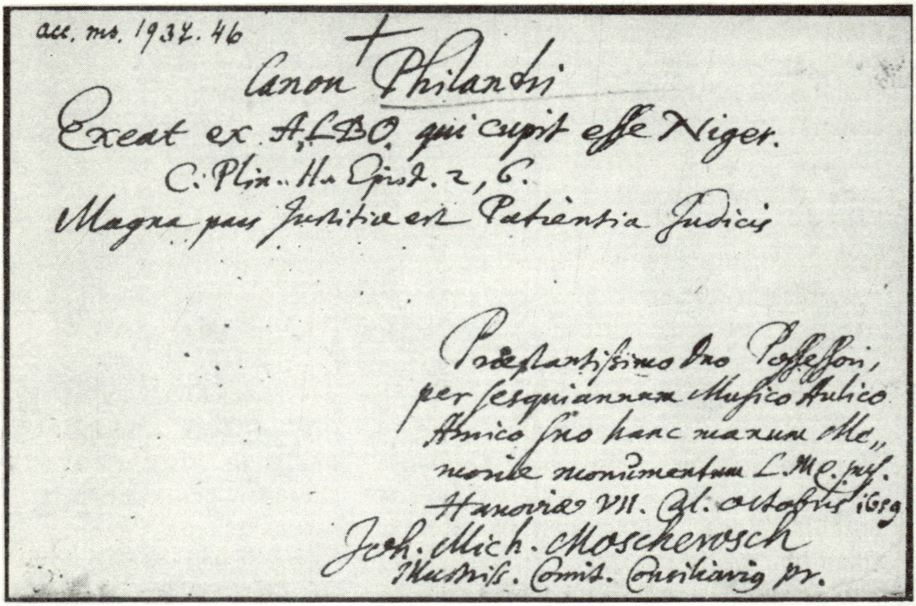

Johann Michael Moscherosch, Stammbuchblatt, 26. September 1659

Hofmusikus seiner Durchlaucht war, am 26. September 1659 ins Stammbuch:[41]

Canon Philandri
Exeat ex ALBO qui cupit esse Niger.
C. Plin. H. Epist,2,6
Magna pars Justitia est Patientia Judicis.

Praestantißimo Dno. Possessori, per sesquiannum Musico Aulico. Amico suo hanc manum Memoriae monumentum L. Mq. pos. Hanoviae VII. Cal. Octobris 1659. Joh. Mich. Moscherosch Illustriss.Comit. Consiliarius pr.

41. Acc. ms. 1937.46; über Moscheroschs Hanauer Zeit vgl. Walter E. Schäfer: Johann Michael Moscherosch. München 1982.

Ein anderes angesehenes Mitglied der Gesellschaft, der am Hof des großen August von Braunschweig in Wolfenbüttel wirkende Grammatiker und Verwaltungsbeamte Justus Georg Schottelius (der "Suchende", Nr. 397) ist mit einem Brief vertreten, der aus seiner Tätigkeit als Hofbeamter und Vorstand des Konsistoriums stammt.[42] Am 8. Februar 1666, nur ein halbes Jahr vor dem Tod seines Dienstherrn, Herzog Augusts, schreibt er seinem "Hochwerthen Freund" Johann Herrwig, Abt des Klosters Michaelstein und Superintendent zu Blankenburg. Dieser hat den Inhalt des ganzen Schreibens erschöpfend in einen Satz zusammengefaßt und bei der Anschrift notiert: "Hr. Doct. Schottelius begehret die Quittung nacher Lüneb. von diesem Jahr."

Einen weiteren guten Bundesgenossen in Gesellschaftssachen hatte Fürst Ludwig in dem "Spielenden", Georg Philipp Harsdörffer (Nr. 368). Sein *Specimen Philologiae Germanicae* (Nürnberg 1646), sinnvollerweise auf lateinisch geschrieben, enthält seinen "wichtigsten sprachtheoretischen Beitrag".[43] Ein Exemplar widmete der Verfasser einem Angehörigen der ihm befreundeten angesehenen Familie Fürer von Haimendorf; lediglich das aus dem Buch gelöste Vorsatzblatt mit Harsdörffers Widmung hat sich in der Berliner Sammlung erhalten:[44]

> Viro Nobilissimo, Amplissimo atque Prudentissimo, Dn. Georgio Sigismundo Fürero ab Haymendorf, Senatori Norimberg. spectatissimo, Patrono, et cognato suo colendo, hoc quale cunque Linguae Germanicae specimen, offert AUTOR. Norimb. 10. April. Ao. 1646.

Noch ein zweites, hübscheres Blatt von Harsdörffer hat sich erhalten. Es stammt aus dem Stammbuch eines unbekannten Besitzers; am 2. Mai 1653 hat Harsdörffer notiert:

42. Radowitz 1292; verzeichnet auch bei Frels: Deutsche Dichterhandschriften, mit Erwähnung weiterer Briefe Schottels an Herrwig. Vgl. auch den Katalog "Justus Georg Schottelius, 1612-1676. Ein Teutscher Gelehrter am Wolfenbüttler Hof." Ausstellungskatalog der Herzog August Bibliothek 18, Wolfenbüttel 1976, Nr. 64: Brief von Schottel an Herrwig vom 28. Mai 1665, im Staatsarchiv Wolfenbüttel.

43. G. Dünnhaupt: Bibliographisches Handbuch der Barockliteratur, 2. Teil. Stuttgart 1981, S. 792, Nr. 30.

44. Acc. ms. 1913.21[9]. Vgl. Harsdörffers Gedicht zur Ausgabe von Christoph Fürers Reis-Beschreibung, die im Vorjahr in Nürnberg erschienen war (Faber du Faur 50b).

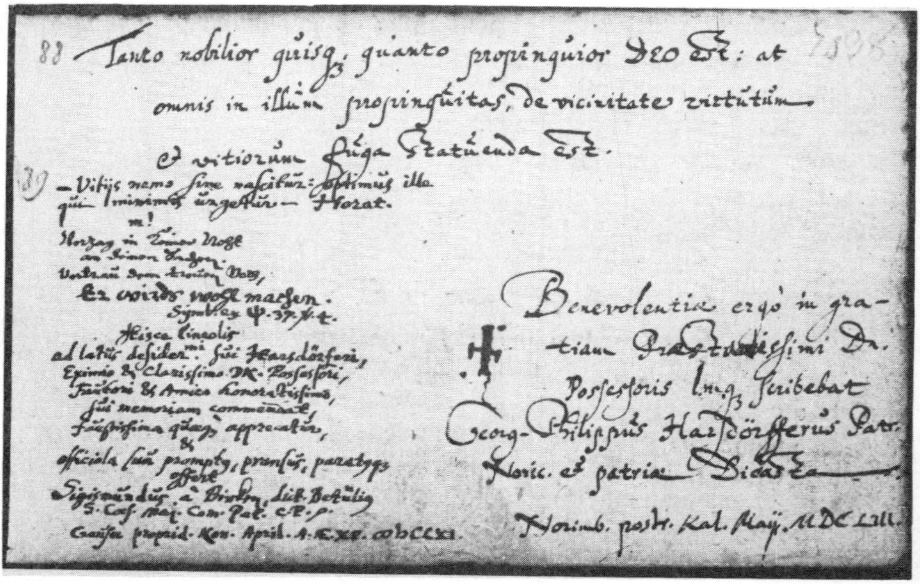
Tanto nobilior quisque, quanto propinquior Deo est: at omnis in illum propinquitas, de vicinitate virtutum et vitiorum fuga statuenda est.
Vitijs nemo sine nascitur: optimus ille qui minimis urgetur — Horat.
Es wird wohl machen.
Benevolentiae ergo in gratiam Praestantissimi Dn. Possessoris Imp. scribebat Georg-Philippus Harsdörfferus Patr. Noric. et patriae Dicasta.
Norimb. postr. Kal. Maij. MDCLIII.

Georg Philipp Harsdörffer (2. Mai 1653) und Sigmund von Birken (3. April 1661), Stammbuchblatt

Tanto nobilior quisque, quanto propinquior Deo est: at omnis in illum propinquitas, de vicinitate virtutum et vitiorum fuga statuenda est. Benevolentiae ergo in gratiam Praestantissimi Dn. Possessoris Imp. scribebat Georg.Philippus Harsdörfferus Patr. Noric. et patriae Dicasta. Norimb. postr. Kal. Maij MDCLIII.

Acht Jahre später hat der Besitzer des Stammbuchs es auch dem Nachfolger Harsdörffers als Praeses des Pegnesischen Blumenordens vorgelegt: Sigmund von Birken. Dieser, gleichsam die dichterische Kontinuität der Nürnberger Schäfer wahrend, schrieb am 3. April 1661 auf eine leere Stelle desselben Blättchens, Harsdörffer ergänzend:

- Vitijs nemo sine nascitur: optimus ille
qui minimis urgetur - Horat.

m!
Verzag in keiner Noht
an deinen Sachen.
Vertrau dem treuen Gott,
Er wirds wohl machen.
Symb. ex Ps. 37, v. 4.

Hisce lineolis ad latus desider[issi]mi sui Harsdörferi, Eximio & clarissimo Dn. Possesori, Fautori & Amico honoratissimo, sui memoriam commendat, Faustissima quaeque apprecatur & officiola sua promptus, pransus, paratusque offert Sigismundus à Birken, dict. Betulius S. Caes. Maj. Com. Pal. C.P. Crausae proprid. Non. April. Ao XP. MDCLXI.

Wenige Monate nach seinem Eintrag in dieses Stammbuch hat Harsdörffer in Weimar einen vertraulichen Brief an Georg Neumark, den neuen Sekretär der Fruchtbringenden Gesellschaft, geschrieben. Offensichtlich wollte er, als gestandenes und bewährtes Mitglied, den Weimarer Hof aufklären und vor Mitgliedern warnen, vor denen man sich hüten müsse.

> H. Zesen ist ein Ketzer in unsrer Sprache und hat seiner die Gesellschaft keine Ehre, so gar daß sich nicht wenig an seiner Eintrettung geärgert haben und er, wie ich verstanden, mit gewissen Beding ist aufgenommen worden. In Niederland hat man ihn gar für einen Gecken gehalten und mit Schlägen beschimpfet.[45]

So lautet sein vernichtendes Urteil über den namhaften Dichter, den Fürst Ludwig noch als einen der letzten persönlich aufgenommen hatte: Philipp Zesen, der "Wohlsetzende" (Nr. 521). Mit ihm, so stand die Meinung einiger zünftiger Mitglieder fest, sei das Oberhaupt auf einen bösen Hochstapler und "Bärenhäuter" hereingefallen.

Liest man das Blättchen, das von Zesens Hand in der ehem.

45. C.A.H. Burkhardt: Aus dem Briefwechsel Georg Philipp Harsdörffers zur Geschichte der Fruchtbringenden Gesellschaft 1647-1658. In: Altes und Neues aus dem Pegnesischen Blumenorden. III, Nürnberg 1897, S. 109.

Berliner Sammlung erhalten ist,[46] so könnte es gleichsam einem Harsdörffer ins Stammbuch geschrieben sein und spiegelt die stoische Haltung des "Wohlsetzenden" auf alle Angriffe wider, unter denen er zeitlebens zu leiden hatte:

Ao!
Sechs-stuffige Reim-bände.

Tugend hat leider! alzuviel neider. Aber indessen
werd' ich sie dannoch allezeit lieben, nimmer vergessen.
Wilstu die rosen unter den Dornen völlig ab-brechen,
mustu nicht achten, oder betrachten, daß sie dich stechen.

Wahlspruch: Last häget lust. Pax Cladem sequitur.

Hiermit hatt sich dem freundlichen andenken des Herrn Besitzers, seines vielwehrten Freundes, nebenst anerbietung aller müglichsten Dienstfärtigkeit, anbefehlen wollen und sollen, Filip von Zesen, Amsterdam den 8. Weinm. 1656.

46. Radowitz 7710. Gustav Könnecke: Bilderatlas, Marburg 1887, S. 125; in der zweiten Auflage Marburg 1895, S. 181. Den identischen Text schrieb Zesen bereits ins Stammbuch des Christoph Arnold von Nürnberg, und zwar in Amsterdam, am 14. Heumonat 1650. Vgl. Leonard Forster: An Unpublished Poem by Philipp von Zesen. In: The Modern Language Review. XXXV (1940) S. 530-31.
Ein weiteres handschriftliches Dokument zu Zesen findet sich unter den Drucken der ehem. Berliner Bibliothek in Kraków. Johann Rist: Poetischer Schauplatz. Hamburg 1646, Signatur: Yi 1131[a] enthält handschriftlich (wohl nicht autograph) das Wappen Rists, mit dem Gedicht:

Auf Herren J. Ristens Wapen.
Diß aufgelaßne Haar an diesem jungfer-bilde,
Der schwaan und dieser Flus in deinem ritter-schilde.
Das dier, o ädler Rist des Kaisers hof dar-reicht
Die seines, denen sich dein' ädle Kunst vergleicht.
Filip Zese von Fürstenau.

Über Rists Wappen vgl. auch Conermann/Erzschrein, Artikel Rist.

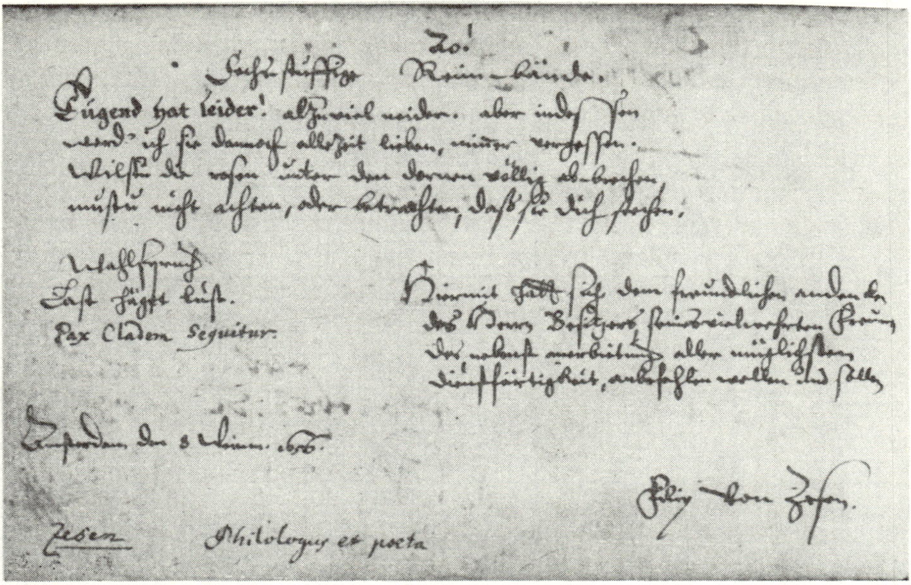
Zo!
Sechs-stüffige Reim-bände.
Tugend hat leider! alzuviel neider. aber indessen
werd' ich sie dannoch allezeit lieben, nimmer verlassen.
Weil so die rosen unter den dornen völlig ab-brechen
müsstu nicht achten, oder betrachten, dass sie dich stechen.

Wahlspruch
Last zügt Lust.
Pax Cladem sequitur.

Hiermit hat sich dem freundlichen andenken
der nebenst erbietung aller müglichsten
dienstfärtigkeit, anbefehlen wollen und sollen

Amsterdam den 8 Wein-monat 1656.

Filip von Zesen.

Zesen Philologus et poeta

Philipp von Zesen, Stammbuchblatt, 8. Oktober 1656

Philipp von Zesen (nicht autograph): "Auf Herren J. Ristens Wapen",

Briefe aus der Zeit des "Schmackhaften" (Herzog Wilhelm von Sachsen)

Nach Fürst Ludwigs Tod (1650) dauerte es einige Zeit, ehe das älteste Mitglied (Nr. 5, der "Schmackhafte") als Nachfolger im Vorsitz der Gesellschaft bestätigt und eingesetzt wurde: Herzog Wilhelm IV. von Sachsen in Weimar, Bruder des berühmten Feldherrn Bernhard von Sachsen (der "Austrucknende"), der 1639 gestorben war. Bei Antritt von Ludwigs Erbe war der Krieg zu Ende, die politischen Verhältnisse hatten sich normalisiert, aber auch die literarische Landschaft war verändert. Wilhelm stand als Oberhaupt vor einer ganz neuen, anderen Situation als Ludwig, 35 Jahre zuvor. Hätte Wilhelm nicht einen begabten, aktiven Erzschreinhalter als Sekretär gehabt, so wäre die Gesellschaft sicher schon zu seinen Zeiten friedlich in Vergessenheit geraten. Akten aus der Weimarer Zeit haben sich nicht in dem Umfang erhalten wie aus der Köthener Periode, wobei freilich zu erwähnen ist, daß bis heute nicht einmal die Weimarer Gesellschaftsbriefe publiziert worden sind. - In der Berliner Bibliothek hatte man nur wenige amtliche und familiäre Briefe aus den großen sächsischen Herzogenfamilien gesammelt; wir beschränken uns deshalb auf einige Schriftstücke bedeutender literarischer Mitglieder.

Georg Neumark aus Thüringen (1621-1681, seit 1653 der "Sprossende") kam 1652 nach Weimar und erhielt dort eine Stellung als Kanzleiregistrator und Bibliothekar. In den nächsten zehn Jahren bis zu Herzog Wilhelms Tod war er der Motor der Gesellschaft, und er war es auch, der später ihre Geschichte aufzeichnete und darstellte, zu einer Zeit nämlich, da sie bereits vergessen zu werden drohte. Man kann seinen *Neu-sprossenden Teutschen Palmbaum* (1668) als eine Apotheose der Ziele und Absichten, vor allem ihrer Gründer und frühen Mitglieder sehen; selbstverständlich hat er sich selbst einen Ehrenplatz darin gesichert. Jedenfalls ist durch dieses Buch das Bild der Fruchtbringenden Gesellschaft im gelehrten Deutschland für alle Zeiten geprägt worden. Neumark hatte Sinn für das Zeremoniell; er wußte, wie man mit hochgestellten Persönlichkeiten umzugehen hatte, wie man sich ihnen gefällig erzeigen konnte. So hat er nach Erscheinen dieses Buches eine ganze Anzahl von schön gebundenen Exemplaren, der Sitte seiner Zeit gemäß, würdigen Herrschaften dediziert. In Kraków hat sich das Blatt mit seiner eigenhändigen Widmung erhalten, das aus einem Exemplar seines *Palmbaum* herausgelöst worden ist:[47]

> Dem Durchleuchtigsten und Hochwerthesten Herrn Stetsgrünenden Seinem gnädigsten Fürsten und Herrn überreicht, zu Bezeugung unterthanigster Aufwartung dieses geringe Palmwerklein dessen Verfasser der Sprossende den 10. May 1669.

Neumark knüpft hier an eine alte Verbindung zwischen Weimar und Anhalt an: Fürst Friedrich von Anhalt-Bernburg, der "Stetsgrünende" war ein frühes Mitglied (Nr. 62), der dritte Sohn Christians I. von Anhalt, der keine eigene Herrschaft übernehmen konnte, in Harzgerode residierte, viel reiste und seinen alchemistischen und theologischen Neigungen nachging. Er stand, nach Wilhelms Tod, sogar als Oberhaupt im Gespräch. Neumark jedenfalls hat ihm, sicher mit Bedacht, ein schönes Widmungsexemplar seines Werkes überreicht.[48]

In einem der interessantesten Stammbücher der ehemaligen Berliner Sammlung findet sich auch ein Eintrag von Georg Neumark aus späterer Zeit. Hier wird sein Kontakt zu einem evangelischen Glaubensflüchtling aus Ungarn dokumentiert; freundschaftliche Verbindungen hatte er seit seinem Amtsantritt zu den evangelischen Literaten in Österreich, vorab zu Johann Wilhelm von Stubenberg und seinem Kreis. Im damaligen Königreich Ungarn blieb der lutherische Glauben länger toleriert, und so

47. Radowitz 7444.

48. Über den "Stetsgrünenden" vgl. Conermann/Erzschrein. -Die Landesbibliothek Coburg (Signatur Cas A 1080) besitzt ein Exemplar desselben Werks mit autographer Widmung des Verfassers in ganz ähnlicher Anordnung und Kalligraphie, das schon vier Monate früher überreicht wurde, und zwar an die Witwe des "Edlen", Herzog Adolf Wilhelm von Sachsen-Eisenach (1632-1668), eines Sohns seines Brotgebers Herzog Wilhelm. Die Witwe war Maria Elisabeth, die jüngste Tochter Herzog Augusts von Braunschweig u. Lüneburg (1638-1687).

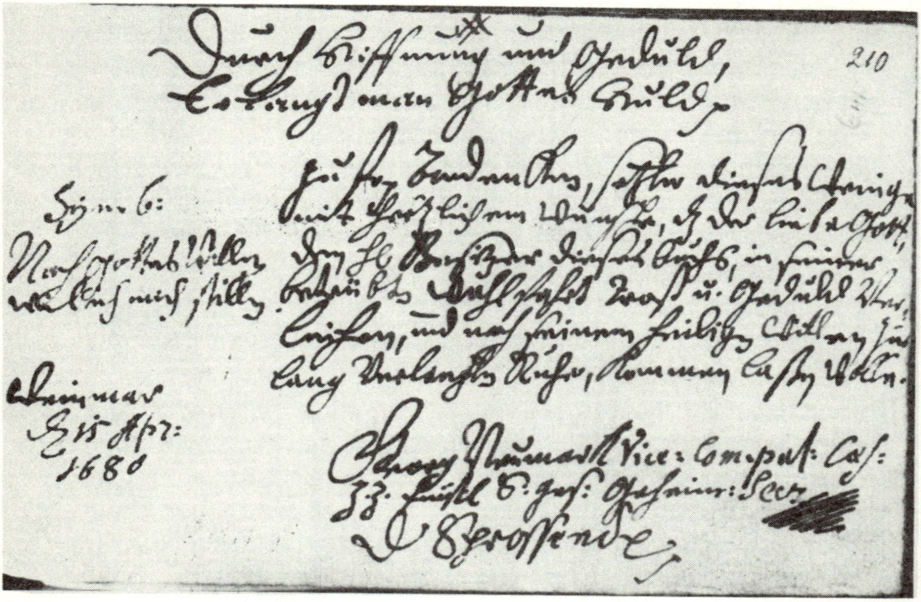
Durch Hoffnung und Gedult,
Erlangt man Gottes Huld.

210

Georg Neumark, Stammbuchblatt für Johannes Simonides, 15. April 1680

zogen die evangelischen Adeligen Niederösterreichs gelegentlich in das nahegelegene ungarische Preßburg zum Gottesdienst. Dort war auch Johannes Simonides tätig und wurde wegen angeblicher religiöser Verbrechen zu harter Strafe verurteilt. Er war Schuldirektor der Stadt Breznóbánya, wurde dann eingekerkert und etappenweise nach Neapel geführt, wo er in Haft und Galeerendienst gehalten wurde, bis er sich befreien und auf abenteuerliche Weise zurückkehren konnte. Sein Stammbuch enthält über 400 Eintragungen von den verschiedensten Gelehrten und Persönlichkeiten, denen er auf seinen späteren Reisen begegnet ist. In allen Tonarten wird das Mitgefühl mit Simonides' tragischem Geschick bezeugt; auch Georg Neumark schreibt ihm zu "Trost und Geduld" einen Eintrag, als sich Simonides im April 1680 in Weimar aufhielt:[49]

49. Stammbuch 41, Acc. 1893.8, Bl. 210. Dem Stammbuch liegt eine gute Beschreibung aus einem gedruckten Katalog bei.

Durch Hoffnung und Geduld,
Erlangt man Gottes Huld.
Symb: Nach Gottes Willen will ich mich stillen.

Zu fr. Andenken, setzte dieses wenige mit hertzlichem Wunsche, das der liebe Gott dem H. Besitzer dieses Buchs, in seiner betrübten Wahlfahrt Trost u. Geduld verleihen, und nach seinem heiligen Willen zur lang verlangten Ruhe, kommen laßen wolle.
Georg Neumark Vice: Com. Pal: Caes: z.Z. Fürstl. S. ges. Geheimer Sec. der Sprossende.
Weimar den 15. Apr: 1680.

Von Adam Olearius (1599-1671), seit 1651 als der "Vielbemühte" ein wichtiges und hochgeachtetes Mitglied der Fruchtbringenden Gesellschaft, findet sich ein Vorsatzblatt in Folio eines seiner Werke, mit eigenhändiger Widmung an Joachim Schmidt (1628-1684), seit 1661 Geheimer und Oberkammerdiener Herzog Christian Albrechts von Holstein-Gottorp.[50] Nach der Anrede Schmidts durch Olearius müßte die Widmung auf 1661 oder später zu datieren sein. Wahrscheinlich handelt es sich um sein Hauptwerk, die *Beschreibung der Newen Orientalischen Reise* (2. Auflage: Schleswig 1656, 3. Auflage: Schleswig 1663) oder um das *Persianische Rosenthal* (Hamburg 1654), das der Verfasser seinem Freund Schmidt mit folgenden Worten widmet:

> Dem Edelvesten vorachtbaren vnd wolfurnehmen Herrn Joachimo Schmit JJFFDD der Regirenden Herschaft zu Schleßwig Holstein geheimbten und hochbetrauten Cammerdiener Seinem insonders großgunstigen Herrn und sehr wehrten lieben Freunde verehret dieses Buch zu guttem andenken seiner Adam Olearius.

Im Mäppchen "Olearius, Adam" liegen ferner zwei Briefe eines Prof. P. Veesenmeyer aus Abbazia, Istrien, aus dem Jahre 1905 an die Handschriftenabteilung der Königlichen Bibliothek Berlin, mit dem Angebot des Stammbuchs von Adam Olearius, das er auf seinen beiden orientalischen Reisen mitgenommen hatte. Der

50. Radowitz 6294. Biographische Angaben über Schmidt finden sich in Ludwig Andresen/Walter Stephan: Beiträge zur Geschichte der Gottorfer Hof- und Staatsverwaltung von 1544-1659. Kiel 1928. Bd. 1. S. 111/112 und Bd. 2. S. 247. -Freundlicher Hinweis von Dieter Lohmeier, Kiel.

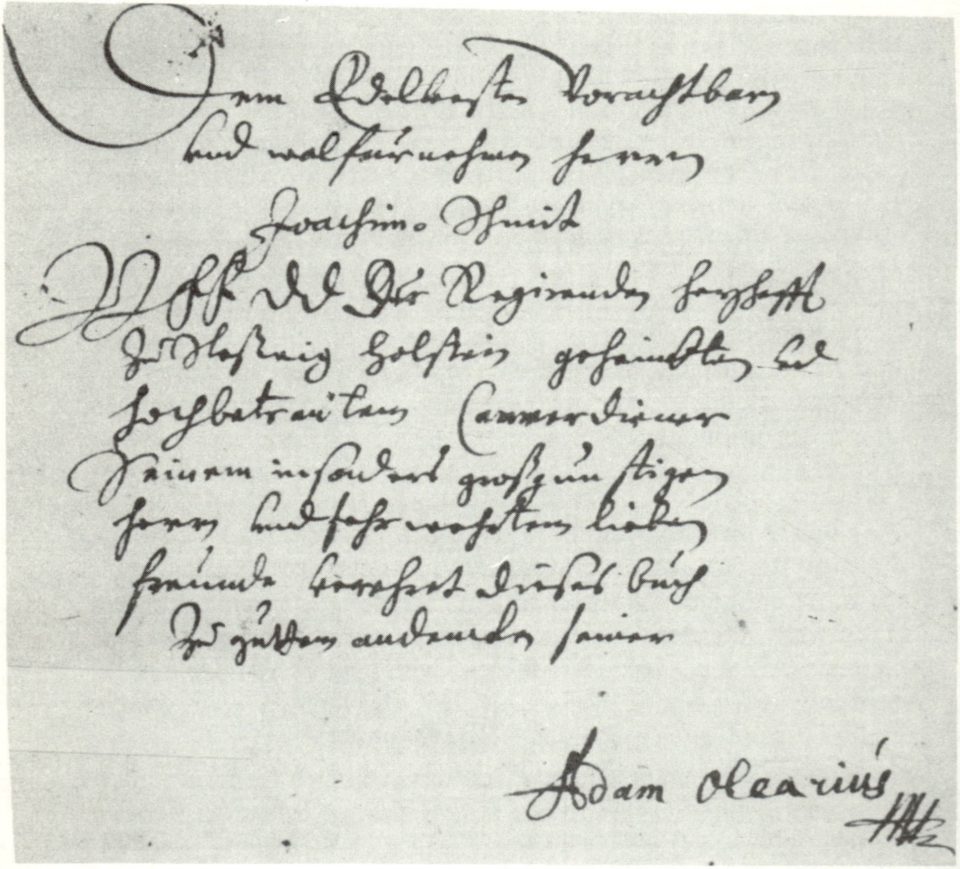
Adam Olearius

Adam Olearius, Widmungsblatt für Joachim Schmidt, o.D.

Verkauf an die Berliner Bibliothek kam nicht zustande. Das hochinteressante Stammbuch, aus dem lediglich Hinweise aus einem Aufsatz des Jahres 1851 bekannt sind, wurde nie veröffentlicht oder ausführlich dargestellt und befindet sich noch heute in Privatbesitz.[51]

51. A. Schiefner: Über das Stammbuch von Adam Olearius. In: Das Inland. Dorpat 1851, Sp. 767-772. Vgl. auch das Nachwort zur Neuausgabe von Adam Olearius: Vermehrte Newe Beschreibung Der Muscowitischen vnd Persischen Reyse, hrsg. v. D. Lohmeier, Tübingen 1971, S. 62*.

Kurz vor dem Tod des zweiten Oberhaupts des Palmenordens wurde noch einer der bedeutendsten Dichter der Zeit aufgenommen: Andreas Gryphius. Ähnlich wie Opitz erhielt er bei dieser Gelegenheit einen besonderen Ehrennamen: der "Unsterbliche" (Nr. 788). Für ihn bedeutete die Aufnahme weit mehr als nur eine symbolische Auszeichnung; man weiß, wie er noch für die Revision seiner Werke die Satzungen der Gesellschaft beherzigte, wie sehr er in dem einzigen deutschen Brief, der von ihm erhalten ist, dem Erzschreinhalter Neumark die Genugtuung für die Aufnahme ausdrückte. Nur ganz vereinzelte Autographen von der Hand des Gryphius haben sich erhalten: man kannte bisher lediglich einen deutschen und einen lateinischen Brief, vier Eintragungen in Stammbücher und seine Namenszüge auf den Titelblättern von acht Büchern aus seinem Besitz.[52] Ein bisher unbekanntes Autograph aus seiner Leidener Studienzeit des Jahres 1642 findet sich im Stammbuch seines Landsmanns und Komilitonen Gabriel Luther.[53] Im Gegensatz zu den anderen bisher bekannten Gryphius-Blättern ist es nicht herausgelöst; das ganze Stammbuch ermöglicht interessante Rückschlüsse auf die Vita und den Freundeskreis des jungen Schlesiers, der nach seiner Zeit in Leiden sich in Frankreich (Bourges, Orléans, Paris) und in Danzig (1645) aufgehalten hat. Die meisten Eintragungen stammen aus Leiden, dem beliebtesten Studienort der evangelischen Schlesier in der Barockzeit. Eingetragen haben sich u.a. Friedrich Spanhemius, Balthasar Friedrich und Georg Friedrich Stosch, Gebhart von Alvensleben und der berühmte Daniel Heinsius, Leiden 5. März 1640, mit seinem stereotypen Sinnspruch "Quantum est quod nescimus!".

Der Eintrag von Andreas Gryphius vom 12. Juni 1642 in Luthers Stammbuch bringt inhaltlich nichts Neues. Von kleinen Zusätzen abgesehen ist er identisch mit seinen Eintragungen für

52. Vgl. M. Bircher: Andreas Gryphius: Einige Autographen. In: Modern Language Notes, vol. 86, 1971. S. 613-624.

53. Stammbuch 66; Acc. ms. 1909.375. - Der Eintrag von Daniel Heinsius ist eine kleine Ergänzung zu: Barbara Becker-Cantarino: Die Stammbucheintragungen des Daniel Heinsius. In: Stammbücher als kulturhistorische Quellen. Hrsg. v. J.-U. Fechner München 1981. S. 137-164.

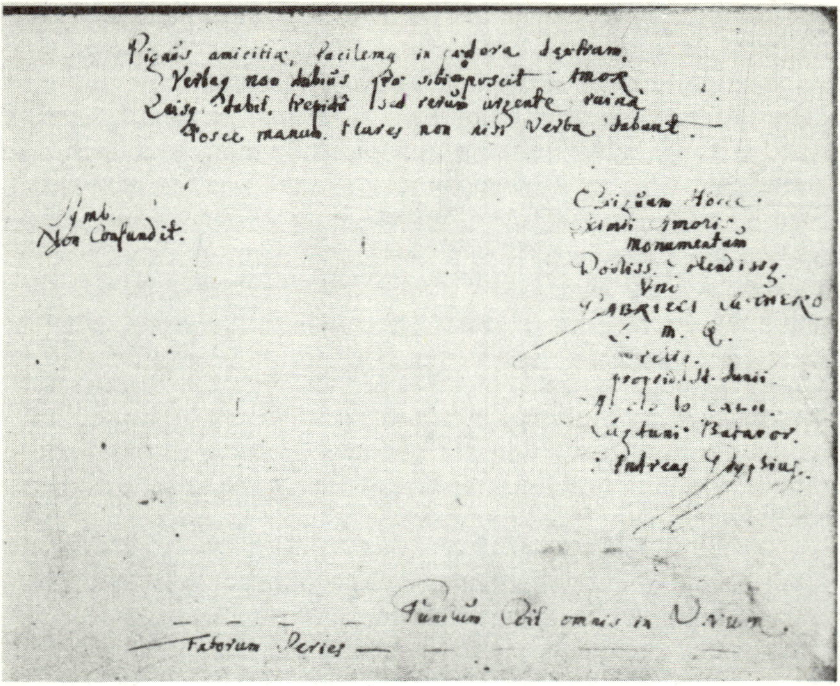

Andreas Gryphius, Stammbuchblatt für Gabriel Luther, 12. Juni 1642

Thomas Lerch (Leiden 19. Juni 1643) und für Matthias Zimmermann (Straßburg 12. Februar 1647):

Pignus amicitiae facilemque in foedera dextram,
Verbaque non dubius quae sibi poscit AMOR
Quisque dabit: trepidâ sed rerum urgente ruinâ
Posce manum. Plures nil nisi verba dabunt.

Symb[olum] Non confundit.

Exiguum Hocce Eximi Amoris Monumentum
Doctiss.[imo] Colendiss.[imo]que Viro
GABRIELI LUTHERO L.[ibens] M.[erito] Q.[ue]
reliq.[uit] prop. Id.[ibus] II Junii Ao.
MDCXLII Lugduni Batavor[um] Andreas Gryphius,

-- Punctum Coit omnis in UNUM
Fatorum series --------------

Von größerer Bedeutung ist der Eintrag von Gryphius aus biographischen Gründen. Noch nennt er Luther nicht "amicus", sondern eher formell als "doctissimus colendissimusque vir". Erst später festigte sich ihre Freundschaft: Als er Luther 1655 ein lateinisches Gedicht aus Glogau zur Hochzeit mit Anna Rosina Weise in Berlin schrieb, nannte er ihn "dulcis amice", süßer Freund.[54] Von Beruf war Luther kurfürstlich brandenburgischer Hofrat, "Juris utriusque licentiatus Serenissimi Electoris Brandenburgici Aula, ac Camerae Judicialis Conciliarius spectatissimus." So gewinnen Stammbuch und Biographie Gabriel Luthers, dank seiner langen Freundschaft zu Gryphius, literaturhistorische Bedeutung, und sie verdienten eine genauere Untersuchung.

Briefe aus der Zeit des "Wohlgeratenen" (Herzog Augusts von Sachsen-Weißenfels)

Georg Neumark hat in seinem *Palmbaum* beschrieben, wie am 14. Heumonat 1667 eine Delegation von Weimar nach Halle reiste, um dem "Wohlgeratenen", Herzog August von Sachsen-Weißenfels, die Insignien des neuen Oberhaupts zu überreichen. Fünf Jahre lang war dieser Platz verwaist, ohne daß sich ein Nachfolger des "Schmackhaften" hätte finden lassen. August war ein dieser Ehrenstellung zweifellos würdiger Herrscher.[55] Gleich

54. Der Text des Gedichtes in: A. Gryphius: Lateinische und deutsche Jugenddichtungen, hrsg. v. Friedrich-Wilhelm Wentzlaff-Eggebert. Ergänzungsband zu den "Werken in drei Bänden". Leipzig 1938/ Darmstadt ^{2}1961. S. 217. - Vgl. auch Marian Szyrocki: Der junge Gryphius. Berlin 1959. S. 164. - Die Bedeutung der Verbindung zwischen Gryphius und Gabriel Luther ergibt sich aus den Ausführungen der Herausgeber G. Dünnhaupt und K.-H. Habersetzer von Andreas Gryphius: Absurda Comica Oder Herr Peter Squentz. Stuttgart 1983. S.69-71.

55. Über Herzog August vgl. Literaturangabe in Anm. 33; eine umfassende Darstellung des Hofs von Herzog August befindet sich in Vorbereitung.

seinem Weimarer Vorgänger hatte auch er seine Residenzstadt nach den Wirren des Kriegs wieder aufgebaut. Er konzentrierte seine Bautätigkeit zugleich auf die zukünftige Residenz seines Sohnes, auf die Augustusburg in Weißenfels. Als zweiter Sohn des für seine Hoffeste berühmten sächsischen Kurfürsten Johann Georg I. in Dresden führte August ein glänzendes Hofleben. Viele Theateraufführungen und Opern aus dem Halle Herzog Augusts sind erhalten, eine Reihe erstklassiger Künstler wirkten an seinem Hof. Tobias Elias Heidenreich (der "Willige") war Erzschreinhalter, Sekretär, Hofdichter und Librettist.

Von August selber erhielt sich in Kraków nur ein unbedeutender Brief aus dem Zusammenhang seiner Amtsgeschäfte mit der für ihre Salinen berühmten Stadt Halle. Er schreibt am 9. Februar 1645 "Dem Ehrenvesten, Hochgelahrten, auch Ehrsamen, Vnsern Rath, Saltzgräffen, Oberbornmeistern, Vnsere Thallgerichts alhier, vnd lieben getrewenn" über Verwaltungsangelegenheiten und Akten des verstorbenen Vorstehers Rudolf Redel.[56] "... Vnd weil in den actis nit angeführet, das der Oberbornmeister Salomon Herold die Zahlung der FronSohlen damals eingenommen, So befehlen Wir gleichfals gnedigst, das deßelben hierüber gehaltene Register in Vnsere Canzley, binnen zehen tagen, eingeschicket werden..."

August hatte sieben Söhne, von denen er fünf in die Gesellschaft aufgenommen hat. Der Älteste und Thronfolger, Johann Adolf (der "Sorgfältige", Nr. 719) hat später in Weißenfels ein Zentrum kulturellen Lebens begründet, ohne freilich selber Schriftsteller oder Gelehrter gewesen zu sein, und sicher auch ohne daß er sich um die Gesellschaft des Vaters gekümmert hätte.

In seinem Brief vom 16. September 1684 "auff unserm Schloße Freyburg" an seinen "Gleitsmanne zu Weißenfels, vnd lieben getreüen, Johann George Schammellen" gibt er die Weisung, "daß die reparatur des schadhafften Stein-Kastens an der Saal-Brücke, nach dem von dir zugleich mit beygelegtem anschlage geschehen möge." Die "erforderten Kosten" solle er "möglichst einschränncken".[57] Er verschmäht es auch nicht, einem jungen Bürgerlichen, nämlich Friedrich Feuerlein aus Nürnberg, einen

56. Radowitz 1438: vgl. auch den oben wiedergegebenen Brief des Großen Kurfürsten an ihn.

57. Radowitz 1439.

Eintrag ins Stammbuch zu schreiben, und zwar im Jahre 1690: "In Deo est salus mea et gloria mea. Johannes Adolphus Dux Saxoniae".[58]

Zweifellos finden sich in der Autographensammlung der ehem. Berliner Bibliothek noch weitere Schriftstücke von Fürsten und weitläufigen Verwandten Herzog Augusts, die inhaltlich meist belanglos sind.[59] Von weit größerer Bedeutung ist aber eine ganze Reihe von Schriftstücken, die zum eigentlichen Erzschrein, dem Gesellschaftsarchiv des Palmenordens unter dem "Wohlgeratenen" gehören. Da Herzog Augusts Stamm ausgestorben ist, blieb sein Nachlaß nicht geschlossen in einer Residenz, wie es etwa bei Herzog Wilhelm von Sachsen-Weimar oder bei Herzog August von Braunschweig in Wolfenbüttel der Fall war, sondern der Nachlaß Augusts wurde später in alle Winde verstreut. Den Hauptteil des Erzschreins aus Halle verwahrt seit langem die Sächsische Landesbibliothek Dresden. Schon vor langer Zeit ist er geplündert worden und ist nur fragmentarisch erhalten geblieben. Den schönsten Fund von Briefen, die zu dem Erzschrein aus Halle gehören, machte Jochen Bepler in der UB Bonn;[60] ein weiterer Brief ließ sich in der UB Erlangen nachweisen. Briefe von Birken, Paullini und Kaspar Stieler sind nun glücklicherweise wieder in Kraków zugänglich.

58. Stammbuch 37; Friedrich Feuerlein, 1664-1716, Sohn des Conrad, ließ zahlreiche bekannte Persönlichkeiten in sein Stammbuch schreiben, darunter Johann Wilhelm von Sachsen-Jena, Carpzov, Magnus Daniel Omeis, Johann Saubert, Ph. J. Spener u.a. - Stammbuch 38 ist dasjenige seines Sohnes Conrad Friedrich Feuerlein, 1694-1742, u.a. mit einem Eintrag von August Hermann Francke, 1717.

59. Beispielsweise ein Brief von Augusts Schwiegersohn Karl Wilhelm von Anhalt (der "Schattichte", Nr. 825), Gatte von Augusts Tochter Sophie, Neujahrsglückwünsche vom 15. Dez. 1678 an seinen Vetter Bernhard von Sachsen in Ichtershausen. Lediglich ein Zeugnis des engmaschigen Geflechts verwandtschaftlicher und freundschaftlicher Beziehungen von Angehörigen der mitteldeutschen Herrscherfamilien und der Fruchtbringenden Gesellschaft.

60. Ein Bruchstück des Erzschreins der Fruchtbringenden Gesellschaft in Bonn. In: Wolfenbütteler Barock-Nachrichten XI, (1984), S. 120-25.

61. Acc. ms. 1914.8

Der interessanteste Brief stammt von dem bereits unter dem "Schmackhaften" aufgenommenen Mitglied Sigmund von Birken aus Nürnberg (der "Erwachsene", Nr. 681).[61] Seit dem Tod Herzog Wilhelms beobachtete er aufmerksam die Überlegungen zur Weiterführung der Gesellschaft und brachte als einer der ersten, am 27. Herbstmonat 1667, dem neuen Oberhaupt mit folgendem Brief die Huldigung dar:

Hochwürdigster Durchleuchtigster Herzog, Gnädigster Fürst und Herr.

Ich wundere nun nicht mehr, daß der Himmel etwas lange verzogen, den, durch des nun Ewig-Durchleuchtigsten Schmackhaftens höchstseelige Abforderung zu seinen Sternwohnungen, verwäisten Hochlöbl. Palm-Orden, mit einem höchstwürdigsten Oberhaupt und höchstgeehrtistem SchuzVatter zu versehen. Wie seine Höchst-vorsicht den Edelsten Palmen-Garten wohl berahten wollen, als hat sie Ihn mit dem Hochwürdigst Durchleuchtigsten Wohlgerahtenen etwas später begnadet. Wir musten, des Himmels Gnad-Schickung, etwas länger und bänger verlangen, weil wir etwas Höchst-Fürtreflichstes erlangen sollen. Weil der Orden solte, unter einen Hochwürdigsten Oberhaupt, Hochwürdigst werden: als muste er zuvor, wegen langer Verwäisung, würde-los werden. Die hochlöbl. Gesellschaft der Fruchtbringenden, die Ehre Teutscher Nation, nachdem man seither ihre Kunst- und Tugend-Nehrende Früchte geschmecket, erweiset sich nun höchst-wohlgerahten, und holet mehrern Ruhm in dem ErzSchrein-Palast eines Durchleuchtigsten Augustus. Ja ihre Nahrungs-Tugend und Geschmacks-Güte, erweiset sich nun erst recht vollkommen, unter dem Dritten Hochwürdigsten Oberhaupt, dem Sie das Ehr-Werk, In Güte Tugendhaft, mit höchstem recht zugeeignet. Güte und Tügen, stammen aus Einer Wurzel: welche beyde Wörter, in Latein, durch das einige BONUS, ausgedruckt werden. Der Allerhöchst gelobtesten Gottheit Eigen-schafften, kan man auch höher nicht beschreiben, als mit dem Worte OPTIMUS. Dieser Titel ehret gleichfalls die Erd-Götter: wann Sie, wie Sie sollen, Sich einen Spiegel Göttlicher Eigenschaften zeigen.
E. Hochwürd. Durchl. diesen Titel unter augen zuzueignen möchte eine Schmeicheley scheinen. Aber im Herzen rede ichs, mit demütigster Verehrung: der Hochwürdigste Wohlgerahtene ist OPTIMUS; in Güte Tugendhafft, an Tugend höchstfürtrefflich. Ich denke solches, und wünsche, daß ich es aller Welt sagen könde. Aber

Fama braucht meines Mundes nicht, und ich würde nur sagen, wovon allbereit die ganze Welt redet.

Dem Himmel sey ewiger Dank, der den Hochlöbl. Palm-Orden, nicht allein mit dem Primas und Haupt der Reichs-Fürsten, und mit dem theuersten Sohn und Bruder zweyer Höchst-Preißwürdigster Chur-Häupter, sondern auch mit einem so höchst in Güte Tugendhafftesten Fürsten, wohl berahten und beehret. Der wolle E. Hochwürd. Durchl. sowol in dieser Ordens- als auch anderweit in dero Hochfürstlichen Regirung höchstsegnen, Sie noch viele liebe Jahre am Fürsten-Himmel als die Sonne leuchten lassen, und in allem HochFürstlichen Glückwesen gesund und höchstvergnügt erhalten.

In E. Hochwürd. Durchl. höchstgewünschtesten GnadSchatten, empfihlet sich unterthänigst, der weiße veil des in dero hohem Palmenwald unwürdig-Erwachsenen, mit demütigster Versicherung, daß er alsdann erst sich dieses Namens würdig achten werde, wann er, worzu er dann sich gebohren achtet, sich im werk wird zeigen können.

E. Hochwürdigst. Durchleuchtigkeit als Meines Gnädigsten Fürsten und Herrn Unterthänigst-Gehorsamster Knecht Sigmund von Birken. Nürnberg den 27. Herbstm. Ao. 1667.

Die Verbindung zum Hof von Halle, zum neuen Oberhaupt schien Birken sicher aus vielen Gründen von Wichtigkeit; er hat den Brief in seinem Tagebuch erwähnt.[62] Eine Antwort hat er indessen nie erhalten, Herzog August hüllte sich in Schweigen und würdigte ihn keiner Antwort; mit früheren Mitgliedern scheint er keinen Kontakt gepflegt zu haben. Birken hat dann versucht, mit dem neuen Erzschreinhalter, David Elias Heidenreich, ins Gespräch zu kommen, aber auch hier hatte er wenig Glück. Immerhin haben sich in Birkens Nachlaß vier Briefe Heidenreichs erhalten, zumeist mit vielen Entschuldigungen für das späte Beantworten von Birkens Briefen.[63] Herzog August hatte grundsätzlich andere

62. Die Tagebücher des Sigmund von Birken. Bearbeitet von Joachim Kröll, Teil 1, Würzburg 1971, S. 314; am gleichen Tag schrieb er auch an Neumark. (Im folgenden zitiert: Birken/Tagebücher).

63. Briefe vom 17. Juli und 15. Oktober 1669, 27. Dezember 1673 und 14. Januar 1676, publiziert in M. Bircher: Halle unter dem "Wohlgeratenen", 1982, S. 218-221.

Vorstellungen von der Gesellschaft als seine Vorgänger, und auch Heidenreich hatte nicht mehr das Interesse seines Weimarer Kollegen Neumark, mit dem Birken steten Kontakt gepflegt hatte.

Seit dem Jahre 1662, seit Herzog Wilhelms Tod hat sich Birken intensiv um die Nürnberger Schäfer gekümmert; er ist damals zum Oberhaupt des Pegnesischen Blumenordens gewählt worden. In jeder Hinsicht eiferte er dem Vorbild der illusteren Fruchtbringenden Gesellschaft nach. Birken persönlich nahm neue Mitglieder auf und verlieh ihnen dabei ein Gewächs und einen Ordensnamen. Zwei beachtliche Zeugnisse seiner Tätigkeit als Oberhaupt finden sich in Krakau; zwei Gedichte zur Begrüßung neuer Mitglieder aus den Jahren 1671 und 1681. Ein "Kunsterfahrner Apothecker" aus Nürnberg ist Johann Leonhard Stöberlein, der als "Polyanthus" im Frühjahr 1671 der Mitgliedschaft unter den Schäfern gewürdigt wurde.[64] Am 29. April schickte Birken ihm, laut Eintrag im Tagebuch, das Gesellschaftsband nebst einem seiner neuen Bücher. Und vom 5. Lämmermonat 1671 datiert ein kleines Blatt, das Floridan-Birken dem neuen Mitglied Polyanthus-Stöberlein zugeeignet hat:[65]

m!

Diß ist des Ordens Bild, der von den Blumen heist.
  Ein Schaf den Brunnen stüzt: weil sie sich Hirten nennen.
  Man kan auch, aus dem Rand, die Blum-Gesellschaft kennen.
Das Absehn uns der Sprung und seine Kugel weist:
  Es steigt, aus allen Röhren,
  das Gott- und Tugend-Ehren
  und Teutsches Sprachzier-Mehren.

Der Edle Polyanth sich einem solchen weist:
  viel-blühend lässet Er im Werke sich erkennen.
  So ist Er billig dann des Ordens Zier zu nennen:
und seines Geistes Blüt stets unverwelklich heist.

64. Johann Herdegen: Historische Nachricht von deß löblichen Hirten- und Blumen-Ordens an der Pegnitz Anfang und Fortgang. Nürnberg 1744. S. 412-17. (Im Folgenden zitiert: Herdegen/Historische Nachricht.)

65. Radowitz 7038

Mit diesem Andenken hat, Seinen hochgeehrt-geehrten Herrn Gesellschafter Seine Dienstbereitschaft auf iederzeit versichern und sich Ihme bästens empfehlen wollen

S. v. Birken C. P. Floridan

Geschr. in meiner Pegnizhütte den 5. des Lämmer Monats im Jahr TraV nVr! Gott WIrDs WoL MaChen. [= 1671]

[am Rand:] Der tausend Blumen list, und zieht heraus den Geist wol billig Blumgenoß und Polyanthus heist.

Aus Birkens Tagebüchern erfahren wir mehr über seinen Kontakt zu dem "Kunsterfahrnen Apothecker". Da ist nicht die vornehme Distanz wie unter den Mitgliedern des Palmenordens üblich. Da ist viel Bürgerlichkeit, handfeste Geselligkeit, keine hochnäsige Gleichgültigkeit. Am Montag, den 29. Juli 1672 notiert Birken: "In Herrn Stöberleins Garten gekegelt"; und ein Jahr später, am Sonntag, den 6. Juli 1673: "Mit Herrn Stöberlin... nach Kraftshof zur Predigt gefahren... Bey Poliandern im Garten eingetreten. Nach Haus gefahren, mit lustigen, guten Rausch. [Montag, 7. Juli] Der Rausch mich nicht gekränket. Gott Lob."[66]

Am 11. August 1680 nahm Birken den "Preiß-würdigen Herrn Lilidor", Christoph II. Fürer von und zu Haimendorf (1663-1732) mit der Blume "weiße Lilie" und der "Beyschrifft: In Candore Decus" in den Blumenorden auf.[67] Diese Aufnahme sollte sich für den Orden als besonders glücklich erweisen: man zierte sich nicht nur mit einem Angehörigen aus einer der angesehensten Patrizierfamilien der Stadt, sondern wählte auch einen Mann, der sich so sehr um den Orden kümmerte, daß er später (1709) ihr fünftes Oberhaupt wurde und sie zu erneutem Ansehen brachte.[68] Was Birken dem kaum 18jährigen Lilidor in dem in Kraków

66. Birken/Tagebücher, Bd. 2, S. 136 und S. 218.
67. Herdegen/Historische Nachricht. S. 181-215.
68. Vgl. Herdegen/Histor.Nachricht und Karl F. Otto: Die Sprachgesellschaften des 17. Jahrhunderts. Sammlung Metzler 109. Stuttgart 1972. S. 47ff.

erhaltenen Brief schreibt,[69] ist gleichsam sein persönliches Testament (wenige Wochen später wird er selber "unter die Engel-Lerchen sich aufschwingen"; er starb am 12. Juni 1681). Floridans Wunsch, der Allerhöchste möge "Lilidor die Zeit vergülden" und "mit schwebender Poesy ihm ewig viel Ehre geben", ist erfüllt worden.

Dem WolEdlen, Gestrengen und Vesten Herrn Christof Fürern, auf Heimendorf, in Wolkersdorf etc. Meinem Hochgeehrten Herrn. Altdorf.

WolEdler, Gestreng- und Vester, Hochgeehrter Herr.

Meines Hochgeehrten Herrn dortmals in schöner Gesellschaft der wolEdlen Amarillis, gleichwie auch vorher, mir überreichtes köstliches Geschenke und schönes Gedichte, haben beyde mich so sonders vergnügt, daß ich nicht unterlassen können, solche meine Doppel-Vergnügung und DankSchuld-Bekentnis gegen dieses Fürtreffliche Doppel-Paar in mitkommendes Hirtenlied zu verfassen. Es hat sich ja, wegen des Erleuchten Dafnis Abwesenheit, nicht fügen wollen, solches, wie billig, vorlangst an die übrige drey vornehme Orte (wolEdel besagte Amarillis hat es alsobald empfangen) abzulegen. Nun aber diese gute Gelegenheit durch Hrn. Knopfens Höflichkeit mir an die Hand gegeben wird, soll ich nicht unterlassen, die verweilung zu brechen. Ich versichere hiermit Meinen hochgeehrten liebsten Herrn Gesellschafter meiner treu-dienstlichen affection, und hinterlege bey dem WolEdlen Lilidor ein Zeugnis meiner Erkentlichkeit gegen Seine mir im werk vorgewiesene Freygebig- und Freündlichkeit. Ich werde wol alsdann, wann Mein Hochgeehrter Herr dem HochEdlen Herrn Vatter, meinem hohen Patron, gleichwie iezt in der KunstBegierde, also dereinst in der StandsWürde, löblich nachtritt, nicht mehr unter den Sterblichen seyn. Aber der Allerhöchste, der ewig lebet, wird meinen Wunsch

69. Acc. ms. 1896.24. - Die in diesem Brief erwähnten Mitglieder, über die Herdegen ausführliche biographische Nachrichten gibt, sind: Amarillis: Anna Maria Nützlin, 1680 von Birken aufgenommen. Daphnis III.: Baron Ferdinand Adam Pernauer, Herr von Perney, Mitglied seit 1680. Diana II.: Maria Dorothea Omeis, zweite Frau von Birken, der sie 1679 aufgenommen hat.

erfüllen, und dem WolEdlen Lilidor die Zeit vergülden, wie dieses Lied redet, und zu den Fascibus für Ruhten, mit viel Gutes, und für die Birken-Scheiter mit schöner Glücks-Heiter, segnen und beseeligen. Der mache Ihn auch endlich, in spatem Alter, unter die Engel-Lerchen sich aufschwingen, und also mit schwebender Poesij ihm ewig viel Ehre geben. Die Edle Diana wird ein Büchlein aushändigen, welches ich dem Andenken der wol-löblichen Blumgenosschaft gewidmet: wird der wolEdle Lilidor mich aufs neue verpflichten, wann er ein Täfelein, mit seiner schönen Poesy und wehrtem Namen überschreiben, an eine Wand dieses Freunds-Tempels aufhängen mag: welches mir dienen wird, in dem ich auf solchem Blat die Linien oder Zeilen von ebenselben guter Gunst lese, mich zu erinnern, wie ich verbunden sey, mich lebenslang zu nennen,
des wolEdlen Lilidors
getreu Ergebenster Diener u. Gesellschafter Floridan.
Aus meiner NorisHütte
den 22. Jesus M.A. 1681
quam Deus faustum,
sanum & laetum faxit!

Dank-Lied auf das bewuste Geschenke.

Seh ich meine Birke nicht
hier mit güldnem Apfel prangen?
Wem ist sie dafür verpflicht,
daß sie steht so schön behangen?
Sonsten trägt sie keine Frucht:
und man sihet Pomeranzen [Poma auratia]
iezt um ihre Zweige danzen.
Was für Glück hat sie besucht?

Schepfer! hat dein Sternen-Gold
etwan diesen Baum besamet?
Ach nein! Venus ist nicht hold
Dem, den man entweibt benamet.
Du nicht: dein Hesperien,
wo an Landes Thetis strandet,
wo man Gold im Tagus [?] sandet,
diese Frucht mit macht' entstehn.

Dortenher Diana kam:
unsers Ordens Zier zu werden
Durch die Lüfte ihr nachschwamm

ein Zweig von der Hesper-Erden
Mir trägt ihn die Amsel zu [Fr. Ormoisin]
in gesellschaft dreyer andern
Harffen, die in Lüften wandern
Birke, wie geehrt bist du!

Eine die ist Filomel'.
Irrhain! Du hast hören singen
Amarill die Edle Seel.
Dank, wie schön darein kont klingen
unsers Dafnis SaitenChor:
Seine Blum Ihn König kennet [Regulus]
Und der Süß-thon Lerche nennet
den begreisten Lilidor.

Birke! was gibst du davor?
den vier Edlen Lüfte-Psaltern?
Wann eimal sich Lilidor
siht gezehlt zu Staatsverwaltern,
deinen Ruhten Ihm bereit
Zu den Beilen, und zum Feuren [Fascibus]
Deine Scheiter; Wünsch dem Theuren
Seine Zeit sey Guldne Zeit.

Des Erleuchten Dafnis Zier
widme deine Weisse Rinde,
daß sein Lob stets red aus Ihr.
Wünsche auch: ach daß ich künde
selbst ein Lorbeerbäumlein seyn,
krönen diesen Wolken-gilber.
Famen ihr Trompeten-Silber
Seinen Ruhm in Gold faß ein.

Es kehr um das Apfel-Gold!
Die die bästen von den Gaben,
Ehr, Kunst, Schönheit, machen hold,
Amarillis, soll es haben.
Birke, und was gibest du?
Eine kühle Schattenlaube:
daß die heisse HimmelScheibe
nicht mög stören ihre Ruh.

Wonne wohn Dianen bey:
Ihr manch süßes Jahr zu geben,
Langer guldner Faden sey
Ihr und Ihres Damons Leben
Birken, deinen Lenzen-Saft
laß Ihr zum gesund seyn, fließen
du must Sie mit Meyen grüßen
wann der May die Erd neu schafft.
Floridan

Zurück zu den Briefen aus dem Erzschrein der Fruchtbringenden Gesellschaft, der in Halle angelegt worden war. 1672 war der Polyhistor und Schriftsteller, Historiograph und Geschichtsfälscher Christian Franz Paullini als der "Wachsame" aufgenommen worden.[70] Die Aufnahmeurkunde, vom Erzschreinhalter Heidenreich aufgesetzt und vom Oberhaupt unterzeichnet, datiert vom 22. Januar 1672. Paullini hat sie zeitlebens in hohen Ehren gehalten, bringt er doch den vollen Wortlaut in seinem Buch *Philosophischer Feyerabend* (Frankfurt/M. 1700), das 28 Jahre nach seiner Aufnahme und 20 Jahre nach Herzog Augusts Tod erschienen ist.[71] Im Erzschrein der Gesellschaft hat sich aus der Zeit seiner Aufnahme lediglich ein Einblattdruck mit Paullinis *Dank- und Ehren-Lied...*, in Kraków der dazugehörige Brief erhalten, die das neue Mitglied zusammen im April 1672 an Herzog August geschickt hatte:[72]

Dem Hochwürdigsten, Durchleuchtigsten Fürsten und Herrn, Herrn Augusten, Postulirten Administratorn des Primat und ErtzStifts Magdeburk, Hertzogen zu Sachsen, Jülich, Cleve und Berg, Landgrafen in Thüringen, Markgrafen zu Meißen, auch Ober und nieder Laußnitz, Grafen zu der Mark, Ravensberg und Barby, Herrn zu Rabenstein, des Durchl. Palmen-Ordens wolgerathnem Höchstgeehrten Oberhaupt. Meinem gnädigsten Fürsten und Herrn.

70. Eine erstmalige Würdigung Paullinis als Schriftsteller bringt Jochen Bepler in seiner Marburger Dissertation (1987).

71. S. 689/90; Herzog August Bibliothek Signatur: T 392 Helmst. 8° und Wa 2979.

72. Acc. ms. 1913.21[20]

[Überg. den 30. HerstM. 1672]

Hochwürdigst-Durchleuchtigster Hertzog, Gnädigster Fürst und Herr,

Wie gnädigst bey E. Hochwürdigsten Durchleuchtigkeit, als Preißwürdigstem Wolgerathenen Schutzherrn und Oberhaupt des Höchst-löblichsten Palmen Ordens, meine durch den Ädlen Sproßenden ohnlängst unterthänigst-gethane Bitte wegen erwünschter Ehren-stelle in Höchst-bemeltem Orden auf- und angenommen worden, ist aus dem erfreulichen und von E. Hochwürdigsten Durchl. eigenhändig unterschriebenen Einnehmungsbriefe sattsam zuersehen. Erlege dannenhero E. Hochwürdigsten Durchl. vor sothane Fürstl. sonderbare Gnade unterthänigsten Danck, mit nochmaligem Gelübde den heilsamen Ordenssatzungen in allem gemäs mich zuerzeigen, damit die Ehre des Palmbaums, die Vermehrung guter Sitten, die Außbreitung redlichen ungefärbten Vertrauens, die Fortpflanzung unserer heroischen Muttersprache auch durch meine Wenigkeit, euserstem Vermögen nach, möge befördert und erhalten werden. Habe im übrigen aus unterthänigster Pflicht beygefügtes Lied alhir an dem Baltischen Meergestade in eyle abgesungen, hoffe, es werde mit Fürstlichen, das ist, gnädigen Augen angesehen werden. Hiemit befehle ich E. Hochwürdigste Durchleuchtigkeit, nebst hertzlichem Wunsch aller an Seel und Leib selbstbehaglicher Hochfürstl. Glückseeligkeit, der treuen Beschirmung Gottes.

Kopenhagen den 20 April. 1672.
E. Hochwürdigsten Durchleuchtigkeit
unterthänigst- und treu-gehorsamster Knecht
Kristian Frantz Paullini Med. D^{d} Der Wachsame.

Mit Kaspar Stieler (1632-1707) hat Herzog August, drei Jahre zuvor, vielleicht den bedeutendsten Dichter unter den von ihm auserwählten hundert neuen Mitgliedern aufgenommen.[73] Stieler war damals, im Jahre 1669 "Kammer-und Lehnsecretarius" in Eisenach, im Dienste Johann Georgs von Sachsen (der

73. Über Stieler vgl. die Literaturangaben in: Erdmann Neumeister: De Poetis Germanicis. Hrsg. von F. Heiduk. Bern u. München 1978.

"Trachtende", 1634-86), des zweiten Sohnes von Herzog Wilhelm. Ein Berufskollege gleichsam von Georg Neumark, den er zweifellos gut gekannt hat, und der es auch gewesen ist, der ihn zum Mitglied bei Herzog August vorgeschlagen hat. Stieler war ein angesehener Schriftsteller; seine Liedersammlung von der *Geharnschten Venus*, die er freilich unter Pseudonym veröffentlicht hatte, so daß seine Autorschaft kaum eine Empfehlung bedeutet hätte, enthält Gedichte, die zu den besten der Zeit gehören. Im Dienste eines anderen Mitglieds der Gesellschaft hatte Stieler in Rudolstadt Festspiele verfaßt und stand nun in Eisenach in sächsischen Diensten. Die Aufnahme bedeutete ihm (ähnlich wie Neumark, Birken und anderen Mitgliedern bürgerlichen Stands) sehr viel. Er ist ihr noch lange nach Augusts Tod verbunden gewesen, indem er sich auf den Titelblättern seiner neuen Bücher stets der "Spate" genannt hat, und indem er vor allem mit seinem Buch *Der teutschen Sprache Stammbaum und Fortwachs* (1691) ein Postulat der jungen Gesellschaft aus Ludwigs Zeiten erfüllt hat: die Schaffung eines deutschen Wörterbuchs. Im Erzschrein zu Dresden hat sich des "Spaten" Dankesbrief an das Oberhaupt erhalten: er datiert vom 17. Ostermonat 1669 aus Eisenach. Stielers Wappen ist dabei abgebildet mit seiner Inschrift: "Das Letzte, das Beste". Das fehlende Schreiben Stielers, nämlich seine erste Bitte um Aufnahme, ist, leider nur fragmentarisch, in Krakau erhalten. Aus der Signatur des schönen Blatts geht hervor, daß es 1913 in die Berliner Bibliothek gelangt war.[74] Ein Autographensammler wird es einmal, vorab wegen Stielers schöner Unterschrift, so begehrenswert gehalten haben, daß er es mitgenommen hat. Stielers Autographen sind, wie auch Frels belegt, von größter Seltenheit. Der erhaltene Schlußteil des Briefes lautet:

> darneben mein gewöhnliches Wapen, nebst dem erwehlten Gedenkspruch eigenhändig zugesendet. Euer. Hochwürdigste Durchl. wünsche ich von Gott dem Allerhöchsten, der alles und iedes wolgerahten machet, Wolgerahtene glückliche Regierung, samt allem hochFürstl. beständigem Wolergehen, und verharre darbey in unterthänigster Ergebenheit Euer Hochwürdigster Durchl. untertähnigster treugehorsamster Diener Caspar Stieler, Fürsl. Sächß.

74. Acc. ms. 1913.21[25]

Weymarischer Gesamter Cammer-und Lehen-Secretarius zu Eisenach.

Eisenach am Ersten Wintermonatstag,
Im Jahr 1668.

Auf der Rückseite des Blatts ist die Anschrift an Herzog August erhalten, sowie ein eigenhändiger Vermerk des Erzschreinhalters Heidenreich über die Aufnahme Stielers im Anschluß an diesen Brief. Am 29. Wintermonat 1669 sei er "durch einen offnen Brieff" aufgenommen worden, er erhielt "das Gewächße Blumen-Kohl; und das Wort: Übertrifft den Frühezeitigern". Nur vermuten kann man, daß der Anfang des Briefs den Namen von Stielers Gönner enthalten hat, der ihn zu diesem Schritt veranlaßt und ermuntert hatte, vielleicht hat er sich auch seiner Verdienste um die deutsche Sprache gebrüstet. Am gleichen Tag, an dem sich Neumark in Weimar in das Stammbuch des Johannes Simonides eingetragen hat, schrieb auch Kaspar Stieler für den aus Ungarn stammenden Glaubensflüchtling einen Sinnspruch:[75]

Cic. lib. 1 de Orator. § 194.

Verus, justus atque honestus labor honoribus, praemijs atque splendore decoratur: vitia autem hominum atque fraudes damnis, ignominijs, vinculis, verberibus, exilijs, morte mulctantur.

Aliter

In regno Christi; ubi per multas tribulationes, per exilia et mille mortes, transitus ad aeterna et coelestia praemia.
hic Te sensus fortem, indiesque fortiorem reddat, Praeclarissime Domine Simonides! Ita vovet Caspar Stieler, Secretar. Ducal. Vinariens. dictus Serotinus,
Symbol. Sat cito, si sat benè.
Scribeb. Vinariae, d. 15. April. ao. 1680.

In demselben Stammbuch haben sich noch zwei weitere Mitglieder aus der Zeit Herzog Augusts eingetragen: zunächst der Nürnberger Prediger und Schriftsteller Johann Christoph Arnschwanger (der

75. Stammbuch 41, acc. 1893.8.

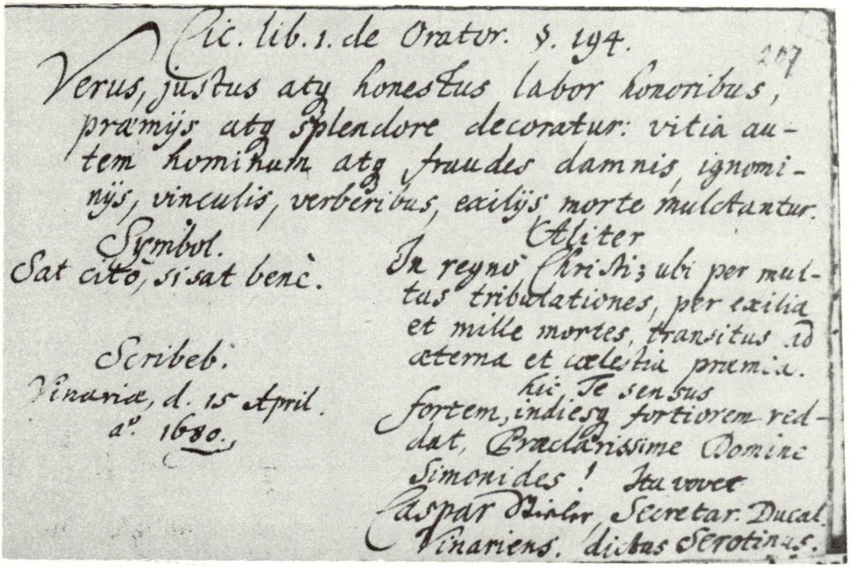

Cic. lib. 1. de Orator. §. 194.
Verus, justus atq honestus labor honoribus, prämijs atq splendore decoratur: vitia autem hominum atq fraudes damnis, ignominijs, vinculis, verberibus, exilijs morte multantur.
Symbol.
Sat cito, si sat bene.
Scribeb.
Vinariæ, d. 15 April. a°. 1680.
Aliter
In regno Christi; ubi per multas tribulationes, per exilia et mille mortes, transitus ad æterna et cœlestia premia. hic Te sensus fortem, indies fortiorem reddat, Præclarissime Domine Simonides! Ita vovet Caspar Stieler, Secretar. Ducal. Vinariens. diebus serotinis.

Kaspar Stieler, Stammbuchblatt für Johannes Simonides, 15. April 1680

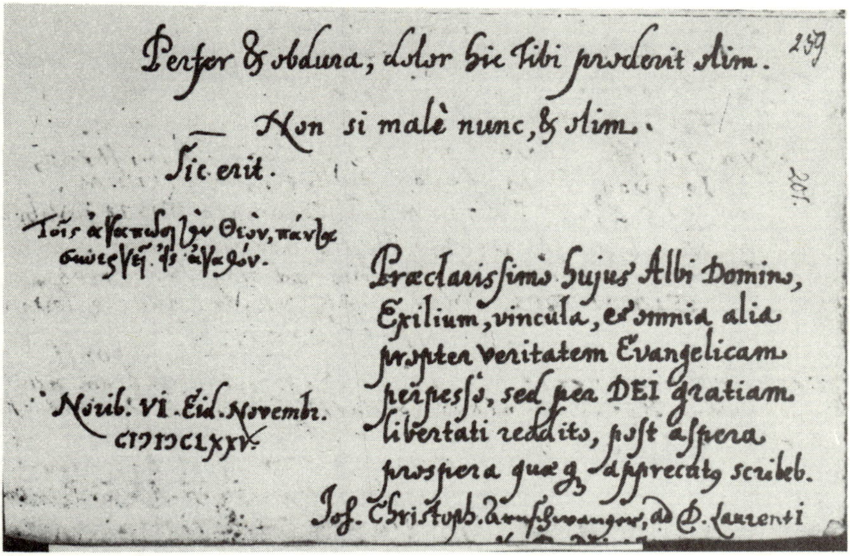

Perfer & obdura, dolor hic tibi proderit olim.
Non si malè nunc, & olim.
Sic erit.
Τοῖς ἀγαπῶσι τὸν Θεὸν, πάντα συνεργεῖ εἰς ἀγαθόν.
Norib: VI. Eid. Novembr. CIↃIↃCLXXV.
Præclarissimo Hujus Albi Domino, Exilium, vincula, et omnia alia propter veritatem Evangelicam perpesso, sed per DEI gratiam libertati reddito, post aspera prospera quæque apprecatus scribeb. Joh. Christoph. Arnschwanger, ad D. Laurenti

Johann Christoph Arnschwanger, Stammbuchblatt für Johannes Simonides, 8. November 1675

"Unschuldige", Nr. 853), mit einem Sinnspruch, datiert vom 8. November 1675: "Perfer & obdura, dolor hic tibi proderit olim. - Non si malè nunc, & olim Sic erit."[76] Im Jahr dieses Eintrags ist Arnschwanger Mitglied des Palmenordens geworden. Ferner der Rektor des Magdalenengymnasiums Georg Wende (der "Pflanzende", Nr. 818), den Simonides auf seiner späteren Reise durch Schlesien in Breslau traf:

> Optabile est, sibi proise [?] vivere et Musis, et cum paucis, non fallacibus, Amicis in agelli angulo consenescere. Aut nulla est in hoc terrestri Exilio, aut ea temum [?] Vita vera est.
>
> CL. Dn. Exulis Desider. gratificaturus Busbeqvii hoc Desiderius inserere voluit M. Georgius Wende in Gymn.: Wrat. Magdalen. Histor. et Phil. Pract. Prof.
>
> Wratislaviae a. d. 22. Sept. Ao. 1677

76. Ein anderer Eintrag Arnschwangers findet sich in Stammbuch 47 des Wolfgang W. Bühel, mit einem lateinischen Sinnspruch vom 8. Juni 1672.

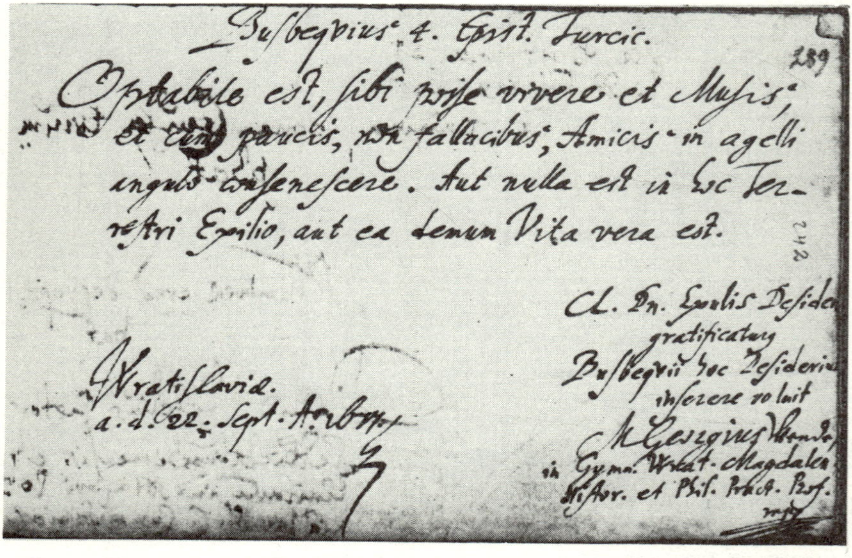
Busbeqvius. 4. Epist. Turcic.
Optabile est, sibi prise vivere et Musis, et cum paucis, non fallacibus, Amicis in agelli angulo consenescere. Aut nulla est in hoc Terrestri Exilio, aut ea demum Vita vera est.
Cl. Dn. Exulis Desider. gratificaturus Busbeqvii hoc Desiderium inserere voluit M. Georgius Wende in Gymn. Wrat. Magdalen. Histor. et Phil. Pract. Prof.
Wratislaviae a. d. 22. Sept. Ao 1677

Georg Wende, Stammbuchblatt für Johannes Simonides, 22. September 1677

Georg Wende ist ein besonders rühriger Schriftsteller seiner Zeit; er hat wenige Jahre zuvor für die Schüler des Magdalenengymnasiums ein Drama über die Fruchtbringende Gesellschaft geschrieben, *Illustris Societatis Fructiferae...* (Breslau 1670), in welchem er seine Dankbarkeit für die Aufnahme ausdrücken wollte. Kein Geringerer als Quirinus Kuhlmann hatte zu dieser Aufführung einen Prolog geschrieben und gesprochen. Zuvor war Wende in Oels tätig - vom 17. Februar 1659 datiert ein Stammbucheintrag von ihm, den er als Konrektor der dortigen Schule verfaßt hatte[77] — später wirkte er als Pädagoge und Schriftsteller in Lauban und Thorn.

Das Aufnahmegesuch des berühmten Kupferstechers und Verfassers der *Academia Todesca...*, Joachim von Sandrart (1606-1688), der 1676 als der "Gemeinnützige" aufgenommen wurde, ist ebenfalls aus dem Erzschrein entfernt worden und befindet sich heute nicht in Kraków, sondern in der UB Erlangen. Die Berliner Sammlung besaß dagegen den Brief, den Sandrart an Kaiser Leopold I. mit der Bitte sandte, sein Werk, L'*Academia Todesca della pittura...* (Nürnberg und Frankfurt/M. 1675-79) mit "Schutz und Schirmb" "vor aigennutzigen gewünsüchtigen" Nachdruckern zu versehen.[78]

Allerdurchleüchtigist, Großmächtigist: vnnd Vnüberwindlichister Röm: Kayser, auch zu Hungarn vnnd Böhaimb König, Ertzhertzog zu Österreich.
Allergnedigister Herr vnnd Landts Fürst etc. Eur Röm.Kays.May. gebe ich allervnderthenigist zuvernemben, welcher gestalten ich, aus lieb zu denen Edlen freyen Khünsten, wie auch zu nuz vnnd dienste deroselben hochwerthen Liebhabern, mit langer Mühe vnnd Fleiß ein Werk zusamben getragen, vnnd nun solchers in offenen Truckh vnder dem Nahmen vnnd titul L'Academia Todesca della pittura, scultura et Architectura, oder Teütsche Academie der Edlen Mahlerey, Bildthauer: vnnd Baukhünste, wie in beygelegtem Frontispicio A. zusehen, außgehen zulassen vorhabens, auch

77. Stammbuch 44 des Johann Niklas.

78. Radowitz 8304; über Sandrart erschien soeben eine umfassende Monographie von Christian Klemm: Joachim von Sandrart. Kunst Werke u. Lebens Lauf. Berlin, Jahresgabe des Deutschen Vereins f. Kunstwissenschaft 1985/6.

würckhlich schon in Truckh verfasset, Alldieweillen aber ohne Eur Kays. Mat. Allergnedigisten Schuz und Schiermb, ich vor aigen nuzigen gewünsichtigen Leüthen, welche sich dises opus haimblich nachzutrukhen, oder trukhen zulassen, zu schaden vnnd Nachtheill meiner villfeltig angekherten Mühe vnnd Arbeith, sondern auch der darauf ligenden vnnd angewendten Vnkhosten, vnderstehen möchten, nicht sicher zu sein getraue.

Als lang an Eur Kays. Mayt. mein aller vnderthenigist demütigistes Bitten, dieselbe geruhen allergnedigist dero höchste Kays. Gnadt an meiner Wenigkheit zuerweisen, vnnd mich mit einem priuilegio impressorio auf zehen Jahr, wegen des obangezogenen Werch oder Buech zu begnädigen, vnd dahero an alle vnnd Jede des H: Röm: Reichs mit Buechtrukherey vnnd Handlung negotierende, eine satsambe Ernstliche Verfügung ergehen zulassen, daß Sie sich (ohne maßgebung) bey Vermeidung einer nachtrukhlichen Straff, vnnd Verlust aller Exemplarien, oberwendtes Buch im H: Röm: Reich, vnnd Eur Kays: May: ErbLändern vnnd Königreich, ganz oder zum thaill, auf dise oder ein andere Form vnnd arth nachzutruckhen, oder nach truckhen zu lassen, oder auch von anderwerts her nachgetrukter einzuführen, zuverkhauffen, oder in ander weg zum schaden vnnd nachtheill, dises, ohne vnnd wider mein vorwissen, außtruckhlichen consens, vnnd von mir schrifftlich erhaltene begünstigung vnnd Erlaubnus, genzlich sich enthalten sollen, auf solch allergnedigst erthailtes priuilegium impressorium wie in forma probante (Teütsch) zu meiner bedürffnus außstellen zulassen; Solche hohe vnnd vnverdiente Kays: Gnadt werde ich nit allein die Zeit meines Lebens in aller vnderthenigsten Dankh höchlich zurühmen, vnnd vmb Eür Kays. May. mit aller vnderthenigsten treüschuldigsten gehorsamb, eüssersten Vermögen nach, zuverdiennen: Sondern auch dero hierzue verordneten Fiscal alsobaldt nach verferttigung dises Werckhs die behörige exemplaria treülichst zu überliefern mir bestes fleißes angelegen sein lassen;

Eur Kays: Mayt: zu aller vnderthenigster Willfährigkeit vnnd Kays: huldten vnnd gnadenschuz aller vnderthenigist mich beuelchendt.

Eur Röm: Kay: May: Allervnderthenigst gehorsambster

Joachim von Sandrart auf Stockaw Ihr Hochfürstl. Durchleuchtigkeit Pfaltz Newburg. Raht.

Es ist nicht uninteressant, daß Sandrart drei Jahre später dem Kaiser nochmals einen ähnlichlautenden Brief geschrieben hat, es ging nun um ein Privileg für den zweiten Band des Werks, und daß sich dieser Brief in der Veste Coburg erhalten hat.[79] Sandrart bezieht sich in diesem zweiten Brief auf seinen ersten vom 5. August 1675 und das ihn daraufhin "allergnädigst ertheilte" Privileg.

In Birkens Nachlaß haben sich einige beachtenswerte Schreiben Sandrarts an ihn erhalten, am beachtlichsten ein "Memorial betreffend das von Ihr. König. Käys. May. mier ao. 1666 allergnädigst ertheilte Privilegio, über alle meine hervorgegebene Opera",[80] Diese Kopie, die er am 16. Februar 1673 an Birken mit der Bitte um Hilfe schickte, enthält die beste Insider-Information zu dem in Kraków erhaltenen Gesuch an den Kaiser. Schon vor sieben Jahren habe er ein kaiserliches Privileg erwirkt, was ihn aber 250 Taler Spesen gekostet habe, "welche Summa geldes vor mich zu bezahlen zu viel sein wollen, auch solches in so hohen Preiß nicht zu nutzen gewust, derowegen es lieber biß Dato liegen lassen". Offensichtlich hat sich dann die neue Petition an den Kaiser doch für den hart rechnenden Geschäftsmann bezahlt gemacht, sonst hätte er dasselbe nicht auch noch für den zweiten Teil erneuert. Mit Birken hatte Sandrart Freundschaft und Geschäftsinteressen verbunden; man kann aus den Tagebüchern ersehen, wie intensiv er im Auftrag des Kupferstechers und Verlegers als Redakteur der Textteile tätig war. Wenn wir auch keine Briefe und keine Tagebucheintragungen aus dem Jahr 1679 mehr haben, so liegt es nahe, daß Birken wohl auch die Einführung zu Sandrarts *Iconologia Deorum oder Abbildung der Götter/ Welche von den Alten verehret worden* (Nürnberg 1680) verfaßt hat. Im Todesjahr des dritten und letzten Oberhaupts der Fruchtbringenden Gesellschaft erschienen, stellt sein "Ehren-Preiß Des Durchleuchtigst-Fruchtbringenden Teutschen Palmen-Hains" eine der schönsten Würdigungen der Gesellschaft dar. Sandrart bildet auf einem großen Kupferstich den Zug der wichtigsten Mitglieder der Gesellschaft zur Huldigung des Gottes Apollo auf dem Parnaß ab. Apollo, gerührt und beeindruckt von dieser Schar und von den Leistungen der gesamten Fruchtbringenden

79. Kunstsammlungen der Veste Coburg, V, S. 1048, 119, Nr. 1

80. Archiv des Pegnesischen Blumenordens als Depositum im Germanischen National-Museum Nürnberg.

Gesellschaft, erhebt nun die Teutillis als die zehnte Muse. Damit wird endlich die deutsche Sprache und Literatur der Göttersprache der alten Griechen ebenbürtig, die kühnsten Wünsche des Gründers der Fruchtbringenden Gesellschaft haben sich erfüllt. "Mit folgender Rede" erhebt sich Apollo von seinem Thron:

Ihr Söhne habt hiemit den Opfer-Dienst gethan:
Wir sehen Ihn und Euch mit Gnaden-Blicken an.
Den Orden ordnen wir/ zu unsern Musen-Chor/
und seinen Palmen-Baum/ den Lorbeer-ästen vor:
Weil ihr das Kunst-reich habt mit reicher Kunst gemehrt/
und unsern Tempel-bau mit Gut und Blut geehrt.
Mercur, schreib du dem Buch der Ewigkeiten ein:
Teutillis soll hinfort die zehnde Musa seyn.

Liste von Autographen barocker Autoren

Vorbemerkung

Die Liste erhebt keinen Anspruch auf vollständige Erwähnung aller Autographen barocker Autoren und Persönlichkeiten in der Autographensammlung der ehemaligen Berliner Bibliothek. Sie dient zunächst dem leichteren Auffinden der im Text erwähnten und behandelten Briefe und losen Stammbuchblätter von Mitgliedern der Fruchtbringenden Gesellschaft und soll im weitern Hinweise geben auf Schriftstücke anderer Autoren des 17. Jahrhunderts, die uns bei der eher flüchtigen Durchsicht des Gesamtbestands aufgefallen sind. Für Teilbestände der ehem. Berliner Autographensammlung existieren gedruckte Kataloge; wichtig ist vorab das *Verzeichniss der von ... J. von Radowitz hinterlassenen Autographen-Sammlung,* Berlin 1864; wenig Barockes enthält Ludwig Stern: *Die Varnhagen von Ensesche Sammlung in der Königlichen Bibliothek zu Berlin,* Berlin 1911.

Die rund hundert Stammbücher einer Sondersammlung (kein alphabetischer Katalog von Einträgern ist davon erhalten) wurden zwar alle im Original eingesehen, aber nur Einzelfälle von Eintragungen großer Autoren (wie Andreas Gryphius oder

Friedrich Logau) konnten in der vorliegenden Aufstellung berücksichtigt werden.

Die Briefe von Johann Michael Dilherr und die an ihn gerichteten Schreiben aus seinem Nachlaß sind an anderer Stelle aufgelistet und dargestellt worden, so daß sie, mit Ausnahme der Mitglieder der Fruchtbringenden Gesellschaft, in nachstehender Aufstellung fehlen.

Abkürzungen:

* Autor, der im vorliegenden Aufsatz nicht berücksichtigt ist
? unbekannter Empfänger oder Schreiber
Br. = Brief
o.D. = ohne Datum
Stbbl. = Stammbuchblatt innerhalb der Autographensammlung
Stb.(+Nr.) = Stammbuch in der Stammbuchsammlung

Abraham* a Sancta Clara
o.D. Register über wundertätige Bilder
Andreae*, Johann Valentin
1650 Br. an Joh. Michael Dilherr
1653, 6. Feb. Stbbl. an ?
Anhalt, Christian I. Fürst von
1616, 1. Nov. Br. an Catharina Bellica von Nassau
Anhalt, Karl Wilhelm Fürst von
1678, 15. Dez. Br. an Herzog Bernhard von Sachsen
Anhalt, Ludwig Fürst von
1603, 29. Juli Br. an Eleonore Landgräfin zu Heßen, Mutter
1604 Stbbl. an ?
1613, 17. März Br. an Rat der Stadt Köthen
1633, 27. Juli Br.
Arnschwanger, Johann Christoph
1672, 8. Juni Stbbl. in Stb. 47/ Wolfgang W. Bühel
1675, 8. Nov. Stbbl. in Stb. 41/ Joh. Simonides
Banér, Johann
1634, 7. Mai Br. an ?
1640, 20. April Br. an ?
Barth*, Caspar von
1625, 8. Sept. Stbbl. an ?
1652, 18. März Stbbl. an ?

Besold*, Christoph
  1615 Stbbl. an ?
  1619 Stbbl. an ?
Birken, Sigmund von
  1661, 3. Apr. Stbbl. an ? (zus. mit G. Ph. Harsdörffer)
  1667, 27. Herbstm. Br. an Herzog August von Sachsen-Weißenfels
  1671, 5. Lämmerm. Stbbl. an J. L. Stöberlein
  1681, 22. Jesusm. Br. an Chr. Fürer v. Haimendorf
Björenklau*, Matthias
  1649, 3. Juli Stbbl. an ?
Brandenburg, Friedrich Wilhelm Kurfürst von
  1644, 18. Juli Br. an Fürst August von Anhalt-Plötzkau
  1653, 19. Sept. Br. an Herzog August von Sachsen-Weißenfels
  1644-1681 7 weitere Br. an verschiedene
Braunschweig u. Lüneburg, Anton Ulrich Herzog von
  1665 Stbbl. in Stb. 29/Matthäus Merian d.J.
Braunschweig u. Lüneburg, August Herzog von
  1598 Stbbl. an ?
  1635, 22 Febr. Widmung an Herzogin Anna von Stettin
  1661, 28. Dez. Br. an Christoph Bernhard Bischof von Münster
Braunschweig u. Lüneburg, Rudolf August Herzog von
  1659, 9. Mai Br. an Joh. Michael Dilherr
  1678, 29. Dez. Br. an ?
  o.D. Br. an Herzog Bernhard von Sachsen-Meiningen
Buchner, August
  1625-54 4 Stbbl. an ?
  1654, 5. Apr. Stbbl in Stb. 44/ Joh. Niklas
Dedekind*, Friedrich
  o.D. lat. Ged.
Dietrichstein*, Franz von Kardinal
  1631, 9. Dez. Br. an ?
Dilherr*, Johann Michael
  Vgl. Thomas Bürger: Der Briefwechsel des Nürnberger Theologen Johann Michael Dilherr. In: Chloe 3 (1984). S. 139-174
Fischart*, Johann
  1571 Notiz
Frantzke*, Georg
  1652-58 4 Br. an Joh. Michael Dilherr
Freher*, Marquard
  1589, 10. Dez. Stbbl. an ?
  1605, 20. März Stbbl. an ?

Frischlin*, Nicodemus
1585, 28. Nov. Br. an ?
o.D. 2. Br. an ?
Gretser*, Jakob
o.D. Notizen
Gryphius, Andreas
1642, 12. Jun. Stbbl. in Stb. 66/ G. Luther
Gryphius*, Christian
1691, 19. Sept. Br. an ?
1696, 18. Mai Br. an Joh. Rosenberg
Harsdörffer, Georg Philipp
1646, 10. Apr. Widmung an G. S. Fürer v. Haimendorf
1653, 2. Mai Stbl. an ? (zus. mit S. v. Birken)
Krosigk, Christof von
1620, 17. Juni an Fürst Ludwig von Anhalt
Lambeck*, Peter
1660, 27. März Br. an ?
1677, 5. Juli Stbbl. an ?
Lauremberg*, Peter
1635, Okt. Stbbl. an ?
Lindenbrogius*, Friedrich
1643, 20. Apr. Stbbl. an ?
Lingelsheim*, Georg Michael
1605, 23. März Br. an Ludwig v. Sayn u. Witgenstein
Logau, Friedrich von
1653, 19. März Stbbl. in Stb. 44/ Joh. Niklas
Lohenstein*, Daniel Caspar von
1677 Stbbl. an ?
(Lohenstein starb 1683; irrtümlich werden ihm 2 Br. eines Gleichnamigen zugeschrieben: 1693, 12. Juni Br. an Pfr. Eger zu Spiegelberg, Radowitz 7386; Br. an den Rat von Breslau)
Lütkemann*, Joachim
1647, 16. Nov. Stbbl. an ?
Megiser*, Hieronymus
1604, 17. Sept. Stbbl. an ?
Melissus*, Paulus
o.D. Gedicht
o.D. 2 Br. an Justus Reucherus
Milagius, Martin
1641, 22. Okt. Br. an Fürst Ludwig von Anhalt
Montecuccoli*, Raimondo
1674, 27. Sept. Br. an Burggraf Martiniz v. Böhmen

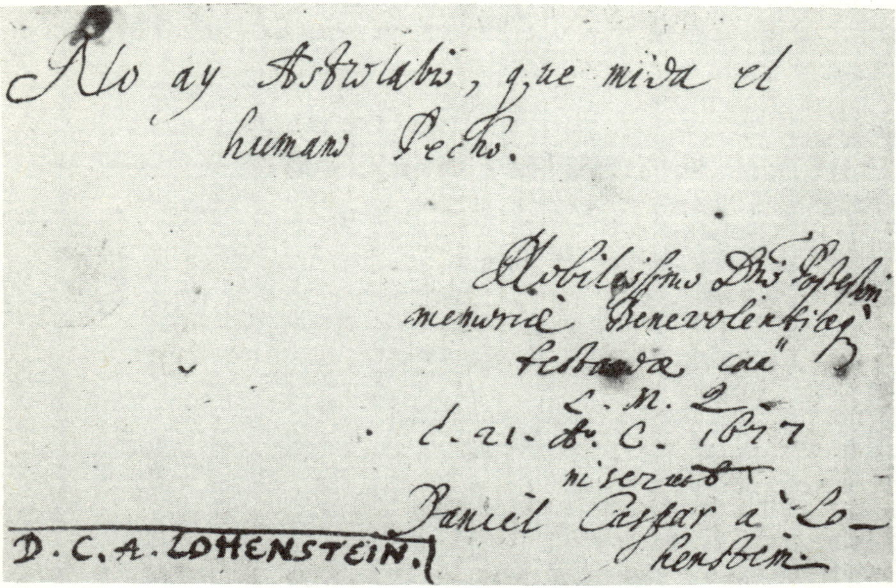

Daniel Caspar von Lohenstein, Stammbuchblatt von 1677

Morhof*, Daniel Georg
1684, 4. März Stbbl. an ?
Moscherosch, Johann Michael
1659, 26. Sept. Stbbl. an ?
Mühlpfort*, Heinrich
o.D. Ausschnitte
Neander*, Christoph
1594 Stbl. an ?
Neumark, Georg
1669, 10. Mai Widmung an Fürst Friedrich von Anhalt-Bernburg
1680, 15. Apr. Stbbl. in Stb. 41/ Joh. Simonides
Neumeister*, Erdmann
1697, 25. Apr. Br. an Johann Knobloch
Olearius, Adam
o.D. Widmung an Joachim Schmit

Omeis*, Magnus Daniel
1677, 20. Juli Stbbl. an Hoennius
1686, Aug. Stbbl. an ?
Opitz, Martin
1629 Stbbl. an ?
1631, 12. Apr. Br. an Karl Hannibal von Dohna
1631, 3. Mai Br. an Nicolas Ritterhusius
o.D. 2 Briefausschnitte an Abr. a. Bibran
Oxenstierna*, Axel
1634, 25. Sept. Br. an ?
Paullini, Christian Franz
1672, 20. Apr. Br. an Herzog August von Sachsen-Weißenfels
Rägknitz*, Sigfried
1650, 20. Jan. Stbbl. an ?
Ratichius*, Wolfgang
1615, 11. Juni Stbl. an ?
Sachsen-Weißenfels, August Herzog von
1645, 10. Febr. Br. an den Rat des Talgerichts
Sachsen*, Christian II. Kurfürst von
1608, 16. Apr. Br. an ?
1608, 27. Sept. Br. an ?
Sachsen-Weißenfels, Johann Adolf I. Herzog von
1684, 16. Sept. Br. an Joh. Georg Schammell
1690 Stbbl. in Stb. 37/ Friedr. Feuerlein
1696 Quittung (Slg. Varnhagen)
Sachsen*, Johann Ernst Herzog von
1618, 24. Aug. Br. an H. Ph. Spielhausen
Sachsen*, Johann Georg I. Kurfürst von
1620, 19. Mai Br. an Kaiser Ferdinand II.
Sachsen*, Johann Georg II. Kurfürst von
1667, 14. Juni Br. an Rat zu Eulenburg
1677, 24. Okt. Br. an Landgraf Ludwig von Hessen
1680, 9. Jan. Geldanweisung f. Kammerdiener
Sandrart, Joachim von
(1675) Br. an Kaiser Leopold I.
Saubert*, Johann d.A.
1636, Sept. Br. an Samuel Lentz
Saubert*, Johann d.J.
1687, 3. März Br. an Hrn. Schwager
o.D. Stbbl. an Georg Imhof
Schallenberg*, Christoph von
1580, 23. Mai Ged. in Stb. 24/ Michael Fendius

Schmolck*, Benjamin
o.D. Unterschrift
Schottelius, Justus Georg
1666, 8. Febr. Br. an Joh. Herrwig
Schupp*, Johann Balthasar
1654, 7. Apr. Stbbl. an Justus Geilfusius
Sinold* gen. Schütz, Johann Helwig
1660, 20. Febr. Br. an Joh. Michael Dilherr
Spangenberg*, Cyriacus
1568, 6. Febr. Br. an Francisco Marshusius
1602, 6. Aug. Stbbl. an ?
Stieler, Kaspar
1668, 1. Winterm. Br. an Herzog August von Sachsen-Weißenfels
1680, 15. Apr. Stbbl. in Stb. 41/ Joh. Simonides
Stubenberg*, Otto Gall von
1659, 20. Jan. Stbbl. in Stb. 51/ J. Paul Ebner
Stubenberg*, Rudolf Wilhelm von
1665, 25. Mai Br. an Joh. Michael Dilherr
Sturm*, Johann
1557-1585 7 Br.
Sudermann*, Daniel
1612, Quittung
1629, 10. Mai Br. von Samuel Friedr. Rat
o.D. Br. von Maria Lauin
Thomasius*, Christian
1690, 15. März Br. an Joh. Christ. Beckmann
Tscherning*, Andreas
1644, 20. Juli Br. an Matthäus Apelles von Löwenstern (Slg. Varnhagen)
1656, Sept. Stbbl. an ?
Wagenseil*, Johann Christoph
1686, 8. Aug. Stbbl. an ?
1693, 9. Juni Br. an ?
1702, 20. Apr. Stbbl. an ?
Wende, Georg
1659, 17. Feb. Stbbl. in Stb. 44/ Joh. Niklas
1677, 22. Sept. Stbbl. in Stb. 41/ Joh. Simonides
Werder, Diederich von dem
1639, 26. März Br. an Fürst August von Anhalt
1640, 11. Juli Br. an Heinrich von Börstel
1641, 7. Juni Br. an die Fürsten von Anhalt
1642, 19. Dez. Br. an Fürst Ludwig von Anhalt

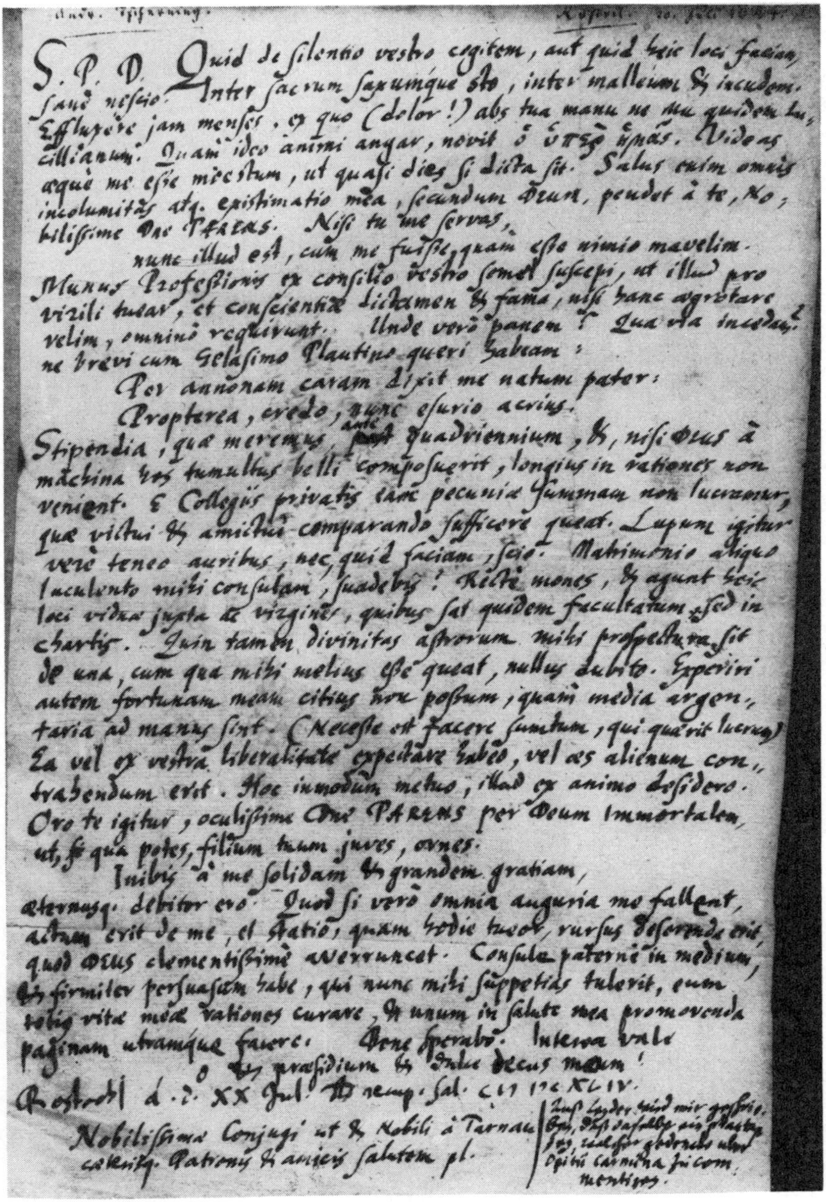
Andr. Tscherning. Rescrit. 20. Juli 1644.

S. P. D. Quid de silentio vestro cogitem, aut quid hic loci faciam,
sane nescio. Inter sacrum saxumque sto, inter malleum & incudem.
Effluxere jam menses, ex quo (dolor!) abs tua manu ne mu quidem lu-
cillianum. Quam ideo animi angar, novit ὁ ὑπὲρ ἡμᾶς. Videas
aeque me esse moestum, ut quasi dies si dicta sit. Salus enim omnis
incolumitas atq. existimatio mea, secundum Deum, pendet à te, No-
bilissime Dne PATRON. Nisi tu me servas,
nunc illud est, cum me fuisse, quam esse nimio mavelim.
Munus Professionis ex consilio vestro semel suscepi, ut illud pro
virili tuear, et conscientiae dictamen & fama, nisi hanc aegrotare
velim, omnino requirunt. Unde vero panem? Qua via incedam?
ne brevi cum Gelasimo Plautino queri habeam:
Per annonam caram dixit me natum pater:
Propterea, credo, nunc esurio acrius.
Stipendia, quae meremus, ante quadriennium, &, nisi Deus à
machina hos tumultus belli composuerit, longius in rationes non
venient. E Collegiis privatis tam pecuniae summam non lucramur,
quae victui & amictui comparando sufficere queat. Lupum igitur
vere teneo auribus, nec, quid faciam, scio. Matrimonio aliquo
luculento mihi consulam, suadebis? Recte mones, & aguut hic
loci viduae justae & virgines, quibus sat quidem facultatum, sed in
chartis. Quin tamen divinitas astrorum mihi prospectura sit
de una, cum qua mihi melius esse queat, nullus dubito. Experiri
autem fortunam meam citius non possum, quam media argen-
taria ad manus sint. (Necesse est facere sumtum, qui quaerit lucrum)
Ea vel ex vestra liberalitate expectare habeo, vel aes alienum con-
trahendum erit. Hoc inmodum metuo, illud ex animo desidero.
Oro te igitur, ocu[lis]sime Dne PATRON per Deum immortalem,
ut, si qua potes, filium tuum juves, ornes.
Inibis à me solidam & grandem gratiam,
aeternusq. debitor ero. Quod si vero omnia auguria me fallent,
actum erit de me, et statio, quam hodie tueor, rursus deserenda erit,
quod Deus clementissime averruncet. Consule paterne in medium,
& firmiter persuasum habe, qui nunc mihi suppetias tulerit, eum
totius vitae meae rationes curare, & unum in salute mea promovenda
paginam utramque facere. Bene sperabo. Interea vale
O & praesidium & dulce decus meum!
Rostochi d. 20. XX Jul. [illegible] temp. sal. CIƆ IƆC XLIV.

Nobilissimae Conjugi ut & Nobili à Tarnau
coeterisq. Patronis & amicis salutem pl.

Aus Leyden wird mir geschrie-
ben, dass daselbst ein Gelehrter
seye, welcher gedruckt über
Opitii Carmina ein com-
mentarius.

Andreas Tscherning, Brief an Matthäus Apelles von Löwenstern, 20. Juli 1644

Emilio Bonfatti

JOHANNES CASELIUS LIEST GIOVANNI DELLA CASAS *GALATEO* (BOLOGNA, 1565)

Durch die lateinische Übersetzung, die 1578 in Rostock erschien,[1] erhielt Giovanni della Casas *Galateo* die für die spätere Rezeptionsgeschichte in Deutschland maßgebende Gestalt. Der Späthumanist Nathan Chytraeus (1543-1598) - bis 1593 Latein- und Poetik-Professor an der Rostocker Universität und Stadtschule, dann am Bremer Gymnasium Illustre tätig - ging mit dem Original so um, daß er durch die Auslassung vieler einzelner Zitate und Hinweise auf die italienische Welt, stattdessen aber durch Einfügung einer auf deutsche Zustände bezogenen Stelle, einen Text schuf, der auf den nordeuropäischen Leser zugeschnitten war. Das hing mit der zielbewußten Entscheidung zusammen, namentlich der deutschen Jugend zu dienen, wie Chytraeus dem dänischen Reichskanzler Nikolaus Kaas (1535-1594) im Widmungsbrief mitteilte, um nicht einer Sorglosigkeit der Vorlage gegenüber beschuldigt zu werden (A_4^v - A_5^r). Diese überaus seltene, der führenden Casa-Bibliographie Santosuossos[2] unbekannte Ausgabe von 1578 bringt also die Fassung, die, bis 1588 unverändert, erst 1597 einer nicht immer fehlerfreien, jedenfalls keineswegs tiefgreifenden

1. Io. Casæ V.Cl. Galatevs. Sev de morvm honestate & elegantia, liber ex Italico Latinus, Interprete Nathane Chytræo. Eivsdem Casæ Libellvs de Officiis inter potentiores & tenuiores amicos. Vterque Iuuentuti, & omnibus, qui vel inferiorum vel æqualium, vel superiorum conuictu rectè vti volunt, cognitu iucundus & necessarius. ROSTOCHII Typis Iacobi Lucij Transyluani. Anno CIↃ. IↃ. LXXIIX. (Herzog August Bibliothek, Sign.: 0 240 Helmst. 8°). Da sich Caselius nie mit dem De Officiis beschäftigt hat, wird im folgenden - auch bibliographisch -nur der Galateo berücksichtigt. Chytraeus' Brief an N. Kaas ist vom 13. September 1577 datiert.

2. Antonio Santosuosso: The bibliography of Giovanni Della Casa. Books Readers and Critics 1537-1975. Firenze 1979.

Revision unterzogen wurde. Außerdem stand sie auch beim Entstehen der noch immer von Chytraeus vollendeten, im selben Jahr 1597 erschienenen deutschen Übersetzung Pate.[3] Die Textgeschichte des *Galateo* in Deutschland wird also leicht überschaubar: zweimal (1578, 1579) in Rostock gedruckt, erfuhr der "aureolus de morum honestate et elegantia libellus" 1580 und 1588 zwei weitere, unveränderte Auflagen in Frankfurt am Main,[4] bis ihn der Übersetzer sowohl revidierte als auch für den Umfang des deutschen Textes zu Rate zog. "So manches Landt/ so manche Sitte/", stellte Chytraeus seiner deutschen Ausgabe voran, um auch für sie das geltend zu machen, was er 19 Jahre zuvor für die lateinische schon geschrieben hatte. Das war insofern wohlbegründet, als die deutsche Fassung tatsächlich in der Anpassung einen Schritt weiter geht. Auf dem 1597 erreichten Wortlaut fußen

3. Io. Casæ V.Cl. Galatevs, Sev de Morvm Honestate, Et Elegantia; Liber ex Italico Latinvs, Jnterprete Nathane Chytræo, cum eiusdem Notis, nuper additis. Eivsdem Casæ Libellus de officiis inter potentiores, & tenuiores amicos. Cum priuilegio Imperatorio ad Sexennium. Francofvrti, Apud heredes Andreæ Wecheli, Claudium Marnium, & Ioannem Aubrium, Anno MDXCVII. (Von Santosuosso nicht verzeichnet). Die Zitate aus dem lat. Galateo im folgenden nach dieser Ausgabe.
Io. Casa Galatevs. Das ist/ Das Buchlein Von erbarn/ höflichen vnd holdseligen Sitten. Jnn welchem vnter der Person eines alten wolerfahrnen Hofmannes/ ein Edler Jungling vnterweiset wird/ wie er sich in seinen Sitten/ Geberden/ Kleydung/ Reden/ Schweigen/ Thun/ Lassen/ vnnd gantzem Leben also fursichtiglich verhalten solle/ daß er bey jedermenniglich moge lieb vnd werth gehalten werden. Neuwlich auß Italianischer sprach verteutschet von Nathane Chytræo. Cum Priuilegio Cæsareo. Gedruckt zu Franckfurt/ Anno 1597. (Von Santosuosso, Nr. 84, nur aus anderer Quelle erwähnt).

4. Erstere Ausgabe erschien "apud A. Wechelum", letztere - nach dessen Tod (1581) - bei den Erben: "Apud heredes Andreæ Wecheli, Claudium Marnium & Ioannem Aubrium". Santosuosso (Nr.67) ist nur erstere bekannt. Zu den kalvinistischen Druckerfamilien Wechel-Marne-Aubri vgl. R.J.W. Evans: The Wechel Presses: Humanism and Calvinism in Central Europe 1572-1627, Oxford 1975 (Past & Present, Supplement 2). Wechels Erben waren um die Jahrhundertwende auch in Hanau tätig (Hanoviæ, oft mit Hannover verwechselt).

dann alle lateinischen und deutschen Ausgaben, soweit sie bis in das 17. Jahrhundert selbständig erschienen. Die seit 1984 im Neudruck wieder zugängliche deutsche Fassung legt zwar die Ausgabe Frankfurt 1607 zugrunde, weicht aber von der früheren (1597) nur geringfügig ab.[5] Damit spiegelt sie noch Chytraeus' ursprüngliche Absicht wider, durch alle Änderungen und Verdünnungen hindurch doch die Hauptthemen des Originals beizubehalten: Legitimation dessen, was man unter Anpassung im menschlichen Benehmen verstehen soll, Verdammung der Sonderlinge, Einschränkung des aufkommenden Zeremoniells auf ein sinnvolles Maß, einzelne Beispiele von urbanem Reden und feinen Gebärden, Lob der Schönheit.

Verläuft nun die Textgeschichte ziemlich homogen bis 1597 und darüber hinaus, so weist jeder Druck bis zu diesem Datum interessante Neuerungen auf. Erst 1597 bringt es Chytraeus nach spröderen Zwischenversuchen zu seinen endgültigen "Notae in Galateum", die den Text weiterhin begleiten sollten. Aber auch schon der zweite Rostocker Druck[6] bietet ein größeres Proömium, bei dem man stutzt. Denn der von Johannes Caselius geschriebene Teil dieses Proömiums enthält viel mehr als eine Huldigung. Wohl drei verschiedene Stellungnahmen laufen darauf hinaus, Vertrautheit des berühmten, bis 1590 an der Rostocker Universität weilenden Gelehrten mit della Casas Werk hervorzuheben, derart, daß der zwar noch sehr gegenwärtige, gebührend anerkannte

5. G. della Casa, Galateus. Das Büchlein von erbarn/ höflichen und holdseligen Sitten, verdeutscht von Nathan Chytræus 1597, hrsg. von Klaus Ley. Tübingen 1984 (Deutsche Neudrucke, Reihe Barock, 34). Auf S. 64*-66* unvollst. und fehlerhafte Bibliographie. Diesem photomechanischen Nachdruck werden alle weiteren dt. Zitate entnommen. Auch diese Ausgabe Frankfurt 1607 erschien wie die frühere (1597) bei Wechels Erben.

6. Io. Casæ V.Cl. Galatevs. Sev de morvm honestate & elegantia, liber ex Italico Latinus, Interprete Nathane Chytræo. Eivsdem Casæ libellvs de officijs inter potentiores & tenuiores amicos. Vterque Iuuentuti, & omnibus, qui vel inferiorum, vel æqualium, vel superiorum conuictu rectè vti volunt, cognitu iucundus & necessarius. Cum Priuilegio Cæsareo. Rostochii Typis Iacobi Lucij Transyluani. Anno M.D. LXXIX (Von Santosuosso nicht verzeichnet).

Übersetzer dem älteren Kollegen die Rolle des Einleitenden doch unzweideutig abtritt. Jetzt wird die Jugend im Sinne von Casas Unterscheidung zwischen Irrtum und Sünde dazu aufgerufen, das Nichteinhalten der äußeren Formen zwar nicht als Sünde, jedoch auch nicht als Quisquilie ("nugae", a_2^v) anzusehen, weil - so heißt es im späteren deutschen Text - "auß vielen kleinen ein sehr grosser Jrrthumb vnd Vbelstandt gemacht [...] wird"[7]. Professoral unternimmt es Caselius in den darauffolgenden Bemerkungen zu den drei miteinander verschwisterten Tugenden, das Werklein in eine allgemeinere Argumentation über Ethik hinüberzuführen, von der später die Rede sein wird. Gleichwohl spricht aus diesem Vorwort von 1579 nicht nur der auf die aristotelische Tradition Italiens bedachte Gelehrte. Persönliches meldet sich dann, wenn Caselius in seinem vorangehenden Brief an den Dänen Nikolaus Kaas beteuert, er könne seine Begeisterung deshalb guten Gewissens verantworten, weil er selbst schon vor vielen Jahren das Büchlein im Original durch Lektüre verbraucht habe.[8]

Dem Besucher der Herzog August Bibliothek ist es möglich, Caselius' Worte zu überprüfen. Bestellt er die Originalausgaben des *Galateo*, so stößt er auf mindestens vier Bändchen aus den Beständen der Ehemaligen Universitätsbibliothek Helmstedt, in denen es von Besitzvermerken und Randglossen wimmelt. Deren eines erweist sich zweifellos als das von Caselius ganz "verbrauchte" Exemplar, das auf der vorderen Einbanddecke seinen noch lesbaren Besitzvermerk (Joan. Caselius/ Bononiæ/ Anno/ MDLXV) trägt. So lautet der genaue Titel:

Le Prose di M./ Giovanni Dalla/ Casa, Dette Il/ Galatheo./ Aggiontoui di nuouo un trat-/ tato del medesimo Autore,/ de gl'uffici communi./ Et vna oratione scritta à Carlo/ Quinto Imperatore./ (Vignette) / In Bologna, per Gio. Rossi[9]

7. Galateus (vgl. Anm.5), S. 144 (Kap. XXX). Da viele moderne Ausgaben des it. Galateo zur Verfügung stehen, wird im folgenden der Einfachheit halber auf die heute übliche Kapiteleinteilung verwiesen.

8. "[...] hoc silentio præterire nequeo, me libellum, ea qua scriptus est lingua, à multis jam annis legendo contriuisse" (A_6^v). Caselius' Brief an N. Kaas ist vom 3. Mai 1578 datiert.

9. Kolophon: IN BOLOGNA PER Giouanni de' Roßi 1561. Bll. 3^v-69^v: Il Galatheo. Herzog August Bibliothek, Signatur: 0 54 Helmst. 12°. Blatt

Reibungslos fügt sich das Schicksal dieses Büchleins in Caselius' Biographie ein. Nicht während seiner ersten Italienreise (1560-3), wohl erst am Beginn seines zweiten Aufenthaltes in Bologna und Pisa (Anfang 1565 - Ende 1567)[10] wurde das Buch gelesen, dann aber auch sorgfältig aufbewahrt, 1590 nach Helmstedt mitgenommen und am 1. Mai 1608 dem Sohne Johann Karl verschenkt, der das auf dem oberen Titelblatt und auf italienisch festlegte: "Fu dato a me da mio sig./ padre a dj 1. di Maggio, essendo nel/ anno 76. suo. Anno 1608." Das Buch hob auch Johann Karl Caselius gewiß sorgfältig auf. Dafür spricht, daß er es schon in der Nachfolge des Vaters nicht unterlassen hatte, sich während seiner italienischen Reise (1604) noch zwei Exemplare anzuschaffen, deren älteres und früher erstandenes von ihm auch bis zum 29. Juli 1604 in Florenz eifrig glossiert wurde.[11]

12 fehlt. Viele lose Blätter wegen eines stark beschädigten Einbands. Auf dessen hinterer Decke sind noch einzelne deutsche Wörter zu lesen, die auf den Versuch hindeuten, einen Titel festzulegen:
Erbare/ sitten/ ein Erbares/ Ein gulden buch-/ lein [...]. Santosuosso (Nr. 29) verzeichnet einen Druck mit stark abweichendem Titelblatt: "Bologna Libraria del Todesco (Per G. d' Rossi, 1561)".

10. Mit ADB, IV (1876), S. 40-3 muß man nur wiederholen, daß eine Biographie des Johannes Caselius leider noch fehlt. Der Artikel in NDB, III. S.164 (von Richard Newald) beschränkt sich auf einige Daten. Deshalb muß man immer auf das "programma" Johann Sigfrids zurückgreifen: De vita, obitu, atque obiter hac occasione de origine v.cl. Ioannis Caselii, programma publicum & brevis narratio, Helmæstadii 1613: Lucius. Auch nachgedruckt in Caselius' späteren Briefsammlungen: Opus Epistolicum, Frankfurt 1687; Epistolæ. Hannover 1718. Interessantes auch in E.L.Th. Henke: Georg Calixtus und seine Zeit, I. Band. Halle 1853. Zu Caselius' Nachwirkung grundlegend: H. Dreitzel: Protestantischer Aristotelismus und absoluter Staat. Die "Politica" des Henning Arnisæus (ca. 1575-1636). Wiesbaden 1970.

11. Il Galateo Di M. Giovanni Della Casa, ò vero Trattato de' Costvmi, e modi che si debbano tenere, ò schifare nella comune conuersazione. In Firenze, Appresso Bartolommeo Sermartelli MDLXXXVIII, 120 S., 12°. (Von Santosuosso nicht verzeichnet). Herzog August Bibliothek, Sign.: 0 55 Helmst. 12°. Auf dem Titelblatt: "Jo. Car. Caselius./ Florent: 1604./ 8. Febr./ Giouan Carlo Caselio". Am Ende des Galateo-Textes: "Finito 29 Luglio. 1604". Einige

Nicht nur äußere Umstände und die Tatsache, daß dieses bibliographische Material jetzt geschlossen an einem Ort steht, rechtfertigen den eingehenden Bericht darüber. Das Handschriftliche ist das eigentliche Band und der Anlaß dazu. Wenn Johann Karl die Ausgabe 1588 in Florenz nach dem Vorbild des Vaters, dennoch ganz selbständig mit Randglossen versieht, so stützt er sich für die zweite, gewiß später anzusetzende Beschäftigung mit der Ausgabe 1598 auf die Erläuterungen seines Vaters, jedoch so, daß viel Eigenes darunter gemengt wird. Eine solche Rekonstruktion dürfte auch der zeitliche Abstand der italienischen Ausgaben voneinander wahrscheinlich machen, der, von 1561 bis 1598, eine Epoche von fast 40 Jahren umfaßt - die Epoche, in der Caselius in Italien ausgebildet wurde und dann seine Söhne und Schüler zu ähnlichen Bildungsreisen anregte.[12] Wie erklärt sich aber eine um ein Jahr frühere Auflage von 1560[13], die früheste, die in der Herzog August Bibliothek vorhanden ist, in der uns gleichfalls viele Caselius-Glossen wieder begegnen? Eine Antwort auf dieses kleine Rätsel läßt sich nicht leicht finden. Der Besitzer hat seinen Namen nicht hinterlassen, und die Schrift weist nicht auf Caselius, vielmehr auf ein Mitglied seines engen Kreises hin, wie auch Entsprechungen mit Schriftzügen aus seiner handschriftlich vorliegenden Korrespondenz nahelegen dürften. Darüber hinaus brechen die Randbemerkungen auf S.24 so plötzlich ab, daß der Spielraum zu weiteren Überlegungen sehr eng wird.

Die Beispielhaftigkeit der Randbemerkungen von Caselius bleibt trotz dieses offenen Problems erhalten, und da sie genau

Sprichwörter auf der Einbanddecke handschriftlich eingetragen. Il Galateo, di M. Giovanni Della Casa, [...] In Fiorenza, Per Filippo Givnti, MDIIC (=Santosuosso, Nr. 86). Herzog August Bibliothek, Sign.: 0 239 Helmst. 8°. Auf dem Titelblatt handschriftlich eingetragen: "Giouan Carlo Caselio. Jn Firenze/ il 19. Agosto. ANNO 1604.".

12. So unternahm Caselius' ältester Sohn Johann Ulrich 1595 mit Theodor Adami eine größere Italien-Reise. Er starb gleich nach der Heimkehr (1596).

13. Il Galatheo, di M. Giovanni Della Casa [...] Nouamente Ristampato. In Firenze L' anno 1560 (=Santosuosso, Nr. 22) (Herzog August Bibliothek, Sign.: 0 238 Helmst. 8°).

datierbar sind,[14] so erscheinen sie schon von vornherein als vorrangig. Das bedeutet aber auch, daß der Umgang mit dem *Galateo* 1565 ein eigenartiges, im Folgenden zu untersuchendes vielsprachiges Vokabular förderte, das sich jahrzehntelang im Kreise der Caselianer erhielt. Lesespuren ziehen sich durch einige Bücher, die so zu uns in zweifacher Hinsicht sprechen, wie es oft mit Drucken aus dem Caselius-Kreis der Fall ist. Am unmittelbarsten stellt sich die Frage, wieweit die Chytraeus-Übersetzungen davon berührt worden sind, denn daß Caselius hinter diesem Unternehmen steht, also die Casa-Rezeption in die Wege geleitet hat, daran dürfte man kaum mehr zweifeln.[15] Man ersieht es leicht aus der Kontinuität eines kollegial-freundlichen Gedankenaustauschs, dem erst Chytraeus' Tod (1598) ein Ende setzte. Caselius' handschriftlich erhaltene Briefe, die noch einer angemessenen Würdigung harren, zeigen das deutlich. Auf Fragen nach der Ethik, die ihm der jüngere Kollege noch in späterer Zeit stellt, reagiert der fast Sechzigjährige aus Helmstedt mit großem Interesse und will sie nach gebotener Überlegung beantworten;[16] mit Rat und Tat steht er dem vom konfessionellen Zank Bedrohten bei, und wenn dieser sich vom streng lutherischen Rostock in das reformiert ausgerichtete Bremer Gymnasium zurückzieht, dann stimmt er der Entscheidung des in Religionssachen Verleumdeten (συκοφαντευθείς) zu,[17] ohne sich freilich auf konfessionelle

14. Am Ende des Galateo-Textes trägt Caselius ein: "1565. Bononiæ. III. ID. Septebr. Et iterum XVII. K. IIXbr." (Bl. 69[v]).

15. Auch Klaus Ley deutet das kurz an. In seinem Nachwort zum Neudruck (vgl. Anm.5), S.38*.

16. " [...] Quas præterea questio[nes] ponis de moribus, etsi non minimum habent difficultatis, tamen ad eruendum meditatione, et ad diserte explicandum scriptione opus est: ad quæ quod primum erit otium, eo utar, ut tibi satisfaciam." (Brief vom 13. Februar 1591, Cod. Guelf. 852 Helmst., Bl. 129).

17. Brief des J. Caselius an Tobias Hubner vom 23. August 1593 (Cod. Guelf. 857 Helmst., Bl. 476[v]). Zu Chytraeus' Biographie vgl. außer ADB,IV (1876). p. 256, O. Krabbe: Die Universität Rostock im 15. und 16. Jahrhundert. 2 Teile in einem Band. Neudruck der Ausgabe Rostock 1854. Scientia Verlag Aalen 1970. S. 727-731.
Zum Bremer Gymnasium Illustre und dessen Beziehungen zu Herborn

Auseinandersetzungen einzulassen. Die Irenik kommt zum Vorschein, die Caselius zeit seines Lebens auch den Zugang zu katholischen Autoren nicht verwehrt hat. Was die Beziehungen zu Chytraeus angeht, ist es kein Wunder, wenn das Wolfenbütteler Exemplar der lat. Erstausgabe 1578, wohl aus Caselius' Bibliothek stammend, die eigenhändige Widmung des Nathan Chytraeus - "D.Joanni Caselio V.Cl. et collegae obseruando dt. N.Chy." - auf dem Titelblatt trägt. So schließt sich der Kreis: dank einer Reihe handschriftlicher Nachweise, die nach Jahrhunderten wieder zusammengefügt und interpretiert werden können.

II.

Caselius liest Casas *Galateo* im Spätsommer 1565 in Bologna. Zu diesem Buch, das Norbert Elias auf den Spuren nach dem Zivilisationsprozeß im 16. Jahrhundert mitberücksichtigte,[18] steht er in einem sehr begünstigten Verhältnis. Nicht nur findet er das Werk auf einem reichen Buchmarkt in mehreren Auflagen vor: es wird ihm direkt vermittelt von einem engen Freund Casas, Pietro Vettori (1523-1584), der früher schon, jetzt aber besonders - bis zur Erlangung der Doktorwürde in Pisa (1566) -, sein Mentor, sein Freund und ständiger Berater wird.[19] Keine zufällige Begegnung ist also das 1558 erstmals erschienene Werklein, sondern der Teil eines Bildungsprogramms, mit dem sich der Deutsche auseinandersetzen soll. Bei seinem ersten Abschied von Italien (1563) begleitet ihn ein Valet Vettoris, der ihn dazu ermahnt, die

und der nassauischen Grafschaft vgl. jetzt G. Menk: Die Hohe Schule Herborn in ihrer Frühzeit (1584-1660). Ein Beitrag zum Hochschulwesen des deutschen Kalvinismus im Zeitalter der Gegenreformation. Wiesbaden 1981. S. 183ff.

18. N. Elias: Über den Prozeß der Zivilisation. Soziogenetische und psychogenetische Untersuchungen. I. Band. Wandlungen des Verhaltens in den weltlichen Oberschichten des Abendlandes. Frankfurt/M. 1979. S. 110 ff.

19. Dokumente zur Freundschaft zwischen Vettori und Casa in Santosuosso: The bibliography. S. 91-118. Auf Vettoris Tod ließ Caselius eine Gedenkschrift folgen: Elogivm Petri Victorii. Ita se comparent in vita, vt vinci nesciant. Rostochii Excudebat Stephanus Myliander Anno 1585 Mense Aprili.

begonnenen Ethik-Studien im Sinne des Aristoteles in der Heimat nicht fallen zu lassen. Ebenfalls als guten Kenner der aristotelischen Ethik und Politik empfiehlt ihn Vettori 1567 dem Herzog Johann Albrecht von Mecklenburg als Prinzenerzieher seiner Söhne.[20] Und da im Brief an letzteren außer Isokrates Xenophons *Kyropädie* zur Bibliothek eines jungen Prinzen gerechnet wird, liegt die Vermutung nahe, daß der einige Jahre später einsetzende Erfolg dieses Werks in Rostock und Helmstedt ebenfalls von Vettori mitbestimmt worden ist.

Der ganze Ernst, den Caselius beim *Galateo* aufwendet, geht unter anderem daraus hervor, daß die von ihm benutzte, stark fehlerhafte Ausgabe von 1561 wahrscheinlich anhand einer besseren durchkorrigiert worden ist. Viele schräge Striche sollen auch für fehlende Absätze und Kapitelanfänge gesorgt haben: in diesem so verbesserten Text sind dann einzelne Wörter unterstrichen und Kreuze an den Rand gesetzt worden, damit beim zweiten Lesen das Nachschlagen besser gelingt. Was Caselius später vornimmt, läßt sich ungefähr in drei Hauptpunkten zusammenfassen: durchgehende lexikalische Erklärung, Anwendung griechischer Termini aus der Grammatik und der Rhetorik,[21] Nachweis von Stellen antiker und moderner Autoren, auf die der Text klar oder versteckt Bezug nimmt. Von einem ausführlichen Kommentar, geschweige denn einem beigefügten Florilegium nach damaliger Sitte, darf also keine Rede sein, nicht einmal für die Bemerkungen auf den Vorsatzblättern, bei denen auch der Maßstab gilt, das explizit zu machen, was im Text latent ist (sein soll). Caselius legt also keinen Wert auf das, was Chytraeus dreißig

20. Petri Victorii Epistolarum ad Germanos missarum Libri tres. Nunc primum editi ab Ioanne Caselio. [...] Rostochii Excvdebat Iacobvs Lvcivs. Anno MDLXXVII. S. 23 und 60.

21. So z.B. Bl. 11^r (Kap. V) *ἐναντία* zur Antonymie zwischen "trascurati"/accurati"; Bl. 16^v (Kap. VIII) *μεταφορά*, zur Anwendung von "schiamazzo", das eher das Gackern der Hühner als das Schreien von Menschen bezeichnen soll; Bl. 25^v (Kap. XIII) *ἀχρηστότερον* zu "ingaggiar battaglia" (Chytraeus, S.47: "daß man einen kampf mit jnen halte"), das Caselius nicht üblich vorkommt; Bl. 35^v (Kap. XVIII) *ὑπεροχή* zu einer Klimax, die in "trafeli" (Chytraeus, S.70: "ermattet") gipfelt, etc.

Jahre später (1597) in den “Notae” durchführt: die Aufnahme eines Werks in das Koordinatensystem der herrschenden Gelehrsamkeit.

Beim ersten allgemeinen Überblick über diese engen, dichtbeschriebenen Seiten drängt sich Widersprüchliches auf. Einerseits zeigen die vielen Erklärungen, wie Caselius mit dem Wortsinn ringt, obwohl man andererseits angesichts der zahlreichen, übersetzungsfreien Stellen darüber staunen muß, wie leicht er einen durchaus schwierigen Text im großen und ganzen zu bewältigen scheint. Neuere Kritik hat gerade das Spielerisch-Fiktive des Büchleins betont, das sich wohl anders denn als bieder einfaches Produkt eines ungelehrten alten Mannes gestaltet, wie der Titel vortäuscht und das anleitende Ich so oft beteuert. Das wahrscheinlich relevanteste Problem der Rezeptionsgeschichte des *Galateo* stellt sich eben im Hinblick darauf, ob zu der Zeit seines größten Erfolgs die heute erkannte Ironie, das Spiel mit dem Wort, die Lust sogar am verpönten Ausdruck zugunsten der konkreten Unterweisungen überhört wurden. Chytraeus' Übersetzungen geben keine einheitliche Antwort darauf. Indem der deutsche Text die italienischen Beispiele wegläßt, bemüht sich der Übersetzer auch nicht besonders darum, andere aus der muttersprachlichen Tradition einzusetzen. Auf S.96 hält es Chytraeus zwar für anständiger, daß man ”Die Lauß im Grindt” vermeidet und statt ”Schandsäcke/Meren oder Huren” euphemistischer ”Mariae Magdalenae Schwestern” sagt, aber mehr kann er zur allgemein formulierten Regel des anständigen Sprechens nicht empfehlen. Vielfältiger ist hingegen der lateinische Text. Mit größerer Spielfreude versucht er, es dem Original gleichzutun, wenn auch vorwiegend durch die Verstellungen und Euphemismen der “Notae”.[22] Bei Caselius bleibt die Frage zumindest deshalb offen,

22. Es handelt sich um Anmerkungen zu Kapitel XXIII, das zum großen Teil ausgelassen worden ist. Erhalten hat sich Casas Vorschrift, zwischen Synonymen soll man immer dasjenige wählen, das ”mehr erbarkeit an sich” habe (S.95). Die ”Notæ” führen einzelne Beispiele an: ”*Magis aut minus honestum.* Ita honestius dixeris Lasanum quam receptaculum stercorum. Mitram, quàm inuolucrum testium. Currucam quàm maritum vxoris mœchæ. Posteriora, quàm anum. Coprophorum, quàm purgatorem aut exoneratorem latrinæ vel cloacæ. Quot sedes

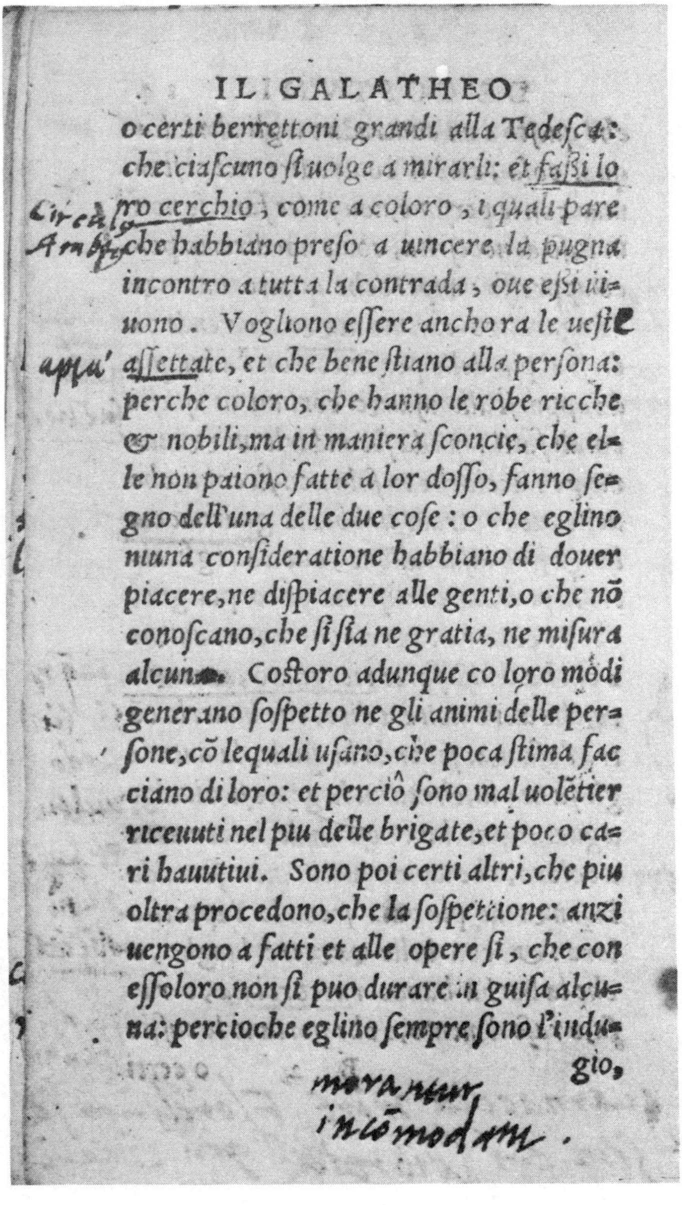

IL GALATHEO

o certi berrettoni grandi alla Tedeſca: che ciaſcuno ſi uolge a mirarli: et faſſi loro cerchio, come a coloro, i quali pare che habbiano preſo a uincere la pugna incontro a tutta la contrada, oue eſſi uiuono. Vogliono eſſere anchora le ueſti aſſettate, et che bene ſtiano alla perſona: perche coloro, che hanno le robe ricche & nobili, ma in maniera ſconcie, che elle non paiono fatte a lor doſſo, fanno ſegno dell'una delle due coſe: o che eglino niuna conſideratione habbiano di douer piacere, ne diſpiacere alle genti, o che nõ conoſcano, che ſi ſia ne gratia, ne miſura alcuna. Coſtoro adunque co loro modi generano ſoſpetto ne gli animi delle perſone, cõ lequali uſano, che poca ſtima facciano di loro: et perciò ſono mal uolẽtier riceuuti nel piu delle brigate, et poco cari hauutiui. Sono poi certi altri, che piu oltra procedono, che la ſoſpettione: anzi uengono a fatti et alle opere ſi, che con eſſoloro non ſi puo durare in guiſa alcuna: percioche eglino ſempre ſono l'indu-

gio,

Il Galatheo, Kap. VII-VIII
Aus: *Le Prose di M. Giovanni Dalla Casa,* Bologna 1561, Bll. 14v-15r
(Herzog August Bibliothek, 0 54 Helmst. 12°)

gio, lo sconcio, et il disagio di tutta la cõpagnia: iquali non sono mai presti, mai sono in assetto, ne mai allor senno adagiati: anzi quando ciascuno è per ire a tauola, & sono preste le uiuande, & l'acqua data alle mani, essi chieggono che loro sia portato da scriuere, o da orinare, o non hanno fatto essercitio: et dicono: Egli è buon'hora: Ben potete indugiare un poco si: Che fretta è questa stamane: et tengono impacciata tutta la brigata: si come quelli, che hanno risguardo solo a se stessi, et all'agio loro et d'altrui niuna consideratione cade loro nell'animo. oltre a ciò uogliono in ciascuna cosa essere auantaggiati da gli altri, et coricarsi ne miglior letti, et nelle piu belle camere: et sedersi ne piu cõmodi, et piu horreuoli luoghi: et prima de gli altri essere seruiti et adagiati: a' quali niuna cosa piace giamai, se non quello, che essi hanno diuisato: a tutte l'altre torcono il grifo: et par loro di douer essere attesi a mangiare, a caualcare, a giuocare, a sollazzare. Alcuni

B

weil er durch termini technici ironisch-übersteigerte Stellen anmerkt und sogar den Teil durchnimmt, in dem Casa mit der Literatursprache Dantes und Boccaccios ins Gericht geht, um ihre Obszönitäten durch höchst subtiles Unterscheiden zu tabuisieren. Damit wagt er sich an alle Sprachschichten heran. So gibt er "fare le fiche" (aus Dantes *Inferno* XXV,2) auf deutsch wieder: "Vt nos facimus: Zihe mir den da durch" (Bl.47ʳ).[23]

Unter diesen mehrsprachigen Randglossen nimmt sich das Deutsche freilich noch bescheiden aus. Zur Muttersprache greift Caselius vor allem, um Elementares zu übersetzen, wobei er sehr oft eine Wort-zu-Wort-Übertragung benutzt, manchmal jedoch nicht umhin kann, zu umschreiben. So trifft man neben direkten Entsprechungen (z.B.: zanzare:Mucken, 5ʳ; agiamenti: gemach[24] 10ᵛ; alberelli: Apotecker buchßen, 22ʳ; capitale: die heubtsum, 32ʳ; logori: vertragen, 44ᵛ; a rouescio: uerkert, 46ʳ; compitare: buchstabieren, 51ᵛ; fregiata: verbremet, 62ᵛ, etc.) vor allem Zeitwörter, die umschrieben werden müssen: gabbare: zusagen vnd nicht halten (19ᵛ); frantendere: Wan man ein ding furs ander verstehen (44ʳ); abbagliato: Wen einen die son blendet, das er nicht balt darauf sehen kan (41ʳ); cinguettare: Wan die infantes anfangen zureden, vnd reden uiel (50ʳ), etc. Stark realitätsbezogene Termini

habuisti? quàm quoties cacasti?" (S. 180). Auch berühmte Sprichwörter werden verpönt: *"Prouerbia.* Quorum, loco omnium, in Latina & Germanica lingua exemplum sit, versiculus hic prouerbialis; Hoc scio pro certo, quod si cum stercore certo,/ Vinco vel vincor, semper ego maculor. Cuius sententiam Germani satis inquinatè sic efferunt: Wer mit einem dreck rammelt, der gehet beschissen dauon. Cuius etiam generis hoc est, si Germanicè efferatur: qui in hypocaustum aulicum reliquias ventris excernat, & qui easdem expurget, eandem gratiam mereri" (S. 181). Zur Ironie und zu den Wortspielereien des Originals vgl. Arnaldo Di Benedetto: Ironia e piacevolezza nel Galateo. In: Critica Letteraria, Anno IX, Nr. 31/1981. S. 245-251.

23. Kap. XXII. Vgl. Deutsches Wörterbuch, II. Sp. 1718.

24. Kap. V; "gemach" im Sinne von "Abtritt", vgl. Deutsches Wörterbuch, IV/I,2. Sp. 3136ff.. Mit einer gewissen Prüderie tilgt Chytraeus das Skatologische so aus, daß aus "le pezze degli agiamenti" erstmals "panni illi laceri, & sordibus abstergendis destinati" (S.14), dann "vnflätige Küchen oder wischlumpen" wird (S.15).

werden auch erklärt (loggia:[25] Ein platz der bedecket ist, 39ʳ; Jntromessi: sein die kleinen schußelein, 65ᵛ). Dagegen bemüht sich Caselius auf metaphorischer Ebene zuweilen um eine Lösung, so etwa bei "couare la cenere", das er über das hinzugesetzte Nomen "Couacenere" durch das allerdings nicht ganz übereinstimmende "Aschenbrudel" (8ʳ) wiedergibt, oder bei "le calze di Ganimede"/ "farsetto di Cupido" (62ᵛ), das er zusammenfassend mit "Junfernknecht"[26] übersetzt, nicht ohne sich auf das allgemeine griechische κεκαλλωπισμένος zu stützen. Denn sehr oft geht es mehrsprachig zu, d.h. ein leichter Sprachen-Wechsel zeichnet sich auch innerhalb solcher kurz gefaßten Anmerkungen ab, wobei Caselius sichtlich bestrebt ist, für Charaktere, Laster und Tugenden die griechische und lateinische Terminologie neben die italienische zu stellen. Hier einige Beispiele, die gründliche Kenntnisse von Aristoteles' *Rhetorik* und *Nikomachischer Ethik* und von Theophrasts *Charakteren* verraten:

buffone = κόλαξ (5ᵛ)
zotico, disauenente = Ἀγροῖκος (Ebenda)
sconcio = ἀπρεπής (6ʳ)
scioperato= uacuus a negotijs, ἀργός (7ᵛ)
scialacquatore = prodigus, ἄσωτος (32ʳ)
il piacere altrui = το ἄρεσκον (35ᵛ)
per istizza = διὰ τήν ὀργήν (37ʳ)
ingordigia = cupiditatem [am Rande oben: proprie uoracitas) (52ʳ)
lussurioso = spurcus, deditus libidinibus (61ʳ)
la bella et buona creanza = ἀγωγή (69ʳ)

Das Prahlende spanischen Zeremoniells kommentiert er einfach durch gr. 'Αλαζών (33ᵛ, Kap XVI). Ganz selten bedient sich Caselius des Deutschen in diesem Zusammenhang (so z.B. 33ᵛ: arrogante/tondo = grob, vnuerstendig). Die große Bedeutung, die dem Griechischen zukommt, gipfelt dann in der Anmerkung auf

25. Kap. XIX. Nach dem Deutschen Fremdwörterbuch, 2.Bd.. Berlin 1942. S.38 erstmals bei Furttenbach zu belegen (Itinerarium Italiæ, 1627, S.133).

26. Covacenere bedeutet eher "Faulenzer". Vgl. S. Battaglia: Grande Dizionario della lingua italiana, Bd. III. S. 925. Zu Jungfernknecht vgl. Deutsches Wörterbuch, IV/II. Sp. 2385-6.

dem hinteren Vorsatzblatt, wonach das häufig wiederkehrende "auenente" und die zum Schluß hochgelobte "auenentezza" einfach als χαρίεις, χάρις zu verstehen sind. Um so gewichtiger scheint uns diese Übersetzung, als der Caselianer Chytraeus sie übernimmt und in der lateinischen Form (Charis) als Randvermerk sowohl in den lateinischen als auch in den deutschen Text einsetzt. Damit dürfte Klaus Leys These, der Protestant Chytraeus versuche u.a. durch diesen Randvermerk "das Übergewicht, das im *Galateo* das allein vom Intellekt abhängige 'Maß- und Proportionsschöne' besitzt",[27] zugunsten des auf Intuition beruhenden Schönen zu korrigieren, bedenklich erscheinen. Nicht Chytraeus, sondern schon Caselius kommt zur χάρις, jedoch nicht mit der Absicht, Casas Schönheitsbegriff platonisch zu mildern, sondern um das griechische Synonym für "avvenente", "avvenen-

27. In seinem Nachwort zum Galateus, S. 43*. Das hängt mit der von Klaus Ley an anderer Stelle vertretenen These zusammen, der Galateo sei, nicht viel anders als ein Katechismus, Sprachrohr des christlichen Humanismus der Gegenreformation gewesen. Insofern stütze er sich auf thomistisches Gut und unterscheide sich stark vom großen Vorbild der ersten Hälfte des Jahrhunderts, vom Libro del Cortegiano Castigliones (1528). Vgl. K. Ley: Die "scienza civile" des Giovanni della Casa. Literatur als Gesellschaftskunst in der Gegenreformation. Heidelberg 1984. S. 77ff.. Nach diesen (problematischen) Prämissen scheint Ley die Nachwirkung des Galateo dort problematisch, wo nicht dasselbe sozialpolitische und konfessionelle Programm am Werk ist, etwa im protestantischen Deutschland. Deshalb sieht er auch bei Chytraeus Abweichungen von Casas Modell, die eben ins Platonische hindeuteten. Es ist zu fragen, ob eine solche These stichhaltig ist, oder ob man bei Chytraeus nicht eher mit einem Synkretismus rechnen soll, in dem Aristoteles keineswegs zurücktritt. Für die Symmetrie als Kennzeichen des Schönen beruft sich Chytraeus (Galatevs, S. 189) auch auf Basilius: "De pulcritudine quid sit disputat. Cui loco lucem affert definitio pulchritudinis, quae legitur apud B.Basilium in explicatione Psal. 44 Κάλλος δὲ εστὶ τὸ ἐν τῇ συνθέσει hoc est Pulchritudo est illa ipsa in coagmentatione & compositione membrorum corporis proportio & concinnitas, cum gratia & venustate in ea florente coniuncta". Der vollständige Passus bei Basilius: κάλλος δέ ἐστι τὸ ἐν τῇ συνθέσει τῶν μελῶν εὐάρμοστον ἐπανθοῦσαν αὐτῷ τὴν χάριν ἔχον (Migne, Patrologiae Grecae Tomus 29, S. 399-400).

tezza" festzulegen. "Charis" als Randvermerk gebraucht Chytraeus dann im lateinischen Text für das ganze Kapitel XXVI über die Schönheit, im deutschen nur auf "gratia" bezogen, die am Ende von Kap. XXVII steht[28] — im letzteren Fall in einer den Aufzeichnungen des älteren Kollegen getreueren Weise.

Der polyglotte Caselius kommt wohlgerüstet an den Text heran. Bald schließt das Deutsche den Satz ab:

5ʳ: romitorij= ἔρημος Romitorij. da die Eremiten sein (Kap. I)

14ᵛ: torcono il grifo = far ceffo, torcere il grifo. q.d. Vultum torquere, Schweinsrvßel (Kap. VIII)

25ʳ: materiale = materiale. große. chi non ha tanto spirito. Ein eintfeltiger Leie (Kap. XIII)

bald stellt es die Brücke dar, die vom Griechischen zum Latein geschlagen wird:

19ᵛ: gabbando= εἰρωνευομένος. gabbare zusagen vnd nicht halten. laetari uanis promißis[29]

Eine solche Leichtigkeit in der Handhabung von Sprachen gewährt Caselius auch im Italienischen einen breiten Spielraum - da greift er oft zu Synonymen, fügt dem gehobenen Wort ein gewöhnlicheres bei, ja er verzeichnet auch regionale Varianten. Bei "guarnaccia" z.B. berichtet er (14ʳ, Kap. VII): "guarnaccia wirt sein ein leibrock. Florentiner sagen Guarnacca". Auf dieser Ebene verwundert es auch nicht, daß er sich in Sprichwörtern gut auskennt; dennoch verwendet er sie maßvoller als sein Sohn Johann Karl, wie aus dessen oben erwähnten Exemplaren zu ersehen ist. Manche Stellen des Büchleins allerdings bleiben von Caselius unberührt, so daß für einige Gedankengänge, denen man aus moderner Sicht eine besonders große Bedeutung beimessen würde, eigentlich keine Vergleichsmöglichkeit besteht. Man könnte meinen, trotz aller Verehrung für das Werk Boccaccios kümmere er sich weniger um die novellistischen Einschübe, wie schon das Fehlen jeder Glosse bei der Erzählung vom Grafen Richard nahelegen würde, deren Bedeutung darin besteht, gleich am Anfang zu zeigen, daß ein einziger Übelstand - das Schmatzen beim Essen - das Ansehen eines wohlgesitteten Mannes verderben

28. Galateus. S. 145.
29. Kap. XI. "Gabbando" hier eher im Sinne von "zum Scherz".

kann. Ein wenig enttäuscht stellt man auch fest, daß ihm bei der berühmten Tamarozzo-Erzählung (Bl.22, Kap. XII) nichts, weder lexikalisch noch quellenmäßig, einfällt; das Kernwort "discrezione" regt ihn lediglich zu einem Kreuz am Rande an.

Neben diesen rezeptionsgeschichtlich wichtigen Diskrepanzen hat sich auf den schmalen Rändern des Büchleins Caselius' beachtliche Vertrautheit mit dem Dreigestirn der italienischen Literatur niedergeschlagen. Bekanntlich nimmt der *Galateo* immer wieder Bezug auf den *Decameron,* um dessen hoffähige Sitten zu loben, das Plebejisch-Skurrile aber zu tadeln. Nach dem Maßstab des Höflichen also wird vor allem das Reden geschätzt, das allerdings, sobald es die Kunst des Witzig-Urbanen zugunsten des derben Tons eines Possenreißers verläßt, scharf gerügt wird. Vor allem über die Erzählweise des Dioneo fällt Casa ein sehr hartes Urteil.[30] Was sich nun an Anklängen an den *Decameron* in Casas Werklein durch eine strenge Anwendung des Tugend-Laster-Schemas erhalten hat, ist ungemein viel, und Caselius gelingt es auch fast immer, die *Decameron*-Zitate zu erkunden, die Chytraeus später weder in den deutschen, noch in den lateinischen Text übernimmt, ohne freilich ihren tieferen Sinn - 'Verhöflichung' der Sitten - preiszugeben. Ist Caselius aber nur beim fleißigen Nachweisen stehen geblieben? Ein Blick in seine drei Jahre später (1568), d.h. gleich nach der Heimkehr gehaltene Rede *Pro arte poetarum* scheint das Gegenteil zu beweisen. Caselius verteidigt hier die Dichtkunst so ernst, daß auch die ungebundene Rede - Prosa also - neben der Poesie im Hinblick auf das edle Ziel des *delectare* und des *docere* koexistieren darf. Einige Beispiele sollen dafür bürgen:

> [...] delitias quasdam animis nostris confingunt, imitanturque non plane sinistre dicta, consilia, facta mortalium. eiusmodi sunt: Ægyptiacæ narrationis scriptor, Heliodorus: Boccatius Etruscus: Amadis Gaulius, hic quidem ab Hispanis profectus; à Gallis probatus atque expolitus.[31]

30. Zur Verhöflichung des Decameron im Galateo vgl. E. Bonora: Stile e Tradizione. Milano-Varese 1960.

31. Ioan. Caselii Pro Arte Poetarvm Oratio, Rostochii in officina Iacobi Lvcii. Anno MDLXIX, $F_1{}^r$.

Damit bringt Caselius epische Groß- und Kurzformen zusammen, wie sie früher nebeneinander nicht gestanden hatten. Der *Decameron* - in Deutschland nach wie vor von Novellen-, Schwank- und Facetien-Autoren benutzt[32] - tritt jetzt mit Werken auf, die man für die erfolgreichsten Vor- und Frühformen höfisch-barocker Erzählkunst hält. Die Zusammenstellung heterogener Bücher, woran man in Caselius' Zitat leicht Anstoß nehmen könnte, erweist sich als sehr aufschlußreich. Denn nicht im Gattungsmäßigen, vielmehr in der ritterlich-höfisch intendierten Substanz internationaler Prosawerke liegt die Gemeinsamkeit, auf die es Caselius ankommt. Steht die Bedeutung dieser Quelle für die Geschichte der epischen Prosa in Deutschland schon lange fest,[33] so legt sie speziell für den *Decameron* auch beredtes Zeugnis dafür ab, daß die 'Verhöflichung' des Novellenwerks im Fahrwasser Casas, durch die posttridentinischen Tendenzen unterstützt, weitergeführt wird.

Auf eine ähnliche, durch den *Galateo* vermittelte Resonanz in Caselius' Werk dürften weder Dante noch Petrarca rechnen, obwohl Stellen aus der *Göttlichen Komödie* demselben Urteilsspruch Casas unterstehen müssen wie einzelne Novellen bzw. Novellenzyklen aus dem *Decameron.* Außerdem verrät sich hier größere Unsicherheit bei Übersetzung und Quellennachweis, auf die einzugehen sich aber nicht lohnt.[34] Erst bei der Angabe klassischer Quellen meldet sich erneutes Interesse, denn dann treten interpretatorische Absichten des Lesers zutage. Und zwar

32. Vgl. dazu D. Monostory: Der Decamerone und die deutsche Prosa des XVI. Jahrhunderts. The Hague/Paris 1971.

33. H. Weddige: Die "Historien vom Amadis auss Franckreich". Dokumentarische Grundlegung zur Entstehung und Rezeption. Wiesbaden 1975. S. 128 ff.

34. Für "la lucerna del mondo" und "il drudo della teologia" (Kap. XXII) gibt er "Purgatorio" statt "Paradiso" an (Bl. 48^r). Zitate aus G. Villanis Cronica weiß er zu erkunden, nicht aber Alamannis und Burchiellos Verse in den Kapiteln XXII und XXIII. Irrtümlicherweise übersetzt er auch auf Bl. 50^v Petrarcas Vers "del fiorir queste inanzi tempo tempie" (Canzoniere CCX,14) durch "cingere floribus tempora ante tempus". Darin folgt ihm Johann Karl Caselius nach: in seinem Exemplar von 1598 (vgl. Anm. 11), S. 80.

nicht beim einfachen Einsetzen des Terenzverses im Original (Bl. 38r: "Cur non ludo hunc aliquantisper", *Adelphi* 696-7), sondern bei Erwähnung klassischer *auctoritates,* die auch in den neueren Kommentaren nicht vorhanden sind. Plato soll auf Bl. 19v dafür bürgen, daß man "wider Gott vnnd die Heiligen/ weder in Schertz noch in ernst"[35] redet - jeder nähere Hinweis steht aber aus, während Chytraeus in seinen "Notae" den Zusammenhang so erklärt:

> [...] De deo autem & rebus diuinis cautè & reuerenter loquendum etiam Plato in Cratylo & alibi censet, qui & Homerum ob temere confictas de Deorum rixis & libidibinibus fabulas, grauissimè reprehendit.[36]

Gerade diesen scharfen Verweis nimmt Caselius in *Pro arte poetarum* zwar zur Kenntnis, er führt aber trotzdem Homers Erfindungen auf höchst moralische Absichten zurück und ernennt ihn so zum "poetarum princeps".[37] Noch immer auf Caselius' Spuren übernimmt Chytraeus dessen Einwand auf Bl. 59r (Kap. XXVI), wonach Casa einen Gedächtnisfehler (*μνημονικὸν ἁμάρτημα*) begehe, indem er Zeuxis als vollkommene Frau Venus und nicht Helene malen lasse, da in Ciceros *De Inventione,* Lib.II, doch eindeutig von Helene die Rede sei.[38] Darin zeigt sich Caselius viel strenger als die neueren Kommentatoren, die die Fragen offenlassen. Dieselbe Stelle aus Ciceros *De Inventione,* Lib.II, beansprucht Caselius auch schon auf Bl. 54r, Kap. XXV, für die Erzählung von Polyklet und dessen "Canon seu Regula", fügt aber sofort folgende, genauere Quelle hinzu: "Peloponnesus. Πολύκλειτος. Simplicio lib.2 in phys. 73".[39] Nicht auf Simplicius' *Kommentare zur Physik des Aristoteles,* sondern auf Galen macht Chytraeus später aufmerksam.[40] Die wohl wichtigsten Verwei-

35. Galateus. S. 34 (Kap. XI).
36. Galatevs. S. 158.
37. Pro Arte Poetarvm, A_3r.
38. Galatevs, S. 192. Dementsprechend setzt Chytraeus (S.84) "Helena" ein.
39. recte: 72v. Jetzt zu finden in: Simplicii in Aristotelis Physicorum Libros quattuor priores commentaria [...] edidit Hermannus Diels. Berolini 1882. S. 235.
40. Galatevs. S. 186-7.

sungen betreffen aber Aristoteles, den "philosophorum princeps". Lange bevor Carlo Steiner seinen Galateo-Kommentar anfertigte, war Caselius bekannt, daß Aristoteles in der *Politica* (VII,XVII,1336b) von der Kunstfertigkeit des tragischen Schauspielers Theodorus, seine eigenen Stücke vorzutragen, berichtet hatte (Bl. 57v Kap. XXV). Ebenso spontan bringt Caselius Bll. 51v/52r (Kap. XXIV) die Stelle über das unaufhaltsame Sprechen einiger Leute mit Aristoteles' *De somniis* in Verbindung, wonach *τοῦ κινήσαντος οὐκέτι θιγγάνοντος*, "das Geschoß [also] sich auch dann weiter bewegt, wenn der Werfende es gar nicht mehr berührt."[41] Derart groß ist die Vertrautheit mit aristotelischen Texten, daß Caselius auch dort Entlehnungen sieht, wo sie nicht unbedingt vorhanden sind. Auf Bl. 43r (Kap. XXI) schreibt Casa einem "großen, fremden Rhetor" die Unterweisung zu, wie man Novellen erstmals mit fingierten (allegorischen) Namen erfinden, dann aber mit konkreten niederschreiben soll. Alles dürfte dafür sprechen - und die neueren Kommentare haben auch dafür gestimmt[42] - daß hier Boccaccio gemeint ist, da er ja mit allegorisch-fingierten Namen verfährt, sich zugleich aber auch für die Vorteile bei der Anwendung von konkreten Namen in der Novellenkunst ausspricht. Bei Caselius gewinnt dennoch Aristoteles über Boccaccio die Oberhand. Der "große, fremde Rhetor" beschwört vor ihm direkt Aristoteles und dessen *Poetik,* aus der er das folgende, schlagartige Urteil zieht:

> Aristotelis praeceptum in poetica, cuius sensum non est aßecutus auctor. p. 10.

Im Gegensatz zum deutschen Text, der die ganze Stelle zugunsten der *Teutschen Rhetorica* opfert, rettet Chytraeus dieses Argument in der lateinischen Übersetzung:

> Imo ego à magno quodam & peregrino dicendi magistro vtile quoddam hac de re didici præceptum, quod tale est: Debere fabulas

41. 459a. Die Übersetzung wird zitiert nach: Aristoteles, Kleine Schriften zur Seelenkunde. 2. Aufl. Paderborn 1953. (Aristoteles, Die Lehrschriften, hrsg., übertragen und in ihrer Entstehung erläutert von Paul Gohlke). S. 94.

42. Vgl. u.a. Carlo Cordié unter Berufung auf Giovan Batista Casotti (XVIII. Jh.) in: Opere di Baldassare Castiglione, Giovanni Della Casa, Benvenuto Cellini, a cura di C.Cordié. Milano-Napoli 1960. S. 411.

primò componi & ordinari in animo nominibus fictis, & postea demum propriis personarum nominibus adhibitis commemorari. illa enim secundum personarum qualitatem, hœc verò ex voluntate parentum, aut eorum quorum interest, hominibus imponuntur. Qua de causa is qui in præmeditatione tibi fuit Auaritia, ille ipse in narratione erit aliquis ciuium tuorum, Tantalo aut Euclioni non dissimilis, si modò de illo vniuersalis omnium in tua patria talis erit opinio, qualis antiquitus de Tantalo aut Euclione esse solebat.[43]

Die Beispiele freilich liefert nicht mehr das italienische Novellenwerk, sondern der Vorrat antiker Namen. Bemerkenswert ist hier schon die Verschiebung von "novella" zu "fabula", der auch der Tenor einer genauen Anmerkung in den "Notae" entspricht:

Magnus ille & peregrinus dicendi magister Aristoteles videtur esse, qui illud ipsum, cuius meminit, præceptum in librum de Re poetica retulit, cuius tamen sensum auctor hic non exactè videtur assecutus. Docere enim ibi vult Aristoteles, quod discrimen sit inter nomina personarum Comicarum (Mitio, Demea) quæ suo arbitrio Poetæ comminiscantur, illisque imponant: & inter nomina personarum Tragicarum (Oedipus, Atreus) quæ cum reuera aliquando vixerint, fecerintque & passa sint talia, qualia in Tragœdiis ipsis attribuuntur; non licere ait Poetis temerè illa mutare. De quibus plura P. Victorius in Comment. libri Aristot. de Poetic. p. 94.95.96 editionis Florentinæ.[44]

Chytraeus führt hier einfach Caselius' ursprünglichen Einwand von 1565 aus. Ganz auf Aristoteles' Vorschrift zur Anwendung von Namen in der Komödie und der Tragödie bezogen, scheinen ihm Casas Worte ziemlich zweideutig: ihnen setzt er deshalb den Kommentar Pietro Vettoris entgegen. Mit dieser Angabe meint er aber die berühmten *Commentarii in primvm librvm Aristotelis de Arte Poetarum* (Florenz, Giunti, 1560)[45], die Caselius als ein Gipfelpunkt in der zwischen 1540 und 1560 blühenden Diskussion

43. Galatevs. S. 63.

44. Galatevs. S. 176. Den "Notæ" sind die "Loci Nonnulli" (so in der Ausgabe Frankfurt 1588) vorausgegangen. Hier fehlt noch der Hinweis auf Vettoris Commentarii (Kvj[r]).

45. Nachgedruckt: München 1967 (Poetiken des Cinquecento, Bd. 9). Zur großen Bedeutung dieser Commentarii vgl. B. Weinberg: A History of literary Criticism in the Italian Renaissance, vol. I. The University of California Press. 1963. S. 461ff.

um Aristoteles' *Poetik* zweifellos bekannt waren.

Bekannt ist ihm auf alle Fälle der *Poetik*-Text, aus dem er sonderbarerweise gerade die berühmte, künftiger Polemik offene Tragödiendefinition - *δι' ἐλέου καὶ φόβου περαίνουσα τὴν τῶν τοιούτων παθημάτων κάθαρσιν* - im hinteren Vorsatzblatt zitiert. Hier will er das nachholen, was ihm der enge Rand von Bl.20^{v} (Kap. XI) nicht ermöglicht hatte. An dieser Stelle legt Casa Wert darauf, daß Weinen und Lachen nach Ort und Zeit gebührend voneinander getrennt werden; bei Gastmählern etwa soll nur Fröhlichkeit zugelassen werden, da ja für die Befriedigung der Trauer schon die Aufführung von Tragödien sorgte - und daß die Menschen ohne Trauer nicht auskommen könnten, will er von einem hochzuachtenden Nachbarn zustimmend erfahren haben. Somit ist Casa gerne bereit, den ganzen Themenkomplex "Democritus ridens - Heraklitus flens" zu billigen, jedoch unter der Bedingung, daß Angemessenheit darüber waltet. Für das Publikum, das der *Galateo* anspricht, und für das soziale Verhalten, das sich das Buch zum Ziel setzt, gilt jedenfalls nur das urbane Lachen, d.h. das maßvolle, elegante Lächeln. Das steht wiederum in einer langen Tradition, der auch *Il libro del Cortegiano* verhaftet ist, wo jede Pause im Gespräch mit dem Lächeln der Anwesenden kommentiert wird.[46] Casa erkennt jetzt auch das Weinen unter Berufung auf eine *auctoritas* an, schließt es aber von Festen und Gastmählern aus. Ein solches Versteckspiel mit der nicht genauer genannten Autorität und die schon von Casa auf Psychagogik reduzierte Tragödiendefinition werden im Übergang zum Latein, später zum Deutschen, immer blasser:

> Diebus quoque publicæ lætitiæ destinatis, & in conuiuio, non recitentur historiæ melancholicæ: ibidemque vulnerum, morborum, mortis, suppliciorum, pestilentiæ, aliarumque rerum funestarum & tristium nulla sit mentio, [...] Etiamsi fortè multo sæpius lacrymis mortales, quàm risu indigeant. Quam ipsam ob causam fabulas illas luctuosas, quas Tragœdias appellant, initio inuentas esse volunt, vt more illis temporibus vsitato, in theatris repræsentatæ, lacrymas iis,

46. Zur medizinischen Funktion des Lachens im 16. Jahrhundert vgl. H.-G. Schmitz: Physiologie des Scherzes. Bedeutung und Rechtfertigung der Ars Iocandi im 16. Jahrhundert. Hildesheim-New York 1972.

quibus id opus esset, elicerent, atque ita illi ex infirmitate sua subinde deplorata conualescerent.[47]

Auff frewdentagen/ Bancketen/ vnnd auch sonst vber Tisch sol man keine Melancholische vnnd schwermütige Historien eynführen/ von Wunden/ Kranckheiten/ Pestilentz/ Tod oder andern schmertzlichen dingen/ auch nit diser vnd dergleichen sachen gedächtniß ernewern. [...] Wiewol vielleicht wir Menschen viel öffter vonnöhten haben zu weynen/ als zu lachen. Derwegen man auch für gewiß dafür helt/ daß anfänglich die Fabeln/ da eitel elend vnnd jammer inne ist/ die sie Tragœdien nenneten/ erdichtet seyn/ auff daß/ wenn sie auff den schawplatz (wie domals gewönlich war) herfür gebracht würden/ denen die es vonnöthen hetten/ die thränen auß den augen herfür brechten/ vnnd durch solch jhr weynen so von jhren gebrechen wider entledigten.[48]

Demgegenüber erscheint Caselius' Rückkehr zur Quelle als ein guter Beweis dafür, wie selbstbewußt er 1565 einen Text heranzieht, der in Italien Gegenstand aktueller Diskussion ist. Nicht die Antithese zwischen Demokritus und Heraklitus, auch nicht deren mögliche Lösung im Zeichen des sozial Angemessenen interessiert ihn beim Lesen, sondern das eine Element der Dialektik und von diesem auch nur der Kern einer theatralischen Gattung. Neuere Untersuchungen haben gezeigt, welche Verdienste sich Caselius in der Vermittlung philosophisch-politischen Guts aus Italien erworben hat. Als eine "Fortentwicklung des humanistischen Luthertums Melanchthons zu einem Humanismus ohne konfessionelle Prägung" möchte Dreitzel seinen Werdegang bezeichnen, dem auch der Aristotelismus seiner Lehrer in Bologna, Florenz und Pisa nicht fremd gewesen sein dürfte. Und sein vorwiegend "ethisch-philologisches Interesse", das Dreitzel im Panorama Helmstedter Gelehrsamkeit der philosophisch-metaphysischen Ausrichtung Owen Günthers oder Cornelius Martini gegenüberstellen möchte,[49] könnte sofort als ein Stimulans für

47. Galatevs. S. 29.

48. Galateus. S. 35-6. Realistischer als die lat. Übersetzung gestaltet Chytraeus den deutschen Text, in dem er neben Senf und Rauch auch Zwiebeln für diejenigen empfiehlt, die immer und unbedingt weinen wollen.

49. H. Dreitzel: Protestantischer Aristotelismus. S. 45ff.

poetologische Fragen interpretiert werden. Vom stichhaltigen Nachweis, daß Caselius Anno 1565 in Bologna den *Poetik*-Text, an dem künftige Generationen deutscher Gelehrter vorbeisehen werden, ganz präsent hat, dazu auch durch den Kommentar Pietro Vettoris lesen kann, würde man sich in der Tat viel erwarten. Indes, Begeisterung wäre fehl am Platze. Neben diesem Zitat erhält die Tragödie im Bereich des *Galateo* und im Verlauf seiner Editionsgeschichte keine weitere Beachtung. So geht das Beispiel des Ödipus (Kap. XVI) in der Problematik der Zeremonien auf, und Caselius merkt nur den Namen auf griechisch (Bl. 33^r) an. Nur Anknüpfungen an die Komödie stellen wir auch im Vorwort zur lateinischen Ausgabe von 1579 fest, als Caselius der Jugend die negativen Beispiele des "jactator" oder des "gloriosus" durch die Namen Pyrgopolynices und Thraso vorhält.[50] Das geschieht durchaus zu Recht, seit Casa selbst sein Anliegen in Kap. XXVIII so eingeschränkt hatte, daß nur die der Komödie nahestehenden Irrtümer, nicht aber die des Kothurns würdigen Sünden besprochen werden sollten.[51] Doch auch ein allem Anschein nach angemessenerer Ort, die drei Jahre später entstandene Rede *Pro arte poetarum,* erweist sich als in dieser Hinsicht unergiebig. In der von Caselius leidenschaftlich und antiplatonisch vorgetragenen Apologie der Dichtung werden zwar Eigentümlichkeiten der einzelnen Gattungen erwähnt, ohne daß sie jedoch zu einer auch nur angedeuteten Systematik führen könnten. Vor allem bringt Caselius hier, wie in Briefen an Vettori, seine unbeschränkte Verehrung für Homer zum Ausdruck, und wenn er das Problem einer muttersprachlichen Dichtung aufwirft, dann hält er es für sinnvoller, daß das bei den Deutschen schon blühende Lied weiterhin gefördert wird.[52] Erst Jahrzehnte später, im Zug

50. Galatevs (vgl. Anm. 6), a_3^v.

51. Die Vorschriften des Galateo fallen unter die Kategorie des ἠϑικόν. So A.Di Benedetto: Ironia e Piacevolezza nel "Galateo". S. 250. Zum Gegensatz ἤϑη/πάϑη nach einem übergreifenden gegenreformatorischen Programm vgl. K. Ley in seinem Nachwort zum Galateus.

52. Pro Arte Poetarvm, F_2^r. Auch die Rolle der Musik und des Liedes wird durch das Beispiel der Antike, der Sitten in Kreta, gerechtfertigt. "Cantiones autem nostrorum hominum, poetico more concinnatæ, itidem non vnius generis sunt: aliæ amatoriæ: aliæ montanæ: aliæ

gewaltiger politischer und militärischer Umwälzungen in Europa, sollte das Interesse für die Tragödie und die Tragödiendefinition über andere Vermittlungen wachwerden. Festzustellen ist, daß um 1600 in Deutschland ein besonderes Kapitel der Verhaltensliteratur, das Inventar festumrissener Typen (der aulicus, der consiliarius, der legatus, usw.), eröffnet wird.

III.

Außer für den Bericht über Zeuxis, der bei den Krotoniensern das ideale Frauenbild malt, weist Caselius nie auf Cicero hin: ganz im Gegensatz zu Chytraeus, der in den "Notae" dem römischen Autor den notwendigen Tribut zollt. Caselius soll dagegen zuerkannt werden, daß er auf ein von den modernen Kommentaren nicht mehr erwähntes, angepaßtes Varro-Zitat anspielt, dessen Wert um so nachdrücklicher zu betonen ist, als es der Leser von 1565 gleichsam zum Geleit für das ganze Buch heraushebt. Denn, trifft man den Namen "Varro" erst am Rande von Bl. 64^{v} (Kap. XXVIII), wo behauptet wird, zwischen zwei gleich "guten" und "wolzugerüsteten" (buone e agiate) Häusern wähle man immer das schönere, so steht der ausgeschriebene Text Varros auf dem vorderen Vorsatzblatt:

> Alludit alicubi Casa ad locum Varronis, de re rustica, lib. I. cap. IV. Priores partes agit, quod utile est quam quod delectat. nec non ea quæ faciunt cultura honestiorem agrum [vendibiliorem, *wird dann gestrichen*] pleraque non solum fructuosiorem eundem [*recte*: eadem] faciunt, vt cum in ordinem sunt consita arbusta atque oliueta, sed etiam vendibiliorem, atque adijciunt ad fundi precium, nemo enim eadem utilitate non, formosius quod est, emere mauult, [pluris *fehlt*] quam si est fructuosus turpis.[53]

militares; aliæ diuinæ". Den Bergmannsliedern kommt bei Caselius eine hohe Bedeutung zu. Zur herausragenden Stellung des Caselius in der neulateinischen Poetik vgl. die Ausführungen H. Entners in: Grundpositionen der deutschen Literatur im 16. Jahrhundert, von I. Spriewald, H. Schnabel, W. Lenk, H. Entner. Berlin und Weimar 1972. S. 393ff.

53. Vgl. Marci Porci Catonis De Agri Cultvra Liber. Marci Terenti Varronis Rervm Rvsticarvm Libri Tres, ex recensione Henrici Keilii, Vol.

Unter Berufung auf Verhaltensweisen, die der Mensch im Umgang mit der Tierwelt oder in der Landwirtschaft entwickelt, will Casa durch die Stelle, die er von Varro abschreibt, das variierend bekräftigen, woran ihm im zwischenmenschlichen Bereich liegt: das Schöne vom Guten nicht zu trennen und damit die urbanen Formen, die als frivol (Chytraeus, 1597: zu gering) angesehen werden mögen, eher gleichberechtigt aufzunehmen. Das Argument hatte programmatisch das Traktat eröffnet, in welchem behauptet wird, die äußeren Gebärden seien, wenn nicht mit der Tugend gleichwertig, so doch mit ihr verwandt - jetzt kehrt es noch ausgefeilter in diesem Kapitel wieder, das als Gipfelpunkt von der Schönheit und von der Proportion handelt. Wenn man schon in der Welt der Dinge oder, nach dem von Caselius herausgestellten Varro-Zitat, in der rustikalen Welt auf den Maßstab der Schönheit nicht verzichten will, wie soll man sich ihr in der *societas* widersetzen? Fast scheint hier das vorweggenommen worden zu sein, was Norbert Elias zum Prozeß der Zivilisation feststellt, die Unmöglichkeit nämlich, auf einen Nullpunkt der Zivilisation zurückzukehren. Diesen *topos* der Verhaltensliteratur, der bis in Knigges Argumentation hinein am entscheidenden Gewicht des Äußeren festhält, greift nun Caselius auf und wählt ihn in seiner 'rustikalen' Variante zum Geleit. Das Ideal der *kalokagathie,* dieses Gut der Hochrenaissance, das Casa durch einen noch sehr einheitlich gefaßten Schönheitsbegriff weitergibt,[54] dient dem

I Lipsiæ [...] MDCCCLXXXIV. S. 132. In der deutschen Übersetzung von Gottfried Große: "Der Nutzen hat den Vorzug vor dem Vergnügen. Was aber die Schönheit des Feldes befördert, wenn zum Beyspiel in einem Arbustum oder in der Oelpflanzung die Bäume nach der Ordnung stehen, befördert nicht nur auch die Fruchtbarkeit desselben, sondern erregt auch Kauflust, und erhöht den Preis eines Landgutes. Bey gleicher Nutzbarkeit bezahlt jeder lieber eine Sache etwas theurer, wenn sie zugleich schön ist, als eine andere, die häßlich, wenn sie auch eben so nutzbar dabey ist". Uebersetzung der Römischen Oekonomen, namentlich des Cato, Varro, Columella, und Palladius, mit erläuternden Anmerkungen aus der Naturgeschichte und den Alterthümern, von G.Große, Prediger zu Pechan im Herzogthum Magdeburg. Mit einer Kupfertafel. Halle, bey Johann Jacob Gebauer, 1788. S. 32-3.

54. Chytraeus hält sich an dieses einheitliche Ideal, wenn er in den

kleinen Band als Motto. Nicht ein Leitbild von vollendeten Statuen, berühmten Künstlern und deren anspruchsvollem Kanon, sondern eine einfachere Regel spricht den Nachkommenden an; trotzdem darf sich auch die schlichtere Gewohnheit aus dem Feldleben auf eine antike Quelle stützen. Und daß es Caselius gerade darum geht, das Buch des modernen Autors in der *auctoritas* der Alten zu verankern, davon zeugen die zwei Homerzitate, die, vor den Passus aus Varros *De re rustica* gestellt, den auch im *Galateo* eingeschlagenen zweifachen Weg verbürgen sollen. Nach *Odyssee,* 8, 185ff. stutzt Odysseus den Phäaker Euryalos zurecht, der ihm bei den Spielen verächtlich vorgehalten hat, kein echter Athlet, nur ein "Schiffsherr" und ein "Krämer" zu sein. Von dem kürzlich vorgetragenen Gesang in des Alkinoos Palast schwer getroffen, entgegnet er jetzt dem Übermütigen: *Θυμοδακής γὰρ μῦθος* ("Beißt doch dein Wort mein Gemüt"[55]), worauf auch der Verweis folgt, schön und kräftig sei er, aber keineswegs klug. Das schickliche Reden fehle ihm. Nach dem heftigen Streit zwischen Here und Zeus in *Ilias,* I. stellt Hephaistos mit Bedauern fest: *οὐδέ τι δαιτὸς Ἐσθλῆς ἔσσεται ἦδος ἐπεὶ τὰ χερείονα νικᾷ* ("Ach nimmer schwelgt man beim köstlichen Mahle, nachdem das Niedrige siegte" V.576).[56] Niedriges Handeln habe also der Götter Mahl verdorben. Durch diese zwei Zitate setzt Caselius gleichsam zwei Schlüssel voraus, die helfen sollen, zwei Formen von Exzessen - beim Reden und beim Handeln - zur Kenntnis zu nehmen, womit die zwei Bereiche gemeint werden, um die es sich in den Verhaltenslehrbüchern der Renaissance immer wieder handelt. Das zeigen die vielen Variationen über die Grundformel "parole e atti", "Reden und Gebärden".

"Notæ" an Horaz anknüpft: "Deformitas multa complectitur. Exemplo sit monstrum in principio Artis Poeticæ ab Horatio descriptum (Galatevs. S.189). Zum neoplatonischen Anteil, aber auch zu seiner Anpassung bzw. Verflachung im Galateo vgl. A. Sole: Cognizione del reale e letteratura in Giovanni della Casa. Rom 1981. S.98 ff. A. Di Benedetto: Ironia e Piacevolezza nel "Galateo". S. 249.

55. Homer: Odyssee. Griechisch und Deutsch. Übertragung von Anton Weiher. München 1951. S. 205.

56. Homer: Ilias, übertragen von Hans Rupé, mit Urtext, Anhang und Registern. München 1980. S. 37.

Als es Caselius 1578 darum ging, zum gedruckten lateinischen *Galateo* Stellung zu nehmen, bildeten die dreizehn Jahre zurückliegenden Leseergebnisse einen noch immer nicht überholten Ansatz. Das bedeutet aber auch, daß diese Aufzeichnungen durch die Textgeschichte des *Galateo* bis in das nächste Jahrhundert wirkten, wurde doch Chytraeus' lateinischer Text - allerdings ohne Proömium und mit anderen Anmerkungen versehen - 1669 vom Juristen Peter Müller in Nordhausen wiederaufgelegt.[57] 1578 ist Caselius sichtlich bestrebt, an die früheren Leseerfahrungen anzuknüpfen, wobei seine beliebten Griechen weiterhin bemüht werden, dem *Galateo* volles Bürgerrecht in der *respublica literaria* zu gewähren. Casas Beteuerung, schöne Verhaltensweisen seien, wenn nicht selbst Tugenden, so doch mit ihnen verwandt, untermauert Caselius durch das physiognomische Argument des Theophrast, daß eine solche Eleganz äußeres Zeichen für eine innere Tugend ("indicatio interioris virtutis") sein soll, andernfalls werde das Äußere als reine Äußerlichkeit bald entlarvt.[58] Ein festes Leitbild wird errichtet, das der "viri probi et elegantes", das für Adressaten im Umkreis von Caselius gelten soll: für die Heranwachsenden aus der Oberschicht, vor allem aber für die Studierenden ("cum omnibus adolescentibus honesto loco natis, tum imprimis litteras

57. Joh. Casa Galatevs, sive de Morum Elegantia Liber, Inq. Eum Petri Müllern D[di] Spicilegium. Nordhusæ, sumtibus ac Typis Johan-Erasmi Hynitzsch. A. 1669. Peter Müller übernimmt den lat. Text des Chytraeus, gestaltet aber sein Spicilegium auf eine ganz neue Weise (mit vielen Zitaten aus Guazzos Civil Conversatione und aus Werken des XVII.Jhs). Von Santosuosso nicht verzeichnet.

58. Galatevs (vgl. Anm. 6), A_8^v. Auf folgendem Blatt (a_1^r) erwähnt Caselius einige "rustici & inconcinni mores": "Insulsitas", "impuritas", "querimonia muliebris", "leuitas puerilis" etc. Wohl 600 könnten aufgezählt werden. Sind sie einzeln noch zu entschuldigen, so werden sie zusammen ganz unerträglich. Caselius nimmt hier Casas Argument aus Kap. III und XXX wieder auf. Chytraeus begründet später in seinen "Notæ" diesen Gedanken eher im religiösen Sinne durch ein Zitat aus Augustinus' De decem chordis, wonach auch die vielen kleineren täglichen Sünden (quotidiana peccata) zusammen nicht leichter sind (Vgl. Patrologia Latina, Tomus 38, Sp. 75-91): Galatevs. S. 148.

colentibus").[59] Mit der Schule wird also das Büchlein verknüpft. Und damit die geselligen Tugenden bestens beglaubigt werden können, verfaßt Caselius "De tribvs virtvtibus cognatis, qvarum perpetvvs est vsvs in consuetudine hominum" nach den Richtlinien von Aristoteles' *Nikomachischer Ethik:* "veritas", "humanitas" und "urbanitas" stehen so im Zeichen des Mittelmaßes am Eingang einer Anleitung zu schönen und guten Sitten. Auf diesen Exkurs legt Caselius offenbar sehr hohen Wert, denn mit einer kleinen Kürzung trifft man ihn im 2. Band von Xenophons *Kyropädie* wieder, den er in lateinischer Übersetzung im selben Jahr 1579 veröffentlicht.[60] Den Anlaß bietet ein Musterfall. Nach der Erzählung vom lustigen Verhalten der persischen Soldaten lachen alle Anwesenden und mit ihnen Cyrus selbst ganz heiter. Nur der strenge Aglaitades verbietet es sich, weil Tugend ohne Ernst und ohne Tränen verloren gehe. Wird der Sonderling Aglaitades von seinen Gefährten nur geduldet, so geht Caselius mit ihm ins Gericht:

> In Aglaitadæ ingenio fingendo, vel alucinata fuerat natura, vel si quod illa deerat, educatio non expoliuerat aut corrumperat *(sic!)*. Inducitur autem & morosus, & de moribus non recte existimans.[61]

Natur und Erziehung (Gewohnheit) hatten also bei ihm versagt - um so notwendiger die Ermahnung zum entgegengesetzten Ideal, die durch die oben erwähnten Ausführungen über die drei

59. Galatevs. Ebenda.

60. Xenophontis Cyri Pædia Liber Secvndvs [...] Ioan. Caselio Interprete. [...] Rostochii Ex typographia Augusti Colorini. Anno CIↃ. IↃ LXXIX.. S. 43-47 (das Zitat S. 43). Das erste Buch ließ Caselius 1590 erscheinen. Xenophons historische Werke stehen schon unter den zu lesenden Schriften in den Statuten der Universität Helmstedt. Vgl. F. Koldewey: Geschichte der klassischen Philologie auf der Universität Helmstedt. Braunschweig 1895, S. 19.

61. S. 44-46 (das Zitat S. 43). Vgl. Xenophontis Institutio Cyri. Recensuit A. Haug. Ed. minor [...], Lipsiæ MCMV, S. 61-66 (II,2, 1-17). Zur großen Bedeutung des Xenophon im Unterricht der prot. Lehranstalten auch vor den Helmstedter Statuten vgl. E.Cl. Scherer: Geschichte und Kirchengeschichte an den dt. Universitäten. Ihre Anfänge im Zeitalter des Humanismus und ihre Ausbildung zu selbständigen Disziplinen. Freiburg/Br. 1927.

verschwisterten Tugenden im Sinne des Aristoteles untermauert wird. Der Tugend-Exkurs gilt also als Band zwischen verschieden gearteten Büchern, die auch andere Adressaten haben: noch 1591 läßt Caselius seine Vorlesungen über die *Kyropädie* ausfallen, weil die Fürsten - zu seinem Bedauern - in Helmstedt nicht anwesend sind.[62] Eine solche Kombination läßt erkennen, auf welches Publikum die Erziehungspläne von Caselius abzielen: von den Fürsten bis zu den Sprößlingen bürgerlicher Herkunft, die eine (Hohe) Schule beziehen. Mögen die Unterweisungen im einzelnen verschieden sein, ihr Gemeinsames besteht in der oben skizzierten Tugendauffassung, der "urbanitas" und "civilitas" zugrunde liegen. Was bei dieser Verbindung und überhaupt bei dieser frühen *Galateo*-Rezeption besonders auffällt, ist die Tatsache, daß Hinweise auf Erasmus und auf Castiglione fehlen. So auch in Chytraeus' "Notae", die nur einige Adagia anführen. Die zwei großen Kulturträger der Renaissance werden überschattet durch das goldene Büchlein und den antiken Fürstenspiegel. Die Einwirkung von Caselius' Lehrern in Italien mag dafür maßgebend gewesen sein, aber auch sein eigener Anteil - die Abneigung gegen höfisches Zeremoniell und die Zuneigung zum "republikanischen Element",[63] der Einsatz für gründliche humanistische Ausbildung

62. Brief an Otho ab Hoim vom 20. Februar 1591: "Dum absunt principes Cyri pædia quiescit: quos ego nolim abesse diutius à litteris: prouectioribus explico Thucydidem: Deum immortalem, in eo intelligendo et interpretando, quantum vidit amicus Victorij? Non aßequi Casam in hoc negotio ipse Tullius mihi potuisse videtur: [...]" (Cod. Guelf. 852 Helmst., Bl. 154r). Ein weiterer Aspekt von Casas literarischer Tätigkeit kommt so bei Caselius zur Geltung. Dieser gab Casas Orationes Thvcydidis Pleræque (aus seinen Latina Monimenta, Florentiæ 1564) 1584 in Rostock heraus. Eine weitere Ausgabe (Ioan. Casæ Carmina et Orationes pleræque Thucydidis in Latinvm sermonem ab eodem conuersæ) erfolgte 1610 in Helmstedt (bei Iac. Lucius). Im Vorwort betont Caselius den Wert von Casas Schriften, "quæ redolent vetustatem sapientum". Zur Rolle der antiken Exempla für die späthumanistischen Gelehrten in Deutschland vgl. W. Kühlmann: Gelehrtenrepublik und Fürstenstaat. Entwicklung und Kritik des deutschen Späthumanismus in der Literatur des Barockzeitalters. Tübingen 1982. S. 86-7, 97-101.

63. Dazu H. Dreitzel: Protestantischer Aristotelismus. 102ff.

von Fürsten, Adeligen und Bürgerlichen - hat dazu beigetragen, daß der *Galateo* anderen modernen Büchern bevorzugt worden ist. Denn offenbar sieht Caselius in ihm keinen ständisch exklusiven Lesestoff, sondern das vorzügliche Mittel, wodurch viele Leser verschiedener Herkunft zur "urbanitas" angeleitet werden können. Es bleibt zu fragen, ob das schon im Buch impliziert ist oder ob es sich um eine Interpretation handelt, die sein Weiterleben in einem späthumanistischen Kreis des protestantischen Deutschland ermöglicht hat.

Aus seiner Hinneigung zum *Galateo* hat Caselius auch in späteren Jahren kein Hehl gemacht. Noch in seiner Leichenrede auf Wilhelm von Heimburg gedenkt er der gemeinsamen Lesestunden:

> Confirmabatur, quod ex familiaribus, qui domum meam frequentant, eiusmodî facultate audiuit prædítos, & vidit, inter nos apud me legi quotidiè, non solùm quæ in theatro quem oblectent, sed & historias, & quæ vitam & mores erudiant. Legebamus enim aureolum libellum, quem scriptor Galatei nomine apparere voluit, in quo bonæ veteris doctrinæ multum est, & elocutio nihil plebeium redolens, lectione & consideratione dignum, & paucis in ipsa Italia intellectum.[64]

Wahrscheinlich veranlaßten gerade diese gemeinsamen Lesestunden die Übertragung der Randglossen von 1565 auf weitere, z.T. erhalten gebliebene Exemplare. So merkt Johann Karl Caselius in seiner Ausgabe von 1598 an, daß "stouigli = suppellex culinaria schvßel, teller etc." sind oder daß die "agrumi" so heißen, weil sie "si sint acida: q.d. acria ab alijs manducata etiam nostris dentibus stuporem inducunt". Aber auch nichtsprachliche Information - z.B. darüber, daß "Jottus Florentiae pictoriam instaurauit" - übernimmt er gerne vom Vater.[65]

Bezweifelt wird hier auch der Anteil von Lipsius' Stoizismus an der Gedankenwelt des Caselius. Zum innerlichen Ideal des Caselius vgl. auch A. Neukirch: Niedersächsische Adelskultur der Renaissance. Renaissanceschlösser Niedersachsens, Textband, 2. Hälfte. Hannover 1939. S. 271.

64. Oratio Fvnebris Wilhelmo ab Heimbvrg, scripta ab Joanne Caselio [...] Helmæstadii, Ex officina typographica Iacobi Lucij. Anno CIↃ. IↃ. CI., F_3^r. Auf diese Quelle hatte schon Neukirch hingewiesen.

65. vgl. Il Galateo (1598, vgl. Anm. 11), S. 26, 38, 95. In Caselius' Exemplar: Bll. 17^r, 24^v, 59^v. Einige Beispiele von Entlehnungen aus

Gibt uns der Einblick in ein einziges Buch zu verstehen, wie wichtig es wäre, Caselius' Bibliothek wieder zu rekonstruieren, so gewährt er auch einige allgemeine Reflexionen zum *Galateo* und verwandten Werken in Deutschland. Sehr früh ist das Buch diesseits der Alpen nachzuweisen, bekommt aber Jahrzehnte später eine endgültige lateinische und deutsche Fassung samt Kommentar. Vermittelt wird es durch einen namhaften Gelehrten, dessen Ziele ein weniger bekannter Gelehrter zu erreichen weiß, und zwar nicht im katholischen, sondern im protestantischen Deutschland, obwohl der Autor als Statthalter der Gegenreformation bekannt, ja geradezu berüchtigt ist. Ähnlichkeiten mit der Wirkungsgeschichte von Stefano Guazzos *Civil Conversatione* (1574) sind nicht von der Hand zu weisen.[66] Auch dieses große Buch setzte sich erst dann durch, als es der kalvinisten-freundliche Heinrich Salmuth auf Anraten von Joachim Camerarius d.J. 1596 in Amberg ins Latein übersetzte und veröffentlichte. Unterschiede bestehen allerdings in der komplizierteren Textgeschichte der *Civil Conversatione,* deren deutsche Fassung (1599) jedoch bei denselben kalvinistischen Druckern Wechel, Marne und Aubri in Frankfurt erscheint wie zwei Jahre früher der *Galateo.* Das war kein Zufall. Beide Werke treten noch zwei Jahre später in Johannes Althusius' *De civili conversatione* (1601) wieder zusammen auf. Was sie weiterhin vereinigt, ist der Generalnenner "civilitas", der offenkundig jeden anderen, uns heute als merklich erscheinenden Unterschied zurückdrängt. Auch aus diesem besonderen Blickwinkel zeigt also die kalvinistische Kulturpolitik

Caselius' Randbemerkungen in Chytraeus' lat. Galatevs: Caselius (Bl. 7r, Kap. III): "urla o ragghia. heulen quod est loporum, item canum. ragghiare est asinorum. vlvlant et rudunt" = Chytraeus (S.8): "Inuenies quoque qui inter oscitandum, aut vlulare, aut rudere soleat, [...]". Caselius (Bl. 14r, Kap. VII, zu "viso forte ricagnato"): "si sit foedo vultu et facie rugis obsita" = Chytraeus (S.19): "cùm aliquis vultu est monstroso, & facie rugis obsita". Caselius (Bl. 17r, das schon erwähnte Beispiel des "nostris dentibus stuporem inducunt") = Chytraeus (S.24): "tuis dentibus, si videas, stuporem inducunt".

66. Dazu E. Bonfatti: La Civil Conversazione in Germania. Letteratura del comportamento da Stefano Guazzo a Adolph Knigge (1574-1788). Udine 1979.

ihre internationale Offenheit. Wird von den kalvinistischen Frankfurter Druckern Aristoteles einer stark ausgeprägten ramistischen Richtung nicht geopfert,[67] so setzt sich das Interesse für neusprachliche Pädagogik-Bücher über die konfessionelle Kluft hinweg. Schließlich führt das die Bemühungen von Caselius um eine an die Antike gebundene, zugleich weltoffene praktische Ethik fort, jedoch zu einer Zeit, in der der theologisch-philosophische Abstand zwischen Helmstedt und den kalvinistisch gesinnten Hohen Schulen immer größer wird. Das mag mit Chytraeus' Schicksal nach 1593 zusammenhängen, bedenkt man, daß noch die dem *Galatevs* von 1588 beigegebenen "Loci Nonnulli" keine theologisch oder politisch zugespitzten Stellungnahmen aufweisen.[68] Neue Töne sind bei Chytraeus in der Tat nicht zu überhören. In seinen "Notae" von 1597 beruft er sich schon eingangs sowohl auf Cicero als auch auf den angesehenen Theologen Petrus Martyr (Pietro Martire Vermigli, 1500-1562), dessen Kommentar zu 2 Kön., 4, gebraucht wird:

> Et quidem ista humanitatis & ciuilitatis officia à Viris quoque sanctis non aliena esse, docet insignis Theologus Petrus Martyr, explicans secundi libri Regum caput 4. Vbi cum Propheta Helias ex monte Carmelo vidisset Sunamitidem hospitam suam properè ad se currentem; ministrum suum his verbis alloquitur: Age curre ei obuiam & dic ei: *Estne pax tibi? estne pax viro tuo? estne pax puero?* Vbi interpres [...] Huiuscemodi officia cum Propheta ac sancti viri coluerint, nos quoque ab eis non debemus abhorrere. Quod idcirco memoro, quod quidam reperiuntur Anabaptistæ, qui se σκυθρώπους omnino præbent, & quadam agresti duritie, atque rustica seueritate gaudent, omnino respuentes ciuilia & amica officia, quasi stulta & inepta seueritas aliquem Deo & hominibus commendet.[69]

67. Zum großen Ansehen, das Artistoteles neben Ramus bei den Kalvinisten aufrechterhält, vgl. Evans: The Wechel Presses. S. 17; G. Menk: Die Hohe Schule in ihrer Frühzeit (1584-1660). S. 210-11. Auch bei Chytraeus steht Aristoteles' Autorität außer Frage. Er ist "acutissimus philosophus" (in den "Notæ", Galatevs. S. 184). Darin bleibt Chytraeus ganz und gar Caselianer.

68. Am Anfang der "Loci Nonnulli" (vgl. Anm. 44) hebt Chytraeus eine gewisse Ähnlichkeit zwischen Galateos Anfang und dem Anfang von Ciceros Pro Murena hervor (Galatevs, 1588 - vgl. Anm. 4 - K_{iv}^{v}).

69. Galatevs. S. 142-3. Vgl. Melachim: Id est, Regvm libri dvo

Eindeutig verschiebt sich das Schwergewicht auf die Apologie der guten Sitten für die Christen, wobei der Tadel anabaptistischer Härte innerkonfessionelle Spannungsverhältnisse an den Tag legt. Wenn auch nur im allgemeinen bekommen die "boni mores" eine biblische Stütze, die den gleich danach von Althusius bis zum Äußersten getriebenen Biblizismus vorwegnimmt. Chytraeus lenkt jedenfalls seine Aufmerksamkeit auf kalvinistische Autoren: Auch bei Bèze finde man gegen Zeremonien Argumente genug. Und wenn es darum geht, den Passus aus Kap. XXVIII zu kommentieren, in dem Casa die Könige von jedem Gesetz loslöst, dann bekennt Chytraeus Farbe, der Tatsache zum Trotz, daß der *Galateo* an dieser Stelle und am negativen Beispiel von König Manfred eigentlich Wert darauf legt, die Willkür des Königs zugunsten des königlichen *aptum* einzuschränken. Chytraeus denkt 1597 nicht daran, seinen Text zu kürzen, merkt aber ablehnend an:

> Falsum hoc esse multis grauissimisque rationibus probat auctor libelli Gallici, cui Titulus est: DE LA *puissance du prince sur le peuple*, &c.[70]

Monarchomachische Gedanken und der Schatten der Bürgerkriege reichen bis in diesen Kommentar, der dem Caselianischen Humanismus ohne Zweifel sehr stark verpflichtet ist. Und doch unterscheidet sich Chytraeus' Einstellung im Jahr 1597 beträchtlich von derjenigen des Caselius, des großen Irenikers, bei dem Gelehrte, die entgegengesetzte Richtungen eingeschlagen haben, in die Schule gegangen sind. Der letztlich zu den Schweizern hinneigende ältere Nathan Chytraeus und der jüngere Arnisaeus, der ganz auf die Methodik des Aristoteles bedacht war und u.a. den Biblizismus von Althusius scharf abgelehnt hatte,[71] zeugen von der Vielfalt jener Schüler,

posteriores cum commentarijs Petri Martyris Vermilii Florentini Sacrar. Literar. in schola Tigurina Professoris [...] Tigvri, Excudebat Christophorus Froschouerus, Mense Martio, Anno M.D. LXXI., S. 212 (Erste Ausgabe: 1566). Diese Nota hatte mit einem Zitat aus Cicero. Ad Atticum, XII, 46 angefangen: "Exculto enim animo nihil agreste, nihil inhumanum".

70. Galatevs. S. 195.

71. Vgl. Dreitzel: Protestantischer Aristotelismus. S. 196.

Humanisten, Professoren, die durch die Jahrzehnte um Caselius kreisten. Die frühere Geschichte des *Galateo* in Deutschland läßt ohne weiteres auf die tiefgreifenden politischen und konfessionellen Veränderungen der Zeit zwischen 1570 und 1595 schließen. So sehr gewandelt haben sich die Verhältnisse seit jenem Spätsommer 1565, in dem Caselius den *Galateo* eifrig gelesen hatte.

Jörg-Ulrich Fechner

ALLERUNTERTHÄNIGSTER GLÜCK=WUNSCH BEI DEM MIT GOTT HÖCHST GLÜCKLICH ERLEBTEN HOHEN GEBUHRTS=FESTE ...
VIER SCHERFLEIN ZU CHRISTIAN REUTER

Was ist ein Klassiker? Gibt es in der deutschen Literatur des siebzehnten Jahrhunderts überhaupt Klassiker? Die Planung des Deutschen Klassiker Verlages zumindest will es so, wenn sie dieser Epoche eine kleine, eigene Untergruppe einräumt.[1]

Einer der dabei berücksichtigten Verfasser ist Christian Reuter. Um ihn steht es in Hinblick auf Edition und Kommentar bislang besonders ungünstig. Neben Georg Witkowskis limitierter Sammeledition von 1916 liegen nur wenige Einzelwerke in recht unterschiedlichen Neuausgaben vor.[2] Was den Kommentar anbelangt, steht es nicht besser als in bezug auf verläßliche Ausgaben. Zu Recht faßte Wolfgang Hecht den derzeitigen Wissensstand und die Forschungsaufgaben 1966 in einem Realienbuch so zusammen, wenn er auf Desiderate für "Reuters Sprachstil ebenso wie seine dichterische Gestaltungsweise, das Verhältnis von Charakterzeichnung und Handlungsaufbau, von persönlicher Satire und Zeitkritik, von 'Barock' und Aufklärung" nachdrücklich verwies. "Aufgaben in Fülle, Werkinterpretation, ästhetische Wertung und literarhistorische Standortbestimmung, harren der Lösung."[3]

1. Vgl. Gottfried Honnefelder, Hrsg.: Warum Klassiker? Ein Almanach zur Eröffnungsedition der Bibliothek Deutscher Klassiker. Frankfurt am Main 1985, bes. S. 302.

2. Christian Reuters Werke. Hrsg. v. Georg Witkowski. Leipzig 1916, 2 Bde. — Reuters Werke werden im folgenden mit der Sigle Werke I bzw. Werke II nach dieser Ausgabe angeführt.

3. Wolfgang Hecht: Christian Reuter. Stuttgart 1966, S. 67; = Realienbücher für Germanisten, Abt. D: Literaturgeschichte, M 46.

Hier wollen aus unterschiedlichen Gesichtspunkten die folgenden kleinen Beiträge einsetzen. Es sind Scherflein, Scheidemünzen, die keinen gesamthaften Ansatz beanspruchen.[4] Aspekte auch Randaspekte, des reuterschen Werkes sollen jeweils einem andersartigen Kommentarversuch unterzogen werden, ist doch die Würde der Kommentarfähigkeit ein nicht zu unterschätzender, funktionaler Faktor bei der Bestimmung des Klassischen und eines Klassikers. Implizit leisten die nachstehenden Beiträge damit zugleich einen Hinweis darauf, welche labyrinthischen Wege bei der geplanten Ausgabe Reuters als eines Klassikers für den Kommentator anstehen.

Ein weiterer Zug ist allen vier Teilbeiträgen gemeinsam: die Auffassung, wie sie der Empfänger dieser Festschrift vorbildlich aufgezeigt hat, daß eine geschichtliche Annäherung und ein entsprechendes Verständnis von Texten der frühen Neuzeit nicht ohne durchgängigen Rückbezug auf die Bestände jener Zeit geleistet werden kann. Es ist eine Forderung, die sich nicht mit dem gewordenen Kanon der heute anerkannten Literaturgeschichte und mit dem entsprechend leicht verfügbaren Textcorpus begnügt, sondern intensiv das in Bibliotheken und Archiven ruhende Primärmaterial einbezieht.

I

Reuters Meisterstück, sein *Schelmuffsky*-Roman, gewinnt seinen geistigen und geistesgeschichtlichen Rang nicht zum geringsten Maße aus dem Einbezug allusiv aufgenommener und episodisch fortgesponnener Literatur der Zeit. Darin eben erweist sich die Leistung Reuters, welche die Umstände seiner autobiographischen Leipziger Situation durchbricht, eine Leistung, die es gerade wegen eines solchen Durchbrechens dem Autor ermöglicht, Rückbezüge auf den Wirklichkeitshintergrund so unbekümmert in seinen Text einfließen zu lassen.

4. Einen breiteren Neuansatz als hier versucht mein Aufsatz: Schelmuffskys Masken und Metamorphosen. Neue Forschungsaspekte zu Christian Reuter. In: Euphorion 76, 1982, S. 1-26.

Friedrich Zarnckes positivistische und biographische Methode sah schon in der Angabe "E. S." auf dem Titelblatt der Ausgabe von "Schelmerode, Im Jahr 1696" einen Hinweis auf einen "Eustachius Schelmuffsky", hinter dessen Maske sich der biographisch faßbare Leipziger Eustachius Möller verberge.[5] Der älteste Sohn der Witwe Anna Rosine Möller, der Wirtin des Roten Löwen in Leipzig, ist demnach als Urbild des Protagonisten im Roman wie auch als Vorbild einer wiederkehrenden Nebengestalt in Reuters Komödien anzusehen. Auffällig ist gegenüber einer solchen Deutung, daß Reuter in seinen literarischen Gestaltungen diesen seltenen und daher leicht überprüfbaren Eigennamen eben vermeidet. Der anzügliche Name wird ausgespart.

Überdies hat Zarncke festgestellt, daß der Taufname Eustachius in der möllerschen Familie durch etliche Generationen hindurch verbindlich blieb.[6] Damit erhält Reuters Umgehung eines solchen Signals in der Namengebung seiner literarischen Gestalten eine weitere Tiefe.

Als Reuter zum Wintersemester 1688 in Leipzig immatrikuliert wurde, war das bisherige Familienoberhaupt der Möllers bereits drei Jahre tot. Der am 6. März 1685 begrabene Eustachius Möller hatte sich als Bürger von Leipzig in den Berufen eines Gewürzkrämers, Brauereibesitzers und wohl auch Gastwirtes betätigt. 1665 war er mit Anna Rosine Groschen ehelich verbunden worden. Sieben Kinder waren dieser Ehe entsprossen.

Daß der damit verbundene bürgerliche Aufschwung des Handelsmannes zugleich von kulturellen Betätigungen begleitet war, ist ein bislang in der Forschung nicht überprüfter Sachverhalt. Gewöhnlich wird von der bisherigen Deutung nur allgemein veranschlagt, daß Reuter am Beispiel der Familie Möller einen überheblichen Lebensstil des damaligen sächsischen Stadtbürgertums angeprangert habe. Der von Reuter polemisch

5. Friedrich Zarncke: Christian Reuter. Der Verfasser des Schelmuffsky. Sein Leben und seine Werke. In: Abhandlungen der philologisch-historischen Klasse der Königlich Sächsischen Gesellschaft der Wissenschaften. Bd. 9, 1884, S. 593 bzw. S. 139 des Einzelabzugs; dagegen vgl. Euphorion 76, 1982, S. 9.

6. F. Zarncke, a.a.O., S. 474 bzw. S. 20 des Einzelabzugs.

wie polonisierend eingesetzte, in der Sprache der Zeit aber moralisch wertende Begriff des 'Schelms' ist das entsprechende Ausdrucksmittel, mit welchem bei dem grundlegenden Gegensatz einer auf das Gemeinwesen bezogenen 'Ehre' und einem auf den einzelnen beschränkten 'Ehrgeiz' eine sozialkritische Haltung des Verfassers vermittelt wird.[7]

Eine Möglichkeit, in diesem Zusammenhang neues dokumentarisches Quellenmaterial zu erschließen, bieten die zeitgenössischen Gelegenheitsschriften der Stadt Leipzig, ein Schrifttum, dessen Ausweitung auf die bürgerliche Welt der Städte ja grundsätzlich von einem Bestreben nach Angleichung an Gepflogenheiten der höfischen Welt gekennzeichnet ist. Eine eingehende Durchsicht des entsprechenden Leipziger Materials ist anscheinend bisher nicht erfolgt. Hier mag der Hinweis genügen, daß auch der Vater, der ältere Eustachius Möller, bereits zu solchen Gelegenheitsschriften Beiträge unter seinem Namen beisteuerte.

Hier ist ein Beispiel, das den Gedichten im Anhang der Leichenpredigt für die am 3. November 1672 gestorbene Witwe des Leipziger Rats und Stadtrichters, Marie Graman, entstammt.[8]

7. Vgl. Euphorion 76, 1982, S. 9f., 20-25.

8. Hertzerqvickender Trost gläubiger Wittwen/ Aus dem LVI. Psalm v. 9. 10. 11. 12. 13. 14. Bey Christlicher Beerdigung Der Wohl=Erbaren/ Viel= Ehr= und= Tugendreichen Matronen/ Frauen Marien/ Des weyland Wohl=Ehrenvesten/ Groß=Achtbarn/ Rechts=Wohlgelahrten und Hochweisen Hn. Heinrich Gramans/ vornehmen des Raths/ auch hochverdienten Stadt=Richters in Leipzig Sel. nachgelassenen Wittwen/ Als welche den 3. *Novembris* des 1672sten Jahrs in ihrem Erlöser sanfft und selig entschlaffen/ und den 7. *ejusdem* darauff in ihr Ruhe=Bettlein mit gewöhnlichen Ceremonien beygesetzet worden/ In damaliger gehaltener Leich=Predigt gezeiget und auff Begehren zum Druck ausgehändiget von *L. Simone* Löfflern/ Vesper=Predigern zu St. *Nicolai*. [Strich] [Leipzig:] Gedruckt bey Joh. Wittigauens sel. Wittwe [1676], [Blatt J 1^{r+v}] — Exemplar: Herzog August Bibliothek, Wolfenbüttel; Stolbergsche Leichenpredigtsammlung, 10420. - Vgl. auch den Katalog, Bd. IV. 2, S. 627.

So gönnt dich mir der Himmel weiter nicht/
Du Hochgelobte Frau/ wie hat er mir entzogen/
Die Muttergleich das Hertz zu mir gericht?
Doch nein! wer also stirbt/ der lebt in Wolcken=Bogen/
Wo GOtt diß alls/ was hier geschehn/ vergilt/
Dort ist der wahre Lohn/ dem wohl/ der es erkennet/
Dem bleibt sein Hertz mit Wolthun angefüllt/
Und ob die Seele gar vom Leibe sich abtrennet/
So wird der Danck in grauer Ewigkeit/
Vons Höchsten Gnaden=Hand vergnüglich ausgetheilet/
Da ist kein Zanck/ kein Haß/ vergällter Neid/
Man kommt da nicht zu spät/ nicht früh/ wenn man gleich eilet:
Doch kränckets mich/ daß gleich bey dieser Zeit/
Da meines Schicksels Gunst mich meynet zu erhöhen/
Der Tod von dir/ mich Selge/ so entzweyt /
Was hilffts! der Höchste thuts/ man muß es lassen gehen/
O selig wohl! wer sich nur drein ergiebt/
Und läßt die schnöde Welt/ hier ist doch nichts als sterben/
Dort GOtt und gnug/ wen so der Himmel liebt/
Der muß durch seinen Tod das rechte Leben erben.

Aus Schuldigkeit gegen seine hohe Wolthäterin
setzte dieses
Melchior Eustachius Möller.

Gleichgültig nun, ob Melchior Eustachius Möller ein solches Gedicht selbst abfaßte oder ob er es von einem Lohndichter anfertigen ließ, der beispielhafte Text ist kennzeichnend für die Blässe und Leere eines stilistisch wie rhetorisch nur oberflächlich erfüllten Anspruchs. Reuter wird einen solchen Stilzug seiner Zeit - und nicht nur seiner autobiographischen Erfahrung! - in seinem Roman episodisch entlarven, wenn der Herr Bruder Graf in dem rhetorischen Entwurf eines epithalamischen Sonetts nach dem ersten Quartett stecken bleibt und Schelmuffsky statt dessen mit einem plumpen paargereimten Gedicht aufwartet, das schon bei der Hochzeit mit dem verbindlich geplanten Tauffest liebäugelt.[9]

9. Werke I, S. 316f.; Werke II, S. 203-205; vgl. auch Euphorion 76, 1982, S. 12.

II

Eine andere, direkt literarisch bezogene Technik Reuters beruht darauf, daß seine Werke sich auf gängiges Liedgut der Zeit beziehen. Es ist eine Form der literarisch-musikalischen Kontrafaktur, die sich dabei im Rahmen historischer Erfolgslieder bekundet. Diese Technik Reuters ist bisher so gut wie gar nicht untersucht worden.

Szene 1 des zweiten Aktes der Komödie von der *Ehrlichen Frau* (1695) wird mit der Anspielung auf einen Rundgesang der Studenten eröffnet. Dieses Lied war damals - zumindest in Leipzig - so bekannt, daß Reuter sich mit dem Zitat der Anfangszeilen begnügen durfte:[10]

Der Schau=Platz zeigt eine Gast=Stube.
Fidele und Edward sitzen mit etlichen Studenten um einen Tisch herumb schmausen und singen:

I

Ich lebe recht vergnügt
Und habe schon obsiegt
Die Plagen etc.

Was ist das für ein Lied, das hier von den Studenten als Gesellschaftslied beim Schmaus abgesungen wird? In der Reuter-Forschung scheint es bislang nicht bestimmt worden zu sein. Auch sonst ist eine nähere Identifikation nicht leicht. Das liegt daran, daß sich kein Druck dieses Liedes vor Reuters Komödie nachweisen läßt.[11] Reuter nimmt also Bezug auf ein damals anscheinend noch junges Lied, das sich im sächsischen Raum, in

10. Werke I, S. 30. - Witkowskis behutsame Modernisierung "und habe schon besiegt" ist hier rückgängig gemacht unter Verwendung von Rolf Tarots Ausgabe, Christian Reuter: Schlampampe. Komödien. Stuttgart 1966, S. [25]; = Universal-Bibliothek Nr. 8712-14.

11. Für wertvolle Auskünfte und weiterführende Hinweise danke ich auch an dieser Stelle Herrn Oberkonservator Dr. Otto Holzapfel vom Deutschen Volksliedarchiv, Freiburg i. Br..

Leipzig, zumal im dortigen studentischen Milieu bereits großer Beliebtheit erfreut. Das Lied ist also ein neuer Schlager, ein 'Hit' unter den zeitgenössischen Gesellschaftliedern. Reuters Verwendung dieses Liedes unterstreicht also eine literarische Tendenz des Verfassers, den angestrebten Bezug auf die Aktualität seiner nicht bloß literarischen, sondern auch gesellschaftlichen Situation.

Nachweislich erschien dieses Lied erstmals in einem Bergliederbüchlein von 1700, das von Elizabeth Mincoff-Marriage unter Mitwirkung von Gerhard Heilfurth kritisch 1936 herausgegeben wurde. Varianten gegenüber der Textfassung, die Reuter im Blick hatte, sind also nicht völlig auszuschließen. Dennoch mag eine Mitteilung der Fassung aus dem Bergliederbüchlein gerechtfertigt sein, da sie erst den Bezugspunkt von Reuters Anspielung erhellt:[12]

Ich lebe recht vergnügt
und habe längst besiegt
die Plagen :/:
und kan mit Warheit sagen
daß mir mein freyer Muth
das allerhöchste Gut
erjaget, erjaget.

2 Wie mancher Narre sitzt
beym Büchern daß er schwitzt
mit Grillen :/:
will er die Welt erfüllen
ein Halbgelehrter steigt
und jener Narre weicht
mit Willen :/:.

12. Bergliederbüchlein. Historisch-kritische Ausgabe. Hrsg. v. Elizabeth Mincoff-Marriage unter Mitarbeit von Gerhard Heilfurth. Leipzig 1936, S. 31-33 Nr. 24. - Auch Lied Nr. 25, ebd., S. 33ff., gehorcht demselben metrischen Strophenschema. - Zur Verbreitung des Liedes 24 vgl. ebd., S. 33 die Anmerkung. - Dr. Holzapfel ergänzt, daß dieses Lied auf Liedflugschriften und in Handschriften noch um 1750 und um 1800 überliefert ist und daß für 1745 und 1769 eine offenkundige Kontrafaktur bekannt ist, das handschriftliche "Lied einer Nonne" ("Ich lebe ganz vergnügt, auf keine Weis verliebt ...").

3 Ich liebe zwar den Fleiß
doch alles Wechsel=Weiß
geschmauset :/:
und wacker drauff gehauset
so haben jeder zeit
die allerbesten Leut
geschmauset :/:.

4 Ich liebe einen Tantz
und trage meinen Krantz
auffrichtig :/:
und bin im Lieben flüchtig
davon laß ich nicht ab
zu lieben biß ins Grab
in Stando, Cubando.

5 Doch wer gedenckt bey sich
daß ich leb liederlich
der beisse :/:
mir ein gut Stück vom Steisse
genug das ich der Welt
mich wie es ihr gefällt
erweise :/:.

6 Zwar um die Courtisie
fall ich nicht auff die Knie
in Lieben :/:
will ich mich nicht betrüben
ich liebe aber doch
hab ich mich keiner noch
verschrieben :/:.

7 Gewißlich ist es mir
anjetzo ein Glaß Bier
weit besser :/:
denn stoltzer Damen Schlösser
ich halt auff einen Freund
ders treulich mit mir meint
weit grösser :/:

8 Und das ihrs eben wist
ich bin der Organist

kan geigen kan pfeifen
und auf Clafieren greiffe(n)
und daß ihrs eben wist
ich bin der Organist
kan geigen, kan pfeiffen.

9 Drum last uns lustig seyn
beym Bier und kühlen Wein
eins trincken :/:
seht unsere Liebsten wincken
ihr Spielleut spielet auff
und streichet wacker drauff
ein Stündgen :/:.

Reuter begnügt sich mit der Anspielung auf das angeführte Lied, das ja auch bei einer Aufführung entsprechend der Intention des Verfassers nicht als vollständig abzusingendes gedacht werden muß. Jedenfalls nimmt der Wortlaut des Dialogs in Szene 2 keinen Bezug auf den Liedinhalt.

Ist mit dem hier mitgeteilten Text eine Auflösung der von Reuter nur signalisierten Anspielung gefunden, so bleibt die nächste Frage aus diesem Bereich nicht lange aus. Die Szenen 1 bis 3 des zweiten Aktes der *Ehrlichen Frau* bilden eine episodisch gestaltete Einheit, zu deren Rundung eben Reuters Technik beiträgt, einleitend wie ausleitend auf studentische oder gesellschaftliche Lieder der Zeit anzuspielen. Am Schluß von Szene 3 heißt es:[13]

Die Studenten fangen hinten wieder an zu sigen.
Mein Mann lebt Tag und Nacht im Sause etc.

III.

Die metrische Form des Liedes "Ich lebe recht vergnügt (...)" kehrt in Reuters Umkreis an mancherlei Stellen wieder, so auch in einer Sammelhandschrift der Österreichischen Nationalbibliothek, Wien, dem Codex Vindobonensis 13.287. Er enthält neben Harlekinaden auch einige Gedichte, die schon von Friedrich Zarncke, dann von Wilhelm Creizenach entweder Christian Reuter

13. Werke I, S. 32.

oder dem Kreis seiner Freunde zugeschrieben worden sind. Diese Textzeugnisse erschienen gedruckt erstmals 1885 und wurden dann in Georg Witkowskis Ausgabe wiederholt.[14] Unbekannt ist die genaue Entstehungszeit dieser Handschrift, unbekannt auch, wann und wie sie an ihren heutigen Aufbewahrungsort gelangte.

Eins dieser Gedichte ist in der Reuter-Forschung besonders häufig herangezogen worden. Seine Überschrift bildet ein Wirkungszeugnis von Reuters Roman und lautet "Schelm Mufsky Ehren Gedichte Auff Des Herrn Bruder Graffens Hochzeit".[15] Seit Georg Ellingers Neudruck der *Ehrlichen Frau* und bis zu Wolfgang Hechts Realienbuch hat man die Bedeutung für Reuter besonders hervorgehoben, weil die Metrik dieses Gedichts zu der jenes Liedes paßt, das Akt II, Szene 1 der Komödie eröffnet. Und im Zuge biographischer Auflösung lag es nahe, eine Brücke zu dem sogen. Urbild des 'Herrn Bruder Graffen' zu schlagen, zu jenem Johann Christian Graff, der nachweislich am 24. November 1696 im Alter von zweiundzwanzig Jahren heiratete.

Eben solche dokumentarische Eindeutigkeit aber wird fraglich, wenn neue Nachweise andere Wege der Wirkung von Literatur ausweisen. Offenbar ist der Bezug der Gedichtüberschrift auf den Herrn Bruder Graff eine Eigentümlichkeit der Wiener Sammelhandschrift. Zwingend aber ist er nicht. So findet sich der Gedichttext mit Varianten gegenüber der Wiener Fassung auch in einer der Anthologien von unterhaltsamen Gedichten bald nach der Wende zum achtzehnten Jahrhundert. Die Sammlung trägt den Titel:

> *Etwas vor alle Menschen/ Das ist/ Neuer Vorrath allerhand recht curiösen auch in beliebtem Schertz die sonst bitter eingehende Wahrheit vorstellender Gedichte/ zum Nutz und Lust der curiösen Welt mit besonderem Fleiß in unterschiedene Parthien gebracht.* [Strich] In der Poetischen Cammer=Druckerey/ 1709.[16]

14. Werke II, S. 407-421; Erstdruck im Archiv für Litteraturgeschichte 13, 1885, S. 434-443.

15. Werke II, S. 413f. - Vgl. auch Georg Ellingers Einleitung in seiner Ausgabe in den Neudrucken deutscher Litteraturwerke des 16. und 17. Jahrhunderts 90/91, Halle a. S. 1890, S. XVf.; ferner W. Hecht, a.a.O., S. 58f.

16. Zu diesem Titel vgl. Hayn-Gotendorf, Bd. II, S. 205, mit der nicht näher begründeten Angabe, der Druck sei in Görlitz bei Rohrlach

Hier lautet der Text:[17]

Schelmufkens Ehren=Gedichte
auff seiner Hochzeit.

Im Thon: Ich lebe recht vernügt/ etc.

1.
FAllt Leute auf den =-=
Und rennet Hauffen=weiß
auffs beste :/:
Auff = = Hochzeit=Feste
Der als ein junger Mann
So hurtig eilen kan *aetat.* 17. J.
zum Neste :/:

2.
Das ist ein guter Sprung/
Ist er gleich noch sehr jung
Ich wette :/:
Sein tausend Schatz Lisette
Die macht ihn schon zum Mann/
Gnung daß er steigen kan
ins Bette :/:

3.
Will gleich kein Bart=Haar noch
Um sein verfressen Loch
sich breiten :/:

verlegt. Curt von Faber du Faur: German Baroque Literature. A Catalogue of the Collection in the Yale University Library. New Haven 1958, S. 344 Nr. 1349, schließt sich den Angaben bei Hayn-Gotendorf an. - Die serielle Anthologie ist in bezifferte "Partien" unterteilt, hat Zwischentitel und eine durchlaufende Seitenzählung. Das von mir benutzte Exemplar in der University Library in Berkeley (U.S.A.) stammt aus dem Vorbesitz von Karl Weinhold. Es weist die 1. bis 6. Partie auf: 8°, [XVI] + 562 Seiten. Andere Exemplare haben ergänzend noch die 7. bis 10. Partie.

17. a.a.O., S. 102f.

Was hat es zu bedeuten/
Es ist ein alter Brauch/
Die Brömmer steigen auch
bey Zeiten :/:

4.

Das Ding ist wohl bestellt
Der Vater gibt ihm Geld
und Essen :/:
Er aber liegt indessen
Beym Weibe/ Wein und Spiel/
Hat er sonst gleich nicht viel
vergessen :/:

5.

Ihr Jungfern dieser Zeit
Herr = = hat wohl gefreyt/
Wünscht Glücke :/:
Daß ihn kein Horn erdrücke
Daß so manch Glück dies Paar
Als = = Bart hat Haar/
beschmücke :/:

6.

Schelmufsky wüntscht und lacht
Daß in der ersten Nacht
Die Liebe :/:
Nicht etwa eine Rübe
Verstöhr: Und daß dieß Paar/
Nicht schwartzer Flöhe Schaar
betrübe :/:

Die Sonderform der unterhaltsamen Gedichtanthologie am Ausgang der Barockepoche ist - wie die meisten Erscheinungsformen der *iocositas* in der deutschen Literatur! - bisher kaum erforscht. So können die auf den hier angeführten Text bezogenen Schlußfolgerungen nur vorläufig sein. Jedenfalls scheint sich schon so daraus die Beliebtheit der auch von Reuter in der *Ehrlichen Frau* anspielend eingeführten Strophenform und der zugehörigen Liedmelodie ablesen zu lassen. Zugleich spiegelt die Überschrift des Liedes eine zeitgenössische Rezeption von Reuters Roman. Da die genannte Anthologie sich überwiegend auf den Wiederabdruck von bereits anderweitig gedruckten Texten beschränkt, müßte nach einer entsprechenden Vorlage gesucht werden. Erst ihr Fund könnte näheren Aufschluß über die fortschreitende Wirksamkeit von Reuters Romangestalt ermöglichen.

Der Abdruck in der Anthologie von 1709 behält zwar den literarischen Eigennamen 'Schelmuffsky' bei, löst aber die direkte Beziehung auf ein Einzelereignis auf, wenn im Text statt der Namensangabe ein jeweils entsprechend der Situation aufzufüllendes, neutrales typographisches Zeichen gesetzt wird. Nur an einer Stelle wird dieses Verfahren durchbrochen, dort nämlich, wo die Randnotiz auf einen namentlich nicht genannten Hochzeiter im zarten Alter von siebzehn Jahren hinweist. Johann Graff, auf den Zarncke den Text der Wiener Sammelhandschrift beziehen wollte, war hingegen im Alter von 22 Jahren in den Stand der Ehe getreten. Nochmals erweist sich damit die Gefahr einer ausschließlich biographistischen Reuter-Deutung.

Das offenbar beliebte und vielleicht noch häufiger aufgegriffene Scherzlied, das ironisch mit der Gattungsüberschrift "Ehren=Gedichte" ausgezeichnet wird, spiegelt also zunächst nur die Wirksamkeit eines zeitgenössischen Gesellschaftsliedes, sodann die von Reuters Namengebung für seinen Romanhelden. Alle weiteren Rückschlüsse auf Reuters Lebensumstände und den ihn umgebenden Personenkreis müssen hingegen als fraglich und vorläufig bezeichnet werden.

IV.

Spätestens 1703 ist Christian Reuter aus dem Umkreis des Dresdner Hofes an den in Berlin übergewechselt. Damals erschien sein erstes Gelegenheitsgedicht auf ein preußisches Hofereignis, 1710 sein spätestes, bisher bekanntes. Eine Anstellung oder gar ein Amt bei Hofe war damit offenbar nicht verbunden, da Reuters Name in entsprechenden Haushaltungsbüchern oder anderen Archivalien zu fehlen scheint. Die Reuter-Forschung hat deshalb auf Armut und kümmerliche Verhältnisse für die Berliner Jahre des Verfassers geschlossen. Alle lebensgeschichtlichen Rückschlüsse müssen den literarisch belanglosen, eben zweckhaft dem

Lebensunterhalt dienenden Gelegenheitsgedichten abgelesen werden. Sie heben sich von der Dutzendware solcher zeittypischer Produktionen keineswegs ab.

Eine eingehende Darstellung der Berliner Hofdichtung zur Zeit nach dem Erwerb der Königswürde fehlt bisher. Friedrich III. (1688 - 1713) hatte sich am 18. Januar 1701 in Königsberg gekrönt und war so als Friedrich I. zum König in Preußen geworden. Die nächsten Jahre seiner Regierung sind von einem üppigen Hofleben gekennzeichnet. Das lag weniger an dem König als an seinem leitenden Minister. Nach der Entlassung bzw. dem Sturz von Eberhard von Danckelmann Ende 1697 war seit 1702 Johann Kasimir Kolbe von Wartenberg zum einflußreichsten Politiker bei Hofe geworden. Sein Günstlingsregiment, das Hofkabalen wie auch höfische Feste förderte, kam Ende 1710 nach Aufdeckung seiner Mißwirtschaft zu einem unrühmlichen Abschluß.[18]

Reuters Wirksamkeit als Gelegenheitsdichter am Berliner Hofe fällt mit dieser politischen Phase zusammen. Von den acht bisher bekannten Gelegenheitsdichtungen[19] sind alle an personale Ereignisse des Königs oder der Königin geknüpft: die Wiederkehr des Krönungstages 1703 und 1705, den Geburtstag des Königs 1703, 1705, 1708 und 1710, das Begräbnis von Königin Sophie Charlotte 1705 und schließlich den Einzug von Königin Sophie Louise 1708. Das Geburtstagsgedicht für den König im Jahre 1703 trägt auf dem Titel den Beisatz "Auf Ihrer Majestät der Königin hohes Anordnen" und weist zudem die Komposition des Musikmeisters der Königin, Attilio Ariosti, auf.[20] Offenbar verkehrte Reuter also zumindest zeitweilig in den höchsten

18. Vgl. etwa Otto Hinze: Die Hohenzollern und ihr Werk. Fünfhundert Jahre vaterländischer Geschichte. Berlin ^{2}1915, bes. S. [255]-272.

19. Werke II, S. [311]-370. - Zum Hintergrund vgl. Friedrich Zarncke: Weitere Mitteilungen über Christian Reuter, den Verfasser des Schelmuffsky. In: Berichte über die Verhandlungen der Königlich Sächsischen Gesellschaft der Wissenschaften zu Leipzig. Philologisch-historische Klasse 39, 1887, bes. S. 88-100. - Vgl. in G. Dünnhaupts Handbuch die Werknummern 5-9, 11-12, F 6 im Abschnitt über Christian Reuter.

20. Werke II, S. [317].

Kreisen. Dem entspricht auch, daß zwei der Gedichte bei dem ersten preußischen Hofbuchdrucker Ulrich Liebpert[21] erschienen, drei bei Gotthard Schlechtiger[22], einer bei Johann Wessel[23], während zwei nur handschriftlich bekannte Gedichte offenbar von einem Briefmaler, C. S. Wolff[24], "gemalt" sind. Im Umkreis der Berliner Produktion dieser Druckhäuser dürften, wenn überhaupt, weitere Funde zu Reuters Tätigkeit als Gelegenheitsdichter am preußischen Hofe möglich sein.

Ein solcher kleiner Fund ergab sich bei einer flüchtigen Durchsicht von schlesischen Altbeständen, die heute in der Biblioteka Uniwersitecka in Wrocław (Polen) verfügbar sind. Der Text lautet zeilengetreu:[25]

21. Vgl. Josef Benzing: Die Buchdrucker des 16. und 17. Jahrhunderts im deutschen Sprachgebiet. Wiesbaden 1963, S.48; = Beiträge zum Buch- und Bibliothekswesen, Bd. 12; ders.: Die deutschen Verleger des 16. und 17. Jahrhunderts. In: Archiv für Geschichte des Buchwesens 18, 1977, nicht verzeichnet. - Liebpert war bis zu seinem Tode 1714 tätig.

22. J. Benzing: Buchdrucker, S. 49; ders.: Verleger, nicht verzeichnet. - Schlechtiger, zuvor bei Liebpert tätig, machte sich 1700 selbständig. Er starb 1724.

23. J. Benzing: Buchdrucker, S. 48 s.v. Robert Roger; ders.: Verleger, nicht verzeichnet.

24. Nicht bei Thieme-Becker. - Die Handschriften tragen die Angabe "C. S. Wolff pinxit".

25. Das Exemplar trägt die Signaturziffer: 55 75 12. - Ich danke Herrn mag. Adam Skura von der genannten Bibliothek und Herrn Prof. Dr. habil. Marian Szyrocki (Wrocław/Polen) für geduldige Hilfen bei der Bereitstellung des Drucks und bei der Anfertigung einer Kopie. - Das Exemplar umfaßt vier Seiten in Großquart. Die Wiedergabe vernachlässigt die unterschiedlichen Typengrößen und die üppig eingestreuten Zierbuchstaben. Antiqua der Vorlage ist kursiv wiedergegeben. Strophe 3 Zeile 3 und Strophe 4 Zeile 5 sind die offensichtlichen Druckfehler, Strophe 5 der grammatische Fehler beibehalten worden, da sie den Typus des eilig angefertigten Gelegenheitsdrucks veranschaulichen, für den anscheinend keine eingehende Korrektur vorgenommen wurde.

[S. 1] Allerunterthänigster
Glück=Wunsch/
Bey dem
Mit GOtt höchst glücklich erlebten Hohen
Gebuhrts=Feste/
Der
Allerdurchl. und Großmächtigsten
Königin
von Preuszen/ etc.
Am 6ten. May/ dieses 1711ten. Jahres
In tieffster *Submission* gewidmet
Von
Christian Reutern/
Jur. u. Candidat.
[Zierleiste]
Cölln an der Spree/
Druckts Ulrich Liebpert/ Königl. Preuß. Hof=Buchdr.

[S. 2] [Zierstück]

VIVAT.
S. L.

1.

Wünscht/ Charlottenburger/ Glücke
Preußens Großer Königin!
Keiner bleibe heut zurücke/
Auff! ermuntert Hertz und Sinn!
Ihr beliebten Musen=Söhne/
Stimmt mit an ein Lust=Gethöne!

[S. 3] 2.

Werfft den Flor nur auf die Seite!
Nymphen, stellt das Trauren ein!
Denn ihr sollt und müßt nun heute
All im HErren frölich seyn/
Und der Königin zu Ehren
Treue Wünsche lassen hören.

3.

Schicket Euch mit GOtt zur Freude!
    Und verrichtet Eure Pflicht/
König Friderichs Augen-Weide
    Feyret heut Ihr Lebens-Licht/
Laßt uns dieses Fest besingen/
Helfft mit mir ein Opffer bringen.

[S. 4] 4.

Wünscht mit mir zu dieser Stunde:
    Lebe/ Königin/ erfreut!
Rufft mit mir aus Hertzens Grunde:
    GOtt/ beschütze Du für Leid
Friedrichs Lust und und Friedrichs Leben!
Höchster gib/ was Ihr zu geben!

5.

Laß im Höchst-vergnügten Stande
    Diese fromme Fürstin seyn!
Laß der Mutter dieser Lande
    Vielmahl Ihren Lebens-Schein
In gewünschter Ruh und Friede
Feyren/ biß Sie Lebens-müde!

[Zierstück]

Der bescheidene Text Reuters sticht keineswegs positiv von seinen übrigen höfischen Gelegenheitsdichtungen ab. So ist es müßig, hier seinen literarischen Wert eingehend zu erörtern. Der an die Charlottenburger Bevölkerung gerichtete Text ist mit den üblichen Versatzstücken aus der Mythologie verbrämt, denen die Anrufungen des christlichen Gottes unvermittelt beigesellt sind.

Das isometrische, fünfstrophige Gedicht hat die Metrik eines vierhebig trochäischen Kreuzreims mit wechselndem Reimgeschlecht und eines gleichgebauten Paarreims mit weiblicher Kadenz. Aufbau und innere Unterteilung dieser Strophe, die sich sonst bei Reuter nicht findet, lassen auf eine Möglichkeit der

Sangbarkeit schließen. Die Strophe ist traditionsreich in der damaligen deutschen Literatur.[26] Sie war durch Ambrosius Lobwassers Übersetzung des Hymnus *Pange lingua* in der Form "Mein Zung nun frölich singe (...)" in die deutsche Literatur eingeführt und dann von Martin Opitz in seiner Hohelied-Paraphrase, von Andreas Gryphius in seiner weltanschaulichen Dichtung oder von Paul Fleming in seiner Liebesdichtung ("Ein getreues Herze wissen ...") aufgegriffen worden. Daneben stehen gleichwertig auch geistliche Verwendungen dieser Strophenform, am erfolgreichsten wohl in Johann Rists Neujahrslied "Hilf, Herr Jesu, laß gelingen ...", das schon 1661 in Johann Crügers *Praxis pietatis melica* im Brandenburgischen erscheint und in den Gesangbüchern der Jahrhundertwende meist auf fünf Strophen verkürzt wird.[27] Eine mögliche Verknüpfung dieses weitverbreiteten Kirchenliedes und des reuterschen Huldigungsgedichts kann sich zudem auf die Beobachtung stützen, daß ein geistliches Lied zum Jahresbeginn und ein Gedicht auf den Geburtstag eines Potentaten durchaus zueinander passen. Überdies wird man bei einer Bewertung des reuterschen Texts auch den Hintergrund berücksichtigen müssen, daß die aus Mecklenburg stammende dritte Gemahlin Friedrichs I. "bald nach der Heirat 1708 in Tiefsinn verfallen" war.[28]

Wichtiger als solche Beobachtungen ist dann die Feststellung, daß Christian Reuter jedenfalls noch 1711 am Berliner Hof literarisch tätig war. Das hier mitgeteilte Glückwunschgedicht ist Reuters spätestes, bisher nachgewiesenes 'Werk'.

Ob die ab 1711 einsetzende Veränderung des Lebensstils am Berliner Hof, auf die oben kurz verwiesen worden ist, etwas mit dem anscheinend damals einsetzenden Verstummen Reuters zu tun

26. Vgl. Horst Joachim Frank: Handbuch der deutschen Strophenformen. München 1980, S. 473-475: 6. 29 [44 44 44], dessen Hinweise im folgenden dankbar berücksichtigt sind.

27. Vgl. die übersichtlichen Angaben bei Albert Friedrich Wilhelm Fischer: Kirchenlieder-Lexicon. Hymnologisch-literarische Nachweisungen über ca. 4500 der wichtigsten und verbreitetsten Kirchenlieder aller Zeiten in alphabetischer Folge nebst einer Übersicht der Liederdichter. Gotha 1878, S. 363.

28. Vgl. Allgemeine Deutsche Biographie. Leipzig 1878, Bd. 7, S. 635.

hat, läßt sich bei der bisherigen Forschungslage nicht eindeutig bestimmen.

Noch in einer weiteren Beziehung läßt sich dem aufgefundenen Exemplar ein dokumentarischer Beleg für Reuters Einschätzung bei Hofe ablesen. Das Exemplar trägt einen alten Stempel "Bibl. Bernhard. Vrat." und gehört so zum Altbestand der Bernhardinischen Bibliothek in Breslau, jener Sammlung also, die seit 1697 zweimal wöchentlich allen Liebhabern der Literatur freizügig geöffnet war.

Auf der Titelseite nun findet sich überdies ein Eintrag von alter Hand. Er besagt:

> Der König hat bey der Überreichung gesagt:
> Gebt dem Berenheuter
> Christian Reuter
> 30 r[eichs]th[a]l[er]
> und dann nichts weiter.
> *referente Andrea Luppio, Bibliopola Berolinensis.*

Damit wird die Entlohnung einer Huldigungsdichtung an diesem Einzelbeispiel durchschaubar. Es war ein durchaus fürstliches Geldgeschenk! Man braucht nur die erschließbaren Lebenshaltungskosten der damaligen Zeit heranzuziehen, um ermessen zu können, wieviele - bzw. wie wenige! - Gedichte dieser Art bei entsprechender Entlohnung nötig waren, um einem Verfasser ohne berufliche Anstellung - auch nach Abzug der Papier- und Druckkosten - sein Auskommen zu sichern. An Anlässen zu solchem Dichten mangelte es ja nicht. Das dürfte für eine Kontrolle von Reuters gemutmaßten dürftigen Verhältnissen während der Berliner Jahre und auch für seine potentielle literarische Produktion während dieses Zeitraums nicht unerheblich sein.

Des weiteren läßt sich dem immerhin sogar gereimten Dictum des Königs, also einem Witzwort, das als Nachricht und Neuigkeit weitergegeben wurde, auch wohl ablesen, daß Friedrich I. mit Christian Reuter jedenfalls persönlich bekannt war. Ob die Bezeichnung 'Bärenhäuter' hier als Ausdruck der Schelte oder eines gutmütigen Wohlwollens zu deuten ist,[29] läßt sich dem knappen Sätzchen wohl nicht entnehmen, ebensowenig, ob das "und dann nichts weiter" zusätzliche Gunstbezeugungen ausschließt oder gar diese Entlohnung als die letzte derartige meint.

Schließlich tritt mit dem Zeugen für den königlichen Ausspruch eine überaus schillernde Gestalt des damaligen Berliner Buchgewerbes in den Umkreis Reuters. Andreas Luppius[30] war 1654 in Kyhna, Kreis Delitzsch, als Pfarrersohn geboren worden, stand schon 1667 in der Leipziger Matrikel, war 1684 in Nymwegen und Amsterdam gewesen und noch im selben Jahr an der jungen preußischen Universität in Duisburg immatrikuliert worden. Danach wurde er Buchhändler in Wesel, hatte Filialen in Duisburg und Frankfurt am Main und war alsbald auch als Verleger tätig geworden. Dabei ergaben sich Auseinandersetzungen mit Philipp Jakob Spener.[31] Seit 1688 setzte sich Luppius als Verleger für Quirinus Kuhlmann ein.[32] Und schon 1686 war Luppius als kurfürstlich brandenburgischer Buchhändler und Buchdrucker mit Privileg bestallt worden. In dieser Eigenschaft erstreckte sich sein Handel nachweislich bis nach Halle, Dresden und Leipzig.

Ob Luppius mit Reuter überhaupt bekannt war, ist freilich nicht auszumachen. Jedenfalls trägt kein Druck von Reuters literarischen Arbeiten die Verlagsangabe von Luppius.[33]

29. Vgl. Deutsches Wörterbuch von Jacob Grimm und Wilhelm Grimm. Leipzig 1854, Bd. 1, Sp. 1128.

30. J. Benzing: Buchdrucker, S. 167; ders.: Verleger, Sp. 1207.

31. Vgl. die Einleitung von Dietrich Blaufuß in Philipp Jakob Spener: Der Klagen über das verdorbene Christentum Mißbrauch und rechter Gebrauch 1685 - Natur und Gnade 1687. Eingeleitet von Dietrich Blaufuß und Erich Beyreuther. Hildesheim - Zürich - New York 1984, S. 18f., 21-25, 31f.; = Philipp Jakob Spener Schriften. Hrsg. v. Erich Beyreuther. Bd. IV. - Diesen Hinweis verdanke ich Herrn Dr. Udo Sträter von der Spener-Arbeitsstelle der Ruhr-Universität Bochum.

32. Vgl. Walter Dietze: Quirinus Kuhlmann. Ketzer und Poet. Versuch einer monographischen Darstellung von Leben und Werk. Berlin 1963, S. 226, 254f., 258, 266, 296, 474 Anm. 166; = Neue Beiträge zur Literaturwissenschaft, Bd. 17.

33. Zu den bei Luppius gedruckten Werken vgl. die Zusammen-

Überhaupt ist das Breslauer Exemplar ja wohl so zu deuten, daß ein schlesischer Besucher in Berlin den kleinen Druck erwarb und die berichtete Anekdote auf dem Titelblatt festhielt.

Postscriptum

Die vorstehenden Scherflein dürften kaum ausreichen, um die Frage abschließend zu beantworten, ob Christian Reuter nun ein Klassiker ist oder nicht. Wohl aber können und sollen die kleinen Beiträge die Schwierigkeiten bei jeder Kommentierung der Werke Reuters nachdrücklich unterstreichen, allgemein auf den immer noch offenen Forschungsstand hinweisen und vor allem die Notwendigkeit einer gründlichen und eingehenden Untersuchung über Christian Reuter und seine Drucker und Verleger betonen.[34] In diesem Ziel liegt Absicht und Anspruch der hier überreichten Scherflein.

stellung bei Peter Jürgen Mennehöh: Duisburg in der Geschichte des niederrheinischen Buchdrucks und Buchhandels bis zum Ende der alten Universität (1818). Duisburg 1970, S. 293-307; = Duisburger Forschungen, 13. Beiheft. - Über die Drucktätigkeit von Luppius in Brandenburg vgl. ferner Walter Hollweg: Geschichte der evangelischen Gesangbücher am Niederrhein im 16. - 18. Jahrhundert. Gütersloh 1923, S. 103ff.

34. Vgl. schon Euphorion 76, 1982, S. 18.

Leonard Forster

WECKHERLIN UND HAINHOFER

Unter den Papieren Philipp Hainhofers in der Herzog August Bibliothek[1] Wolfenbüttel befinden sich Notizen über seine Korrespondenz mit Georg Rodolf Weckherlin, die den deutschen Dichter in einem ungewohnten Licht erscheinen lassen.

Hainhofer war an der Planung und Ausfertigung der berühmten Augsburger Schränke maßgeblich beteiligt.[2] Hier war er in seinem

1. Es handelt sich um die Handschriften Cod.Guelf.Aug.4°.17.22.22-29, Copierbuch i.e. Copiae der von Philippus Hainhofer an underschiedliche Orth und Personen geschriebenen Briefe, 8 Bände. Otto von Heinemann: Die Handschriften der Herzoglichen Bibliothek zu Wolfenbüttel 2.IV. Wolfenbüttel 1900. S.228f. Dazu neuerdings Ronald Gobiet: Der Briefwechsel zwischen Philipp Hainhofer und Herzog August d.J. von Braunschweig-Lüneburg (= Forschungshefte herausgegeben vom Bayerischen Nationalmuseum München, 8., München 1984, wozu die aufschlußreiche Rezension von Jill Bepler in: Wolfenbütteler Barock-Nachrichten XII. 3, Dezember 1985, S.123f. Es sind mehrere Hände vertreten.

Zu H a i n h o f e r ADB Supplement; Friedrich Blendinger in: NDB Bd. 7 (1936). S.524f. und dort angeführte Literatur; seitdem Karl Bosl: Bosls Bayerische Biographie. Regensburg 1982. S.298; Ludwig Krapf und Christian Wagenknecht. Stuttgarter Hoffeste, Textband. Tübingen 1979; Ausstellungskatalog Welt im Umbruch: Augsburg zwischen Renaissance und Barock. Augsburg 1980, Bd.I S.376, Bd.II S.259; Gobiet, wie oben, sowie Literatur über die Kunstschränke in Anmerkung 2. Eine umfassende Monographie wäre sehr zu wünschen.

2. Zu den K u n s t s c h r ä n k e n im allgemeinen J. Lessing und A. Brüning: Der pommersche Kunstschrank. Berlin 1905; Julius von Schlosser: Die Kunst- und Wunderkammern der Spätrenaissance. Leipzig 1908; Liselotte Möller: Der Wrangelschrank und die verwandten süddeutschen Intarsienmöbel des 16. Jahrhunderts. Berlin 1956; Detlef Heikamp: Zur Geschichte der Uffizien-Tribuna und der Kunstschränke

Element. Sein schöpferischer Geist und sein künstlerisches Gespür, sein kaufmännisches Geschick und seine humanistische Bildung, seine diplomatischen Beziehungen und nicht zuletzt sein persönliches Engagement wirkten zusammen. Von der ersten Skizze bis zur erfolgten Auslieferung des fertigen Kunstwerkes war er daran engagiert.

Der berühmteste dieser Schränke war der sogenannte Pommersche Kunstschrank, den Hainhofer für seinen langjährigen Gönner Herzog Philipp II. von Pommern in Auftrag gegeben hatte. Im August 1617 hat ihn Hainhofer persönlich dem Herzog überreicht; der Anlaß wurde in einem Bild festgehalten. Dazu schreibt Georg Himmelheber:[3]

> Es handelt sich dabei um einen 1,30 m hohen Schrein, ganz aus Ebenholz gefertigt, überreich mit getriebenen Silberornamenten beschlagen, mit Figuren besetzt, bekrönt von einer in Silber getriebenen und vergoldeten Gruppe des Parnass. Allseits läßt sich das Modell öffnen; in seinem Innern verbergen sich zahlreiche Laden und Fächer, Züge und Klappen, die ihrerseits wieder aufs schönste und kostbarste verziert sind. Alle nur denkbaren Materialien sind verwendet, nicht nur kostbare fremdländische Hölzer und die verschiedensten unedlen und edlen Metalle sondern auch Email, Glas, Elfenbein, Perlmutter, Schildplatt, Leder und Seide. Mehr als 200 verschiedene Arten von Dingen sind in den Fächern untergebracht und bilden einen festen Bestandteil des Ganzen: Geräte zur Körperpflege und für die Gesundheit, verkleinertes Werkzeug der verschiedensten Gewerbe, astronomische und mathematische Geräte, Schreibzeug und Spiele. Möbel und Inhalt waren eine Einheit, das Ganze ist ein allegorisches Schaustück mit einem kosmologischen Programm und einem Sinngehalt, der demjenigen der gleichzeitigen fürstlichen Kunst- und Wunderkammern entspricht.

Dieser Schrank ist nicht mehr erhalten; er wurde im 2. Weltkrieg vernichtet. Aus Hainhofers Korrespondenz und aus anderen

in Florenz und Deutschland. In: Zeitschrift für Kunstgeschichte XXVI (1963) S.193ff.; Welt im Umbruch (wie Anm.1), Bd.II SS.58f,467f.; Arne Losman: Ausstellungskatalog En värld i miniatyr, kring en samling från Gustav II Adolfs tidevarv (= Skrifter från Kung.Husgerådskammaren 2), Stockholm 1982; Dieter Alfter: Die Geschichte des Augsburger Kabinettschrankes. Diss. Hamburg 1981.

3. Welt im Umbruch (wie Anm.1). Bd.II S.58.

Quellen weiß man von mehreren ähnlichen Kunstschränken, die er zum Teil selbst in Auftrag gegeben hat oder die nach seinem Vorbild entstanden. Davon sind einige erhalten geblieben.

Was war die Funktion dieser Schränke? Das hat Detlev Heikamp[4] eindrücklich formuliert:

> Kunstschränke sind in erster Linie symbolische Schaustücke. Ihr praktischer Verwendungszweck ist nur noch als ferne theoretische Möglichkeit angedeutet. Das Programm, das Allegorienschmuck und Inhalt zusammenbindet und durchwirkt, entspricht in seinen Grundzügen wieder dem geläufigen Schema des Kosmos.

Ein Statussymbol also, ein Machtsymbol, so gut wie völlig ohne praktischen Wert; der Besitz einer solchen Welt in Miniatur war ein Zeichen dafür, daß man auch die umgebende physische Welt im Griff hatte, stellte also ein Propaganda-Imponderabile ersten Ranges dar.[5]

Die Herstellungskosten waren enorm. Oft suchte Hainhofer Auftraggeber und Financier schon vor Arbeitsbeginn zu sichern. War aber ein solcher Schrank hergestellt, ohne daß ein bestimmter Interessent in Aussicht stand, wurden die Probleme des schnellen Absatzes vordringlich. In dieser Lage befindet sich Hainhofer, als seine Korrespondenz mit Weckherlin einsetzt.

Sie werden einander nicht ganz unbekannt gewesen sein. Beide waren bei der württembergischen Kindstaufe 1616 zugegen und beide haben eine Beschreibung davon verfaßt - Hainhofer für Philipp von Pommern und Weckherlin, der schon an der Vorbereitung des Festes beteiligt war, für seinen Landesfürsten Johann Friedrich von Württemberg.[6] Sie werden fast unvermeidlich miteinander zu tun gehabt haben, obwohl sie einander nicht erwähnen. Hainhofer wußte, daß von württembergischer Seite eine Publikation geplant war; er erwähnt 'Herzog Julii Fridrichs Secretarius der Assum', der 'Beuelch alles recht zu beschreiben' gehabt.[7] Es handelt sich hier um die *Wahrhaffte Relation...durch*

4. Heikamp (wie Anm.2). S.230.

5. Losman (wie Anm.2). S.11.

6. Krapf und Wagenknecht (wie Anm.1). SS.XXIII und 315; Adolf von Oechelhäuser, Philipp Hainhofer über die Stuttgarter Kindtaufe im Jahre 1616, in: Neue Heidelberger Jahrbücher I (1891), S.254ff.

7. Oechelhäuser (wie Anm.6). S.311; Krapf und Wagenknecht (wie Anm.1), S.357, wo auch Auszüge aus Assums Werk.

Philopatrida Charitinum des Johann Augustin Assum, die 1616 bei Johann Weyrich Rößlin in Stuttgart erschien. Man hatte offenbar mit früherem Erscheinen gerechnet und ließ deshalb in aller Eile Weckherlin eine kurze Beschreibung liefern, den *Triumf Newlich bey der F. kindtauf zu Stutgart gehalten,* mit der englischen Fassung *Triumphall Shevvs set forth lately at Stutgart,* die beide ebenfalls bei Rößlin erschienen. Assums Vorrede ist 13. August datiert, Weckherlins 28. April und die englische Fassung 'the day of Iohn Baptist'(24. Juni). Hainhofer wird wohl davon erfahren haben. Rührig und kontaktfreudig wie er war, wird er wohl gern die Gelegenheit ergriffen haben, diese eher flüchtige Bekanntschaft in späteren Jahren auszunutzen.

Aber ehe der Name Weckherlin in Hainhofers Aufzeichnungen auftritt, hatte dieser schon Beziehungen zum englischen Hof geknüpft und Aufträge erledigt, für welche die Bezahlung noch ausstand. In seinen Briefen erwähnt er gern die Dienste, die er der englischen Krone und durchreisenden englischen Diplomaten erwiesen hatte. Auf die Einzelheiten geht er diskreterweise nicht ein. Man wäre geneigt, diese Beteuerungen für eine diplomatisch-rhetorische Floskel zu halten, hätten wir nicht einen wichtigen Brief[8] von Sir Henry Wotton an den englischen Staatssekretär Sir Robert Naunton vom 5. Juli 1618:

> It may please his Majesty to understand that there is in Augusta one Philip Hainhoffer, a Patricius of that small community. This man holds correspondence with divers princes, and doth much desire to have some relation towards the King. In plainer language, a pension of about one hundred pounds yearly, promising to entertain his Majesty with many curious things. I have not with him any acquaintance by sight, but I find him by his letters and by report easy to be moulded as we list; whereupon I have lately conceived a notable use of him for the

8. Logan Pearsall Smith, Life and Letters of Sir Henry Wotton, Oxford 1907, Bd.II, S.147. Augusta = Augsburg; Rhemes = Reims; Doway = Douai; St Omers = Saint-Omer. Augsburg war tatsächlich ein geeigneter Ort für solche Machenschaften. 1623 klagten die Venezianer über Verletzung des Postgeheimnisses in Augsburg: A.B. Hinds: Calendar of State Papers and Manuscripts relating to English Affairs existing in the Archives and Collections of Venice and in the other Libraries of Northern Italy. London 1911. Bd.XVII. S.541.

King's service. Augusta (his natural seat) is the place where all the letters and packets do weekly concentrate, and there they be first severed in the common valigia and thence distributed to and fro into sundry parts. Now the thing that I would wish done is the intercepting of the Jesuits' packets, and particularly those that pass ultra citraque between the English priests in England and Rome, and the intermediate places of Rhemes, Doway, St Omers, and others. This can be done nowhere so featly as in Augusta; nor by none so easily as himself, who commandes there the master of the posts, and by his correspondence from divers parts, haunts him weekly. So that he hath great opportunity to do this thing; and may transport them continually to his Majesty through your hands under a new cover. If therefore it may please the King to give me authority to handle this business with him, and to promise him his gracious favour upon such a piece of meritorious curiosity, I will tentatively propound it unto him in my return homewards that way; and be provided in the meanwhile, by a friend I have in Rome, to instruct him under which seals and names these intelligences pass.

Wotton war damals englischer Botschafter in Venedig und kannte sich auch in Deutschland gut aus. In London ging man auf seinen Vorschlag ein. Vor Ende des Jahres wird Hainhofer diese sehr vertrauliche Tätigkeit schon begonnen haben. Es ist begreiflich, daß er nicht darauf zu sprechen kommt; seine Korrespondenten wußten ja Bescheid. Unsicher ist, wie lange er sie auszuüben imstande war; die Jesuiten werden wohl bald bemerkt haben, daß Briefe verloren gingen. Mit den 'many curious things', die er seiner Majestät verspricht, können natürlich wertvolle Nachrichten gemeint sein, aber im Licht der späteren Korrespondenz ist wohl eher anzunehmen, daß er jetzt schon an Kunstgegenstände denkt, vielleicht gar an den Schrank, den er dann ab 1625 in England zu verkaufen suchte. Kaum ein Jahr vorher, im August 1617, war ihm ja das große Geschäft mit dem Pommerschen Kunstschrank gelungen.

Er will also nicht erst mit Hilfe Weckherlins Kontakte zu englischen Kunden aufnehmen, denn er hat sie schon. Seine Kunden waren aber, wie damals nicht selten, im Zahlen sehr saumselig; er wollte durch Weckherlin entweder Druck auf sie ausüben oder neue, produktivere Beziehungen herstellen. Er suchte vor allem Kontakt zur königlichen Familie, der er einen Schrank verkaufen wollte, und zu diesem Zweck mobilisierte er alle seine Bekanntschaften am englischen Hofe. Zum Financier Burlamachi in London hatte er Beziehungen. In späteren Jahren hat Hainhofers Neffe Hieronymus Hainhofer, der in London wohnte, an Ort und Stelle als persönlicher Vertreter seines Onkels handeln können. Hainhofers Korrespondenz mit Weckherlin ist also nur ein Teil eines ausgedehnten Manövers, das sich über viele Jahre erstreckte und viele Menschen mitbetraf.

In Hainhofers Briefbuch erscheint Weckherlin 1626-7, dann eine Zeitlang nicht mehr, dann je einmal im Dezember 1632 und Oktober 1633, und ein letztes Mal im Januar 1636. In den späteren Briefen handelt es sich nicht mehr um Schränke, sondern um andere Wertgegenstände und vor allem um Bezahlung rückständiger Schulden. 1635 waren die Schweden aus Augsburg weggezogen und die Stadt war katholisch geworden; Hainhofer war damit in Ungnade gefallen (und sollte 1647 verarmt sterben); jetzt ging es um die Aufbietung aller Effektiven und erst recht um die Eintreibung ausstehender Schulden.

Was nun die Schränke angeht, so hatte Hainhofer schon 1625 zu Lebzeiten des eher sparsamen Königs Jakob I. Sondierungen vorgenommen. Die Sammlerinteressen des Nachfolgers Karl I. werden ihm bald zu Ohren gekommen sein, nicht zuletzt durch Sir Henry Wotton und den Earl of Arundel, letzterer selber ein berühmter Sammler vor allem italienischer und antiker Kunst. So war es verständlich, daß er sich sehr anstrengte, um mit den Kreisen um den König in fruchtbaren Kontakt zu treten. Es war aber eine unvorsichtige Spekulation. Die königliche Schatzkammer war alles andere als gut dotiert,[9] der König sah sich wiederholt gezwungen, unpopuläre (und zum Teil gesetzwidrige) Steuern aufzuerlegen; seine Zahlungsfähigkeit war nicht über jeglichen Verdacht erhaben. Außerdem hatte, wie wir sehen werden, Hainhofer schon mit Lord Doncaster unliebsame Erfahrungen gemacht. Hainhofer zeigt sich über die Zustände am englischen Hof im allgemeinen gut informiert; diese allem anderen zugrundeliegende Situation hatte er aber offenbar nicht recht

9. S.R. Gardiner: History of England from the Accession of James I. to the Outbreak of the Civil War 1603-1647. London 1900. Bd.X. Appendix, mit statistischen Tafeln.

erkannt. So ziehen sich durch seine ganze Korrespondenz mit England wie ein roter Faden die ständigen und berechtigten Querelen um Geld.

Die Engländer hatten ganz anderes mit Hainhofer vor. Er saß an einem wichtigen Knotenpunkt des europäischen Postwesens und war als kenntnisreicher, erfahrener und zuverlässiger Berichterstatter bekannt; man hatte schon Erfahrungen mit ihm gemacht. Nun wollte man ihn als Berichterstatter (wieder?) gewinnen. Weckherlin hatte erst vor kurzem seine Stelle im Amte des Staatssekretärs angetreten. Dazu gehörte der Nachrichtendienst und die Herstellung von Kontakten mit Berichterstattern im Ausland. Er war immer darauf aus, geeignete und zuverlässige Korrespondenten in sein Nachrichtennetz einzubeziehen. Am 25. Mai 1626 schreibt er ganz offen darüber an Johann Georg Grobius, den hessischen Agenten in Den Haag:

> m'obligeriez beaucoup si me pouviez et vouliez donner ouverture, ou me nommer quelqu'amy, se tenant à la cour ou Imperialle ou Bavaroise ou celle de Bonne, ou de quelque Grand de nos Ennemis, pour en pouvoir soutenir avec luy une intelligence syncere, En le recompensant pour ses services.[10]

Gegen diesen Hintergrund gesehen ist es klar, daß die Mitarbeit Hainhofers für ihn ein beachtlicher Erfolg sein würde.

Das waren also die Absichten der beiden Kontrahenten. Sonst sind die Einzelheiten undurchsichtig und die allgemeine Lage verworren. Hainhofer ist es jedenfalls nicht gelungen, seinen Schrank in England an den Mann zu bringen.

Es kann meine Sache nicht sein, unter den bezeugten oder noch vorhandenen Stücken den Schrank zu identifizieren, den Hainhofer in England verkaufen wollte. In seiner Korrespondenz ist begreiflicherweise wiederholt von Schränken die Rede; es ist aber nicht immer klar, ob es sich jedesmal um das gleiche Möbelstück handelt. Diese reizvolle Frage muß den Kunsthistorikern überlassen bleiben. Mein Anliegen in diesem Beitrag ist es, die Briefe Hainhofers an Weckherlin so zu edieren, daß sie in die große Edition der Korrespondenz Weckherlins, die durch Dr.

10. Berkshire County Record Office Reading, Trumbull Papers, Misc. Corr., vol. XVIII, no. 16.

Jill Bepler an der Herzog August Bibliothek bearbeitet wird, aufgenommen werden können. Deshalb bleibt der Kommentar auf ein Minimum beschränkt.

Am 6. März 1625 schreibt Hainhofer vier Briefe nach England;[11] er hatte zwei Anliegen. Das erste war die Eintreibung einer ausstehenden Schuld von 57 ungarischen Dukaten oder Zecchini, die er für Lord Doncaster[12] zur Zeit seiner Mission in Deutschland 1619 ausgelegt hatte. Bei dieser Gelegenheit hatte Doncaster in Stuttgart Station gemacht, wo er von Weckherlin mit einem englischen Gedicht *Panegyricke to the Lord Hays* begrüßt worden war. Auf der Weiterreise nach Salzburg war er in Augsburg gewesen, wo er mit Hainhofer bekannt geworden war, der ihm offenbar eine Kostbarkeit verkauft oder ihm das Geld einfach vorgestreckt hatte.[13] Doncaster steckte immer in Geldnöten und war als Verschwender bekannt.

Mit diesem Anliegen verband sich ein zweites. Hainhofer wollte für den Verkauf eines Kabinettschranks in England den Boden vorbereiten und zwar gerade in den Kreisen, zu denen Doncaster gehörte. Zu diesem Behuf hatte er einen Vertrauensmann nach England geschickt, Johann Honthemius von Köln,[13a] der für beide Anliegen zuständig war; er sollte von Doncaster das Geld erlangen und zu gleicher Zeit für den Schrank werben. Hainhofer schreibt eine Empfehlung für ihn an Doncaster mit einer verführerischen Beschreibung des Schrankes; der wunde Punkt von Doncasters

11. Cod.Guelf.Aug.4°.17.27,fo.9v an Wotton, italienisch; 10v an Burlamachi, italienisch; 11v an Doncaster, französisch; 11r an 'Sr Giouan: Georg: Angl.:', italienisch.

12. James Hay, sukzessive Lord Doncaster und Lord Carlisle: DNB XXV. 265ff.; Gardiner (wie Anm.9) Bd.III, S.300f.; L.W. Forster: Georg Rudolf Weckherlin, zur Kenntnis seines Lebens in England. Basel 1944. S.34-36. Doncaster war dreimal in Augsburg, Ende Juni 1617, September 1619 und wieder 1620.

13. In einem späteren Brief Cod.Guelf.Aug.4°.17.27 fo.116 vom 11/21 April ist die Rede von 'diuerses gentillesses en outre aultres des plumes et compas d'argent avis et de plusieurs vsages et services'.

13a. Honthemius tritt häufig in Hainhofers Korrespondenz mit Herzog August auf, s. Gobiet (wie Anm.1) im Register, doch hat ihn Gobiet nicht weiter identifiziert. Die gängigen Nachschlagewerke versagen.

Schulden wird natürlich nicht berührt. Diese kommen in einem zweiten Brief an den Finanzmann Philip Burlamachi in London zur Sprache; auch ihm wird Honthemius empfohlen; er ist eine 'persona dotta et litterata', der Empfehlungsschreiben an Lord Arundel und Sir Henry Wotton mitbringt, sowie an 'altri signori mercanti e gioilieri da potere a loro proporre la compra d'un scrittoio grande e Reggio'. Darüberhinaus sei er die geeignete Person, um die ausstehende Summe von 57 Dukaten von Doncaster einzutreiben, von denen Hainhofer behauptet 'fin hora non ho ricevuto il minimo quattrino'. Für Honthemius schreibt Hainhofer eine weitere Empfehlung an einen nicht identifizierten Korrespondenten in London, worin von einer ausstehenden Schuld von 30 Zecchini die Rede ist. Und am gleichen Tag - immer noch am 6. März 1625 - schickt er an Sir Henry Wotton die Beschreibung eines Schrankes ('scrittoio') mit kostbaren Steinen ('lapis lazuli, carniole, agate, eliotropi') und mit Darstellungen von 'la historia della concezione, natività, vita, miracoli, paraboli, passione, morte, risurrezione e ascensione di Nostro Signore Christo'. In dem Brief an Doncaster wird der Schrank ausführlicher beschrieben:

> vn escrin ottangulaire grand et Royale, lequel est de tous 4 costez plein de boistes et layettes grandes petites et serrettes de diuerses sortes de bois, remises de diuerses pierres precieuses et artificieuses, peintes d'histoire de la saincte escriture; ayant aultels, que 4 fois en vn battre d'oeil changer se peult; de plus vn organe musical,[14] qui sonne 3 pieces de soy mesme, sans estre touché et sur lequel on peult aussi sonner tout ce qu'on veut: comme aussy vn horologue que batte les quarts et les heures avec des figures d'argent, qui se mouuent à tous les heures. Le tout estant vne oeuure Royale, d'Inuention toute nouuelle, et iamais par le deuant veue puisqu'il est double et l'vn escrin dans l'aultre: le tout pour les prix et valeur de 3500 lb sterlin. C'est pourquoy Je supplie treshumblement V.E. qu'il luy plaise de me faire aultant de grace, de le proponer à Sa Majesté Royale et à Son Altesse le Serenissime Prince, à fin que ou Sa Majesté ou Son Altesse Serenissime se resoluient de l'achepter...

Am 25 April 1626 tritt in diesem Zusammenhang zum ersten Mal

14. 'organe': vgl. Losman (wie Anm.2), S.28 und Abb. S.33; Welt im Umbruch (wie Anm.1) Bd.II S.476f.

der Name Weckherlin auf. Hainhofer schreibt nach Nürnberg an den Kaufmann und Finanzmann Calandrini, Weckherlin habe ihm ein Angebot über Korrespondenz gemacht ('intorno il medesimo proposito delle lettere'), er habe ihn dahingegen um seine Hilfe in der Placierung eines Schrankes gebeten. An diesem Geschäft waren offenbar Calandrini und Burlamachi ebenfalls interessiert, und Hainhofer wünschte sehr, er könne Calandrini den Schrank persönlich vorführen. Am 10. Juni 1626 schreibt Hainhofer den ersten von mehreren Briefen an Weckherlin über den Schrank; er ließ jedoch nicht den genauen Wortlaut der Briefe in sein Briefbuch eintragen, sondern nur mehr oder weniger ausführliche Notizen darüber, ein schnelles Gekritzel, das stellenweise kaum mehr lesbar ist.[15a] Es ist u.a. von Modalitäten der Spedition die Rede für den Fall, daß der Kauf zustandekommt. Chronologisch gehen die Notizen durcheinander, so daß der genaue Verlauf der Geschäfte nicht ganz klar ist.

Auf Weckherlins Vorschlag, dem englischen Hof Nachrichten zu liefern, ging Hainhofer am Ende doch ein. Am 31. März 1627 schreibt er an den englischen Staatssekretär Lord Conway,[16] er habe vor ungefähr einem Jahr ('il y a environs un an') Weckherlins Angebot einer 'aimable correspondance' angenommen und bittet jetzt um Vergütung seiner Auslagen. Er sei auch sonst englischen Diplomaten, Doncaster, Wotton und anderen, 'en leur passage et repassage par icy' zu Diensten gestanden. (Seine Rolle bei der Überwachung der Korrespondenz der Jesuiten läßt er diskreterweise unerwähnt, doch spielt die Erwähnung Wottons wohl darauf an). Sodann geht er auf den Schrank über:

un [!] oeuvre rare et Royale d'un armere ou cabinet, la description

15a. Für wertvolle Hilfe bei der Entzifferung dieser schwierigen Stellen bin ich Ronald Gobiet besonders dankbar. Jill Bepler hat dankenswerterweise meine Transkriptionen gegen die Originale verglichen.

15. Cod.Guelf.Aug.4°.17.27.,fo.73v. Wohl Cesare Calandrini, geb. 1550. Die Calandrini, Burlamacchi und Diodati waren reformierte Exulantenfamilien aus Lucca, mehrfach untereinander verschwägert, die als internationale Finanzmänner im 17. Jahrhundert eine große Rolle spielten.

16. Zu Conway DNB; Forster (wie Anm.12), S. 59f. und Gardiner (wie Anm.9), Bd.X., Index. Hainhofers Brief Cod.Guelf.Aug.4°.17.27.fo.113r.

duquel i'ay envoyé en langue allemande à M.Weckherlin, afin que luy la fist translater en langue Françoise ou Angloise et puis après la proponir à leurs Majestés Royaux.

Er hofft auf die Hilfe Conways bei diesem großen Unternehmen, die nicht unbelohnt bleiben würde; es werden 'des belles [!] presents... à V.E. pour sa benigne promotion' erwähnt. (Selbstverständlich würde dasselbe *toutes proportions gardées* auch für Weckherlin gelten).

Am 11/21 April schreibt er wieder an Doncaster wegen seiner 57 Dukaten und bittet ihn, sie an Weckherlin auszahlen zu wollen, der inzwischen die Rolle eines Vertrauensmann übernommen zu haben scheint. Diese Bitte wird am 17/27 Oktober wiederholt.[17] Honthemius war es offenbar nicht gelungen, das Geld einzutreiben; auch die Verhandlungen über den Verkauf des Kunstschrankes hatte er nicht weiterführen können.

Fünf Jahre lang erscheint Weckherlin in Hainhofers Briefbuch nicht mehr. Dann am 1. Dezember 1632 nimmt dieser einen ganz neuen Anlauf und schreibt wie aus heiterem Himmel an Weckherlin:

Es hat ein maister allhie vor Jar vnd tagen ein schenes tischblat mit silber vnd kostlichen stainen aingelegt vnd vf manicherlay dienst gerichtet vnd eingeristet angefangen, vß mangel verlages aber bey disen schweren zeiten das fortarbeiten eingestellt.

Hainhofer hofft auf einen Auftrag vom englischen Königspaar und bittet wie vorher Weckherlin um seine Vermittlung. Als Geschenk für ihn wird ein 'schön aingerüstets Apoteglin, oder ainen klainen silbernen rayss servitio in einem fueteral' vorgesehen. Weckherlins Antwort ist nicht erhalten. Fast ein Jahr später, am 5. Oktober 1633, schreibt Hainhofer, er habe Weckherlin 'visierung von handbeckin, khanten vnd schaalen gesandt'. Ob diese Gegenstände zur Tischplatte gehörten, steht nicht fest, sie scheinen aber in irgendeiner Beziehung zu demselben Geschäft zu stehen. Wie so oft, bleiben die genauen Zusammenhänge undurchsichtig.

1633 stand Hainhofer in Augsburg noch in Amt und Würden; sein nächster - und letzter erhaltener - Brief an Weckherlin ist 7/17

17. Cod.Guelf.Aug.4°.17.27.fo.116r und 150r.

Januar 1636 datiert, als es schon rapide mit ihm bergab ging. Es geht ihm um die immer noch ausstehenden Schulden, nicht zuletzt um ein ihm von Weckherlin zu vermittelndes Honorar (wohl für Korrespondenz), das drei Jahre lang nicht ausgezahlt worden ist. Die Zeiten sind schlecht:

> invitant qui me medullitus exsugunt milites; exorat, quae me opprimit dura necessitas; meumque quod semper pro virili mea navavi, exposcit officium.

Im Brief gleichen Datums an Doncaster[18] mit der immer noch wiederholten Bitte um Rückzahlung der 'cent ducats ou cecquins que pour V.E. ie desboursay en passant par Ausbourg et Frankfurt l'an 1619' (also vor siebzehn Jahren!) heißt es:

> ie suis reduit à tel poinct, que ie la supplie de me donner les cent ducats ... ce faisant V.E. m'obligera plus que si en aultre temps elle me favorisait d'une grande somme. Car ce qui aultres fois ne m'estoit que peu de chose, maintenant me doibt soustenir la vie et celle de ma famille.

Auf diese herzbewegenden Schreiben ist keine Antwort erhalten. Mittlerweile war Arundel im Juli 1636 eine Woche lang in Augsburg gewesen, wo er Bilder und objets d'art besah. Hainhofer wird ihm mit ziemlicher Sicherheit seine Aufwartung gemacht haben, er wird aber im Bericht über diese Reise nicht erwähnt.[19]

Trotzdem wurde der Kontakt mit England nicht abgebrochen. Am 28. April 1637 notiert Weckherlin in seinem Diarium:[20]

> Item I did write to Mr Philip Heimhofer at Augsburg, l'invitant d'entrer en une correspondance toutes les semaines, pourveu que les nouvelles qu'il aura a mander, soyent et arrivent icy bien fraisches. Et en cas qu'il veut accepter ceste ouverture, l'on luy payera sans faillir par an ce qu'auparavant il a eu; Et que sur sa resolution et responce Je luy manderay le Nom de Celuy avec lequel il aura a faire.

Hainhofers Antwort ist nicht erhalten. Über das 'sans faillir' mag

18. Cod.Guelf.Aug.4°.17.26.,fo.109r.

19. Francis C.Springell: Connoisseur and Diplomat, the Earl of Arundel's Embassy to Germany in 1636. London 1963. S.77f.

20. Zu Weckherlins Diarium siehe Forster (wie Anm.12). S.131f. Im Public Record Office sind keine Zeitungsbriefe von Hainhofer nachweisbar.

er schon seine Bedenken gehabt haben, aber in seiner Lage konnte er ein solches Angebot kaum ablehnen. Weckherlin selbst war offenbar in Sorge um ihn, denn am 22. Mai notiert er: 'Item of Mr Heimhofer, that he might not lose his time without profit'. So kommt es, daß Hainhofer noch 1638 seine Hoffnungen auf England nicht ganz aufgegeben hatte. Am 12. April 1638 schreibt er an seinen Neffen nach London:

> Mein bibliothec, darin vil manuscripta vnd meine khunst camer zůsammen wolt ich vmb 1/m ZSterlin verlassen. meines sůnes schreibtisch mit zůgehen vmb 2500 ZSterlin: solle die gesamte summarische verzaichn[isse] Englisch vertieren.

Es fallen die Namen Anstruther, Samuel Hartlieb und Graf Dorset, die beiden ersten sicher als Vermittler, Dorset vielleicht als möglicher Abnehmer.[21] Arundel, so heißt es weiter, 'will nur halb gelt geben, verschlagts mehr, als dass ers befürd[er]t'. Doch läßt er Arundel nicht aus den Augen und schreibt[22] am 17. September noch ein letztes Mal in der Hoffnung, 'il bellissimo et richissimo mio Cabinetto, che gia à casa mia hà visto' loszuwerden. Arundel scheint darauf nicht reagiert zu haben; und so verläuft diese Korrespondenz im Sand.

Es ist bemerkenswert, wie sehr englische Residenten, Botschafter und sonstige Diplomaten vom König und anderen großen Herren für den Kunsthandel in Anspruch genommen wurden. Liest man die Biographie Lord Arundels, stößt man immer wieder auf Namen, die auch für Weckherlin in ganz anderem Zusammenhang bedeutsam sind; so ist es nicht verwunderlich, wenn er selbst darin eine Rolle spielt. Bei der unbefriedigenden Quellenlage - Weckherlins Antworten auf Hainhofers Briefe sind ebensowenig erhalten wie umgekehrt - ist es jedoch schwer auszumachen, was dies für eine Rolle war. Daß sie sich engstens mit seinen normalen

21. Cod.Guelf.Aug.4°.17.26.,fo.392r. Zu Sir Robert Anstruther siehe Gardiner (wie Anm.9). Bd.X, Index; zu Samuel Hartlieb Forster (wie Anm.12). S.80ff und Gobiet (wie Anm.1). S.648-9.

22. Cod.Guelf.Aug.4°.17.26.,fo.479r. Zu Arundel vgl. neuerdings David Howarth: Lord Arundel and his Circle. New Haven und London 1985, und den Ausstellungskatalog Thomas Howard Earl of Arundel: The Ashmolean Museum Oxford 1985, mit Einleitung von David Howarth.

dienstlichen Obliegenheiten berührte, ist jedoch deutlich. Hainhofers Kontakte mit Weckherlin bilden nur einen Ausschnitt aus dem größeren und vor allem für die Kunstgeschichte ungleich interessanteren Problemkreis: Philipp Hainhofer und England.

Man mag sich fragen, warum Hainhofer, trotz seiner schlechten Erfahrungen, so viel an seinen englischen Kontakten gelegen war. Die Antwort ist wohl im Umstand zu suchen, daß England ein Land war, das von dem verheerenden Krieg unberührt war und wo es kapitalkräftige große Herren gab, die wie Arundel als kunstfreundlich bekannt waren. Nur war man in England mit Arundel im Begriff, die Kunst der Renaissance in Italien und vor allem die Skulptur der Antike zu entdecken; in diesem Zusammenhang ist Arundels Ankauf der Bibliothek Willibald Pirckheimers 1636 zu sehen.[23] Für den Augsburger Manierismus fehlte das Verständnis. Ungefähr um die gleiche Zeit kam Arundel in den Besitz eines Kunstschrankes mit Bildschmuck von Cornelius van Poelenburgh, wohl als Geschenk der Königin von Böhmen. So hatte ihm Hainhofer nichts zu bieten. In England war man im Begriff, über ihn hinauszuwachsen. Die Kunstschränke waren Machtsymbole; die antike Kunst, so meinte man jetzt, bedeute mehr. So schrieb Sir Thomas Roe, der Freund Weckherlins wie Arundels, an Lucy, Countess of Bedford, die Gönnerin von John Donne:[24]

> This curiosity of antiquities, though by some severe men censured, hath yet divers uses besides delight, not to be condemned: they are as a land of lay humanity, teaching and inciting devotion to moral virtue, as well, and more safely than images among the new Romans, to the contemplation of divine mysteries. They propose a lively chronology on the one side, and a representation of history, heroic or great actions, on the other. They carry in them a shadow of eternity, and kindle an emulation of glory, by seeing dead men kept long among the living by their famous deeds.

23. Zum Ankauf von Pirckheimers Bibliothek Howarth: Lord Arundel and his Circle (wie Anm.22). S.154, und Springell (wie Anm.19). S.105ff. Zum Kunstschrank von van Poelenburgh siehe Ausstellungskatalog (wie Anm.22). S.51.

24. Zitiert von Howarth im Ausstellungskatalog (wie Anm.22). S.7.

Im Zeitalter von Rubens und van Dyck waren die Kunstschränke und die ganze Richtung, die sie vertraten, nicht mehr modern.

Texte

I.

Cod.Guelf.Aug.4°.17.27,fo.78r enthält eine Anzahl Notizen von Hainhofers Hand über seine Korrespondenz mit Weckherlin im Jahre 1626. Aus unerfindlichen Gründen sind sie nicht chronologisch geordnet. Deshalb schien es ratsam, sie in der Reihenfolge abzuschreiben, wie sie in der Handschrift stehen.

London an Weckerlin Adi 10 junij 1626

Ihne gebetten das beste mit mein grosen tisch zuthon Ihme gesant beschreibung deß spieglß per z. mehr beschreibung deß tischlins mit spilen per Z 1800. Wan man 4 In 500 [ ] hieher remettierte, so kündte man dise 3 stück und noch andere schöne galanterias darzue haben und wolte Ich Ihne für seine promotion und auch dem mylort Conway stattliche verehrung schückhen, soll sein bestes thon, so er will auch 100 z.zue den postuncosten remittieren und mir leut zu Antorf benamsen an die ich die paquet schückhen künde.

soll mich beim Künig und der Künigin recommantieren daß sie mir commissiones rariteten einzukauffen und anzufrummen geben alß wie Florenz, Mantua und andere fürsten gethan haben, die einander verehrt mit dem, was Ich Ihnen einkaufft und machen lassen, sonderlich die grossherzogin nach Spagna Ihrer schwester gesant hatte vil sachen, so Ich machen lassen.

soll mich auch mit dem Comte d'Arondel alß ein liebhaber der mahlerey, in kundtschaft bringen. soll mein schuld beym mylord Hays einfordern.

Adi 18 November, gemelt die gueter nach London zu bringen seye ein weeg auf Hamburg, diser zeit aber unsicher. über Strassburg nach Paris, der sey sicher coste aber vil. vber Menz, Cöllen nach Antorf Calais Doure der sey biß hero auch sicher, ain aignen man herauss zusenden, der darbey blibe oder ein aignen vertrauten hie darzue zu ordern, were am besten. soll gelt provedieren, ohne das selbe schückhe Ich nichts. Tischlin und spiegl seyen per 3000 lb und 1 fueder den Engl.May. verkauft, mit den grosen tisch künden wir uns Im preiß nit vergleichen.

Adi 25 November. Die kupferstich bucher mit büchsenmeisterey bluemen und thierbücher von freyer hand per 6 In 700 Z St. die contenta im schreibtisch auf 1000 Z St. Nach Paris werde der sicherst weeg sein, man künds vileicht von hier bis gen Paris auf 1 oder 2 wägen bringen.

Adi 12/22 Sept geschrieben auf seines dj 24 Julij, dz er wolte das beste thon, darmit ich hinfort wenigst 50 Z Jahrlich, und dieselbe Immer mit dem anfang deß newen Jahrs haben möchte, biß etwan glegenheit zu 2 In 300 Z. sich presentieret. Und will ich jezt der 200 st und brief uncosten bis In Maien nechtshin verraitet erwarten.

Adi 24 November solches confirmiert, darneben vermeldt Ich zu dem Jere.[a] Calandrini, wolte den schreibtisch per 2000 In 2500 Z.St. verlassen. Soll auch dem Dr Theodoro Diodati Ihrer Mayt. medico zu sprechen, und zu Amsterdam den Sr Filippo Calandrini wegen Prinzen von Oranien und der Staaden.

Hainhofers Terminologie ist nicht konsequent. Der 'grose Tisch' entspricht offenbar dem 'scrittoio' und dem 'escrin' der anderen Briefe; was das 'Tischlin' ist, bleibt unklar. Zur unsicheren Terminologie Hainhofers siehe auch Gobiet (wie Anm.1), S.571.

Die Lesungen der Geldsummen sind unsicher; siehe die Liste von Zahlen, Maßen, Gewichten und Münzen bei Gobiet, S.873.

'verlassen': käuflich überlassen; 'verraitet': verrechnet.

Zu Florenz, Mantua u.a. siehe Gobiet SS.461 und 519.

Der Leibarzt der Königin war nicht Theodoro Diodati sondern Théodore Turquet de Mayerne, ein Freund Weckherlins.

Die Behauptung, 'Tischlin vnd spiegl seyen ... den Engl. May verkauft', läßt sich aus den anderen Briefen nicht belegen.

II.

Cod.Guelf.Aug.4°..17.27., fo.383r. Hainhofer an Weckherlin.

London an Weckherlin primo decembris [1632]

Es hat ain maister allhie vor Jar und tagen ein schenes tischblat mit silber vnd kostlichen stainen aingelegt, und uf manicherlay dienst gerichtet, und eingerüstet angefangen, uß mangel verlages aber bey disen schweren zeiten, das fortarbeiten eingestellt, vnd mich gebeten, ob Ich Ihme einen Herrn zueweisete, der Ihne verlegete, das Ers ußmachen kunte, würdt in alles uf 1000 Pfund Sterling kommen, wann Ich dann vor disem von meinem grossgünstigen Herrn verstanden, das neben den königlichen Majesteten auch wol vornemme Herren und Cavallier sein, die In dergleichen rariteten gelt, beforauß so ein geringes gelt, spendieren, als bitte denselben Ich ganz dienstlich grossgünstig zuuermitlen, ob etwan Ihre Königliche Maiestet von Gross Britanien, oder Ihrer Maiestet Königliche frau gemahlin solchen Erhandlen und ußmachen, auch das gelt durch wexel darzue verordnen wolten, so wolte Ich die vorsehung thuen, das Ihre Maiestet oder wer Ihne erkauffen wolte, solten zue gnädigstem wol gefallen wol bedienet werden, und der Herr etwan ain schön eingerüstets Apoteglin, oder ainen klainen silbernen rayss servitio in ainem fueteral mit in Kauff bekommen. Unde das Tischblat inn Schubladen kommet Apoteggerey, Cammzeug, allerlay spihl, ain Instrumentlin, und vil schöner sachen, und kan der ganze tisch, mit aller zuegehör, wol Inn eine küsten eingemachet, ohne schaden und ohnzerbrochen wohin man will fort gebracht werden, Erwarte des Herrn Antwort, auch ob Er das vor disem in die Franckhforter mit fasten meßß gesante grosse Paquet, mit Kupferstichen und einem schönen grossen gepunzionierten Pfenning noch nit empfangen habe, mit verlangen. Hiemit schickhe Ich dem Herrn abermahlen einen newen Pfenning, mit Regis Sueciae bildtnuß, zue einem grueß, werden auch von goldt gemacht, vnd kommet ein güldiner mit angemachten Ringlin uf 18 Ungarische Ducaten. So man das obgedachte tischblat nit so gar kostlich sondern etwas ringer eingerüstet haben will, so khan man wol etwan 1000 Rtr in circa daran ersparen, Ich vermaine aber biß ain groser herr an ein so geringes khommet so koenne er weiter.

Hainhofers Terminologie ist auch hier mißverständlich; das 'tischblat' ist offenbar eine Art Kunstschrank.

Zu 'Apoteglin' und 'Apoteggerey' vgl. Losman (wie Anm. 2), Nr. 324, Abb. S.113; das Stück stammt allerdings aus späterer Zeit (um 1700).

'Pfenning mit Regis Sueciae bildtnuss': offenbar bei Gelegenheit der Einnahme Augsburgs durch die Schweden unter Gustav Adolf am 20. April 1632. Siehe Welt im Umbruch (wie Anm.1) S.398ff., und Gobiet (wie Anm. 1) S.585.

War der Brief vom 1. Dezember 1632 offensichtlich eine Kopie, so bietet Cod.Guelf.Aug.4°. 17.26.fo.6r nur eine Notiz über einen Brief an Weckherlin vom 5. Oktober 1633.

III.

London an Weckherlin Adj 5.oct.1633

Ihme visierung von handbeckhin, khanten, und schaalen gesant, und vermeldt, Ihe ringer und sauberer sie gemacht werden, müsse man

24 Rthr. vor den einen wans schwer und frisch hinweggemacht aber 21 Rthr. bezahlt, Zum silber und gold gelt auf die hand geben, alles baar zalt worden. gold, silber vnd schmaralstain bey 4 lb.seyen bey obristen verhanden, so vil ducaten schwer dargegen. Z 50 In 60 soll er Belgen zu stellen, oder Daniel Kurland nach Amsterdam zuschaffen mit vermerk dass ers hieher an Math.Lederers seel.Erben remettiere von denen Ich 400 St darfür haben soll.
'schmaralstain': Smaragd.

War das Schriftstück vom 5. Oktober 1633 eine bloße Notiz, so ist das letzte vom 7/17 Januar 1636, Cod.Guelf.Aug.17.26.4°.,fo.108r, eine sorgfältige Kopie von Schreiberhand.

IV.

Wekerlin Londinum 7/17 Jan.1636
Illustrj et generosissimo Viro domino Georgio Rudolpho Wekerlin S.P.D. Philippus Hainhofer.
Illustris et generosissime Domine, fecit tua in me meosque humanitas, ut diù intermissum, et iam quasi aerugine obsoletum stylum exsuscitem, non qualem poetae aut oratores, qui fabulae palpo delicatioris, aut verisimilitudinis peplo oratoriae latebras emortuae mentis revelant, sed more Plotj illius Rusticanj dixero, quod T.G.nepotem meum meo nomine promoverit, laetus lubens laudes ago, grates gratiasque habeo, praestolatus occasionem, dum T.G.possim ex merito facere, et thure condigno propitiare. Unum restat ad coronam tuae munificentiae, (quanquam et multum grandis) ut scilicet stipendiolo à T.G. mihi consignato, tres iam annos haud exsoluto, duro hoc tempore per ius fasque tuum possim bearj; invitant qui me medullitus exsugunt milites; exorat, quae me opprimit dura necessitas; meumque quod semper pro virili mea navavj, exposcit officium. Nova quod attinet pax per ora volitat, maxime inter Saxonem et Suecos neque tamen dum supersidetur ab armis; graves undique Velitationes multorum sanguinem effundunt, urbes diruunt, pagos devastant, intuta camporum aequora vastis solitudinibus aperiunt, quaqua terrarum, maxime in hac civitate, milites grassantur. DEUS det tandem aliquando hisce miserijs celerem exitum ne de nobis actum esse solido nostro dispendio actutum ingemiscamus. Vale. Augustae Vindelicorum 7/17 Januarij 1636.

Die Übersetzung dieses schwierigen Textes verdanke ich der Freundlichkeit der Kollegen Thomas Gelzer und Christoph Schäublin in Bern, die mir auch den Stoff zu einem kurzen Kommentar lieferten:

Erlauchter und großzügigster Herr, Eure Liebenswürdigkeit mir und den Meinen gegenüber bewirkte, daß ich den lange unbenutzen und nun sozusagen vom Rost zerfressenen Griffel wieder in Bewegung setze, nicht wie die Dichter oder die Redner, die mit der Schmeichelei einer überraffinierten Geschichte, oder mit dem Gewand rednerischer Wahrscheinlichkeit das Innerste ihres abgestorbenen Geistes enthüllen. Sondern in der Weise jenes bekannten Plautus, des bäurischen, werde ich sagen: Dafür, daß Ew. Gnaden meinen Neffen in meinem Namen gefördert haben, sage ich freudig und gerne Lob und bewahre Dankbarkeit und Dank, nachdem ich auf eine Gelegenheit gewartet habe, bis ich Ew. Gnaden das Verdienst vergelten und (Euch) mit dem (der Sache) würdigen Weihrauch huldigen könne. Eines bleibt allein übrig zur Krönung Eurer Freigebigkeit (ob sie gleich in hohem Maße groß ist), daß ich nämlich mit der kleinen Zuwendung, die, mir von Ew. Gnaden förmlich zugesprochen, schon drei Jahre lang nicht ausbezahlt worden ist, in dieser harten Zeit, wie Ihr es vor Gott und den Menschen bezeugt habt, beglückt werden könne. Dazu laden ein die Soldaten, die mich bis aufs Mark aussaugen; darum fleht die harte Not, die mich bedrängt; das fordert mein Dienst, den ich immer nach Kräften erfüllt habe. Was den neuen Frieden anbelangt, so ist er in aller Munde, besonders zwischen dem Sachsen und den Schweden, und trotzdem lässt man noch nicht von den Waffen ab. Schwere Gefechte vergießen überall das Blut vieler, zerstören Städte, verwüsten Dörfer, tun die ungeschützten Flächen der Felder in wüsten Einöden auf; überall in den Landen, besonders in dieser Stadt, machen sich die Soldaten breit. GOTT gebe endlich ein rasches Ende, damit wir nicht auf der Stelle darüber seufzen müssen, daß durch den massiven von uns erlittenen Schaden es um uns geschehen sei. Lebt wohl.

Augsburg, den 7/17. Januar 1636.

Die Abkürzungen sind in der Transkription aufgelöst.

'Plotj Rusticani': Plotius ist eine gelehrte Form für Plautus; 'rusticanus' ist wohl nicht Eigenname, wie der Schreiber offenbar verstand, sondern Adjektiv = 'bäuerlich'.

'nepotem meum': wie Weckherlin Hainhofers Neffen gefördert hat, ist nicht ersichtlich.

'laetus lubens laudes': Zitat nach Plautus *Trinummus* 821, vgl. auch *Miles gloriosus* 411-2. Der Brief enthält auch sonst viele plautinischen Reminiszenzen.

'per ius fasque tuum': offenbar in einem nicht erhaltenen Brief Weckherlins.

'per ora volitat': Hainhofer scheint sagen zu wollen, daß zwar vom Frieden geredet werde, daß er aber in Wirklichkeit nicht bestehe - 'per ora volitat' wie ein Gespenst. Um diese Zeit hat es tatsächlich keinen Sonderfrieden zwischen Schweden und Sachsen gegeben; sechs Monate vorher, am 30. Mai 1635, war der Frieden von Prag zwischen Sachsen und dem Kaiser gegen Schweden geschlossen worden.

'ne que tamen dum' scheint eine kühne Kombination von 'necdum' (= 'und noch nicht') mit 'tamen' in Tmesis zu sein; es hat sich sonst kein Beleg dafür gefunden.

'solitudinibus': zuerst 'solicitudinibus' verschrieben. Es liegt eine Reminiszenz aus Curtius Rufus 4,9,3, vor.

'dispendium' kann 'Aufwand' oder 'Schaden' heißen. Es ist nicht ganz klar, ob Hainhofer vom Aufwand redet, den er für Weckherlin bei der Erfüllung seines Dienstes gehabt hat, oder vom Schaden durch Einquartierung und Kriegsereignisse, wahrscheinlich letzteres.

Klaus Garber

UTOPIA. ZUR NATURDICHTUNG DER FRÜHEN NEUZEIT*

Die Moderne pflegt selten traditionsgeschichtlich betrachtet zu werden. Einer merklichen Beliebtheit erfreut sich die Opposition Antike - Moderne. Der Rückbezug hingegen auf die Frühe Neuzeit, auf das 16., 17. und 18. Jahrhundert, bleibt die Ausnahme. Mit einem gewissen Recht auf den ersten Blick. Die Bindung der europäischen Literatur an feste - und dem modernen Bewußtsein unvorstellbar konsistente und autonome - Gattungen, in der Antike begründet, im Humanismus erneuert, im Barock nochmals vielfältig ausdifferenziert und tief ins Zeitalter der Aufklärung hineinwirkend, lockert sich erst ganz sukzessive im Verlauf des 18. Jahrhunderts. Noch Goethe, dem letzten großen "höfischen" Dichter, ist das europäische klassizistische Formen-Repertoire lesend und schreibend gegenwärtig. Und darf nicht die Klassik auch als letzte große Metamorphose des europäischen Klassizismus, als bemühte und bewußte Rehabilitierung des alteuropäischen Literatur-Kanons nach der Revolte des Sturm und Drang begriffen werden, wie sie in Goethes *Faust* als "Wiederbringung aller Dinge" ihr erhabenstes Denkmal fand?

* Lieber Herr Raabe, der Gruß zum Festtag aus Ihrem ureigensten Gebiet erreicht Sie dieses Mal auf anderem Wege. Nehmen Sie den kleinen Beitrag, der mich im Spätsommer 1985 durch Japan begleitete, als Resümee langjähriger Forschungen zur Frühen Neuzeit, an denen in finsteren Zeiten festzuhalten Ihr Wirken in Wolfenbüttel stets neu ermutigte, von dem in Japan — wie in den Vereinigten Staaten und der Sowjetunion — so oft und dankbar die Rede war. — Die Zitate nach den beiden am leichtesten greifbaren Ausgaben: *Die Pegnitz-Schäfer, Nürnberger Barockdichter,* hg. v. Eberhard Mannack, Stuttgart 1968 (Reclam Universal-Bibliothek 8545-48); 2) Salomon Gessner, *Idyllen,* kritische Ausgabe, hg. v. E. Theodor Voss, Stuttgart 1973 (Reclam-Universal-Bibliothek 9431-35), hier S. 21 ff. bzw. S. 15 ff.

Noch in der Romantik vollzieht sich die dezidiert moderne Aufwertung des Künstlers und der Kunst, wie sie das berühmte 116. Athenäums-Fragment Schlegels so prägnant vornimmt, in direktester Nachbarschaft zur renovatio des vormodernen katholischen Europa. Und da sollte die geschichtliche Spezifizierung der deutschen, der europäischen Literatur des 19. und 20. Jahrhunderts nicht vom Vergleich, von der Konfrontation mit dem frühneuzeitlichen Literatur-System profitieren? Ich denke, soweit dies von außen, vom Nicht-Spezialisten zu sagen ist, hier bleibt der Philologie der Moderne ein reiches Feld zu bestellen. Und ich hoffe, das auch in meinem Beitrag andeutend plausibel machen zu können.

Denn von der Natur in der Dichtung des 17. und 18. Jahrhunderts sprechen heißt, alle, schlechterdings alle seit dem 19. Jahrhundert geltenden Prämissen und Normen wo nicht zu vergessen, so doch außer Kraft zu setzen, zu relativieren, zu historisieren und eben damit des geschichtlich Spezifischen neu gewahr zu werden. Und hier ist einleitend zunächst natürlich festzustellen, daß es d a s Bild der Natur, d i e Erfahrung der Natur, d i e poetische wie d i e soziale wie d i e mentale Funktion der Natur in der Frühen Neuzeit nicht gibt und schlechterdings nicht geben kann, weil dichterische Vergegenwärtigung von Natur strikt und unabweislich an Gattungsregularien gebunden ist. Arbeiten zum Naturgefühl d e s 17. und d e s 18. Jahrhunderts werden damit a priori obsolet. Es kann nur Arbeiten zur Rolle von Natur in einzelnen Gattungen geben. Auch ich könnte folglich meiner Aufgabe nur gattungshistorisch und typologisch gerecht werden (was ersichtlich im Rahmen dieses kleinen Beitrags ausgeschlossen ist). Noch im 17. Jahrhundert ist die Schematisierung nach höheren und niederen Gattungen - mit einer theoretisch-poetologisch wenig ausgewiesenen, dafür poetisch-praktisch umso interessanteren Gattung in der Mitte zwischen den Extremen, von der ich hier vor allem sprechen möchte - voll in Kraft. Hohe Dichtung ist höfische Dichtung im 17. Jahrhundert. Und es verlohnte sich wohl, die vielen Naturschilderungen insbesondere des höfischen Romans einer typologisch-funktionalen Analyse zu unterziehen. Täuschen wir uns nicht, so sind es vor allem drei bevorzugte Varianten dichterischer Naturgestaltung, die wir deutlich zu sondern vermögen: Die Kulisse im

Umkreis des Hofes, zumal dem Garten des Palastes, in dessen erlesenen Kostbarkeiten, in dessen mythologischem Aufgebot die grandeur des höfischen Personals in einer gezähmten, verwandelten, restlos angeeigneten Natur sich spiegelt, die höfische Gesellschaft ihr Zeremoniell für eine genau bemessene Zeitspanne ins Freie verlegt, repräsentative Öffentlichkeit im höfischen Fest als ihrer reinsten Verkörperung sich bekundet. Sodann die Natur als Hintergrund des Liebesgeschehens: In den verborgeneren Zonen des Gartens, sofern die Liebenden sich unbehelligt zu begegnen wünschen (um dann in der Regel doch belauscht zu werden); in den abgelegenen und finsteren Zonen, sofern sie sich ihrem Liebesleid hingeben möchten, wobei Natur wie in der gesamten alteuropäischen Dichtung seit den römischen Elegikern eine zumindest halballegorische Funktion als sinnbildliche Trauerlandschaft einnimmt. Und schließlich in guter alter Tradition des europäischen Epos: Natur als Ort des ritterlichen bzw. des höfischen Abenteuers oder schlicht als willkommener Ort des Überfalls. Die niederen Gattungen hingegen sind denkbar arm an Naturszenen. Denken Sie an den pikaresken Roman, denken Sie noch an Grimmelshausens *Simplizissimus.* Natur mag hier für einen Moment die heitere Kulisse in der Vaganten-Tradition für die erotische Exkursion abgeben, mag einsame Züge im Leid und in der geistlichen Meditation annehmen, mag eine Station der vielen Gaunereien und Scharmützel markieren. Aber erlebter Raum wie bei den Nachfahren des Picaros in der Romantik ist nirgendwo gegenwärtig. Es wäre wohl eine reizvolle und gediegene Aufgabe, die Assimilation von Natur in den klassischen Großformen des Romans und des Dramas im Übergang vom 17. zum 18. Jahrhundert zu verfolgen, wie sie zunächst in der Empfindsamkeit, dann im Sturm und Drang kulminiert. Das kann hier nicht einmal andeutungsweise geschehen.

So erstaunlich es klingen mag: Natur hat ihr Refugium im 17. Jahrhundert im genus tenue, in den mittleren Literaturgattungen, also in der poetischen Produktion der bürgerlichen Gelehrtenschaft und damit im wesentlichen in den aus dem Späthellenismus bzw. der römischen Antike übernommenen klassizistischen Kleinformen gefunden. Auch hier hat der europäische Humanismus ein unerhört reichhaltiges und differenziertes Gattungssystem über die antiken Vorgaben hinaus ausgebildet, in dem Natur ihr jeweils festumrissenes gattungstypisches Dasein führt: in den verschiedensten Spielarten der (zumeist petrarkisierenden) Liebeslyrik, in der unendlichen Varietät der Gelegenheitsdichtung, im Stadt- und Landschaftslob und nicht zuletzt in der Schäfer- und Landlebendichtung. Am Leitfaden dieser Gattung möchte ich Ihnen einige Gedanken zur Naturerfahrung in der Literatur des 17. und 18. Jahrhunderts vortragen, von denen ich hoffe, daß sie vielleicht doch zu Umrissen einer Theorie von Natur in der Literatur der Frühen Neuzeit sich verdichten mögen. Gewiß, auch die Bukolik und Georgik ist tief bis ins 18. Jahrhundert hinein nach festen Gattungsanweisungen gearbeitet, wie sie wiederum in allem wesentlichen in der Antike durch Theokrit, durch Vergil und durch Horaz dichterisch kodifiziert worden waren. Entsprechend ist auch die Präsentation von Natur nicht das Resultat subjektiver Schöpfungsintention, sondern objektiver Verbindlichkeiten der Gattung. Gleichwohl - und von dieser These hängt natürlich alles folgende ab - hoffe ich mit hinlänglicher Überzeugung dartun zu können, daß sich in der Schäfer- und Landlebendichtung ungeachtet aller genrespezifischen Bindungen der Geist des Zeitalters in besonderer und so vielleicht einmaliger Weise spiegelt. Um derart über eine Gattung zur historischen Physiognomie eines Zeitalters vorzudringen, bedarf es vieler wohlüberlegter Schritte. Gilt es doch heute, nach den großen Errungenschaften der gattungs- und traditionsgeschichtlichen Forschung, das Zeittypische, das historisch Signifikante der Texte in zugleich behutsamer und entschiedener Weise zu extrapolieren und so gleichermaßen die Texte ihrer Zeit zurückzugeben, sie als ihren Spiegel und als ihren Katalysator zu begreifen wie zugleich ihrer formativen Rolle beim Aufbau der frühmodernen Welt und Kultur gewahr zu werden. Um Aktualität, das wird sich hoffentlich zeigen, braucht man angesichts eines so dezidiert historischen Verfahrens durchaus nicht besorgt zu sein. Sie werden aber gewiß verstehen, daß ich hier vielfach mehr Resultate formulieren, als die Wege, die zu ihnen geführt haben, skizzieren kann. Immerhin soll es an überprüfbaren Beispielen geschehen.

Anläßlich der Reorganisation des deutschen Literatur-Systems, wie sie Opitz keinesfalls alleine, aber doch maßgeblich und überaus geschickt besorgte, waren auch die pastoralen Gattungen übersetzend, imitierend, variierend einzudeutschen. Opitz hat sich dieser Aufgabe bravourös entledigt. Die Kabinettstücke seiner Reform stellen innerhalb der Landlebendichtung das Gedicht *Zlatna oder von Ruhe des Gemüts,* in der Schäferdichtung seine *Schäferei von der Nymphe Hercinie* dar. Mit letzterer wurde die kleine schäferliche Gelegenheitserzählung in Prosa mit vielen eingelegten Versen begründet, die sich in allen literarischen Landschaften des protestantischen Deutschlands alsbald größter Beliebtheit erfreute. Ich habe vor zwanzig Jahren eines der schönsten Stücke neu ediert: Harsdörffers, Klajs und Birkens *Pegnesisches Schäfergedicht* (1644/45), mit dem die lange Reihe der Nürnberger Schäfereien im Pegnesischen Blumenorden eröffnet wird. Erlauben Sie, daß ich mich heute aus gänzlich gewandelter Perspektive nochmals diesem kleinen Stück zuwende, und zwar mit dem Vorsatz, einige regulative Prinzipien dichterischer Naturerfahrung und -gestaltung an diesem Kleinod deutscher Dichtung des 17. Jahrhunderts zu entwickeln, bevor dann auch aus dem 18. Jahrhundert ein einziges Paradigma Kontinuität und Wandel in der Gestaltung und Funktion von Landschaft anzeigen soll.

Es ist gute humanistisch-topographische und zugleich gute bukolische Tradition, wenn auch das *Pegnesische Schäfergedicht* von seinen Schöpfern einen festen räumlichen und zeitlichen Rahmen zugewiesen erhält. Wir meinen, Schäferdichtung spiele in einem nebulösen irrealen Reich der Phantasie. In Wahrheit verdanken wir der Schäferdichtung bis an die Schwelle der bürgerlichen Literatur des 18. und 19. Jahrhunderts die prägnantesten und suggestivsten Vergegenwärtigungen heimatlicher Landschaft von Theokrit und Vergil über Pontano und Sannazaro, Garcilaso und Montemayor, die Dichter der Pléiade und d'Urfé bis hin zu Sidney und Spencer, Heinsius und Hooft, schließlich auch den deutschen Neulateinern, den Opitzianern und eben nicht zuletzt den Pegnesen. Es ist das Charakteristische, vielleicht sogar das Einzigartige dieser Naturbilder - um hier nur dies eine vorweg zu sagen -, daß der humanistisch gebildete Leser die Schäferdichtung - und nur sie! - mit der Lizenz ausgestattet wußte, nicht nur die liebliche und schöne, die amoene Natur, sondern zugleich auch die lokaldistinkte, die bekannte Umgebung von Dichter, Adressat und Leser dichterisch vergegenwärtigt zu finden. Und das eben so, daß er den individuellen, vertrauten

Namen - und dies ist ja ungewöhnlich im 17. Jahrhundert - in der Literatur wiederbegegnete, zugleich jedoch diese seine heimatliche Umgebung dichterisch stilisiert, überhöht, verklärt fand. Erst beides zusammen hat zum Komfort, zur Beliebtheit und damit zur Verbreitung dieser Gattung im Europa der Frühen Neuzeit ganz ungemein beigetragen.

Doch nun müssen wir uns die "laus Norimbergae" genauer anschauen. Harsdörffer und Klaj haben dem Lob der alten Kaiserstadt und dem Treiben der Pegnitz-Schäfer Relief verliehen, indem sie es mit dem Los Meissens und der dortigen Hirten-Dichter, repräsentiert durch den großen Lyriker Johann Klaj, konfrontierten. Die poetische Idylle in Meissen ist durch den Krieg - natürlich durch den sogenannten dreißigjährigen - zerstört worden, der nun auch Klaj zur Emigration zwingt.

Da/wo der Meisnerbach sich durch die Thäler zwänget/
Die Silberklare Flut dem Landesstrom vermenget/
 Der in dem Böhmerwald Geburtesqwellen hat/
 Und geust sich in die See/ dort nechst der Cimberstat

Liegt die höchstgepriesene Provintz Sesemin/ und darinnen der anmutige Schäfer Aufenthalt Sanemi/ welchem an Lust und Zier kein Ort etwas bevorgiebt: Man möchte jhn mit Warheit einen Wohnplatz der Freuden/ ein Lusthauß der Feldnymfen/ eine Herberge der Waldgötter/ eine Ruhstelle der Hirten/ eine gelehrte Entweichung der Poeten/ und ein Spatzierplatz der liebhabenden Gemüter/ nennen: Massen er üm und üm/ gleich der Siegprachtenden Mutter Rom/ mit sieben Bergen erhaben und ümzircket ist. Dahero

Hat Vater Jupiter/ zu zeigen seine Macht/
In diesen schönen Thal den Blitz hervorgebracht/
 Neptun den Dreyzankstab/ Minerva ihre Eule/
 Die Harfe Cynthius/ Alcides seine Keule/
Die gelbe Ceres Korn/ Gott Bacchus Rebensafft/
Pan Pfeiffen/ Flora Gras - - -

Aus derselben hat das rasende Schwert/ die Rache der gesuchten Beleidigung/ und das wütende Getümmel der Waffen unlängst alle Kunst und Gunst verjaget: Schäfer und Schäferinnen sind üm ihre liebe Wollenheerde gebracht/ alle Dörfer/ Mayerhöf/ Forwege und Schäfereyen sind verödet/ Auen und Wiesen verwildert/ das Gehöltze durch die Wachfeuere verösiget/ Obst- und Blumgärten zu Schantzen gemachet worden. Statt der belaubten Fichten schimmern lange Spiese und Lantzen/ vor die Dorfschalmeyen und Hirtenlieder höret man das wilde Feld- und Mordgeschrey der Soldaten/ vor das fromme Blöken der Schafe/ das Wiehern der Pferde/ das Brausen der Paukken und Schrekken der Trompeten: darüm sich dann auch Klajus/ ein namhaffter Schäfer/ aus selbigen Orten fortgemachet/ welchem nach vielen wandelbaren Unglüksfällen sein Verhängnis an den Pegnitzfluß geführet.

Eine wolgelegene Einsamkeit selbiger Ufer lude ihn ein/ daß er sich in seiner Müdigkeit zu erholen auf den begrünten Wasen niederliesse.

Das ist zunächst und zuerst einmal in den einleitenden Zeilen des ersten Gattungs-Musters an der Pegnitz eine Huldigung an den großen, verehrten Vorgänger, an Martin Opitz, der dem Musenort der schlesischen Poeten während eines Ausflugs ins Riesengebirge mit ganz ähnlichen Begriffen gehuldigt hatte. Humanistische Referenz vollzieht sich so im versteckten Zitat; die Kunst, Anspielungen zu dechiffrieren, wie sie nur ausgedehnteste Lektüre und intimste Gattungskenntnis verschafft, ist eine unerläßliche Voraussetzung zum Verständnis humanistischer Dichtung. Doch diese Eröffnung des *Pegnesischen Schäfergedichts* will ja in einer noch anderen historischen Tiefenperspektive erfaßt werden. Wenn Klaj aus der gelehrten Enklave, aus dem humanistischen Symposion in Meissen vertrieben wird, dann teilt er das Los des Hirten Meliboeus in Vergils erster Ekloge, der den römischen Söldnern seinen Landsitz einräumen mußte und die Flucht ergriff. Klajs Schicksal, überhaupt die bipolare antithetische Struktur von Hirtenglück hier, kriegerischer Zerstörung dort, besitzt ihre archetypische praefiguratio im Eklogenwerk des eigentlichen Begründers der europäischen Gattung, bei Vergil, der variierend wie in aller humanistischen Dichtung derart zitiert wird. Zwischen Krieg aber und Idylle vermittelt wie bei Vergil der die Zerstörung bannende, das Schöne in der Zwietracht beschwörende Gesang. So läßt Klaj sich an den Ufern der Pegnitz singend nieder, so hört er alsbald Harsdörffer ein Lied anstimmen. Denn wie Tityrus in Vergils erster Ekloge vom Wüten des Bürgerkriegs verschont wurde, so hat sich in Nürnberg eine Oase pastoral-poetischen Treibens erhalten, deren Mittelpunkt der Schäfer Strefon, also der Dichter Georg Philipp Harsdörffer ist, welcher derart unversehens die Züge des Tityrus annimmt, hinter dem sich ja stets auch eine Seite des Dichters Vergil verbarg - neuerliche versteckte Huldigung des Emigranten Klaj an den großen Nürnberger im Medium des Gattungs-Zitats. Hören wir seinen Gesang, die Schilderung der Begegnung der beiden berühmten Sänger Strefon und Clajus alias Tityrus und Meliboeus und ineins mit ihr die poetische Vergegenwärtigung der Schönheiten Nürnbergs.

> Klajus were im Singen fortgefahren/ wenn er nicht von fern vernommen einen in dem kühlen Schatten ruhenden Schäfer welcher eben damals folgendes Liedlein spielete:
>
> 1
>
> Das Sorgenbefreyte Leben in Hürden
> Ist schätzbarer als hochtrabender Pracht/
> Als mühsame Zeit in höhesten Würden/
> Und grosses Vermögens dienstbare Wacht.
>
> 2
>
> Ich lebe mit Ruh in kleebaren Auen/
> Vergnüget in meinem niedrigem Stand/
> Die/ welche zu Hof auf Hoffnungen bauen/
> Befesten den Grund auf weichenden Sand.
>
> 3
>
> Man höret den Vogel im Käfig beklagen
> Der eisernen Bande knechtischen Zwang/
> Ein anderer findt in Lüfften Behagen/
> Der kräußlicher führet freyen Gesang.
>
> 4
>
> Ich liebe die Flutgeschmoltzne Crystallen/
> Betaueter Erden triefendes Haar/
> Wenn reichlich bereiffte Früchte gefallen/
> Und lieget in Wochen das heurige Jahr.
>
> 5
>
> Wann andere voller Kümmernis Bürden
> Ermüdet von Sorgenbrechendem Schlaf/
> So ziehen wir fort mit unseren Hürden/
> Und weiden in Freuden unsere Schaf?
>
> In dem sprang er auf/ schnitte etwas in den Baum/ vielleicht/ wegen des genossenen Ruhschattens/ sich dankbarlich zu bezeugen. Samlete nachmaln seine Heerde/ und trieb sie pfeiffend fort. Solches beschahe auf einer frisch begrünten Ebene/ durch welche sich strömeten unterschiedene/ vermittelst etlicher Wasserräder hineingeführte Bächlein/ zu feisterer Begrasung der herbstlichen Nachweide.

Klajus eilete auf vorerwehnten Baum zu/ und befunde diese Wort:

Schöne Linde
Deine Rinde
Nehm den Wunsch von meiner Hand:
Kröne mit dem sanfften Schatten
Diese stets begrasten Matten/
Stehe sicher vor dem Brand;
Reist die graue Zeit hier nieder
Deine Brüder/
Sol der Lentzen diese Aest'
Jedes Jahr belauben wieder
Und dich hegen Wurtzelfest.

Dieser und etlich andere alldar befindliche Bäume wässerte der nechstanstehende See/ welchen die Pegnitz mit einem Arm anzuschwemmen pflegte dessen Crystalline Silberhelle zeigete als in einem klaren Spiegel die überschattende Stämme/ ja die flammende Mittagssonne und der heitere Himmel selbsten hatten sich Bildungsweise dergestalt herabgelassen/ daß solcher Gegenschein wegen Stralwerffenden Glantzes die Augen lieblichen weidete.

Er kunte leichtlichen muhtmassen/ wessen Meisterhand solches eingeschnitten/ weiln die Unterschrifft war:

Der unwürdig Spielende.

Er gedachte bey sich selbsten/ diß ist der ruhmwürdige so genante Strefon/ welcher seine Flöte in die hin- unnd herrauschende Wässerlein stimmete/ darffst du dich auch erkühnen ihn anzusprechen/ und in dem wandte sich Strefon den zu empfahen/ der ihn folgender Massen begrüssete:

Lobwürdigster Strefon/ der gütige Himmel/ der ihn sonst mit hohen Glükseligkeiten beschenket/ der bereichere ihn ferner mit behäglicher Zufriedenheit/ kan ich bittselig seyn/ seiner Unterredung auf ein kleines zu geniessen. Wol/ sagte Strefon/ wol/ Klajus (denn er hatte den Namen an seinem Schäferstabe erbliket) müsse hiesiger Orten ein wilkommener Gast seyn/ so hohe Begrüssungen und Hofworte/ wie er führet/ wohnen nicht in unseren niederigen Hütten/ sondern die liebe Einfalt/ und offenhertzige Teutsche Redlichkeit:

Sie befunden sich nun auf einer aus der Massen lustigen und von der Vogel hellzwitscherenden und zitscherenden Stimlein erhallenden/ Wiesen Reyhenweise besetzet mit gleichausgeschossenen/ krausblätrichten/ dikbelaubten hohen Linden/ welche/ ob si wol gleiches Alters/ schienen sie doch zu streiten/ als wenn eine die andere übergipflen wolte. Unter denselben waren drey hellqwellende Springbrunnen zu sehen/ die durch das spielende überspülen ihres glatschlüpfrigen Lägers lieblich platscheten und klatscherten. Bey solchem Spatzierlust sange Klajus:

Hellgläntzendes Silber/ mit welchem sich gatten
Der astigen Linden weitstreiffende Schatten/
Deine sanfftkühlend-beruhige Lust
Ist jedem bewust.
Wie solten Kunstahmende Pinsel bemahlen
Die Blätter? die schirmen vor brennenden Strahlen/
Keiner der Stämme/ so grünlich beziert/
Die Ordnung verführt.
Es lisplen und wisplen die schlupfrigen Brunnen/
Von jhnen ist diese Begrünung gerunnen/
Sie schauren/ betrauren und fürchten bereit
Die schneyichte Zeit.

Ob ich ihnen in wenigen Worten die Schönheit aber auch die Tiefgründigkeit dieser Eingangspassage erschließen kann? Alles, was ich zum 17. Jahrhundert zu sagen habe, möchte ich an diesem kleinen Text-Ausschnitt entwickeln. Beginnen wir mit dem Schlußgedicht. Bedenken Sie bitte: Das Gedicht ist 1644 erschienen. Es sind eben zwanzig Jahre her, daß Opitzens *Poeterey* herausgekommen war. Auch der weitsichtigste Zeitgenosse, so denke ich, hätte nicht vorauszusagen vermocht, daß knapp eine Generation später lyrische Gebilde von einer derartigen Vollendung in der deutschen Sprache gelingen könnten. Die deutsche Sprache hat hier im wiegenden Rhythmus des Daktylus - der großen Erfindung von Klajs Lehrer in Wittenberg, August Buchner - eine Leichtigkeit, eine Geschmeidigkeit, eine Musikalität gewonnen, die weit jenseits der von Opitz eröffneten Möglichkeiten - und auch er doch wahrlich kein geringer Dichter ! - liegen. Dieses Gedicht ist ganz konkret, ganz exakt, ganz realistisch in seiner Gegenständlichkeit - es ist die Hallerwiese in Nürnberg, die da besungen wird - und doch ist alles Dingliche eingeschmolzen in die dahingleitende Bewegung einer schlackenlos durchgestalteten Sprache und darin verwandelt. Groß ist die Artistik und doch verselbständigt sie sich nicht, sondern tritt in den Dienst der poetischen Formung eines schönen Ausschnitts der Wirklichkeit, der in der dezenten Metapher, der sparsam eingesetzten Klangmalerei, dem unwiederholbaren Epitheton ornans, seine poetische Verklärung erfährt. Von der Geschichte der deutschen Naturdichtung des 17. und 18. Jahrhunderts zu sprechen, heißt daher zunächst und zuerst, dem Vorurteil zu begegnen, diese beginne im eigentlichen Sinne erst mit Brockes, Haller und Hagedorn. Das deutsche 17. Jahrhundert hat nach den Anfängen bei Weckherlin, bei Zincgref, bei Opitz, bei Czepko und ungezählten anderen in allen maßgeblichen Landschaften - in Hamburg bei Rist und Zesen, in Königsberg bei Dach und Albert, in Leipzig bei Fleming und Finckelthaus, bei Breme und Schirmer, um hier nur wenige Namen zu nennen - Naturgedichte von einer Originalität, einer Varietät, einer künstlerischen Vollendung gesehen, die in der Geschichte der deutschen Lyrik denkwürdig bleiben wird und diesen in der ungeschriebenen Geschichte der Naturlyrik Deutschlands endlich den ihnen gebührenden Platz sichern sollte. Die unerhört reiche Naturdichtung des 18. Jahrhunderts in Deutschland wäre ohne diese Vorgänger ebensowenig denkbar gewesen, wie die deutsche Dichtung des 18. Jahrhunderts insgesamt, die sich zu Ende des Jahrhunderts nicht zu jenem Gipfel erhoben hätte, wäre ihr nicht die Reformarbeit durch Opitz und seine Nachfolger vorangegangen. Und erst wenn dies klargestellt ist, kann und muß nun das humanistisch-spezifische des 17. Jahrhunderts herausgearbeitet werden.

Der ortskundige Leser oder Hörer des Gedichts - und gewiß ja wird es zur Doppelhochzeit der Nürnberger Patrizier-Kinder vorgetragen worden sein - war in der Lage, den Spaziergang der Hirten, der da an den Gärten des Johannis-Friedhofs unweit der Hallerwiese endet, zu verfolgen und sich an der Identifizierung des Lokals wie seiner poetischen Erhöhung zu erfreuen. Die Schilderung Nürnbergs hatte in der Stadt ja seit Hessus' berühmter *Noriberga illustrata* eine bedeutende Tradition. Zugleich aber ist die Pegnitz-Landschaft amöne ideale Hirtenlandschaft. Und damit wird mehr als eine Obliegenheit der Gattung erfüllt. Der Ort des Geschehens ist mit den Drahtzieh- und Papiermühlen, der Lindenallee auf der Hallerwiese, den Obst- und Gemüsegärten um den Johannis-Friedhof präzise gezeichnet; insofern - an dieser These ist festzuhalten - bezeichnet auch und gerade die Schäferdichtung ein zentrales Kapitel in der literarischen Eroberung spezifisch topographischer Wirklichkeit. Zugleich aber ist die Örtlichkeit in der humanistischen Ekloge und so auch im Pegnesischen Schäfergedicht mehr und etwas anderes als exakt zu fixierendes Lokal. Auf die heitere, die Sinne ergötzende, den sinnbildenden Geist beschäftigende schäferliche Natur fällt stets auch ein Strahl aus dem paradiesischen Schöpfungsstand. Die unschuldige liebliche Natur ist das Werk eines gütigen, weisen Gottes. Mag das Bild der geschichtlichen Wirklichkeit in Drama und Roman im Zeitalter der konfessionspolitischen Bürgerkriege sich noch so düster ausnehmen - in der Bukolik behauptet eine schöpfungstheologische Hoffnung ihr Recht. Ungezählt sind die Stellen, an denen die pastorale Natur in all ihren Herrlichkeiten als ein kostbares Geschenk Gottes an den Menschen gepriesen und ihr verborgener spiritualer Sinn von den Hirten entdeckt wird. Gerade im Wüten des Krieges, der Zerstörung, des Untergangs, verklärt sie sich in der Pastorale als Unterpfand göttlicher Gnade. Wo Geschichte in den hohen Gattungen im Modus der Vergänglichkeit präsentiert wird, da behauptet sich in der schönen Natur der Schäferdichtung ein Seiendes, Geistiges, Schöpfungs- und Gnadenstand Verbindendes. Die Physikotheologie eines Brockes und mehr noch: die Geschichte des Deismus im 18. Jahrhundert besitzt in der Pastoralpoesie ein wichtiges und bisher viel zu wenig beachtetes präludierendes Kapitel, gespeist vor allem aus biblisch-patristischer Tradition.

Ein Abglanz paradiesischer Urverhältnisse aber spiegelt sich nicht nur in der freudespendenden Natur, sondern ebenso im Hirtenstand selbst. Auch in ihm verschlingen sich urgeschichtliche und aktuale Momente. Und erst damit legen wir die letzte und vielleicht wichtigste Sinnschicht der pastoralen Natur und in gewisser Weise des frühneuzeitlichen humanistischen Naturverständnisses frei. So wie die ursprüngliche Natur der geschichtlichen entgegengesetzt ist, so die schäferliche Lebensform. Erst in dieser strikten Opposition als vermeintlich geschichtslose gibt sie ihre präzise geschichtliche Signatur kund. Den geschichtlichen, den politischen, den zeitverhafteten Katastrophen entronnen, qualifiziert sich der Schäferstand eben damit zum Vermögen, zurückzuwirken auf die Zeit, indem er sie historisch distinkt negiert. Erinnern wir uns der Bilder und Begriffe des Harsdörfferschen Gedichtes. Dem Vergilschen Tityrus gleich, ruht er singend und spielend im kühlenden Schatten - archetypisches pastorales Symbol für die Geborgenheit des Standes und die Macht des Gesanges, in der sich alle Vorzüge der Lebensform vereinen und zugleich zu sinnfälligem Ausdruck gelangen. Die erste Strophe des Liedes aus dem Munde Strefons kehrt soziale Hierarchisierungen um:

Das Sorgenbefreyte Leben in Hürden
Ist schätzbarer als hochtrabender Pracht/
Als mühsame Zeit in höhesten Würden/
Und großes Vermögens dienstbare Wacht.

Der niedere Schäferstand kann in bestimmter Optik als der ranghöhere erscheinen. Dann nämlich, wenn das Zwiespältige, das Problematische, ja vielleicht sogar das Nichtige der repräsentativen Lebensformen erkannt und das Leben auf Wertvolles, auf Normatives, auf Bleibendes gegründet ist, wie es der Schäferstand seinerseits repräsentiert. Der Schäfer lebt in der seligen Anschauung der schönen Natur, die er singend erhebt - wie die schattenspendende Linde -, er befleißigt sich ungespreizter Umgangsformen - Harsdörffer verweist deshalb Klaj den höfisch-diplomatischen Ton -, er bekennt sich zur Tugend der "lieben Einfalt und offenhertzigen Teutschen Redlichkeit" - wie sie in den "niedrigen Hütten" der Schäfer beheimatet ist -, er beteiligt sich an dem großen Werk der Ausbildung und Pflege einer deutschen Kunstsprache und Poesie - "Seine Geistreichen Hirtengedichte [sind] von der Elbe bis an die Pegnitz bereits erschollen" -, er setzt im Medium der Poesie ein Zeichen nationaler Einheit und nationaler Größe, wo die "Melancholische Schäferin Pamela" als das "arme und in letzten Zügen liegende Teutschland" nur die nationale Katastrophe im Bürgerkrieg der Deutschen schaut und zu verzweifeln droht - "Hoff'/ da nichts zu hoffen ist!" -, er schließlich hält die res gestae im dichterischen Wort fest, sorgt damit auf seine Weise für die Stiftung geschichtlicher Erinnerung, für die Formierung nationaler Identität, indem er die große Vergangenheit als Versprechen einer größeren Zukunft begreift.

Erst damit enthüllt sich der Sinn pastoraler Natur im *Pegnesischen Schäfergedicht* wie in der humanistisch-gelehrten Bukolik der Frühen Neuzeit insgesamt. Sie bezeichnet einen Raum, der als Geschichte enthobener Geschichte doch zugleich regulativ bestimmt. Geschichte wird verpflichtet auf das eine Ideal, das in der Bukolik seit Vergil seine klassische Heimstatt besaß und das im Zeitalter der Bürgerkriege der Moderne nochmals eine so brennende Aktualität gewann, das Ideal des Friedens zwischen den

Territorien einer Sprachgemeinschaft, zwischen den Bürgern einer Nation, zwischen den Konfessionen einer Religion, zwischen den Völkern eines christlich-abendländischen, eines europäischen Kulturkreises. Das aber setzt ordnungsgemäße, weise, eben friedensstiftende Regentschaft voraus. Insofern ist der Fürstenspiegel, wie ihn die Pastorale so vielfältig ausgebildet hat, an deren summum bonum gebunden. In den Friedensrufen der Frühen Neuzeit fehlt eine verhaltene, aber überzeugende Stimme, wenn die Hirtendichtung nicht zu ihnen tritt. Friedensfähige Politik aber setzt Einsicht, Kompetenz, Qualifikation voraus. Sie vereint der Schäfer wie niemand sonst. Er ist daher nicht nur der ideale Berater, er ist schlechterdings auch der ideale Amtsträger. Die Hofkritik will also nicht wörtlich genommen sein. Stets geht es um die Zurückweisung angemaßter, nicht erfüllter Würden. Der Adel des Bluts wird auf den Adel der Leistung verpflichtet. Das ist das antitraditionale moderne Gesicht der humanistischen Bukolik. Sie vollendet sich im Ideal der Dichter- und Gelehrtengemeinschaft, in der nur noch Befähigung, nur noch Integrität, nur noch poetisches Vermögen ausschlaggebend ist, nicht aber Herkunft, Rang und Stand. Die Natur, der mit allen Requisiten des locus amoenus ausgestattete und zugleich lokalgetreu angereicherte natürliche Raum ist in diesem Sinn ein gegenbildlicher, ein utopischer Raum, in dem die Normen einer humanistisch-gelehrten Elite versammelt und im ästhetisch-freien Spiel den herrschenden Werten entgegengehalten werden. Das ist ein Spiel, und doch ein Spiel, aus dem eines fernen Tages der blutige Ernst der Revolution werden sollte. Dichterische Naturgestaltung und Formulierung des Naturrechts gehören in diesem Sinn in der Frühen Neuzeit aufs engste zusammen. In den reifsten, in den geschichtlich authentischen poetischen Zeugnissen, zu denen ich das *Pegnesische Schäfergedicht* rechne, gewinnt Natur, gewinnt natürliches Leben, gewinnt das Schäfertum als Schöpfungsstand jene erhabene futuristische Komponente, auf deren geschichtliche Einlösung das 18. Jahrhundert in der Aufklärung dann drängen wird.

Viele Wege poetischer Naturerfahrung führen ins 18. Jahrhundert. Es liegt völlig außerhalb der Möglichkeiten dieses kleinen Beitrags, sie auch nur anzudeuten. Statt den Versuch einer stets doch problematischen entwicklungsgeschichtlichen Skizze zu machen, soll nochmals der einer exemplarischen Exegese mit merklich epochenstilisierendem Einschlag unternommen werden. Das große Kapitel dichterischer Naturgestaltung zwischen Spätbarock und Empfindsamkeit bleibt der germanistischen wie der komparatistischen europäischen Literaturwissenschaft aufgetragen. Es geht ja hier gleichermaßen um die gegenständliche Expansion wie um die emotionale Sensibilisierung wie um die normative Potenzierung der Naturerfahrung, wie sie auf je eigene Weise in der Frühaufklärung eben bei Brockes und Haller, im Rokoko bei Hagedorn, in der Empfindsamkeit bei Kleist und Gessner manifest wird. Bleiben wir in der Gattung, setzen wir den Akzent in der Empfindsamkeit, werfen wir einen Blick auf das Idyllen-Werk Gessners. Die Vorrede zu Gessners *Idyllen* gehört bekanntlich - obgleich nur wenige Seiten umfassend - zu den gewichtigsten Äußerungen pastoraler Theoriebildung und wurde dementsprechend kontrovers behandelt; sie bildet einen Scheitelpunkt ästhetischer Diskussion im 18. Jahrhundert. Hier brauchen nur einige Partien herausgegriffen, um gattungspoetologisch und geschichtsphilosophisch betrachtet zu werden, bevor dann wiederum exegetisch-paradigmatisch ein Fazit im Blick auf die Funktion der Natur gezogen werden darf.

Die Pastorale des 17. Jahrhunderts argumentiert ex loco, die des 18. Jahrhunderts ex tempore. Das indiziert, so erstaunlich es klingen mag, eine merkliche Lockerung der allegorischen Potenzen der Pastorale, wo nicht der Dichtung überhaupt. Opitzens *Hercinie,* Harsdörffers und Klajs *Pegnesisches Schäfergedicht* und ungezählte andere Eklogen zeigten, daß in die vielfach realistisch gezeichnete Landschaft die Repräsentations-Architektur zur Huldigung umstandlos eingepaßt werden konnte. Die Scheidung in den pastoralen und den panegyrischen Raum kehrte auf seiten der pastoralen Natur in der Dichotomie von bukolischem Schauplatz und sozialkritisch-utopisch chiffrierter Räumlichkeit wieder. Simultaneität heterogener Räume - am reinsten ausgeprägt in der höfisch-barocken Festkultur - ist auch der gelehrthumanistischen Literatur durchaus vertraut und in der neueren Pastorale seit Dante im ständigen Changement räumlicher Funktionen durchaus übliche Gepflogenheit. Die viel beredete temporale Umstrukturierung der Pastorale im 18. Jahrhundert - ihrerseits gleichfalls einer neuerdings viel diskutierten Verzeitlichung der Utopie im 18. Jahrhundert geschuldet - beweist, daß das barocke Raumprinzip mit dem neuen Natur-Ideal nicht länger vereinbar war.

Diese Idyllen sind die Früchte einiger meiner vergnügtesten Stunden; denn es ist eine der angenehmsten Verfassungen, in die uns die Einbildungs-Kraft und ein stilles Gemüth setzen können, wenn wir uns mittelst derselben aus unsern Sitten weg, in ein goldnes Weltalter setzen. Alle Gemählde von stiller Ruhe und sanftem ungestöhrtem Glük, müssen Leuten von edler Denkart gefallen; und um so viel mehr gefallen uns Scenen die der Dichter aus der unverdorbenen Natur herholt, weil sie oft mit unsern seligsten Stunden, die wir gelebt, Ähnlichkeit zu haben scheinen. Oft reiß ich mich aus der Stadt los, und fliehe in einsame Gegenden, dann entreißt die Schönheit der Natur mein Gemüth allem dem Ekel und allen den wiedrigen Eindrüken, die mich aus der Stadt verfolgt haben; ganz entzükt, ganz Empfindung über ihre Schönheit, bin ich dann gläklich wie ein Hirt im goldnen Weltalter und reicher als ein König.

Die Ekloge hat ihre Scenen in eben diesen so beliebten Gegenden, sie bevölkert dieselben mit würdigen Bewohnern, und giebt uns Züge aus dem Leben glüklicher Leute, wie sie sich bey der natürlichsten Einfalt der Sitten, der Lebens-Art und ihrer Neigungen, bey allen Begegnissen, in Glük und Unglük betragen. Sie sind frey von allen den Sclavischen Verhältnissen, und von allen den Bedürfnissen, die nur die unglükliche Entfernung von der Natur nothwendig machet, sie empfangen bey unverdorbenem Herzen und Verstand ihr Glük gerade aus der Hand dieser milden Mutter, und wohnen, in Gegenden, wo sie nur wenig Hülfe fordert, um ihnen die unschuldigen Bedürfnisse und Bequemlichkeiten reichlich darzubieten. Kurz, sie schildert uns ein goldnes Weltalter, das gewiß einmal da gewesen ist, denn davon kan uns die Geschichte der Patriarchen überzeugen, und die Einfalt der Sitten, die uns Homer schildert, scheint auch in den kriegerischen Zeiten noch ein Überbleibsel desselben zu seyn. Diese Dichtungs-Art bekömmt daher einen besondern Vortheil, wenn man die Scenen in ein entferntes Weltalter sezt; sie erhalten dardurch einen höhern Grad der Wahrscheinlichkeit, weil sie für unsre Zeiten nicht passen, wo der Landmann mit saurer Arbeit unterthänig seinem Fürsten und den Städten den Überfluß liefern muß, und Unterdrükung und Armuth ihn ungesittet und schlau und niederträchtig gemacht haben. Ich will darmit nicht läugnen, daß ein Dichter, der sich ans Hirten-Gedicht wagt, nicht sonderbare Schönheiten ausspüren kann, wenn er die Denkungsart und die Sitten des Landmanns bemerket, aber er muß diese Züge mit feinem Geschmak wählen, und ihnen ihr Rauhes zu benehmen wissen, ohne den ihnen eigenen Schnitt zu verderben.

Die Einbildungskraft war das Instrument, mittels dessen die transzendenten Kräfte der Poesie, der Mythologie, der Theologie gegenüber dem Wolff-Gottschedschen vernunftimmanenten Kosmos behauptet wurden. Gessner greift die Lieblingsvokabel seiner Landsleute Bodmer und Breitinger auf, um das Recht zur poetischen Imagination der aetas aurea zu statuieren. Deren revocatio erfolgt im Namen einer weiteren zentralen Argumentations-Figur der Schweizer, der poetischen Wahrscheinlichkeit. Weil Natur, weil natürliches Leben gemäß Gattungskonvention und gemäß koinzidierender Überzeugung aller Fraktionen der Aufklärung als ideale(s) entworfen werden soll, erleiden sie keinen Vergleich mit den Verhältnissen der Wirklichkeit. Die soziale Realität fungiert also keinesfalls als Richtschnur der Dichtung, die via Einbildungskraft ihre Autonomie wahrt. Wohl aber rücken Dichtung und Wirklichkeit in ein so im 17. Jahrhundert unbekanntes Referenzsystem. Nicht nur - wie der Intention nach immer schon - wird Realität an der Dichtung gemessen, sondern umgekehrt muß sich Dichtung der Realität fügen. Wo der Bauer der Wirklichkeit in geknechteten, versklavten, entwürdigenden Umständen sein Dasein fristet, kann die Dichtung eben diese Lebensform nicht zum Inbegriff selbstbestimmten, allseitig entfalteten, humanen Daseins erheben. Das Goldene Zeitalter vereinigt in idealtypischer Komposition, was der Gegenwart ermangelt. Dabei ist es interessant zu beobachten, wie selbst noch die aetas aurea den Anforderungen poetischer Wahrscheinlichkeit unterworfen wird. Biblisch-patristische und heidnisch-homerische Zeugnisse dienen der Beglaubigung natürlicher Urverhältnisse.

Bleibt aber die Idylle - oder wie Gessner symptomatischerweise synonym sagt: die Ekloge - auf die mythische Symbolik und den Aktionsradius mythischer Figuren des Goldenen Zeitalters, wie dieses seit Vergil Heimatrecht in der Bukolik besaß, alleine verwiesen? Keineswegs. Immer wechselten die Zeitebenen in der Hirtendichtung zwischen aetas aurea, arkadischer Zeit und Gegenwart. Sie konnten präzise voneinander abgehoben werden - wie etwa klassisch in Sannazaros *Arcadia.* Sie konnten aber auch im Umkreis des Humanismus quasi metaphorisch miteinander gleichgesetzt werden - so vor allem in huldigender Absicht in der Regenten-Ekloge, auch aber in der Säkular-Panegyrik, wenn es galt, das eigene Zeitalter als Inbegriff der wiederbelebten Künste und Wissenschaften, aber auch der Tugenden und des Glaubens zu feiern.

Das Unerhörte der Gessnerschen poetischen Synthesis besteht darin, daß er aetas aurea und Gegenwart über Naturempfindung einander annähert. Noch Haller vermochte die Brücke nur über die Sittlichkeit zu schlagen. Seiner Alpen-Idylle wohnt ein merkliches asketisches Moment inne. Naturgemäßheit meint Übereinstimmung von Wunsch und Wirklichkeit, und letztere ist eine karge, keine üppige (die sich auch bei Haller stets mit der höfischen Sphäre assoziiert); auch deshalb das dezidierte Arbeits-Ethos. Erst Gessner entbindet das ästhetische wie das emotionale Moment in der fiktiven Idyllen-Welt, ohne beides selbstverständlich der moralischen Grundierung zu berauben. "Ähnlichkeit", so sagt Gessner, scheinen die aus einer "unverdorbenen Natur" in der aetas aurea geschöpften schäferlichen Szenen "mit unseren seligsten Stunden, die wir gelebt", zu haben. Aber ist in dieser fragend-zweifelnden Kongruenz nur ein Mangel der Gegenwart gegenüber der Urvergangenheit bedeutet? Gewinnt die Gegenwart nicht auch eine neue Würde?

> Oft reiß ich mich aus der Stadt los, und fliehe in einsame Gegenden, dann entreißt die Schönheit der Natur mein Gemüth allem dem Ekel und allen den wiedrigen Eindrüken, die mich aus der Stadt verfolgt haben; ganz entzükt, ganz Empfindung über ihre Schönheit, bin ich dann glüklich wie ein Hirt im goldnen Weltalter und reicher als ein König.

In der einsamen, von Zivilisation nicht berührten, von Gesellschaft nicht bevölkerten Natur, ist dem Menschen ein Glück vorbehalten, das dem des goldenen Zeitalters nicht nachsteht, dieses vielleicht gar übersteigt und in jedem Fall eine grundsätzlich andere Qualität besitzt. Dieser schönen Natur eignet eine suggestive Kraft. Sie will nicht nur erfreuen, nicht nur das Gefühl in sanfte Bewegung versetzen, sondern sie soll von dem gesellschaftlichen Ekel heilen, mit dem behaftet der Mensch sie -anders als im goldenen Zeitalter - betritt. Aufsuchen der schönen Natur setzt seit Gessner, setzt seit der Empfindsamkeit Leiden an der Gesellschaft, für die bei Gessner in der Vorrede die Chiffre "Stadt" steht, voraus. Am "Naturgefühl", einem Begriff, der - wie Richard Alewyn nicht müde wurde zu betonen - überhaupt erst historisch statthaft ist seit der Empfindsamkeit, hat das Leiden an einem Mangel also keinen geringeren Anteil als die Erhebung angesichts eines Vollkommenen. Dieses Glück ist ein potenziertes, weil es ein sentimentalisches ist, kein naives, wie in der aetas aurea natürlich stets. Es bildet die innerste Überzeugung der Gessnerschen Botschaft, daß Glück nicht an den Modus der Vergangenheit geknüpft ist, nicht also (wie Schiller ihm vorwarf) als elegisches allein genossen zu werden vermag, sondern - angemessene Vorkehrungen getroffen - auch und gerade in der Gegenwart wieder herstellbar ist.

> Ganz Empfindung über ihre Schönheit, bin ich dann glüklich wie ein Hirt im goldnen Weltalter und reicher als ein König.

Es gibt kein gesellschaftliches Ziel, das höher rangierte als die Kultur der Empfindung, welches die schöne Natur im aufmerksamen Menschen auslöst. Naturerfahrung im emphatischen Sinne des Wortes macht das summum bonum menschlicher Existenz aus. Sie bleibt an die Enklave des Einzelnen gebunden, zu der allenfalls der Gleichgesinnte Zutritt hat. Und doch wäre es gewiß verkehrt, ihr illusionären Fluchtcharakter zuzuschreiben.

"Unsere Sitten" und das "goldene Weltalter" stehen in Opposition zueinander. Aber die ins goldene Zeitalter verlegten "Gemählde von stiller Ruh und sanftem ungestöhrtem Glük" sind beglaubigt in einer "unverdorbenen Natur", welche in den "seligsten Stunden" gelebten Daseins ihre unverbrauchten Kräfte stets wieder freigibt und derart dem Tugendhaften und Redlichen die Erfahrung seliger Anschauung der göttlichen Natur momentan und stellvertretend für das nicht restringierte Glück in der Urvergangenheit vergönnt. Damit aber rückt diese erfüllte Existenzform ihrerseits in denkbar extremen Kontrast zur Gegenwart. Gessner hat dies aus naheliegenden poetologischen Gründen in der Vorrede am Schicksal der zumeist leibeigenen, geschindeten Bauern deutlich gemacht, deren Los so wenig vergleichbar sei mit dem idealen Hirten-Dichter-Dasein, das die Idyllen beschwören. Aber diese Kluft ist keine ontologische; sie ist eine soziale und damit eine veränderbare. Die "sclavischen Verhältnisse" verweisen auf eine "unglükliche Entfernung von der Natur", die rückgängig gemacht sein will. Entfernung von der Natur rührt nicht von einem subjektiven Versagen her. Sie ist — ohne daß man sich einer falschen aktualisierenden Redeweise schuldig machte — von Gessner eindeutig auf gesellschaftliche Umstände zurückgeführt. Sie gehört einer Zeit an, "wo der Landmann mit saurer Arbeit unterthänig seinem Fürsten und den Städten den Überfluß liefern muß, und Unterdrükkung und Armuth ihn ungesittet und schlau und niederträchtig gemacht haben." Das allein ist der Grund, weshalb der Dichter nicht in quasi realistischer Manier auf die Wirklichkeit zurückgreifen darf. Lehnt er sich an die Realität an, so muß er eine genaue Mitte zwischen notwendiger Stilisierung hier, notwendiger Naturwahrheit dort wahren, d.h. den Bauern "ihr Rauhes zu benehmen wissen, ohne den ihnen eigenen Schnitt zu verderben."

Nichts haben die Dichter des Sturm und Drang — voran der junge Herder und der junge Goethe — ihrem großen Vorgänger übler genommen, als das Artifizielle dieser klug kalkulierten Synthesis. Sie sahen nicht, daß hier nicht Unfähigkeit waltete, sondern ein Kunstwille, der sich ein letztes Mal im Namen einer Jahrhunderte alten klassizistischen Literaturtradition gerade von der Abstandnahme von der Wirklichkeit deren exaktere Erkenntnis, ja womöglich deren Kritik und Veränderung versprach. Indem der schlechten Realität ihr besseres Gegenbild entgegengehalten wird, wird jene zwangsläufig an diesem gemessen. Um diese Differenz ist es Gessner, ist es den Natur- und Hirten-Dichtern Alteuropas gegangen. Wenn Gessner Theokrit gegenüber Vergil zu rehabilitieren sucht, so nur deshalb, weil er die Vergil-Rezeption als eine höfisch-panegyrisch geprägte identifiziert, gegen die er seine dezidiert antirealistische Idylle setzt. Natürlich müßte das Bild der Natur, wie es Gessners Idyllen in unvergänglicher Weise prägt, im einzelnen analysiert, müßten die Formen beseelter Naturerfahrung im einzelnen differenziert, müßten die Konturen gesellschaftlicher Orte und Mächte im einzelnen namhaft gemacht werden. Das wäre gleichbedeutend mit einer Einzelexegese seines Idyllen-Corpus, wie sie hier bewußt ausgespart werden soll. Wo immer man eintritt in diese Gessnersche Kunstwelt, wird man alsbald gewahr, daß sie polar, binär, antithetisch strukturiert ist. Das pastorale Glück in und durch die schöne Natur verdankt sich dem bewußten Ergreifen einer Lebensform, die sich von der realiter herrschenden energisch und kompromißlos geschieden weiß. Sie ist anders als im 17. Jahrhundert nicht mehr vergleichsweise umstandslos auf den (bürgerlichen) Gelehrtenstand zurückzubeziehen, ist soziologisch schwerer zu spezifizieren, weil sie die "wenigen Edlen", wie es bei Klopstock heißt, über die Grenzen des Standes und Geschlechts vereint. Daß sie gleichwohl dem gebildeten Bürgertum, wie es der Absolutismus im Zeitalter der Aufklärung überhaupt erst freisetzte, als maßgebliches Forum der Identifikation diente, dürfte schwerlich zu bestreiten sein. Im Zeichen idealer Natur, einfacher natürlicher Sozialmuster, empfindsam-tugendhafter Interaktionsformen, hielt man der tonangebenden Schicht bei Hofe wie im Großbürgertum den kritischen Spiegel vor, lockerte, relativierte, unterminierte das geschichtlich wie kulturell dominierende Selbstverständnis in der Setzung einer mit ihm unverträglichen ästhetischen Gegen-Bildlichkeit. Diese im strikten Sinn utopische Funktion war "Natur", war "natürlichem Leben" in der alteuropäischen Schäfer- und Landlebendichtung der Frühen Neuzeit von Dante und Petrarca bis zur Empfindsamkeit Gessners durchgehend überantwortet. Ihr gelehrter Allegorismus dort, ihre empfindsame Idealität hier, war nur das Siegel auf ihre Qualifikation zur bestimmten Negation, in der die Alternative stets mit angelegt war. Insofern ist die Naturdichtung und mit ihr ihre vielleicht prominenteste gattungsgeschichtliche Realisierung in der europäischen Bukolik und Georgik aus der Bewußtseinsgeschichte der frühbürgerlichen vorrevolutionären Welt nicht nur nicht wegzudenken, sondern umgekehrt deren maßgeblicher Promotor gewesen. Erst das nachrevolutionäre 19. Jahrhundert wird diese kritische Funktion lockern, Natur zum Fluchtraum vor einer Gesellschaft erheben, die sich einer rationalen und humanen Einrichtung je länger je mehr zu entziehen scheint. Ihre Übermacht, dem Einzelnen undurchschaubar, dem Kollektiv offensichtlich nicht mehr gestaltend und eingreifend verfügbar, verhält auch das Subjekt im Natur-Refugium zu ohnmächtiger Reflexivität. Auch sie aber ist eine geschichtlich bestimmte, temporäre. Das mag nicht zuletzt im Lichte frühneuzeitlich-"arkadischer" Naturdichtung vielleicht deutlich geworden sein.

Ferdinand van Ingen

OVID IN LEIPZIG
ZU JOHANN GEORG SCHOCHS *WEYRAUCH-BAUM*

Als alle Welt aufgerufen wird, Bacchus die ihm zukommende Ehre zu erweisen, verweigern die Töchter des Minyas - so erzählt Ovid im 4. Buch seiner *Metamorphosen* — dem Gott eigensinnig den Kult. Statt sich in den bunten Reigen der Feiernden einzureihen, wollen sie der "besseren Göttin" Pallas dienen, d.h. sie setzen ihre häusliche Arbeit fort und vertreiben sich die Zeit mit Geschichten - "in medium vacuas referamus ad aures!".

So ist ein Rahmen konstituiert, innerhalb dessen nun bekannte Geschichten, wechselweise von den Schwestern vorgetragen, erzählt werden: Pyramus und Thisbe, Mars und Venus, Leucothoë und Clythië, Salmacis und Hermaphroditus. Der Gott rächt sich bei Ovid am Ende fürchterlich: Die Verwandlung greift auch auf diejenigen über, die sich mit Verwandlungsgeschichten amüsiert haben. Aber das soll uns hier nicht beschäftigen. Dafür soll die Aufmerksamkeit auf die Bearbeitung einer Verwandlung eigener Art gelenkt werden, und zwar auf eine umfangreiche lyrische Nachdichtung der Erzählung von Leucothoë und Clythië.

Die erste und die zweite Ovidische Geschichte brachten es in der Literatur- und Kunstgeschichte zu großer Beliebtheit. Die Tragödie von Pyramus und Thisbe hat Jahrhunderte lang "empfindsame" Seelen gerührt, oder auch ein anders gestimmtes Publikum durch parodierenden Umschlag ins Komische erheitert.[1] Die leicht anrüchige Liebesentdeckung von Mars und Venus mit der Rache des gehörnten Vulkan war ein besonders in barocker Malerei geschätztes Thema. Bei Hermaphroditus und Salmacis

1. Franz Schmitt-von Mühlenfels: Pyramus und Thisbe. Rezeptionstypen eines Ovidischen Stoffes in Literatur, Kunst und Musik. Heidelberg 1972 (Studien zum Fortwirken der Antike, Bd.6).

fließen die Quellen schon spärlicher. Die übrige Geschichte, die die Minyas-Tochter Leuconoë zum besten gibt, hat kaum die Geister beflügelt. Zwar ist ein niederländischer Stich nach D. Vinckeboons (1578-1619) bekannt, der den Besuch Apollos bei Leucothoë zum Thema hat, aber die Szene ist in die Ecke der Darstellung verbannt, der Hauptakzent fällt auf Landschaft und Gartenarchitektur.[2] Um so interessanter nimmt sich das Versepos aus, das in 1564 Alexandrinern, versehen mit 21 Seiten gelehrten Anmerkungen, Ovids Erzählung einem offensichtlich jugendlichen Publikum vorstellt: *Joh. Georg Schochens Poetischer Weyrauch= Baum und Sonnen=Blume*. Die Schrift erschien 1656 bei dem Leipziger Drucker/Verleger Johann Wittigau.

Der Autor gehört zu den zwar bekannten, aber wenig gelesenen Leipziger Dichtern. Unlängst hat Anthony J. Harper für einige dieser Autoren (Christian Brehme, Gottfried Finckelthaus, David Schirmer, J.G. Schoch) ein bescheidenes, aber sympathisches Plädoyer geführt[3] und dabei die Frage nach einem spezifischen "Leipziger Stil" insofern näher bestimmt, als er neben das Charakteristikum eines "leichten, unrhetorischen, unkomplizierten" Stils den Befund "eines für Leipzig größeren technischen und ästhetischen Bewußtseins" stellt.[4] In die gleiche Richtung geht mein Beitrag zu Ernst Christoph Homburg (der in der gleichen Tonart schrieb), unter dem programmatisch zu verstehenden Titel: "Die singende Muse und der 'Kunst-Verstand'".[5] Die Frage des Leipziger Stils gehört deshalb hierher, weil einer der wichtigsten Gründe für die Vernachlässigung der Leipziger Dichter in einem falsch verstandenen Begriff von "Kunstlosigkeit" zu liegen scheint und ihre Arbeiten so insgesamt dem Verdikt einer nicht ernstzunehmenden "Studentendichtung" anheimfielen. Damit

2. M.D. Henkel: Illustrierte Ausgaben von Ovids Metamorphosen im XV., XVI. und XVII. Jahrhundert. Leipzig/Berlin 1930 (Vorträge der Bibliothek Warburg 1926/27). Abb.54.

3. Anthony J. Harper: Schriften zur Lyrik Leipzigs 1620-1670. Stuttgart 1985 (Stuttgarter Arbeiten zur Germanistik, Nr. 131).

4. a.a.O., S. 78.

5. In: Virtus et Fortuna. Zur Deutschen Literatur zwischen 1400 und 1720. Fs. Für Hans-Gert Roloff. Hg. von J.P. Strelka und J. Jungmayr. Bern/Frankfurt/New York 1983. S. 406-426.

wurde auch Schoch zu einem der Leidtragenden: die Forschung hat sich kaum ernsthaft mit ihm beschäftigt. Georg Witkowski beispielsweise bespricht ihn in seiner bekannten *Geschichte des literarischen Lebens in Leipzig* nur kurz und nimmt in Schochs Gedichten der Sammlung *Lust- und Blumen-Garten* (1660) eigentlich nur "sinnlich spielende Erotik der guten Gesellschaft" wahr, vergißt auch nicht, des Dichters offenbare "Freude am Schlüpfrigen und Derben" zu erwähnen.[6] Moralische Werturteile pflegen sich bekanntlich im Lauf der Jahre zu wandeln —

> Floridus utique Poëta et castus. Nihil obscoeni in amatoriis, futile nihil aut scurrile in jocis deprehenditur.
> (In jeder Weise ein glänzender und auch keuscher Dichter. Nichts Unzüchtiges findet sich in seinen Liebesgedichten, nichts Leeres oder Übertriebenes in seinen Scherzen).[7]

So urteilte der doch sonst mit strengen Meinungen nicht geizende Erdmann Neumeister 1695. Die Worte muten aber wie eine Verteidigung des Dichters an - Neumeister nennt Schoch als ein Mitglied der Fruchtbringenden Gesellschaft ("Der Grünende"): vielleicht fühlte er sich für den Landsmann verantwortlich? -, so daß man einigen Anlaß hat, die Charakterisierung nicht auf die Goldwaage zu legen; es wird darauf zurückzukommen sein. Andererseits legt sie jedoch die Vermutung nahe, daß spätere Wertungen an der Eigenart des Autors vorbeisehen, wenn sie Schlüpfrigkeit und Derbheit feststellen wollen, wo der Zeitgenosse nur im Schutz der "Musa iocosa" stehende und deshalb erlaubte lyrische Scherzgedichte sah.[8] Es mag sein, daß Schoch im Epigramm die Lizenzen der Gattung auch nach damaliger Auffassung zu sehr strapaziert hat, - was erklären könnte, weshalb

6. Georg Witkowski: Geschichte des literarischen Lebens in Leipzig. Leipzig/Berlin 1909. S. 142 f.

7. Erdmann Neumeister: De poetis germanicis. Hg. von Franz Heiduk in Zusammenarbeit mit Günter Merwald. Bern und München 1978. S. 98 bzw. 239.

8. Heinz Schlaffer: Musa iocosa. Gattungspoetik und Gattungsgeschichte der erotischen Dichtung in Deutschland. Stuttgart 1971 (Germanistische Abhandlungen, Bd. 37).

im Mitgliederverzeichnis der Fruchtbringenden Gesellschaft ein anderer als Schoch den genannten Gesellschaftsnamen trägt: Schoch könnte zum Austritt gezwungen worden sein. Immerhin ist auch das zur *obscoenitas* neigende concettistische Epigramm fest in der literarischen Tradition verankert.[9] Jedenfalls nutzt der Dichter drei Jahre später die Chance, den Titel der Sammelausgabe, in der sich die möglicherweise inkriminierten Gedichte finden, in erweiterter Form wiederaufzunehmen: *Neuaufgelegten Poetischen Lust- und Blumen-Gartens Verliebter Weyrauch-Baum und Sonnen-Blume.*[10] Von den übrigen Werken ist hier nicht zu handeln: Die *Comoedia Vom Studenten-Leben* (1657) blieb Schochs bekanntester Beitrag zur Literatur. Die fast 400 Seiten starke *Neuerfundene Philyrenische Krieg- und Friedens Schäfferey* (1663) ist nur in den Rahmenteilen eine Schäferei, ansonsten eine "Chronologische Verfassung aller vornehmsten Geschichte [...] der [...] Stadt Leipzig" (Untertitel). Die aus dem Französischen übersetzte *Wunderbare Jedoch Gründlich= und warhaffte Geschichte und Reise Begebnisse In Africa/Asia/Ost= und West=Indien von Jan Moquet* (1688) kam den Bedürfnissen der Zeit nach exotischen Reisebeschreibungen entgegen.

Schoch hat sich wiederholt ausdrücklich zur "Leipziger Manier" bekannt. Schon ein flüchtiger Vergleich zeigt, was er hinsichtlich der Motivik und der Form den anderen Autoren verdankte. Die Vermutung ist nicht von der Hand zu weisen, daß er in enger Beziehung zu Finckelthaus stand, sicher ist jedoch, daß er mit David Schirmer befreundet war. Was ihn aber von den Leipzigern unterscheidet, ist eine Präsenz der antiken Mythologie,

9. Jutta Weisz: Das Epigramm in der deutschen Literatur des 17. Jahrhunderts. Stuttgart 1979 (Germanistische Abhandlungen, Bd. 49). S. 110-118.

10. Der "Weyrauch-Baum" wird in vorliegendem Beitrag nach der Einzelausgabe zitiert (HAB Sign. T 1175 Helmst.4°.16). Die verdienstvolle Dissertation (Indiana University, 1978) von Barbara Bopp setzt sich ein Ziel, für das Textvarianten nicht unbedingt notwendig sind, und geht somit auf die spätere Ausgabe nicht ein: Experimentation with Sonnet Form in the 'Lieb- Lob- und Ehren-Sonnette' of Johann Georg Schoch. Die Arbeit lag mir in Typoskript vor, wofür an dieser Stelle der Verfasserin gedankt sei.

die über das damals übliche Maß an Namen und Anspielungen weit hinausgeht. Schochs erste größere Veröffentlichung war denn auch eine Ovid-Ausgabe: *Kurtze Verfassungen über des OVIDII Verwandlungs=Beschreibung* (1652).[11] Unter den Widmungsgedichten steht eines von Johann Georg Albini an letzter Stelle ("Fahr fort mein Schoch fahr fort/ietzt bistu Naso worden..."), an vorletzter das von David Schirmer, das im Anfang auf Schochs Gesellschaftsnamen anspielt, im übrigen alle Merkmale des Lob- und Ehrengedichts aufweist:

Der grüne Lorbeer-Krantz/ den erst der Naso nahm
Von seinem Printz August/ als er nach Hofe kam/
Der fället dir nun bey/ und ehret deine Stirne.
Wir sehn schon wie es dir ins künfftge wird ergehn.
Der Welt Verwandelung muß nun was teutscher stehn/
Der Römer Seel und Geist lebt gantz in unserm Hirne.
Die Nymphen freuen sich umb deine Linden-Stadt/
Umb daß sich ihre Zunfft durch dich vermehret hat.
Sie geben dir den Danck von ihren schönen Rosen.
Wol dir/ O mein Achat/ du bist hindurch gerannt/
Ich nur/ ich suche noch die Muschel ümb den Strand.
Find ich sie nicht mit dir/ so kan ich nicht gelosen.

Der Aufbau des Buches ist der gleiche, den schon die berühmte Sammlung *La Métamorphose d'Ovide figurée* mit den Holzschnitten von Bernard Salomon (in Lyon 1557 bei Jean de Tournes verlegt) für die zahlreichen Nachahmungen festgelegt hatte: Überschrift —Bild — Verse. Wenn Bodo Guthmüller feststellt: "Kein antikes Werk wurde im 16. und 17. Jahrhundert so oft und so kunstvoll illustriert wie die Metamorphosen"[12], so muß zu gleicher Zeit die

11. Kurtze Verfassungen über des OVIDII Verwandlungs= Beschreibung/Mit einem kurtzen Inhalt der Bü=cher und Gedichte vermehret/ auch sonsten hin und wieder verbessert/ zum andern mal herauß gegeben Von Joh. Georg Schochen. Leipzig/In Verlegung Philipp Fuhrmanns/Gedruckt bey Henning Kölern. Im Jahr 1652. (Benutztes Exemplar: Herzog August Bibliothek, Sign. Lh 1596).

12. Bodo Guthmüller: Picta Poesis Ovidiana. In: Renatae litterae. Studien zum Nachleben der Antike und zur europäischen Renaissance.

Bedeutung Salomons dafür hervorgehoben werden, denn die Beliebtheit dieses Typus der Ovid-Rezeption ist ohne die bewegten Figuren von erlesener Eleganz, wie Salomon sie geschaffen hat, kaum zu erklären. Mit seinen 178 Illustrationen legte er den Grund für die Nachahmung in Deutschland durch Virgil Solis. Dieser hat die Stiche zu der lateinischen Ausgabe der *Metamorphosen* von Sigmund Feyerabend (Frankfurt 1563) hergestellt, auf ihn griffen ihrerseits wieder Nachahmer zurück. Henkel bemerkt zu Solis' Umbildungen: "aus den schlanken, eleganten Figuren sind mehr gedrungene, mit stärker ausgebildeter Muskulatur geworden, derbe, stämmigere Erscheinungen."[13] Mit einer Nachahmung von Solis haben wir es auch bei der Ausgabe zu tun, die 1652 bei Philipp Fuhrmann in Leipzig erschien und zu der Schoch die Verse verfaßte. Henkel erwähnt diese Edition kurz und weist auf die "sehr rohen Holzschnitte" hin,[14] ein Urteil, dem man sich gern anschließt. Schochs Anteil besteht in je 12 Alexandrinerversen zu den 168 Illustrationen.

Wenn auch die Verbreitung des illustrierten, dreiteiligen Rezeptionstypus nach dem Muster von Bernard Salomon bzw. Virgil Solis in der Frühen Neuzeit nicht zuletzt auf die Verbindung von Wort und Bild zurückzuführen ist, und der "illustrierte Ovid" somit an der allgemeinen Popularität der ebenfalls dreigliedrig aufgebauten Emblembücher und bestimmter Formen der Erbauungsliteratur teilhat[15], so ist selbstverständlich auch die ungeheure Beliebtheit der *Metamorphosen* überhaupt in Anschlag zu bringen, von der neben zahlreichen Ausgaben und Kommentaren, insbesondere Übersetzung, Nachahmung, Supplement und Neuschöpfung zeugen. Die verschiedenen Rezeptionstypen spiegeln

Hg. von K. Heitmann und E. Schroeder. Frankfurt/M. 1973. S. 171-192; hier S. 191.

13. Henkel: a.a.O., S. 89.

14. Henkel: a.a.O., S. 95.

15. Zur Erbauungsliteratur vgl. den Beitrag des Verf.: Frauentugend und Tugendexempel. Zum "Frauenzimmer-Spiegel" des Hieronymus Ortelius und Philipp von Zesens biblischen Frauenporträts. In: Barocker Lust-Spiegel. Studien zur Literatur des Barock. Fs. für B.L. Spahr. Hg. von M. Bircher, J.-U. Fechner, G. Hillen. Amsterdam 1984 (Chloe, Bd.3). S. 345-383.

in der Art ihrer Aufnahme des Ovidischen Werkes jeweils das spezifische Interesse einer Zeit am antiken Stoff, so daß sie "eine Geschichte des europäischen Geistes im kleinen" ergeben.[16] Für das deutsche Mittelalter wurde das von Karl Stackmann, für das 16. Jahrhundert von Bodo Guthmüller nachgewiesen.[17] Eine Studie zum 17. Jahrhundert in Deutschland, wie sie für Frankreich in der Arbeit von Maria Moog-Grünewald enthalten ist[18], fehlt ebenso wie punktuelle Vorstudien zur Ovid-Rezeption in jener Epoche. Diese Feststellung nimmt sich wie eine Art "captatio benevolentiae" aus und ist es auch, denn bei dieser Sachlage kann vorliegender Beitrag nur vorläufige Ergebnisse bieten, die in keiner Weise zu generalisieren sind.

Die *Metamorphosen* dankten nach Ansicht Stackmanns schon im Mittelalter ihre Anziehungskraft der verfeinerten Psychologie, mit der Ovid die mythischen Gestalten überall zeichnet: "er widmet sich mit seiner Kunst dem Studium menschlicher Leidenschaften, ohne sich durch soziale oder moralische Postulate beirren zu lassen."[19] Wenn das zutrifft, wurde das antike Werk nicht nur wegen der Reize einer fremd-exotischen Welt der Natur zu bevorzugter Lektüre, sondern vielmehr dadurch, daß es dem Leser zur Einsicht in die tieferen Beweggründe menschlichen Handelns verhalf. Ohne Zweifel liegt ein Großteil von Ovids Faszination in der Psychologisierung der mythologischen Stoffe. Man braucht nur an seine Erweiterung des Galatea-Motivs um die Gestalt des Acis zu denken, durch die erst aus dem täppischen, verliebten Kyklopen ein von rasender Eifersucht gepackter Riese wird, in dessen Seele eine verschmähte Liebe sich zu fürchterlicher Rache wandelt.[20] Die Mythologie als ein Mittel, um die Welt zu

16. Maria Moog-Grünewald: Metamorphosen der "Metamorphosen". Rezeptionsarten der ovidischen Verwandlungsgeschichten in Italien und Frankreich im XVI. und XVII. Jahrhundert. Heidelberg 1979 (Studien zum Fortwirken der Antike, Bd.10). S. 11.

17. Karl Stackmann: Ovid im deutschen Mittelalter. In: Arcadia I (1966) S. 231-254; Bodo Guthmüller: S. Anm. 12.

18. Siehe Anm. 16.

19. Stackmann: Ovid. S. 238.

20. Heinrich Dörrie: Die schöne Galatea. Eine Gestalt am Rande des griechischen Mythos in antiker und neuzeitlicher Sicht. München 1968 (Tusculum-Schriften). S.10f., 54ff.

deuten, wird von Ovid nicht auf die Welt der sichtbaren Dinge eingeschränkt, sondern entfaltet ihre ganze Bedeutung dort, wo es um die unsichtbaren Dinge geht, um die zarten Regungen des Herzens in Liebe, Freundschaft und Treue wie auch um deren Umschlag ins Gegenteil, kurz: um die ganze Skala der Gefühle, von ätherischer Gelassenheit und naiver Selbstbespiegelung bis zu blinder Leidenschaft und zerfleischendem Haß. In diesem Sinn bedeutet das Lesen der ovidischen Verwandlungsgeschichten allemal eine Bereicherung der Welterfahrung und eine Erweiterung des subjektiven Horizontes. So hätten nach Michael von Albrecht die Zeitgenossen des Römers die *Metamorphosen* schon nicht wesentlich anders gelesen, als wir es heute tun:

> Ovid vergegenwärtigt die Mythen nicht nur in einem äußerlichen Sinne; er durchdringt sie ganz und gar mit einer Psychologie, die der Mentalität seiner Zeit entspringt, ja mehr noch: die zuweilen an Kafka gemahnt. Der Mythos wird mit seinen absurden Situationen zum Mittel, bis an die Grenzen menschlicher Erfahrung vorzustoßen. Das moderne Schlagwort von der 'Bewußtseinserweiterung' drängt sich hier auf.[21]

Indessen bleibt eine solche Rezeption — zumindest einstweilen — für die Frühe Neuzeit in Deutschland spekulativ. Eine psychologisierende Interpretation aus heutiger Sicht ist denn auch für eine historische Untersuchung von beschränktem heuristischem Wert. Die mittelalterliche Mythenexegese nach der Methode des dreifachen Sinnes reicht bis ins 16. Jahrhundert. Sie macht Ovids Werk vollends "zu einem Schatzhaus christlicher Heilswahrheiten, Tugendlehren, Lebensweisheiten."[22] Die Verwandtschaft der dreigliedrigen Form zum Emblem (Inscriptio, Pictura, Subscriptio) führt zu einer Entwicklung von den illustrierten Ovid-Ausgaben zu solchen mit halb und ganz

21. Michael von Albrecht: Mythos und römische Realität in Ovids "Metamorphosen". In: Aufstieg und Niedergang der römischen Welt. Bd. 31, 4. Teilband. Hg. von Wolfgang Haase. Berlin 1981. S. 2328-2342; hier S. 2338.
22. Stackmann: Ovid. S. 241.

emblematischen Darstellungen.[23] Die Grenzen waren ohnehin fließend, denn auch in jenen Werken, die keine emblematischen, sondern rein illustrative Abbildungen bringen, ist die allegorische Deutung lange die übliche. Die deutsche Ausgabe von Johannes Posthius (Frankfurt 1563) macht die daraus resultierende Funktion deutlich. Sie bringt lateinische Disticha in Verbindung mit deutschen Versen, wirbt also um ein breites Publikum. Posthius umschreibt in der Vorrede Ovids Buch als eine Unterweisung, "wie man sol wol und züchtig leben."[24] Die im selben Jahr erschienene Ausgabe des Augsburger Meistersängers M. Johannes Spreng bezieht die Deutungen ganz auf die christliche Heilslehre. In gleicher Weise will Jörg Wickram seine Erneuerung von Albrechts von Halberstadt Übersetzung verstanden wissen. Deren Prosakommentar (von Gerhard Lorichius von Hadamar) setzt in allen fünf Drucken des Werkes bis 1631 deutliche Akzente.[25] Erfolg und Verbreitung des Buches lassen vermuten, daß sich darin das allgemeine Ovid-Verständnis der Zeit spiegelt. In der Vorrede wird zunächst der tiefere Sinn der Geschichten betont, wenn es von der "Rede" der "Gedichte vnd Fabeln" heißt, daß sie "also gantz verblümt ist/ vnd eine sonderbare Bedeutung hat." Bevor aber auf die Deutungsart eingegangen werden kann, muß für den christlichen Leser ein legitimer Funktionsrahmen geschaffen werden, die Argumentation dazu geht schrittweise vor. Die mythologischen Erzählungen sollen erstens "vns billich bewegen/ daß wir das H. Wort Gottes in desto höherm Wert halten/ vnd desto fleissiger lesen vnd anhören/ auch Gott embsiglich dancken/ daß er vns/ [...] auß solcher

23. So ist z.B. die Darstellung "Pyramus und Thisbe" in Gabriel Rollenhagens Emblembuch Nvcleus Emblematvm Selectissimorvm Quae Itali Vvlgo Impresas vocant... (Utrecht 1613) rein illustrativ. Vgl. andererseits Moog-Grünewald zum emblematischen Charakter der Métamorphose d'Ovide en rondeaux von Isaac de Benserade (Paris 1676): a.a.O. S. 156 ff.

24. Zit. nach Guthmüller: Picta Poesis. S. 177. Beispiele werden dort S. 177 ff. angeführt. Für Joh. Spreng s. S. 181 ff.

25. Mir lag die Ausgabe von 1631 vor; benutzte Exemplare: Herzog August Bibliothek, Sign. 17.1 Poetica; Göttingen SB, Sign. Auct. Lat. III, 7062.

Finsternuß vnd Grewel errettet/ vnd mit der heylsamen Erkantnuß seiner Himmlischen Warheit begabet hat." Zweitens dürfe man nicht übersehen, daß die heidnischen Poeten "etwas von den Göttlichen Geheimnussen [...] gehört/ vnd was in Gottes Wort gelehrt wird/ jhnen nicht allerdings vnbekandt gewesen." So doppelt abgesichert, kann der Verfasser dann an das Verständnis in engerem Sinn heranführen, - die Fabeln des Ovid seien im übrigen nützlich und stehen auch, wenn man sie nur richtig versteht, nicht im Widerspruch zur Heiligen Schrift:

> ... finden wir bey den Poeten viel schöne Exempel der Tugend/ welche von Gott belohnet wird/ vnd hergegen abschewliche Exempel der Lastern/ die Gott nicht vngestrafft läst: vnd was wir bey jhnen lesen/ daß die/ so sich der Tugend beflissen/ in Himmlische Sternen/ in wolriechende Bäume vnd liebliche Blumen verwandelt worden/ das kompt mit dem vberein/ was in der H. Schrifft stehet/ daß die/ so viel Leut zur Gerechtigkeit angewiesen haben/ werden leuchten wie der Glantz deß Firmaments: daß die Frommen vnd Gottseligen werden blüen/ wie die Palmen vnd Oliven: daß sie werden gleich seyn einem Baum/ der gepflantzet ist an den Wasserbächen/ vnd seine Frucht bringt zu seiner Zeit/ dessen Blätter nicht verwelcken.

Es liegt in der Art solcher Schutzrede begründet, daß das *docere* breiten Raum einnimmt, das *delectare* dagegen nur gestreift wird, und zwar in der Unterscheidung der Philosophen von den Poeten, "die den Leser nicht allein vnterrichten/ sondern auch durch jhre liebliche vnd seltzame Gedichten vnd Fabeln erlustiren vnd auffmuntern."

Die Ausrichtung auf die christliche Heilslehre bestimmte im späten 16. Jahrhundert nicht generell die Ovid-Rezeption, aber sie dürfte eine weitverbreitete gewesen sein. Die einzig mögliche war sie sicher nicht, denn schon die *Métamorphose d'Ovide figurée* Bernard Salomons, die am Anfang auch der deutschen illustrierten Ovid-Ausgaben steht, bringt nicht nur keine allegorische Auslegung, verzichtet vielmehr ganz auf sie und beschränkt sich in der "Subscriptio" auf ein Nacherzählen des im Bild Dargestellten. Schoch scheint dieser Traditionslinie zu folgen. In der Vorrede setzt er sich, wie üblich, mit der Dunkelheit der Erzählungen auseinander und verteidigt deren Tiefsinn gegen den "übelurtheilenden Leser". Viel mehr ist der Vorrede nicht zu entnehmen, jedenfalls keine christliche Sinngebung. M.C. Lamberg stellt in seinem Widmungsgedicht die Nützlichkeit der dunklen "Lügen" heraus (mit Verweis auf die bekannte bittere "Tugendpille") und gefällt sich offenbar im Paradox:

Die Tugend wird mit Spielen
In Fabeln eingebracht/ im Fall dieselben zielen
Auff etwas Gutes hin. Wir lesen lieber diß/
Was man verborgen bringt/ als was klar und gewiß
Den Augen vorgestellt. Diß ist die rechte Weise
Daß man die Bitterkeit/ der Tugend erste Speise/
So leichte schmecket nicht. Der Zuckersüsse=Safft
Der deumelt Pillen ein; der herben Krauter Krafft
Kömpt uns durch den zu gut. Wie liederlich es scheinet/
So wird die Tugend doch durch Fabelwerck gemeynet.
Je lügenhafftiger es uns wird vorgestellt/
Je mehr die Wahrheit sich in dem verborgen helt.

So, in diesem allgemeinen Sinn des Nutzens, las wohl um die Mitte des 17. Jahrhunderts ein intellektuelles Publikum, das die heidnisch-antiken Autoren nicht unbedingt auf eine christliche Norm verpflichten wollte, die Verwandlungsgeschichten. Schoch scheint sich an einem solchen Leserkreis zu orientieren. Als Beispiel seien hier die 12 Alexandrinerverse zitiert, in denen die Geschichte erzählt wird, die er danach im *Weyrauch-Baum* zu einer selbständigen Dichtung ausgestalten sollte:

Die Venus deucht die That mit gleicher That zu straffen/
Und schafft daß Febus bey Leukothoen muß schlaffen/
   Weil er sie* vor beleucht. Er stellt sich als ob er
   Der Nymfe Mutter sey/ und heisset ohn gefehr
Ein wenig seitwerts gehn die in der Spinte waren.
So bald diß/ der Orcham/ der Vater hat erfahren/
   Hat er sein eignes Kind noch=lebendig verscharrt/
   Die doch im Grabe noch zum Weyrauchs=Strauche ward/
Weil dis nun Klytie/ des Föbus Liebste/ sagte
Und wegen dieser That bey Orcham sich beklagte/
   Auch sah das Föbus ihr deswegen wurde gram/
   Ward Klytie für Leid zum Sonnen=Blumen=Stam. (Fol. D1^{v})

*Venus

Die Geschichte knüpft, wie bei Ovid (IV 169 ff.) unmittelbar an die von Sol/Phoebus entdeckte Liebesszene zwischen Mars und Venus an, über die die Götter laut und anhaltend gelacht haben. Daß sich Venus deswegen an Phoebus rächen will (IV 190: "Exiguit indicii memorem Cythereia poenam"), ist die psychologisch notwendige Klammer, die beide Geschichten derart miteinander verschränkt, daß das Liebesabenteuer der Venus als Auftakt für die Erzählung der von ihr inszenierten unglücklichen Liebe des Sonnengottes zur schönen Leucothoë funktioniert, - auch Sol kannte die Liebe ..., so lautet der Einsatz der Geschichten bei Ovid. Bei Schoch ist, gemäß der Bildvorlage, von dieser Verschränkung nichts mehr zu spüren. Es geht lediglich darum, die charakteristischen Hauptpunkte der Verwandlungsgeschichte festzuhalten. So wird lakonisch und trocken der Vorgang dargeboten, der aus dem reizenden Mädchen eine Weihrauchstaude, aus der neidischen Nymphe eine Sonnenblume macht. Es fehlt jeglicher moralische Gestus; die kleine Versgeschichte bleibt ganz bei sich und bringt nicht mehr, als das darüber stehende Bild enthält.

Für die große Verserzählung war keine solche Zurückhaltung geboten, und ein vorausgeschickter "Kurtzter Entwurff und Inhalt" bringt die wesentlichen Punkte des Handlungsverlaufs in konzentrierter Form, so daß im Gedicht vollauf Gelegenheit ist, anderes in den Vordergrund zu stellen. Im Eingang läßt der Anruf an den "Kräuter=Gott" Apoll erkennen, daß die Dichtung keine theologisch-philosophische Spekulation beabsichtigt, sondern sich betont antikisch geben will und das Liebesthema zu umspielen gedenkt:

Apollo/ Kräuter=Gott/ du Vater solcher Sachen/
Du kanst mich nur geschickt zu diesem Wercke machen/
Erheitze meine Brust/ es geht dich selbsten an/
Daß ich von deiner Brunst gelücklich reden kan. (5 ff.)

Das breit dargestellte Rachemotiv beherrscht die Einleitung (25 ff.: "O böser Weiber groll! o böser Weiber wüten!/ Wer kan sich wol genung für einer Frauen hüten/ Wenn sie auff Rache denckt?"), von der sich der Beginn der eigentlichen Erzählung, nämlich die Beschreibung der glücklichen Familie des Königs

Orchamus in Persien, kontrastiv abhebt. Der König kann mit sich und der Welt zufrieden sein: "Er hatte gute Ruh in seinem hohen Stande/ Wie auch die schönste Frau im gantzen Morgen-Lande" (53 f.). An Schönheit übertrifft sie aber noch die Tochter Leucothoë, die Venus mit den herrlichsten Gaben ausgestattet hatte. Nichts stört das Glück der königlichen Familie, bis die Liebesgöttin ihre Listen zu spinnen beginnt (88: "Denn ihre falsche Gunst ist auff Betrug bedacht"). Sie sorgt dafür, daß Phoebus Leucothoës Schönheit sieht. Fast ironisch setzt Schoch hier ein Ovid-Zitat ein ("videt hic deus omnis primus"), das auf die Entdeckung von Venus' Liebesabenteuer Bezug nimmt (125 f.):

Sie wuste/ daß er sie zu sehen müste kriegen;
Denn was sol wol für dem verborgen können liegen/
Für dem/ der alles sieht/ durch den wir alle sehn?
Drumb gieng es anders nicht/ es muste so geschehn.

Sol ist hingerissen und vergißt alle seine Liebschaften. Die von Ovid aufgezählten Schönen vermehrt Schoch noch um einige weitere und beschließt die Reihe mit einer Sentenz, die die Unbeständigkeit im Lieben erklärt:

So gar/ so ist das Lieben
Ein steter Wanckelmuth/ so nie beständig blieben/
Ein Wechsel der Natur; denn Lieb' ist eine Pein/
Die nur mit Liebe will vertrieben wieder seyn. (181 ff.)

Auch die Nymphe Clytie hat er vergessen, die Liebe hat mit ungekannter Heftigkeit Besitz von ihm ergriffen. Wie ein rechter petrarkistischer Liebhaber wünscht er sich den Tod. Aber als ein Gott ist er doch noch schlechter daran als der Mensch —

Ach Gott! was seynd wir doch
Wenn uns die Liebe quält. Sie ist ein solches Joch
das Götter unterdrückt. Durch Liebe wird gerochen
Der/ der durch Liebe sich an Venus hat verbrochen/
Jetzt heult/ ietzt winselt er/ und wündscht in solcher Pein
Ihm tausendmahl den Todt/ im fall es könte seyn.

Beklagt/ daß er noch mehr für Brunst/ als Menschen/ brennte/
Und doch nicht/ als ein Gott/ wie Menschen sterben könte;
Verflucht das Götter-Recht/ schätzt selig unsern Stand/
Des Todt und Leben steht in unser eignen Hand. (197 ff.)

Schoch verwendet viel Mühe darauf, für die Liebesqualen des Gottes originelle Bilder zu finden. Der Fundus der petrarkistischen Poesie erweist sich in überraschender Weise dazu geeignet. Der bekannte metaphorische Kontrast von Hitze und Eis, mehr noch der planetarische Bereich als Quelle preisender Bezeichnungen der Geliebten kommen hier in witziger Pointierung zur Geltung, weil die hitzige Sonne selber Subjekt einer Liebesgeschichte ist (296 ff.):

Nur du/ Leucothoe/ du bist ein kaltes Eyß/
Ein Fluß/ so immerzu bleibt harte zugefrohren/
Da doch hingegen dich der Sommer hat gebohren/
Des Sommers Vaterland; Sieh/ wie ich für dir liege/
Wie ich so jämmerlich die Knie für dir biege/
Nur einen blossen Blick/ Leucothoe/ mein Licht/
Du meine Sonne selbst/ mehr jo begehr ich nicht.

Das Geschehen nimmt seinen Lauf, um allerhand Nebenzüge bereichert, die sich nicht bei Ovid finden, aber im Rahmen der epischen Ausgestaltung durchaus möglich erscheinen. Einen malerischen Höhepunkt stellt das Verweilen der Sonne um die Mittagszeit dar, wodurch Mensch und Tier ermatten. Sogar dem Schäfer Coridon wird es zuviel - "Dem Coridon verdreust ein Feld-Spiel anzugreiffen/ Geschweige denn ein Lied von Chrysilis zupfeiffen" (417 f.). Die Darstellung erfährt eine Steigerung, als der Blick auf Leucothoë gelenkt wird. Denn sie ist das Objekt von Sols brennender Liebe und die Ursache der Verwirrung, die den gewohnten Lauf der Natur durcheinander bringt —

Wie angst und bange muß dem jungen Fräwlein seyn/
Auf die alleine fällt so heisser Sonnen=Schein.
Ein Weib/ so ohne deß ist hitziges Gemüthes/
Begierig von Natur/ und brünstiges Geblüthes/

Die in dem Winter auch fiehlt Feuer umb die Brust/
Und in der Liebe nur sucht ihre gröste Lust.
Sie tritt für grossem Weh im Zimmer hin und wieder
Spatzieret ab und zu/ und gehet auff und nieder/
Sucht ihren Fecher für und macht ihr selbsten Wind/
Es weiß nicht was es thut das gar=zu=liebe=Kind/
So ist es abgematt/ so laß seynd die Gelieder/
Bis endlich lest sie sich in einen Sessel nieder/
Sie nimmt ihr ab den Flor und legt ihn in den Schooß/
Die Brüste lagen ihr bis umb die helffte bloß.
Der Schweiß der stund so rund auf den so runden Ballen/
Wie wenn zu früh der Thau ist auf den Klee gefallen/
Sie macht ihr weiter Lufft/ verschleust die Stuben=Thür/
Sperrt alle Fenster zu/ und zieht den Fürhang für;
Was sie nun weiter hat alleine machen müssen/
Das kan so wenig ich/ als Du/ Apollo/ wissen/
Gesetzt/ ich wist es auch/ so sagt ichs doch nicht frey;
Was eine Dame wil/ daß es verschwiegen sey. (467 ff.)

Die Situationsschilderung erinnert mit der versifizierten Entkleidungsszene, insbesondere aber durch die Gebärde des Andeutens und Verschweigens am Schluß, an verwandte Szenen in der galanten Lyrik und der Rokokopoesie. Von alledem meldet Ovid selbstverständlich nichts, und es wird immer deutlicher, was der deutsche Dichter sich mit seiner Nachdichtung der Leucothoë-Fabel vorgenommen hat. Ihn fesselte weniger die Verwandlung der Königstochter in einen wohlriechenden Strauch als die Darstellung des von allzu irdischen Liebesqualen geplagten Liebesgottes. Während bei Ovid von ungestillter Liebesbegierde über längere Zeit hinweg nicht die Rede ist, liegt Sol bei Schoch ganze Nächte wach, damit Gelegenheit ist, die Wirkung der Liebe beim Sonnengott auf die Menschen zu applizieren: "Die Nacht/ die andern sonst mus eine Labsal seyn/ Hülfft den Verliebten noch vermehren ihre Pein" (603 f.) - "Zwar/ meint ihr denn vielleicht/ daß er deswegen schlaffe?/ Die Nacht die ist vielmehr der Buhler ihre Straffe" (677 f.). Der Schlaf gaukelt dem verliebten Gott endlich die Erfüllung seines Liebeswunsches vor, - "doch war es nur ein Traum/ So ihm zu mehrer Pein und Klagen machte raum" (719 f.).

Dennoch macht das Traumbild Phoebus beherzt, und er

bedenkt, daß gerade in der Liebe gelte, daß der gewinnt, der alles wagt. Eine Erinnerung an die Eroberung der Venus durch Mars macht ihm neuen Mut, weitere Exempel finden sich leicht. Und überdies: gehöre es denn nicht auch zum weiblichen Wesen, sich zu zieren und sich dem geliebten Mann zu versagen? Vielleicht liebt Leucothoë ihn tatsächlich. Diese Überlegung gibt den Durchschlag:

> Ich kenne diß Geschlecht/ und weiß schon dessen Sitten/
> Es wil gefeyret seyn/ und lest sich gerne bitten/
> Doch/ wird es nur bekand/ so ist es so erpicht/
> Und weiß hernacher dann gantz keine Maase nicht. (789 ff.)

Er findet die Schöne mit zwölf "Jungfern" beim höfischen Müßiggang, d.h. beim Spinnen, - "was andern ist verhaßt/ Und was der Bauer hält für eine grosse Last/ Das muß zu Hofe noch zur Lust und Freude dienen" (919 ff.); so heißt es mit ironischer Anspielung auf die Beschäftigung der Minyastöchter bei Ovid, nun aber auch wohl auf die Bräuche an den zeitgenössischen Höfen bezogen: "Was weis der Fürwitz nicht an Höfen auszusinnen/ Was thut nicht Müßiggang/ und wer es auch das Spinnen" (917 f.). Die antike Einkleidung macht nicht vergessen, daß man bei Hofe ist. So geht Leucothoë wie eine junge Frau von Stande ihrer "Mutter" entgegen, "Mit sondrer Höfligkeit bis an die Stuben-Thür" (928). Unversehens wird die mythische Erzählung ins 17. Jahrhundert hineinprojiziert. Was zu vermuten war, ereignet sich tatsächlich: Phoebus tritt als schmachtender, dann aber gefaßter galanter Liebhaber der Barockzeit auf, dem die Gepflogenheiten der Kavaliere à la Mode wohlvertraut sind —

> Und gläubst du/ Schöne/ nicht/ so wil ich weisen dir/
> Daß unter dieser Tracht was Männlichs ist bey mir.
> Daß dem auch also sey/ so sieh'/ ich lege nieder
> Den weichen Weiber=Schmuck/ und bin die Sonne wieder.
> Und sieh'/ im Augenblick/ von Stund=an alsobald/
> Da nam' er wieder an sein Wesen und Gestalt.
> Zu dem/ ohn allgefehr/ (es muste sich so fügen/)
> Sah' er ein Lieder=Buch/ und eine Harffe/ liegen/
> Die fasset er zur Hand/ und sang der Schönen da/
> Was Filidor einmahl sang seiner Flavia. (1215 ff.)

Neunzehn Strophen lang sucht dieser Filidor seine Liebste zu überreden, die schöne Jugendzeit zu nutzen, "Eh als wir beyde folgen müssen/ Der unvermerckten Jahre Flucht." Mit gleicher Kürze wie bei Ovid (IV 233: "Victa nitore dei posita vim passa querella est") erhört Leucothoë die Bitten des liebenden Gottes: "Wer kan der Liebe doch und Göttern wiederstehn!" (1232), aber im Gegensatz zum Vorbild peinigt sie beim morgendlichen Erwachen die Reue über das nächtliche Geschehen, das sich nicht rückgängig machen läßt:

Sie sahe an das Bette/
Als ihrer Ehre Grab das tausend Schande hette/
Den Tod der Jungfernschafft/ die Walstatt ihrer Zucht/
Der Tugend Mörder=Nest/ die geile Rauber=Bucht.
Da lag der kahle Stock/ der ihr so lieb gewesen/
Die Traube war entzwey/ die Beeren abgelesen;
Da lag der wüste Strauch zerrissen und zerdrückt/
Das Kleinod war dahin/ das Rößgen abgepflückt.
Sie war ein frisches Obst/ zu zeitlich abgebrochen/
Ein Apffel weiß und roth darein ein Wurm gekrochen;
Sie war ein süsser Klee/ ein schönes Tulpen=Blatt
Darauff die Schnecke lag/ und gleich beschmeisset hat. (1261 ff.)

Die poetischen Metaphern des Dichters machen die Sache nicht besser, leiten dann aber zu einem ersten Ruhepunkt in der Handlung über. Zum ersten Mal wendet Schoch sich an den Leser (genauer: die Leserin) seines Gedichts. Er schiebt eine moralische Nutzanwendung ein, die nichts mehr mit Ovids Verwandlungsgeschichte, hingegen alles mit dem belehrenden Zug der Barockliteratur zu tun hat, - obwohl der Passus eher als eine moralische Schutzgebärde anmutet:

Ihr keusches Jungfer=Volck/ kommt her/ und lernet eben
Auff Erbarkeit und Zucht jo besser achtung geben/
Flieht alle geile Lust/ der Jugend Pest und Gifft/
Die auch so lange wühlt/ bis sie die Seele trifft.
Ein kleiner Augen=Blick der hat euch das genommen/
Das ihr auch nimmermehr nicht wieder könnt bekommen/
Gar eine kurtze Lust die macht euch tausend Ach/

Erreget tausend Qual/ und tausend Ungemach;
Auff solchen geilen Schertz und ungeziemes Spielen/
Da werdet künfftig ihr ein ewig Reuen fiehlen;
Der frische Jungfer=Krantz der einmahl ist verletzt/
Der wird/ ihr wist es wol/ nicht wieder auffgesetzt. (1285 ff.)

Der innere Widerspruch zwischen der Erzählung von der unbezwingbaren Gewalt des Sonnengottes und der mit erhobenem Zeigefinger vorgebrachten Warnung scheint den Dichter nicht zu stören. Vielleicht ist dieser auch dem Publikum, das hier als Adressat angesprochen wird, ebensowenig zu Bewußtsein gekommen, gewohnt wie es war, hausbackene Moralität in Kauf zu nehmen, wo der Dichter Eros walten läßt und, scheinbar über die Frivolität seiner Darstellung erschrocken, pflichtgemäß an die Werte der Sittlichkeit erinnert.

Leucothoë wird kurzerhand lebendig begraben. Apoll ist entsetzt und denkt ernstlich daran, sich aus seinem Geschäft zurückzuziehen - "Wer weiter sehen wil/ der schaff sich selber Licht" (1348). Die Sonne verfinstert sich, ein Unwetter sucht die Erde heim. Aber der Gott faßt sich alsbald: "Zwar/ sagt er/ sol ich denn nun immer also weinen?/ Was sol ich endlich thun? Ich wil nur wieder scheinen" (1421 f.). - Der weitere Verlauf der Geschichte entspricht der bekannten Sage, wenn auch mit dem bezeichnenden Unterschied, daß Leucothoës Körper sich selbständig erhebt, nachdem die "Zefyr=Winde" der Erde "Zimmet" und "süssen Ambra" eingehaucht, die Nacht sie mit "Nectar=Thaw" befeuchtet hat:

Sie wolte länger nicht mit Erde seyn bedeckt/
Und hat ihr grünes Haar zum ersten fürgesteckt/
Sie wühlte weiter fort und bohrte durch die Erde/
Damit ihr schlancker Leib in kurtzen grösser werde/
Die Finger theilten sich in zarte Sprossen ein/
Die Haare musten Laub/ die Aerme Aeste seyn. (1459 ff.)

Der Gott bemerkt das, reicht ihr die Hand, zieht sie empor und bestimmt sie zum "Weyrauch=Baum". Clytie wird vor Liebe und Scham krank, verweigert Essen und Trinken und sinkt im freien Feld kraftlos zu Boden —

Und als sie ohn gefehr die Sonne sahe gehen/
Da raffte sie sich auff/ die Füsse blieben stehen/
Die Solen wurtzeln ein/ und kunten nicht mehr fort/
Ein tieff=geholtes Ach/ das war ihr letzte [!] Wort. (1505 ff.).

Clytie wird zur Sonnenblume, und damit haben beide Verwandlungen ihr Ende gefunden.

Schoch beschließt seine Erzählung mit einem Abschnitt, in dem nicht nur der Lauf der Sonne in Sommer und Winter, sondern auch der Wechsel von ihrem gleißenden Schein und ihrem mit Wolken verhüllten Gesicht als Wirkungen der Liebe erklärt werden. Nie wird die Sonne auf ewig erzürnen, denn sie wird sich immer wieder erweichen lassen —

Doch wenn du wiederumb so schöne Früchte giebest/
So sehn wir daß du uns noch gleichwol wieder liebest/
Und wilst von unsrer Hand/ wenn Busse wir gethan/
Gehorsamkeit noch mehr/ als Weyrauch/ nehmen an. (1561 ff.)

Die Schlußzeilen wirken wie angeklebt und scheinen in keinem inneren Bezug zu der erzählten Geschichte zu stehen. Unüberhörbar klingen hier die Worte des Propheten Samuel an, als Saul gegen Gottes Gebote gehandelt hatte: "Meinst du, daß der Herr Lust habe am Opfer und Brandopfer gleichwie am Gehorsam der Stimme des Herrn? Siehe, Gehorsam ist besser denn Opfer, und Aufmerken besser denn das Fett von Widdern" (1 Sam. 15,22). Nur: wessen Gehorsam und wessen Buße ist gemeint? Auch wenn man davon absehen will, daß ein alttestamentliches Zitat hier reichlich deplaziert erscheint - eine "Christianisierung" wird im Gedicht durch keinen einzigen Zug nahegelegt -, ist die Mahnung an Buße und Gehorsam doch recht beziehungslos. Schwerlich kann sie sich auf Leucothoë beziehen, die Apoll ohne Umstände zu Willen war. So bleiben nur der Vater Orcham und mit ihm alle, die "zur Abscheu solcher That/ und Beyspiel iederman" (1316) dem Gott die Geliebte entzogen und "der Sabeer=Recht an ihr vollzogen" haben (1314). Denn auf ihr Handeln reagierte der Sonnengott zunächst mit Entzug seines Lichts und seiner Wärme - "Und Wunder/ daß die Welt nicht gar ist gangen ein// Denn/ was kan wohl die Welt doch ohne Sonne seyn?" (1382 f.) Man ist versucht, die Bemerkung Michael von Albrechts über Ovids Metamorphosen und die römische Realität auf Schoch und sein Gedicht zu übertragen: "Es entspricht [...] der heidnischen Gottesidee und römischer sozialer Erfahrung, daß mächtige Wesen recht willkürlich handeln können. [...] Die Machtverhältnisse der Prinzipatszeit sind an dem Gottesbild Ovids schon in den *Metamorphosen* nicht spurlos vorübergegangen."[26] Dann bräuchte man nur die den neuzeitlichen Hof aktualisierenden Stellen um die absolutistische Gewalt der "Götter dieser Welt" verlängert zu denken, um hinter dem verkappten Bibelzitat eine Anverwandlung der Erfahrung unbeschränkter Fürstenmacht zu vermuten, der ein Untertan sich nur in frommer Ergebenheit zu beugen hätte.

Obgleich ein solches Verständnis nicht ganz auszuschließen ist, hat man aber doch wohl eher daran zu denken, daß die von Schoch erfundene Ausdeutung von Sonnenfinsternis und Unwetter - "Und giebst darmit am Tag/ daß sich ein Land und Stadt// Und gantzes Königreich an dir versündigt hat" (1559 f.) - dem Dichter unwillkürlich eine fromme Schlußwendung in die Feder diktiert hat, der man nicht weiter nachfragen sollte. Denn das Gedicht setzt ganz andere Akzente. Die eigentlichen Verwandlungsgeschichten, die bei Ovid die Zuhörer in Gläubige und Ungläubige trennen (262 f.: "Pars fieri potuisse negant, pars omnia veros/ Posse deos memorant"), werden nur verhältnismäßig rasch erzählt. Unverkennbar steht eine "göttliche" Liebesgeschichte im Zentrum, die durch verallgemeinernde Wendungen auf menschliches Verhalten in ähnlicher Situation bezogen bleibt. Den "Witz" des Ganzen bildet ja gerade das Menschlich-Allzumenschliche des Gottes, ähnlich wie in Martin Opitz' *Dafne,* mit den Worten des "Vorreders Ovidius":

Ihr werdet sehn für schwerer Liebes=Pein
Denselben Gott mit nassen Säufftzen klagen/
Der uns den schönen Tage=schein
Herumb führt auff dem güldnen Wagen.

26. Michael von Albrecht: a.a.O. S.2336.

Der uns allein gibt das Liecht
Sieht für Liebe selber nicht.[27]

Die Liebesgeschichte von Apoll und Leucothoë fügt sich völlig in Schochs poetische Welt ein, die hauptsächlich aus galanter Liebespoesie besteht. In der Zuschrift zu der Sammlung *Poetischer Lust= und Blumen=Garten*[28] stellt er die Frau pointiert heraus: "...das löbliche und unschuldige Frauen=Zimmer/ zu dessen Ehren meine gantze Arbeit gerichtet/ somit so süsse und anmuthige Gedancken erwecket...". So will er auch (darauf wird der ganze Schluß der Vorrede verwendet) die "Hundert Gedichte" zum Gebrauch seiner Freunde verstanden wissen, und zwar mit deutlicher Gebrauchsanleitung:

> Belustiget Euch in denselben Eures gefallens und tröffet ihr etwan darinnen an eine *Sylvia/* eine *Amande/* eine *Rosilis/* eine *Floraselle/* eine *Liesabelle/* eine *Katharis/* eine *Marnia/* eine *Rubelle/* eine *Flavia/* eine *Asterie/* eine *Isabelle/* oder wer sie von dieser schönen Gesellschafft und freundlichen MitGespielinnen seyn möchte; tröffet ihr etwan/ sag ich/ eine darinnen an/ so beehret sie zum schuldigsten/ und beküsset dero Hände zum demüthigsten. Insonderheit erweiset mehr als göttliche Ehre den schwartzen Augen *der über irrdischen und unvergleichlichen Amarillis* [...] Erweiset ihnen/ bitt ich noch einmal/ ingesamt gebührende Ehre/ und führet derer wohlklingende Nahmen anders nicht auff eurer Zunge und wohlklingenden Seiten/ als *diesem schönen und Tugend euffrigen Geschlechte zu Ehren...*

27. Martin Opitz: Weltliche Poemata. 1644. I. Teil. Unter Mitwirkung von C. Eisner hg. von E. Trunz. Tübingen 1967. S. 109.

28. Vollständiger Titel: Johann=Georg Schochs Neu=erbaueter Poetischer Lust= u. Blumen=Garten/Von Hundert Schäffer= Hirten= Liebes= und Tugend=Liedern/ Wie auch Zwey Hundert Lieb= Lob= und Ehren=Sonnetten auf unterschiedliche Damen/ Standes=Personen/ Sachen/ u.d.g. Nebenst Vier Hundert Denk=Sprüchen/ Sprüch= Wörtern/ Retzeln/ Grab= und Uberschrifften/ Gesprächen und Schertz=Reden/ Zusammen gesetzet/ Auch zur Belustigung der Lieb=grünenden Teutschen Jugend angeleget und herausgegeben. Leipzig/ In Verlegung Christian Kirchners/ Im Jahr 1660. Benutztes Exemplar: Herzog August Bibliothek, Sig. P 311.12° Helmst.

Nicht nur setzt die Sammlung mit einem Lied "An das Leipziger Frauen=Zimmer" ein, sondern Schoch schickt, damit die Leserinnen ja über sein Vorhaben unterrichtet seien, noch eine lange gereimte "Rede An das Freundliche und höfflich=bescheidene Frauen=Zimmer" voraus, in der es heißt:

> Es ist ja alles gut und erbar doch gemeynt/
> Ob gleich nicht alles gut und gar zu erbar scheint.
> Poeten/ (wer sich kan in ihre weise richten)
> Die seynd so hitzig nicht/ wie sie zu weilen dichten.

Das Thema hat in der deutschen Liebeslyrik seit Opitz Tradition. So hebt Balthasar Kinderman in seiner Poetik sicherheitshalber den Spielcharakter von Liebesgedichten hervor: "Die Leute/ saget Herr Opitz/ wissen nicht/ und wollen nicht wissen/ daß in solchen Gedichten offt eines geredet/ und ein anders verstanden wird/ ja/ daß ihm ein Poet die Sprache/ um sich zu üben/ wol etwas fürnimmt/ welches Er in seinem Gemüthe niemahls gemeinet; wie dann Asterie, Flavia, Vandala u.d. gleichen Nahmen [...] ja nichts als Nahmen sind..."[29] Fast zehn Jahre später wiederholt auch Sigmund von Birken diesen Gedanken:

> Das Herz ist weit von dem/ was eine Feder schreibt.
> Wir dichten/ im Gedicht/ daß man die Zeit vertreibt.
> In uns wohnt keine Brunst: ob schon die Blätter brennen
> von manchem Flammen-Wort. Es ist ein bloßes nennen.[30]

Das ist dann schon eine Gebärde äußerster Distanzierung, zu der die Leipziger sicher nicht bereit waren. Das will indessen nicht besagen, daß sie immer und überall "gelebtes Leben" in ihren Liebesgedichten gestaltet hätten. Ernst Christoph Homburg, der in

29. Balthasar Kindermann: Der Deutsche Poet. Wittenberg 1664. S. 30f.

30. Birken: Pegnesis: oder der Pegnitz Blumengenoß-Schäfere FeldGedichte in Neun Tagzeiten: meist verfasset/ und hervorgegeben/ durch Floridan. Nürnberg 1673. Vor-Anrede.

seiner weltlichen Lyrik den Leipzigern nahesteht, ansonsten aber als Verfasser von geistlichen Liedern vorpietistischer Prägung geschätzt wurde[31], hat das auf eine kurze Formel gebracht: "Falsch sind die/ so aus dem Dichten/ Fälschlich unser Leben richten."[32] Schoch hat in der "Rede" mit Hilfe von mythologischen Bezügen sein Thema in gelehrter Manier profiliert:

Wie offt hat Jupiter den Himmel zugeschlossen/
Wenn er dergleichen Lust auff Erden hat genossen;
Die Götter liessen offt den hohen Himmel stehn
Und freuten sich einmal in diese Welt zugehn.
Wie offt gieng Venus aus ins grüne sich zusetzen/
Nur mit Adonis sich im (!) Liebe zu ergetzen.
Diana/ die so offt das Lieben hat verflucht/
Hat den Gargapher Thal zuweilen doch besucht.
Seh ich die Galathe mit ihrem Hute gehen
Bedünckt mir anders nicht/ ich seh die Pallas stehen;
Tritt AMaRillis dort in weisser Tracht herein/
So denck ich alsobald/ die Juno wird es seyn.

Nicht von ungefähr wird im *Weyrauch-Baum* Apolls "steter Wanckelmuth" in Liebesdingen betont (s.o.)! Schoch identifiziert sich als Liebesdichter nur allzu gern mit ihm, so etwa in dem "Abschieds-Sonnett. An das Lieb=reiche Frauen=Zimmer aus seiner großen Sammlung (*Vierhundert Denckspriüche*, S. 156 f.):

Wer spricht? Ich gienge hier im Lieben gar zu weit/
Weil ich bey keiner nicht alleine were blieben/
Hingegen hin und her/ von allen fast/ geschrieben.
Ihr Venus=schönes Volck! ihr Blumen meiner Zeit!
Ihr Ausbund der Natur! Ich sag' es ungescheut:
Ich bin euch allen gut; Ich muß euch alle lieben/

31. Vgl. Geistlicher Lieder Erster Theil: Mit zweystimmigen Melodeyen geziehret von Wernero Fabricio..., Geistlicher Lieder Ander Theil/ Mit dreystimmigen Melodeyen gezieret von Paul Beckern..., beide Jena 1659 (HAB, Sign. Tl 143).

32. Zit. Max von Waldberg: Die galante Lyrik. Straßburg 1885. S. 142. Hier auch weitere Beispiele.

Nach dem ihr mich geliebt/ nach dem ihr mich getrieben/
Nach dem ihr mich gereitzt durch eure Freundlichkeit.
Ich hab' euch alle noch/ so viel als ich gekannt.
Im Munde hab ich die; Die andre bey d' Hand;
Die in den Armen gar; Die dritte bey dem Kinne.
Viel in den Augen zwar; Die wenigsten im Sinne.
Ich hab euch alle noch/ wenn ich zusammen suche/
Ob gleich im Hertzen nicht/ doch hier in meinem Buche.

Solche Gedanken und Motive waren damals selbstverständlich Gemeingut; allenfalls ist zum letzten Gedicht festzustellen, daß Schochs Fassung sich durch besonderen Esprit auszeichnet. Die Umstände erforderten hier ein etwas genaueres Hinsehen und ein weiteres Ausholen, denn dadurch erst wird der Horizont voll sichtbar, vor dem Schochs Ovid-Nachdichtung schärfere Umrisse bekommt. Leipzig und Jena scheinen zu jener Zeit eine Art Ballungsgebiet solcher Dichtungen darzustellen, in denen die Autoren unter dem Schutz, den ihnen die Gattung bot, ihrer schöpferischen Phantasie einen freieren Zügel gönnen konnten. Die andere Möglichkeit bot der schäferlich-einfältige Gestus. Diesen nutzte vor allem Kaspar Stieler aus Erfurt für seine berühmte Sammlung *Die geharnschte Venus,* die im gleichen Jahr wie Schochs Sammlung in Hamburg erschien, und zwar - das letzte Zehen, das dem "Garten-Gözzen Priapus" gewidmet ist, beweist es zur Genüge - in der Überzeugung, daß man "Filidor dem Dorfferer" etwas nachsehen würde.[33] Daß auch diese Maske Schoch paßte, zeigt das 5. Lied (S. 11 ff.): "An die schöne und wol=vermögliche Fillis/ wie Sie ihn als einen armen Schäffer/ doch lieben könte?" Zwischen diesen beiden Polen, dem betont Einfach-Schäferlichen und dem Mythologisch-Gelehrten, schafft Schoch sich einen Spiel-Raum für seine leichte Muse. Mag die Metamorphosen-Bearbeitung dem Zweck dienen, populäres Erzählgut neu aufzubereiten, so macht die kreative Ovid-Rezeption deutlich, daß dem antiken Stoff darüber hinaus eine eigene Funktion zuerkannt wurde, die eine die galante Lyrik

33. Vgl. das Nachwort zu der Reclam-Ausgabe, hg. von F. van Ingen. Stuttgart 1970 (RUB Nr. 7932-34).

antizipierende Geisteshaltung legitimieren sollte. Die Verklammerung der mythologischen Freizügigkeit *in eroticis* mit der eigenen burschikosen Unbekümmertheit wird von Schoch in seiner Lyriksammlung durch direkte Bezugnahme auf Ovid unterstrichen: Das Andere Hundert der Sonette wird mit einem Gedicht "Über des Ovidii Beschluß seiner Verwandlungen" beschlossen. Neumeister hat deshalb Schochs Dichtung wohl als Vorläufer der galanten Poesie betrachtet, als deren Theoretiker er auftrat[34]; so erklärt sich das Epitheton "keusch" ohne Schwierigkeit.

In Deutschland ist Ovid bis weit ins 18. Jahrhundert nicht in gleicher Weise heimisch geworden wie in Italien und Frankreich[35] oder auch in den Niederlanden, wo der "Dichterprinz" Joost van den Vondel noch im hohen Alter sich mit der *Herscheppinge van P. Ovidius Naso* (1671) beschäftigte. Dafür mag die fehlende Existenz eines wirklich tragfähigen Vulgärhumanismus mit verantwortlich sein. Immerhin hat Schoch die Möglichkeiten, die Ovid mit seiner klassischen Autorität einem erotischen Dichter bot, klar erkannt und für die heiter-lockere Tonart seiner Dichtungen genutzt. Wie sich die Leipziger Orthodoxie dazu stellte, ist eine Frage, die im Zusammenhang mit Schochs angeblicher oder tatsächlicher

34. In: Christian Hunold, Die Allerneueste Art, Zur Reinen und Galanten Poesie zu gelangen ... ans Licht gestellet von Menander. 1707 (Hunold verfaßte nur die umfangreiche Vorrede, nicht die eigentliche Poetik).

35. Für Italien vgl. B. Guthmüller: Die literarische Übersetzung im Bezugsfeld Original-Leser. In: Bibliothèque d'Humanisme et Renaissance, 36 (1974). S. 233-251. Ein instruktives Bild vermittelt Ovid im Urteil der Nachwelt. Eine Testimoniensammlung. Zusammengestellt von Wilfried Stroh. Darmstadt 1969. (Libelli 234). Der Befund wird auch durch motivgeschichtliche Untersuchungen unterstützt. Vgl. M. Beller: Philemon und Baucis in der europäischen Literatur. Stoffgeschichte und Analyse. Heidelberg 1967; W. Stechow: Apollo und Daphne. Darmstadt 1965 ([1]1932); R. Trousson: Le thème de Prométhée dans la littérature européenne. 2 Bde. Genf 1964; L. Vinge: The Narcissus Thema in Western European Literature up to the Early 19th Century. Diss. Lund 1967. Zur allgemeinen Orientierung sei verwiesen auf Heinz Hofmann: Ovids "Metamorphosen" in der Forschung der letzten 30 Jahre (1950-1979). In: Aufstieg und Niedergang der römischen Welt. Bd. 31, 4. Teilband, hg. von W. Haase. S. 2161-2273.

Mitgliedschaft der Fruchtbringenden Gesellschaft umso interessanter ist, als die Lyriksammlung von 1660 noch ein Loblied auf die Gesellschaft enthält.[36] Der Streit, der schließlich zum "Sieg Davids über Apoll" führen sollte[37], dürfte an Schoch nicht vorbeigegangen sein. - In der niederländischen Kunstgeschichte liegt übrigens (allerdings zu einem früheren Zeitpunkt) ein Parallelfall vor, und zwar in dem sog. dritten Manierismus der Haarlemer (und Utrechter) Schule um Carel van Mander. Zu denken ist namentlich an die reizvollen Gestaltungen mythologischer Bildthemen durch Maarten van Heemskerck, Cornelis van Haarlem und Hendrick Goltzius. Die Haarlemer Akademie ergriff selbstbewußt die Chancen, innerhalb der von der Kirche gerade noch erlaubten Aneigung des antiken Erbes in mythologischen Darstellungen ein Humanitätsideal zu verwirklichen, das eine naive Freude am naturalistischen Detail in voll ausklingenden erotisierenden Szenen ermöglichte.[38] Wo wurde z.B. ein Motiv wie "Jupiter und Antiope" so kühn gestaltet wie bei Goltzius und Bartholomäus Spranger? Es ist bei der Seltenheit des Motivs, das in Schochs *Weyrauch-Baum* aufgenommen wird, ein bezeichnender Zufall, daß eine von den drei bildlichen Darstellungen der Begegnung zwischen dem Sonnengott und Leucothoë, die A. Pigler in seinem umfangreichen Kompendium aufführt[39], von Goltzius stammt, - es ist außerdem die einzige aus dem 17. Jahrhundert. Das verweist auf eine verwandte Blickrichtung, die den Leipziger Ovid-Verehrer über mehr als eine Generation hinweg mit dem niederländischen Maler verbindet, und verweist zugleich darauf, daß Schochs Dichtung trotz ihrer Mediokrität Fragenkreise berührt, deren sich die literaturgeschichtliche Forschung endlich annehmen sollte.

36. Erstes Hundert Liebes=Sonett. S. 127 f.

37. Vgl. Joachim Dyck: Athen und Jerusalem. Die Tradition der argumentativen Verknüpfung von Bibel und Poesie im 17. und 18. Jahrhundert. München 1977. Kap. VII: "Der Sieg Davids über Apoll."

38. Andrée de Bosque: Mythologie en Manierisme in de Nederlanden. Amsterdam 1985.

39. Barockthemen. Eine Auswahl von Verzeichnissen zur Ikonographie des 17. und 18. Jahrhunderts. Budapest/Berlin 1956. Bd. II. S. 30.

Friedhelm Kemp

ÜBERSTÄNDIGES ODER FORTLEBENDES BAROCK?

> Deutschland, und dessen beträchtlicher Theil Schwaben, war nicht mehr von den Finsternissen des Heydenthumes überschleyert; und die Donau wirbelte ihre Gewässer nicht mehr durch abgöttische Haine, und von Teufeln bewohnte Thäler fort, da das Evangelium Jesu sich durch Bearbeitung tapferer Sendlingen der heiligsten Lehrer in den Gefilden des besagten Stromes verbreitete. Nicht mehr jene Barbarn von wilder Gebärdung berüchtiget, von Unmenschlichkeit als Helden angepriesen, und von Räubereyen und Würgungen der Nachbarn bekannt, sondern von dem Christenthume gemildert, unter dem Kreuze des Heilandes versammelt, zeigten sich in den schwäbischen Bezirken Leute, die nicht nur in dem Antlitze, sondern auch in dem Gemüthe beugsamen Menschen glichen. Wir sind nicht gesinnt eine ausgedehnte Chronik von Schwaben zu verfertigen. Man kann von dem Alterthume dieser großen Provinz sich bey andern um Berichte umsehen; ob schon selbe mit Ungewißheiten überstreuet, mit unächten Urkunden angefüllet, und mit mehreren Wahrscheinlichkeiten als sichern Zufällen verzeichnet sind. Die Dummheit unserer Väter, von welchen die schönen Künste so ferne, als die Sonne in dem Zeichen des Steinbockes von den Zimmeriern, war, fertigte sie zur Verzeichnung ihres Herkommens, ihrer Thaten, ihrer Geschlechter nicht aus. Sie waren wie die Thiere mit ihrem einzelnen Leben zu frieden, und sorgten sich weiter nicht, ob man ihrer nach dem Tode gedenken werde. Da sehen wir die Quelle, aus welcher in die Geschichte der Schwaben, wie aller andern Völker, nichts als Unzuverläßigkeiten strömeten, welche bis auf die Zeiten der Besserdenkenden in der Dunkelheit fortwalleten.

Mit diesem Rückblick auf die *dark ages* der germanischen Vorzeit und des christlichen Mittelalters eröffnet der geistliche Schreiber eines aufgeklärten Jahrhunderts den "Vortrab" seiner Festschrift zur Sechshundertjahrfeier des Prämonstratenser-Stifts Ober-

Sebastian Sailer, Das Jubilierende Marchtall, oder Lebensgeschichte des Hochseligen Konrad Kneers..., Marchtall 1771. Doppelfrontispiz

B. M. Conradus Kneer Imperialis, et Exemptæ Canoniæ Marchtallensis in Suevia
Sac. ord. Præm. Abbas XIII. et Conservator.
Superædificati super fundamen-
-tum Apostolorum. Ephes. 2.v.20.
Prima Funda-tio.
Secun-da Funda-tio.
Omnes operarii iniquitatis conturbati sunt: et directa est salus in manu Ejus. - - - et in
sæculum memoria ejus in benedictione. 1. Mach. 3. v. 6. 7.

marchtal, "am ersten des Maymondes 1771".[1] Den Hauptteil (S.26-156) dieses aufwendig gedrucken Quartbandes von 290 Seiten bildet die Lebensbeschreibung des seligen Konrad Kneer (1592-1660), der sich als Prior und Abt in den Drangsalen des Dreißigjährigen Krieges besondere Verdienste um das Stift erwarb. Voran steht ein Doppelfrontispiz im Rocaille-Stil nach den eigenen Angaben des Verfassers, "Pater Sebastian Sailer, des heiligen befreyten schneeweissen Marianischen Ordens von Prämonstrat Chorherrn, und des unmittelbaren freyen Reichstifts Marchtall an der Donau Capitularn, derzeit Pfarrverwesern in Dietrichskirchen", welcher dieses ambitiöse Panegyricum nebst angehängter Chronik gewiß für die Krönung seines schriftstellerischen Wirkens gehalten hat.

Sebastian Sailer, der 1714 in Weißenhorn geboren wurde und 1777 in Obermarchtal starb, hatte sich früh schon als Kanzelredner und Festprediger hervorgetan. Außer kleineren Einzeldrucken erschienen von ihm zu Lebzeiten ein mehrfach wiederaufgelegtes *Marianisches Orakel*[2] und drei Bände *Geistliche Reden*[3], seelsorgerische und homiletische Schriften, die es nicht zu

1. Das Jubilierende Marchtall, oder Lebensgeschichte des Hochseligen Konrad Kneers weiland dreyzehnten Abtens des besagten unmittelbaren freyen Reichstifts, des heiligen exempten Ordens von Prämonstrat an der Donau in Schwaben. Nebst Vortrab von dessen Stiftung, und Nachtrab dessen Vorstehern binnen sechshundert Jahren, aus sichern Urkunden niedergeschrieben von P. Sebastian Sailern bemeldten Reichsstifts Kapitularen, und Pfarrverwesern zu Dietrichskirchen. Auf Kosten des Reichsstifts Marchtall. 1771.

2. Marianisches Orakel, das ist, heilsame Räthe Mariä von dem guten Rath; Ihren Pflegkindern, und Verehrern Ihres Wunderbildes zu Gennazano auch dessen durch die katholische, und allein wahrglaubende Christenheit fast allgemeinen Ebenbildern auf die in zerschiedenen Zufällen vorgetragene Anfragen ertheilt und in eine Sammlung gebracht von Pater Sebastian Sailer. Augsburg, Matthäus Rieger, 1764. (Weitere Auflagen 1769, 1770, 1771)

3. Des ehrwürdigen P. Sebastian Sailer [...] Geistliche Reden, bey mancherley Gelegenheiten und über zerschiedene Materien gesprochen. Erster (- Dritter) Band. Augsburg, Matthäus Rieger und Söhne, 1766 (1768, 1770).

literarischen Ehren gebracht haben. Ein Name, ein beachteter und in Schwaben unvergessener, ist Sebastian Sailer nur durch seine biblischen und weltlichen Komödien in oberschwäbischer Mundart, die 1819 zum ersten Mal gesammelt erschienen und seither öfters neu herausgegeben wurden.[4] Der stämmige Kapitular und Pfarrherr soll diese Komödien gerne selber unter seinen Bauern vorgetragen und die Couplets darin auf der Fiedel begleitet haben. Zu den Arien und Arietten der *Schöpfung* haben sich gedruckte und handschriftliche Melodien erhalten, die vielleicht auf ihn zurückgehen.[5] In welchem Alter Sailer seine beiden biblischen Komödien - *Die Schöpfung des ersten Menschen, der Sündenfall, und dessen Strafe* und *Der Fall Lucifers* - geschrieben hat, wissen wir nicht. Die umfangreichste der weltlichen, *Die sieben Schwaben oder Die Hasenjagd,* jedenfalls ist, wie eine Textstelle unmißverständlich erkennen läßt, nicht vor 1756 entstanden. Da aber war Sebastian Sailer bereits Pfarrer in Dieterskirch. Man wird demnach annehmen dürfen, daß die drastisch-übermütigen Produkte seiner schwäbischen Laune seine geistliche Schriftstellerei lange Jahre hindurch als eine Nebenproduktion zu erlaubter Gemütsergötzung begleitet haben, von der weiter kein Aufhebens zu machen war.

Man fährt jedoch nicht ungestraft abwechselnd mit so

4. Sebastian Sailers Schriften im schwäbischen Dialekte. Gesammelt und mit einer Vorrede versehen von Sixt Bachmann. Buchau, in der Fürstlich Thurn- und Taxischen Buchdruckerey gedruckt und verlegt von Dionis Kuen.1819. - Sebastian Sailer's sämmtliche Schriften in schwäbischem Dialekte. Neue, vermehrte und genau durchgesehene Auflage, mit Wörterbuch und Einleitung versehen von K.D. Haßler, und Bildern von Julius Nisle. Ulm 1843. - Die biblischen und weltlichen Komödien des hochwürdigen Herrn Sebastian Sailer, weiland Kapitulars im Kloster zu Obermarchthal. Neu herausgegeben von Dr. Owlglass. München 1913. - Sebastian Sailer. Jubiläumsausgabe zum 250. Geburtstag des Dichters hrsg. von Lorenz Locher. 1965. Erschienen im Selbstverlag Lorenz Locher. Munderkingen/Donau.

5. In Adams und Evens Erschaffung, und ihr Sündenfall. Ein geistlich Fastnachtspiel mit Sang und Klang: aus dem Schwäbischen in's Oesterreichische versetzt. 1783 (Ohne Namen, Ort und Verlag), und im Anhang des Münchner Drucks von 1913.

verschiedenen Gespannen, in enkomiastischen Prunkkarossen und auf dem Karren einer Kirchweih-Thalia. Seinem Verleger Matthäus Rieger in Augsburg, der ihn um einen Jahrgang von Sonntagspredigten bat, soll Sailer geantwortet haben: "Wenn ich so einen Jahrgang werde verfertiget haben, so muß dem Werke folgender Titel vorgedruckt werden: 'Geistlicher Misthaufen, an Sonntägen auf die Herzen seiner Pfarrkinder ausgeführt von Sebastian Sailer ...' Er sagte auch öfters im Scherze, er wolle ein Buch herausgeben unter dem Titel 'Geistlicher Hosentrager, das ist: Vereinigung des untern mit dem obern Menschen.'"[6] Da konnte es denn wohl geschehen, daß im Eifer der Rede Chorhemd und Stola ihm verrutschten und unversehens dieser Hosenträger zum Vorschein kam.

"Die Donau wirbelte ihre Gewässer nicht mehr durch abgöttische Haine, und von Teufeln bewohnte Thäler fort..." Ist dergleichen 1771, selbst im katholischen Süddeutschland, im Exordium einer geschichtlichen Darstellung noch üblich und genehm? Haftet ihm nicht etwas Zwieschlächtiges an, zieht nicht ein krauses Rüchlein hindurch, als gehabe sich da einer in gestrigen Attitüden, wohl wissend, daß ihnen eine leichte, eben noch zu duldende Possierlichkeit anhaftet? Das schielt, das blinzelt, das schmunzelt, gefällt sich in der Anbringung dekorativer Veduten und unschuldiger Grotesken.

Sebastian Sailer war ein sprechbegabter, vielgebildeter Mann, durchaus auf der Höhe seiner Zeit. Auch Andersdenkende, so Haller, Gottsched und Gellert, weiß er zu schätzen. Er würdigt Gottscheds Verdienste "um Ausreinigung der deutschen Mundart", zitiert, allerdings mit begreiflichem Abscheu, die antikatholischen Ausfälle in dessen "rasender Sudeley" einer Ode auf das Jubelfest des Luthertums im Jahre 1730.[7] Gellerts Fabeln haben es ihm angetan, und mit einiger Verwunderung stößt man in der Vorrede zum Ersten Bande der *Geistlichen Reden* auf die in extenso abgedruckte *Geschichte von dem Hute,* als einer Apologie seiner eigenen zierlicheren Schreibart, "wie die heutigen

6. Sixt Bachmann in seiner Vorrede zu dem Erstdruck von 1819, S.XIII.

7. Marianisches Orakel. S. 33f.

Menschenohren sie in einem werthern Wohlklange fordern". Er liest Poeten, und hat deren viele; "und ich lese sie, weil ich sie, auch in prosaischer Art gut zu schreiben, immer als unentbehrlich achte".

Sailer legt auch Wert darauf, die "Redner Galliens" zur Kenntnis genommen und von ihnen gelernt zu haben. Fléchier vor allem und Bourdaloue sind damit gemeint, die klassischen Muster der gehobenen Kanzelberedsamkeit. Ihm behagt deren "verkürzte kommatische, isocolonische Redekunst", die er nicht der Geschichtsschreibung vorbehalten wissen will. Die Fürsprecher einer allzu schönrednerischen Weitschweifigkeit im Periodenbau hingegen "sind nach langen Bratwürsten lüstern, und kosteten ein rhetorisches Fricasse oder Gehäcke, welchem moralische Sentenze zum Gewürze dienen, niemals".[8]

In einer Lobrede auf den heiligen Bernhard beteuert Sailer auch, er sei "zeithero von verblümten, und allegorischen Redesätzen" - gemeint sind die "Hauptsätze" einer Predigt oder Lobrede - "ein schlechter Freund" gewesen. "Der Zwang, so ein Redner sich, und dem, so er loben will, anthut, gefiel mir niemals. Man ist an das Sinnbild knechtisch gebunden, und man muß nicht selten in das Ungereimte verfallen. Zudem ist die Gleichniß oft mangelhaft, wie sie meistens nach dem Sprichworte ungleiche Füße hat, und zu hinken pflegt. Allein" diesmal befürchte er keinen Tadel, wenn er in dieser Predigt seinen "Vortrag sammt den Theilen" also gebe: *Der Geist Bernardi in seinen Worten, und Werken wie der beste Burgunder.* Denn er hatte I. *Einen Geruch ohne Erde.* II. *Eine Farbe ohne Schwäche.* III. *Eine Milde ohne Säure.*[9]

Vier Jahre vor der Veröffentlichung der Obermarchtaler Festschrift hatte Pater Sailer in der kaiserlichen Hofkirche der Augustiner Barfüßer in Wien vor einer hochlöblichen schwäbischen Landsgenossenschaft eine Lobrede auf Sankt Ulrich gehalten; von der gleichen Kanzel herab, auf der vor ihm Abraham a Sancta Clara gestanden hatte. Die *Lobrede auf den heiligen Udalrich, großer Bischof zu Augsburg, als das Urbild eines weisen Schwaben,*[10] säuberlich nach drei "Hauptsätzen" gegliedert,

8. Geistliche Reden, Erster Band. Vorrede, Bl. (b)5 ff.
9. Ebd. S.224.
10. Geistliche Reden, Zweyter Band. S.357-426.

bequemt sich offensichtlich dem feineren Geschmack seiner Zuhörerschaft. Nicht nur in Wien war es inzwischen ratsam geworden, jeglichen Schwulst zu vermeiden, auf weithergeholte Exempla zu verzichten und sich des allegorischen Beiwerks nur mit Maßen zu bedienen.[11] Bei aller patriotischen Wärme ist diese Ulrichs-Predigt dementsprechend zurückhaltend und zahm abgefaßt.

Die Vernunft und der geläuterte Geschmack gebieten freilich, daß wir uns in den "Hauptsätzen", in Gliederung und Gerüst, in der Satzführung unserer Predigten ihnen bequemen; im Klein- und Beiwerk aber möchte ich dort, wo mir die höhere Bildung nichts dreinzureden hat, in den heimatlichen Gauen nach meiner Manier so schalkhaft verschnörkelt reden, wie es mir behagt. Die Gleichnisse hinken? Umso besser, dann sieht man doch den Narren die Schleppe tragen. Ich weiß wohl, in den Gemächern der Großen sind nur würdige Geräte zu dulden, Thronsessel, Paradebetten. Mir aber gefällt es nun einmal, hie und da im Winkel auf den Marmorkonsolen mein buntes Allerlei auszukramen. Gelehrte Anspielungen auf Materien der antiken Mythologie, Geschichte, Naturkunde, alttestamentarische Exempla, Typologie, Allegorie und *concetti* sind als Zugaben keineswegs zu verachten.

Galanterie hin, Galanterie her, man wird Geilheit und Unzucht doch noch wie weiland Pater Jeremias Drexel am Münchner Hofe in seinem *Nicetas*[12] beim Namen nennen dürfen! Den heiligen Tiberius, der unter Diokletian den Martertod erlitt, hatte sein Vater Heleus mit Gewalt von dem Christentum abspenstig machen wollen. Er

11. "Man mag endlich dergleichen allegorische Bilder, hier und da in seiner Rede, etwan zum Zierrathe, erscheinen lassen: und das muß, mit aller Bescheidenheit, und gleichsam nur im Vorbeygehen geschehen. Aber, zum Grundrisse seiner Rede, muß man sie niemals machen. Denn unsre heutige Zuhörer sind bereits viel zu aufgeklärt, als daß ihnen dergleichen altmodische Künsteleyen nicht abgeschmackt, und eckelhaft vorkommen sollten." P.Rudolph Grasers [...] praktische Beredsamkeit der christlichen Kanzel [...] Augsburg 1769. S.8.

12. Nicetas seu Triumphata Incontinentia [...] München 1624. Deutsch: Nicetas das ist Ritterlicher Kampf und Sig wider alle unrainigkeit, und fleischlichen wollust [...] München 1625.

wollte lieber an seinem Kinde einen Bock aus dem Stalle der unfläthigen Liebesgöttinn, als ein Lämmlein aus der unbefleckten Heerde Jesu Christi sehen; und weil das Gesetz der Christen sich mit nichts wenigers, als mit der bösen Lust betragen kann, hoffte er an Tiberius bald wieder einen Heyden zu erleben, wenn er ihm die Schamhaftigkeit entzogen hätte. Ein ganzes Heer heilloser Weibspersonen wurde in ein Gemach versammelt. Es war die Schule des Epicurus, wo auch die stärkste Tugend das Gute vergessen, und das Böse lernen mußte. Tiberius wurde von den frechen Tänzerinnen in den Reihen, wie der Morgenstern von den Erddämpfen, in die Mitte genommen; und von diesen giftigen Kröten, wie der Salbeystock, umzingelt. Gebärden und Reden spien auf ihn ihren Unrath aus. Betastungen, und unverschämte Leibesstellungen stürmten das keusche Schloß seines englischen Herzens, und wartete der ehrlose Vater auf der Seite immer unter dem hierzu spielenden Seytengetöse auf einen Trompetenstoß, der ihm den Sieg über Tiberius verkünden sollte. Er versprach sich ganz sicher unter so vielen Annehmlichkeiten, wie der gottesvergessene Achaz König in Juda seinen Sohn dem glüenden Molochsbilde, unter Cymbeln, und Posaunen, zu schlachten.[13]

Der heilige Tiberius genoß in Obermarchtal besonderer Verehrung. Man besaß sein Haupt, er galt als Wetterheiliger und die Ausspendung des Tiberiuswassers ist dort heute wieder in Gebrauch gekommen.[14] In dem bei Ravensburg gelegenen Prämonstratenserstift Weißenau verehrte man den heiligen Saturninus als Schutzpatron, der ebenfalls unter Diokletian den Tod erlitt, nachdem er zuvor von dem Kaiser als Taglöhner in die Sandgruben verdammt worden war.

Diocletian ließ sich jene herrliche warmen Bäder erbauen: davon man noch zu Rom die prächtigen Ueberbleibseln schauet. Er wollte, daß die geplagten Bekenner Jesu Christ ihren sauren Schweiß, und bittere

13. Geistliche Reden, Zweyter Band. S.317f.

14. "Felder und Auen! habt ihr an Tiberius nicht gegen Schlossen, und Donnerkeule einen Erretter gesehen, so bald man sein Glöcklein mit den brummenden Wolken sprechen ließ? Krankheiten, und Wehetage! habt ihr nicht bey Menschen, und Vieh zu toben, nachgelassen, wenn man euch das durch seinen heiligen Zahn berührte, und auf viele Wochen von Schleim und Unrath befreyte Wasser entgegen gespritzt? oder als ein heilsames Getränke eingenommen?" Ebd. S. 345.

Thränen in den Sand schütteten, und badete sich sein unmenschliches Wohlgefallen in selben frölicher, als er nachmals seinen garstigen Körper in das Badtäuche sank. Die schwere Arbeit zwang unsrem Heiligen nicht den mindesten Verdruß ab. Hacken, und Schaufeln sah er als seine Werkzeuge an, mit welchen zwar er den schlechten Kieselstaub für den Kaiser, das Gold großer Verdienste für sich auszugraben hatte. Wenn er den Sand durch das Gitter warf, betrachtete er, wie ein Christ sich von allen Unreinigkeiten säubern sollte; und wenn er [...] Handkarren auf einen Haufen führte, lernte er, wie die Unschuld unter der Last der Bedrängnisse zu singen, nicht zu weinen habe [...]. Die Adler pflegen den Hirschen Sand in die Augen zu streuen, daß sie den Weg zur Ausflucht nicht finden, wenn sie selbe zum Raube mit ihren Klauen anhalten. Der Unrath der Sandhölen benahm Saturnin niemals das Licht, mit den Augen seines Glaubens gegen den Himmel zu sehen. Die Schiffe zur See werden mit Sand beschwert, daß sie von dem Umsturze gesicheret, und in dem Gewichte bleiben. Der Glaube unsers Heiligen hielt sich in den Sandlöcheren feste; und wenn er schon mit der Haue viele Gruben aufwarf, dachte er doch niemals das Pfund seines Glaubens mit dem untreuen Knechte dahin zu verscharren.[15]

Da haben wir eine nach allen Kunstregeln des *concetto* aufbereitete und abgewandelte Allegorie, die sich doch immerhin in einiger Breite entfaltet. Sind Exempla gefällig, so möge eine weitere Probe aus der Tiberius-Predigt dienen, in der sie als gemischtes Gericht vorgesetzt werden.

Thaddäus der Apostel spricht allen das Weh! so die Wege Kains betreten. Solche Kainsfolger, und Gebrüder sind alle die, welche ihren Nächsten außer Acht lassen, wenn er sündiget. Sie sind wie die Thorhüterinn Isboseths, welche schlief, da dieser unglückselige Prinz erstochen wurde. Sie gleichen den Hunden, die bey der Gefahr des Capitoliums geschlafen. Sie sind wie die Agar, so sich von dem verschmachtenden Ismael entfernet. Sie wärmen sich bey dem brennenden Hause ihres Nachbarn; und schmauchen bey den Kohlen seiner abgebrannten Wohnung noch Toback. Sie ahmen den Fischen in der Sündfluth nach, welche bey dem Jammer der ersaufenden Menschen, und Thiere allein stumm gewesen, und dabey noch aufhüpften.[16]

15. Ebd. S. 255f.
16. Ebd. S. 307.

Das Prunkstück dieses Mischstils mit seinen mimisch-rhetorischen Kapriolen dürfte wohl eine Passage, und keineswegs eine dem Thema nach heitere, aus der Lebensbeschreibung des seligen Konrad Kneer sein. - Nach dem Überfall der alles verwüstenden Schweden als letzter im Kloster zurückgeblieben, um dort verstohlen nach dem Rechten zu schauen, macht er sich zuletzt doch verdächtig und wird, nachdem man ihm bei anderer Gelegenheit bereits acht Zähne mit einem Stemmeisen ausgeschlagen hat, als Spion verdächtigt. (Dieses letzte Zitat aus Sailers Schriften ist das längste; es ist aber unkürzbar, weil es im Lesen wie eine Kadenz durchgespielt werden will, um seine Wirkung zu tun.)

So mußte das arme Schäfgen von dem Wolfe wegen des trübgemachten Baches beschuldiget werden, welches doch unter ihm von dem Wasser trank, so nicht mehr zurück laufen konnte. So mußte die Taube zur Mörderinn der jungen Habichen von dem alten Stoßvogel beschuldiget seyn, welche ohne Fleischbegierde, ohne Klauen nur bey dem Neste vorbey flog; und so mußte der Haas die Schuld eines Spionens von dem Löwen aufgebürdet tragen, als er von Hunden gehetzt bey dessen Höhle vorbey sprang [...]

Er wurde handvest gemacht, gebunden, und in das Gerichthaus geschleppt. Verräther! Kataskop! Ausspäher! Kundschafter! Einkrämmer des fremden Thuns! waren der lästernde Innhalt des ersten Grußes. Er lehnte von sich nach Kräften diese Schandtitel ab. Er sprach für sein gutes Gewissen dreiste, und mit der ganzen zusammengeraften Wohlredenheit. Er rief zu Gott, dessen durchdringende Blicke auch die Nieren durchforschen. Er schützte sein Unvermögen jemand schaden zu können vor; er rechtfertigte sich mit einer Unparteylichkeit in Dingen, die er nicht entscheiden wollte; und bekennte fast mit den Worten des Aeschilus: *Daß er Zeitlebens nichts mehrer zu verscheuen gewohnt sey, als sich einer Verrätherey schuldig zu machen.* Er machte alle Wendungen seiner besten Meynung der selbstige Fürsprecher zu seyn.

Allein Haß, und Argwohn der Feinde hatten im Kriegsrathe die Oberhand. Sie konnten den Schnee nicht anders, als einen Kohlhaufen, die Sonne selbst nicht, als einen Spionen der Welten ansehen, welche doch nur nach ihrem Berufe die zween Horizonten des Himmels durchläuft. Die Strafe mußte sodann gesprochen seyn, und weil er nirgends einen Anwalden fand, nirgends keine Hülfe sah, da doch die wahren Spionen des Josues in Jericho von einer Hure nicht nur auf ihrem Soller unter den Flachsstoppeln verborgen lagen, sondern an einem Stricke der Gefahr entkamen, wurde Konraden auch ein Strick nicht zwar in die Hand, sondern an den Hals zuerkannt, an dessen Strang er sich an einem lichten Galgen zerzappeln sollte. Der Urtheilspruch war fertig, durchgehends mit einem lauttönenden Ja bekräftiget; und der Unschuldige auf den Platz geführt, wo man ihm Holz in sein Brod mischen, und ihn von dem Lande der Lebendigen auskratzen wollte.

Konrad hob seine Hände zu seinem göttlichen Retter; seiner Unschuld der beste Kenner, trat er dem vorkletternden Gewaltiger auf der Leiter nach, ließ seine Seufzer so viele Grade näher an Himmel steigen, als er Staffeln auf der Mordstiege überschritt. Er hatte desto weniger Furcht an dem Schmachholze zu sterben, weil er wußte, daß sein ganzes Verbrechen nur darinn haftete, daß er ein Katholik, und ein Priester wäre. Ganz getrost ließ er sich den Strick um die Gurgel wickeln, und von der Leiter in die Luft hinaus werfen. Doch Mardochäus lebt noch, welcher gleichwohl so hoch nicht kam; und Konrad empfand noch ein gutes Verständniß seiner Lunge mit den Luftröhren. Die Feinde jauchzeten indessen wie die Scharfrichterbande bey dem Henkermahle, und Gott, der Samson frey zu machen die Stricke der Philister zerriß, brach auch das Galgenband Konradens entzwey, half ihm gelinde zur Erde, und in die beste Sicherheit; so spielt die Vorsicht Gottes ihre gerechten Kabalen, und so rettet sie alle, die den Winken ihres unschlummernden Auges folgen.[17]

Das muß man - ab "Allein Haß, und Argwohn der Feinde..." - dreimal viermal lesen, um innezuwerden, wie das und daß es auf seine Weise funktioniert. Ist es nicht insgeheim, eben mit Hilfe eines ostentativ zur Schau getragenen Unernstes, auf Rettung, Sieg und Triumph angelegt?

Zeitstil, Zeitgeschmack - was heißt das? Wie ist er festzumachen, wo zu lokalisieren, in welchen Rängen, welchem Milieu? Nachträglich erst konstruieren wir eine Stilgeschichte, und was in unsere Epochengliederung nicht paßt, blenden wir aus oder tun es als überständig ab. Wie lange aber und unter welchem Umständen übersteht das vermeintlich Abgetane? Lebt es, gedeiht es, oder kümmert es nur so fort? Sind Stilhaltungen nur solche des literarischen Geschmacks, und nicht auch, nicht vorwiegend und nachhaltiger solche der Frömmigkeitsübung (oder, heutzutage etwa, ideologischer Observanz)? Und auch da gibt es Gewöhnungen, und Klischees der Gewöhnung. Ein gotischer Spitzbogen

17. Das Jubilierende Marchtall. S. 79ff.

ist ipso facto fromm, weihevoll, die Rocaille weltlich, frivol. Bei Sailer jedoch ist sie offensichtlich, wie an den beiden 1759 von Franz Xaver Schmutzer in seiner Stiftskirche geschaffenen Rokoko-Altären, wenn auch nicht selber schon fromm, so doch erlaubtes Schnörkelwerk, mit einem Einschlag zarteren oder derberen Humors.

Wollen wir Sailers Prosa so ohne weiters nur als provinzielles Schwundbarock gelten lassen, nachhinkend, in den Niederungen des Abgesunkenen einherwatend? Oder, versuchsweise wenigstens, als in entschiedenem Zugriff abgewandeltes, parodistisch gespiegeltes, poetisch gelockertes Nach- und Überbarock, schwäbisches Prämonstratenser-Rokoko? Nicht als obsoletes Relikt, sondern als freie Schöpfung? Ich will nicht behaupten, daß sie dies sei. Aber es lohnte sich doch, sie einmal so zu sehen.

Daß die vollschwellend in den Untergrund versickerten Adern der geistlichen Beredsamkeit des Barock selbst im 19. Jahrhundert noch nicht gänzlich versiegt waren, bezeugt ein so wunderliches Erzeugnis wie die 1865 in Augsburg erschienene *Schaubühne des Todes. Leichenreden für alle Fälle, Stände und Altersklassen von P. Heimbach, S.J. Neu bearbeitet von G.M. Schuler, Priester der Diözese Würzburg.*

> Aufgefordert von der sehr verehrlichen Verlagsbuchhandlung, die ebenso in ihrer Art einzig dastehenden als rhetorisch praktischen Leichenreden des P. Matthias Heimbach aus der Gesellschaft Jesu unserer Zeit ebenso mundgerecht und brauchbar vorzulegen, als, nur in anderer Gestalt, sie es ihrer Zeit gewesen, habe ich nicht länger anstehen zu dürfen geglaubt, diesem so gerechtfertigten und gewiß auch allgemeineren Wunsche nachzukommen, und überreiche nun einem hochwürdigen Curat-Klerus die neu, wo möglich, treu, wo nöthig, frei bearbeiteten Trauerreden des gefeierten Jesuiten und Hofpredigers weiland Sr. Maj. des Königs August von Polen. Erschienen ist das Werk P. M. Heimbachs zum ersten Male zu Köln im Jahre 1716, und enthält dasselbe 190 Grabreden.[18]

Ebenso viele enthält deren diese aufbereitete Sammlung, die durchaus zu praktischer Verwendung veranstaltet wurde. Daß der Bearbeiter sich häufig zu starken Eingriffen genötigt sah, spürt

18. Schaubühne des Todes, Vorbericht. S.III.

man; dennoch schlägt die Vorlage allenthalben unverkennbar durch. Nur daß Pater Heimbachs farbige Laune inzwischen in blinder Abgestandenheit verödet ist. Dafür vier Beispiele, die wir uns trotz ihres ranzigen Geschmacks zumuten wollen.

Am Grabe eines Forstmannes. - Text: "Er ist wie ein Baum, gepflanzt an Wasserbäche ... und dessen Laub nie abfällt." (Ps. 1,3) - Es ist eine bekannte Sache, den *Menschen* mit einem *Baume* zu vergleichen; schon der Heiland bedient sich dieses Gleichnisses, der Mensch sei wie seine Werke, die Frucht sei wie der Baum, der Baum werde an seinen Früchten, der Mensch an seinen Werken erkannt, ein *guter* Baum bringe *gute,* ein *schlechter* Baum *schlechte Früchte* hervor u.s.w. Auch die *Blätter,* als die Erzeugnisse des Baumes, bestimmen dort und da den Werth eines solchen und wird ein *gipfeldürrer* Baum, ein Baum, dessen *Blätter* im Frühjahre *ganz* oder *theilweise ausbleiben,* einen *ganz anderen Preis* haben, als *ein gesunder, im üppigen Blätterschmucke.* Diese Schätzungswissenschaft über den Werth und die Kultur eines Baumes, ja eines ganzen Bestandes und Forstes hatte der Verewigte völlig inne; dabei wußte er aber recht wohl, daß *auch der Mensch,* wie ein Baum nach seinen Blättern, Blüthen und Früchten, so jener *nach seinen Werken und Thaten* bemessen, geschättzt und gewerthet wird [...] wie das grüne Blatt anzeigt, daß der Baum gesund sei, daß er tiefe Wurzeln habe, daß er auf gutem Grunde stehe, daß es ihm nicht an den Früchten mangeln werde, sohin als ein Sinnbild der Hoffnung gilt, also zeigte auch die ganze äußere Erscheinung und das, was der Verewigte that, zur Genüge, wie gesund er an der Seele sei. Dieses Laub der guten Werke aber fällt *nie* ab, diese Früchte sind *ewig.*

Am Grabe eines bei einer Rauferei Getödteten. - [...] Ich weiß wohl, daß es mir Keiner leugnen werde, wenn ich sage: Unser Leben ist ein *Rauch,* ein *Hauch,* ein *Glas,* eine *Seifenblase, ein ganz unbeständiges Wesen;* dessenungeachtet muß ich dieser allgemeinen Erkenntniß das Meinige, wenn auch nicht zur Bekräftigung, so doch zu deren Beherzigung hinzufügen.
O was für ein unbeständiger Windhauch ist doch dieses Leben! *Archesilaus* starb an einem *Trunke; Jovian,* der Kaiser, an einem Bissen, den er aß; *Anakreon* an einer *Weinbeere; Chilo* vor Freude, *Philistion* am Lachen, *tausend Andere* vor *Trauer,* so selbst große Könige wie *Antiochus,* der, als er von zwei Unglücksfällen gehört hatte, welche sein Heer betrafen, in eine tödtliche Gemüthskrankheit verfiel, der er denn auch alsbald erlag. Und wenn nun *gar die Freude* tödtet, wie sollte man da nicht wirklich das Leben ein gebrechliches nennen! - Ihr Alle kennt die Ursache, welche dem hier im Grabe ruhenden N.N. den Tod

bereitet hat. Unglückseliger Hader, indem, *wer dabei obsiegt,* fast noch *schlimmer* dabei fährt, als *der, welcher unterliegt!* Seht da, das Leben ist ein Hauch, ein flüchtiger Windstrom!

Am Grabe eines Handwerkers. - [...] *Wer fleißig arbeitet,* wird müde bei der Arbeit, ist daher nicht aufgelegt zu bösen Werken, indem er seine Kräfte für die Arbeit sparen muß; ein solcher fleißiger Handwerker sitzt nicht des Abends in den Wirthshäusern herum, wo der *Trunk* herrscht, *der Vater aller Sünden.* Ein fleißiger Arbeiter hat demnach zum Sündigen weder *Lust,* noch *Zeit,* noch *Gelegenheit.*
Saget an, wann haben vornehme Männer, welche zuvor ein heiliges Leben geführt, sich am Meisten befleckt? *Wann ist Salomon, wann David, wann Samson* in die Sünde gefallen? *Als sie arbeiteten?* O nein! Es geschah - als sie müssig gingen, als sie unbeschäftigt waren. Hätte David anstatt seine Augen spazieren zu tragen, die Harfe geschlagen und Gott Psalmen gesungen, *er wäre nicht gefallen,* sondern ein Mann nach dem Herzen Gottes geblieben. Hätte Salomon noch an dem Tempel zu bauen gehabt, anstatt müssig zu gehen, *er wäre nicht gefallen* und weise und heilig geblieben. Hätte Samson Werke gethan, wie zuvor, anstatt müssige Besuche zu machen, *er wäre nicht gefallen.* So verhält es sich mit noch vielen Tausenden. Ihr selbst, Geliebte, *wann* habt ihr gesündigt? Als ihr *müssig* waret; das ist offenbar: *Die Arbeit bewahrt vor der Sünde.*

Am Grabe eines Schneiders. - Andächtige! Aus allen Dingen, die in der Welt sind, kann der Mensch eine Lehre schöpfen, die zu seiner Seligkeit beiträgt. Also lernen wir von den Todten insgemein, uns auf einen guten Tod rechtzeitig vorbereiten. Von besonderen Handwerken aber kommen auch besondere Lehren. Das Gewerbe, welches der Verlebte ausübte, war das Schneiderhandwerk, und *Nadel* und *Faden* die Gegenstände, welche er die meiste Zeit in den Händen hatte. Weil nun der Faden der Nadel *folgt,* so hat ein Schriftsteller auf den Faden jene Worte des hohen Liedes angewendet: "Trahe me post te!" d.h. *"Ziehe mich dir nach!"* Ein anderer schrieb darauf: "Te ducem sequor," d.h.: *"Ich folge dir als meinem Führer."* Wie nun der Faden der Nadel folgt durch Dick und Dünn, Weich oder Hart, so muß auch die Seele Gott und seinen Einsprechungen folgen. Will der liebe Gott, daß sie sich scheide von dem Leibe, so muß sie sagen: "Ziehe mich dir nach," so will ich laufen und fliegen. Diese Folgsamkeit hatte der selig Vollendete in hohem Grade inne.[19]

Gewiß, hier wurde eingegriffen, wurde adaptiert, aber was der

19. Ebd. S. 145ff., 301ff., 197ff., 239f.

Bearbeiter stehen ließ, was er allen Ernstes noch für verwendbar, für zumutbar hielt, es verwundert doch. Allegorie, *concetto,* antike und alttestamentarische Exempla, alles wie gehabt. Das Barock als intra muros plausibler Frömmigkeitsstil hält sich bis weit in das 19. Jahrhundert und darüber hinaus, im Rahmen der nachtridentinischen Liturgie, ihrer gloriosen Chorräume, Altäre und Kanzeln. Zuletzt mutiert es in den klassizistischen Devotionalienkitsch von Saint-Sulpice, den Léon Bloy für eine Gotteslästerung hielt. Und während es in dieser Bastardisierung unkenntlich wird, feiert es, kunsthistorisch aufgewertet und restauriert, in Museen, Ausstellungen und als touristische Walfahrtsstätten weltliche Urständ.

Hans-Henrik Krummacher

"DE QUATUOR NOVISSIMIS". ÜBER EIN TRADITIONELLES THEOLOGISCHES THEMA BEI ANDREAS GRYPHIUS

I.

Wenige Gedichte von Andreas Gryphius sind so häufig in der Forschung angeführt, kaum eines ist zugleich so beiläufig zumeist nur und so wenig angemessen behandelt worden wie das Sonett *Die Hölle*, das mit den Versen[1]

Ach! vnd weh!
MOrd! Zetter! Jammer! Angst! Creutz! Marter! Würme! Plagen.
Pech! Folter! Hencker! Flam̄! stanck! Geister! kälte! Zagen!
Ach vergeh!

beginnt und mit dem Vers "O Mensch! Verdirb / vmb hier nicht zuverderben" endet (GA I,91, Son.II,48). Man hat dieses "kühne" Sonett einen Beweis für "das erstaunliche Können und die große Meisterschaft"[2] des Dichters genannt, "kunstvoll gebaut" und einen "dramatischen Rhythmuswechsel" erreichend.[3] Man hat gemeint, daß es mit seiner metrisch wechselnden Form, durch welche hindurch "die Erregung...in den rhythmisch beruhigten Sinnspruch" auslaufe,[4] kaum noch als Sonett zu erkennen sei,[5] daß

1. Zitiert nach: Andreas Gryphius: Gesamtausgabe der deutschsprachigen Werke. Hrsg.v.Marian Szyrocki u.Hugh Powell. Tübingen 1963 ff. (= GA). Vgl. den vollständigen Abdruck weiter unten.

2. Ferdinand van Ingen: Vanitas und memento mori in der deutschen Barocklyrik. Groningen 1966. S.108 f.

3. Marian Szyrocki: Die deutsche Literatur des Barock. Eine Einführung. Reinbek 1968. S.119.

4. Hans-Jürgen Schlütter: Sonett. Stuttgart 1979 (= Sammlung Metzler. 177). S.88.

5. Dieter Breuer: Deutsche Metrik und Versgeschichte. München 1981. S.178.

Gryphius darin die Sonettform gesprengt habe, weil sie "der Emphase seines dichterischen Ausdrucks nicht mehr gewachsen" sei,[6] daß er mit Gedichten wie diesem das "Äußerste an barocker Gestaltung des Sonetts erreicht" und "das vorgeschriebene Metrum" zerstört habe, weil "er die anstürmenden Wellen seiner dichterischen Erregung nicht mehr im klassischen Sonett zu bändigen vermochte."[7] Man hat das Sonett, "das in Ausrufe und Häufungen einzelner Wörter aufgelöst" erscheine,[8] als Beispiel einer "Freude an der Bewegung" verstanden, die "sich mitunter zu eigentlichen Sprudeln der Sprache" steigere, wobei die "stammelnde Ekstase...jedes Empfinden des Versmaßes" aufhebe.[9] Man sah hier, in "einseitigster Ausprägung des Prinzips" der Reihung, "eine Impression zur ekstatischen Vision gesteigert",[10] verbuchte die Worthäufungen des Sonetts als "Gefühls- und Willensausdrücke",[11] hielt "die drohende Hölle in kühnster Aufzählung von Greueln" für "nicht ausgedacht", sondern erlebt als "rings herum in den Folterkammern und Hexentürmen" vorhandene "tägliche Bedrohung, die jeden treffen konnte".[12] Man begriff die ersten Verse als

6. Edelgard E. Conradt: Barocke Thematik in der Lyrik des Andreas Gryphius. S.106. In: Neophilologus 40 (1956) S.99-117.

7. Walter Mönch: Das Sonett. Gestalt und Geschichte. Heidelberg 1955. S.159, 157, 114; z.T. ähnlich Walter Mönch: Góngora und Gryphius. Zur Ästhetik und Geschichte des Sonetts. In: Romanische Forschungen 65 (1954) S.300-316. Vgl. auch Erich Trunz: Die Entwicklung des barocken Langverses. S.466. In: Euphorion 39 (1938) S.427-468 ("So wird hier der Alexandriner verlassen, anfangs durch die Wehschreie der Kurzverse, dann durch die überlangen Zeilen der Höllenschilderung..., wo dieser ihn einengte").

8. Ernst C. Wittlinger: Die Satzführung im deutschen Sonett vom Barock bis zu Rilke. Untersuchungen zur Sonettstruktur. Diss. Tübingen 1956 (Masch.). S.48.

9. Georg Thürer: Vom Wortkunstwerk im deutschen Barock. S.358. In: Die Kunstformen des Barockzeitalters. Hrsg.v.Rudolf Stamm. Bern 1956. S.354-382.

10. Hans-Wolf Becker: Studien zum geistlichen Lied des Barock (Einordnung und Überwindung). Diss. Erlangen 1953 (Masch.). S.59.

11. Hans Pliester: Die Worthäufung im Barock. Bonn 1930. S.46.

12. Curt von Faber du Faur: Andreas Gryphius, der Rebell. S.27. In: PMLA 74 (1959) S.14-27.

"Häufung aus innerer Notwendigkeit", als "Suche nach dem richtigen Wort".[13] Man fand bei Gryphius "die Ausdrucksfunktion des Asyndetons am reinsten" ausgeprägt, für "die tiefste Angst vor der Vision furchtbarer Schrecken" eingesetzt, "die sich in dieser leidenschaftlich-gehetzten Substantivhäufung ausdrücken will".[14] Aber man stellte auch fest, das Sonett arbeite bis "zum gesuchten Extrem" mit der enumeratio,[15] und man hat gefragt, "ob hier nicht doch schon ein selbstherrliches Spiel der Worte inszeniert" sei.[16]

So hat das durch Sprache und metrische Form auffallende Sonett weithin nur als Zeichen ungemeiner Kunstfertigkeit seines Autors oder als Beleg für einen nicht unproblematischen Begriff des Barock und seine stilistischen Merkmale, aber auch dem Versuch gedient, gerade in seinen befremdlichen Zügen Momente persönlicher Erfahrung und individuellen Ausdrucksverlangens aufzufinden und so jedenfalls diesen Dichter jenen später entstandenen Erwartungen anzunähern, denen die Literatur des 17. Jahrhunderts sich nur schwer erschließt. Daß das Sonett *Die Hölle* aber Teil eines kleinen Zyklus ist, dessen übrige Stücke (GA I, 90-92, Son.II,46, *Der Todt*; II,47, *Das Letzte Gerichte*; II,49, *Ewige Frewde der Außerwehlten*) nur gelegentlich eigens beachtet worden sind,[17] das

13. Erich Trunz: Weltbild und Dichtung im deutschen Barock. S.32. In: Aus der Welt des Barock. Stuttgart 1957. S.1-35.

14. Karl Viëtor: Probleme der deutschen Barockliteratur. Leipzig 1928. S.4.

15. Willi Flemming: Andreas Gryphius. Eine Monographie. Stuttgart u.a. 1965. S.141.

16. Karl Otto Conrady: Lateinische Dichtungstradition und deutsche Lyrik des 17. Jahrhunderts. Bonn 1962. S.229.

17. Hinweise auf einzelne der drei anderen Sonette in den schon genannten Arbeiten von Faber du Faur (S.27), Flemming (S.140, 176), van Ingen (S.95 f.), Mönch (Das Sonett. S.159), Trunz (Entwicklung des barocken Langverses. S.466); ferner u.a. bei Adelheid Beckmann: Motive und Formen der deutschen Lyrik des 17.Jahrhunderts und ihre Entsprechungen in der französischen Lyrik seit Ronsard. Tübingen 1960. S.69 — Hans-Georg Kemper: Gottebenbildlichkeit und Naturnachahmung im Säkularisierungsprozeß. Problemgeschichtliche Studien zur deutschen Lyrik in Barock und Aufklärung. Tübingen 1981. Bd.2, S.341 — Dietrich Korn: Das Thema des Jüngsten Tages in der deutschen Literatur des 17.Jahrhunderts. Tübingen 1957. S.81 — Gertrud Lazarus: Die künstleri-

ist nur selten vermerkt und noch seltener ernst genommen worden,[18] obgleich nur so auch das Höllen-Sonett verstanden werden kann. Denn Gryphius behandelt in diesen vier Sonetten ein theologisches Thema[19] mit alter, vielfältiger Tradition, und er ist dieser Tradition dabei so eng verbunden, daß die Sonette eigentlich mit jedem Gedanken, jedem Motiv, jeder Wendung, ja fast mit jedem einzelnen Wort und mit entscheidenden Sprachformen nicht seine Erfindung sind, sondern ganz von jener Tradition gespeist werden.

sche Behandlung der Sprache bei Andreas Gryphius. Diss. Hamburg 1932. S.47 — Adolf Strutz: Andreas Gryphius. Die Weltanschauung eines deutschen Barockdichters. Horgen-Zürich, Leipzig 1931. S.25 — Wilhelm Voßkamp: Untersuchungen zur Zeit- und Geschichtsauffassung im 17.Jahrhundert bei Gryphius und Lohenstein. Bonn 1967. S.100.

18. Vereinzelte, oft nur beiläufige und knappe Hinweise auf den Zyklus in den schon genannten Arbeiten von Flemming (S.174), van Ingen (S.110 f.), Kemper (Bd.1, S.306), Korn (S.79); ferner u.a. bei Paul Böckmann: Formgeschichte der deutschen Dichtung. Bd. 1. Hamburg 1949. S. 419. —Robert M. Browning: Deutsche Lyrik des Barock. Stuttgart 1980. S.118 f. — Robert M. Browning: Towards a determination of the cyclic structure of the secular Sonnets of A. Gryphius. S.319 f. In: Daphnis 14 (1985) S.303-324 — Victor Manheimer: Die Lyrik des Andreas Gryphius. Studien und Materialien. Berlin 1904. S.135 — Wolfram Mauser: Dichtung, Religion und Gesellschaft im 17. Jahrhundert. Die 'Sonnete' des Andreas Gryphius. München 1976. S.104 f., 120 — Marvin S. Schindler: The Sonnets of Andreas Gryphius. Use of the Poetic Word in the Seventeenth Century. Gainesville 1971. S.144-151 — Hans-Jürgen Schings: Catharina von Georgien. S.38. In: Die Dramen des Andreas Gryphius. Eine Sammlung von Einzelinterpretationen. Hrsg.v.Gerhard Kaiser. Stuttgart 1968. S.35-72 — Marian Szyrocki: Andreas Gryphius. Sein Leben und Werk. Tübingen 1964. S.63 — Friedrich-Wilhelm Wentzlaff-Eggebert: Das Problem des Todes in der deutschen Lyrik des 17. Jahrhunderts. Leipzig 1931. S.90 f.; genauere Behandlung des Zyklus vor allem bei A.G. de Capua: Two Quartets: Sonnet Cycles by Andreas Gryphius. In: MDU 59 (1967) S.325-329 und insbesondere in dem unten in Anm. 104 näher gekennzeichneten Buch von Günter Ott: Die 'Vier letzten Dinge' in der Lyrik des Andreas Gryphius. Untersuchungen zur Todesauffassung des Dichters und zur Tradition des eschatologischen Zyklus'. Frankfurt a.M., Bern, New York 1985.

19. Zutreffend benannt bei Browning, van Ingen, Kemper, Ott, Schindler, etwas allgemeiner bei de Capua, Mauser, Schings.

Was Gryphius in den vier Sonetten behandelt, die, gefolgt noch von dem Sonett *ELIAS* (GA I,92, Son.II,50),[20] den Abschluß des 1650 zuerst gedruckten, aber schon 1646 fertiggestellten zweiten Sonettbuchs bilden, das ist die Lehre von den quatuor novissima, den vier letzten Dingen, die bis ins 18. Jahrhundert hinein die bestimmende Erscheinungsform christlicher Eschatologie gewesen ist. Mit vielen Einzelzügen dieser traditionellen Lehre vermag freilich heutige Theologie nichts mehr anzufangen. Denn mit der Aufklärung hat ein Prozeß kritischer Verwandlung, ja Auflösung der alten Vorstellungen von den letzten Dingen eingesetzt, den auch Pietismus und Erweckungsbewegung[21] mit der ihnen eigenen Art von Endzeiterwartung nicht haben aufhalten können und der zu einer — wie man gesagt hat — "Enteschatologisierung" der Theologie im 19. Jahrhundert geführt hat.[22] Beispiele für die

20. Im einzelnen kann auf dieses Sonett, seinen Zusammenhang mit den vorangehenden vier eschatologischen Sonetten und damit auf die in der Forschung wiederholt erörterte Frage nach dem Aufbau dieses und des ersten Sonettbuchs hier nicht näher eingegangen werden. Denn dazu bedürfte es zusätzlicher, über das Material des hier vorgelegten Aufsatzes hinausgreifender Nachforschungen über die Deutung der Gestalt des Elias im dogmatischen, exegetischen und erbaulichen Schrifttum des Mittelalters und der frühen Neuzeit. Auf jeden Fall haben die über Kemper (Bd.1, S.306) und Mauser (S.101 ff.) hinausgehenden Hinweise von Browning (Deutsche Lyrik. S.119 f.; Towards a determination. S.320 f.) und Ott (bes.S.192 ff., 196 f.) auf die Bedeutung der Gestalt des Elias als Vorzeichen des Gerichts, die auf Mal.3,23 beruht und im Zusammenhang mit dem Lehrstück vom Gericht in den alten Quellen öfters genannt wird, viel für sich, auch wenn die Schwierigkeit darin besteht, daß Gryphius in seinem Elias-Sonett, jedenfalls soweit es bisher erschlossen ist, auf die eschatologische Funktion des Propheten, die die Einordnung des Sonetts nach den vier Stücken auf die letzten Dinge plausibel machen würde, nirgendwo ausdrücklich hinweist.

21. Vgl. dazu die entsprechenden Teile der Untersuchungen von Gerhard Maier: Die Johannesoffenbarung und die Kirche. Tübingen 1981 und James P. Martin: The Last Judgment in Protestant Theology from Orthodoxy to Ritschl. Edinburgh, London 1963, ferner Helga Rusche: Die Eschatologie in der Verkündigung des schwäbischen und niederrheinischen Biblizismus des 18. Jahrhunderts. Diss.theol.Heidelberg 1943 (Masch.).

22. So oder ähnlich formulierend u.a. Fritz Buri: Die Bedeutung der

aufklärerische Diskussion der Letzten Dinge auch außerhalb der Theologie im engeren Sinne sind Lessings Aufsatz *Leibniz von den ewigen Strafen* (1773)[23] und Kants Schrift *Das Ende aller Dinge* (1794).[24] Kennzeichnend und prägend für die aus jenem Prozeß hervorgegangene Einstellung der Theologie des 19. Jahrhunderts zur Eschatologie ist Schleiermachers Dogmatik,[25] die die Lehre von den Letzten Dingen nur noch als recht unbestimmte Vorstellungen von Vollendung der Kirche und persönlicher Fortdauer zu fassen vermag.[26] Seit dem späten 19. Jahrhundert empfand man, was der Theologie hier verloren gegangen war. So gab es eine Rückbesinnung auf die Eschatologie als auf ein Kernstück christlicher Theologie, die wichtige Impulse zunächst von der Leben-Jesu-Forschung (J. Weiß, A. Schweitzer u.a.), dann von der dialektischen Theologie Karl Barths empfangen und mehrere Phasen bis heute durchlaufen hat.[27] Doch konnte dabei die Theologie, konzen-

neutestamentlichen Eschatologie für die neuere protestantische Theologie. Ein Versuch zur Klärung des Problems der Eschatologie und zu einem neuen Verständnis ihres eigentlichen Anliegens. Zürich, Leipzig 1935. S.109; Martin: The Last Judgment. S.129 ff.

23. Gotthold Ephraim Lessing: Gesammelte Werke. Hrsg.v.Paul Rilla. Bd.7. Berlin 1956. S.454-488.

24. Immanuel Kant: Werke. Hrsg.v.Wilhelm Weischedel. Bd.9. Darmstadt 1968. S.175-190.

25. Friedrich Daniel Ernst Schleiermacher: Der Christliche Glaube nach den Grundsätzen der evangelischen Kirche im Zusammenhange dargestellt (1821/22). Teilband 2. Hrsg.v.Hermann Peiter. Berlin, New York 1980. (= Schleiermacher: Kritische Gesamtausgabe. 1.Abtlg., Bd.7, Teilbd.2) S.313-338.

26. Vgl. auch die folgenden Spezialschriften aus dem 19. Jahrhundert, die selbst da, wo sie noch stärker an überlieferten Vorstellungen festhalten, doch die eingetretenen Veränderungen und die daraus entstandenen Verlegenheiten gegenüber jenen Vorstellungen spiegeln: W. Floerke: Die letzten Dinge. Rostock 1866 — Hermann Gerlach: Die letzten Dinge unter besonderer Berücksichtigung der Eschatologie Schleiermachers nach der Lehre der heiligen Schrift. Berlin 1869 — Th.Harms: Die letzten Dinge. [3]Hermannsburg 1875 — H. Karsten: Die letzten Dinge. Zehn Vorlesungen an die Gebildeten in der Gemeinde. [3]Hamburg 1861 — Chr.Ernst Luthardt: Die Lehre von den letzten Dingen in Abhandlungen und Schriftauslegungen dargestellt. Leipzig 1861 — Justus W. Lyra: Die Lehre

triert vor allem auf eine enge Verbindung von Eschatologie und Christologie und auf ein daran anknüpfendes, endzeitlich gerichtetes christliches Geschichtsverständnis,[28] nicht zur alten anschaulichen Gewißheit der Lehre von den Letzten Dingen und ihrer Einzelheiten zurückfinden.[29] Höchst bezeichnend ist dafür, wie in Karl Barths Frühschrift über den *Römerbrief* neben dem für die

von den letzten Dingen mit Bezug auf ihre homiletische und katechetische Behandlung in Predigt und Unterricht. Hannover 1880 — Friedrich Richter: Die Lehre von den letzten Dingen. Eine wissenschaftliche Kritik, aus dem Standpunct der Religion unternommen. Breslau bzw. Berlin 1833-1844 — de Valenti: Eschatologie oder die Lehre von den letzten Dingen. Bern, Basel 1840.

27. Dazu und zur Kritik an der Theologie des 19. Jahrhunderts vgl. außer den schon genannten Arbeiten von F. Buri, G. Maier und J.P. Martin u.a. Georg Hoffmann: Das Problem der letzten Dinge in der neueren evangelischen Theologie. Göttingen 1929 — Folke Holmström: Das eschatologische Denken der Gegenwart. Drei Etappen der theologischen Entwicklung des zwanzigsten Jahrhunderts. Gütersloh 1936 — Peter Müller-Goldkuhle: Die Eschatologie in der Dogmatik des 19. Jahrhunderts. Essen 1966 (= Beiträge zur neueren Geschichte der katholischen Theologie. 10) — Willi Ölsner: Die Entwicklung der Eschatologie von Schleiermacher bis zur Gegenwart. Gütersloh 1929.

28. Vgl. außer der schon genannten Literatur u.a. auch Paul Althaus: Die Letzten Dinge. Lehrbuch der Eschatologie. [5]Gütersloh 1949 ([1]1922) — Rudolf Bultmann: Geschichte und Eschatologie. Tübingen 1958 — Jürgen Moltmann: Theologie der Hoffnung. Untersuchungen zur Begründung und zu den Konsequenzen einer christlichen Eschatologie. München 1964 — Heinrich Ott: Eschatologie. Versuch eines dogmatischen Grundrisses. Zollikon 1958.

29. Zur Kritik, die ihnen daher vielfach ausdrücklich gilt, aber auch zu den Schwierigkeiten, die sie selbst dort bereiten, wo an sie und die theologische Überlieferung noch ausdrücklich angeknüpft wird, vgl. u.a. Althaus: Die Letzten Dinge. S.77 ff. — Hoffmann: Das Problem der letzten Dinge. S.6 ff. — Müller-Goldkuhle: Die Eschatologie in der Dogmatik des 19. Jahrhunderts. S.2 — H. Ott: Eschatologie — Wolfgang Trillhaas: Dogmatik. [3]Berlin, New York 1972. S.450 ff. Anders noch neuere katholische Werke wie Johannes Brinktrine: Die Lehre von den Letzten Dingen. Paderborn 1963 — Michael Schmaus: Katholische Dogmatik. Bd.3.2.2. Die Lehre von den Sakramenten und von den Letzten Dingen. München 1941.

eschatologische Besinnung der Theologie im 20. Jahrhundert fundamentalen Diktum "Christentum, das nicht ganz und gar und restlos Eschatologie ist, hat mit Christus ganz und gar und restlos nichts zu tun"[30] das andere steht, das eine Endzeiterwartung als "Erwartung eines groben, brutalen, theatralischen Spektakels" ein "harmloses 'eschatologisches' Kapitelchen am Ende der Dogmatik" (S. 484) nennt.[31] Von der Veränderung der neuzeitlichen Eschatologie ist die neuere dogmen- und kirchengeschichtliche Literatur in ihren Fragen und Deutungen nicht unbeeinflußt geblieben. Darum kann man bei ihr nur begrenzt Auskunft über die alte Eschatologie finden.[32] Man muß zu den Quellen zurückgehen, will man in seiner

30. Karl Barth: Der Römerbrief. Achter Abdruck der neuen Bearbeitung. Zollikon-Zürich 1947. S.298 (diese Fassung zuerst 1922).

31. Dieses kritische Diktum Karl Barths klingt mannigfach in der theologischen Literatur nach; vgl. u.a. Buri: Die Bedeutung der neutestamentlichen Eschatologie. S.1 — Hoffmann: Das Problem der letzten Dinge. S.1 — Moltmann: Theologie der Hoffnung. S.11, 112 — Rusche: Die Eschatologie in der Verkündigung des schwäbischen und niederrheinischen Biblizismus. S.159. Soweit dabei die ältere Dogmatik vor der Aufklärung, in deren Systematik übrigens die letzten Dinge durchaus nicht immer am Ende stehen, mitgemeint ist, wird man damit weder der sachlichen Begründung dieser Systematik noch der praktisch-erbaulichen Absicht, die damit auch verknüpft ist, gerecht.

32. Genannt seien Leonhard Atzberger: Die christliche Eschatologie in den Stadien ihrer Offenbarung im Alten und Neuen Testamente. Freiburg i.Br.1890 (Nachdr.Graz 1977) — Leonhard Atzberger: Geschichte der christlichen Eschatologie innerhalb der vornicänischen Zeit. Freiburg i.Br.1896 (Nachdr.Graz 1970) — Walther Köhler: Dogmengeschichte als Geschichte des christlichen Selbstbewußtseins. Zürich, Leipzig 1938 — Erhard Kunz: Protestantische Eschatologie. Von der Reformation bis zur Aufklärung. Freiburg, Basel, Wien 1980 (= Handbuch der Dogmengeschichte. Bd.IV, Fasc.7c,1) — G. Maier: Die Johannesoffenbarung und die Kirche — J.P. Martin: The Last Judgment in Protestant Theology — Philipp Schäfer: Eschatologie. Trient und Gegenreformation. Freiburg, Basel, Wien 1984. (= Handbuch der Dogmengeschichte. Bd.IV, Fasc.7c,2) — Artikel "Eschatologie" in der TRE 10 (1982) S.254-363 (mit reichen Literaturhinweisen). Ferner zur Eschatologie bei einzelnen Theologen: Paul Althaus: Luthers Gedanken über die letzten Dinge. In: Luther-Jahrbuch 23 (1941) S.9-34 — Ulrich Asendorf: Eschatologie bei Luther. Göttingen 1967 — Hans Eger: Die Eschatologie Augustins. Greifswald

Fülle und Vielfalt all das genau genug erfassen, was von den letzten Dingen, was im einzelnen vom Tod, vom Gericht, von der Hölle und von der Seligkeit der Gerechten über viele Jahrhunderte bis zur Aufklärung hin geglaubt und gelehrt worden ist.

Ausgebildet worden sind diese Lehren, an vorchristliche Vorstellungen und an zahlreiche eschatologische Bibelstellen ankùpfend, nach und nach in den ersten christlichen Jahrhunderten. Überall liegen bei den frühen Kirchenvätern in verschiedenartigen Schriften die allmählich sich verbindenden Elemente zutage.[33] Entscheidende, nachhaltig weiterwirkende Zusammenfassung erfahren sie bei Augustin, insbesondere in den letzten Büchern seiner Schrift *De civitate Dei*. Die schließlich im allgemeinen in die quatuor novissima gegliederte und in weitreichender Übereinstimmung immer wieder dargelegte Eschatologie hat das hohe und späte Mittelalter in oft auch viel später noch rezipierten und zitierten dogmatischen, katechetischen, erbaulichen Schriften und Dichtungen wie denen von Petrus Damianus,[34] Honorius Augustodunensis,[35] Vinzenz von Beauvais,[36] Bonaventura,[37] Thomas von Aquin,[38] Seuse,[39] Gerhard

1933 — Heinrich Quistorp: Die letzten Dinge im Zeugnis Calvins. Gütersloh 1941 — Konrad Stock: Annihilatio mundi. Johann Gerhards Eschatologie der Welt. München 1971 — Hinrich Stoevesandt: Die letzten Dinge in der Theologie Bonaventuras. Zürich 1969.

33. Vgl. die "Indices de hominum Novissimis" bei Migne: PL 220, Sp. 197-308.

34. Migne: PL 145, Sp.737 ff. (Institutio monialis, cap.VI. De anima, cum egreditur, quibus dolorum anxietatibus coarctetur; VII. Sententiae Scripturarum de die judicii; XII. De suppliciis damnatorum; XV. De coelestis Hierusalem beatitudine sempiterna); Sp.977-983 (Carmina et Preces, CCXXIII. De die mortis; CCXXIV. In eos qui de regis ultione securi sunt, sed Christum evadere nequeunt; CCXXV. Hucusque de adventu; hinc de poenis inferni; CCXXVI. De gloria paradisi).

35. Migne: PL 172, Sp.1157-1176 (Elucidarium sive Dialogus de summa totius Christianae theologiae).

36. Vincentius Bellovacensis: Speculum Quadruplex. III. Speculum morale. Graz 1964 (Nachdr.d.Ausgabe Douai 1624). Sp.689-860: Libri II, Pars I, De quatuor novissimis (das "speculum morale" wohl erst posthum von anderen verfaßt und dem Werk des Vinzenz beigefügt).

37. Bonaventura: Soliloquium de quatuor mentalibus exercitiis. Hrsg. u.übersetzt v.Josef Hosse. München 1958 (T.III u.IV).

von Vliederhoven[40] oder Dionysius Cartusianus[41] den folgenden Jahrhunderten überliefert.[42] Aufgegriffen und in vielerlei dogmatischen und erbaulichen Werken, in Predigten und Dichtungen dargelegt worden ist sie im 16. und 17. Jahrhundert nicht nur von

38. Thomas von Aquin: Summa theologica. Deutsch-lateinische Ausgabe. Bd.35. Supplement 69-86: Auferstehung des Fleisches; Bd.36. Supplement 87-99: Die letzten Dinge. Heidelberg, Graz, Wien, Köln 1958, 1961.

39. Heinrich Seuse: Deutsche Schriften. Hrsg.v.Karl Bihlmeyer. Stuttgart 1907. S.237-247, 278-287 (Büchlein der Ewigen Weisheit, Kap. XI, XII, XXI) — Pius Künzle: Heinrich Seuses Horologium Sapientiae. Erste kritische Ausgabe. Freiburg/ Schweiz 1977. S.454-468, 526-540 (Lib.I, Materia X-XI; Lib.II, Materia II). Vgl. Richard F.M. Byrn: Heinrich Seuse und die Lehre von den Vier Letzten Dingen. In: Zur deutschen Literatur und Sprache des 14. Jahrhunderts. Dubliner Colloquium 1981. Hrsg. v.Walter Haug, Timothy R. Jackson, Johannes Janota. Heidelberg 1983. S.65-75.

40. Ihm wird jetzt die unter Titeln wie "Cordiale quatuor novissimorum" oder "Quatuor Novissima" in zahllosen Handschriften und Frühdrucken und in mehreren Übersetzungen überlieferte anonyme Schrift zugeschrieben, die wohl die am stärksten verbreitete Darstellung der vier letzten Dinge gewesen ist. Vgl. dazu insbesondere Marieluise Dusch: De veer Utersten. Das Cordiale de quatuor novissimis von Gerhard von Vliederhoven in mittelniederdeutscher Überlieferung. Köln, Wien 1975 (mit einem Verzeichnis von 222 Handschriften) — Richard F.M. Byrn: Johannes Bämlers Cordiale-Auszug vom Jahre 1473. In: Poesie und Gebrauchsliteratur im deutschen Mittelalter. Würzburger Colloquium 1978. Hrsg.v.Volker Honemann, Kurt Ruh, Bernhard Schnell, Werner Wegstein. Tübingen 1979. S.95-106 — Gesamtkatalog der Wiegendrucke. Bd.7 (1938) Nr.7469-7541. Hier benutztes Exemplar: Quatuor Nouissima cū multis Exemplis pulcherrimis. Leipzig 1497 (Gutenberg-Museum Mainz, Ink.18, Nr.3).

41. Dionysius Cartusianus: Opera omnia. Bd.9. Tournai 1912. S.489-594: De quatuor hominis novissimis.

42. Vgl. u.a. auch Marieluise Dusch: Drei Sermones van den vtersten des mynschen. In: Niederdeutsches Wort 10 (1970) S.25-43; ferner zu den zahlreichen mittelalterlichen Werken in Vers und Prosa, in denen mancherlei Einzelzüge der letzten Dinge begegnen: Wilfried Kettler: Das Jüngste Gericht. Philologische Studien zu den Eschatologie-Vorstellungen in den alt- und frühmittelhochdeutschen Denkmälern. Berlin, New York

katholischen Autoren wie Robert Bellarmin,[43] Petrus Besseus,[44] dessen Predigten Aegidius Albertinus übersetzt hat,[45] Jacob Bidermann,[46] Jeremias Drexel,[47] Hermann Hugo,[48] Ludovicus Grana-

1977 — Nigel Palmer: Die Letzten Dinge in Versdichtung und Prosa des späten Mittelalters. In: Deutsche Literatur des späten Mittelalters. Hamburger Colloquium 1973. Hrsg.v.Wolfgang Harms, L. Peter Johnson. Berlin 1975, S.225-239 — Hans-Wilhelm Rathjen: Die Höllenvorstellungen in der mittelhochdeutschen Literatur. Diss. Freiburg i.Br.1956 (Masch.) — Walther Rehm: Der Todesgedanke in der deutschen Dichtung vom Mittelalter bis zur Romantik. Halle 1928.

43. Robert Bellarmin: Opera omnia. Bd.9. Frankfurt a.M. 1965 (Nachdr.d.Ausgabe Paris 1873). S.413-455: Conciones de quatuor novissimis — dt.: Postill / Oder AVßlegung mehrentheyls Episteln vnd Euangelien. Köln 1616. (Exemplar HAB Wolfenbüttel) S.358-407: Von vier letzten Dingen — Kurtzer Innhalt Christlicher Lehre. Prag 1687. (Exemplar in meinem Besitz) S.323-327: Von den vier letzten Dingen — ital. Originalfassung: Opera omnia. Bd.12. Frankfurt a.M. 1965 (Nachdr.d. Ausgabe Paris 1874). S.283-337.

44. Petrus Besseus: Conciones sive conceptus theologici super quatuor hominis noviss. Venedig 1614. (Exemplar HAB Wolfenbüttel).

45. Der Seelen Compaß Das ist: Von den Vier letsten dingen deß Menschen...Anfangs Durch...Petrum Bessaeum...in Frantzösischer Sprachen beschriben. An jetzo aber durch Aegidium Albertinum...verteutscht. München 1617. (Film der Sammlung Faber du Faur).

46. Jacob Bidermann: Heroum Epistolae. Salzburg 1716. (Film der Sammlung Faber du Faur). Liber I. De quatuor novissimis...

47. Jeremias Drexel: Aeternitatis Prodromus Mortis Nuntius. Köln 1630. (Film der Sammlung Jantz) — dt.: Der Ewigkeit Vorlauffer Oder Deß Tods Vorbott. ²München 1630. (Film der Sammlung Jantz) — Der Ewigkheit Vorbott, deß Todtß Heroldt...in dise Teütsche Carmina durch Johan Jacob Schülpl vbersetzet. Wien 1649. (Film der Sammlung Faber du Faur) — Richter Stuel Christi Oder...gehaimes Gericht aines jeden Menschen in seiner Sterbstund. München 1633. (Film der Sammlung Faber du Faur) — De aeternitate considerationes. ²München 1622. (Film der Sammlung Jantz) — dt.: Betrachtungen von der Ewigkeit. München 1625. (Film der Sammlung Faber du Faur) — Infernus, Damnatorum Carcer et Rogus. Köln 1632. (Film der Sammlung Jantz) — dt.: Der Verdambten fewrige jmmerwehrende Höllgfänknuß. München 1631. (Film der Sammlung Faber du Faur) — Caelum, Beatorum Civitas.

tensis,[49] Martin von Cochem,[50] Johann Niesius und Matthaeus Rader,[51] William Stanyhurst,[52] Martin Pallu[53] oder Angelus Silesius[54] und von Humanisten, die der alten Kirche zugetan geblieben sind, wie Erasmus[55] oder Thomas Morus,[56] sondern in ebenso vielfältiger Weise auch auf protestantischer Seite.[57] Zwar gibt es bei

Antwerpen 1635. (Film der Sammlung Jantz) — dt.: Himmel Die Ewige Bleibstatt aller Seeligen. München 1637. (Film der Sammlung Faber du Faur).

48. Hermann Hugo: Pia desideria. Hildesheim, New York 1971 (Nachdr.d.Ausgabe Antwerpen 1632). S.118-128: I,14. Vtinam saperent, & intelligerent, ac nouissima prouiderent!

49. Ludovicus Granatensis: Opera. Tomus III. Köln 1626. (Exemplar Bischöfliches Priesterseminar Mainz): De Oratione et Meditatione liber primus, S.205-231: De morte; De extremo iudicio; De poenis infernalibus; De gloria vitae caelestis.

50. Martin von Cochem: Die Vier letzten Dinge. [23]Augsburg 1838.

51. Quatuor Hominis Vltima a Matthaeo Radero Duo Ab Joanne Niesio duo vtroque Societate Jesu Sacerdote Plorata Cantata. In: Bernhard Bauhusius: Epigrammatum libri V. Köln 1615. (Exemplar HAB Wolfenbüttel) S.124-178.

52. William Stanyhurst: Geistliche Neu-Geburt...Durch andächtige Behertzigung Dern Vier Letzten Dingen deß Menschen...in Latein beschrieben; Nachgehends...ins Teutsch uberbracht. Molsheim 1679. (Exemplar HAB Wolfenbüttel).

53. Martin Pallu S.J.: Von denen Letzten Dingen des Menschen...Nach der dritten Französischen Auflag. Augsburg 1764. (Exemplar StB München).

54. Angelus Silesius: Sämtliche Poetische Werke. Hrsg.v.Hans Ludwig Held. Bd.3. [3]München 1949. S.221-312: Sinnliche Beschreibung der vier letzten Dinge.

55. Erasmus von Rotterdam: Ausgewählte Schriften. Lateinisch und deutsch. Hrsg.v.Werner Welzig. Bd.2. Darmstadt 1975. S.258 f.: Epigramma de quatuor nouissimis.

56. Thomas Morus: Die vier letzten Dinge. Übers., eingel.u.kommentiert v. Friedrich-Karl Unterweg. München 1984 (= Werke. Bd.4) (Fragment; posthum 1557 gedruckt).

57. Die folgenden wie die schon zuvor gegebenen Hinweise können nirgends die Absicht haben, die Werke zu den quatuor novissima vollständig aufzuzählen, sondern müssen sich im gegebenen Rahmen damit begnügen, durch eine größere Auswahl von Quellen, von denen

Luther keine zusammenhängende Darstellung der letzten Dinge, sondern nur eine Vielzahl verstreuter Äußerungen zur Eschatologie,[58] in den lutherischen Bekenntnisschriften nur einzelne Feststellungen,[59] bei Melanchthon,[60] aber auch bei Calvin[61] erst Ansätze

auch nicht immer der erste oder beste Druck zur Verfügung stand, einen zureichenden Eindruck von deren Zahl und Vielfalt über die Jahrhunderte hin zu vermitteln.

58. Die theologische Forschung — vgl.u.a. Alfred Adam: Lehrbuch der Dogmengeschichte. Bd.2. Mittelalter und Reformationszeit. Berlin 1973. S.291 f.; Althaus: Luthers Gedanken über die letzten Dinge. S.11, 13, 17 ff., 22; Althaus: Die Letzten Dinge. S.146 ff.; Asendorf: Eschatologie bei Luther. S.23; Maier: Die Johannesoffenbarung und die Kirche. S.285, 292; Martin: The Last Judgment. S.4 ff.; Quistorp: Die letzten Dinge im Zeugnis Calvins. S.1 ff., 200 — hat weithin gemeint, darin ein Anzeichen dafür finden zu können, daß sich Luther zunehmend von der hergebrachten Lehre von den letzten Dingen, sich auch darin als Reformator bewährend, abgewendet habe, und sie hat dementsprechend mit Bedenken vermerkt, daß die spätere lutherische Dogmatik ihm u.a. in der Vorstellung vom Schlaf der Seele nach dem Tode nicht gefolgt ist und stattdessen die vom sofortigen besonderen Gericht vertreten hat. Zu prüfen wäre aber, ob das Fehlen einer zusammenhängenden Darstellung bei Luther tatsächlich theologisch begründete Absicht ist und nicht vielmehr durch die Situations- und Anlaßbezogenheit eines großen Teils seiner Produktion indirekt mit erklärt wird und ob nicht seine verstreuten Äußerungen zur Eschatologie immer auch die überlieferten Vorstellungen zum stillschweigend vorausgesetzten Hintergrund haben. Zugleich wird man sich — angesichts des für das Luthertum des 16. und 17. Jahrhunderts ganz selbstverständlich weiter bestehenden Zusammenhangs mit aller unverdächtigen altkirchlichen Überlieferung, aus der denn auch u.a. bei der Eschatologie vielfach zitiert wird — hüten müssen, in der Fortgeltung der alten Lehre von den vier letzten Dingen in der lutherischen Orthodoxie ohne weiteres eine bedenkliche Abweichung von Luther und zudem gar eine Annäherung an katholische Lehre zu sehen, wo es doch vielmehr um eine Gemeinsamkeit des theologischen Erbes geht, dessen Kraft sich darin bezeugt.

59. Die Bekenntnisschriften der evangelisch-lutherischen Kirche. [5]Berlin 1960. S.72 (CA XVII; Schwabacher Artikel, 13; Frühfassung der Augustana, 16). Vgl. Edmund Schlink: Theologie der lutherischen Bekenntnisschriften. [2]München 1946. S.364-397.

60. Philipp Melanchthon: Werke in Auswahl. Hrsg.v.Robert Stup-

einer systematischen Behandlung. Aber in dem Maße, in welchem zugleich mit der konfessionellen Konsolidierung auch immer stärker systematisch verfahrende protestantische Darstellungen der Dogmatik sich ausbilden, werden darin auch die vier letzten Dinge — vielfach als gewichtiger Schlußteil, in manchen Werken aber auch an anderer, systematisch begründeter Stelle — als eigene Lehrstücke in Anknüpfung an die Tradition[62] mit gebührender Einläßlichkeit dargestellt, bei Jakob Heerbrand,[63] Matthias Hafenreffer,[64] Adam Francisci[65] oder Leonhard Hutter,[66] bei Johann Gerhard,[67] Johann Heinrich Alstedt,[68] Nikolaus Hunnius,[69] Jo-

perich. Bd.2, T.2. Loci praecipui theologici von 1559 (2.Teil). Gütersloh 1953. S.609-616: De resurrectione mortuorum.

61. Johannes Calvin: Opera selecta. Hrsg.v.Peter Barth, Wilhelm Niesel. Bd.4. Institutionis Christianae religionis 1559 librum III. Continens. München 1959. S.131-146: Cap.V. De supplementis quae ad satisfactiones adiiciunt, nempe indulgentiis et purgatorio; S.170-177: Cap.IX. De meditatione futurae vitae; S.368-379: Cap. XXI. De electione aeterna, qua Deus alios ad salutem, alios ad interitum praedestinavit; S.432-456: Cap.XXV. De resurrectione ultima. Vgl. Kunz: Protestantische Eschatologie. S.31 ff. — Quistorp: Die letzten Dinge im Zeugnis Calvins, S.1 ff., 50, 108 f.

62. Ob und wieweit und in welchen Punkten es bei aller auffälligen Übereinstimmung dennoch Unterschiede gegenüber den mittelaterlichen und den frühneuzeitlichen katholischen Werken zur Eschatologie oder auch Differenzen innerhalb der protestantischen Dogmatik des 16. und 17. Jahrhunderts gibt, das kann im Rahmen dieses Aufsatzes nicht bedacht und erörtert werden.

63. Jakob Heerbrand: Compendium Theologiae, Methodi quaestionibus tractatum. Tübingen 1575. (Exemplar HAB Wolfenbüttel).

64. Matthias Hafenreffer: Loci Theologici. Jena 1601. (Exemplar HAB Wolfenbüttel).

65. Adam Francisci: Margarita Theologica Continens methodicam explicationem Praecipuorum Capitum doctrinae Christianae. Wittenberg 1605. (Exemplar Bischöfliches Priesterseminar Mainz).

66. Leonhard Hutter: Compendium Locorum theologicorum. Hrsg.v.Wolfgang Trillhaas. Berlin 1961 (Ausgabe des Drucks von 1610).

67. Johann Gerhard: Loci theologici. Hrsg.v.Johann Friedrich Cotta. Bd. 17-20. Tübingen 1727-1731. (Exemplar UB Mainz) (Erstausgabe der "Loci" 1610-1622).

hannes Henichius,[70] Johann Wilhelm Baier[71] oder David Hollatz.[72] Entsprechend dieser Rolle in der protestantischen Dogmatik haben zahlreiche protestantische Autoren die letzten Dinge auch zum Gegenstand von Predigten und oft umfangreichen und vielfach auch illustrierten Erbauungsbüchern gemacht, so Daniel Bamberg,[73] Melchior Bischoff,[74] David Chytraeus,[75] Johann Michael

68. Johann Heinrich Alstedt: Theologia scholastica didactica, Exhibens locos communes theologicos methodo scholastica. Hannover 1618. (Exemplar HAB Wolfenbüttel).

69. Nikolaus Hunnius: Epitome Credendorum, Oder Kurtzer Inhalt Christlicher Lehre. Wittenberg 1664. (Exemplar Stadtbibl.Soest).

70. Johannes Henichius: Compendium Theologicum. Rinteln 1671. (Exemplar HAB Wolfenbüttel).

71. Johann Wilhelm Baier: Compendium Theologiae positivae. Hrsg. v. Karl Ferdinand Wilhelm Walther. Bd. 2. Saint Louis 1879. (Widmungsvorrede dat. 1686).

72. David Hollatz: Examen theologicum acroamaticum universam Theologiam thetico-polemicam complectens. Darmstadt 1971 (Nachdr. d.Ausgabe Stargard 1707). — Außer diesen für den vorliegenden Aufsatz genauer ausgewerteten Werken vgl. u.a. auch die entsprechenden (soweit nicht anders angegeben, in Wolfenbütteler Exemplaren durchgesehenen) Schriften von Leonhard Culman, Johann Paul Hebenstreit, Johann Friedrich König, Andreas Musculus, Christoph Pelargus, Johann Andreas Quenstedt, Urban Rhegius, Johann Adam Scherzer, Johann Spangenberg sowie unter den Praesides Johann Conrad Dannhauer (Exemplar Bischöfliches Priesterseminar Mainz), Christian Gueintz, Joachim Hildebrand gehaltene Disputationen.

73. Daniel Bamberg: Heilsames Gedenck an mich...In Eilff geistlichen Betrachtungen von den Vier letzten Dingen. Dresden 1677. (Exemplar HAB Wolfenbüttel).

74. Melchior Bischoff: Vom Ewigen Leben der Außerwehlten Kinder Gottes / Acht Predigten: Item / Vom ewigen Todt vnnd Verdamniß der Gottlosen / Sechs Predigten. ²Leipzig 1600. (Exemplar HAB Wolfenbüttel).

75. David Chytraeus: Christlicher / Tröstlicher...vnterricht. Vom Tode vnd Ewigen Leben. Berlin 1590. (Exemplar HAB Wolfenbüttel) — Christlicher / Tröstlicher...vnterricht. I. Von Vnsterbligkeit der Seelen / vnd jhrem Zustand nach dem Leibstode...V. Von der Ewigen Marter vnd Pein der Gottlosen in der Helle. Frankfurt a.d.O.1592. (Exemplar HAB Wolfenbüttel).

Dilherr,[76] Caspar Döler,[77] Erasmus Francisci,[78] Johann Gerhard,[79] Justus Gesenius,[80] Johann Matthäus Meyfart,[81] Johann Quistorp[82] oder Wolfgang Seber.[83] Andere haben die Novissima in unter-

76. Johann Michael Dilherr: Tod / Gericht und Hölle...in etlichen Wochen- / und Sonntags-Predigten. Nürnberg 1658. (Exemplar HAB Wolfenbüttel).

77. Caspar Döler: De Vita aeterna...Meditatio sacra, in illustri Casimiriano SaxoCoburgiaco...recitata. Coburg 1618. (Exemplar HAB Wolfenbüttel) (lt. Jöcher, Erg.bd.2, Sp.723 gibt es von Döler auch eine "Meditatio de inferno", 1620).

78. Erasmus Francisci: Die Brennende Lampen der Klugen; Zu Sorgfältiger Beleuchtung der Sterblichkeit. Nürnberg 1679. (Film der Sammlung Jantz) — Das Unfehlbare Weh der Ewigkeit für die Verächter der Gnaden-Zeit. Nürnberg 1686. (Film der Sammlung Faber du Faur) — Das Ehr- und Freuden-reiche Wol der Ewigkeit / für die Verächter der Eitelkeit. Nürnberg 1683. (Film der Sammlung Faber du Faur). Vgl. ferner Gerhard Dünnhaupt: Bibliographisches Handbuch der Barockliteratur. T.1. Stuttgart 1980. S.649, Nr.32: Die Letzte Rechenschafft...Bedenckungen Deß Sonderbaren Seelen-Gerichts / und Allmenschlichen End-Gerichts. Nürnberg 1681.

79. Johann Gerhard: Meditationes Sacrae. Leiden 1629. (Exemplar in meinem Besitz): Meditatio XLIII-L.

80. Justus Gesenius: Tractatus, De Quatuor Novissimis, Oder Vier letzte Dinge. Braunschweig 1642. (Exemplar HAB Wolfenbüttel).

81. Johann Matthäus Meyfart: Tuba Novissima Das ist Von den vier letzten Dingen des Menschen 1626. Hrsg.v.Erich Trunz. Tübingen 1980 — Drey Nützliche Tractat...vom Jüngsten Gericht...vom Him̄lischen Jerusalem...vom Höllischen Sodoma. Nürnberg 1710. (Exemplar in meinem Besitz) (die drei Werke erschienen einzeln 1627 ff.). Vgl. auch die in der Meyfart-Bibliographie angeführten Disputationen über einzelne Stücke der Letzen Dinge, die in Coburg unter Meyfart als Praeses gehalten worden sind: Johann Matthäus Meyfart: Teutsche Rhetorica. Hrsg.v.Erich Trunz. Tübingen 1977. S.13* ff.

82. Johann Quistorp: Quatuor Novissima Oder Fünff vnd fünfftzig Predigten. Rostock 1629. (Exemplar HAB Wolfenbüttel).

83. Wolfgang Seber: Hortulus Biblicus, Oder Biblisch Lust-Gärtlein. Leipzig 1660. (Exemplar HAB Wolfenbüttel): Kap.XXIX-XXXIV. — Vgl. ferner u.a. Georg Albrecht: Tuba novissima. Nürnberg 1652 — Georg Albrecht: Vae nobis. Ulm 1660 — Michael Baumann: Meditationes de Aeternitate...Sechzehen Predigten von der Ewigkeit.

schiedlichen poetischen Formen behandelt, Harsdörffer[84] und Rist[85] in Liedern, Schottel ähnlich wie Angelus Silesius in langen Gedichten aus Reimstrophen, die er mit umfangreichen Anmerkungen ergänzt hat,[86] Johann Georg Albini in poetisch ausmalenden Alexandrinergedichten,[87] Johannes Plavius[88] und Adam

Ulm 1664 — Basilius Faber: Allerley Christliche / nötige vnd nützliche vnterrichtungen / von den letzten Hendeln der Welt. Eisleben 1565 — Henricus Schwartz: Christliche Todes-Betrachtung. Magdeburg 1671 — Henricus Schwartz: Eins von Beyden / Das ist Zwey unwider-ruffliche Endurtheil. Helmstedt 1678 — Michael Christian Tieroff: Evangelische Todtenbahn. Leipzig 1673 — Michael Christian Tieroff: Evangelisches Jüngstes Gericht. Frankfurt, Leipzig 1676 — Michael Christian Tieroff: Evangelischer Him̄els-Saal und Höllen-Qvaal. Frankfurt, Leipzig 1677 (alle Exemplare HAB Wolfenbüttel) — Christian Sigismund Wolf: Christianismus Salviani illustratus, Oder Erläutertes Christenthum. Hamburg 1678. (Film der Sammlung Jantz) S.601-696.

84. Georg Philipp Harsdörffer: Hertzbewegliche Sonntagsandachten. T.1. Nürnberg 1649. (Film der Sammlung Faber du Faur) S.15, 356, 360, 365.

85. U.a. in: Johann Rist: Himlischer Lieder...Das Vierdte Zehn. Lüneburg 1649. (Film der Sammlung Faber du Faur) — Neüer Himlischer Lieder Sonderbahres Buch. Lüneburg 1651 (abgedruckt in: Albert Fischer, W. Tümpel (Hrsg.): Das deutsche evangelische Kirchenlied des 17. Jahrhunderts. Bd.2. Gütersloh 1905. S.236 ff.).

86. Justus Georg Schottel: Sonderbare Vorstellung / Wie es mit Leib und Seel Des Menschen werde Kurtz vor dem Tode / In dem Tode / und nach dem Tode bewandt seyn. Braunschweig 1675. (Film der Sammlung Faber du Faur) — Eigentliche und Sonderbare Vorstellung Des Jüngsten Tages. ^{2}Braunschweig 1689. (Exemplar StuUB Göttingen) — Grausame Beschreibung und Vorstellung Der Hölle Und der Höllischen Qwal. Wolfenbüttel 1676. (Film der Sammlung Faber du Faur) — Sonderbare Vorstellung Von der Ewigen Seeligkeit. Braunschweig 1673. (Film der Sammlung Faber du Faur).

87. Johann Georg Albini: Jüngstes-Gerichte. Leipzig 1653 — Quaal der Verdammten. Leipzig 1653 — Freude Des Ewigen Lebens. Leipzig 1653. (Exemplare StuUB Göttingen).

88. Johannes Plavius: Sonnette. Danzig 1630 (abgedruckt in: Danziger Barockdichtung. Hrsg.v.Heinz Kindermann. Leipzig 1939. S.122-164): Nr.94-100.

Tülsner[89] in Sonetten wie Gryphius, Gottfried Feinler in Madrigalen.[90] Zwar gibt es in der Lehre vom Fegefeuer, die im protestantischen Bereich noch lange nach der Reformation immer wieder ausdrücklich und oft in heftiger Polemik bestritten wird, eine tiefgreifende Differenz zwischen katholischen und protestantischen Autoren. Aber sonst zeigt sich überall der breite gemeinsame Fundus, aus dem all diese vielen Werke über die vier Letzten Dinge schöpfen. Dabei mögen die einen — wie das ähnlich schon bei mittelalterlichen Werken zu beobachten ist — mehr auf die zentralen dogmatischen Fragen erörternd und begründend eingehen und dann zuweilen weniger Einzelheiten des Gerichts, der Höllenqualen oder der ewigen Seligkeit ausmalen, mögen die anderen die dogmatischen Begründungen mehr zurücktreten lassen und der erbaulichen Wirkung und einer ihr dienenden eindringlichen Darstellung anschaulicher Einzelzüge mehr Raum geben.[91] Allen aber — auch einer so besonders umfangreichen und gelehrten Dogmatik wie den *Loci* Johann Gerhards, der jedem Lehrstück ein Kapitel über dessen praktisch-erbaulichen usus anfügt — ist bei aller Verschiedenartigkeit der Formen und Verfahrensweisen zugleich mit dem Inhalt im ganzen und im einzelnen auch die Absicht gemeinsam,[92] die Zuhörer und Leser aufs nachdrücklichste auf das jeden Augenblick bevorstehende Lebens- und Weltende mit dem

89. Adam Tülsner: Hundert Geistliche Sonnete. Dresden 1644. (Mikrofiche Exemplar StuUB Göttingen): Nr.94-99.

90. Gottfried Feinler: Poetische Betrachtung Der IV. letzten Dinge / oder geistliche Madrigalen. Jena 1692. (Mikrofiche Exemplar StuUB Göttingen).

91. Vgl.schon Dionysius Cartusianus: De quatuor hominis novissimis. S.542: “Postremo, de finali judicio multa difficilia quaeri possent ac introduci, quae doctores super quartum Sententiarum movent ac tractant. Sed non est propositi mei in isto tractatulo talia scholastica atque subtilia determinare, sed simpliciter ac devotionaliter tantum procedere”.

92. So kann sich z.B. Meyfart auf J. Gerhard berufen: “WIe die letzten Dinge auf einander folgen / hat der vortreffliche Theologus Herr Johann Gerhard in dem achten Theil seiner Theologischen Articul genugsam ausgeführet / und wollen wir solche sehr kürtzlich widerholen” (Drey Nützliche Tractat. S.1174).

Gericht und seinen ewigen Folgen hinzuweisen und so zu rechtem christlichen Leben anzuleiten. Die oft als Motto dienende Stelle Sir. 7,40 "WAs du thust / so bedencke das ende / So wirstu nimer mehr vbels thun" (Vulgata Ecclesiasticus 7,40: In omnibus operibus tuis memorare novissima tua, & in aeternum non peccabis)[93] ist eine der am häufigsten in der Literatur über die vier letzten Dinge zitierten Bibelstellen. Welche Bedeutung die Lehre von den vier Letzten Dingen für die kirchliche Verkündigung und die Frömmigkeit noch des 16. und 17. Jahrhunderts hat, das wird auch da sichtbar, wo sie in knapper Form innerhalb größerer Zusammenhänge — etwa als Argumente der Mahnung zur Übung von Glauben und Buße bei Spee[94] oder Johann Arndt,[95] der Anleitung zu seligem Sterben bei Martin Moller[96] — in Erinnerung gerufen werden, wo einzelne ihrer Teilstücke knapper oder auch breit wie bei Philipp Nicolai[97] erörtert

93. Bibelzitate nach Luthers Übersetzung: Biblia. Das ist: Die gantze Heilige Schrifft. Stuttgart 1967 (Nachdr.d.Ausgabe Wittenberg 1545) bzw. nach: Biblia Sacra Vulgatae Editionis. Venedig 1737 (Exemplar in meinem Besitz).

94. Friedrich von Spee: Güldenes Tugend-Buch. Hrsg.v.Theo G.M. van Oorschot. München 1968. S.46; vgl. auch S.62, 209 ff.

95. Johann Arndt: Wahres Christenthum. [Sondershausen 1708]. (Exemplar in meinem Besitz) S.243 ff., 2.Buch, 8.Kapitel.

96. Martin Moller: Manuale de Praeparatione ad Mortem. o.O.1690. (Vorr. dat. 1563 [recte: 1593]) (Film der Sammlung Jantz) S.218 ff., Kap.9: Thut Bericht / wo die unsterblichen Seelen nach ihrem Abschiede hinkommen / und was ihr Zustand sey. Betrachtet auch die Auferstehung unserer Leiber / die Freude der ewigen Wonne / und Pein der ewigen Verdamnuß. — Vgl. ferner u.a. Johann Heinrich Alstedt: Theologia Prophetica. Hannover 1622. (Exemplar Stadtbibl.Ulm) S.329 ff. (Predigtdispositionen) — Jacob Böhme: Sämtliche Schriften. Faksimile-Neudruck der Ausgabe von 1730. Bd.2. De tribus principiis. Stuttgart 1960. S.473 ff., 27.Kap.: Vom jüngsten Gericht und Auferstehung der Todten, und ewigen Leben. — S. auch den Hinweis auf das "Tractätlin von den vier letzten Dingen des Menschen... sehr nützlich zu lesen" bei Grimmelshausen (Satyrischer Pilgram. Hrsg.v.Wolfgang Bender. Tübingen 1970. S.31).

97. Philipp Nicolai: Freudenspiegel des ewigen Lebens. Fascimile-Neudruck der Ur-Auflage von 1599. Soest 1963 — Vgl. ferner u.a. Aegidius Albertinus: Lucifers Königreich und Seelengejaidt. Hrsg.

oder poetisch dargelegt werden,[98] wo sie als eigene Stichworte auch in poetischen Florilegien nicht fehlen,[99] wo sie in die Bilderfindungen illustrierter Flugblätter einbezogen[100] oder wo sie als zyklische Motive in Graphik, Malerei oder Plastik aufgenommen werden.[101]

In allen möglichen Formen geistlicher Prosa, als Predigt oder innerhalb der systematischen Darstellung theologischer loci, in

v.Rochus von Liliencron. Berlin, Stuttgart o.J. (= DNL 26). S.362 ff. — Daniel Cramer: Speculum gloriae futurae. Frankfurt 1604. (Exemplar HAB Wolfenbüttel) — Ignatius von Loyola: Exercitia spiritualia. Hrsg.v.Joseph Calveras, Candidus de Dalmases. Rom 1969 — Andreas Musculus: Vom Himmel vnd der Hellen. Frankfurt a.d.O.1559. (Exemplar HAB Wolfenbüttel) — auch Thomas a Kempis: De imitatione Christi Libri Quatuor. Regensburg 1923.

98. Vgl. u.a. Daniel von Czepko: Geistliche Schriften. Hrsg.v.Werner Milch. Darmstadt 1963 (Nachdr.d.Ausgabe Breslau 1930). S.244, 276, 356 ff., 378 ff. — Gottfried Feinler: Poetisches Lust-Gärtgin. Zeitz 1677. (Mikrofiche Exemplar StuUB Göttingen) S.10 ff., 80 ff., 113 f. — Quirinus Kuhlmann: Der Kühlpsalter. Hrsg.v.Robert L. Beare. Tübingen 1971. Bd.1, S.158; Bd.2, S.126 ff. — Friedrich von Logau: Sämmtliche Sinngedichte. Hrsg.v.Gustav Eitner. Hildesheim, New York 1974 (Nachdr.d.Ausgabe Tübingen 1872). S.217, 271, 511, 540, 639, 668 — Bartholomäus Ringwaldt: Zustandt des Himmels / vnd der Hellen...In einem Geistlichen Geticht. Hamburg 1597. (Exemplar HAB Wolfenbüttel) — Diederich von dem Werder: Krieg vnd Sieg Christi Gesungen In 100.Sonnetten. Wittenberg 1631. (Mikrofiche Exemplar StuUB Göttingen) Nr.99 und 100.

99. Vgl. u.a. Michael Bergmann: Deutsches Aerarium Poeticum Oder Poetische Schatzkammer. Jena 1662. (Film der Sammlung Faber du Faur) S.75 ff., 213 ff. — Melchior Weinrich: Aerarium Poeticum. Hoc est, Phrases & nomina Poëtica. [6]Frankfurt 1664. (Exemplar Deutsches Institut der Universität Mainz) S.143 ff., 520 ff.

100. Vgl. Illustrierte Flugblätter des Barock. Eine Auswahl. Hrsg.v.Wolfgang Harms u.a. Tübingen 1983. Nr.1, 12, 13.

101. Vgl. dazu u.a. Lexikon der christlichen Ikonographie. Bd.4 (1972) Sp.460 f. — Reallexikon zur deutschen Kunstgeschichte. Bd.4 (1958) Sp.12 ff.; Bd.5 (1967) Sp.1456 ff. — Lutz Malke: Zur Ikonographie der "Vier letzten Dinge" vom ausgehenden Mittelalter bis zum Rokoko. In: Zeitschr.d.Dt.Vereins f.Kunstwissenschaft 30 (1976) S.44-66 — Ott: Die 'Vier letzten Dinge', S.22 ff.

Meditation, erbaulichem Traktat oder Gebet und in vielerlei poetischen Formen behandelt, sind die vier Letzten Dinge ein zentrales Thema der geistlichen Literatur über die Jahrhunderte hin, bis in viele Einzelheiten hinein von großer Konstanz und noch in der gesamten frühen Neuzeit[102] nicht nur ein Gegenstand gelehrter Dogmatik, sondern in Übereinstimmung mit ihr ein Herzstück der Frömmigkeitsgeschichte. Überblickt man die ganze, hier wenigstens angedeutete Fülle der Zeugnisse, so wird deutlich, daß die Lehre von den vier Letzten Dingen mit all ihren Einzelzügen bis ins späte 17. und frühe 18. Jahrhundert hinein von einer außerordentlichen Gegenwärtigkeit für jedermann gewesen sein, daß sie zum vertrautesten geistlichen Vorstellungsgut jedes Lesers und jedes Hörers gezählt haben muß. In diesem breiten Überlieferungsstrom stehen auch die vier eschatologischen Sonette des Andreas Gryphius, für dessen Kenntnis der Überlieferung, bedürfte es angesichts ihrer Präsenz und seiner Belesenheit überhaupt der Beweise, eigens angeführt werden könnte, daß er die Gedichtsammlung des Plavius gekannt, die eschatologischen Schriften Meyfarts offenkundig besonders geschätzt, mancherlei andere einschlägige Schriften zitiert hat und nach Ausweis des Versteigerungskatalogs der Bibliothek seines Sohnes Christian, der einen Teil auch von Büchern aus dem Besitz des Vaters enthalten zu haben scheint, besessen haben dürfte, daß er sich auch an vielen Stellen seiner Leichabdankungen mit wichtigen Einzelfragen der Eschatologie vertraut zeigt.[103] Im Zusammenhang mit jenem Überlieferungs-

102. Ob und wieweit das vielleicht seit dem späteren 16.Jahrhundert verstärkt zutrifft und wie dies dann frömmigkeits- und geistesgeschichtlich zu beurteilen wäre, das ließe sich zuverlässig nur nach noch umfassenderen bibliographischen Recherchen, als sie für diesen Aufsatz möglich waren, und nach deren eingehender Auswertung klären.

103. Nachweise zu Plavius und Meyfart bei Hans-Henrik Krummacher: Der junge Gryphius und die Tradition. Studien zu den Perikopensonetten und Passionsliedern. München 1976. S.171 u.307. In den "Dissertationes Funebres" (Leipzig 1666, Exemplar UB Greifswald) werden u.a. zitiert Augustins "De civitate Dei" (S.12; vgl. auch GA V,94), die Ps.Augustinischen "Meditationes" (S.135, 688), Bellarmins "De arte bene moriendi" (S.513), Gregors d.Gr. "Dialogi" (S.81), H.Hugos "Pia desideria" (S.298). Im "Catalogus Biliothecae Gryphia-

strom, von dem seine Sonette nur ein fast beliebiger Teil sind, muß man sie sehen, was sie daraus entnommen haben, muß man im einzelnen genau erfassen,[104] um zu verstehen, was sie von den Letzten Dingen sagen, wie sie es sagen und in welcher Absicht.

II.

"Mors certa, hora incerta" — der in dieser mannigfach abgewandelten und oft breit entfalteten antithetischen Formel enthaltene Hinweis auf die Gewißheit und Unberechenbarkeit des oft plötzlich eintretenden Todes, der Anlaß zu Mahnung und Besinnung gibt,

nae" (Breslau [1707], Exemplar Zentralbibl.d.dt.Klassik Weimar) u.a. Nr.81 (J. Heerbrand: Compendium Theologiae, 1582), 287 (J.Drexel: de aeternitate considerationes, 1625), 2110 (M. Rader, J. Niesius: IV.Novissima, 1635), ferner Nr.131, 155, 251 f., 264, 283, 284 mit zum weiteren Umkreis (u.a. ars moriendi) gehörenden Titeln. Zu den eschatologischen Stellen in den Leichabdankungen vgl. einzelne Nachweise weiter unten. Zur Eschatologie bei Gryphius wenig ergiebig Maria Fürstenwald: Andreas Gryphius. Dissertationes Funebres. Studien zur Didaktik der Leichabdankungen. Bonn 1967. S.64 ff. und Korn: Das Thema des Jüngsten Tages. S.78 ff.

104. Dazu macht die umfangreiche Dissertation von Günter Ott (Die 'Vier letzten Dinge' in der Lyrik des Andreas Gryphius), die während der Arbeit an diesem seit längeren Jahren vorbereiteten Aufsatz erschienen ist, einen ersten, aber nicht ausreichenden Schritt (vgl. auch meine in "Arbitrium" erscheinende Rezension). Sie weist nachdrücklich auf die Tradition hin, zu der Gryphius mit seinem Zyklus gehört, und erläutert den Inhalt der Sonette im einzelnen durch zahlreiche Belege aus einer Reihe von Quellen. Aber sie gibt keinen Überblick über die Geschichte der Eschatologie, und die Auswahl der Quellen bleibt begrenzt und zum Teil recht zufällig. So wird die Tradition nicht umfassend und nicht differenziert genug sichtbar, werden manche inhaltlichen Einzelheiten falsch gedeutet oder gar nicht erläutert. Auch geht die Arbeit kaum irgendwo über die Frage nach den theologischen Inhalten hinaus. Daher kann der hier vorgelegte Aufsatz zwar hie und da zur Ergänzung auf Quellenzitate bei Ott verweisen, doch auf eine Skizze der inhaltlichen Bezüge des Gryphius zur übrigen eschatologischen Literatur nicht verzichten. Dabei wird es übrigens angesichts der Verbreitung der Lehre von den letzten Dingen, trotz den in Anm.103 gegebenen Hinweisen,

fehlt in kaum einer Betrachtung der letzten Dinge.[105] Ihn variiert mit den beiden Halbversen "Mensch! deine Stūde schlegt! Zwar ehr alß du vermeynt!" auch das erste der eschatologischen Sonette des Gryphius gleich zu Beginn:

Der Todt.

WAs hilfft die gantze Welt / Mensch! deine Stūde schlegt!
Zwar ehr alß du vermeynt! doch wer muß nicht erbleichen?
Nun wird die schönheit rauch; nun muß die Tugend weichen/
  Nun ist dein Adel dunst/ die stärcke wird bewegt!
  Hier fällt auff eine Baar der Hutt und Krone trägt
Hier feilt die grosse kunst kein Tagus schützt die reichen.
Man siht kein Alter an / die gantz verstellte Leichen
  (O Freunde! gutte nacht!) wird in den staub gelegt
Du scheidest! gantz allein! von hier! wohin! so schnelle!
Diß ist deß Himmels bahn! die öffnet dir die helle!
  Nach dem der strenge Printz sein ernstes Vrtheil hegt.

nicht darauf ankommen, vor allem nachweislich von Gryphius gekannte Quellen heranzuziehen oder überhaupt seine mutmaßlichen Quellen auszumachen, sondern plausible Parallelstellen anzuführen, wofür, in Anbetracht der großen Konstanz der Überlieferung und der geringen konfessionellen Unterschiede, auch jüngere Belege und nebeneinander Belege von Autoren der verschiedenen Konfessionen zitiert werden.

105. Vgl. u.a. Migne: PL 83, Sp.736 f. (Isidor: Sententiarum lib.III, cap.62); 158, Sp.692 (Anselm: Carmen de contemptu mundi); 182, Sp.843 (Bernhard: Sermo de conversione ad Clericos, VIII,16); 217, Sp.713 (Innozenz III.: De contemptu mundi, I, cap.XXIV. De vicinitate mortis) — Bonaventura: Soliloquium. S.158 (de mortis inevitabili necessitate: "...Isidorus: 'Quid in rebus humanis certius morte, quid hora mortis incertius?...'") — Vinzenz von Beauvais: Speculum morale. Sp.705 ("Nihil enim morte certius, nihil incertius hora mortis") — Gerhard von Vliederhoven: Quatuor Nouissima. Bl.AA^{2r} f. ("aduentus eius hora nobis est occulta & incerta. ipsa tamen est certissima et veniens venit cito et non tardabit") — Bellarmin: Conciones. S.416 ("tum maxime mortem advenire solere, cum minus homines de eo cogitant"); Kurtzer Innhalt. S.324 — Dilherr: Tod / Gericht und Hölle. S.27 (mit vielen Bibelzitaten) — Döler: De Vita aeterna. Bl.B^{4r} ("mors certa, hora incerta") — Feinler: Poetische Betrachtung. S.31 — Gesenius: Tractatus. S.17 — Henichius: Compendium. S.373 — Morus: Die Vier letzten Dinge. S.159 — Quistorp: Quatuor Novissima. S.29, 38, 53.

Nichts bringst du auf die welt / nichts kanst du mit bekom̄en:
Der einig' Augenblick hat / was man hat / genommen.
Doch zeucht dein werck dir nach / Mensch! deine Stunde schlegt.
(GA I,90 Son.II,46).

Den Hinweis auf Gewißheit und Unberechenbarkeit des Todes verbindet Gryphius mit einem zweiten, ähnlich verbreiteten und in der Tradition eschatologischer Literatur oft mit jenem eng verknüpften Motiv, der Allgemeinheit und Unentrinnbarkeit des Todes, gegen den nichts hilft und der niemanden, keinen Stand, kein Alter, weder Reiche und Mächtige noch Arme verschont. Bei Bonaventura, der Isidor zitiert, lautet es: "Quid in rebus humanis certius morte, quid hora mortis incertius? Non miseretur inopiae, non reveretur potentiam, non respicit morum aut generis excellentiam, non parcit iuventuti vel aetati..." (*Soliloquium*. S.158), bei Gerhard von Vliederhoven: "Nobilium tenet imperium nullumque veretur. Tam ducibus quam principibus communis habetur. Mors iuuenes rapit atque senes nulli miseretur" (*Quatuor Nouissima*. Bl.AA^{2v}), bei Dionysius Cartusianus: "...vide, disce, considera, quod decor, honor et gloria mundi, fortitudo, agilitas corporis, nobilitas generis, principatus, imperium, opulentia, eloquentia, ingenium, longiturnitas temporum, acquisita scientia...nulli prosint ad salutem..." (*De quatuor hominis novissimis*. S.511).[106] In großer Nähe zu solchen Texten nennt Gryphius[107] Schönheit, Tugend, Adel, Stärke, Wissen

106. Vgl.u.a. auch Migne: PL 158, Sp.701 (Anselm: Carmen de contemptu mundi) — Bellarmin: Kurtzer Innhalt. S.324 — Feinler: Poetische Betrachtung. S.15 ff. — Gesenius: Tractatus. S.26 — Hollatz: Examen theologicum. P.III/2, S.373 — Hunnius: Epitome. S.575 — Meyfart: Tuba. S.96 — Quistorp: Quatuor Novissima. S.6, 27 — A. Silesius: Sinnliche Beschreibung. S.223 f.

107. Vgl. auch verwandte Stellen in seinem übrigen Werk, u.a. GA I,85, Son.II,37 (Grabschrifft eines Hochberühmbten Mannes) — GA II,9, Od.I,4 (Prosopopoeia Viri Literati è Tumulo); 201, Epigr.II (Grabschrifft / die er ihm selbst in tödtlicher Leibes Schwachheit auffgesetzet) — Dissertationes Funebres. S.528, 638 (Zitat aus Od.I,4) — Menschlichen Lebenß Traum. S.14 (Hrsg.v.Gerhard Hay. In: Jahrbuch der Deutschen Schillergesellschaft 15 (1971) S.1-23).

("kunst")[108] und Reichtum (bezeichnet durch den goldreichen Tagus/Tajo) als Beispiele für menschliche Eigenschaften und irdische Güter, die gegen den Tod nichts vermögen,[109] die Träger von "Hutt vnd Krone" und alle Altersstufen (v.7a) als Beispiele für die Allgemeinheit des Todes, wie sie auch Thema der mit dem ersten Teilstück der Novissima verwandten Literatur der Totentänze ist.[110] Anklingen läßt Gryphius dabei in v.7b-8 das Geschehen des Sterbens und des Begrabenwerdens, von dem viele Schriften über die Novissima eingehender handeln, und hier und im Vers über die Träger von "Hutt vnd Kron" den Verfall des Körpers, der Folge des Todes ist und die im Leben unterschiedenen Menschen ununterscheidbar macht, wie man das auch bei Bellarmin lesen kann:[111]

> Animo igitur e corpore...egresso, jacet ibi non amplius corpus humanum, sed vilissimum atque abjectissimum cadaver, sine vita, sine sensu, sine viribus, et tam foedum ac horribile, ut vix ejus aspectus tolerari possit, denique tale est corpus equi aut canis, quod in campis mortuum jacet, et omnes qui transeunt, nares occludunt...Tale...remanet corpus humanum, etiamsi pontificis aut imperatoris cadaver sit (*Conciones.* S.421)

108. So dürfte — entgegen den tastenden Überlegungen von Ott (S.132) — das Wort hier angesichts seiner älteren Bedeutungen und der in Anm. 107 genannten Parallelstellen zu verstehen sein.

109. Darum, nicht allgemein nur um die "Nichtigkeit irdischer Güter" (Ott.S.130 ff.), geht es hier.

110. Vgl. dazu vor allem Hellmut Rosenfeld: Der mittelalterliche Totentanz. Entstehung — Entwicklung — Bedeutung. ^{2}Köln, Graz 1968. — Angesichts einzelner oben und im folgenden gegebener Zitate aus Werken über die Novissima ist allerdings fraglich, ob man wie Ott (S.129) geradezu von "Anleihen beim 'Totentanz'" sprechen kann. Offen ist durch jene Zitate auch, ob v.5b (der Hutt vnd Krone trägt) Kaiser und Bauer, wie Ott (S.129) meint, bezeichnet oder nicht eher Repräsentanten geistlicher und weltlicher Macht, wie sie die Totentänze anzuführen pflegen; vgl. auch das bei Ott (S.65 f.) stehende Zitat aus Albertinus ("Wo seind anjetzo die Zepter der Könige / die Hüt der Cardinäln...") und das Zitat aus einem Totentanz bei A. Freybe: Das Memento mori in deutscher Sitte, bildlicher Darstellung und Volksglauben, deutscher Sprache, Dichtung und Seelsorge. Walluf 1972 (Nachdr.d.Ausgabe Gotha 1909). S.124.

111. Vgl. auch bei Gryphius: Dissertationes Funebres. S.406, 629 f. — Menschlichen Lebenß Traum, S.14 — GA III,56 (Der Weicher-Stein).

oder bei Quistorp, der Augustin zitiert:

> Gehe in das Beinhauß / besehe die vber einen hauffen geworffene TodtenBeine / vnd sehe zu / ob du kanst den Reichen vnd Armen / den Schwachen vnd Stärcken / den Schönen vnnd Heßlichen von einander vnterschieden (*Quatuor Novissima.* S.28).

Gewißheit, Unberechenbarkeit, Allgemeinheit, Unentrinnbarkeit des Todes sind Inhalt der beiden Quartette des Sonetts. Die Terzette wenden sich dem zu, was im Augenblick des Todes dem einzelnen Menschen geschieht: es ist das besondere Gericht, auch erstes oder Vorgericht genannt, in welchem nach früh entwickelter und weit verbreiteter kirchlicher Meinung[112] über die Seele jedes einzelnen Menschen, während der Leib noch der Auferstehung harrt, bereits geurteilt und Seligkeit oder Verdamnis zuerteilt wird, die dann das Jüngste Gericht endgültig und öffentlich nach der leiblichen Auferstehung aller bestätigt und abschließend vollzieht. Die protestantische Dogmatik nach Luther hat, obgleich es bei Luther anders lautende Äußerungen gibt,[113] die Vorstellung vom besonderen Gericht wie die ältere kirchliche Tradition vertreten und wiederholt die dem entgegenstehende Vorstellung vom Schlaf der Seelen bis zum Jüngsten Gericht ausdrücklich abgelehnt,[114] und Gryphius schließt sich in seinem Sonett keineswegs einer nur altkirchlichen oder spezifisch katholischen Lehre an,[115] sondern befindet sich

112. Vgl. dazu Eger: Die Eschatologie Augustins. S.30 — Adam: Lehrbuch der Dogmengeschichte. Bd.2, S.165.

113. Vgl. dazu oben Anm.58.

114. Zur Lehre vom besonderen Gericht u.a. Baier: Compendium. Bd.2, S.234 — J. Gerhard: Loci. Bd.17, Cap.VIII, Sectio III — Heerbrand: Compendium. S.524 f. — Hollatz: Examen theologicum. P.III/2, S.377 ff. — Hunnius: Epitome. S.583; zur Ablehnung des Seelenschlafs vgl. u.a. die in Walthers Ausgabe von Baiers "Compendium" (Bd.2, S.234 ff.) angeführten Zitate — Hunnius: Epitome. S.594; s. auch Francisci: Brennende Lampen. S.910 — Schottel: Sonderbare Vorstellung / Wie es mit Leib und Seel Des Menschen werde...bewandt seyn. S.84 ff.; vgl. im übrigen Anm.58 und Kunz: Protestantische Eschatologie. S.38, 49 ff.

115. Das ist nachdrücklich gegen Ott zu betonen, der, obgleich er gelegentlich richtig die Übereinstimmungen katholischer und protestantischer Eschatologie andeutet (S.119, 171, 218), aus zu geringer Quellenkenntnis, insbesondere im Bereich protestantischer Dogmatik

ebenso in Übereinstimmung mit der protestantischen Dogmatik, in deren Sinn er sich in seinen Leichabdankungen mit dieser theologischen Kontroverse auch eingehender und wie die Dogmatik mit einschlägigen Bibelstellen und Väterzitaten argumentierend auseinandergesetzt hat.[116] Zur Lehre vom besonderen Gericht gehört, daß es anders als das allgemeine Gericht den einzelnen Menschen, der, wie Bellarmin formuliert, "in illam aeternitatem...ipse tunc solus et nudus ingredi debebit" (*Conciones*. S.418), "gantz allein" (v.9a) im Augenblick seines persönlichen Todes trifft, daß es "so schnelle" (v.9b), daß es "alsobald" (Hunnius), "statim" (Baier)[117]

und Erbauungsliteratur, nicht nur sich seltsam unsicher zeigt, ob Gryphius eigentlich vom besonderen Gericht spreche (S.142 f., 172), sondern mehrfach eine Nähe zu "der katholischen Auffassung" zu sehen meint (S.119, 143, 153) oder durch eigene Formulierungen nahelegt (S.172), wo Gryphius doch nur langer und auch im Protestantismus fortgeltender Tradition folgt, während Ott ihn andererseits gelegentlich auf undifferenzierte Weise zu einem der "getreuesten Gefolgsmänner" Luthers macht und dabei in Gegensatz zur lutherischen Orthodoxie stellt (u.a.S.18, 170), obgleich es genug Hinweise darauf gibt, daß Gryphius, wie gar nicht anders zu erwarten, treuer Lutheraner gerade im Sinne der lutherischen Orthodoxie seines Jahrhunderts ist und unter ihrem Vorzeichen die eschatologische Tradition rezipiert (vgl. zu Otts unsicheren Einschätzungen auch unten Anm.126).

116. Dissertationes Funebres. S.478 ff. An zahlreichen Stellen (u.a.S.96, 117, 122, 139, 178, 191 f., 207, 303, 315, 423, 425, 693) bezeugt er außerdem die Vorstellung vom besonderen Gericht und dessen Folgen, wenn er — wie auch in vielen seiner Epicedien — vor allem immer wieder hervorhebt, daß die Seele des Verstorbenen schon bei Gott sei und die Seligkeit genieße, während der Leib in der Erde bis zum Jüngsten Gericht ruht.

117. Hunnius: Epitome. S.594 — Baier: Compendium. Bd.2, S.234; ferner u.a. Migne: PL 77, Sp.356 f. (Gregor d.Gr.: Dialogi IV,25); 172, Sp.1157 (Honorius Augustodunensis: Elucidarium) — Bischoff: Vom Ewigen Leben. S.582 f. — Francisci: Brennende Lampen. S.878, 902 f. — Gerhard: Loci. Bd.17, Cap.VIII, Sectio III — Meyfart: Tuba. S.37 f. — Pallu: Von denen Letzten Dingen. S.214 — Quistorp: Quatuor Novissima. S.138 — Schottel: Sonderbare Vorstellung / Wie es mit Leib und Seel Des Menschen werde...bewandt seyn. Bl.)(^{5v},)(^{7v}, S.82 — Thomas von Aquin: Summa. Bd.35, S.11. — Den Zusammenhang des "so schnelle" bei Gryphius mit dem besonderen Gericht übersieht Ott

eintritt und vollzogen wird. Immer wieder wird betont, daß es mit diesem Augenblick des Todes und des besonderen Gerichts um die Entscheidung zwischen Himmel und Hölle, über Seligkeit oder Verdammnis des einzelnen Menschen geht. Was Gryphius mit dem antithetischen Vers "Diß ist deß Himmels bahn! die öffnet dir die helle!" (v.10) sagt, das lautet in vergleichbarer Schärfe bei Johann Gerhard "Quales in aeternum futuri simus, beati an miseri, una mortis hora decernitur; in uno hoc momento aeterna felicitas aut possidetur, aut amittitur" (*Meditationes Sacrae.* S.318) oder bei Quistorp "Der Gottlosen / wenn sie sterben / jhre Seelen fahren alsbald in die Hellen. Der Gottsfürchtigen Seelen / wenn sie durch ein seliges Sterbstündlein abgesondert seyn / kommen in den Himmel" (*Quatuor Novissima.* S.138).[118] Richter im besonderen wie im allgemeinen letzten Gericht ist, wie überall gesagt wird, Christus.[119] Ihn nennt Gryphius im nächsten Vers in dieser Funktion

(S.139), wenn er die Formulierung nur auf den Vorgang des Sterbens bezieht.

118. Vgl. auch u.a. Baier: Compendium. Bd.2, S.234 — Drexel: Himmel. S.765 — Feinler: Poetische Betrachtung. S.28 f. — Gerhard: Loci. Bd. 17, Cap.VIII, Sectio III — Hutter: Compendium. S.130 f. — Moller: Manuale. S.218 ff. — Seber: Hortulus Biblicus. S.528 — Gryphius: Dissertationes Funebres. S.366, 446; Menschlichen Lebenß Traum. S.15.

119. Vgl. u.a. Bellarmin: Opera. Bd.8. Frankfurt a.M. 1965 (Nachdr. d. Ausgabe Paris 1873). S.593 (De arte bene moriendi) — Dionysius Cartusianus: De quatuor hominis novissimis. S.525 — Drexel: Richter Stuel Christi. S.157 — Francisci: Brennende Lampen. S.883 — Meyfart: Tuba. S.99 — Schottel: Vorstellung Des Jüngsten Tages. S.127 (...weil heilige und gelahrte Leute dieser Meinung seyn / die auch dem Göttlichen Worte nicht ungemäß / daß...jeder Mensch in der Stunde / wan er stirbet / und auch an dem Orte / wo er stirbet / vor Christi Richter-Stuel gestellet / was er gethan oder unterlassen ihm vorgehalten / und das Vorurtheil über ihn ausgesprochen werde: Und dieses ist das Gericht / welches genennet wird Judicium particulare & arcanum; in welchem Gerichte die vom Leibe abgeschiedene Seele alsbald erfähret / ob sie werde ewig verdamt / oder ewig seelig seyn: Und muß auch so fort die Seele hinwandern an einen/ von Gott bestimten Ort / daselbsten zu verbleiben biß auf den Jüngsten Tag...) — Gryphius: Menschlichen Lebenß Traum. S.15 (...das wier das Kleidt vnserer Seelen den sterblichen leib ablegen, vnd vor dessen strengen Richters Antlitz tretten werden...).

mit der Wendung "der strenge Printz",[120] einer der wenigen metaphorischen Stellen seiner eschatologischen Sonette. Mit Sätzen wie "...da der Todt uns alles dessen beraubet / was man hier auf dieser Welt gehabt..." (*Heilsames Gedenck an mich*. S.79 f.), "nudus venisti, abibis nudus" (*Meditationes Sacrae*. S.316), "...es bleibet doch alles hie / vnd kan man nichts davon mit sich nehmen...Wir haben nichts wie Paulus sagt / in die Welt bracht / darumb offenbahr ist / wir werden auch nichts hinauß bringen" (*Quatuor Novissima*. S.103) kennzeichnen Autoren wie Bamberg, Johann Gerhard oder Quistorp ganz so wie Gryphius in v.12 und 13 unter Anspielung auf Bibelstellen wie Hiob 1,21 und 1.Tim. 6,7 ein weiteres Merkmal von Tod und besonderem Gericht.[121] Und wenn schließlich Gryphius dem den Hinweis auf das "werck" entgegenstellt, das anders als aller vergängliche irdische Besitz bleibt und im Gericht von Bedeutung ist, dann gerät er damit nicht etwa in eine besondere Nähe zu spezifisch katholischen Auffassungen und in einen Gegensatz zu lutherischer Lehre. Denn es geht in ihr, wo sie vom Gericht spricht, nicht um die in der Reformationszeit umstrittenen guten Werke als Mittel zur Erlangung der Seligkeit, sondern als Zeichen des Glaubens oder Unglaubens ist alles Tun und

120. Es ist eine aus mangelnder Quellenkenntnis erwachsende befremdliche Spekulation, wenn Ott (S.142 f., 145) in einem auch im einzelnen seltsamen Argumentationsgang meint, damit sei der Erzengel Michael bezeichnet. Dem widersprechen die in Anm.119 genannten Belege ebenso wie die Parallelstellen bei Gryphius selbst, an denen eindeutig Christus als Richter über den einzelnen Menschen im besonderen Gericht gemeint ist oder auch als Weltenrichter im Jüngsten Gericht ebenso benannt wird: GA I,36, Son.I,12; 40, Son.I,16; 162, SuF I,64; sonstige Stellen, an denen Christus Prinz oder Fürst genannt wird: GA I,96, SN 3; 145, SuF I,25; 151, SuF I,41; 158, SuF I,56; 176, SuF II,24; GA II,144, Od.IV,18. An der Stelle hingegen (GA I,10, Li 10: der Engel-Printz den Teuffel triumphirt), auf die sich Ott (S.321, Anm.67) beruft, ist vom Erzengel Michael nur in seiner Funktion als Bekämpfer des Teufels und des höllischen Drachens nach Jud.9 und Off.12,7 die Rede.

121. Vgl. u.a. auch Bellarmin: Conciones. S.418 — Feinler: Poetische Betrachtung. S.27 — Seber: Hortulus Biblicus. S.524 f. — Stanyhurst: Geistliche Neu-Geburt. S.68 f. — Gryphius: Dissertationes Funebres. S.353.

Denken des Menschen Gegenstand des besonderen wie dann auch des letzten, allgemeinen Gerichts. Das bezeugt Johann Gerhard etwa: "ostenditur, iudicium esse ferendum de omnibus factis, verbis & cogitatis" (*Loci.* Bd.19, S.331) oder Hollatz: "Judicabuntur in hominibus tùm fides & infidelitas, tùm effecta fidei & infidelitatis, scilicet opera bona & mala, interna & externa" (*Examen theologicum.* P.III/2, S.407).[122] Und daran erinnert Gryphius in seinem mahnenden, mit dem Anklang an Off.14,13 (das sie rugen von jrer erbeit / Denn jre werck folgen jnen nach) aber doch auch tröstlichen Schlußvers.

An vielen Stellen des zweiten Sonetts über die vier letzten Dinge ist gar nicht leicht zu sagen oder eigentlich überhaupt nicht zu entscheiden, ob Gryphius eher nur eschatologische Bibelstellen zitiert und variiert, ob er eher mit Rücksicht auf die eschatologische Tradition, die ihrerseits ganz von diesen Stellen geprägt ist und ihm natürlich ebenso vertraut gewesen sein muß, formuliert. Denn was dieses Sonett enthält, speist sich in hohem Maße aus oft fast im Wortlaut wiedergegebenen biblischen Aussagen. Immer wieder ist ihre Verwendung aber auch von dem besonderen Gebrauch bestimmt, den auch sonst die Überlieferung eschatologischer Literatur von ihnen macht:

Das Letzte Gerichte.

AVff Todten! auff! die welt verkracht in letztem brande!
Der Sternen Heer vergeht! der Mond ist dunckel-rott /
Die Sonn' ohn allen schein! Auff / Ihr die grab vnd kott
Auff! jhr die Erd vnd See vnd Hellen hilt zu pfande!
Ihr die jhr lebt komm't an: der HERR / der vor in schande
Sich richten ließ / erscheint / vor Ihm laufft flam̄' vnd noth
Bey Ihm steht Majestätt / nach jhm / folgt blitz vnd todt /
Vmb jhn / mehr Cherubim als Sand an Pontus strande.
Wie lieblich spricht Er an / die seine Recht' erkohren.

122. Vgl. auch u.a. Chytraeus: Christlicher...vnterricht...Von Vnsterbligkeit der Seelen. Bl.O^{3v} — Francisci: Margarita Theologica. S.428 f. — Hafenreffer: Loci. S.705 f. — Quistorp: Quatuor Novissima. S.64 — Seber: Hortulus Biblicus. S.528 — Kunz: Protestantische Eschatologie. S.61 — s.auch Gryphius: Menschlichen Lebenß Traum. S.15. — Angesichts solcher Belege erübrigen sich die mühsamen Spekulationen, mit welchen Ott (S.126, 147-153) die Stelle zu erklären versucht.

Wie schrecklich donnert Er / auff diese die verlohren
Vnwiderrufflich wortt / kommt Freunde! Feinde fliht'
Der Himmel schleußt sich auff! O GOtt! welch frölich scheiden!
Die Erden reist entzwey. Welch weh / welch schrecklich leidē.
Weh / weh dem / der verdamm't: wol dem der IESVM siht.

(GA I,90, Son.II,47).

Der Ruf zu Auferstehung und Gericht, mit dem der erste Vers beginnt, ist das Kernstück einer auf Hieronymus zurückgeführten Formulierung:

> Quoties diem illum considero, toto corpore contremisco. Sive enim comedo, sive bibo, sive aliud aliquid facio, semper videtur mihi tuba terribilis sonare in auribus meis: Surgite, mortui, venite ad judicium,[123]

die an Bibelstellen von der Posaune des Gerichts und von der Auferstehung der Toten kombinierend anknüpft und immer wieder, oft unter Berufung auf Hiernoymus, bei der Behandlung des Jüngsten Gerichts als eindringlicher Mahnruf begegnet.[124] Die weiteren Teile der beiden Quartette des Sonetts beruhen vor allem auf Bibelstellen wie 2.Petr.3,10 "ES wird aber des HErrn tag komen...In welchem di Himel zergehen / mit grossem krachen / Die Element aber werden fur Hitze schmelzen / Vnd die Erde vnd die werck die drinnen sind / werden verbrennen" (v.1b),[125] Matth.24,29

123. So — unter Nennung des Hieronymus — Dionysius Cartusianus: De quatuor hominis novissimis. S.516 — vgl. Migne: PL 30, Sp. 417 (Hieronymi opera supposititia: Regula Monarchum).

124. Vgl. u.a. Alstedt: Theologia scholastica. S.839 — Bamberg: Heilsames Gedenck an mich. S.121 — Bonaventura: Soliloquium. S.166 — Gesenius: Tractatus. S.84 — Hugo: Pia desideria. S.128 — Meyfart: Drey Nützliche Tractat. S.261 (Der alte und bekannte Hieronymus hat sich die Freyheit genommen und des Engels Worte [Off.10,1-6] abgefasset / als ob er sagen werde: Stehet auf ihr Todten / und kommet vor Gericht); Tuba. S.72 f., 111 — Quistorp: Quatuor Novissima. S.155, 232 — Schottel: Vorstellung Des Jüngsten Tages. Bl.c^{2r}, S.87, 89.

125. Gryphius scheint sich in einer in der Überlieferung umstrittenen Frage für die Annahme eines dem Gericht schon vorausgehenden oder es begleitenden Feuers zu entscheiden; so auch u.a. Bonaventura: Soliloquium. S.164 — Dionysius Cartusianus: De quatuor hominis

(vgl. Mark.13,24.25; Luk.21,25) "BAld aber nach dem trübsal der selbigen zeit / werden Sonn vnd Mond den schein verlieren / vnd die Sterne werden vom Himel fallen / vnd die kreffte der Himel werden sich bewegen" (v.2-3a),[126] Joh.5,28.29 "es kompt die stunde / in welcher alle die in den Grebern sind / werden seine Stimme hören / Vnd werden erfür gehen" und Off. 20,13 "Vnd das Meer gab die Todten die darinnen waren / vnd der Tod vnd die Helle gaben die Todten die darinnen waren / vnd sie wurden gerichtet / ein jeglicher nach seinen wercken" (v.3b-4),[127] Matth. 24,30 "des menschen Son in den wolcken des Himels / mit grosser Krafft vnd Herrligkeit", Matth. 25,31 "WEnn aber des menschen Son komen wird / in seiner Herrligkeit / vnd alle heilige Engel mit jm", Joel 2,3 "Vor jm her gehet ein verzehrend Fewr / vnd nach jm ein brennende flamme",

novissimis. S.540 — Hafenreffer: Loci. S.693 — Thomas von Aquin: Summa. Bd.35, S.195 — Vinzenz von Beauvais: Speculum morale. Sp.769. Der Brand als Mittel der consummatio mundi erst nach dem Gericht u.a. bei Augustin: De civitate Dei. Leipzig 1877. Bd.2, S.295 (Lib.XX,16) — Hollatz: Examen theologicum. P.III/2, S.413.

126. Daß Gryphius nur diese Zeichen für den Eintritt des Jüngsten Tages, nicht aber die vielfältigen sonstigen Vorzeichen nennt, von denen oft in der eschatologischen Literatur die Rede ist, kann nicht, wie Ott (S.182) vermutet, aus besonders "treuer Luthergefolgschaft" hergeleitet oder als Merkmal von Veränderungen im Barock angesehen, sondern nur aus der von der Sonettform nahegelegten auswählenden Konzentration erklärt werden. Denn eine größere Anzahl solcher Vorzeichen findet man bei Lutheranern des 17. Jahrhunderts, so bei Baier: Compendium. Bd.2, S.251 f. — Hunnius: Epitome. S.616 ff. — Meyfart: Drey Nützliche Tractat. S.52 ff. — Quistorp: Quatuor Novissima. S.185 ff. Vgl. im übrigen zu den Zeichen nach Matth.24,29 u.a. Gesenius: Tractatus. S.66 ff. — Meyfart: Drey Nützliche Tractat. S.124 ff. — Quistorp: Quatuor Novissima. S.163 f. — Schottel: Vorstellung Des Jüngsten Tages. S.30 ff. — Gryphius: GA I,135, SuF I,2.

127. Vgl. zu entsprechenden Darstellungen der Auferstehung und zur Berufung auf Off.20,13 u.a. Hunnius: Epitome. S.598 — Meyfart: Drey Nützliche Tractat. S.648; Tuba. S.74 — Schottel: Vorstellung Des Jüngsten Tages. S.94, 101, 103 — A. Silesius: Sinnliche Beschreibung. S.231. In den nicht sehr klaren Ausführungen von Ott (S.171 ff.) werden weder der Zusammenhang mit jenen Bibelstellen noch die Entsprechungen in anderen Quellen genügend bedacht.

Ps. 50,3 "Fressend Fewr gehet fur jm her / Vnd vmb jn her ein gros Wetter", Jes. 66,15.16 "der HERR wird komen mit Fewr / vnd seine Wagen / wie ein Wetter / Das er vergelte im grim seines zorns / vnd sein schelten in fewrflammen. Denn der HERR wird durchs fewr richten", Dan. 7,10 "von dem selbigen gieng aus ein langer fewriger stral. Tausent mal tausent dieneten jm / vnd zehen hundert mal tausent stunden fur jm", Off. 5,11 "VND ich sahe / vnd höret eine stimme vieler Engel vmb den stuel...vnd jr zal war viel tausent mal tausent" (v.5b-8).[128] Das sind all jene Bibelstellen, aus denen sich auch in vielen anderen Texten die Darstellung der Zeichen des Gerichts, der Auferstehung der Toten und des Erscheinens Christi als des Richters ableitet. Eingeschlossen in die Verse über die Auferstehung ist bei Gryphius der notwendige Hinweis auf die beim Beginn des Gerichts noch Lebenden (v.5a), wobei er aber die im Anschluß an 1.Kor.15,51.52 und 1.Thess.4,16.17 "Vnd die Todten in Christo werden aufferstehen zu erst. Darnach wir / die wir leben vnd vberbleiben / werden zu gleich mit denselbigen hin gerückt werden in den wolcken / dem HErrn entgegen" viel behandelte Frage, ob diese noch Lebenden im Augenblick des Gerichts zunächst noch sterben müssen oder nur verwandelt werden,[129] nicht eigens erörtert, und es fehlt auch nicht (v.5b/6a) die Jüngstes

128. Vgl. entsprechende Darstellungen des Erscheinens Christi zum Gericht u.a. bei Gerhard von Vliederhoven: Quatuor Nouissima. Bl. CC^{1r} — Alstedt: Theologia scholastica. S.839 (Christus è coelo summa cum gloria & maiestate) — Bamberg: Heilsames Gedenck an mich. S.120 f., 190 — Dilherr: Tod / Gericht und Hölle. S.68 ff. — Feinler: Poetische Betrachtung. S.46 ff. — Gesenius: Tractatus. S.99 ff. — Hafenreffer: Loci. S.693 — Hunnius: Epitome. S.614 — Quistorp: Quatuor Novissima. S.222 ff. — Schottel: Vorstellung Des Jüngsten Tages. S.69 ff. — Stanyhurst: Geistliche Neu-Geburt. S.203 ff. Auch hierzu bei Ott (S.183) nur unzureichende Quellenbelege und unvollständige Bibelstellennachweise. Das gilt ebenso für die Behandlung der in den nächsten beiden Anmerkungen belegten Aspekte bei Ott (S.172, 183 f.).

129. Vgl. dazu u.a. Baier: Compendium. Bd.2, S.245 — Francisci: Margarita Theologica. S.413 f. — Gesenius: Tractatus. S.67 ff., 108 — Hafenreffer: Loci. S.693 — Heerbrand: Compendium. S.548 — Hutter: Compendium. S.130, 133 — Meyfart: Drey Nützliche Tractat. S.267 ff., 667 ff. — Schottel: Vorstellung Des Jüngsten Tages. S.114 ff.

Gericht und Passion Christi verknüpfende, vor allem auf Joh.5,22.27 zurückgehende Hervorhebung des paradoxen Verhältnisses zwischen der Erniedrigung des leidenden und der Majestät des als Weltenrichter erscheinenden Christus, die bei Gesenius lautet "Die Ehre hat Er dafür / daß ER sich vnrechtmessiger Weise allhie hat verurtheilen vnd verdammen lassen" (*Tractatus*. S.76) oder bei Quistorp "Erstlich / weil die ander Persohn der Gottheit sich hat vmb der Menschen willen vom hohen Himmel hernieder gelassen / vnd sich in seiner angenommenen Menschlichen Natur / auffs euserste erniedriget / so hat sie auch wider durch diese Gerichtsgewalt sollen erhöhet / vnd vor allen Creaturen geehret werden" (*Quatuor Novissima*. S.210).[130]

Der zweite Teil des Sonetts ist durchgehend bestimmt von den für die Darstellung des Jüngsten Gerichts in der eschatologischen Literatur zentralen Stellen Matth. 25,32-34.41.46:[131] "Vnd er wird sie von einander scheiden / gleich als ein Hirte die Schafe von den Böcken scheidet / vnd wird die Schafe zu seiner Rechten stellen / vnd die Böcke zur Lincken. Da wird denn der König sagen zu denen zu seiner Rechten / Kompt her jr gesegneten meines Vaters / ererbet das Reich / das euch bereitet ist von anbegin der welt...DEnn wird er auch sagen zu denen zur Lincken / Gehet hin von mir / jr Verfluchten / in das ewige Fewr / das bereitet ist dem Teufel vnd seinen Engeln...Vnd sie werden in die ewige Pein gehen / Aber die Gerechten in das ewige Leben". Was von Gryphius in enger Anlehnung daran in wenigen antithetischen Versen über das von Christus gesprochene Urteil und dessen offenkundig sofortige Vollstreckung gesagt wird, ist zugleich in mehreren charakteristischen Einzelheiten von der Art geprägt, mit welcher in der

130. Vgl. auch u.a. Augustin: De civitate Dei. Bd.2, S.323 — Migne: PL 36, Sp.408 (Augustin: Enarratio in Ps.XXXVII), 568 (in Ps.XLIX) — Alstedt: Theologia scholastica. S.841 — Baier: Compendium. Bd.2, S.259 — Gerhard: Loci. Bd.19, S.170 f.; Meditationes Sacrae. S.333 — Hollatz: Examen theologicum. P.III/2, S.403 f. — Meyfart: Drey Nützliche Tractat. S.236 — Schottel: Vorstellung Des Jüngsten Tages. S.69 f., 73 f. — Seber: Hortulus Biblicus. S.555 f. — Stanyhurst: Geistliche Neu-Geburt. S.215 — Thomas von Aquin: Summa. Bd.36, S.53, 66, 72.

131. Vgl. auch GA I,161, SuF I,61; 162, SuF I,64 (kombiniert mit Off. 20,13).

eschatologischen Tradition im Blick auf Matth.25 die Bedeutung des Gerichts herausgearbeitet wird. Auch in ihr wird wie bei Gryphius in v.9/10 und 14 der Gegensatz hervorgehoben, daß das Urteil und seine Vollstreckung "lieblich" für die Erwählten und "schrecklich" für die Bösen sind, bei Gesenius: "So erfrewlich aber vnd liebreich die Ansprache des HERRN an die Gläubigen seyn wird / so schrecklich vnd vber alle masse trawrig wirds seyn / vnd wehe thuen / wenn der HERR die Vngläubigen nu im Zorn anreden / vnd das Vrtheil vber sie sprechen wird" (*Tractatus.* S.120), bei Schottel: "WOl / o wol dem /welcher ist mit den auserwehlten Schaaren...Weh / o weh dem / welcher ist nun mit der verdamten Schaaren" (*Vorstellung Des Jüngsten Tages.* S.259).[132] Die Unwiderruflichkeit (v.11) und sofortige Vollstreckung des Urteils faßt Hafenreffer in die Worte: "hoc Iudicium...sine longiori circuitu, vnico Actu finietur, breuißima, sed irreuocabili lata sententiâ, quae confestim, sine vllis exceptionibus, aut appellationibus dabitur exequutioni" (*Loci.* S.701).[133] Wie Gryphius (v.11b) geben auch andere Autoren das "Kompt her" und "Gehet hin" von Matth.25,34 und 41 in antithetischer Konzentration wieder, um so das alles entscheidende Gericht in seiner Endgültigkeit zu betonen, so im *Examen theologicum* von Hollatz: "Christus sententiam decretoriam promulgabit compellando primum electos: Venite; deinde reprobos: ite" (P.III/2, S.409).[134] Und der Ausführung des

132. Vgl. auch (z.T. mit Bezug auf das Jüngste Gericht insgesamt): Bamberg: Heilsames Gedenck an mich. S.17 — Bellarmin: Conciones. S.431 — Bonaventura: Soliloquium. S.166 — Gerhard von Vliederhoven: Quatuor Nouissima. Bl.DD^{2r} — Hollatz: Examen theologicum. P.III/2, S.405 — Hugo: Pia desideria. S.128 — Meyfart: Drey Nützliche Tractat. S.169 — Quistorp: Quatuor Novissima. S.245, 256 — Stanyhurst: Geistliche Neu-Geburt. S.243, 246 — Gryphius: Dissertationes Funebres. S.644, 646 f.

133. Vgl. u.a. auch Dionysius Cartusianus: De quatuor hominis novissimis. S.519 f. — Meyfart: Drey Nützliche Tractat. S.386 ff. — Stanyhurst: Geistliche Neu-Geburt. S.264 f.

134. Vgl. u.a. (z.T. in enger Verbindung mit dem Gegensatz von Lieblichkeit und Schrecklichkeit des Urteils): Bonaventura: Soliloquium. S.166 (O quid potest lamentabilius et terribilius cogitari quam: Ite? Quid delectabilius exprimi quam: Venite? Duae voces, quarum una nihil horribilius, et altera nihil iucundius poterit audiri) — Hafenreffer: Loci. S.705 — Hugo: Pia desideria. S.128 — Hutter: Compendium. S.136.

Urteils schließlich widmet Meyfart je ein Kapitel "Wie mit einem unmäßlichen Klag-Geschrey die Gottlosen von dem Thron Christi JEsu hinwegtraben / den Auserwehlten zuruffen / und sich miteinander jämmerlicher Weise zerfluchen" und "Wie die Auserwehlten mit herrlichen Triumph in die volle Seeligkeit geführet / und dargegen die gesammte Schaar der Gottlosen und Teufel von den Engeln in die volle Verdamnuß gejaget und gestürtzet werden" (*Drey Nützliche Tractat*. S.402 ff., 410 ff.). Und auch in anderen Werken wird wie bei Gryphius über die knappe Aussage von Matth.25,46 hinaus die Vollstreckung als ein Vorgang voll Jammer und Freude, mit weit sich öffnendem Himmel und sich zur Hölle hin auftuender Erde vorgestellt.[135]

Das dritte der Sonette des Gryphius über die vier Letzten Dinge, das so oft seiner metrischen und sprachlichen Form wegen als Ausdruck persönlicher Erregung oder als Beweis nur besonderer, ja auch fast fragwürdiger Kunstfertigkeit betrachtet worden ist, ist nicht weniger als die vorangehenden vom eschatologischen Traditionsgut erfüllt:

Die Hölle.

Ach! vnd weh!
MOrd! Zetter! Jammer! Angst! Creutz! Marter! Würme! Plagen.
Pech! Folter! Hencker! Flam̄! stanck! Geister! kälte! Zagen!
Ach vergeh!
Tieff' vnd Höh'!
Meer! Hügel! Berge! Felß! wer kan die Pein ertragen?
Schluck abgrund! ach schluck' eyn! die nichts denn ewig klagen.
Je vnd Eh!
Schreckliche Geister der tunckelen hölen / Ihr die jhr martert vnd Marter erduldet
Kan denn der ewigen Ewigkeit Fewer / nimmermehr büssen dis was jhr verschuldet?
O grausamm' Angst / stets sterben sonder sterben /
Diß ist die Flamme der grimmigen Rache / die der erhitzete Zorn angeblasen:

135. Vgl. ferner u.a.: Alstedt: Theologia scholastica. S.840 — Hafenreffer: Loci. S.706 — Heerbrand: Compendium. S.561 — Hutter: Compendium. S.136 — Schottel: Vorstellung Des Jüngsten Tages. S.220, 238 — A. Silesius: Sinnliche Beschreibung. S.246 — Stanyhurst: Geistliche Neu-Geburt. S.279 ff.

Hier ist der Fluch der vnendlichen Straffe; hier ist das jmmerdar wachsende rasen:
O Mensch! Verdirb / vmb hier nicht zuverderben.

(GA I,91, Son.II,48).

Was die am meisten die Aufmerksamkeit auf sich ziehenden Verse 2 und 3 in strikt asyndetischer Reihung von sechzehn auf die beiden Alexandriner in gleicher Weise verteilten ein- und zweisilbigen Substantiven nennen, das ist nichts anderes als die Vielfalt der auf die Verdammten wartenden Qualen der Hölle, die in der christlichen Eschatologie schon früh in Anknüpfung an vielerlei Bibelstellen ausgebildet worden ist, um die Furchtbarkeit der ewigen Verdammnis zu erfassen, und die man überall als Kernstück der Lehre von der Hölle und ihrer Betrachtung antrifft. Gryphius folgt ihr nicht nur mit seinem fast vollständigen Katalog,[136] sondern auch mit dessen Form. Denn man kann auch an anderen Texten beobachten, daß die Bemühung um eindringliche Vorstellung der Höllenqualen zu deren auf knappstem Raum zusammengedrängter Aufzählung führt, in den so verbreiteten *Meditationes Sacrae* Johann Gerhards etwa: "Erit ibi calor ignis, & rigor frigoris, erunt ibi perpetuae tenebrae; erit ibi fumus & perpetuae lacrymae; erit ibi aspectus terrificus Daemonum; erit clamor in perpetuum; erit ibi ariditas, sitis, foetor sulphuris, vermis conscientiae, timor, dolor, pudor & confusio peccatorum omnibus manifestorum, invidia, odium, tristitia, divinae visionis carentia, omnis spei ablatio" (S.358 f.) oder in Versen schon bei Petrus Damianus:

Rediviva septem plagae
Renovant supplicia,
Fumus, fetor, algor, ardor,
Fames, sitis ignea,
Vermes nunquam satiantur,
Qui corrodunt viscera.

Illic dolor, cruciatus,
Fletus, stridor dentium...[137]

136. Ergänzt wird er durch einige weitere Einzelheiten in v.6b, 7b, 9, 10a, 11a. Nicht genannt werden bei Gryphius hingegen u.a. Hunger und Durst.

137. Migne: PL 145, Sp.980. Ähnliche Aufzählungen u.a. auch Migne:

Zum Bild der Hölle gehört der Jammer und das Klagegeschrei der Verdammten. In die Formel "Ach! vnd weh!", mit der Gryphius sein Sonett eröffnet, fassen es auch andere Autoren wie Seuse: "Ach jamer und not...unser oren [mugen] nicht anders hören denne ach und we" (*Büchlein der Ewigen Weisheit*. S.238), Gesenius: "ewiger Jammer / Ach / vnd Wehe / vnd höllisches Zettergeschrey" (*Tractatus*. S.432) oder Schottel: "Ach und Weh Reuquelend-voll / wütendgleiches Seufftzersausen" (*Vorstellung Des Jüngsten Tages*. S.217 ff.).[138] In den Versen 6 und 7 des Sonetts fällt bei aufmerksamer Lektüre ein Anklang auf an Luk.23,30 "Denn werden sie anfahen zu sagen zu den Bergen / Fallet vber vns / vnd zu den

PL 40, Sp.1064 (Augustini Opera. Appendix: De salutaribus documentis), Sp.1280 (Ad fratres in Eremo); 76, Sp.1290 (Gregor d.Gr.: Homiliae II, 38); 183, Sp.664 (Bernhard: Sermones de diversis, Sermo XLII); 184, Sp.492 f. (Ps. Bernhard: Meditationes, Cap.III) — Bonaventura: Soliloquium. S.168 — Vinzenz von Beauvais: Speculum morale. Sp.811 — Arndt: Wahres Christenthum. S.244 — Bamberg: Heilsames Gedenck an mich. S.283 f. — Bischoff: Vom Ewigen Leben. Bl.Rr[8r] f. — Schottel: Vorstellung Des Jüngsten Tages. S.211 ff. Zu den Qualen der Hölle — s. auch die Zitate bei Ott (S.199 ff.) — vgl. ferner u.a. Migne: PL 172, Sp.1159 ff. (Honorius Augustodunensis: Elucidarium); 217, Sp.738 (Innozenz III.: De contemptu mundi) — Augustin: De civitate Dei. Bd.2, S.324 ff. — Thomas von Aquin: Summa. Bd.36, S.284 ff. — Dionysius Cartusianus: De quatuor hominis novissimis. S.548 ff. — Gerhard von Vliederhoven: Quatuor Nouissima. Bl.EE[5r] ff. — Seuse: Horologium. S.454 ff. — Alstedt: Theologia scholastica. S.855 f. — Baier: Compendium. Bd.2, S.206 ff. — Bellarmin: Conciones. S.433 ff. — Feinler: Poetische Betrachtung. S.59 ff. — Gerhard: Loci. Bd.20, S.253 ff. — Gesenius: Tractatus. S.441 ff. — Hafenreffer: Loci. S. 708 ff. — Heerbrand: Compendium. S.566 ff. — Hunnius: Epitome. S.626 ff. — Hutter: Compendium. S.137 — Ludovicus Granatensis: De Oratione et Meditatione. S.220 ff. — Meyfart: Drey Nützliche Tractat. S.985 ff., 1095 f., 1219 ff.; Tuba. S.104 ff. — Plavius: Sonnette. Nr.100 — Quistorp: Quatuor Novissima. S.268 ff. — Seber: Hortulus Biblicus. S.576 ff. — A. Silesius: Sinnliche Beschreibung. S.249 ff. — Stanyhurst: Geistliche Neu-Geburt. S.295 ff.

138. So oder ähnlich u.a. bei Bischoff: Vom Ewigen Leben. S.590 (nach Seuse), Bl.Rr[8r] — Meyfart: Drey Nützliche Tractat. S.1218, 1246 (nach Seuse) — Stanyhurst: Geistliche Neu-Geburt. S.368.

Hügeln / decket vns" (vgl.Hos. 10,8) und an Off.6,15.16 "Vnd die Könige auff Erden / vnd die Obersten / vnd die Reichen / vnd die Heubtleute / vnd die Gewaltigen / vnd alle Knechte vnd alle Freien / verborgen sich in den Klüfften vnd Felsen an den Bergen / vnd sprachen zu den bergen vnd felsen / Fallet auff vns / vnd verberget vns fur dem Angesichte des / der auff dem stuel sitzt / vnd fur dem zorn des Lambs / Denn es ist komen der grosse tag seines zorns / vnd wer kan bestehen?". Diese Anspielung auf zwei Bibelstellen und damit auch erst eigentlich der Sinn der Verse 5-7 wird für einen heutigen Leser deutlicher, wenn man andere Texte zu Rate zieht.[139] Teils verwenden sie jene Bibelstellen gemäß dem Zusammenhang von Off.6, um damit den Schrecken der Sünder beim Nahen des Gerichts und über das Urteil des Weltenrichters Christus zu beschreiben,[140] teils aber auch, um ähnlich wie bei Gryphius — und zuweilen auch wie bei ihm in engster Verbindung mit der Formel "Ach! vnd weh" — den Jammer und das ungeheure Leiden der Verdammten zu kennzeichnen, das der Vielfalt und Schrecklichkeit der Qualen entspricht und sie — vergeblich — wünschen läßt, vernichtet zu werden, um diesen Qualen zu entgehen. So steht es, später wiederholt nachgeahmt, bei Seuse: "Owe und owe, ir berg und tal, wes beitent ir, wes haltent ir so lange uf, wes vertragent ir uns? War umb besturzent ir uns nit vor dem jemerlichen anblicke" (*Büchlein der Ewigen Weisheit.* S.238 f.; *Horologium.* S.459), so, ergänzt um Off.16,20, bei Johann Gerhard:

> Clamabunt dānati, & dicent montibus ac petris; Cadite super nos, & abscondite nos ab ira Agni. sed clamor iste erit frustaneus, quia coelum & terra fugient ab ira ejus: sicut scriptum est; Fugit omnis insula, & montes nō sunt inventi (*Meditationes Sacrae.* S.363 f.)

139. Wegen mangelnder Beachtung der Bibelstellen und der Quellen bietet Ott (S.201 f.), der in v.6 u.a. "pathetische, rhetorische oder paränetische Floskeln, die mehr Mitleid oder Zorn, Schrecken oder Drohung, jedenfalls eine affektive Teilnahme des Betrachters, d.h. des Dichters, anzeigen sollen", sieht, zu der ganzen Stelle nur Unrichtiges oder Unzulängliches.

140. So Gerhard von Vliederhoven: Quatuor Nouissima. Bl.DD^{6r} — Meyfart: Tuba. S.23 — Schottel: Vorstellung Des Jüngsten Tages. S.51 — A. Silesius: Sinnliche Beschreibung. S.233 — Stanyhurst: Geistliche Neu-Geburt. S.276.

oder, verknüpft mit Off.9,6, bei Quistorp:

> Welches der Wurmb das böse Gewissen bey den Verdampten wircken wird / ist ein stetigs wündschen des Todes... Sie werden ruffen vnd schreyen: O jhr Berge fallet auff vns / vnd jhr Hügel bedecket vns. Sie werden den Todt / suchen / vnd nicht finden. Werden begehren zu sterben / vnd der Todt / wird von jhnen fliehen (*Quatuor Novissima.* S.299 f.).[141]

Nachdem die beiden Quartette die Vielfalt der Höllenstrafen, das dadurch bedingte Wehgeschrei der Verdammten und ihren Wunsch nach Vernichtung dargelegt haben, verbinden die beiden Terzette vier weitere Motive aus der Betrachtung der Hölle in der eschatologischen Literatur. Anknüpfend an schon im zweiten Quartett gegebene Hinweise durchzieht die Terzette in mehrfacher Variation, die ihr entsprechendes Gewicht verleiht, die Feststellung der Ewigkeit der Höllenstrafen. Sie ist — auch in der Abwehr des als häretisch geltenden Gedankens der Apokatastasis, der späten Wiederherstellung auch der Verdammten zur Seligkeit — von großem dogmatischen Gewicht. Augustin hat ihr ganze Kapitel des 21. Buches von *De civitate Dei* gewidmet, und wie von Bischoff: "Das ewige Fewer wird ein vnaußleschlich Fewer genent / nicht darumb allein / das es vor sich nimmermehr verleschen wird / sondern auch / das es die / so es entpfahen wird / nimmermehr vertilgen noch vmbbringen wird" (*Vom Ewigen Leben.* S.556), Quistorp: "der Verdampten Pein vnnd Qual weret jmmer für vnd für / sie brennen jmmer vnd können nimmer verbrennen: Sie sterben jmmer vnd mögen doch nicht sterben: Sie liegen in dem Hellischen Kercker gefangen / vnd mögen nimmer herausser kommen: Sie müssen mitten vnter den Teuffeln ewig liegen / vnd sich von jhnen peinigen vnd martern lassen" (*Quatuor Novissima.* S.312) oder von Johann Gerhard: "Poena inferni non solū est aeterna. sed etiam ne per momentum quidem interrupta...Quando torquere cessabunt Diaboli torqueri cessabunt damnati; sed nunquam cessabit furor Diaboli; nunquam ergo cessabit cruciatus hominis dāmnati...O aeternitas interminabilis! ô aeternitas nullis

141. Vgl. auch u.a. Bischoff: Vom Ewigen Leben. S.590 (nach Seuse) — Hunnius: Epitome. S.593 — Meyfart: Drey Nützliche Tractat. S.1180, 1246 (nach Seuse).

temporum spaciis mensurabilis! ô aeternitas nullo intellectu humano perceptibilis! quantum auges damnatorum supplicia" (*Meditationes Sacrae*. S.365 f., 368, 370 f.), so wird in vielen anderen Texten die unermeßliche Ewigkeit der Höllenstrafen dem Leser in vielerlei Abwandlungen nachdrücklich eingeprägt.[142] Ein auffälliges Merkmal ist dabei der häufige Gebrauch einer Formel, mit der in paradoxer Zuspitzung diese unentrinnbare Ewigkeit erfaßt wird; sie lautet in einer auf Ps. Augustin und Gregor zurückweisenden Form bei Johann Gerhard: "Mors erit ibi sine morte, erit finis sine fine, defectus sine defectu" (*Meditationes Sacrae*. S.371) oder bei Meyfart "O Sterben ohne Sterben! O alle Stund sterben / und doch nimmermehr sterben" (*Drey Nützliche Tractat*. S.1246), in einer anderen, von den Ps.Bernhardinischen *Meditationes* herkommenden Fassung bei Arndt: "dort werden die Verdammten also sterben/ daß sie doch allezeit leben: und also leben / daß sie doch allezeit und ewig sterben" (*Wahres Christenthum*. S.244).[143] Auch

142. Vgl. auch u.a. Dionysius Cartusianus: De quatuor hominis novissimis. S.544 ff. — Gerhard von Vliederhoven: Quatuor Nouissima. Bl.FF[3v] ff. — Thomas von Aquin: Summa. Bd.36, S.333 ff. — Vinzenz von Beauvais: Speculum morale. Sp.822 ff. — Baier: Compendium. Bd.2, S.206 — Bamberg: Heilsames Gedenck an mich. S.293 — Bellarmin: Kurtzer Innhalt. S.326 — Feinler: Poetische Betrachtung. S.71 — Gesenius: Tractatus. S.488 ff. — Hafenreffer: Loci. S.710 — Heerbrand: Compendium. S.573 — Henichius: Compendium. S.404 — Hutter: Compendium. S.137 f. — Meyfart: Drey Nützliche Tractat. S.1268 ff.; Tuba. S.117 f. — Seber: Hortulus Biblicus. S.578 f. — A. Silesius: Sinnliche Beschreibung. S.265 — Stanyhurst: Geistliche Neu-Geburt. S.365 ff.

143. Vgl. ferner (z.T. in enger Verbindung mit anderen, oben schon behandelten Motiven) u.a. Migne: PL 40, Sp.821 (Augustini Opera. Appendix: Liber de spiritu et anima); 75, Sp.915 (Gregor d.Gr.: Moralia IX,66); 145, Sp.745 (Petrus Damianus: Institutio monialis; nach Ps. Augustin); 184, Sp.492 (Ps.Bernhard: Meditationes. Cap.III) — Bonaventura: Soliloquium. S.170 (nach Ps. Bernhard) — Gerhard von Vliederhoven: Quatuor Nouissima. Bl.FF[3r] — Seuse: Büchlein der Ewigen Weisheit. S.238; Horologium. S.458 — Arndt: Wahres Christenthum. S.244 (nach Ps. Bernhard) — Bischoff: Vom Ewigen Leben. S.589, Bl.Rr[8v] f. (Nach Ps. Bernhard) — Gesenius: Tractatus. S.494 (nach Ps. Augustin), 495 (nach Ps. Bernhard) — Henichius:

diese Formel fehlt bei Gryphius (v.11) nicht. In den beiden folgenden Versen wird die Ewigkeit der Strafen bekräftigt, indem sie auf den Zorn Gottes zurückgeführt wird, welcher, wie eine vergleichbare Stelle bei Johann Gerhard verdeutlicht, unveränderlich ist wie das aus Gottes Gerechtigkeit hervorgehende Urteil über die unbußfertigen Sünder:

> Quando cessabit Dei ira, cessabit etiam damnatorum poena; sed aeterna est ira; aeterna igitur & poena. Quando poenitentiam veram agent damnati, à peccatis suis potuerunt liberari; sed praeclusum tempus poenitentiae; nulla ergo spes restat indulgentiae...Quando mutabitur Dei justitia, mutabūtur etiam damnatorum supplicia; sed invariabilis Dei justitia; aeterna igitur erunt damnatorum supplicia. Ad districti judicis sententiam pertinet, ut nunquam careant supplicio, qui in hac vita nunquam carere voluerunt peccato (*Meditationes Sacrae.* S.367 f.).[144]

Den mahnend das Sonett abschließenden Gedanken endlich, daß es besser sei, auf Erden zu leiden, um der ewigen Pein zu entgehen, verknüpft Gesenius ausdrücklich mit der Gestalt der Märtyrer als Exempla solcher Haltung: "Das bedachten die Martyrer / vnd lidten deßwegen gern die schreckliche Marter an jhrem Leibe / vnd auch gar den Tod selbst / auff daß sie nicht durfften die ewige Hellenangst vnd Quaal außstehen..." (*Tractatus.* S.512), variiert Johann Gerhard in gleicher mahnender Form: "O devota anima, semper tibi obversetur poena damnatorū aeterna: Gehennae meminisse, prohibet in gehennam incidere" (*Meditationes Sacrae.* S.374).[145]

Compendium. S.404 (nach Gregor bzw. Ps. Augustin) — Quistorp: Quatuor Novissima. S.300, 312 — Stanyhurst: Geistliche Neu-Geburt. S.374 (zit. Gregor).

144. Zum Zorn Gottes und der Gerechtigkeit der von ihm verhängten ewigen Strafen vgl. u.a. auch Augustin: De civitate Dei. Bd.2, S.342 ff. — Migne: PL 77, Sp.404 (Gregor d.Gr.: Dialogi IV,44); 217, Sp.746 (Innozenz III.: De contemptu mundi) — Bonaventura: Soliloqium. S.172 — Thomas von Aquin: Summa. Bd.36, S.333 ff. — Bischoff: Vom Ewigen Leben. S.657.

145. Ähnliche Wendungen (z.T. auch als mortificatio irdischer Wünsche und Sünden) ferner u.a. bei Migne: PL 217, Sp.714 (Innozenz III.: De contemptu mundi) — Gerhard von Vliederhoven: Quatuor Nouissima. Bl.DD5v, FF4v — Meyfart: Drey Nützliche Tractat. S.618, 1228 — A. Silesius: Sinnliche Beschreibung. S.228.

In seinem letzten Sonett über die vier Letzten Dinge bietet Gryphius zwar nicht wie im Höllen-Sonett einen auf zwei Verse asyndetisch zusammengedrängten Katalog, doch enthalten auch hier die Quartette auf verhältnismäßig knappem Raum vielerlei wesentliche Aussagen über das, was die ewige Seligkeit charakterisiert:

Ewige Frewde der Außerwehlten.

O! wo bin ich! O was seh' ich! wach ich! treumt mir? wie wird mir
 IESV! welcher wollust Meer / überschwemmt mein frölich Hertz /
 Welt Ade! glück zu mein trost! gutte Nacht todt angst vnd schmertz /
Ich find alles. alles lern ich! alles schaw' ich HERR in dir
Ich zuschmeltz in lautter wonne! IESu: IESu. meine zier!
 O wie herrlich ists hier seyn! Erde deine Frewd ist schertz!
 IESu! ewig-gläntzend Licht' (tunckel ist der Soñen kertz!)
Ach! wie funckeln deine Scharen! Sternen fliht! hier schimmern wir.
Ihr die jhr glutt vñ Schwerd verlacht! ob schon ewr Leib wurd staub vnd aschen /
Ihr die jhr ewer reines kleid habt in dem Blutt deß Lambs gewaschen /
 Rufft Halleluja! Halleluja! frewd vnd leben!
Dir dreymal einig Ewigkeit; die alles in allen allmächtig regiret:
Sey vnaußsprechlich Lob vnd ruhm / vnd Ehre die dir nur alleine gebühret.
 Dir / die sich ewig / (Halleluja!) vns wil geben.

(GA I,91 f., Son.II,49).

Zur Beschreibung der eigentlich unvorstellbaren und unsagbaren Seligkeit des ewigen Lebens gibt es seit alters eine an vielerlei Bibelstellen anknüpfende, oft diffizil ausgearbeitete Lehre von teils systematisch unterschiedenen,[146] teils miteinander identifizierten beatitudines und dotes, welche den Seligen, ihren Seelen und verklärten Leibern verliehen werden. In dem auf Anselm zurückgehenden *Liber de Beatitudine coelestis patriae* werden sie benannt als pulchritudo, velocitas, fortitudo, libertas, impassibilitas, voluptas, vitae aeternitas, sapientia, amicitia, concordia, potestas, honor, securitas, gaudium (Migne: PL 159, Sp.589 ff.). In den Ps. Bernhardinischen *Meditationes* zählt das Kapitel "De praemio patriae coelestis" erst in Prosa, dann in knappen Merkversen auf:

146. Vgl. etwa Thomas von Aquin: Summa. Bd.36, S.188 ff.

Praemium est videre Deum, vivere cum Deo, vivere de Deo, esse cum Deo, esse in Deo, qui erit omnia in omnibus; habere Deum, qui est summum bonum. Et ubi est summum bonum, ibi est summa felicitas, summa jucunditas, vera libertas, perfecta claritas, aeterna securitas, et secura aeternitas; ibi est vera laetitia, plena scientia, omnis pulchritudo, et omnis beatitudo.

Est ibi pax, pietas, bonitas, lux, virtus, honestas,
Gaudia, laetitiae, dulcedo, vita perennis.
Gloria, laus, requies, amor, et concordia dulcis

(Migne: PL 184, Sp.492).

Vinzenz von Beauvais unterscheidet und identifiziert miteinander je drei dotes animae: visio Dei, fruitio seu delectatio, secura tentio und sieben partes beatitudinis ad animam pertinentes: sapientia, amicitia, concordia, honor, potentia, securitas, gaudium, vier dotes corporis: claritas, impassibilitas, subtilitas, agilitas und sieben partes beatitudinis corporis: pulchritudo, agilitas, fortitudo, libertas, sanitas, voluptas, longaevitas (*Speculum morale*. Sp.844 ff.). Auch die protestantische Dogmatik und Erbauungsliteratur tragen diese aus der mittelalterlichen Kirche ererbten Vorstellungen weiter. Johann Gerhard erörtert in seinen *Loci* als Güter des ewigen Lebens: Dei visio, ineffabilis beatorum laetitia, Dei glorificatio, perfecta Dei cognitio, voluntatis perfecta sanctitas, als Gaben der verklärten Körper: spiritualitas, immortalitas, incorruptibilitas, impassibilitas, claritas, firmitas ac sanitas, formositas, agilitas, subtilitas, illocalitas, invisibilitas, impalpabilitas, ferner suavissima consociatio und pulcherrima habitatio (Bd.20, S.382 ff.). Meyfart handelt in seinem *Himmlischen Jerusalem* in eigenen Kapiteln unter anderem von der "Wissenschafft", von der "Herrlichkeit und Gerechtigkeit der auserwehlten Seele", von der "Vereinigung GOttes" mit ihr, der "seeligen Anschauung GOttes", dem "Gespräch" und der "Freude", weiterhin von der "Schönheit", der "Subtilität", der "Unverletzlichkeit und Unsterblichkeit", der "Klarheit", der "Macht und Kraft", der "Fertigkeit oder Behendigkeit" und von den "herrlichen und reinen Wollüsten" der "Leiber der Auserwehlten" (*Drey Nützliche Tractat*. S.576 ff., 698 ff.).[147] Gryphius führt zwar nicht alle in der Überlieferung unter-

147. Vgl. ferner (z.T. mit anderer Gliederung und anderer Anzahl) u.a. Migne: PL 172, Sp.1168 ff. (Honorius Augustodunensis: Elucidarium);

schiedenen beatitudines und dotes an,[148] aber er benennt mit Wörtern und Sätzen wie "wollust Meer", "frölich Hertz" (v.2), "lern ich", "schaw' ich" (v.4), "wonne" (v.5), "ewig" (v.7, vgl. auch v.12 und 14), "wie funckeln deine Scharen" (v.8) viele dieser Vorstellungen, um wie die eschatologische Überlieferung mit ihnen die Herrlichkeit der ewigen Seligkeit zu umschreiben. Und er tut es vielfach mit charakteristischen Wendungen, zu denen es in anderen Texten auffällige Entsprechungen gibt, wenn etwa Gesenius das Übermaß himmlischer Freude in einen Satz faßt wie diesen: "FRewde / Lust vnd Ergetzung wird auch die Fülle vnd gantz vberflüssig seyn in dem ewigen Leben" (*Tractatus.* S.241);[149] wenn Bischoff die umfassende sapientia der Seligen betont: "vnser wissen ist hie stück vnd flickwerck / dort aber wirds alles perfect, gantz vnd vollkommen sein / also / das wir Gott erkennen werden / wie wir von jm erkandt sind" (*Vom Ewigen Leben.* S.132) oder Quistorp mit den Worten: "DIe erste Göttliche Wolthat vnd Herrligkeit / die die Seelen der Gleubigen in jenem Leben zu gewarten haben / ist eine vollenkommene Engelische Weißheit vnd Erkentniß Gottes / der Göttlichen Geheimnüßen / vnd aller Creaturē" (*Quatuor Novis-*

183, Sp.664 f. (Bernhard: Sermones de diversis, XLII) — Bonaventura: Soliloqium. S.200 ff. — Dionysius Cartusianus: De quatuor hominis novissimis. S. 573 ff. — Gerhard von Vliederhoven: Quatuor Nouissima. Bl.HH^{1r} ff. — Alstedt: Theologia scholastica. S.843 ff. — Baier: Compendium. Bd.2, S.191 ff. — Bellarmin: Conciones. S.446 — Bischoff: Vom Ewigen Leben. S.78 ff., 136 ff. — Döler: De Vita aeterna. Bl.A^{4v} f. — Feinler: Poetische Betrachtung. S.80 ff. — Gesenius: Tractatus. S.153 ff. — Heerbrand: Compendium. S.583 — Ludovicus Granatensis: De Oratione et Meditatione. S.226 ff. — Martin von Cochem: Die Vier letzten Dinge. S.462 ff. — Plavius: Sonnette. Nr.99 — Quistorp: Quatuor Novissima. S.418 ff. — Stanyhurst: Geistliche Neu-Geburt. S. 423 ff.

148. Es erscheint fragwürdig, wenn Ott, der ansonsten hier manche nützlichen Detailhinweise und Zitate bietet, einige der nicht erwähnten Gaben, die an sich Gryphius natürlich geläufig sind und an anderer Stelle auch in anderer Auswahl genannt werden (GA II,89 f., Od.III,10), trotzdem im Text, und sei es auch mittelbar, mit enthalten sehen will (u.a. S.241, 247).

149. Vgl. z.B. auch Baier: Compendium. Bd.2, S.189 — Meyfart: Tuba. S.80.

sima. S.392);[150] wenn die visio Dei ausgemalt wird wie bei Bischoff: "Aber im künfftigen Leben wird ein andere vnd gantz newe weise sein / nemlich die / das wir in das auffgedeckte Angesicht der allerheiligsten Dreyfaltigkeit sehen werden / vnd von solchem anschawen werden wir haben eine vollkommene erkentnis Gottes / sampt vollkommener Gerechtigkeit / Weißheit vnd Heiligkeit / die in vns leuchten wird / also / das wir Gott aus allen krefften werden lieben können / vnd vns in jhm ewiglich frewen...Dort aber werden wir Gott gegenwertig / aus einem klaren hellen liecht / deß Glantz vns hie zu ertragen vnmüglich / ansehen vnd anschawen" (*Vom Ewigen Leben.* S.129, 131);[151] oder wenn immer wieder wie in den Versen 7 und 8 die claritas im Blick auf Dan.12,3 oder Matth.13,43 in Beziehung zum Glanz der Sonne oder der Sterne gesetzt wird, so bei Quistorp: "Diese schönheit vnser Leiber / wird insonderheit bestehen / in einem Glantz vnnd Klarheit: Es werden sie funckeln vnd leuchten / nicht nur wie Silber / Gold / Edelgesteine / sondern wie Sterne am Himmel / ja wie die helle Sonne" (*Quatuor Novissima.* S.423 f.).[152] Wie Gryphius, der in v.3b (gutte Nacht todt angst vnd schmertz) auf Eigenschaften der Seligen wie impassibilitas, securitas, sanitas, longaevitas (Vinzenz von Beauvais) anspielt, verknüpfen auch Bamberg: "All unser Elend / Jammer und Noth ist nur ein einiger Tropffen Wermuth/ aber darauff folgen volle Ströme himmlischer Wohllust" (*Heilsames Gedenck an mich.* S.321 f.) oder Quistorp damit das Aufhören alles irdischen Leidens: "Werden wir auch in dem künfftigem FrewdenLeben frey seyn /

150. Vgl. auch u.a. Gesenius: Tractatus. S.190 — Heerbrand: Compendium. S.583 — Meyfart: Drey Nützliche Tractat. S.576 ff.; Tuba. S.54, 81.

151. Vgl. auch u.a. Dionysius Cartusianus: De quatuor hominis novissimis. S.572 f. — Heerbrand: Compendium. S.583 — Hollatz: Examen theologicum. P.I, S.668 — Hunnius: Epitome, S.622 — Meyfart: Tuba. S.71 — Quistorp: Quatuor Novissima. S.375 ff.

152. Vgl. ferner u.a. Baier: Compendium. Bd.2, S.195 — Bamberg: Heilsames Gedenck an mich. S.354 f. — Bischoff: Vom Ewigen Leben. S.220 — Döler: De Vita aeterna. Bl.B[1r] — Gesenius: Tractatus. S.216 — Heerbrand: Compendium. S.583 — Hunnius: Epitome. S.605 — Meyfart: Tuba. S.52 — Seber: Hortulus Biblicus. S.595 — Seuse: Büchlein der Ewigen Weisheit. S.244 — Stanyhurst: Geistliche Neu-Geburt. S.425.

von allem Creutz / Jammer vnd Elende / das durch die Sünde / vnd mit der Sünden zugleich in die Welt eingeführet ist...Haben wir vns in dem künfftigen Leben nicht mehr vor dem Todt zu fürchten" (*Quatuor Novissima*. S.370 f.).[153] Daß die ewige Seligkeit aber auch alle irdischen Freuden weit hinter sich läßt und Anlaß zur Abkehr von ihnen ist, das bekräftigt im selben Sinn wie die Verse 3a (Welt Ade!) und 6b (Erde deine Frewd ist schertz!) bei Gryphius ein eschatologischer Erbauungsschriftsteller wie Bamberg: "O der unbeständigen und kurtzen Welt-Freude! Aber die Freude der Außerwehlten wird ewig seyn im Himmel" (*Heilsames Gedenck an mich*. S.319 f.).[154] Wenn Gryphius in v.4 zugleich mit verschiedenen Gaben des ewigen Lebens das Wort "alles" gebraucht, dann klingt damit auch das Motiv des Überflusses, das jenes Leben kennzeichnet, an; bei Johann Gerhard kann man es mit einer Anspielung auf 1.Kor.12,6 (auch 15,28; Eph.1,23; Kol.3,11) formuliert sehen: "Quid ibi amplius desiderari poterit, aut expectari, ubi Deus erit omnia in omnibus?...Omnia erit Deus, & distribuet unicuique secundum desiderium cordis sua bona..." (*Meditationes Sacrae*. S.348).[155] Zusammengehalten wird die Vielfalt der Einzelaussagen zur ewigen Seligkeit in den Quartetten durch die erste Zeile, durch die mit ihr begründete Sprechhaltung des Preises und der Verwun-

153. Vgl. ferner u.a. Bischoff: Vom Ewigen Leben. S.194 — Döler: De Vita aeterna. Bl.C[5v] — Gesenius: Tractatus. S.185 ff. — Meyfart: Tuba. S.52 f. — Seber: Hortulus Biblicus. S.599 (zit. u.a. Jes.51,11). — Erst solche Stellen — nicht schon, wie Ott (S.247) meint, der Hinweis auf die impassibilitas — verdeutlichen die Eigenart des Halbverses bei Gryphius. — Vgl. auch GA II,51, Od.II,7; 89, Od.III,10.

154. Vgl. auch u.a. Dionysius Cartusianus: De quatuor hominis novissimis. S.591 — Bellarmin: Kurtzer Innhalt. S.326 — Henichius: Compendium. S.401 — Meyfart: Drey Nützliche Tractat. S.496, 536 f.; Tuba. S.80 — Seber: Hortulus Biblicus. S.592 — Stanyhurst: Geistliche Neu-Geburt. S.398, 440, 458. — Vgl. auch GA II,51, Od.II,7; 89, Od.III,10.

155. Vgl. auch Augustin: De civitate Dei. Bd.2, S.422 ff. — Migne: PL 184, Sp.492 (Ps. Bernhard: Meditationes) — Heerbrand: Compendium. S.583 — Hunnius: Epitome. S.622 — Meyfart: Drey Nützliche Tractat. S.585 ff., 619; zum Motiv des Überflusses ferner u.a. Döler: De Vita aeterna. Bl.A[5v] f. — Gesenius: Tractatus. S.225 — Hunnius: Epitome. S.622 f. — Meyfart: Drey Nützliche Tractat. S.618 ff.

derung. Ihre Elemente, das anaphorisch wiederholte "O", die wiederholte Frage, die Anspielung auf Ps. 126,1 (WEnn der HERR die Gefangen Zion erlösen wird / So werden wir sein wie die Trewmenden), kann man einzeln oder zusammen in anderen Texten wiederfinden, das "O" und die Frage bei Seuse: "O stupor et admiratio...O quid audio? quid video? Quid denique in memet ipso experior ..." (*Horologium*. S.467 f.), das "O" und Ps.126 bei Döler: "Prae nimia laeticia Electi...quasi erunt als die Treumenden...ô gaudium super omne gaudium, gaudium vincens omne gaudium, extra quod non est gaudium..." (*De Vita aeterna*. Bl.C[6r]).[156]

Die beiden Terzette sind ganz einem letzten Kennzeichen der ewigen Seligkeit, in welchem ihr Sinn und ihr eigentliches Wesen zusammengefaßt ist, gewidmet: dem dauernden Lob Gottes durch die Seligen, von dem es bei Augustin am Beginn des letzten Kapitels von *De civitate Dei* heißt: "Quanta erit illa felicitas, ubi nullum erit malum, nullum latebit bonum, vacabitur Dei laudibus, qui erit omnia in omnibus? Nam quid aliud agatur, ubi neque ulla desidia cessabitur, neque ulla indigentia laborabitur, nescio" (Bd.2, S.422).[157] Gryphius setzt ein mit einer Abwandlung von Off.7,14 "Diese sinds / die komen sind aus grossem trübsal / vnd haben jre Kleider gewasschen / vnd haben jre kleider helle gemacht im blut des Lambs", wobei er den ersten Teil dieser Stelle in v.9 mit Bildern des Martyriums entfaltet. Dann benutzt er, um das Sonett in Analogie zum dreifachen "heilig" von Jes. 6,3 und Off.4,8 mit einem der Trinität geltenden Preis und dreifachem Halleluja ausklingen zu lassen, noch weitere Stellen aus dem für alle Eschatologie zentralen letzten Buch der Bibel: Off.19,1.3.4.6.7

156. Vgl. auch u.a. Migne: PL 172, Sp.1169 f. (Honorius Augustodunensis: Elucidarium) — Meyfart: Tuba. S.48, 50 — Seber: Hortulus Biblicus. S.601.

157. Vgl. u.a. auch Bonaventura: Soliloquium. S.204 — Gerhard von Vliederhoven: Quatuor Nouissima. Bl.HH[4r] — Baier: Compendium. Bd.2, S.195 f. — Bamberg: Heilsames Gedenck an mich. S.368 — Bischoff: Vom Ewigen Leben. S.391 f. — Feinler: Poetische Betrachtung. S.90 f. — Gerhard: Meditationes Sacrae. S.353 — Hunnius: Epitome. S.625 f. — Meyfart: Drey Nützliche Tractat. S.621 ff., 759 ff., 777 ff.; Tuba. S.44 f., 83 ff. — Quistorp: Quatuor Novissima. S.384 ff., 458 — A. Silesius: Sinnliche Beschreibung. S.285, 290, 304.

"DARnach höret ich eine stim grosser Scharen im Himel / die sprachen / Haleluia. Heil vnd Preis / Ehre vnd Krafft sey Gott vnserm HERN...Vnd sprachen zum andern mal / Haleluia ...Vnd die...Eltesten...sprachen / Amen / Haleluia...VND ich höret eine stim einer grossen Schar...die sprachen / Haleluia. Denn der allmechtige Gott hat das Reich eingenomen / Lasset vns frewen vnd frölich sein / vnd jm die Ehre geben", Off.4,11 "HERR du bist wirdig zu nemen preis vnd ehre vnd krafft", Off.5,11.12 "VND ich sahe / vnd höret eine stimme vieler Engel...vnd jr zal war viel tausent mal tausent / vnd sprachen mit grosser stim / Das Lamb das erwürget ist / ist wirdig zu nemen krafft vnd reichthum / vnd weisheit vnd stercke / vnd ehre vnd preis vnd lob", Off.7,9-12 "Vnd sihe / eine grosse Schar / welche niemand zelen kund / aus allen Heiden vnd Völckern vnd Sprachen / fur dem Stuel stehend vnd fur dem Lamb / angethan mit weissem Kleide / vnd Palmen in jren Henden / schrien mit grosser stimme / vnd sprachen / Heil sey dem/ der auff dem stuel sitzt... Vnd alle Engel...sprachen...Lob vnd ehre/ vnd weisheit / vnd danck / vnd preis / vnd krafft / vnd stercke sey vnserm Gott / von ewigkeit zu ewigkeit". Das sind, mitsamt auch noch dem an 2.Kor.12,4 anklingenden "vnaußsprechlich" (v.13),[158] den Worten "Ewigkeit" und "ewig" (v.12 und 14) und dem Anklang an 1.Kor.12,6 (es ist ein Gott / der da wircket alles in allen) in v.12,[159] alles Elemente, die auch in vielen anderen Texten der Vergegenwärtigung der Seligkeit der Auserwählten und ihres Gesanges dienen. Meyfart hebt hervor, wie die Märtyrer Gott in der Ewigkeit preisen: "Wir wollen ...Märtyrer und Bekenner fragen / was doch die Crone ihrer Ewigkeit / und die Lust ihrer Fröhlichkeit sey? Sie werden antworten: Wir haben gelitten kaum den hundert

158. Vgl. u.a. Bamberg: Heilsames Gedenck an mich. S.313 — Dionysius Cartusianus: De quatuor hominis novissimis. S.572 — Gerhard: Meditationes Sacrae. S.339 — Gesenius: Tractatus. S.248 — Hafenreffer: Loci. S.714 — Hutter: Compendium. S.140 — Meyfart: Drey Nützliche Tractat. S.545 f. — Schottel: Vorstellung von der Ewigen Seeligkeit. S.18. — Ott (S.235) verkennt bei Anführung eines entsprechenden Zitats von Aegidius Albertinus diesen Topos.

159. S. dazu oben Anm. 155 und das zugehörige Zitat im Text. — In v.14 übrigens scheinen auch noch Stellen wie Tit.2,14 (Der sich selbs fur vns gegeben hat) (ähnlich Gal.1,4; Eph.5,25; 1.Tim.2,6) anzuklingen.

tausenden Theil von einem Augenblick / das ist schon längsten verstoben und verflossen; jetzunder besitzen wir die holdseelige Ewigkeit / welche nimmermehr aufhöret...Jetzunder folgen wir nach dem Lamm / vnd singen das Triumph-Lied..." (*Drey Nützliche Tractat*. S.802 f.).[160] Das Bild der durch das Blut des Lamms reinen Kleider der Seligen verknüpft Johann Gerhard in Anlehnung an Off.7,9.10 mit deren Gesang: "Induemur eadem cum illis veste: in stolis albis coram throno Agni assistentes aeternum psaltemus Domino canticum" (*Meditationes Sacrae*. S.353).[161] Auf Off.7,10 und 19,4 verweist Baier (*Compendium*. Bd.2, S.195 ff.) bei der Feststellung, daß der Seligen "aures hymnis elegantioribus sese oblectare possint", und Hunnius führt unter anderem Jes.6,3, Off.4,8 und 7,11.12 an im Zusammenhang mit dem Satz: "Ein grösseren und angenehmeren Dienst werden die Ausserwehlten im ewigen Leben GOtt nicht erzeigen mögen / denn das sie ihm ein solchen Lobspruch zuruffen..." (*Epitome*. S.625 f.).[162]

III.

Die über viele Jahrhunderte hin überlieferte Lehre von den vier Letzten Dingen umfaßt manche anderen Einzelzüge noch als die, die hier an den Sonetten des Gryphius aufgewiesen und mit vielerlei Parallelen aus den Texten anderer Autoren belegt und erläutert

160. Vgl. u.a. Bischoff: Vom Ewigen Leben. S.292 f.— Bonaventura: Soliloquium. S.204 — Hafenreffer: Loci. S.717.

161. Zur Verwendung von Off.7,14 u.a. auch Meyfart: Tuba. S.38 — Seber: Hortulus Biblicus. S.597 f. — A. Silesius: Sinnliche Beschreibung. S.302 — Gryphius: Dissertationes Funebres. S.338, 424; GA VI,220, Catharina von Georgien V,390, 399.

162. Vgl. auch u.a. Bamberg: Heilsames Gedenck an mich. S.368 — Bischoff: Vom Ewigen Leben. S.391 f. — Bonaventura: Soliloquium. S.204 — Döler: De Vita aeterna. Bl.C[6v] — Hollatz: Examen theologicum. P.I, S.675 — Meyfart: Drey Nützliche Tractat. S.622, 759; Tuba. S.45 — Quistorp: Quatuor Novissima. S.458 ff. — A. Silesius: Sinnliche Beschreibung. S.290. — Die wenigen Hinweise bei Ott (u.a. S.235 f., 243) zu den Terzetten des Sonetts auf das ewige Leben bleiben vag, weil die anklingenden Bibelstellen und entsprechende Belege aus der eschatologischen Literatur nicht beachtet werden.

worden sind. Zum Lehrstück vom Tod gehört etwa auch die Frage nach seiner Ursache oder die Begründung für die Unsterblichkeit der Seele, die ins einzelne gehende Schilderung des Sterbens und der Todesarten, die Anleitung zum seligen Sterben, die Erörterung von Sinn und Form des Begräbnisses und der Trauer um die Toten. Bei der Erörterung des Jüngsten Gerichts — wie auch bei der der Hölle und der ewigen Seligkeit — wird vielfach ein Beweis mit mancherlei Gründen dafür, daß es zu erwarten sei, geführt, und eingehend geschildert werden oft die zahlreichen Vorzeichen, die das Gericht ankündigen, der Vorgang des Gerichts selbst oder die Vernichtung der Welt nach dem Gericht, die consummatio oder annihilatio mundi. Die überlieferte Lehre von der Hölle enthält weitere Qualen noch, als im Katalog des dritten der Sonette aufgezählt, vielfach auch eine genaue Systematik und Begründung der einzelnen Strafen, teilweise mit Bezug auf die einzelnen Sinne, mit denen gesündigt worden ist, oder auch das für die unvorstellbare Ewigkeit der Höllenstrafen oft vergleichend gebrauchte, wohl auf Seuse (*Büchlein der Ewigen Weisheit*. S.239; *Horologium*. S.459) zurückgehende Bild vom Stein, von welchem ein Vogel alle hunderttausend Jahre nur ein winziges Körnchen abpickt, oder auch vom Ozean, aus dem ein Vogel alle hunderttausend Jahre nur einen kleinen Tropfen trinkt. Das Wesen der ewigen Seligkeit wird an noch mehr dotes und beatitudines, als bei Gryphius genannt werden, oder an einem oft breit ausgeführten Bild des Himmlischen Jerusalem veranschaulicht.

Gryphius bietet demgegenüber eine Auswahl aus der Fülle dessen, was in vielen anderen Werken zur Lehre von den vier Letzten Dingen und ihrer erbaulichen Vermittlung überliefert wird, — eine Auswahl freilich, die — vieles in den engen Raum des Sonetts in knapper, aber für die mit dem Stoff wohlvertrauten Zeitgenossen gewiß gänzlich verständlicher Form zusammendrängend — doch eine große Zahl sehr wesentlicher Teile der einzelnen Lehrstücke erfaßt. Angesichts solcher Fülle ginge die Annahme sicherlich fehl, Gryphius hätte — abgesehen von dem wenigen, was wie das Fegefeuer zwischen den Konfessionen strittig war — die in seinen Sonetten nicht enthaltenen Einzelheiten nicht gebilligt. Offensichtlich hat er sich bemüht, unter äußerster Nutzung der von ihm zweifellos mit Gründen gewählten Sonettform so viel, wie nur irgend möglich, darin unterzubringen, und so stellen seine vier

Sonette, in denen eigentlich keine Stelle ohne Entsprechungen in der Überlieferung ist, sich durchaus als ein zwar nicht vollständiger, aber doch außerordentlich reichhaltiger Abriß der dem 17. Jahrhundert noch geläufigen eschatologischen Lehren dar. Allerdings läßt sich ihnen auch ablesen, daß es Gryphius keineswegs bloß darauf angekommen ist, einen solchen Abriß in lehrhaftem Sinne zu geben. Vielmehr folgt er Intentionen, die in all den vielen erbaulichen, dogmatischen oder poetischen Texten bei der Behandlung der Letzten Dinge immer wieder nachdrücklich bekundet werden.

Von dem geistlichen Nutzen, den man gerade der Betrachtung der Letzten Dinge beimißt, heißt es bei Gesenius: "VNter allen Gottseligen Meditationen vnd andächtigen Betrachtungen / darinn ein Christen-Mensch sich zu dem Ende üben muß / damit er für Sicherheit vnd Liebe dieser Welt / vnd also für Sünden sich bewahre/ darneben in allem Creutz / Widerwertigkeit vnd Anfechtungen / auch im Tode selbst getrost sey vnd nicht verzage...sind sonder allen Zweiffel die aller kräfftigsten vnd beweglichsten / wenn wir bey vns vberlegen / vnd in der Furcht deß HERRN erwegen die vier letzten Dinge deß Menschlichen Lebens..." (*Tractatus.* S.1), bei Quistorp: "OB wol vnter allen Stückē vnserer Christlichen Lehre / kein einiges gefunden wird / durch welches betrachtung / wir nicht könten von Sünden vnnd sündlichem Leben vnd Wesen abgehalten / vnnd ein heiliges Christliches Leben vnd Wandel zu führen / angemahnet werden. So kan doch insonderheit durch die Betrachtung der quatuor novißimorum, das ist / vnsers Todts vnd Sterbligkeit / des künfftigen algemeinen Gerichts / der / den Gottlosen vorstehenden Hellen Pein / vnd der Himlischen Frewde der Gottsfürchtigen / die Lust böses zu thun gebrochen / vnd eine Liebe guts zu thuen / vnd GOtt zu dienen in vns erwecket werden" (*Quatuor Novissima*. Bl.a^{2r} f.). Hauptabsichten erbaulicher Literatur sind es, für die die Beschäftigung mit den Letzten Dingen als besonders wirksam angesehen wird. Das wird nicht nur zu vielen Malen im Blick auf die Gesamtheit dieser Lehren betont,[163] sondern immer wieder auch bei jedem einzelnen Lehrstück.

163. Vgl. u.a. auch Bonaventura: Soliloquium. S.174 — Dionysius Cartusianus: De quatuor hominis novissimis. S.493 — Gerhard von Vliederhoven: Quatuor Nouissima. Bl.HH^{6v}, II^{1r} — Vinzenz von Beauvais: Speculum morale. Sp.692 — Arndt: Wahres Christenthum.

Gerhard von Vliederhoven gibt in seinem im späten Mittelalter so außerordentlich verbreiteten Werk am Beginn oder am Ende der Behandlung jedes einzelnen Stücks derartige Hinweise: "meditatio mortis facit hominem omnia contemnere" (*Quatuor Nouissima.* Bl.AA^{5v}), "mors facit hominem penitentiam acceptare" (Bl.AA^{6v}), "secundum nouissimorum cuius frequens meditatio nos a peccatis reuocat est iuditium nouissimum et finale" (Bl.BB^{6v}), "Tertium nouissimorum cuius salubris recordatio a peccatis prohibet est infernus seu gehenna" (Bl.EE^{4v}), "quartum nouissimorum quod valde et precipue debet homines a peccatis retrahere est gloria celestis" (Bl.HH^{1r}). Bamberg hebt die Wichtigkeit der Betrachtung des Todes hervor: "Wenn ein Mensch stets an sein Ende gedencket / und betrachtet / wie er diese Stunde ja diesen Augenblick dahin sterben könne / so wird er allezeit in guter Bereitschafft erfunden werden" (*Heilsames Gedenck an mich.* S.62) ähnlich wie Chytraeus: "...das wir die gantze zeit vnsers Lebens / vns erinnern / vnd darauff bedacht sein / weil wir wissen / das wir sterben müssen / das wir vns allenthalben wol vnnd recht bedencken / auff das wir also leben / handeln vnd wandeln / damit / wenn das vnuermeidliche stündlein an vns kompt / wir bereit vnd gefast sein / sehliglich / willig vnd gerne von hinnen zuscheiden" (*Christlicher...vnterricht. Vom Tode vnd Ewigen Leben.* Bl.)(^{3r}), Bellarmin nennt die "mortis meditatio" "vera mortalium sapientia" (*Conciones.* S.415), Dilherr spricht den Menschen — wie es Gryphius an verschiedenen Stellen seiner Sonette tut — mahnend an: "O Mensch! O du unbesonnener Mensch! der du so thumkühn in Tag hinein lebest...Bedencke ja bey Zeiten / ja alle Morgen / ja alle Stunde / in was für grausame Gefahr / du / in der Todesstund / kommen könnest: und ändere noch heut dein Leben" (*Tod / Gericht und Hölle.* S.15 f.).[164]

S.243 f. — Bellarmin: Conciones. S.451; Kurtzer Innhalt. S.35, 323 — Bischoff: Vom Ewigen Leben. S.657 — Martin von Cochem: Die Vier letzten Dinge. Vorrede — Morus: Die Vier Letzten Dinge. S.113 ff. — Pallu: Von denen Letzten Dingen. S.1 — Rist: Himlischer Lieder...Das Vierdte Zehn. Bl.A^{6r}ff. — Stanyhurst: Geistliche Neu-Geburt. S.8; durchgehend geprägt davon sind etwa auch das Epigramm des Erasmus und die Sonette des Plavius.

164. Vgl. auch u.a. Dionysius Cartusianus: De quatuor hominis novissimis. S.496, 499 — Vinzenz von Beauvais: Speculum morale.

Für Anselm dient die Meditation über die Schrecken des Gerichts "ad excitandum in se timorem" (Migne: PL 158, Sp.722), der Prediger Gesenius ruft seinen Zuhörern zu: "Hie ins gemein müsset jhr zum Beschluß mercken...daß man den Jüngsten Tag auf zweyerley Vrsachen vnd zu zweyerley Ende bedencken / vnd sich dessen offt erinnern muß. 1. Wider die Sicherheit vnd Vnbußfertigkeit. 2. Darnach zum Trost vnd Freudigkeit / gegen alle Widerwertigkeit / vnd Vnglück / vnd wider alle Mühseligkeit vnd Arbeit" (*Tractatus*. S.136), Meyfart legt in einem eigenen Kapitel dar, es nütze "die Betrachtung erstlich darzu / daß wir die Sünde meiden und fliehen...Zum andern ist die Betrachtung des Jüngsten Gerichts nützlich / zu einer wahren Reu und Busse / oder zur Besserung des Lebens...zum dritten / daß die Erinnerung des Jüngsten Gerichts nutzet / die Unruhe des Gewissens zu stillen und aufzuheben...Endlich...ist die Betrachtung des Jüngsten Gerichts nutz ewiger Verdamnuß zu entgehen" (*Drey Nützliche Tractat.* S.184 f., 188-190), Henichius widmet in seinem *Compendium Theologicum* einen besonderen Abschnitt der Frage "Num etiam fides & meditatio extremi judicii homines à peccando deterret & ad studium pietatis excitat" (S.394).[165]

Johann Gerhard läßt eine seiner *Meditationes Sacrae* ausklingen in die Bitte "O Domine, da, ut gehennam cogitemus, ne in gehennam incidamus!" (S.366), für Gesenius ist die "Erinnerung der Höllischen Quaal vnd vnerträglichen / schrecklichen Pein / ...ein solche bequeme Wehre / die kan die hefftigsten anmuhtungen der Sünden reprimiren, vnd dempffen..." (*Tractatus*. S.395), Meyfart sieht "drey Nutzbarkeiten aus der Betrachtung des höllischen Sodoma herkommen. Die erste

Sp.702 — Arndt: Wahres Christenthum. S.243 — Drexel: Der Ewigkeit Vorlauffer. S.6 — Gerhard: Meditationes Sacrae. S.315, 317 — Gesenius: Tractatus. S.46 — Henichius: Compendium. S.373 — Ludovicus Granatensis: De Oratione et Meditatione. S.207 — Pallu: Von denen Letzten Dingen. S.23 — Quistorp: Quatuor Novissima. S.37, 58.

165. Vgl. ferner u.a. Bonaventura: Soliloquium. S.166 — Vinzenz von Beauvais: Speculum morale. Sp.801 — Arndt: Wahres Christenthum. S.243 f. — Bellarmin: Conciones. S.424 — Hafenreffer: Loci. S.696 — Meyfart: Tuba. S.115, 118 — Quistorp: Quatuor Novissima. S.155 — Schottel: Vorstellung Des Jüngsten Tages. S.1, 15, 128, 133, 242.

bestehet in dem / wenn das zeitliche Elend gelindert und erleuchtert wird: Die andere in dem / wenn die zeitliche Glückseeligkeit dadurch verachtet wird: Die dritte in dem / wenn die Sünde gehindert / der Sünder abgeschröcket / und zu der Besserung vermahnet wird" (*Drey Nützliche Tractat.* S.1302), Chytraeus bedenkt den Nutzen von Hölle und himmlischer Seligkeit zugleich: "Es ist aber nechst der betrachtung des Leidens vnd Sterbens des Sones Gottes / welches vns genugsam den grausamen vnd schrecklichen Zorn Gottes / wider die Sünde / bezeuget / kein besser vnd krefftiger anreitzung / so vns zu warer Gottes furcht / vnd rechtschaffener Busse / auch ernstem vorsatz / vnser Leben zu bessern / vnd guter Wercke zubefleissen / reitzen vnd vermanen köndte / als eines theils die stedte betrachtung des Hellischen Fewers / oder der Pein vnd Marter der Gottlosen in der Hellen / so jmmer vnd ewig weren wird: vnd anders theils das sehnliche vnd grosse verlangen nach dem seligen vnd ewigen Leben..." (*Christlicher...vnterricht...Von Vnsterbligkeit der Seelen.* Bl.P^{3v}).[166]

"Cur", fragt Dionysius Cartusianus seinen Leser, "in transitoriis et carnalibus tuam ponis felicitatem, et ea plus appetis, quaeris ac colligis, quam bona spiritualia ac divina, coelestia et aeterna" (*De quatuor hominis novissimis.* S.571), einen zweifachen usus leitet Hafenreffer aus dem Lehrstück von der ewigen Seligkeit ab: "I.Vt magnitudinem coelestis gloriae perpetuo contemplantes, ab omni immundicie & peccato, nos contineamus: quibus fides, Spiritus sanctus, & spes omnis vitae aeternae amittitur...II.Vt magnitudine futurae gloriae, spem & patientiam nostram in omnibus aduersis foueamus: & isthac meditatione, omnes afflictionum acerbitates, magno & constanti, intrepido atque infracto animo semper superemus" (*Loci.* S.722 f.), Quistorp fordert: "Ein rechtschaffenes Christ gleubiges Hertz / wenn es höret / daß das künfftige Leben / das rechte wahre / ewige / jmmerwärende Leben sey / sol hiedurch

166. Vgl. auch u.a. Vinzenz von Beauvais: Speculum morale. Sp.827 — Alstedt: Theologia scholastica. S.852 — Arndt: Wahres Christenthum. S.244 — Bamberg: Heilsames Gedenck an mich. S.301 f. — Bellarmin: Conciones. S.445 — Drexel: Der Verdambten...Höllfängknuß. Bl.)(^{5v},)(^{10r} — Feinler: Poetische Betrachtung. S.72 f. — Heerbrand: Compendium. S.574 — Henichius: Compendium. S.405 — Quistorp: Quatuor Novissima. S.269.

lernen / sein Hertz vnd Gedancken von dem zeitlichen ab zuwenden / vnd nach dem ewigen Leben zu sehnen" (*Quatuor Novissima*. S.341), und Gesenius erwartet: "Vermittelst fleissiger Betrachtung kan vnd muß vnser Hertz auffgewecket vnd ermuntert werden / durch allerley Hindernüssen hindurch zureissen / vnd mit Ernst nach der versprochenen Seeligkeit zutrachten" (*Tractatus*. S.299).[167]

Von Sünde abzuschrecken, Schutz gegen alle Laster zu geben, zu Reue, wahrer Buße, poenitentia, zu täglicher Abkehr von der Welt, zur Verachtung alles Irdischen, zu ständiger Vorbereitung auf den Tod zu bewegen, zu rechtem Leben, zu wahrer pietas, vera sapientia, zur Überwindung alles irdischen Leids, zur Sehnsucht nach dem Himmel, nach dem ewigen Leben und zu einem seligen Sterben zu führen — das sind die geistlichen Absichten, die überall gegenwärtig sind. Anleitung zu ständiger Betrachtung der Letzten Dinge, zu rechter Meditation, Mahnung, Warnung, Trost, Erweckung von Hoffnung sind die Aufgaben, denen die ausgedehnte Überlieferung zur Lehre von den Novissima in der Vielfalt ihrer Formen dient.[168] Diese Absichten und diese Aufgaben zu verwirklichen, heißt aber in Jahrhunderten, denen Affektenlehre und Rhetorik geläufig und Grundlage sprachlicher Produktion und ihres Verständnisses sind, bewußt auf die Affekte einzuwirken und dazu die Mittel der Rhetorik einzusetzen, deren Möglichkeiten zugleich mit der Affektenlehre auch die Homiletik noch des 17.Jahrhunderts intensiv rezipiert und reflektiert hat.[169] An man-

167. Vgl. auch u.a. Bonaventura: Soliloquium. S.176, 186 — Arndt: Wahres Christenthum. S.244 — Francisci: Wol der Ewigkeit. Bl.) (4^v f. — Henichius: Compendium. S.401 — Meyfart: Drey Nützliche Tractat. S.800, 810; Tuba. S.57 — A. Silesius: Sinnliche Beschreibung. S.310.

168. Vgl. dazu auch einzelne Hinweise in der Forschung, u.a. bei M. Dusch: De veer Utersten. S.36* — Martin: The Last Judgment. S.3 — Palmer: Die Letzten Dinge. S.225 ff. — Quistorp: Die letzten Dinge im Zeugnis Calvins. S.33. Mit der Zwecksetzung der literarischen Behandlung der letzten Dinge hängt es auch zusammen, daß deren Darstellung in der bildenden Kunst wiederholt im Zusammenhang mit Beichtgestühl steht (vgl. dazu die in Anm.101 genannte kunstwissenschaftliche Literatur).

169. Vgl. dazu die Hinweise bei Hans-Henrik Krummacher: Überlegungen zur literarischen Eigenart und Bedeutung der protestantischen Erbauungsliteratur im frühen 17. Jahrhundert. S.153 ff. u.Anm.32

chen Stellen werden darum die Letzten Dinge eigens genannt, wo es um geistlich verstandene Affekte und ihre Beeinflussung geht, so in einer *Schola Affectvvm, hoc est, Brevis, et methodica moderandorum Affectvvm, ac Passionum, per media cum Generalia, tum Particularia institutio*[170] des Jesuiten Albert Malberg im Kapitel "Meditatio rerum diuinarum expultrix est affectionum immoderatarum" oder in einer für Prediger bestimmten Sammlung von Bibelstellen unter dem Titel *Divina Incentiva piorum affectvvm e Sacris Literis collecta* von Johannes Theophilus.[171] Der spanische Prediger und Erbauungsschriftsteller Ludovicus Granatensis (Luis de Granada) hat in der Einleitung seines Werks *De Oratione et Meditatione* des längeren von den virtutes als affectus supernaturales und von deren Erweckung durch Meditation und Predigt gehandelt:

> Etenim quemadmodum natura dedit nobis affectus, & desideria naturalia, quas quasi calcaria sunt, nos ad id faciendum stimulantia, quod ad vitam naturalem tuendam est necessarium: sic & gratia confert nobis alios affectus supernaturales, qui quasi stimuli sunt, atque incentiua ad vitam spiritualem. Sunt autem virtutes hae, quas vocamus amorem, dolorem, timorem, spem, aliaeque plures: sine quibus vita spiritualis esset, quasi scapha sine remis, aut nauis sine velis. non enim haberet quo moueretur ad bene operandum...; ...& sicut audire concionem, si debita cum attentione, deuotioneque audiatur, exercitium est, quod non ad vnam tantum mouet virtutem, sed ad omnia virtutum genera simul (ad hoc enim omnis doctrina pia instituitur) sic Consideratio vel Meditatio summum praebet auxilium, non ad vnam solam, sed ad virtutes vniuersas (S.154).

Das mit solchen Überlegungen eingeleitete Werk enthält unter den Gegenständen von Morgen- und Abendmeditationen für alle Tage der Woche als Inhalt der abendlichen Meditationen vom Mittwoch bis zum Sonnabend die vier letzten Dinge (S.205-231). Derselbe

ff. In: Acta Litteraria Academiae Scientiarum Hungaricae 26 (1984) S.145-162 (Wiederabdruck in: Rhetorik 5 (1986) S.97-113), mit den dort angeführten Quellen und Literaturnachweisen.

170. Köln 1623. (Exemplar Deutsches Institut der Universität Mainz) S.62. — Vgl. auch Johann Heinrich Alstedt: Theologia casuum, Exhibens anatomen conscientiae et scholam tentationum. Hannover 1621. (Exemplar HAB Wolfenbüttel) S.167 ff., 189 ff.

171 Poitiers 1610. (Exemplar HAB Wolfenbüttel) S.235 f., 381.

Autor weist in seinen *Ecclesiasticae Rhetoricae...libri sex*[172] innerhalb eines Kapitels "De affectibus in specie" darauf hin, der Prediger, der zu anderem als die weltlichen Redner, nämlich "ad amorem Dei, peccati odium, spem diuinae miserationis, metum diuini iudicij, ad spirituale gaudium, salutarem tristitiam, diuinarum rerum admirationem, mundi contemptum, & cordis humilitatem, siue animi submissionem" zu bewegen pflege (S.172), könne nach einem angeführten Beispiel

> partim studio & meditatione, partim sacrarum literarum, sanctorumque Patrum lectione rationes inuenire...quibus caeteros affectus in animis auditorum excitare possit. Inter quos ad laetalis peccati odium & detestationem, & ad diuinae iustitiae timorem potissimum studeat inducere. Hunc autē salutarem metum praecipuè acuunt peccatorum multitudo, incerta vitae conditio, mortis ineuitabilis necessitas, diuinorum iudiciorum abyssus, rationis reddendae cogitatio, extremi iudicij formidanda seueritas, suppliciorumque gehennae acerbitas simul & aeternitas, caeteraque his similia. Est autem hic timoris affectus vtilissimus ad obdurata hominum pectora concutienda...Quocirca Ecclesiastes animarum salutem sitiens, frequenter hos affectus vrgere, ac praecipuè gehennae acerbitatem & aeternitatem quanta poterit vi dicendi exaggerare, & velut oculis spectandam proponere debet (S.175 f.).[173]

Hinweise dieser Art machen über die dogmatische Bedeutung hinaus begreiflich, daß sich der Letzten Dinge neben der Dogmatik,

172. Köln 1578 (Exemplar Deutsches Institut der Universität Mainz). Dieses verbreitete homiletische Werk scheint sich neben anderen in Gryphius' Besitz befunden zu haben (vgl. Catalogus Bibliothecae Gryphianae, Nr.1471); wiederholt angeführt wird es u.a. in der mehrfach aufgelegten "Methodus concionandi" des Wittenberger Theologen Johann Hülsemann ([6]Wittenberg 1671, Vorr.dat.1632; Exemplar UB Erlangen).

173. Vgl. etwa auch die Verben in der Kapitelüberschrift "Num etiam fides & meditatio extremi judicii homines à peccando deterret & ad studium pietatis excitat" bei Henichius (Compendium. S.394) oder die Überlegungen in Vorreden und Kommentaren bei Francisci (Wol der Ewigkeit. Bl.)(4^v f.) und Schottel (Vorstellung Des Jüngsten Tages. S.232; Vorstellung Der Hölle. S.2; Vorstellung Von der Ewigen Seeligkeit. S.18 f., 76) über die Notwendigkeit und die Möglichkeiten einer recht eindringlichen Darstellung.

die selbstverständlich von ihnen zu handeln hat, auch Predigt und Erbauungsliteratur in solchem Umfang angenommen haben, und erhellen ihrerseits jene Zielsetzungen, die überall im Blick auf die Letzten Dinge bekundet werden. Die Novissima gehören offenkundig zu den wirksamsten Gegenständen, um im Sinne und mit den Mitteln einer auf Affektenlehre und Rhetorik sich gründenden geistlichen Literatur zentrale Ziele christlicher Paränese zu erreichen. Der Entfaltung solcher Wirkungen dienen die vielfältigen geistlichen Prosaformen, die den Letzten Dingen gewidmet worden sind und deren im Dienste rhetorischer Affektbeeinflussung stehenden Bauformen, Verfahrensweisen und Elemente näher zu untersuchen höchst lohnend sein müßte.

Der Erreichung derartiger Wirkungen dienen aber auch die verschiedenartigen Formen poetischer Behandlung der Letzten Dinge. Verse gelten noch dem 17.Jahrhundert als etwas, was besonders geeignet ist, um lehrhafte Inhalte nahezubringen und einzuprägen,[174] was aber auch mitsamt einer poetisch gesteigerten Redeweise intensive, von der Poetik da und dort auch näher behandelte Wirkungen[175] im Sinne rhetorischer Affektdarstellung und Affektbeeinflussung ausübt. Besonders eingehend hat sich im Zusammenhang mit den Letzten Dingen Justus Georg Schottel dazu geäußert, neben anderem in der Vorrede seiner *Vorstellung Des Jüngsten Tages*. Er betont darin, daß

> so lange die Welt gestanden / nichts gewesen / nichts ist / noch seyn wird / davon man in der Welt mehr geredet und gedacht / auch billig mehr reden und denken soll und muß / als von dem allerletzten grossen Gericht / da die Welt wird / soll und muß gerichtet werden; auch unserem Leibe und der Seel nichts nützlichers und nichts nötigers / als immerfort dasselbe bedenken / davon reden und sagen / was unserem Leibe und der Seele ewigen Nutz und Seeligkeit / oder ewige Noht und Unseeligkeit bringen wird (Bl.a^{4r}),

174. Vgl. Krummacher: Der junge Gryphius und die Tradition. S.114 ff.

175. Siehe dazu die Belege im letzten Teil des Aufsatzes. — Von solcher Einschätzung der Versform her läßt sich auch verstehen, daß in der gesamten Erbauungsliteratur so oft Prosa und Versteile gemischt werden. Vgl. dazu z.B. auch den Hinweis bei Palmer: Die Letzten Dinge. S.228.

und hebt dann, unter Hinweis auch auf beigefügte "saubere schöne Kupfer-Stükke", hervor, er habe solche wichtige Materie "nicht mit gemeinen Teutschen Versen / Reimen und Reden / sondern hin und wieder mit nachdenklichen hohen Teutschen Worten und Red-Arten / wie es die hohen Sachen erfordern / nach Möglichkeit vor Augen gestellet", und da es "ja sonst einer zierlichen deutlichen Rede Eigenschafft und Wirkung" sei, "daß sie recht ins Gedächtniß dringe / und von dem Verstande sofort Beyfall finde / und den Willen dazu / was sie will / gleichsam willig mache", wolle er "auch in der Zuversicht stehen / es werde auch bey manchem / der dieses / was allhier geschrieben / gantz durchlesen wird / die Wirkung also statt haben / daß des Jüngsten Tages Zustand und Bewandniß ins Gedächtniß dringen / von dem Verstande nötigen Beyfall / und von dem Willen / willige Folge / zu höchstersprießlichem Nutze / erlangen werde" (Bl.a^{5r} f.).[176] Durch solche Erwartungen sind gewiß alle Formen poetischer Behandlung der Letzten Dinge — ob sie im einzelnen nun mehr anschaulich schildern wie Schottel oder Angelus Silesius, eindringlich mahnen wie Plavius oder eine sehr genau ins dogmatische Detail gehende Belehrung im modischen Madrigal bieten wie Feinler — bestimmt und für die Zeitgenossen gerechtfertigt.

Die geistliche Zwecksetzung, die die verschiedenen poetischen Formen für die Behandlung der Letzten Dinge dienlich erscheinen läßt, steuert in ihnen — wie sich näher zeigen ließe — ebenso einen oft auffälligen, intensiven Gebrauch rhetorischer Figuren.[177] Auch das verbindet poetische und prosaische Formen. Denn auch in diesen, denen ohnehin überall die Bemühung anzumerken ist, den Leser durch die Vielfalt der Einzelheiten und die Eindringlichkeit ihrer Darlegung zu ergreifen, kommt es immer wieder auch zu Stellen, die durch den verstärkten Gebrauch rhetorischer Figuren

176. Vgl. hier auch Bl.b^{7r} (Lobgedicht von Andreas Heinrich Bucholtz), S.32, 261. Ferner u.a. Schottel: Sonderbare Vorstellung / Wie es mit Leib und Seel Des Menschen werde... bewandt seyn. S.6 — Drexel: Der Ewigkheit Vorbott...in dise Teütsche Carmina durch Johan Jacob Schülpl vbersetzet. Bl.)(^{2v} — Meyfart: Drey Nützliche Tractat. S.410.

177. Das gilt in besonderem Grade u.a. für die Sonette von Plavius, die Lieder von Rist, die "Sinnliche Beschreibung" von A. Silesius.

von großer Affektwirkung[178] wie exclamatio, Apostrophe, enumeratio, gradatio, Anapher, Parallelismus, Antithese zu affekterregenden Höhepunkten werden. So ruft Meyfart im *Höllischen Sodoma* aus:

> O Ewigkeit! O Ewigkeit! Du bist eine böse Ewigkeit! O Ewigkeit! O Ewigkeit! Du bist eine schröckliche Ewigkeit. O Ewigkeit! O Ewigkeit! Das vermehret alles / was in dir bös ist; Das überhäuffet alles / was in dir erschröcklich ist; Das übertrifft alles / was in dir grausam ist / daß du bist die verfluchte Ewigkeit (*Drey Nützliche Tractat*. S.1273 f.),

Johann Gerhard kennzeichnet die ewige Seligkeit mit Sätzen wie diesen:

> Tu, ô Deus, lumen eris, in cujus lumine videbimus lumen, te scilicet in te, in splendore vultus tui, quando te videbimus à facie ad faciem. Neque solum te videbimus, sed etiam tecum vivemus; neque solum tecum vivemus, sed etiam te laudabimus; neque solum te laudabimus, sed gaudii tui consortes erimus; neque solum tecum gaudebimus, sed Angelis etiam similes erimus; neque Angelis solum, sed ipsi etiam Deo benedicto in seculum (*Meditationes Sacrae*. S.349 f.).[179]

178. Vgl. dazu z.B. Johann Heinrich Alstedt: Rhetorica. Herborn 1616. (Exemplar Deutsches Institut der Universität Mainz) S.245 f., 290, 310 — Nicolaus Caussinus: De Eloquentia sacra et humana. Köln 1634. (Exemplar Bischöfliches Priesterseminar Mainz) S.358, 759, 763 — Ludovicus Granatensis: Ecclesiastica Rhetorica. S.180 — Jacob Masen: Palaestra Eloquentiae ligatae. ²Köln 1661. (Exemplar UB Münster) P.I, S.253 ff. — Meyfart: Teutsche Rhetorica. S.221, 274, 294, 359, 385 u.a. — Daniel Georg Morhof: Unterricht von der Teutschen Sprache und Poesie. Hrsg.v.Henning Boetius. Bad Homburg v.d.H. u.a. 1969. S.343. S. auch die Bemerkungen und Quellenbelege zur Affektwirkung bestimmter Figuren bei Heinrich F.Plett: Rhetorik der Affekte. Englische Wirkungsästhetik im Zeitalter der Renaissance. Tübingen 1975, u.a. S.62, 69, 88, 162, und den Abschnitt "Die Stilfiguren" bei van Ingen: Vanitas und memento mori. S.191 ff.

179. Hier z.B. auch S.338, 347, 356, 367, 370. Vgl. ferner die oben in Anm.137 und im zugehörigen Text angeführten Aufzählungen der Höllenqualen; außerdem u.a. Migne: PL 40, Sp.917 (Ps.Augustin: Meditationes), 1353 (Ad fratres in Eremo); 145, Sp.748 ff. (Petrus Damianus: Institutio monialis); 172, Sp.1169 f. (Honorius Augustodunensis: Elucidarium); 183, Sp.473 (Bernhard: Sermones de Sanctis, IV); 184, Sp.491 ff. (Ps. Bernhard: Meditationes) — Dionysius Cartusianus:

Daß solch intensiver Gebrauch rhetorischer Sprachmittel ganz im Dienste von Anweisungen steht, wie sie sich bei Ludovicus Granatensis finden, das wird bekräftigt durch die Beobachtung, daß solche rhetorisch gesteigerten Passagen besonders häufig begegnen, wo es um die Hölle und ihre Qualen oder um die ewige Seligkeit geht. Das sind die beiden Stücke, auf die die ganze Lehre von den Letzten Dingen zuläuft. Zwar geht es auch bei den beiden ersten um die Entscheidung zwischen Heil oder Verdammnis. Aber am anschaulichsten wird sie in den Gegenbildern der Höllenqualen und der Himmelsfreuden. Diese beiden Stücke werden deshalb auch gelegentlich von den ersten beiden, die allen Menschen gemeinsam sind, unterschieden als diejenigen, die einerseits die Verdammten, andererseits die Erwählten betreffen,[180] und schon bei Augustin findet man das Spannungsverhältnis betont, in welchem beide zueinander stehen: "Si ergo quaeratur a nobis, quid Civitas Dei de his singulis interrogata respondeat, ac primum de finibus bonorum malorumque quid sentiat, respondebit aeternam vitam esse summum bonum, aeternam vero mortem summum malum" (*De civitate Dei*. Bd.2, S.236). In Bonaventuras *Soliloquium* verlangt die Seele nach der Vorstellung des Gerichts und der Verdammnis zum Trost nach dem Bild der Seligkeit: "Iam nunc, o homo, me miseram in hac lacrymarum valle commorantem satis terruisti, licet non infructuose docuisti. Miserere etiam nunc mihi miserae et fac mecum, sicut iam dudum promisisti. Propone paululum de felicitate perpetua, si forte valeam ex hoc capere aliqua mentis solatia, quia alternis

De quatuor hominis novissimis. S.575, 593 — Gerhard von Vliederhoven: Quatuor Nouissima. Bl.CC^{1v}, DD^{2v}, DD^{4r}, FF^{2r}, HH^{1v}, II^{1r} — Bamberg: Heilsames Gedenck an mich. S.283, 315, 319 — Bellarmin: Conciones. S.416 ff., 451, 454 — Bischoff: Vom Ewigen Leben. S.590 f. (zit. Seuse), Bl.Rr^{7v} (zit. Ps.Bernhard) — Döler: De Vita aeterna. Bl. A^{4v}, B^{6v}, C^{6r}, C^{7v} — Meyfart: Tuba. S.53 (ein Lobgedicht von Melchior Steinbrück — Bl.A^{4v} — nennt das Werk "emphaticas et patheticas de quatuor novissimis homilias") — Gerhard: Loci. Bd.20, S.533-536 (Carmina & Rhythmi de vitae aeternae felicitate, von Ps.Augustin, Ps.Bernhard, W. Alardus u.a.).

180. So z.B. bei Hunnius: Epitome. S.620; ähnlich Bellarmin: De arte bene moriendi. S.596.

uti delectabile est" (S.176).[181] An vielen anderen Texten wäre zu zeigen, wie die gesteigerte Darstellung gerade dieser beiden Stücke auch im ganzen antithetisch aufeinander bezogen ist. Es ist vor allem diese Antithetik, die dabei die Verwendung der rhetorischen Formen begründet und zugleich durch solche affektbewegende Vergegenwärtigung in ihrer geistlichen Bedeutung nachdrücklich hervortritt.

IV.

Den Absichten und Aufgaben, die den verschiedenartigen Quellen zu entnehmen sind, dienen auch die Sonette des Gryphius auf die vier Letzten Dinge, dient die von ihm getroffene, angesichts des begrenzten Sonettumfangs beträchtliche Auswahl aus der Fülle der überlieferten Motive, dienen deren Anordnung und Verknüpfung mit dem Bau der Sonette, dient ihre sprachliche und metrische Gestaltung.[182]

Das Sonett *Der Todt* ist im Sinne der überlieferten paränetischen Bedeutung dieses ersten eschatologischen Lehrstücks ganz auf die Aufgabe gerichtet, Mahnung an den Tod, Aufforderung zu seiner ständigen, für das Seelenheil notwendigen Betrachtung zu sein. Gewißheit, Unberechenbarkeit, Allgemeinheit, Unentrinnbarkeit des Todes führen daher die beiden Quartette teils in Form knapper Feststellungen, teils in amplifizierender Form vor Augen. Die Terzette setzen daneben das dem einzelnen Menschen sofort mit dem Tod bevorstehende besondere Gericht, in welchem bereits über Seligkeit oder Verdammnis entschieden wird, und erinnern daran, daß der Mensch in Tod und Gericht nichts von allem irdischen Besitztum mitnimmt, wohl aber die Folgen seines Tuns und Denkens, die Gegenstand des Gerichts sein werden. Das Sonett

181. Vgl. u.a. auch Migne: PL 172, Sp.1175 (Honorius Augustodunensis: Elucidarium); 183, Sp.664 f. (Bernhard: Sermones de diversis, XLII) — Seuse: Horologium. S.459 f. — Francisci: Wol der Ewigkeit. Bl.)(^{4v}; in ähnlicher Antithetik das ewige Leben gegen das irdische abgehoben bei Bischoff: Vom Ewigen Leben. S.39 ff. — Döler: De Vita aeterna. Bl.A^{2v}.

182. In der Vernachlässigung, ja z.T. ausdrücklichen Mißachtung solcher Aspekte liegt eine entscheidende Schwäche der Arbeit von Ott (vgl. u.a. S.114, 167, 263, 351).

gewinnt seinen mahnenden Charakter aber nicht nur durch diese Auswahl und die dichte Zusammenfügung der einzelnen Motive, sondern darüber hinaus vor allem dadurch, daß die mahnende Anrede des ersten Verses, in welcher der Sinn des Lehrstücks enthalten ist, das ganze Sonett durchzieht, daß sie, immer wieder aufgenommen, die bestimmende Sprachform für die Darlegung vieler Einzelzüge ist und daß sie noch ganz am Ende steht, als wörtliche Wiederholung der zweiten Hälfte des Eingangsverses, die nun durch das gesamte Sonett ein gegenüber dem Beginn verstärktes Gewicht erhält. So wichtig ist Gryphius offenkundig die mahnende Anrede, daß er mit ihrer Wiederholung, die zwar als Verknüpfung von erstem und letztem Sonettvers an sich an Spielarten zeitgenössischer Sonettgestaltung anschließt, doch einen Verstoß gegen fraglose Regeln des barocken Sonetts insofern in Kauf nimmt, als dabei die Reimbindungen von zwei Terzettversen (11 und 14) und vier Quartettversen (1, 4, 5 und 8) identisch werden.

Die Furchtbarkeit des letzten Gerichts, das alle Menschen betrifft, machen im Sonett *Das Letzte Gerichte* die beiden Quartette bewußt, indem sie in knapper Reihung die Zeichen des Gerichts nennen, dann die Toten aus sämtlichen Bereichen der Welt und die noch Lebenden, die alle miteinander zum Gericht gefordert werden, und darauf das von Glanz und Schrecken seiner Macht als Weltenrichter begleitete Erscheinen des erhöhten Christus vergegenwärtigen. Die Terzette hingegen, die sich ganz auf das im Gericht ausgesprochene Urteil und seine Vollstreckung konzentrieren, mahnen zur Besinnung auf das Gericht, indem sie in mehrfachem Wechsel den Spruch über die Gerechten und die Verdammten, die Vollziehung des Urteils an den Gerechten und den Verdammten, die Freude der einen, den Schrecken der anderen einander gegenüberstellen. Entsprechend der unterschiedlichen Art, in welcher die beiden Teile des Sonetts auf das Gericht mahnend verweisen, halten auch hier charakteristische Sprechgesten die ausgewählten Einzelheiten zusammen. In den Quartetten ist es vom Einsatz her der aus dem traditionellen "Surgite" abgeleitete wiederholte Ruf an die Lebenden und die Toten zum Gericht, der dann im zweiten Quartett auf die Darstellung des Erscheinens Christi zuläuft. In den Terzetten sind es die teils identischen, teils antithetisch unterschiedenen Ausrufe, mit denen Urteil und Vollstreckung an den Gerechten und den Verdammten nebeneinander und gegeneinander gestellt werden.

Im Mittelpunkt der Quartette des Sonetts *Die Hölle* stehen die zum Zwecke stärkster Warnung in asyndetischer Reihung als eine Häufung aller nur denkbaren Schrecken genannten Höllenqualen, umgeben und ergänzt vom Jammergeschrei der Verdammten mit ihrem Wunsch, von Bergen und Abgründen erschlagen und verschluckt zu werden, um der Pein zu entgehen. In betrachtender und fragender Form spricht das erste Terzett demgegenüber von der unentrinnbaren Ewigkeit der Pein, während das zweite Terzett in der Weise endgültiger Feststellung jene Unentrinnbarkeit verknüpft mit dem Hinweis auf den die Strafe gerecht verhängenden Zorn Gottes und sie damit bekräftigt. Beide Terzette schließen mit den im Reim verbundenen, aus der eschatologischen Überlieferung herkommenden paradoxen Formeln vom "sterben sonder sterben" und vom Verderben "vmb hier nicht zuverderben", die, von einem Ausruf die eine, von einer an Anfangs- und Schlußvers des Todes-Sonetts erinnernden Anrede an den Menschen die andere eingeleitet, als klagende Zusammenfassung des ewigen Leidens der Verdammten und als Mahnung aufeinander verweisen und die entscheidenden Folgerungen aus der warnenden, abschreckenden Vergegenwärtigung der Hölle ziehen.

Eine Reihe von himmlischen Freuden und Gaben erfüllt die Quartette des Sonetts *Ewige Frewde der Außerwehlten*. Sie sind umso mehr Anlaß überwältigten Staunens, als ihnen die Motive der Überwindung alles irdischen Leids und der Abkehr von allen vergänglichen Freuden kontrastierend eingefügt werden und das Motiv des Glanzes der verklärten Leiber zu dem eines Wettstreits mit dem Licht der Gestirne gesteigert wird. Ist im Höllen-Sonett die asyndetische Häufung der Qualen Mittel der abschreckenden Vorstellung, so werden hier die himmlischen Freuden zum Mittel der anspornenden Verheißung, indem sie in einer Folge knapper Sätze aneinandergereiht werden, deren verwundert preisende Sprechhaltung entwickelt wird aus dem an Ps.126,1 und andere Elemente der Überlieferung anknüpfenden Eingangsvers. Mit dem Beginn der Terzette wechselt in enger Verbindung mit den zahlreichen Anspielungen auf die Offenbarung und andere Bibelstellen die Sprechhaltung. Waren die Quartette Bekundung der Verwunderung durch eine einzelne auserwählte Seele, so folgt nun das alte Motiv der Preisung Gottes durch die Seligen in Form der an sie alle gerichteten Aufforderung zu solchem Preis im ersten und des an die Trinität sich wendenden Preisgesangs selbst im zweiten Terzett, in welchen, die Quartette fortsetzend und übersteigend, die Verheißung ewiger Seligkeit, mit welcher dieses Sonett über die Mahnungen und Warnungen der anderen hinausweist,und damit der ganze Zyklus ausklingt.

Der Überblick über die vier Sonette läßt erkennen, wie in ihnen bei manchen bezeichnenden Unterschieden im einzelnen, wesentliche Teile der jeweiligen Lehrstücke — unter spürbarer Mitwirkung bestimmter, zumeist aus der eschatologischen Überlieferung selbst stammender Sprechgesten vor allem der Anrede, des Ausrufs, der Klage oder der Preisung — in der Weise dicht miteinander verwoben werden, daß der Abriß der Lehre zugleich Mahnung, Warnung, Abschreckung, Verheißung ist. Dabei ist die von Gryphius getroffene Auswahl der Motive aus der Überlieferung so angeordnet, daß in jedem der Sonette jeweils eine Gruppe von Motiven die beiden Quartette, eine andere die beiden Terzette — teils mit, teils ohne weitere Aufgliederung innerhalb der Quartette oder der Terzette — füllt und in dieser Aufteilung jeweils eigenes Gewicht hat. Gryphius wählt damit — so genau kalkuliert dabei die Nutzung des Sonettgefüges ist — die einfachste Gliederung des Sonetts, neben der es im Barock mancherlei andere, kompliziertere gibt,[183] die er in vielen anderen Sonetten nicht verschmäht hat.

Der verhältnismäßig einfachen Sonettgliederung ist in mancher Hinsicht der Stil der Sonette vergleichbar. Verhältnismäßig selten ist in diesen Sonetten der Gebrauch metaphorischer Elemente, seltener auch als in manchen anderen geistlichen Sonetten des Dichters. Vieles, was auf den ersten Blick als metaphorisch gelesen werden könnte, erweist sich doch im Zusammenhang der übrigen eschatologischen Literatur als ganz wörtliche Aussage. Verhältnis-

183. Vgl. dazu u.a. Joseph Leighton: Deutsche Sonett-Theorie im 17. Jahrhundert. In: Europäische Tradition und deutscher Literaturbarock. Internationale Beiträge zum Problem von Überlieferung und Umgestaltung. Hrsg.v.Gerhart Hoffmeister. Bern, München 1973. S.11-36, die theoretischen Texte in: Das deutsche Sonett. Dichtungen, Gattungspoetik, Dokumente. Hrsg.v.Jörg-Ulrich Fechner. München 1969, sowie die Hinweise bei Krummacher: Der junge Gryphius und die Tradition. S.292 ff.

mäßig groß ist daher hier auch, trotz den erschwerenden Bedingungen einer Umsetzung in Verse, die Wörtlichkeit in der Wiedergabe der zugehörigen Bibelstellen, die diese Sonette nur in geringem Maße bloß umschreibend anklingen lassen, und auch die Wörtlichkeit der Aufnahme von Motiven und Wendungen aus der Überlieferung. Bei aller Bindung an das Bibelwort und aller Intensität des Rückgriffs auf die exegetische Tradition herrscht in den den Perikopentext auslegenden und auf die Situation des einzelnen Gläubigen applizierenden *Sonn- und Feiertags-Sonetten* des Gryphius ein kompliziertes Verhältnis zwischen Wiedergabe des Bibelworts, metaphorischer Umschreibung und allegorischer Auslegung, das es in den eschatologischen Sonetten nicht gibt. Sie sollen in umfangreicher Auswahl die Lehre von den Letzten Dingen vermitteln. Deshalb ist ihr Stil, zumal was den Gebrauch tropischer Rede betrifft, mehr oder weniger einfach, teilweise geradezu dem lehrhaften genus humile zuzurechnen. Aber sie sollen solche Lehre zugleich so vermitteln, daß sie auf geistliche Weise auf die Affekte einwirkt, daß sie im Sinne der ganzen eschatologischen Überlieferung Mahnung, Warnung, Abschreckung, aber auch tröstliche Verheißung und Ansporn ist. Deshalb verbindet sich mit Auswahl und Anordnung der überlieferten Motive und deren paränetischer Zubereitung durch charakteristische Sprechgesten ein überlegter Gebrauch affekthaltiger rhetorischer Figuren. Im Verein mit einem abwechslungsreichen Satzbau und einer differenzierten inneren Gliederung der Sonett-Teile gibt er den einzelnen Motiven im Mit-, Neben-, auch Gegeneinander ihre eigentümliche Wirkungskraft.

Im Sonett *Der Todt* sind es in den Quartetten vor allem Anaphern — eine Figur, die Meyfart in seiner *Teutschen Rhetorica* "sehr schön vnd dapffer; am meisten aber scharff vnd hefftig" nennt (S.294) —, das dreimalige "nun" in den Versen 3 und 4, das zweimal wiederholte "Hier" in den Versen 5 und 6, die zusammen mit den parallel gebauten, auf halbe oder ganze Verse verteilten Sätzen die Beispiele für die Allgemeinheit und Unentrinnbarkeit des Todes in so verknüpfter Aufzählung hervorheben und ihnen ihr affektisch-argumentatives Gewicht geben. In den Terzetten unterstreicht die Aufgliederung in kurze Teile in v.9 die Hinweise darauf, daß das besondere Gericht den Menschen ganz allein und sofort trifft. Der nächste Vers stellt in parallelen Halbversen die Möglichkeit von Seligkeit oder Verdammnis neben- und gegeneinander, gefolgt von einem ganzen Vers, der dafür die Begründung im Hinweis auf das Urteil Christi als des Richters im besonderen Gericht gibt. Danach sind es wiederum zwei parallel gebaute, anaphorisch eingeleitete Halbverse, die die Nacktheit und Besitzlosigkeit des Menschen am Lebensbeginn und am Lebensende zeigen, ergänzt durch den folgenden, nun wieder nicht zweigeteilten erklärenden Vers. All dem, was mit dem Tod vergangen ist, kann dann der mit einem "Doch" beginnende letzte Vers in scharfer Antithese das, was nicht vergeht, sondern im Gericht beurteilt werden wird, das "werck", entgegenstellen und daraus die den Anfang des Sonetts wieder aufnehmende Mahnung ableiten.

Die aus dem traditionellen "Surgite" hergeleitete Apostrophe — Meyfart nennt diese Figur "sehr schön vnd scharff" (S.385) —, gerichtet an die zum Jüngsten Tag geforderten Toten mit mehrfach anaphorisch wiederholtem "Auff", verschränkt bis in den Beginn des zweiten Quartetts im Sonett *Das Letzte Gerichte* die erschreckenden Zeichen des einbrechenden Gerichts und die niemanden auslassende Berufung zu diesem Gericht. Die folgende Vergegenwärtigung der Erscheinung Christi als des Weltenrichters macht deren Glanz und Schrecken anschaulich, indem sie mit verschleierter Anapher in den Versen 6-8 ("vor Ihm...Bey Ihm... nach jhm...Vmb jhn") die sie begleitenden Erscheinungen — in je einem halben Vers — und die unendliche Schar der Engel — diese nun in einem einzigen langen, eine Bibelstelle umschreibenden Vers — aneinanderreiht. Die Terzette arbeiten die das Gericht überall in der eschatologischen Literatur prägende große Alternative von Beseligung oder Verdammnis heraus in einer durchgehenden Folge von Antithesen und deren chiastisch wechselnder Anordnung. Alstedt spricht der Antithese und zumal einer wiederholten eine ungemeine Wirkung zu: "Antithesis, imprimis gemina, singulariter delectat auditorem...Antitheta maximè penetrant animum auditoris" (*Rhetorica*. S.290). Verschärft wird die Folge von Antithesen in den Terzetten durch Anaphern, Parallelismen, Ausrufe, in v.11 auch durch einen Chiasmus des Satzbaus und durch eine weitgehende Zweiteilung der Verse.

Das erste Quartett des Sonetts *Die Hölle* — und in begrenzter Weise auch das zweite Quartett — wird beherrscht von der asyndetischen exklamatorischen Reihung, in der hier die Höllenqualen angeführt werden. Nach Meyfarts Rhetorik empfiehlt die

Figur des Asyndetons sich, "wenn eine behende Bewegung deß Gemüths anzudeuten...Oder wenn viel Stücke zuerzehlen / die zimliche Wichtigkeit auff sich tragen" (S.221).[184] Die Jammerrufe in den Versen 1 und 4 rahmen die asyndetische Aufzählung der Qualen dadurch wirkungsvoll ein, daß sie eine von Alstedt eigens erläuterte Form der Anapher einsetzen: "Motus ex anaphorâ existit major, si adverbia demonstrandi & exclamandi in gaudio, in desiderio, in luctu, in fletu, in miseriâ adhibeantur" (S.246). Die Terzette wiederholen die Figur in den Versen 11 und 14. Mit einer weiteren Anapher in v.13, der Parallelität dieser beiden Halbverse zum ähnlich gebauten Satz im vorangehenden Vers, durch metrisch fundierte lange fragende und feststellende Sätze, die der Gliederung der kleinteilig zusammengesetzten Quartette kontrastieren, bekräftigen die Terzette warnend die im Zorn Gottes begründete Ewigkeit der Höllenstrafen.

Exclamatio, zum Teil in der nach Alstedt besonders wirkungsvollen Verbindung mit der Anapher, und Apostrophe durchziehen beide Teile des Sonetts *Ewige Frewde der Außerwehlten*. Und ähnlich wie im vorigen Sonett ist dabei die Gruppe der Quartette viel kleinteiliger gegliedert als die der Terzette. Aber was dort die Abschreckung zum Zweck hat, dient hier der bewegt darzustellenden Seligkeit und der Aufforderung zum Preis Gottes. Das gilt auch für den mehrfachen Wechsel der Objekte der Apostrophe, für die Anaphern, die kurze Sätze in den Quartetten und lange in den Terzetten verknüpfen, für die Verschränkung von Chiasmus und Anapher in v.4, für mancherlei sonstige Wortwiederholungen und Parallelismen, die zumal in den Quartetten in vielfältiger Weise ineinandergreifen und sich überlagern und so zur preisenden Bewegtheit des Sonetts beitragen, die es deutlich von den ersten drei Sonetten abhebt.

Alle vier Sonette setzen eine Vielzahl von affektwirksamen rhetorischen Figuren ein, um mahnend, warnend, abschreckend, verheißend von den Letzten Dingen zu sprechen. Aber es sind dabei

184. In solchem Sinne hat Gryphius das Asyndeton an anderen Stellen z.B. für Aufzählungen aller möglichen irdischen Leiden verwendet, u.a. GA III, 169, An seinen Hrn Bruder P. Gryphium, v.36 ff.; VI,7, Die Heilige Felicitas, I, v.13 f.

auch Unterschiede zu bemerken. Anreden prägen entsprechend ihrer Intention alle Sonette, aber in den ersten drei Stücken sind es Anreden der Mahnung und Forderung, im letzten solche der Preisung und des an alle Seligen gerichteten Aufrufs dazu. Die beiden ersten Sonette sind aufs ganze gesehen aber weniger stark von exclamatio und Apostrophe als die beiden letzten bestimmt, dafür jedoch von einem Gebrauch von Anapher, Parallelismus und Antithese, der ihnen einen mehr argumentativ gegliederten Aufbau und, verglichen mit den beiden anderen, einen eher noch belehrenden Charakter gibt, sichtbar auch in noch stärkerer und gleichmäßigerer Konzentration verschiedenartiger Stücke der überlieferten Lehre in allen Sonett-Teilen. So sind denn auch diese beiden diejenigen Teile des Zyklus, bei denen man insgesamt eher von einem einfachen Stil sprechen kann. Stärker jedenfalls als auch diese zielen die beiden letzten Sonette auf einen affekthaft gesteigerten Stil, der sich schon anbahnt in den Terzetten des zweiten Sonetts mit ihrer Konzentration auf exclamatio, Anapher und Antithese. Das ist begründet in der sich gegenseitig spiegelnden antithetischen Bedeutung, die die Bilder von Hölle und Himmel überall auch sonst als sachliche und deshalb auch zu sprachlicher Steigerung führende Höhepunkte der Behandlung der Letzten Dinge haben, und es macht sichtbar, wie die Sonette des Gryphius, von denen jedes in seiner Weise mit der wechselvoll in sich gespannten Gliederung und Ausgestaltung seiner Teile auf die Weckung der geistlichen Affekte gerichtet ist, gerade in ihrer Verschiedenartigkeit als Teile eines Zyklus zusammengehören, der als solcher erst richtig verstanden ist, wenn man ihn in seinen inhaltlichen Voraussetzungen wie in seiner affektbezogenen geistlichen Wirkungsabsicht erfaßt, die ihn in den beiden Schlußsonetten kulminieren lassen muß.

Eine letzte Bestätigung erfahren solche Feststellungen durch die metrische Gestaltung des Zyklus. Ganz der allerüblichsten Form der Sonettgestaltung, die die Poetikliteratur der Zeit kennt, folgt nicht nur die Gliederung aller vier Sonette mit ihrer Aufteilung in die Gruppen der Quartette und die der Terzette und ebenso — mit der einen Ausnahme der Verse 11 und 14 des ersten Sonetts — das Reimschema aller vier Sonette,[185] sondern auch die metrische

185. Es ist das Schema abba abba ccd eed, das in zahlreichen Poetiken

Gestalt der beiden ersten Sonette. Sie bestehen aus Alexandrinern, den — noch vor den vers communs — am häufigsten im barocken Sonett verwendeten Versen. Anders steht es mit dem dritten und vierten Sonett. Sie mischen — und dies noch wieder auf unterschiedliche Weise — mehrere und zum Teil ungewöhnliche Versarten.

Im Sonett *Die Hölle* bestehen nur vier Zeilen aus dem im Barocksonett sonst so üblichen Alexandriner. Es sind die Verse 2/3 und 5/6, mithin diejenigen, von denen vor allem die ersten beiden durch die asyndetische Reihung der Höllenqualen so auffällig sind. Diese vier Alexandriner, durch ihre Füllung von nicht gerade alltäglichem Charakter, sind umgeben von vier trochäischen Versen, die nur aus je drei Silben bestehen und — mit Ausnahme des Verses 4 — nur mit einsilbigen Wörtern gefüllt sind. Gegen solche Versfüllung, die ihr übel und schwer zu klingen schien, hat die gesamte Barockpoetik Vorbehalte gehabt, gegen die noch Johann Ulrich König im 18. Jahrhundert zu polemisieren Anlaß fand.[186]

mehr oder weniger uneingeschränkt zur Norm erklärt wird. Allerdings haben — worauf schon Manheimer: Die Lyrik des A. Gryphius. S.47 hingewiesen hat — das 3. Sonett in seinen Terzetten und das 4. in seinen Quartetten nicht den sonst fast immer üblichen Wechsel von weiblichen und männlichen Reimen.

186. Johann Ulrich König: Untersuchung Von der Beschaffenheit Der einsylbigen Wörter in der Teutschen Dicht-Kunst. In: Johann von Besser: Schrifften. T.2. Leipzig 1732. (Film der Sammlung Faber du Faur) S.833-901. Zur Position der Barockpoetik u.a. Siegmund von Birken: Teutsche Rede- bind- und Dicht-Kunst. Hildesheim, New York 1973 (Nachdr.d.Ausgabe Nürnberg 1679). S.5, 16, 59 f. — Johann Hofmann: Lehr-mässige Anweisung / Zu der Teutschen Verß- und Ticht-Kunst. Nürnberg 1702. (Film Exemplar HAB Wolfenbüttel) S.9 f. — Johann Christoph Männling: Europaeische[r] Parnassus. Wittenberg 1685. (Film Exemplar HAB Wolfenbüttel) S.51 — Martin Opitz: Buch von der deutschen Poeterei. [5]Halle 1949. S.28 — Gottfried-Wilhelm Sacer: Nützliche Erinnerungen Wegen der Deutschen Poeterey. Alten Stettin 1661. (Film der Sammlung Faber du Faur) S.19 — Justus Georg Schottel: Teutsche Vers- oder Reimkunst. Hildesheim, New York 1976 (Nachdr.d.Ausgabe Lüneburg 1656). S.33, 70 — Justus Georg Schottel: Ausführliche Arbeit Von der Teutschen HaubtSprache. Hrsg.v.Wolfgang Hecht. Tübingen 1967 (Nachdr.d.Ausgabe Braunschweig 1663). T.2, S.825, 847 — Johann Peter Titz: Zwey Bücher Von der Kunst

Ebenso problematisch erschienen ihr so kurze Verse, die allenfalls in bestimmten Fällen zulässig sein konnten, wie beispielweise Harsdörffer meint:

> Die zwey- drey- und viersylbigen langkürtzte Reimarten können füglich für sich kein gantzes Gedicht machen / werden aber andern untermenget / wenn man in grossen Trauren gleichsam eine gebrochne Stimm bilden will.[187]

Die Terzette mischen zwei vers communs (v.11 und 14) mit vier Zeilen, die aus achthebigen Daktylen bestehen. Daktylen gelten der Poetik des 17. Jahrhunderts fast ausschließlich als allein für fröhliche Gegenstände geeignet,[188] und dementsprechend wird oft darauf hingewiesen, daß sie ganz und gar nicht für Trauergedichte beispielsweise zu gebrauchen seien. Nur wenige Theoretiker wie

Hochdeutsche Verse und Lieder zu machen. Danzig 1642. (Exemplar UB Tübingen) Bl.H[4v] — Andreas Tscherning: Unvorgreiffliches Bedencken über etliche mißbräuche in der deutschen Schreib- und Sprach-Kunst. Lübeck 1659. (Exemplar UB Marburg) S.98 — Philipp von Zesen: Sämtliche Werke. Hrsg.v.Ferdinand van Ingen. Bd.9. Deutscher Helicon. Berlin, New York 1971. S.23, 37; Bd.10. Hoch-Deutscher Helikon. Berlin, New York 1977. T.1, S.42 f.

187. Georg Philipp Harsdörffer: Poetischer Trichter. Darmstadt 1969 (Nachdr.d.Ausgabe Nürnberg 1648 ff.). T.1, S.54. Vgl. auch u.a. Birken: Rede- bind- und Dicht-Kunst. S.17 ff. — Männling: Europaeischer Parnassus. S.52 f. — Magnus Daniel Omeis: Gründliche Anleitung zur Teutschen accuraten Reim- und Dicht-Kunst. Nürnberg 1704. (Exemplar UB Münster) S.70 — Schottel: Teutsche Vers- oder Reimkunst. S.102, 104, 127; Ausführliche Arbeit. T.2, S.870 f., 887 f.

188. Vgl. dazu u.a. Harsdörffer: Poetischer Trichter. T.3, S.93 — Hofmann: Lehr-mässige Anweisung. S.91 f. — Christoph Kaldenbach: Poetice Germanica. Nürnberg 1674. (Exemplar StuUB Göttingen) S.14 — Männling: Europaeischer Parnassus. S.46, 55 — Johann Christoph Männling: Der Europaeische Helicon. Alten Stettin 1704. (Exemplar UB Greifswald) S.92. — Masen: Palaestra Eloquentiae ligatae. P.I, S.395 — Morhof: Unterricht von der Teutschen Sprache und Poesie. S.299, 345 — Johann Georg Neukirch: Anfangs-Gründe zur Reinen Teutschen Poesie. Halle 1724. (Exemplar LB Wiesbaden) S.73 — Omeis: Gründliche Anleitung. S.74, 101 — Johann Joachim Statius: Der Wohlgebahnte Weg zu der Teutschen Poesie. Bremen 1716. (Exemplar UB Halle) S.62 — Titz: Kunst Hochdeutsche Verse...zu machen. Bl.G[1v] f.

Birken, Zesen oder Hadewig meinen, daß daktylische Verse auch "zu geistlichen Liedern gar schicklich gebraucht werden" könnten[189] oder in Trauergedichten, wenn man "mit lustigẽ Worten di herliche Freude des ewigen Lebens wolte beschreiben / und di Betrübeten also nur trösten".[190] Zesen geht sogar so weit, als Ausnahme zu fordern: "daß solche dattel-ahrt nicht allein zu dergleichen lustigen/ sondern auch (damit der wider-sprecher meinung gantz zu nichte werde) zu seufzenden / trauer- und kläglichen sachen bißweilen könne gebraucht werden" (*Sämtliche Werke.* Bd. 10/2, S.577). Bedenken haben die Zeitgenossen oft auch gegen so lange Verse. Sie erscheinen ihnen wenig nützlich, da man sie kaum überschauen und den Reim kaum hören könne,[191] oder mehr der ungebundenen als der gebundenen Schreibart zugehörig,[192] sie sind ihnen "wegen der über-länge / ganz verdrieslich zu lesen".[193] Gryphius aber nutzt Daktylen hier für einen alles andere als fröhlichen Gegenstand, und er macht die überlangen, acht-

189. Birken: Rede- bind- und Dicht-Kunst. S.114.

190. Johann-Henrich Hadewig: Wolgegründete teutsche Versekunst. Bremen 1660. (Exemplar LB Hannover) S.290 f.; ebenso Johann-Henrich Hadewig: Kurtze und richtige Anleitung / Wie in unser Teutschen Muttersprache Ein Teutsches Getichte...könne verfertiget werden. Rinteln 1650. (Exemplar LB Wiesbaden) S.138.

191. Hadewig: Anleitung. S.76, 77; Versekunst. S.195, 204 f.

192. Omeis: Gründliche Anleitung. S.69; s.auch S.73, 76.

193. Birken: Rede- bind- und Dicht-Kunst. S.25. Vgl. ferner u.a. August Buchner: Anleitung zur deutschen Poeterey. Hrsg.v.Marian Szyrocki. Tübingen 1966 (Nachdr.d.Ausgabe Wittenberg 1665). S.124 — Harsdörffer: Poetischer Trichter. T.1, S.71 ff. — Hofmann: Lehr-mässige Anweisung. S.22 f. — Morhof: Unterricht von der Teutschen Sprache und Poesie. S.301 — Georg Neumark: Poetische Tafeln. Hrsg.v.Joachim Dyck. Frankfurt a.M. 1971 (Nachdr.d.Ausgabe Jena 1667). Anmerkungsteil, S.127, 133 — Jakob Friedrich Reimmann: Poesis Germanorum Canonica & Apocrypha. Leipzig 1703. (Exemplar StuUB Göttingen) S.69 f. — Albrecht Christian Rotth: Vollständige Deutsche Poesie. T.1. Leipzig 1687. (Exemplar LB Fulda) Bl.C[1v], C[6r] — Schottel: Teutsche Vers- oder Reimkunst. S.125; Ausführliche Arbeit. T.2, S.885, 898 — Johann Samuel Wahll: Gründliche Einleitung zu der rechten / reinen und galanten Teutschen Poesie. Chemnitz 1723. (Exemplar StuUB Hamburg) S.40 ff. — Zesen: Sämtliche Werke. Bd.9, S.34.

hebigen Daktylen geradezu zu seinem Gerichts- und Höllenvers. Das mit einem Ausblick auf das Jüngste Gericht endende Sonett *Mitternacht* (GA I, 66 f., Son.II,4) besteht ganz aus solchen Versen, im *Leo Armenius* (GA V,64 f., 4. Abhandlung, v.61 ff.) mischen sich unter die Alexandriner plötzlich solche (und einige andere abweichende) Verse, als Jamblichus einen höllischen Geist beschwört.[194] Selbstverständlich ist den Zeitgenossen auch nicht die Mischung von verschiedenartigen Versen, zumal wenn es sich um Verse aus unterschiedlichen Arten von Versfüßen handelt wie bei Gryphius.[195] Harsdörffer schließt solche Mischung allerdings nicht aus, doch gilt sie ihm noch als neu, schicklich aber immerhin "zu Vorstellungen einer grossen Betrübniß / oder beweglicher Vermahnung" (*Poetischer Trichter*. T.I, S.78). Männling sieht in ihnen eine "Emphatische Zierlichkeit", "wann ein sonderlicher Casus sich ereignet" (*Der Europaeische Helicon*. S.92).[196]

194. Etwas kürzere daktylische Verse begegnen im Zusammenhang mit vergleichbaren Motiven — vor allem in Reyen — u.a. in Gryphius' "Papinian" (IV), Lohensteins "Agrippina" (V), Hallmanns "Catharina" (I), "Sophia" (IV), "Theodoricus" (II).

195. Bedenken dagegen — obgleich Mischungen sonst z.T., etwa bei zu kurzen Versen oder bei Daktylen, gefordert werden — u.a. bei Morhof: Unterricht von der Teutschen Sprache und Poesie. S.303 (zumal gegen zu häufigen Wechsel der pedes) — Omeis: Gründliche Anleitung. S.81 — Zesen: Sämtliche Werke. Bd.10/1, S.136 (gegen Versmischungen außerhalb der Liedform); Bd.10/2, S.572 (gegen zu künstliche Versmischungen, während Zesen an sich an mehreren anderen Stellen auf mögliche Versmischungen hinweist); gegen Mischung von Versfüßen innerhalb einer Zeile: Buchner; Anleitung. S.134.

196. Vgl. auch Hadewig: Anleitung. S.150; Versekunst. S.196, 289, 299 ff. — Harsdörffer: Poetischer Trichter. T.1, S.83 f. (hier auch Mischung unterschiedlicher Versfüße innerhalb einer Zeile); T.2, S.13 — Männling: Europaeischer Parnassus. S.95 ff. — Morhof: Unterricht von der Teutschen Sprache und Poesie. S.301 f. (um das "kindische" der Daktylen zu mildern) — Sacer: Nützliche Erinnerungen. S.30 — Schottel: Teutsche Vers- oder Reimkunst. S.170 ff.; Ausführliche Arbeit. T.2, S.914 f. Bezeichnend ist der oft apologetische Ton der positiven Stimmen und die weitgehende Beschränkung von Versmischungen auf Liedstrophen, in denen sie ohnehin vielfach gebräuchlich sind. — Gryphius hat — im einzelnen wäre das im Blick auf die Funktion näherer Untersuchung wert

Obgleich Gryphius in seinem übrigen Werk in so ungewöhnlicher Weise wie hier verschiedene Versarten nur recht selten noch gemischt hat, tut er dies in seinem eschatologischen Zyklus — wenn auch auf andere Art — gleich noch ein zweites Mal im abschließenden Sonett *Ewige Frewde der Außerwehlten*. Die Quartette bestehen hier aus achthebigen Trochäen,[197] die mit ihrer Länge auch für die zeitgenössische Poetik zu den Versen zählen, die ihr nicht unbedenklich erscheinen. Die Terzette, auch in anderer Hinsicht von den Quartetten unterschieden, heben sich metrisch von ihnen dadurch ab, daß nun vorwiegend jambische Verse folgen. Die Verse 9 und 10, achthebige Jamben,[198] haben dieselbe Länge wie die Quartettverse. Die Verse 12 und 13, die längsten dieses Sonetts, mischen gar vier jambische und vier daktylische Versfüße. Und die Verse 11 und 14 sind zwar die kürzesten dieses Sonetts, es sind sechshebige jambische Verse. Aber auch sie sind ungewöhnlich. Denn es sind nicht, wie bei einem jambischen Vers mit dieser Silbenzahl in einem Text des Barock zu erwarten, Alexandriner: sie haben keine Zäsur. Kaum einem Verfasser einer Poetik ist solche Abweichung von einer selbstverständlichen Norm vorstellbar. Nur ganz selten ist solche Abweichung als im Einzelfall zulässig erklärt worden, von Zesen oder Schottel, auch von Männling, der ähnlich wie jene dazu erklärt: "Allein es wird nur solche Freyheit daher entschuldigt / weilen man die Sache trachtet lebhafft vorzustellen / sonst ist es dem Thone nach sehr unlieblich" (*Der Europaeische Helicon*. S.67).[199] Aber auch da ist wohl immer nur an einen

— insgesamt von der Mischung insbesondere von Versarten, die nicht nur durch die Zahl, sondern auch durch die Art der Versfüße unterschieden sind, nur begrenzt Gebrauch gemacht.

197. In derselben Versart — eingeschoben in jambische Verse — spricht im Prolog der "Catharina von Georgien" die Ewigkeit vom Kontrast von irdischem Leid und ewiger Seligkeit (GA VI,141).

198. Von Zesen (Sämtliche Werke. Bd. 10/1, S.259) werden immerhin vierzehn- bzw. fünfzehnsilbige Jamben als eine mögliche Versart vorgeführt und mit einem eigenen Gedicht "Von der Ewigkeit" belegt; mit demselben Beispiel dann auch bei Schottel: Teutsche Vers- oder Reimkunst. S.143 ff.

199. Vgl. auch Männling: Europaeischer Parnassus. S.35 — Omeis: Gründliche Anleitung. S.92 — Schottel: Teutsche Vers- oder Reimkunst.

einzelnen Vers und sein eher zufälliges Wortmaterial gedacht, nicht an eine so planmäßige zweimalige Abweichung, wie sie bei Gryphius dadurch vorliegt, daß zweimal das für den Schluß des Sonetts zentrale Wort "Halleluja" dort steht, wo die Zäsur des Alexandriners liegen müßte, und die Lesung der Verse als Alexandriner unmöglich macht.

Gryphius häuft in der metrischen Gestalt seiner letzten beiden eschatologischen Sonette Formzüge, die, wenn sie auch nicht geradezu Verstöße gegen gültige Normen darstellen, doch an deren Grenzen liegen und der zeitgenössischen Poetik alles andere als selbstverständlich sind. Wo sie dennoch von einzelnen Theoretikern hingenommen werden und dafür eine Begründung gegeben wird, da geschieht es doch nur als Ausnahme, zumeist dann aber auch mit dem Hinweis, daß in bestimmten Fällen dadurch eine besondere Affektwirkung erreicht werden könne. Sie offenkundig ist auch, was Gryphius damit erstrebt und erreicht. Die Mischung der unterschiedlichen, teils extrem kurzen, teils extrem langen Versarten aus unterschiedlichen Versfüßen im Höllen-Sonett ist den einzelnen, aus der eschatologischen Tradition abgeleiteten Teilstücken des Sonetts genau angepaßt und im Verein mit ihnen wie mit der Sprachform geeignet, in einer die Affekte ergreifenden und dadurch abschreckenden Weise die Fülle der Höllenstrafen und ihre Ewigkeit vor Augen zu stellen. Im letzten Sonett aber ist die Wirkung des im Prinzip gleichen Verfahrens eine ganz andere. Die vielen langen Verse geben dem Sprechen hier, bei aller Kleinteiligkeit der Füllung mancher Verse, einen eigenen Duktus freudigbewegter Beruhigung, machen anschaulich erfahrbar, daß in der ewigen Seligkeit alle Spannung, alle Widersprüche des Irdischen aufgelöst sein werden, sodaß das Sonett am Ende ausgehen kann

S. 75; Ausführliche Arbeit. T.2, S.852 — Zesen: Sämtliche Werke. Bd. 10/1. S.65 f. (Verse der hier gemeinten Art gibt es bei Gryphius — nach einem Hinweis bei Manheimer: Die Lyrik des A.Gryphius. S.19 — wohl nur in "Der Schwermende Schäffer", GA VIII, S.114, v.94, S.166, v.156, wo sie kaum durch eine besondere Wirkungsabsicht begründet erscheinen). Gegen Zesens Standpunkt in dieser Frage polemisiert Hadewig: Anleitung. S.98 f.; Versekunst. S.222 f. Sonst gilt die Zäsur im Alexandriner einfach als selbstverständlich und wird darum immer nur knapp erwähnt.

mit einem der beiden Verse, in welchen aus dem Alexandriner ein sechsfüßiger jambischer Vers ohne Zäsur und ohne Antithetik geworden ist. Gerade die Unterschiedlichkeit der metrischen Gestalt der beiden Sonette im einzelnen läßt die mit ihnen beabsichtigte Affektwirkung erkennen und läßt zugleich erkennen, daß die Wahl solcher Formzüge nicht in artistischer Willkür, sondern im Gegenstand begründet ist und ihm dient. Die metrische Form der beiden Sonette, die sie von den beiden ersten gemeinsam abhebt, läßt den ganzen Zyklus in dem Sinne, den die theologische Überlieferung der Entgegensetzung von Hölle und Himmel gibt, auf sie zulaufen, macht diese Entgegensetzung selbst gegenwärtig und läßt den ganzen Zyklus nach dem Höhepunkt der Affekterregung durch das Höllen-Sonett ausklingen in die mit andersartiger Eindringlichkeit vergegenwärtigte Verheißung der *Ewigen Frewde der Außerwehlten* als tröstliche Affektberuhigung.

Andreas Gryphius hat in seinen Sonetten über die vier letzten Dinge kein "selbstherrliches Spiel der Worte inszeniert", er hat nicht aus individueller "innerer Notwendigkeit" zu bestimmten auffälligen Stilzügen gegriffen, nicht die Sonettform, die ihm doch in fast allen seiner mehr als zweihundertundfünfzig Sonette sonst genügt hat, hier aus vehementem Ungenügen an ihr gesprengt, er hat überhaupt nicht persönlichem Ausdrucksverlangen Raum gegeben. Daß gerade dies nicht Absicht solcher Gedichte ist, daß barocke Gedichte tatsächlich von anderer Art, in einem ganz anderen Sinne auf eine Wirkung beim Leser angelegt sind als die Lyrik, die sich im 18. Jahrhundert entwickelt hat, das wird deutlich und doch wohl auch für einen heutigen Leser erfahrbar, wenn man den einzelnen Text nicht für sich nimmt, sondern seine Inhalte in den Zusammenhang der Überlieferung, der sie zugehören, stellt und ihre Verfahrensweisen von den Auffassungen der Zeit aus zu begreifen sucht. Diese eschatologischen Sonette sind Texte, die auf die Erregung, die Beeinflussung der Affekte des Lesers oder Hörers gerichtet sind und alle ihre Mittel, die metrischen Formen wie die rhetorischen Figuren, die Sonettform und die Möglichkeiten ihrer Gliederung wie die Verbindung der getroffenen Auswahl aus der eschatologischen Überlieferung mit dieser Form, die Umsetzung dieser Auswahl in ein aus jenen Formzügen gewonnenes, dicht verfugtes Gebilde solcher Aufgabe und ihrer geistlichen Begründung dienstbar machen. Hier wie in seinem übrigen Werk beruht die noch heute anrührende Kraft seiner Texte nicht etwa darauf, daß Gryphius ganz anders wäre als die meiste Literatur seiner Zeit, sondern daß er deren Formmöglichkeiten mit besonderer, im Sinne des rhetorischen aptums ganz an der Sache orientierter Überlegung und Konsequenz nutzt. In solcher Weise hat er in seinem eschatologischen Zyklus mit bedachtem und dadurch eindrücklich wirksamem Einsatz der persuasiven rhetorisch-poetischen Mittel wie so viele andere Predigten, Erbauungsschriften oder Dichtungen über die Letzten Dinge versucht, zum Bedenken dessen anzuleiten, wovon er auch in seiner Leichabdankung *Abend Menschlichen Lebens* gesprochen hat, dabei im Wortlaut der Luther-Bibel jene Stelle aus Jesus Sirach (7,40) zitierend, die — oft auch in der Vulgata-Fassung "In omnibus operibus tuis memorare novissima tua, & in aeternum non peccabis" angeführt — so etwas wie eine Devise aller eschatologischen Literatur des Mittelalters und der frühen Neuzeit ist:

> Würde man den nicht vor thöricht schätzen / der auff bestim̄ten Tag vor dem Richter erscheinen / und einer Anklage auf alle sein Haab und Vermögen / auff seine Ehre / ja auff sein Haupt und Leben gewertig seyn solte / sich aber gar nichts hierum besorgete / mit keinen zu dem Gegenbeweiß dienenden Schrifften / keinem Vorsprechen / keinem Beystand / auch keinem Rettungs-Mittel sich gefaßt machete? Eben so ists mit mehrentheils Menschen bewandt; Wir sehen ja täglich Leichen und Gräber: Wir wohnen in den Häusern / die andere vor uns gebauet: Wir brauchen nicht wenig Stücke / die wir von andern geerbet: Wir lesen derer Bücher / die längst vor uns entschlaffen / daß es unmöglich / das man sich nicht offt des Todes erinnern müsse. Wie aber machet man sich darzu fertig und geschickt? Kommt bißweilen ja ein heilsamer Gedancken / so schläget man denselben aus dem Sinn...Und dannenhero kommt der Tod den meisten so schrecklich vor / weil sie / wenn man aus dieser irrdischen Hütten muß / sich keiner andern Wohnung zu getrösten haben; Die jenigen aber / die sich iederzeit durch ein heiliges Leben zu jenem stets wehrendē fertig gemacht / die mit GOtt allhier gewandelt / in diesem Leben...welche nicht nur ihren letzten Willen / so viel Freunde / Güter und Verlassenschafft betrifft / zeitlich auffgesetzet; sondern (was tausend mal herrlicher) sich dem Willen des Höchsten unterworffen / sind getrost und freudig. Sie ruffen mit David/ wenn sich der Tod einstellt: Es ist ein guter Freund / und bringet gute Bottschafft...Wie denn auch Gerhardus, des heiligen Bernhardi Bruder/ mit diesen Worten sein Leben geendet: Lobet den HErrn in

seinem Heiligthum...Der Tag / saget hierzu der heilige Lehrer / brach dir schon an zu Mitternacht / die Nacht ward dir liechte / wie der Tag...Ich bin zu diesem Wunder gefodert / zu sehen einen Menschen / der sich ergetzte in dem Tode / der den Tod verlachte...Jam non est stimulus, sed jubilus. Jam cantando moritur homo, & moriendo cantat...Ja die stete Vorbereitung schrecket ab von allen Lastern; Was du thust / so bedencke das Ende / sagt Syrach / so wirst du nimmermehr übels thun (*Dissertationes Funebres*. S.454 ff.).

Joseph Leighton

DAS SONETT IM ROMAN: ZUR FRÜHEN REZEPTION DES SONETTES IN DEUTSCHLAND.

Im siebzehnten Jahrhundert hat sich das Sonett als eine der wichtigsten Gattungen der deutschen Lyrik etabliert. Seine Bedeutung zeigt sich darin, daß so viele Dichter dem Sonett einen beträchtlichen Teil ihrer lyrischen Produktion gewidmet haben, und daß es in der Gelegenheitsdichtung der Barockzeit eine so wichtige Stelle einnimmt. Die Tradition des Sonettes unterscheidet sich jedoch wesentlich von anderen lyrischen Formen der Zeit, nicht zuletzt deswegen, weil die verbreitete, in akademischen Kreisen fast allumfassende Tradition der neulateinischen Lyrik ihre Entwicklung nicht bestimmt hat. Die Schwierigkeiten, wegen seines komplexen Reimschemas das Sonett im Lateinischen nachzubilden, und die äußerst seltenen Versuche der neulateinischen Dichter, mit der Sonettform zu experimentieren, haben zur Folge, daß die neulateinische Dichtung, die auf die Entwicklung der barocken Lyrik in Deutschland einen maßgebenden Einfluß ausgeübt hat, für die Sonett-Tradition kaum von Belang ist.

Diese Tatsache, die weitgehend von der Forschung übersehen wird, wirft wichtige Fragen auf, wann und wie sich das Sonett im frühen siebzehnten Jahrhundert so schnell etablieren konnte, zu einer Zeit, wo die neulateinische Dichtung trotz wichtiger Impulse aus Frankreich, Italien und den Niederlanden immer noch die literarische Szene in Deutschland beherrschte. Das Problem ist offensichtlich ein vielfältiges, und alle Faktoren auszusondern, die die Rezeption des Sonetts in der voropitzischen Zeit hätten beeinflussen können, liegt außerhalb der Grenzen dieses Aufsatzes. Hier gilt es nur, die Rolle des Sonetts in den Romanübersetzungen des frühen siebzehnten Jahrhunderts zu untersuchen und an Hand von diesem einzelnen Aspekt eines vielseitigen Problems die verschiedenen Entwicklungsstadien des

Rezeptionsprozesses darzustellen. Diese lassen sich ziemlich genau beobachten, von der anfänglichen Ablehnung der Sonettform über zögerndes Experimentieren bis zur endgültigen und vollständigen Akzeptierung und Assimilierung des Sonetts.

Rein zahlenmäßig kommt das Sonett in der Zeit vor dem *Buch von der deutschen Poeterey* am häufigsten in den Romanübersetzungen vor. Schon diese kaum berücksichtigte Tatsache rechtfertigt die Frage: Welche Rolle haben solche Romane in der Rezeption der Sonettform gespielt? Zwei wichtige Argumente sind hier anzuführen: Erstens zeigen die frühen Romanübersetzungen eine klare chronologische Entwicklung in der praktischen Verwendung des Sonettes und in der Art der Rezeption; zweitens muß man mit der Möglichkeit rechnen, daß die Beliebtheit der Schäferromane einen wesentlichen Einfluß auf die Bereitschaft der Leser ausübte, die neue Form des Sonetts zu akzeptieren, sie in bestimmten Situationen vielleicht auch zu erwarten.

Ein geeignetes Beispiel, diese Argumente zu demonstrieren, ist die deutsche Übersetzung der *Bergeries de Julliette* von Nicolas de Montreux, die in Deutschland mit dem Titel *Die Schäffereyen von der schönen Juliana* erschien. Der erste Band erschien 1595;[1] das benutzte Exemplar ist die zweite Ausgabe, die 1604 erschien. Der Übersetzer bezeichnet sich als F.C.V.B. Wenn wir hier auch die Identität des Verlegers berücksichtigen, so haben wir es vermutlich mit demselben F.C.V.B. zu tun, der den zwanzigsten Band des *Amadis* übersetzt, und den Hilkert Weddige eindeutig als Friedrich Castalio aus Basel identifiziert hat.[2] Die Bände 2 bis 5 erschienen in den Jahren 1616 und 1617 aus der Hand eines neuen Übersetzers, der sich als I.B.B.B. bezeichnet. Erst vor kurzem hat Leonard Forster die Identität dieses Übersetzers als Johann Balthasar Burckhardt aus Basel wahrscheinlich gemacht.[3]

1. Vgl. Jörg-Ulrich Fechner: Das Deutsche Sonett. Dichtungen, Gattungspoetik, Dokumente. München 1969. S.441.

2. Hilkert Weddige: Die 'Historien von Amadis auss Frankreich'. Dokumentarische Grundlegung zur Entstehung und Rezeption. Wiesbaden 1975. S.81ff.

3. Leonard Forster: Christoffel von Sichem in Basel und der frühe deutsche Alexandriner. Amsterdam 1985. S.37. Herrn Forster bin ich für die Möglichkeit, die Fahnen seines Buches einzusehen, zu großem Dank verpflichtet.

Schließlich, im Jahre 1617, ist auch eine Schatzkammer der schönsten Stellen aus der *Schäffereyen von der schönen Juliana* herausgegeben worden.

Auf die Sonette in dieser Romanübersetzung hat schon Jörg-Ulrich Fechner in seiner Sonettanthologie hingewiesen,[4] und die Beispiele, die Fechner wiedergibt, legen schon von ihrem Kuriositätswert ausreichend Zeugnis ab. Wenn man diese Sonette aber einmal in ihrem ursprünglichen Kontext untersucht und die Übersetzung mit der Vorlage vergleicht, ergeben sich weitere Aufschlüsse zur Frage der Sonettrezeption. Dem Zeitunterschied, der beträchtlichen Pause zwischen der Erscheinung des ersten Bandes und der übrigen vier Bände kommt große Bedeutung zu, weil er in einem gewissen Sinne auch noch für andere Übersetzungen von Schäferromanen gültig bleibt, die entweder sehr zögernd erschienen, wie im Falle der *Astrée* von Honoré d'Urfé, oder für die zweite Ausgabe völlig revidiert wurden, wie im Falle der *Diana* von Montemayor oder der *Arcadia* von Sir Philip Sidney. Was auch die Ursachen dieser Verzögerungen oder Verbesserungen sein mögen, bilden die verschiedenen Ausgaben der Romanübersetzungen einen günstigen Ausgangspunkt, Entwicklungen und Veränderungen in der Handhabung des deutschsprachigen Sonetts zu beobachten.

Wenn wir die von Friedrich Castalio verfertigte Übersetzung des ersten Bandes der *Schäffereyen von der schönen Juliana* mit dem französischen Original vergleichen, treten einige interessante Unterschiede ans Licht. Schon im Titel wird die Gattungsbezeichnung "Sonett" völlig vermieden; während der Titel im Original uns mitteilt, daß die Geschichte "plusieurs Echoz, Enigmes, Chansons, Sonnets, Elegies & Stances"[5] einschließt, spricht der Titel der deutschen Übersetzung nur von "vielen lieblichen Reymen/Rähterchen/Liedern und andern Poetischen Gedichten".[6] Diese Vermeidung des Sonetts zeigt sich auch anderweitig im Text

4. Fechner. S. 49ff.

5. Le Premier Livre des Bergeries De Julliette, Paris 1588. Das benutzte Exemplar befindet sich in der Herzog August Bibliothek Wolfenbüttel unter der Signatur 42.22 Eth.

6. HAB Wolfenbüttel, Signatur 62 Eth.

der Übersetzung. Daß die beiden Widmungssonette ausgelassen werden, ist an sich kaum bemerkenswert, weil sie in der Übersetzung keine Relevanz hätten (es sei denn, sie würden auch inhaltlich verändert). Sehr viel wichtiger ist die Tatsache, daß die sogenannten ''Enigmes'', die sich am Ende jedes Buches bzw. Tages befinden, und die im Original immer in Sonettform erscheinen, einfach in Knittelvers übersetzt werden. Es wird kein Versuch unternommen, die Form des Originals wiederzugeben. Darüber hinaus kommen zwei Situationen vor, wo der Übersetzer sich verpflichtet fühlt, seine Vermeidung des Sonetts auf irgendeine Weise zu rechtfertigen. In der ersten Situation hat die schöne Schäferin Cliomene ihrem neuen Liebhaber Rusticus verschiedene Liebesgedichte ihres ehemaligen Buhlers Fortunio vorgelesen. Im Original kommt Rusticus mit der Bitte, auch Sonette Fortunios hören zu dürfen, und Cliomene kommt seiner Bitte entgegen, indem sie ein beschriebenes Blatt mit zwei Sonetten von Fortunio herbeibringt. Als Cliomene ihren Vortrag der beiden Sonette beendet hat, warnt sie Rusticus vor der Gefährlichkeit seiner Bitte wegen der Möglichkeit, daß die Sonette ihre Liebe für Fortunio wieder entzünden. Die deutsche Übersetzung nimmt denselben Punkt auf, aber verdreht ihn zugleich, um einen Vorwand zu haben, die Sonette nicht herbeibringen zu müssen. Die Übersetzung lautet:

> Ich möchte aber auch wol etliche Sonneten hören/ so er dir zulieb gesungen hat (sagt Rusticus). Deren wolte ich dich auch wol etliche hören lassen/ antwortet Cliomene/ wo ich nicht besorgen müste/ daß das Feuer/ so bey mir gegen ihme all bereit schier gar verloschen und abgangen ist/ mit der Zeit/ und varauß wan du mir selbige Lieb offtmahln also inn Gedächtnuß führen woltest und fürwerffen/ wie jetzunder geschehen/ wiederumb angehn möchte/ wie ich dann noch etliche Füncklein davon inn meinem Hertzen empfinde/ davon bald ein großes Feuer entstehen könte/ dadurch du deiner Hoffnung beraubet/ Fortunio aber wiederumb mehr als zuvor jemaln zu Gnaden angenommen wird. (*Juliana,* I. S.364)

Diese beredte Huldigung der erotischen Macht des Sonetts verwendet der Übersetzer hier mit geschickter Hand, um der schwierigen Aufgabe der Sonettübersetzung einfach aus dem Wege zu gehen.

Bei einer späteren Gelegenheit aber bewältigt Castalio das

Problem weniger geschickt. Er findet keine so elegante Lösung und muß in einfachere Ausweichmanöver flüchten. Juliane bittet Belar, ihr einige Lieder zu singen, um ihn von den unwillkommenen Liebesbezeugungen abzubringen, die sie sonst von ihm erwartet. Als er zwei Lieder gesungen hat, will er Juliana nur ungern von sich lassen, wenn sie nicht drei Sonetten zuhört, die er ausdrücklich für sie komponiert hat. Im Original werden die drei Sonette in der Tat auch vorgesungen. In der deutschen Übersetzung wird uns aber einfach mitgeteilt, daß die Sonette hier überflüssig sind:

> Nach dem Belar auch dieses Lied gesungen/ oder vielmehr geseuffzet hatte/ bracht er etliche andere poetische Gedichte/ und unter andern zwey oder drey Sonneten/ so diß Orts zuverzeichnen unnöthig gewesen/ herfür/ welche die schöne Juliana mit sonderm Lust und Gefallen anhöret. Sie ward aber davon in ihrem Herzen mehr als zuvor zu Erbärmde und Mitleyden gegen ime beweget. (*Juliana,* I. S.528)

So wird dem deutschen Leser vorenthalten, wie der unerwünschte Buhler durch seine Sonette eine so positive Reaktion hervorrufen konnte.

Während die Vermeidung des Sonetts eine durchaus bewußte und klar umrissene Taktik des Übersetzers war, bildet sie nicht die einzige Lösung zum Problem der Sonettübersetzung. In Castalios Übersetzung des ersten Bandes der *Juliana* befinden sich drei Gedichte, die mindestens als Annäherungsversuche an die Form des Sonettes zu betrachten sind, und die Jörg-Ulrich Fechner auch in seine Anthologie aufnimmt.[7] Auch in diesen Fällen aber ist die Übersetzung nicht ganz unproblematisch. Das erste Sonett in der deutschen Fassung gibt kein Sonett, sondern einen Vierzeiler der Vorlage wieder:

> En vain l'on a basty, à l'amour une table,
> En l'estimant un Dieu, ou un corps plus qu'humain:
> Il n'est homme si mol, qui n'eschappe sa main,
> Quand il ne veut garder, d'estre un iour miserable.
> *Julliette*, I. f 21^{v})

> Mich wundert/ warumb doch die Alten
>   Der Lieb zulieb viel Altär new

7. Fechner. S. 49ff.

Gesetzt/ und auffgricht manch Gebäw/
Und in so grossen Ehren ghalten:
Als ob sie eingeschrieben were/
In der Himmlischen Göttern Zahl/
Oder mehr als die Menschen all
An Herrlichkeit sey/ und an Ehre:
So doch der schwächste Mensch auff Erden
Irm gwalt entgehn kan/ und frey werden
Von ihrem Strick und Banden schlecht:
Wann er begehrt in jungen Jahren/
Vor solchem Elend sich zbwahren/
So ihm daher entspringen möcht.
(*Juliana*, I. S.117)

Aus dem Vergleich dieser beiden Texte ergeben sich zwei wichtige Argumente. Erstens war die Übersetzung der Sonette deshalb schwierig, weil die gedrängte, epigrammatische Form des Sonetts einen hohen Grad an Sprachverdichtung mit sich brachte. Zweitens zeugt das Bedürfnis, ein Sonett auch dann zu liefern, wo es im Original gefehlt hat, von dem Bewußtsein einer neuen Mode, mit der sich der Übersetzer unbedingt identifizieren will.

Das zweite der von Fechner zitierten Beispiele wirft eine weitere Frage auf, nämlich, ob das Gedicht überhaupt als Sonett zu betrachten ist:

En vain en vain belle bergere,
Le ciel ta tant favorisé.
Puis que ta main à bien osé
Oster ces meschants de misere:
Car ils meritoient ce supplice,
Pour penitence de leur vice.
Diane qui est offensée,
D'un si miserable forfaict,
L'airra couler l'amoureux traict,
Au plus profond de ta pensee
Tant que tu deviendras amante,
Sans que personne te contente
(*Julliette,* I. f.122^{v})

Die Götter fürwar hatten dich
Begabt und gsegnet miltiglich:
Daß du frey soltest sein auff Erden/

Von der Lieb nicht angefochten werden.
Solchs aber hilfft dich jetzund nit/
Dann du es verschütt hast damit/
Daß du auffgelöset diese Band/
Den die es wol verschuldet haben.
Diana zürnet über dich:
Drumb wirstu bald/ nit one Schmertzen/
Die Lieb empfinden in deinem Hertzen:
Das glaube mir gantz sicherlich.
In Lieb dein grosse schmertz und peyn
Mit Lieb nicht wirdt belohnet sein.
(*Juliana*, I. S.581)

Wenn man davon ausgeht, daß das Sonett sich in erster Linie durch seine Reimstruktur definieren läßt, und daß nicht jeder Vierzehnzeiler als Sonett gedacht ist, dann muß man dieses Beispiel etwas kritischer anschauen. Im Kontext wird es nicht als Sonett bezeichnet; zu einer Zeit, wo die Gattung in Deutschland kaum bekannt ist, und wo der Übersetzer sonst seine Sonette ausdrücklich als solche bezeichnet, läßt die fehlende Bezeichnung vermuten, daß der Übersetzer das Gedicht nicht als Sonett aufgefaßt hat. Im Original ist das Gedicht auch kein Sonett, obwohl die drucktechnische Verteilung der Terzetten vielleicht irreführend wirkt. Die Verwendung der Reimpaare in den ersten acht Versen entspricht nicht dem erwarteten Reimschema des Sonetts, obwohl man hier gleich zugestehen muß, daß im siebzehnten Jahrhundert viele Versuche mit Sonetten in Reimpaaren zu belegen sind. Dagegen nähert sich das Reimschema der Terzetten dem Vorbild des Sonetts an. Es kann sein, daß Castalio hier mit der Sonettform experimentiert, ohne sich mit einer genauen Gattungsbezeichnung festlegen zu wollen. Gerade weil Sonette in den Romanübersetzungen fast immer als solche bezeichnet werden, ist eine gewisse Vorsicht zu rechtfertigen, wo solche Bezeichnung fehlt.

Ob ein Sonett als solches bezeichnet wird oder nicht, ist keine so belanglose Frage, wie sie auf dem ersten Blick erscheinen mag. Die Bezeichnung liefert dem Leser ein Zeichen, daß das Gedicht innerhalb einer bestimmten Tradition oder zugleich auch als Modeobjekt zu sehen ist; wie Fechner das treffend formuliert, funktioniert die Bezeichnung 'Sonett' im Deutschen als "unbestimmtes Modeattribut".[8] Das Fehlen einer solchen Bezeichnung in einer Situation, wo dem deutschen Leser die Sonett-Tradition sowieso unvertraut ist, deutet entweder auf bewußte Unterlassung hin, oder auf Gleichgültigkeit gegenüber genauer Kategorisierung oder vielleicht auch auf die Absicht, ein bestimmtes Gedicht nicht als Wiedergabe der Sonettform erscheinen zu lassen.

Wenn man alle diese Vorbehalte in Betracht zieht, bleibt im ersten Band der Montreux-Übersetzung ein einziges Gedicht, das eindeutig als Sonett einzustufen ist, und das sich auch als Sonett bezeichnet:

SONNET

Non pour vous offencer, ces vers ie vous presente
Ou pour vous esmouvoir ie le vois souspirant,
Mais afin seulement, qu'un iour es me plorant,
Lors que ie seray mort, mon amour vous contente.
Souvienne vous combien, mon amour fut ardente,
Et combien ie me pleuz d'aller vous honorant,
Et croyez que le mal, que ie souffre en mourant
Est le regret que i'ay, que mon oeuil vous absent,
Ainsi par mon trespas, vous perdez & ie pers,
Mais encor vous avez pour reliques les vers,
Que pour vous honorer, en mourant ie vous laisse:
Vous me laissez au lieu les larmes & soupirs,
Mais las c'est peu de chose, au prix de cent plaisirs,
Que i'ay euz pour servir, une telle maistresse.
(*Julliette,* I f. 181^{v}-182^{r})

Sonneten

Euch seyen diese Verß geschenckt:
Nit daß ich euch erzürnen wölle/
Oder sonst in was Unmuht stelle/
Sonder daß ir mein darbey denckt.
Gedencket/ bitt ich/ meiner Lieb/
Und meiner Diensten stets in Trewen/
Die ich gern allzeit wolt vernewen.
Umb euch ich mich zu tod betrüb.
Mein Todt uns beyd in Schaden führt:
Dann ir ein trewen Buhlen verliert/

8. Fechner. S. 24.

Ich aber alles Glück und Heile.
Doch habt irs besser/ als ichs hab:
Ir frewt euch vielleicht dieser Gaab/
Mir aber wirdt kein frewd zutheile.
(*Juliana*, I. S.818)

Aus dem Vergleich mit dem Original geht klar hervor, daß der Assimilierungsprozeß erst am Anfang steht. Kein Versuch wird hier unternommen, die Alexandriner der Vorlage wiederzugeben; statt dessen entscheidet sich der Übersetzer für eine knittelversähnliche Kurzzeile. Das Metrum beruht auf Silbenzählung, die nicht immer konsequent durchgeführt wird. Zur metrischen Form der Übersetzung ist auch anzumerken, daß die Sonette der französischen Vorlage ausschließlich in Alexandrinern oder 'vers communs' verfaßt sind. Castalios Unfähigkeit oder Abneigung, Proben dieser Formen zu liefern, dürfte wohl als Zeugnis der dabei entstehenden technischen Schwierigkeiten oder als Beweis des zögernden Assimilierungsprozesses gedeutet werden.

Auch das Reimschema erweist sich als zu schwierig, ohne Mühe nachgeahmt zu werden, und im Oktett ist kein durchgehender Reim, der die beiden Vierzeiler verbindet; wie es für das frühe deutsche Sonett durchaus typisch ist, verändert sich der Reim im zweiten Quartett. Dagegen gibt das Sextett das Reimschema des Originals genau in der Form wieder, die später, durch das Beispiel Opitzens unterstützt, allgemein in Deutschland als das normale Schema akzeptiert wurde. Auch werden in dieser Übersetzung nicht alle inhaltlichen Probleme völlig überwunden, und die Klage, die das Original so stark charakterisiert, wird nur in wesentlich geschwächter Form übertragen. Zu diesem Zeitpunkt war es offensichtlich der Fall, daß die vielen technischen Probleme eine befriedigende Wiedergabe der Sonettform wesentlich erschwerten.

Es wäre sinnvoll, hier kurz eine Zwischenbilanz zu ziehen, um die Leistung Castalios einmal festzuhalten. Wenn man von den beiden Widmungssonetten absieht, enthält der erste Band der *Bergeries de Julliette* elf Sonette. Von diesen wird nur das eine als Sonett übersetzt. Die anderen werden entweder in der Form geändert oder ohne weiteres ausgelassen. Die beiden weiteren Gedichtübersetzungen, die mit Vorbehalt noch als Sonette zu beschreiben sind, haben keine Sonette als Vorlage. Während die Übersetzung des ersten Bandes also große Unsicherheit in der

Handhabung der Sonettform aufweist, und während viele technische Schwierigkeiten der Sonettübersetzung noch nicht überwunden sind, zeigt die Einführung der Sonette überhaupt - und ihre spezifische Bezeichnung als solche - den klaren Willen des Übersetzers, dem deutschen Publikum eine wichtige neue literarische Mode mitzuteilen. Die Tatsache, daß der erste Band der Übersetzung schon 1604 eine zweite Ausgabe erlebte, spricht von der guten Aufnahme des Werkes beim Publikum. Insofern dürfen wir vermuten, daß Castalios Übersetzung auch zum allgemeinen Bewußtsein der neuen Form in Deutschland beigetragen hat.

Diejenigen Leser des ersten Bandes der *Schäffereyen von der schönen Juliana,* die das Werk gelesen hatten, ohne diese neue Mode zur Kenntnis zu nehmen, hätten diese Gleichgültigkeit durch die Lektüre der weiteren vier Bände nicht aufrechterhalten können. Der Übersetzer dieser Bände war, wie schon angedeutet, wohl Johann Balthasar Burckhardt aus Basel. Die Bände erscheinen 1616 und 1617, und der Zeitabschnitt zwischen dem ersten Band und den einundzwanzig Jahre später erscheinenden Bänden läßt eine deutliche Entwicklung in der Rezeption der Sonettform erkennen.

Die neue Übersetzung wird immer noch von einer auch bei Castalio bemerkbaren Unsicherheit in der Verwendung der Sonettform charakterisiert, was sich sowohl in der ungeschickten Handhabung des Metrums als auch in dem unvollständigen Reimschema erkennen läßt, wie auch in einer mangelhaften Beherrschung des Reims überhaupt. Dazu kommt noch die Ungewißheit, was unter der Gattungsbezeichnung 'Sonett' zu verstehen sei: bei einer Gelegenheit in der Erzählung wird ein Gedicht, das aus sechs vierzeiligen Strophen besteht, als 'Sonett' bezeichnet.[9] Trotzdem sind auch fortschrittlichere Momente zu belegen. Erstens werden alle Sonette in der Vorlage auch als Sonette übersetzt; schon diese Tatsache deutet auf ein stärkeres Selbstvertrauen in der Verwendung der Sonettform hin, das vielleicht auch deswegen nötig war, weil die Häufigkeit der Sonette im Original wesentlich größer war als im ersten Bande. Schon der

9. Juliana, II. S. 53.

zweite Band bringt 61 Sonette. Zweitens versucht der Übersetzer auch, über den Knittelvers hinwegzukommen und es mit einer längeren Verszeile zu versuchen. Nur eine Sonettübersetzung wird in Alexandrinern verfaßt.[10] Alle anderen werden aber zumindest in einer Form wiedergegeben, die sich den 'vers communs' annähert.

Wichtiger als die technischen Schwierigkeiten, die bei der Übersetzung der Sonette entstehen, ist hier die schon erwähnte Häufigkeit der Sonette. In den Bänden 2 bis 5 kommen insgesamt etwa 140 Sonette vor. Diese wachsende Häufigkeit führt dann unvermeidlich zur Frage nach dem Kontext, in dem die Sonette stehen, und nach der Funktion, die sie in diesem Kontext zu erfüllen haben. Zur Erhellung dieser Frage bietet sich hier in besonders günstiger Form eine Stelle im zweiten Band, wo die sogenannten 'Opera Poetica' der Schäferin Juliana als kleine geschlossene Sammlung dargeboten werden.

Die Situation, in der diese 'Opera Poetica' vorkommen, läßt sich folgendermaßen charakterisieren: nachdem Juliana die moralischen Deutungsmöglichkeiten einer der vielen Schäfergeschichten erörtert hat, die die Struktur des Textes bestimmen, schenkt der schönen Schäferin der Schäfer Arcas ein Blatt mit vielen Lobeshymnen auf Juliana. Als Gegenleistung beehrt Juliana den Schäfer mit einigen Gedichten aus eigener Hand, bei welchem Augenblick dem Leser mitgeteilt wird, daß sie ihre besten sich selber vorbehalten hat. Die besten werden dann im Text in der Sammlung 'Opera Poetica' wiedergegeben. Sie werden mit folgender Aussage eingeführt:

> Diese hernachfolgende Verß nun seindt ihrer Composition und gedichts/ Ohne das jemahlen jemādts etwas hinzu gesetzt/ corrigirt oder gemindert hat/ Welches gewißlich wohl lobens würdig/ und an einer so jungen Tochter zu verwundern ist. (*Juliane,* II. S. 1011)

So werden die Gedichte der Juliana als Objekte großer Integrität und von besonderem Wert innerhalb des Romans dargeboten.

Von den dreißig Gedichten, die die 'Opera Poetica' ausmachen, sind achtzehn in Sonettform verfaßt. Die anderen Gedichte weisen eine beträchtliche Formenvielfalt auf, wobei die Form des Dialogs eine besondere Beliebtheit genießt. Im allgemeinen entsprechen die

10. Juliana, II. S. 18.

Sonette der Form, die sich auch bei den Sonetten im Textkörper als die übliche erweist. Metrisch beruhen sie auf der gleichen Annäherung zu den 'vers communs', und sie zeigen auch ähnliche Schwächen im Metrum und Reim. Nach Inhalt und Funktion enthalten die Sonette der 'Opera Poetica' verschiedene Typen, insbesondere auch ein 'Geistlich Sonnet', wie auch ein höchst ungewöhnliches Sonett in Dialogform.[11] Einige Sonette sind auch Einzelpersonen gewidmet, und eines der Gelegenheitssonette bezieht sich auf den Tod der jüngeren Schwester der Schäferin Juliana.

Die Bedeutung dieser kleinen Gedichtsammlung besteht darin, daß sie in einmaliger Weise Gedichte verschiedener Art und für verschiedene Gelegenheiten aus der Hand einer einzelnen, wenn auch fiktiven Autorin zusammenstellt. Die Formenvielfalt und die Bevorzugung des Sonetts bezeugen den Versuch des Autors, mit den neuesten Modeerscheinungen auf dem laufenden zu sein. Das Bewußtsein der formalen und technischen Möglichkeiten des Sonetts ist wesentlich weiter entwickelt als die Fähigkeit, mit diesen Möglichkeiten kunstvoll umzugehen. Was die technische Meisterschaft der Sonettform und die sprachliche Qualität angeht, so stehen die Sonette der 'Opera Poetica' auf viel niedrigerem Niveau als etwa das Sonett Weckherlins aus dem selben Jahr.[12] Da sollte man aber auch berücksichtigen, daß die hier in Betracht kommenden Gedichte nur Übersetzungen sind und keine Originale. Der Vergleich mit Weckherlin läßt sich nur in dem Sinne rechtfertigen, daß wir es hier wie dort mit der südwestlichen Ecke Deutschlands zu tun haben, wo sich die neuen Impulse aus Frankreich immer besonders frühzeitig zu erkennen geben.

Der Sonderstatus der 'Opera Poetica' der Juliana wird auch dadurch betont, daß die kleine Sammlung in ihrer Ganzheit in der *Schatzkammer von allerley der schönsten/ zierlichsten/ außbündigsten Orationen/ Sendbriefen/ Gesprächen/ Discursen/ Glückwunschungen/ Danksagungen/ Vermahnungen/ und dergleichen/ Auß den Fünff Büchern der Schäffereyen von der schönen Juliana*

11. Juliana, II. S. 1023-4.

12. 'Die spiegelmacher an das Frauenzimmer' in: Triumf Newlich bey der F. Kindtauf zu Stutgart gehalten. Stuttgart 1616.

zusammen gezogen aufgenommen wird. Diese Schatzkammer wurde 1617 von Zetzner herausgegeben, demselben Verleger also, der auch für die *Amadis* - Schatzkammer verantwortlich war. Im großen und ganzen tauchen nur selten Gedichte in dieser Schatzkammer auf, da sie, wie schon aus dem Titel deutlich wird, hauptsächlich Modelle der praktischen Rhetorik oder, in den Worten der Vorrede, "ein besondere Formular Rhetorischer ziehrlichkeit" liefern soll. Die Verbindung zum *Amadis*-Roman zeigt, daß das Werk keine vereinzelte Erscheinung ist. Wenn es auch nicht als Teil der bewährten Tradition angesehen werden darf, so doch als Zeugnis einer bewußten Marktstrategie, was auch aus der Voranzeige der *Schatzkammer* im fünften Bande der Juliana hervorgeht. Hier ist nicht der Ort, der genauen Funktion solcher Schatzkammer nachzugehen. Für unser jetziges Anliegen sind zwei einfache Argumente hervorzuheben: Erstens ist schon die Existenz der *Schatzkammer* ein Beweis für die Beliebtheit und das Ansehen des Romans; zweitens ist der Sonderstatus der 'Opera Poetica', der ihnen durch die Aufnahme in die *Schatzkammer* zukommt (im Gegensatz zu den vielen Gedichten, die hier nicht aufgenommen werden), schon ein Zeichen des neuen Erwartungshorizonts, wo Sonette als notwendige, modegerechte Komponente solcher Gedichtsammlungen verstanden werden.

Mit dieser kurzen Untersuchung der 'Opera Poetica' ist aber die Frage nach der Funktion des Sonetts im Romantext noch nicht beantwortet. Wenn wir annehmen dürfen, daß die Beliebtheit des Romans dazu beigetragen hat, die Aufnahmebereitschaft der Leser für eine neue hochmodische Form zu vergrößern, so dürfen wir wohl auch vermuten, daß die Art, wie das Sonett im Roman gehandhabt wird, auch die Erwartungen bestimmt, die der Leser gegenüber der Rolle des Sonetts und der Art seiner Anwendung hat.

Aus dem Kontext wird immer wieder deutlich, daß manches Sonett auch gesungen wird. Obwohl man das Sonett nicht in erster Linie als Liedform einstuft, hat es jedoch in der Barockzeit eine gewisse musikalische Tradition.[13] Trotzdem läßt sich in den

13. Vgl. Zesens Definition des pindarischen Sonetts (Helikon III. S. 241).

späteren Bänden der *Schäffereyen von der schönen Juliana* auch die epigrammatische Form des Sonetts, die für das siebzehnte Jahrhundert eher typisch ist, belegen. Während im ersten Band die sogenannten 'Enigmes' nicht als Sonette übersetzt wurden, werden sie in den Bänden 2 bis 5 ohne Ausnahme als solche übersetzt. Diese epigrammatische Funktion des Sonetts wird weiter durch seine Verwendung als Epitaphium verstärkt sowie auch durch die im Schäferroman unvermeidliche Unsitte, Sonette in Marmorsäulen oder Baumrinde einzuritzen. Sonette werden oft als Geschenk angeboten, und im vierten Band erscheinen sie auch mehrmals in kleinen Gruppen und nicht nur als vereinzelte Gedichte. Im Laufe der Erzählung erscheinen Sonette auch als 'spontane' Antwort auf das Lied eines andern, was dazu dient, die Verwendbarkeit des Sonetts als Gelegenheitsgedicht sowie auch als Übung des Witzes zu betonen.

Aus dieser kurzen Betrachtung der Sonette in der deutschen Montreux-Übersetzung geht klar hervor, wie sich die Rezeption einer neuen lyrischen Form allmählich wandelt. In der Art, wie die Romanübersetzung über die anfängliche Vermeidung der Sonettform allmählich hinauswächst, sich dann auf unsichere Proben und zögernde Experimente einläßt, bis sie schließlich ein gewisses Selbstvertrauen mit der neuen Form gewinnt, können wir besonders deutlich beobachten, wie der Wunsch des Übersetzers, durch die Verwendung einer neuen Mode einen günstigen Eindruck auf den Leser zu machen, sehr viel weiter vorgedrungen ist als seine Fähigkeit, die technischen Schwierigkeiten der neuen Form zu überwinden. Trotz aller Unzulänglichkeiten und Ungereimtheiten der Übersetzung muß man aber letzten Endes eindeutig anerkennen, daß die Häufigkeit und Vielfalt der in diesen Bänden enthaltenen Sonettübersetzungen ohne Zweifel zum wachsenden Bewußtsein dieser neuen Form wesentlich beigetragen haben.

Was sich bei den *Schäffereyen von der schönen Juliana* bestätigen läßt, gilt auch in unterschiedlichem Maße für andere Romanübersetzungen der Zeit zwischen 1617 und 1640. In erster Linie sind hier Montemayors *Diana,* Sidneys *Arcadia* und d'Urfés *Astrée* zu erwähnen. Wenn wir die frühe Rezeption des Sonetts in die drei Entwicklungsstadien unterteilen, die bei der Montreux-Übersetzung deutlich zu erkennen waren, nämlich Vermeidung der

Sonettform, zögernde Aufnahmebereitschaft und endgültige Assimilierung, so lassen sich ähnliche Erscheinungen auch in den anderen Romanübersetzungen erkennen. Die Vermeidung der Sonettform ist in der ersten Ausgabe der *Diana*-Übersetzung, die 1619 von Hans Ludwig von Khueffstein unternommen wurde, wie auch in der 1629 erschienenen *Arcadia*-Übersetzung von Valentinus Theocritus von Hirschberg zu konstatieren. Beide Übersetzungen wurden dann von wichtigen Dichtern der Barockzeit verbessert, nämlich von Harsdörffer und Opitz. In der Vorrede zu seiner *Diana*-Übersetzung kommentiert Harsdörffer die frühere Vermeidung der gebundenen Rede folgendermaßen:

> Die Gedichte aber zum theil ausgelassen/ wie zu Ende des zweyten Theils Meldung beschehen; zum theil in ungebundener Rede abfasset ... Solches ist hochbesagten Herrn Dolmetscher Schulde nicht beyzumessen/ sondern der bösen Gewonheit selber Zeit/ und·der damals noch unausgeübten Poeterey/ da man unser Sprache für unfähig aller Zierlichkeit gehalten.

In der Schlußerinnerung nimmt Harsdörffer spezifisch zur Auslassung eines Sonetts Stellung:

> Des Syreno Glückwunsch/ welcher folget ist ein Sonnet/ oder Klingreimung/ von dem man/ zu Zeiten des Herrn von Kueffsteins nichts gewust/ und Er deswegen wol zu entschuldigen/ daß er der Grundsprache nicht näher kommen, Heut zu Tage aber kan/ und sol man sich dergleichen Freyheit nicht mehr gebrauchen/ sondern nechst/ dem Inhalt/ auch die Reimart/ so viel möglich behalten.

Daraus wird deutlich, daß man in der Opitz-Zeit gelernt hat, viel höhere Ansprüche an die Arbeit des Übersetzers zu stellen. Wie Opitz mit der früheren *Arcadia*-Übersetzung verfahren ist, und insbesondere wie er die Sonette wiederhergestellt hat, habe ich an anderer Stelle schon besprochen.[14]

14. Joseph Leighton: On the reception of Sir Philip Sidney's 'Arcadia' in Germany from Opitz to Anton Ulrich. In: From Wolfram and Petrarch to Goethe and Grass. Studies in Literature in Honour of Leonard Forster. Edited by D.H. Green et al. Baden-Baden 1982. S. 473ff.

Die *Astrée*-Übersetzung bietet uns dagegen ein gutes Beispiel der sich langsam entwickelnden Aufnahme des Sonetts in Deutschland. Während in den ersten drei Teilen, die 1624 und 1625 in Halle erschienen, alle Sonette auch als solche übersetzt werden, sind sie zum großen Teil auch von denselben Mängeln gekennzeichnet, die wir in den fünf Bänden der *Schäffereyen von der schönen Juliana* beobachten konnten. Erst im vierten Teil, der 1632 in Leipzig erschienen ist, zeigt sich eine einigermaßen kompetente Beherrschung der Sonettform, die sich offensichtlich an Opitz und seinen Vorschriften geschult hat. Erst in den verbesserten Übersetzungen der *Diana* und der *Arcadia,* die Harsdörffer und Opitz hervorgebracht haben, können wir eine endgültige und formvollendete Assimilation des Sonetts im Roman beobachten.

Was die frühen Romanübersetzungen für die Rezeption des Sonetts in Deutschland so wichtig macht, ist das ambivalente Verhältnis zwischen den literarischen Ambitionen des Übersetzers und den Erwartungen des Publikums. Wenn man vom Umfang und von der Beliebtheit der Schäferromane ausgeht, so läßt sich ohne weiteres vermuten, daß diese einen starken Einfluß auf den Geschmack des Publikums ausgeübt haben. So wurde eine breite Leserschaft allmählich vorbereitet, die neue modische Form des Sonetts zu akzeptieren und zu schätzen. Auf diese Aufnahmebereitschaft des Lesers konnte Opitz schon rechnen, als er sein *Buch von der deutschen Poeterey* verfaßte; auf dieser Grundlage konnte die kleine Poetik sehr schnell weiterbauen. Mit den klaren Richtlinien, die Opitz im *Buch von der deutschen Poeterey* setzte, wurde es den deutschen Dichtern sehr viel einfacher, die Sonettform zu verwerten und, was die Gelegenheitsdichtung betrifft, zu vermarkten.

Eberhard Mannack

UNVORGREIFLICHE GEDANKEN ÜBER MÖGLICHKEITEN, UNSERE KENNTNISSE VON BAROCKAUTOREN ZU VERTIEFEN. DEMONSTRIERT AM BEISPIEL VON J.C. VON GRIMMELSHAUSEN.

Zu einem Kolloquium über Stand und Aufgaben der Barockforschung wurde im Januar 1979 nach Wolfenbüttel eingeladen. Über die dort erörterten Gegenstände und Fragen sowie die geplanten Vorhaben berichteten in knappen Zusammenfassungen die Teilnehmer des Kolloquiums in Heft 1 des sechsten Jahrganges der *Wolfenbütteler Barock-Nachrichten.* Danach war auch die Einrichtung einer "Arbeitsstelle für Biographien zum 17. Jahrhundert" vorgesehen, die ich selbst vorgeschlagen hatte.[1] So sehr man damals den Vorschlag begrüßte, die weit verstreuten und oft in entlegenen Publikationsorganen versteckten biographischen Informationen in einem Band zu versammeln und damit dem Barockforscher eine verläßliche Grundlage an die Hand zu geben, im Laufe der Diskussionen verstärkten sich dann aber doch Bedenken der Art, daß man wohl schwerlich für das Sammeln sehr wichtiger, aber doch schon bekannter Erkenntnisse Geldgeber finden werde.

Meine langjährige Beschäftigung mit Grimmelshausen veranlaßt mich nun, noch einmal auf dieses Projekt einzugehen - und nicht zufällig geschieht dies anläßlich des Geburtstages unseres verehrten Oberhauptes der Oker-Schwäne, ohne dessen Anregungen und Förderung die Barockforschung nicht in so fruchtbarer Weise sich hätte entwickeln können.

Grimmelshausen ist zweifelsohne noch heute der bekannteste deutsche Barockautor, dessen Bedeutung durch mehrere Gesell-

1. Eberhard Mannack: Arbeitsstelle für Biographien zum 17. Jahrhundert. In: Wolfenbütteler Barock-Nachrichten VI. (1979) S. 275f..

schaften lebendig gehalten wird. Was wir freilich über sein Leben und Denken wissen, ist nicht eben viel, und noch immer sehen wir uns auf die sorgfältigen Arbeiten früherer Forscher verwiesen, die in bewundernswerter Kleinarbeit das Wirken von Grimmelshausen gerade im alltäglichen Beruf erschlossen haben. Eine wie oben vorgesehene Sammlung der bekannten Daten und Fakten würde also im wesentlichen wiederholen müssen, was der frühere Forscherfleiß bereits präsentiert hat.[2]

Eine seit Jahren wachsende und kaum noch voll zu überblickende Forschungsliteratur zu Grimmelshausen hat ein besseres Verständnis der Texte dieses Autors eröffnet, während eine sorgfältige Ausgabe den Zugang zum Werk überhaupt erleichtert. Ergänzungen zur Biographie hinsichtlich von einfachen Daten und Fakten sind dabei freilich kaum eingebracht worden, doch hat man vielfach auf andere Phänomene aufmerksam gemacht, die nicht unerheblich dazu beitrugen, daß sich unsere Vorstellung von diesem bedeutenden Autor präzisiert hat. Das betrifft insbesondere die Lektüre oder besser die Quellen, denen Grimmelshausen vieles zu verdanken hat. G. Weydt stellte verdienstvoller Weise schon 1968 eine Liste der vom Autor benutzten Bücher zusammen, die inzwischen dank der Forschungen zu einzelnen Werken oder Gegenständen erheblich erweitert werden muß. Sie läßt Schlüsse zu, die besondere Interessen wie auch Grenzen der Lektürebeschaffung beleuchten und Grimmelshausen im Vergleich zu einigen gelehrten Kollegen als einen besonders an aktuellen Publikationen sich orientierenden Schriftsteller erkennen lassen.[3]

Die Herausgeber der *Gesammelten Werke* haben nicht durchweg die benutzten Quellen verzeichnen können, was etwa

2. Dieses Material ist bei Günter Weydt: Hans Jakob Christoffel von Grimmelshausen. Stuttgart ²1979. S.1-16 und Volker Meid: Grimmelshausen Epoche-Werk-Wirkung. München 1984. S.76-87 zusammengestellt. Vgl. dazu auch die entsprechenden bibliographischen Angaben.

3. Günther Weydt: Nachahmung und Schöpfung im Barock. Studien um Grimmelshausen. Bern und München 1968. S.393-414. Vgl. dazu meine Auswertung in E.M.: Hans Jacob Christoffel von Grimmelshausen. In: Deutsche Dichter des 17. Jahrhunderts. Ihr Leben und Werk, hrsg. von H. Steinhagen und B.v. Wiese. Berlin 1984. S.519f.

beim *Simplicissimus*-Roman angesichts der Fülle des verwerteten Textmaterials verständlich ist. Zum *Satyrischen Pilgram* wird im Zusammenhang mit der "Bedeutung ... der literarischen Transformation" auf Vorlagen kurz hingewiesen, deren Verwendung dann eine Anmerkung noch präzisiert.[4] Es handelt sich dabei vorwiegend um die Übernahmen von Passagen aus Garzonis Kompendium *Piazza Universale,* auf die schon früh einzelne Forscher aufmerksam gemacht haben und denen sodann Jan Hendrik Scholte systematisch nachgegangen ist. Scholte freilich konzentrierte sich auf den *Ewigwährenden Calender* und die aufschlußreichen Transformationen von Teilen des "Nobilisten"-Diskurses zu Beginn des *Simplicissimus*-Romanes.[5]

Da wir über die schriftstellerischen Anfänge von Grimmelshausen und seine Schreibsituation noch immer auf Vermutungen angewiesen sind, schien es mir lohnend, einmal die umfangreiche Benutzung des Garzonischen Werkes bei seinem literarischen Erstling etwas näher zu betrachten und damit vielleicht einer Tendenz entgegenzuwirken, die Conrad Wiedemann bereits 1976 mit dem Verlust der Identität des genialen Schriftstellers angesichts einer vielfältigen Spezialforschung umschrieben hat.[6] Denn es schien mir wahrscheinlich, daß eine Analyse dieser eher tastenden ersten Versuche Einblicke gewährte in Denkweise und

4. Grimmelshausen. Satyrischer Pilgram. Hrsg. von Wolfgang Bender. Tübingen 1970 (= Grimmelshausen. Gesammelte Werke in Einzelausgaben). Einleitung S. VIII und IX. Der Hrsg. spricht recht vorsichtig von "Anklängen" an Garzonis Piazza in zwölf der insges. zwanzig Kapitel, die er in der Anmerkung nennt.

5. J.(an) H.(endrik) Scholte: Zonagri Discurs von Waarsagern. Ein Beitrag zu unserer Kenntnis von Grimmelshausens Arbeitsweise in seinem Ewigwährenden Calender mit besonderer Berücksichtigung des Eingangs des Abentheuerlichen Simplicissimus. Neudruck der Ausgabe von 1921. Wiesbaden 1968. Erste Hinweise zu dieser wichtigen Quelle finden sich bereits bei Kurz und Tittmann, die dann Meißner vertiefte. Vgl. dazu S.7f. der Scholteschen Abhandlung. Auf das Verhältnis von Vorlage und Satyrischen Pilgram geht Scholte nur kurz auf S.151 ein.

6. Conrad Wiedemann: Zur Schreibsituation Grimmelshausens. In: Grimmelshausen und seine Zeit. Die Vorträge des Münsteraner Symposions zum 300. Todestag des Dichters, hrsg. von G. Weydt und R. Wimmer. Daphnis 5 (1976) S.707.

Schaffen des Autors, die für das Verständnis weiterer Werke hilfreich sein könnten.

Bevor wir uns den detaillierten Textvergleichen zuwenden, soll noch kurz angedeutet werden, welcher Eindruck sich beim Betrachten dieser ersten Einübung aufdrängt. Grimmelshausen entschließt sich zur Gliederung in Satz, Gegensatz und Nachsatz, weil ihm im Sinne der programmatischen Vorrede daran gelegen ist zu demonstrieren, daß alles in der Welt neben Vorzügen auch Mängel besitzt. Argumente wie Gegenargumente findet er dabei schon in den Diskussionen seiner Vorlage, die er aber nun klar voneinander absetzt. Das mag vor allem als Hilfe für den Leser gedacht sein, wirkt aber zugleich wie eine Art Einüben in dialektisches Denken, das im Rahmen des Rhetorikbetriebes der Zeit zur Ausbildung überhaupt gehörte. Dieses Verfahren und die geschickte Auswahl einzelner Passagen aus den meist langatmig reihenden Diskursen des Garzoni verleihen diesem gewiß nicht originellen Text eine erstaunliche Geschlossenheit, auch wenn die Wahl der Themenbereiche und ihre Anordnung stellenweise willkürlich erscheinen. Insofern kann es nicht überraschen, daß Grimmelshausen schon mit dieser ersten Publikation eine erhebliche Resonanz fand.

Daß die Anordnung der ausgewählten Themen nicht ganz dem Zufall überlassen wird, zeigen Anfang und Schluß des ersten Teiles: Während der "Erste Satz" von Gott handelt, ist der abschließende "Zehende Satz" den "Weibern" gewidmet. Nach zeitgenössischen Vorstellungen ist damit ein echter Gegensatz angesprochen, gilt doch die Frau gemeinhin als Verkörperung der diesseitigen Welt und damit der Sündhaftigkeit bzw. des Satanischen. Wir werden später noch darauf näher eingehen. Kein Zufall scheint es daher auch, daß der zweite Teil seiner *Pilgram*-Schrift mit einer Erörterung über die "Poeterey" beginnt, von der bei Garzoni ganz am Ende seines umfangreichen Opus' - im 153. Diskurs - die Rede ist. Grimmelhausen hat zahlreiche Passagen teilweise wörtlich aus der Vorlage übernommen; in einigen Fällen aber bringt er Zusätze an und sieht er sich zu Änderungen veranlaßt, die einiges über sein Dichtungsverständnis und damit auch seine Selbsteinschätzung verraten. Das gilt besonders vom einleitenden Satz seiner Poeterey-Erörterung:

Alle Künste und Wissenschafften werden aus anderer Unterrichtung

> gelernet/ aus stetiger Ubung perfectionirt/ und mit der Zeit vollkommen ins Werck gesetzt/ ohne die Poesis nicht; In deme ein Poet seine Sachen gleichsamb aus aigner Natur verrichtet/ darzue die Kräffte seines Gemüths durch einen sonderbaren Himlischen Gaist innerlich uffgemuntert: bewegt und angetrieben werden.[7]

Zur Unterstützung dieser Auffassung zieht er Aristoteles' *Poetik* mit dem Hinweis auf den "furor", Origenes *Parergon* und Platos Ausspruch vom poetischen als göttlichem Furor heran. Die Belege aus den antiken Texten sind alle von Garzoni übernommen, und auch bei der eben zitierten Stelle handelt es sich um eine fast wörtliche Übernahme aus dem Kompendium des Italieners. Bei Garzoni freilich handelt es sich lediglich um eines von vielen Zitaten - hier aus einer Rede Ciceros -, mit dessen Inhalt der Autor sich offensichtlich nicht voll identifiziert. Denn einige Stellen später zählt er auf, was alles zu einer guten Dichtung gehöre, wobei er auf die Frage "der alten .../ ob einer zum Poeten könne gemacht werden/ oder ob er ein Poet müsse geboren seyn", antwortet:

> daß zwar die Vnderrichtung vnd Anführung viel darzu thue/ ist aber dieselbige alle vmbsonst/ wann die natürliche Neygung nicht darbey ist.[8]

Garzoni argumentiert hier ganz im Sinne der gelehrten Poetiken

7. Satyrischer Pilgram. S.89.
8. Benutzt habe ich die folgende Ausgabe:

PIAZZA UNIVERSALE: Das ist: Allgemeiner Schauplatz/ Marckt und Zusammenkunft aller Professionen/ Künsten/ Geschäfften/ Händeln und Handwercken/ etc. Wann und von wem dieselbe erfunden: Wie sie von Tag zu Tag zugenommen: Sampt außführlicher Beschreibung alles dessen/ so darzu gehörig: Beneben deren darin vorfallenden Mängeln Verbesserung: Allen Politicis, auch jedermänniglich/ weß Stands der sey/ sehr nützlich und lustig zu lesen: Erstmahlen durch Thomam Garzonum, Italiänisch zusammen getragen: Anjetzo aber auffs treulichste verdeutscht/ mit zugehörigen Figuren/ und unterschiedlichen Registern gezieret/ und in Druck gegeben. Franckfurt am Mäyn/ Jn Verlag Matthaei Merians Sel.Erben/ Druckts Hieronymus Polich und Nicolaus Kuchenbecker. Im Jahr MDCLIX.
Dies ist die letzte von vier Auflagen der Garzoni-Übersetzung, die sich in Text und Ausstattung eng an die wichtige Ausgabe von 1641 anlehnt. Unser Zitat S.1082.

der Zeit, wenn er der Lehre ("Vnderrichtung") und der Einübung ("Anführung") erhebliche Bedeutung zumißt, die natürliche Neigung aber nur im Nachsatz noch ausdrücklich hervorhebt. Das ist ein uralter Topos, den man nachspricht, während man doch der Wirkung des Poetikstudiums und der Nachahmung von Vorbildern am meisten vertraut. Der als Initiator der deutschen Dichtungsreform von den Zeitgenossen gefeierte Opitz hatte dazu noch entschiedener Stellung bezogen:

> Vnd muß ich nur bey hiesiger gelegenheit ohne schew dieses erinnern/ das ich es für eine verlorene arbeit halte/ im fall sich jemand an vnsere deutsche Poeterey machen wolte/ der/ nebenst dem das er ein Poete von natur sein muß/ in den griechischen vnd Lateinischen büchern nicht wol durchtrieben ist/ vnd von jhnen den rechten grieff erlernet hat...[9]

Was in der Vorlage, der *Piazza,* lediglich als Zitat erscheint und dann durch spätere Äußerungen erheblich eingeschränkt wird, erhält bei Grimmelshausen den Charakter einer unbezweifelbaren Tatsache; der ungelehrte Schriftsteller also sieht die Naturbegabung als alleinige Grundlage für die poetische Produktion an und grenzt sie damit aus dem Bereich der Wissenschaften wie der übrigen Künste aus. Der doctrina und exercitia bedürfen danach alle Künstler, nicht aber die Poeten. Unter diesem Aspekt ist dann die Zuordnung des "Altfränckischen Teutschen Hans Sachsen" zu den mit einem himmlischen Geist ausgestatteten großen Poeten folgerichtig, auch wenn er damit die Konvention verletzt. Denn - so ist mit Recht schon bemerkt worden - für das Barockzeitalter galt Hans Sachs mit dem Meistersang überhaupt als abschreckendes Beispiel einer Poesie, die dem Ansehen des Deutschen geschadet und ihm den Spott des Auslandes zugezogen hat. In welcher Schärfe gelehrte Autoren gegen den ungebildeten Reimeschmied Hans Sachs vom Leder zogen, beweist nicht zuletzt die *Peter Squentz*-Komödie von Gryphius, in der der Nürnberger ausdrücklich Gegenstand des Spottes ist.[10] So setzt sich

9. Martin Opitz: Buch von der Deutschen Poeterey (1624). Hrsg. von Cornelius Sommer. Stuttgart 1970. (Reclams Universal-Bibl. 8397/98.) S.23.

10. Friedrich Meyer von Waldeck: Der Peter Squentz von Andreas Gryphius eine Verspottung des Hans Sachs. In: Vjs. f. Litteraturgesch. 1 (1888) S.195-212.

Grimmelshausen schon mit der einleitenden Feststellung vom Gros der gelehrten Poeten ab und nähert sich einem Manne an, dem er auch in der *Continuatio* seine Achtung bezeugen wird.

Da Grimmelshausen vielfach - offensichtlich doch in Nachahmung der für gelehrte Poesie charakteristischen Praxis - mit Ketten von Zitaten bzw. Belegen aus Autoritäten aufwartet, die er dann gleichfalls nur als Zeugnis für die eine oder andere Meinung anführt, darf die Übernahme von Zitaten ohne deren Kennzeichnung als besonders aufschlußreich angesehen werden. Und dafür finden sich in diesem Abschnitt weitere Beispiele. Sowohl im "Satz" als auch im "Nachklang" betont er, daß denjenigen Poeten die vorderste Ehrenstelle gebührt, die alle Kraft auf das Lob Gottes verwenden und also "Gottseelige Gesänge" verfertigen, mit deren Hilfe auch andere "in das Lob Gottes entzückt werden". Im "Nachklang", der die abschließende Meinung des Autors enthält, verbindet er diese Forderung mit einer deutlichen Kritik. Die Poeten, so lautet sein Fazit, schleppten sich mit schönen und sinnreichen, aber doch "magern und hungrigen Versen", andere damit zu loben und zu schelten. Doch nur denen gebühre der Lorbeerkranz, wie Petrarca, oder besser noch die rote Krone, wie sie Bembo und Bibbiena zuteil wurde, die ihre Talente "zu den Ehren Gottes anlegten".[11] Die hier erwähnten Namen stammen wiederum aus der Vorlage, während das "Allein Gott die Ehre" und die kritischen Bemerkungen über Lob- und Strafgedichte in bezug auf Menschen von Grimmelshausen selbst eingebracht werden. Das aber legt den Verdacht nahe, daß die Invektive auf zeitgenössische Bräuche und Mißbräuche zielt, gehörte doch die Verleihung des poetischen Lorbeers zu den Ritualen, mit denen gelehrte Poeten ihren Sonderstatus betonen. Der Begründer des Elbschwanenordens, Johann Rist, war nicht nur selbst mit dem Lorbeer ausgezeichnet worden, sondern machte als Pfalzgraf auch von seinem Recht, anderen diese Ehre zu verschaffen, ausgiebig Gebrauch - und die Geehrten unterließen es nicht, mit ihrem Namen zugleich den Hinweis auf diese Ehrung zu verbinden. Das geschieht gerade bei Widmungsgedichten, die sie einem Mitglied der Gesellschaft zusenden, wenn es ein Buch zu veröffentlichen im Begriff steht; es sind überschwängliche

11. Satyrischer Pilgram. S.95.

Lobgedichte auf das Buch selbst, dessen Manuskript offenbar ihm zugesendet wurde, um ihn zu einem solchen Hymnus zu veranlassen. So geschieht es des öfteren, daß mehr als zwanzig Seiten mit Elogen solcher Art gefüllt sind, bevor dann der Text des gelobten Opus' überhaupt beginnt. Wer beispielsweise die Schriften von Elbschwan-Gesellschaftern durchsieht und dort die wechselseitigen panegyrischen Ergüsse meist desselben Personenkreises liest, wird durchaus Verständnis dafür zeigen, daß Grimmelshausen solchen Praktiken höchst skeptisch begegnet.

In dem hier genannten Fall eine zeitkritische Intention zu unterstellen, scheint uns erlaubt, weil Grimmelshausen auch bei anderen Zusätzen in Passagen, die wiederum wörtlich der *Piazza* entnommen sind, ganz offensichtlich zu den Gewohnheiten der Zeitgenossen auf Distanz geht. Folgt er bei der Verurteilung der grillenhaften Poeten durch die Alten wiederum Garzoni, so sieht er sich dann aber zu einem Hieb berechtigt, den er eigens einfügt:

> Jetziger Zeit findet man viel/ die in ihren Poematis sich mit Untermengung der alten Poetischen Grillen dermassen schleppen und versteigen/ daß mancher gelehrter und erfahrner Kerl/ geschweige ein gemeiner Mann/ beynahe nichts daraus verstehet/ er habe dann sich zuvor auch in dergleichen Thorheiten geübt/ und der alten Poeten schrecklich Einfäll und Wundergedichte gelesen/ und ihre Phantastische und Närrische Träume im Kopff behalten; und solche Arbeithen machen die Klügste.[12]

Dieser selbständige Zusatz ist in mehrerer Hinsicht aufschlußreich. Zum Spott über phantastische Poeten fühlen sich zahlreiche Zeitgenossen gedrängt, wobei als Vorbild der *Don Quixote* und als Zielscheibe besonders die übertriebene Schäferdichtung sogleich erkennbar werden. Daß man aber den so verehrten antiken Autoren phantastische Grillen anlastet, dafür habe ich bislang keinen Beleg bei gelehrten Autoren gefunden. Manches spricht dafür, daß Grimmelshausen hier der uneingeschränkten Bewunderung alles Antiken sich nicht anschließen will, ja sie sogar für Verirrungen bei den "Klügsten" verantwortlich macht.

Interessant erscheint darüber hinaus besonders die Feststellung, daß das Weiterschleppen der alten poetischen Grillen

12. Satyrischer Pilgram. S.92.

das Textverständnis beim gelehrten Leser - und erst recht beim gemeinen Mann erschwert oder eigentlich verhindert. Die Formulierung "geschweige ein gemeiner Mann" macht deutlich, daß Grimmelshausen eben auch den ungelehrten Leser im Auge hat und damit aus jenem geschlossenen Kreis auszubrechen wünscht, als der sich die am geistigen Leben Teilhabenden präsentieren. Schrieben die gelehrten Autoren eigentlich nur für ihresgleichen, so will Grimmelshausen ein gelehrtes wie auch ungelehrtes Publikum ansprechen. Unter diesem Aspekt wird also die zeitgenössische wie die antike Poesie kritisch unter die Lupe genommen.

Die Entscheidung für eine Art Außenseiterrolle schließt freilich die Anerkennung des von gelehrten Dichtern Geleisteten nicht aus; waren diese im Rahmen der Dichtungsreform angetreten, einer nationalsprachigen hohen Poesie einen ehrenvollen Platz auf dem Kontinent zu verschaffen, so stellt Grimmelshausen nun voll Stolz fest, daß

> vornemlich aber unsere Teutsche Poeten/ [...] ihre Muttersprach/ die beynahe alle Ausländer vor hart und unärtig gehalten und ausgeschrihen/ durch ihre Sinnreiche Köpffe dermassen auspoliert/ daß sie keiner fremden im geringsten nichts nachgiebt.[13]

Die wenigen Beobachtungen im Anschluß an Vergleiche mit der Quelle geben danach einige Auskünfte über einen Schriftsteller, der erst im höheren Alter Gelegenheit erhält, zur Feder zu greifen. Denn etwa im Blick auf Gryphius, Lohenstein, Opitz oder Rist, die meist schon vor dem 20.Lebensjahr mit Gedrucktem hervortraten, erscheint unser Autor als ein Mann, der mit einer Verspätung von mehr als zwanzig Jahren an die Öffentlichkeit tritt. Daß er damit in einer Zeit debütiert, in der auf dem deutschen Parnaß sich schon zahlreiche anerkannte Dichter tummeln, kann und will er nicht leugnen. Daß dennoch manches zu tun übrig bleibt, ist seine feste Überzeugung. Da sich die gelehrten Zeitgenossen oft genug mit dem Ballast der Tradition beladen und Texte hervorbringen, die sich gegen eine breitere Rezeption sperren, sucht er nach Möglichkeiten einer Schreibkunst, mit der er gerade auch den gemeinen Mann erreichen kann. So vermag er offensichtlich

13. Satyrischer Pilgram. S.91.

seinem traurigen Schicksal noch einen positiven Aspekt abzugewinnen; den gelehrten Kollegen hat er Erfahrungen mit einer alltäglichen und tristen Wirklichkeit voraus, deren Darstellung am ehesten den gemeinen Mann zu erreichen geeignet ist. Das Beispiel des Hans Sachs dient ihm offenbar als Bestätigung dieser Hoffnung und kommt einem Dichterverständnis entgegen, das von Lehre und Einübung kaum, von der göttlichen Begabung aber alles erwartet, was Dichtung eigentlich auszeichnet.

Die Abhandlung *Von der Poeterey* ist deshalb auch geeignet, den, wie es sogleich scheint, apologetischen Charakter von Bemerkungen in den Vorreden einigermaßen abzuschwächen. Wenn dort der schlimme Momus dem Autor Mangel an Gelehrsamkeit vorwirft und ihm überhaupt als Soldaten das Recht zur Schriftstellerei abspricht, der Autor sodann gerade dagegen protestiert, so ahmt er zunächst einmal in Rede und Widerrede Garzonis Vorspann nach und schließt er sich einer Praxis an, die des öfteren in der Barockliteratur geübt wird. Die Betroffenheit, die in der Bemerkung anklingt, wonach die durch den Krieg verhinderten Studien "niemand leider als mir" sind, wird eben schon hier durch die Versicherung unterlaufen, daß er sein Werk "nur vor meines gleichen einfältige Leut schreibe".[14] Mit der Absichtserklärung der eigentlichen Vorrede und der moraltheologischen Belehrung in den meisten Diskursen schließlich gibt er zu erkennen, daß er sogleich zu verwirklichen entschlossen ist, was er als eigentliche Aufgabe des Schriftstellers in der *Poeterey*-Abhandlung festgelegt hat: Nicht auf Lob oder Verspottung der Mitmenschen zu zielen, sondern allein zur Ehre Gottes beizutragen, indem er "an dem wenigen so [er] erfahren", seinen Nebenmenschen teilhaben läßt.

Der *Satyrische Pilgram* endet mit dem Diskurs "vom Krieg"; bei Garzoni ist es der 81. von insgesamt 153 Diskursen und damit also an keiner auffälligen Stelle plaziert. Daß Grimmelshausen ihn als Schlußabschnitt präsentiert, entspringt durchaus einer bestimmten Absicht. Das von ihm gewählte Verfahren der Dreigliederung zwingt ihn zunächst einmal, Argumente oder Aussagen zum Lobe des Krieges zusammenzustellen. Seine

14. Satyrischer Pilgram. S.9.

Vorlage erweist sich hierfür als unerschöpfliche Quelle, trägt doch Garzoni alles vor, was sich zum Wohl des Krieges sagen läßt. Das hängt mit der Art der Information zusammen, die der Italiener bieten will; gleichsam wertfrei wie von allen anderen Geschäften, die er anspricht, handelt er auch vom Kriegshandwerk, und so zählt er auf, was zur ordentlichen Kriegsführung ebenso wie zum vorbildlichen Verhalten der Oberen und der Soldaten gehört. Nur am Schluß berührt er kurz die Verfehlungen der modernen Soldaten, wobei er die Auflistung schon bald abbricht, weil er den rechtschaffenen Soldaten keineswegs zu nahe treten möchte.[15]

Grimmelshausen übernimmt in seinem befürwortenden Abschnitt nahezu alles aus Garzonis Diskurs, macht aber freilich bereits durch wenige Änderungen deutlich, daß er zur Ehrenrettung des Krieges beizutragen eigentlich nicht gewillt ist. Was bei Garzoni als einfache Feststellung erscheint, daß nämlich der Krieg zu Ehre, Reichtum, großem Landgewinn oder auch nur zur Befriedigung der Rachegefühle führt, formuliert Grimmelshausen als "wenn ... dann" bzw. "wann ... so" Sätze:

> WAnn nach der Mainung Anacharsis [...] das höchste Gut des Menschen in der Rache bestünde/ so wüste ich nit was ein Fürst für ein billiges Mittel an die Hand nemmen könte/ sich beneben Erhaltung seiner Reputation ahn seinem Feinde ahnsehnlicher zu rächen/ als eben den Krieg;[16]

Der ausdrückliche Hinweis auf eine bloße Meinung und die konjunktivische Konstruktion machen sogleich deutlich, daß hier lediglich eine subjektive Unterstellung vorliegt, deren Wahrheit durchaus in Frage gestellt werden sollte.

Eine andere Veränderung gegenüber der Vorlage mag auf den ersten Blick überraschen, erklärt sich aber aus dem gewählten Darbietungsverfahren. Garzoni spricht sich einmal recht deutlich gegen den Krieg aus, wenn er feststellt:

> Vnnd ist ein Krieg bey nahe nichts anders/ als ein offentlicher vnd zugelassener Mordt/ welcher nicht nur vber wenig/ sondern vber viel Menschen gehet/ vñ sind auch die Soldaten nichts anders/ als bestellte vnnd belohnte Mörder/ welche zu Verderbung deß gemeinen Nutzens besoldet werden.[17]

15. Piazza Universale. S.730.
16. Satyrischer Pilgram. S.153.
17. Piazza Universale. S.725.

Doch er fährt sogleich mit der Bemerkung fort: "Dem sey aber wie jhm wölle/ so hat gleichwol Plato die Kriegskunst zum höchsten gerühmet/ vnd befohlen/ auch die kleine Kinder darinnen zuvben/ ..."

Der Autor des *Pilgram* übernimmt für seine Pro-Argumentation nahezu wörtlich die Passage über Platos Rühmung der Kriegskunst, nicht aber die scharfe Verurteilung des Krieges. Das ist zunächst durchaus verständlich, gehört sie doch in die Kontra-Argumentation. Interessant aber ist nun zu beobachten, in welchen Zusammenhang Grimmelshausen die Befürwortung der Kriegskunst durch die Autorität Plato rückt. Bei ihm schließt sie unmittelbar an die folgende, bei Garzoni nicht vorhandene Textstelle an:

> Die Schweitzer und vereinigte Niederländische Provintzien haben durch die Militiam nicht allein sich selbst in die Freyheit gesetzt/ und ihnen fremde Königreiche und Länder zugeaignet/ sonder sie manuteniren solche noch biß uff den heutigen Tag durch die Kriegeswaffen.[18]

Wischt Garzoni mit dem Plato-Zitat alle schwerwiegenden Bedenken gegen den Krieg einfach vom Tisch, so schränkt Grimmelshausen die Allgemeingültigkeit der Plato-Aussage ganz entschieden ein: Der Freiheitskrieg und die Erhaltung der einmal gewonnenen Freiheit sind Anlaß für ihn, der Behauptung Platos zuzustimmen; der generalisierenden Befürwortung aber schließt er sich nicht an. Daß auch die Wahl der Länder als Beispiele höchst aufschlußreich ist, kann hier nicht näher verfolgt werden.

Die Kontra-Argumentation "Der Gegensatz" und der "Nachklang" zum Thema Krieg lassen sodann unüberhörbar erkennen, was Grimmelshausen als seine schriftstellerische Aufgabe überhaupt betrachtet. In beiden Abschnitten verzichtet er völlig auf Entlehnungen aus seiner vorher so stark benutzten Quelle; stattdessen beruft er sich auf Erfahrungen, die "ein jeder" im "verwichenen Teutschen Kriege" gemacht hat, und - deutlicher noch - auf seine eigenen leidvollen Erfahrungen:

> Ohne Ruhm zu melden/ ich bin ehemalen auch darbey gewesen/ da man einander das weisse in den Augen beschaute/ kan derowegen wohl Zeugnuß geben.[19]

18. Satyrischer Pilgram. S.155.
19. Satyrischer Pilgram. S.158.

In keinem der anderen Diskurse meldet sich Grimmelshausen bereits im "Gegensatz" so unmittelbar zu Worte, wie es hier geschieht, und beruft er sich derart umfassend auf von ihm selbst gemachte Erfahrungen. Dies aber mag zugleich für gewisse Unstimmigkeiten verantwortlich sein, die in diesem "Gegensatz" vorhanden sind. Worum es ihm eigentlich geht, sagt er gleich eingangs.

Da der schreckliche "teutsche Krieg" schon lange zurückliegt, fürchtet er, daß seitdem "Schnautzhahnen" aufgewachsen seien, die eben aus Unkenntnis zum Kriegsdienst Lust verspüren. Ihnen hält er seine Erfahrung entgegen, die das Kriegswesen als durchweg pervers und dem Leben des Menschen als nicht würdig enthüllt: Denn, so zeigen die Vergleiche, der Soldat ist zu Handlungen gezwungen, die eigentlich Tieren zukommen;[20] damit klingt ein Thema an, das im christlichen Verständnis schon auf die verkehrte Welt hinweist. In diesem Sinne schildert er dann auch die Eindrücke bei einer Schlacht, wobei er etwa die Aufzählung von Waffen, wie er sie in der Vorlage fand, sogleich für seine Argumentation nutzt; während Tiere nur ihre natürlichen Mittel zum Kampfe einsetzen und meist aus Hunger aggressiv werden, töten die Menschen mit Hilfe raffinierter Waffen ihre Nebenmenschen und damit

> die jenige/ die Gott zu seinem Ebenbilde erschaffen ! die ! vor welche der HErr Christus gestorben/ damit sie lebten![21]

Solche Aussagen, die durch Details zu zerfetzten Leibern und verspritzten Hirnen usf. an Unmittelbarkeit der Abschreckung nicht zu wünschen übrig lassen, bestätigen, womit er seine Schlachtschilderung einleitete:

> Wann einer ... eine Schlacht mit gesunder Vernunfft ansiehet/ so wird er bekennen müssen/ daß nichts unsinnigers uff der Welt sey/ als eben dieses klägliche Schauspiel;[22]

Eine auch nur ähnliche Formulierung sucht man in Garzonis *Piazza* vergebens, ist ihm doch vielmehr daran gelegen zu zeigen,

20. Satyrischer Pilgram. S.157.
21. Satyrischer Pilgram. S.158.
22. Satyrischer Pilgram. S.158.

welche Anstalten für eine ordentliche Schlacht erforderlich sind und mit welch raffinierten Mitteln man Feinde zur Strecke bringen kann.

Meldet sich in diesen längeren Passagen ein Mann zu Wort, der die Schrecken des Krieges selbst über mehr als ein Jahrzehnt leidvoll erfahren hat, so erinnert er sich freilich auch unvermittelt an Argumente, die den Zeitgenossen überaus vertraut sind. Nach der Schilderung der Schlacht, die er als das Sinnloseste von der Welt ansieht, kommt er auf die zeitgenössischen Erklärungsmodelle zu sprechen, die den Krieg als "Hauptstraffe Gottes" interpretieren und damit doch in gewisser Weise rechtfertigen. Der debütierende Schriftsteller Grimmelshausen wagt hier offensichtlich noch nicht, einer opinio communis zu widersprechen, leitet er doch dieses Strafgerichts-Argument mit den Worten ein: "so kan niemand vernainen/ daß er [...] die gröste Hauptstraffe Gottes seye ..."[23]

Was er dann allerdings in einer langen Kette an Beispielen zur Erläuterung dieses Satzes aneinanderreiht, läuft auf den Beweis der absoluten Sinnlosigkeit von Kriegen überhaupt hinaus, und so kann es nicht überraschen, wenn er die Aufzählung der Schrecken mit dem überaus skeptischen Satz schließt:

> und steht doch noch zu Gott und dem Glück was das Ende bringet/ und wann sich alles wohl und nach Wunsch geendet hat/ so findet man im auskehren/ daß einer/ zween oder drey mit dem Schaden sonst vieler tausenden etwas gewonnen/ welchen Gewinn man iedoch umb die uffgewende Cösten viel wohlfeiler hätte kauffen: dardurch so vieler tausend unschuldiger Christen Bluth ersparen: Land und Leute in Esse erhalten; und das arm Gewissen unbeschwehrt hätte lassen können.[24]

Dieses Fazit vermag zwar nicht das Argument vom Krieg als Hauptstrafe Gottes zu entkräften, weil von der durch diese Strafe verursachten Besserung der Menschen gar nicht die Rede ist, doch es bestätigt noch einmal überzeugend die Erkenntnis von der Sinnlosigkeit des Krieges überhaupt. Und es ist kein Zufall, wenn Grimmelshausen gerade im Rückblick auf den dreißigjährigen

23. Satyrischer Pilgram. S.159.
24. Satyrischer Pilgram. S.160.

Krieg zu diesem Fazit sich gedrängt fühlt: Was der Friedensschluß von 1648 an Ergebnissen bot, war angesichts der vorausgegangenen Anstrengungen, Verwüstungen und Menschenopfer mehr als kläglich.

Der Verfasser des *Satyrischen Pilgram* - und das könnte noch mit vielen weiteren Passagen und Vergleichen belegt werden - zeigt sich als ein ungelehrter Mann, der erst im vorgerückten Alter zu dichten beginnt, gegenüber einer mächtigen Tradition noch recht unsicher; das gilt besonders für die Deutung des Krieges, für die im Sinne der Theodizee das Zeitalter ein verbreitetes Erklärungsmodell zur Verfügung hatte. Grimmelshausen kann sich in seinem frühen Schreibversuch diesem durch Tradition geheiligten Argument noch nicht ganz entziehen, doch er besitzt eine Fülle von Erfahrungen, die er in niederen Diensten während des Krieges machen mußte und seinen Glauben an das Rechtfertigungsverfahren erschüttern.

Der "Nachklang" macht deutlich, daß sich Grimmelshausen dieses Zwiespalts schon bewußt ist, und so verweist er den Leser nun auf sein großes Werk — den *Simplicissimus,* in dem er viel ausführlicher und detaillierter erzählen will, was der Krieg "vor ein erschreckliches und grausames Monstrum seye."[25]

Man kann diese Äußerung nicht ernst genug nehmen, da sie mit der Ankündigung des Hauptwerkes zugleich eine Leseanweisung für dieses Werk verbindet, und sie besagt, daß der Leser des *Simplicissimus Teutsch* dieses Werk als eine Schrift gegen den Krieg verstehen sollte. Diese Erklärungshilfe schließt durchaus ein, was in jüngeren Forschungsbeiträgen überzeugend herausgearbeitet worden ist: daß über die Darstellung der Kriegsschrecken hinaus der *Simplicissimus*-Autor Einsichten vermitteln will, die christlicher Allegorese-Tradition entstammen. Interessant ist in unserem Zusammenhang vor allem, daß der Verfasser des *Simplicissimus Teutsch* es nun wagt, noch mehr auf Distanz zu gehen in bezug auf das Erklärungsmodell Krieg im Sinne der Hauptstrafe Gottes, als es im frühen Schreibversuch der Fall war.

In der Jupiterepisode des dritten Buches entwickelt der "fantastische" Prophet seinen Plan einer Befriedung der durch die

25. Satyrischer Pilgram. S.160.

sündigen Menschen in Unordnung geratenen Welt, wonach er die Strafwürdigen bestrafen, die übrigen aber nach seinem Willen erziehen wolle. Diesen Entwurf beantwortet Simplicissimus mit dem Hinweis auf das Widersinnige der göttlichen Hauptstrafen überhaupt:

> dann schickest du einen Krieg/ so lauffen alle böse verwegene Buben mit/ welche die friedliebende fromme Menschen nur quälen werden; schickestu eine Theurung/ so ists ein erwünschte Sach vor die Wucherer [...]; schickstu aber ein Sterben/ so haben die Geitzhäls und alle übrige Menschen ein gewonnen Spiel.[26]

Weist Jupiter hier die Kritik zurück, indem er seinen die Spreu vom Weizen trennenden Teutschen Helden ins Feld führt, so widerlegt das freilich nicht die Bedenken, die Simplicissimus hinsichtlich der Wirksamkeit des göttlichen Strafgerichtes vorträgt. In einer späteren Szene stellt zudem Jupiter selbst dieses Erklärungsmodell in Frage, protestiert er doch gegen die Friedensverhandlungen von Münster und Osnabrück mit der Feststellung:

> haben sie sich dann seither bekehrt? seynd sie nicht ärger worden/ und selbst mit in Krieg geloffen wie zu einer Kirmeß? oder haben sie sich villeicht wegen der Theurung bekehret/ die ich ihnen zugesandt/ darinn so viel tausend Seelen Hungers gestorben; Oder hat sie villeicht das grausame Sterben erschreckt/ [...] Nein : nein Mercuri, die übrig verbliebene [...] haben sich nit allein nit gebessert/ sondern seynd viel ärger worden als sie zuvor jemals gewesen?.[27]

Auch wenn Jupiters Äußerungen nicht automatisch als Meinung des Autors gedeutet werden dürfen — obschon die jüngste Forschung gerade den Wahrheitsgehalt der Reden des kranken Jupiter betont —, ist nicht zu übersehen, daß der Autor des *Simplicissimus*-Romans das weitverbreitete Erklärungsmodell durchweg problematisierte.[28] Dies verrät aber einen Vorgang, der

26. Grimmelshausen. Der Abentheuerliche Simplicissimus Teutsch und Continuatio des abentheurlichen Simplicissimi. 2. durchges. und erweiterte Auflage. Hrsg. von Rolf Tarot. Tübingen 1984. (= Grimmelshausen. Gesammelte Werke in Einzelausgaben) S.210.

27. Simplicissimus Teutsch, S.387f.

28. Zum Thema des Krieges sind neuerdings erschienen: Eberhard Mannack: Grimmelshausens Rist-Lektüre und die Folgen. Jupiter-

für uns von besonderem Interesse ist. Grimmelshausen erprobt seine Schreibfähigkeit, indem er zunächst aus einem umfangreichen Kompendium einige Ausschnitte auswählt und für ein breiteres Publikum in leicht durchschaubarer Weise zubereitet. Die eigene Situation - ohne vorausgehendes Studium und in vorgerücktem Alter wagte er sich an die Schriftstellerei — und die schrecklichen Kriegserfahrungen veranlassen ihn schon hier zu Abweichungen von der Vorlage, die über das Selbstverständnis des Debütierenden Aufschlüsse geben. Auf der anderen Seite aber wirken traditionelle Vorstellungen auf ihn ein — dazu gehört eindeutig auch der Antifeminismus, wie er sich im Kapitel "von Weibern" zeigt, — von denen er sich erst später teilweise oder ganz zu lösen vermag. Herausragendes Beispiel hierfür ist seine Auffassung vom Krieg, die mit der traditionellen Deutung zunächst in Konflikt gerät und zu der er sich dank eigener Erfahrung sodann mehr und mehr bekennt. Ein ähnlicher Vorgang wäre etwa bei der Beurteilung der Frau nachzuweisen, wie ein Vergleich des *Pilgram* mit dem *Springinsfeld* zeigt. War der *Pilgram*-Schreiber noch ganz von der umfassenden Schlechtigkeit der Weiber überzeugt, (die frommen Frauen werden, weil sie "dünn geseet", nur im Nebensatz erwähnt), so preist der in die Welt zurückgekehrte Simplicissimus des *Springinsfeld* die Ehe und eine fromme, tugendhafte Frau als Gabe Gottes.[29]

Die von uns eher zufällig zusammengetragenen Beobachtungen dienen dem besseren Verständnis des unter ungewöhnlichen

episoden und Friedensspiele. In: Barocker Lust-Spiegel. Studien zur Literatur des Barock. Festschrift für Blake Lee Spahr. Hrsg. von M. Bircher — J.-U. Fechner — G. Hillen. Amsterdam 1984. (= Chloe, Beihefte zum Daphnis Bd. 3) S.279-294. Dieter Breuer: Krieg und Frieden in Grimmelshausens Simplicissimus Teutsch. In: Der Deutschunterricht 37 Jhg. 5 (1985) S.79-101 (Sonderheft Barockliteratur). Ferdinand van Ingen: Der Dreißigjährige Krieg in der Literatur. In: Deutsche Literatur. Eine Sozialgeschichte Bd. 3. Zwischen Gegenreformation und Frühaufklärung: Späthumanismus, Barock. 1572-1740. Hrsg. von H. Steinhagen. Reinbek bei Hamburg 1985. S.237-256.

29. Grimmelshausen. Der seltzame Springinsfeld. Hrsg. von Franz Günter Sieveke. Tübingen 1969. (= Grimmelshausen. Gesammelte Werke in Einzelausgaben) S.55.

Umständen mit der Schriftstellerei beginnenden Grimmelshausen und gewähren Einblicke, die für die Interpretation seiner Texte hilfreich sein können. Das gilt gewiß für das Thema Krieg, das wie ein roter Faden sich durch das Werk von Grimmelshausen hindurchzieht und einer systematischen Untersuchung dringend bedarf.

Sebastian Neumeister

DON QUIJOTE, DIE WINDMÜHLEN, DIE WISSENSCHAFTEN UND DIE WIRKLICHKEIT

Der geneigte Leser wird um Nachsicht gebeten. Um Nachsicht weniger für Art und Gegenstand der folgenden Ausführungen als für ihren Helden, den fahrenden Ritter Don Quijote. Einer der Hauptfehler — aber schon das ist eigentlich zu scharf formuliert, sagen wir: eine der Haupteigenschaften – dieses so überaus sympathischen Helden ist es bekanntlich, die Wirklichkeit nicht als solche zu erleben, sondern ihr eine eigene und mitunter sehr abwegige Deutung zu geben. Das hat ihm so manche harte und verständnislose Kritik eingebracht. Dem soll hier entgegengewirkt werden. Gerade das Verhältnis Don Quijotes zur Wirklichkeit bedarf der genaueren Betrachtung. Dazu ist es allerdings notwendig, auch die Frage zu erörtern, was denn die Wirklichkeit sei und was eine abwegige Deutung — Fragen bekanntlich, mit denen es besonders die Philologen zu tun haben, die leider besonders häufig zum *Don Quijote* greifen.[1]

Beginnen wir ganz unbescheiden mit der Frage nach der Wirklichkeit. Jedermann glaubt zu wissen, daß Don Quijote Schwierigkeiten mit ihr hat. Wir werden noch darüber zu reden haben, worin sie bestehen. Doch gleich zu Beginn gilt es festzuhalten, daß sie jedenfalls nicht davon herrühren, daß Don Quijote verwirrten Sinnes oder gar verrückt wäre. Er ist vielmehr ein durchaus intelligenter Bursche und hellwach, was die Wahrnehmung seiner Umwelt angeht, ja unter bestimmten

1. Man lese dazu, was Heinrich Bihler unter dem Titel "'Glanz und Elend' der Quijote-Deutung" nach der Lektüre von über 100 Büchern und Aufsätzen zum Thema notiert (in: Volker Roloff/Harald Wentzlaff-Eggebert (Hrsg.): Der spanische Roman vom Mittelalter bis zur Gegenwart. Düsseldorf 1986. S. 82-86; vgl. auch die bibliographischen Angaben ebda., S. 106-107).

Umständen ist er sogar bereit, spontane Fehldeutungen zurückzunehmen. Seine große Schwachstelle ist allerdings, das müssen wir zugeben, die Beurteilung alles dessen, was sich in seine Ritterwelt einordnen läßt, seien dies dem äußeren Anschein nach auch so disparate Phänomene wie Windmühlen, reisende Damen, Gefangene oder Viehherden. Doch auch darüber dürfen wir nicht vorschnell die Schale unseres Spottes ausgießen.

Im folgenden soll das Problem der Realitätsprüfung durch Don Quijote, eine Tätigkeit, deren Beschreibung man ebenso gut von Sigmund Freud wie aus dem naturwissenschaftlichen Verfahren des *trial-and-error* beziehen könnte, an einigen Beispielen erörtert werden. Die ersten drei dieser Beispiele gehören zum Bereich der Kultur und näherhin der Literatur, also zu einem System von Wort, Bild und Bedeutung, das nach festgelegten Regeln funktioniert, das einen Code darstellt, den es zu entziffern gilt. Der Benutzer dieses Codes muß einschlägig geschult sein, das heißt, er braucht für die Lektüre des Codes gerade im Zeitalter des Humanismus und gerade auf dem Gebiet der Literatur des spanischen Goldenen Zeitalters das, was wir Bildung nennen.

Don Quijote hat diese Bildung und setzt sie auch durchaus sachkundig ein. Das zeigt sich etwa — und damit kommen wir zum ersten Beispiel — auf der Hochzeit des reichen Bauern Camacho. Diese endet bekanntlich mit der Vermählung seines armen Konkurrenten Basilio mit der schönen Quiteria, übrigens sehr zum Leidwesen Sancho Panzas, der sich zu Recht mehr von den Fleischtöpfen des Camacho verspricht als von den brotlosen Künsten Basilios:

> ... bien sé que nunca de ollas de Basilio sacaré yo tan elegante espuma como es esta que he sacado de las de Camacho. (II, 180)

> ... das weiß ich", so erklärt er seinem Herrn, "daß ich aus Basilios Töpfen niemals so herrliche Fettaugen schöpfen werde wie aus denen Camachos." (699)[2]

2. Die spanischen Zitate folgen der zweibändigen Ausgabe des Don Quijote von John Jay Allen (Madrid 1981), die deutschen leicht korrigiert der einbändigen Übersetzung von Ludwig Braunfels (München 1956). Römische Ziffern: Bandzahl; arabische Ziffern: Seitenzahl der jeweiligen Ausgabe.

Zur Feier der Hochzeit hat Camacho el Rico eine Tanzgruppe bestellt, die verschiedene Tänze aufführt, insbesondere aber eine "danza de artificio y de las que llaman habladas". Es handelt sich also, das Epitheton "habladas" (gesprochen) läßt es erkennen, ganz offensichtlich um einen allegorischen Tanz, eine Modeerscheinung, die, ausgehend von den spätmittelalterlichen Festen an den Höfen Burgunds und den Triumphzügen der italienischen Renaissance, ganz Europa erfaßt und, wie der vorliegende Fall zeigt, offenbar alle sozialen Schichten erreicht hat. Bild und Bedeutung sind, wie es der allegorischen Deixis entspricht, jeweils klar erkennbar miteinander verbunden, sei es durch normierte Attribute, sei es durch erklärende Beschriftung.

Der von Camacho bestellte allegorische Tanz, um den es hier geht, vereint acht Nymphen in zwei Gruppen, die vom Liebesgott Cupido und von der Figur des Interés, des Vorteils also, angeführt werden.

> aquél, adornado de alas, arco, aljaba y saetas; éste, vestido de ricas y diversas colores de oro y seda. (II, 177)
>
> (jener geschmückt mit Flügeln, Bogen, Köcher und Pfeilen, dieser gekleidet in Gold und Seide von reichen und mannigfachen Farben.) (696)

Verweisen hier schon die Attribute den Betrachter durch ihre traditionsabhängige Festlegung oder ihre ikonische Qualität auf die gemeinte Bedeutung, so erhalten die tanzenden Mädchen selbst — Poesie, Klugheit, edle Abkunft, Tapferkeit einerseits, Freigebigkeit, Geschenk, Schatz und Besitz andererseits — ihre Bedeutung noch viel einfacher zugeteilt, tragen sie doch "ihre Namen auf dem Rücken, mit großen Buchstaben auf weißes Pergament geschrieben"(696).

Ähnliches gilt auch für das Zentrum des Tanzes, ein hölzernes Schloß, das die umworbene Schöne des Spiels beschützt: Es trägt auf allen vier Seiten die Inschrift "Castillo del buen recato" (Schloß der Sittsamkeit) — eine Bedeutung, die das gezeigte Objekt durch seine schützende Funktion überdies auch selbst signalisiert. Während des Tanzes sprechen die einzelnen Figuren auch selbst und stellen so durch das Wort eine zusätzliche Verbindung zwischen *signifiant* und *signifié,* zwischen Bedeutendem und Bedeutetem her. Der Tanz braucht uns hier nicht im einzelnen zu beschäftigen bzw. nur insofern, als hier eine Dame in

Gefahr gerät und wieder aus ihr errettet wird. Dies nämlich ist die Situation *par excellence,* in der der fahrende Ritter, als der sich Don Quijote ja versteht, einzugreifen verpflichtet ist.

Es ist nun auffällig, daß Don Quijote gerade dies hier unterläßt. Er zeigt vielmehr, daß er den Kunstcharakter des Vorgangs voll erkannt hat, ja er gibt, nachdem er sich nach dem Erfinder des Tanzes erkundigt hat, sogar ein ästhetisches Urteil ab:

> "!Bien ha encajado en la danza las habilidades de Basilio y las riquezas de Camacho!" (II, 179)
> ("Sehr gut hat er im Ballett Basilios Geistesgaben und Camachos Reichtum dargestellt.") (698)

Don Quijote ist also durchaus in der Lage, zwischen Praxis und Deixis, zwischen Leben und Kunst zu unterscheiden. Er sieht selbst da, wo eine Situation mit ausgesprochenem Appellcharakter für einen fahrenden Ritter vorzuliegen scheint, in der Bedrohung einer Dame durch niedere Habgier, das Spiel, er empfindet wie alle anderen auch nicht Schrecken und Kampfbereitschaft, sondern ganz im Gegenteil Freude *(contento)* angesichts der künstlerisch gestalteten Harmonie ("bailando y danzando concertadamente"; II, 179). Schwer konnte dies allerdings selbst Don Quijote nicht fallen, da die Künstlichkeit, die Überzeitlichkeit des Geschehens mehrfach signalisiert wird. Die Allegorie, die Musik und auch der Rahmen, in dem das Ganze sich abspielt, machen das Ganze als Fest, als Ausstieg aus dem Alltag der praktischen Zwänge kenntlich[3]. Um Don Quijotes Fähigkeit zur Realitätsprüfung genauer beurteilen zu können, müssen wir deshalb die Versuchsanordnung noch mehrfach variieren, sei es, daß wir die hilfreichen Hinweise auf den Kunstcharakter des Geschehens streichen, sei es, daß wir die sichtbar und ausdrücklich bedeutende Allegorie durch Mimesis, durch in Wort und Bild nachgeahmte Wirklichkeit ersetzen. Für beides liefert uns Cervantes schöne Beispiele - es sind immer auch Tests auf das Reaktionsvermögen seines Helden.

Allegorische Figuren, wie sie Camacho für seine Hochzeit

3. Zum Wesen des Festes vgl. neben älteren Arbeiten - Kerényi, Caillois, Pieper - Gerhard M. Martin: Fest und Alltag. Stuttgart 1973, und Hans-Georg Gadamer: Die Aktualität des Schönen. Stuttgart 1977.

aufbietet und wie sie dem Zeitgeschmack entsprechen, begegnen Don Quijote - und damit sind wir schon beim nächsten Beispiel - auch im unfestlichen Alltag, und dies noch bevor er mit Camacho, Basilio und Quiteria zusammentrifft. Nach der von Sancho Panza arrangierten, wenig glückbringenden Begegnung mit Dulcinea im zehnten Kapitel des zweiten Teiles - auf die wir noch zurückkommen müssen - kreuzt im elften Kapitel ein Wagen den Weg der beiden fahrenden Gesellen, auf dem Don Quijote unter anderem keinen Geringeren erkennt als den Tod persönlich, dessen ewigen Widersacher, die Liebe, wiederum in Gestalt Cupidos, einen Engel mit Flügeln, einen Kaiser mit Krone und einen Ritter ("caballero armado"), der allerdings nicht wie Don Quijote selbst eine Rüstung, sondern einen mit bunten Federn geschmückten Hut trägt. Don Quijote erschrickt zunächst, doch dann freut er sich über diese Begegnung, scheint sie ihm doch ein neues Abenteuer zu versprechen:

> Todo lo cual visto de improviso, en alguna manera alborotó a don Quijote y puso miedo en el corazón de Sancho; mas luego se alegró don Quijote, creyendo que se le ofrecía alguna nueva y peligrosa aventura, ... (II, 104)
>
> (Alles dies, das ihrem Blick so unversehens erschien, machte Don Quijote einigermaßen stutzig und erfüllte Sanchos Herz mit Furcht; aber alsbald erheiterte sich Don Quijotes Gemüt, da er glaubte, es biete sich ihm ein neues, ein gefahrvolles Abenteuer, ...) (622)

Auf seine in drohendem Ton gestellte Frage nach dem Woher und Wohin allerdings erhält Don Quijote, der sich dem Wagen in den Weg gestellt hat, eine sehr einfache Antwort:

> Señor, nosotros somos recitantes de la compañia de Angulo el Malo; hemos hecho en un lugar que está detrás de aquella loma, esta mañana, que es la octava del Corpus, el auto de *Las Cortes de la Muerte,* y hémosle de hacer esta tarde en aquel lugar que desde aquí se parece, y por estar tan cerca y escusar el trabajo de dèsnudarnos y volvernos a vestir, nos vamos vestidos con los mesmos vestidos que representamos. Aquel mancebo va de Muerte, el otro, de Ángel; aquella mujer, que es la del autor, va de Reina, el otro, de Soldado, aquél, de Emperador, y yo, de Demonio, y soy una de las principales figuras del auto, porque hago en esta compañía los primeros papeles. Si otra cosa vuestra merced desea saber de nosotros, pregúntemelo, que yo le sabré responder con toda puntualidad; que como soy demonio, todo se me alcanza. (II, 104 f.)

(Señor, wir sind Schauspieler von der Gesellschaft Angulos des Bösen; wir haben in einer Ortschaft hinter diesem Hügel heute morgen, da die Oktave des Fronleichnams ist, das geistliche Spiel vom Reichstag des Todes aufgeführt und sollen es heute nachmittag in jener Ortschaft aufführen, die man von hier aus sieht; und weil sie nun so nahe ist und wir die Mühe sparen wollten, uns auszukleiden und wieder anzuziehen, reisen wir in dem Kostüm, in dem wir spielen. Der junge Mann hier spielt den Tod, der andere einen Engel, hier die Frau, welche die des Direktors ist, die Königin; der andre einen Soldaten, jener den Kaiser und ich den Teufel, und ich bin eine der Hauptpersonen in dem geistlichen Spiel, da ich bei dieser Gesellschaft die ersten Rollen spiele. Wünscht Euer Gnaden noch was andres über uns zu erfahren, so fragt mich, und ich werde Euch aufs genaueste antworten, denn da ich ein Teufel bin, so ist mir nichts verborgen.) (623)

Wir haben es also mit einer Schauspieler-Truppe zu tun, die mit und in der Ausstattung des Fronleichnamsspieles *Las cortes de la muerte* von Lope de Vega von Ort zu Ort reist. Cervantes bereichert mit dieser Erfindung die banale Wirklichkeit um ganz ungewöhnliche Gestalten, ohne dafür auf phantastische Elemente zurückgreifen zu müssen - ein Kunstgriff von nicht zu überbietender Eleganz.

Don Quijote erkennt seinen Irrtum sofort:

"Por la fe de caballero andante - respondió don Quijote —, que así como vi este carro imaginé que alguna grande aventura se me ofrecía, y ahora digo que es menester tocar las apariencias con la mano para dar lugar al desengaño." (II, 105)

("Beim Wort des fahrenden Ritters", entgegnete Don Quijote, "als ich diesen Wagen sah, war ich der Meinung, es biete sich mir ein großes Abenteuer; aber jetzt sag' ich, man muß die Erscheinungen mit den Händen greifen, um sich vor Täuschung zu bewahren.") (623)

Er wünscht denn auch der Truppe eine gute Weiterreise, nicht ohne noch zu erwähnen, daß er von Jugend an ein Freund des Masken- und Theaterspiels gewesen sei und wie Wilhelm Meister in der *Theatralischen Sendung* den Komödianten immer mit sehnsüchtigen Augen nachgeschaut habe ("desde muchacho fui aficiondo a la carátula, y en mi mocedad se me iban los ojos tras la farándula;" II, 105).

Don Quijotes Reaktion ist beachtlich. Er, der ständig auf der Suche nach Gegnern im Stile seiner Ritterromanphantasien ist, verzichtet auch hier darauf, sich mit scheinbar leibhaftigen

Vertretern dieser Gattung anzulegen und erkennt ihren ästhetischen Scheincharakter. Dies ist ihm umso höher anzurechnen, als hier der Rahmen fehlt, der, wie etwa das Fest oder die Musik des Hochzeitstanzes, den Kunstcharakter der Erscheinungen aus der Realität ausgrenzen und signalisieren würde. Die Allegorien begegnen Don Quijote vielmehr als Wesen von Fleisch und Blut ganz einfach auf der Straße, vergleichbar vielleicht jenem Colonel Chabert bei Balzac, den alle für tot halten, und der, als er plötzlich wieder auftaucht, wirkt wie das Porträt seiner selbst, jedoch ohne Rahmen (”un portrait de Rembrandt, sans cadre”)[4].

Die Assoziation zur bildenden Kunst ergibt sich nicht zufällig. Cervantes treibt hier ein Spiel, wie es besonders das 17. Jahrhundert lieben wird, die Verwischung der Grenzen zwischen Kunst und Realität. An diesem Spiel beteiligen sich alle Kunstformen, insbesondere aber die bildenden Künste.[5] Auch die spanische Malerei des Barock liefert Beispiele dafür, sei es, daß der auf einem Gemälde von Murillo in der Londoner National Gallery Porträtierte seine Hand auf den Rahmen des Bildes legt, sei es, daß, wie in den Hoffräulein, den *Meninas* des Velázquez, das die Szene beleuchtende Licht durch ein Fenster kommt, dessen eine Hälfte außerhalb des Bildes und also vor ihm, in der Realität des Betrachters liegen muß.[6] Zahlreich sind im Manierismus der Zeit Don Quijotes, aber auch später, die Bilder, deren Sujet selbst schon Zweifel am Grenzverlauf zwischen dem Dargestellten und einer als Bild im Bild abgebildeten Wirklichkeit weckt. Eines der vertracktesten Beispiele in dieser Hinsicht bieten die Spinnerinnen, die *Hilanderas,* ebenfalls von Velázquez, ein Bild, das nicht nur

4. Le Colonel Chabert. Stuttgart 1984 (= Fremdsprachentexte Reclam). S. 24.

5. Zur Literatur vgl. Horst Baader: El equívoco. Die Uneindeutigkeit als Stil- und Strukturprinzip der spanischen Literatur des Goldenen Zeitalters. In: Spanische Literatur im Goldenen Zeitalter, Fritz Schalk zum 70. Geburtstag. Frankfurt am Main 1973. S. 12-39.

6. Dieser Umstand soll Théophile Gautier den Ausruf entlockt haben: ”Mais où est le cadre?” (Charles Terrasse: Velázquez. Paris 1931. S. 8). Vgl. dazu neben der unübersehbaren kunsthistorischen Literatur Sebastian Neumeister: Mythos und Repräsentation. Die mythologischen Festspiele Calderóns. München 1978. S. 283ff.

einen theaterähnlichen Aufbau mit Zuschauerraum und Bühne präsentiert, sondern das auch einen so gut wie unkontrollierbaren Übergang von dargestellter Realität und Bild im Bild vorführt, nämlich die problematische Zuordnung Arachnes und der Göttin Minerva zum im Hintergrund aufgehängten Wandteppich oder zur dargestellten Realität der drei Betrachterinnen davor. "Was mich betrifft", so bekennt der Kunsthistoriker Julián Gállego in seinem Buch *Vision et symboles dans la peinture espagnole au siècle d'or* (Paris 1968), "so wüßte ich nach genauer Untersuchung nicht zu sagen, welche Entscheidung ich treffen sollte: Die List, die Sorgfalt, mit der Velázquez eine Ansicht wiedergibt, die weder bestimmter noch unbestimmter ist als die Wirklichkeit selbst, macht es unmöglich."[7] Die Verwischung der Grenzen, die Velázquez hier und noch öfter praktiziert, war den Kunsthistorikern des 17. Jahrhunderts, etwa Palomino, ein willkommener Anlaß zur Wiederbelebung der antiken Fabel von den gemalten Trauben des Zeuxis, an denen angeblich die Vögel gepickt haben sollen. Sie wurde auch auf Bildern von Velázquez angewendet, so etwa auf ein ihm in der älteren Literatur zugeschriebenes Porträt des spanischen Admirals Adraán Pulido Pareja, das oder den Philipp IV. unwillkürlich als Person angesprochen haben soll.[8] Für uns ist diese Anekdote ein Beleg mehr für die geistesgeschichtliche Verwandtschaft des malerischen Verfahrens mit der Szene bei Cervantes.

Don Quijote gesteht, nachdem er zunächst wie Philipp IV. reagiert hat, seinen Irrtum souverän ein. Er zeigt sich ganz auf der Höhe der zeitgenössischen Theaterkultur, für die die Überschreitung der Grenzen zwischen Bühne und Publikum, zwischen Schein und Realität ja ebenfalls ein gern gesuchter Effekt ist. Das Verfahren kennzeichnet die Weltsicht der Zeit, den fließenden Übergang zwischen Leben und Theater des Lebens, zwischen *engaño* und *desengaño: El gran teatro del mundo, Das große Welttheater,* wie der Titel eines Stückes von Calderón lautet. Der

7. Die Übersetzung des Zitats folgt der spanischen Ausgabe. (Visión y símbolos en la pintura española del Siglo de Oro. Madrid 1972. S. 317).

8. Vgl. N. MacLaren: The Spanish School. London 1952 (National Gallery Catalogue) S. 29-32.

1. Diego de Silva y Velázquez, *Las Hilanderas* (ca. 1656-58). Madrid, Prado.

spanische Literaturwissenschaftler Emilio Orozco Díaz hat geradezu von der "teatralidad del barroco" gesprochen, von der ausufernden Theatralität des Barock.[9] Auch Cervantes selbst legt dann auch im folgenden Kapitel Don Quijote das Bild vom Theater des Lebens in den Mund, einen Vergleich zwischen der Wirklichkeit und der Kunst, mit dem der fahrende Ritter nicht nur seine Urteilsfähigkeit erneut unter Beweis stellt, sondern auch zeigt, wie vertraut ihm dieser Gemeinplatz und seine philosophischen Implikationen sind. Sancho Panza allerdings kann ob so viel pädagogischer Penetranz einen Seufzer nicht unterdrücken:

> "Brava comparación", dijo Sancho, "aunque no tan nueva, que yo no la haya oído muchas y diversas veces, como aquella del juego del ajedrez ..." (II, 109)

9. El Teatro y la teatralidad del barroco. Barcelona 1969.

2. Bartolomé Esteban Murillo, *Selbstporträt* (ca. 1670). London, National Gallery.

("Ein prächtiger Vergleich!" versetzte Sancho. "Zwar ist er nicht so neu, daß ich ihn nicht schon zu öfteren und verschiedenen Malen gehört hätte, gerade wie den Vergleich mit dem Schachspiel ...") (628)

Doch wir sind noch nicht fertig. Das Abenteuer mit den Schauspielern hat noch ein Nachspiel. An ihm zeigt sich einerseits, daß Don Quijote doch seine Schwierigkeiten mit einer so rahmenlos direkten Konfrontation mit der mimischen Fiktion hat, andererseits aber auch, daß das Spiel an der Grenze von Realität und Fiktion keineswegs leicht ist. Der als Teufel aufgemachte Spaßmacher der Truppe nämlich erschreckt mit seinem clownesken Verhalten Don Quijotes Pferd Rocinante so sehr, daß es Don Quijote abwirft. Als Sancho Panza diesem zu Hilfe eilt, schwingt sich der Schauspieler überdies auf den Esel des treuen Dieners und galoppiert davon. Hier nun begeht Sancho Panza einen kleinen, aber verhängnisvollen Fehler: Er spricht ohne Fiktionalitätssignal von dem Übeltäter als dem "Teufel":

"Señor, el Diablo se ha llevado al rucio." "Que diablo?" preguntó don Quijote. (II, 106)

("Señor, der Teufal hat mein Grautier geholt." "Was für ein Teufel?" fragte Don Quijote.) (624)

Fällt hier der Held, verführt durch die unterlassene, in der vorliegenden Situation aber auch überflüssige, ja sogar unpraktische Unterscheidung von Rolle und Person zurück in die ursprüngliche Verwechslung der Allegorie mit der Wirklichkeit? Zumindest könnte sein Racheschwur, wenn wir ihn ebenso wörtlich nehmen wie Don Quijote den Ausruf Sancho Panzas, diese Deutung nahelegen:

"Pues yo le cobraré", replicó don Quijote, "si bien se encerrase con él en los más hondos y escuros calabozos del infierno." (II, 106)

("Dann werde ich ihn dir schon wiederbringen", versetzte Don Quijote, "wenn er sich auch in den tiefsten und hintersten Kerkerzellen der Hölle verbirgt.") (624)

Erneut erhebt sich die Frage, ob Don Quijote hier in metaphorischen Redewendungen spricht oder meint, was er sagt. Sancho Panza jedenfalls tut alles, um Don Quijote davon abzuhalten, sich für den Streich des Teufels an einem anderen Mitglied der fahrenden Gesellschaft zu rächen. Dies nämlich kündigt Don Quijote an, auch hier ohne explizite Unterscheidung zwischen Rolle und Person ("castigar el descomedimiento de aquel demonio en alguno de los de la carreta, aunque sea el mesmo emperador." II, 106).

Zunächst appelliert Sancho Panza zu diesem Zweck an den praktischen Menschenverstand Don Quijotes. Er weist darauf hin, daß es immer Nachteile bringt, sich mit Schauspielern einzulassen, denen doch alle Welt gewogen sei:

> "Quítesele a vuestra merced eso de la imaginación", replicó Sancho, "y tome mi consejo, que es que nunca se tome con farsantes, que es gente favorecida. (...) Sepa vuesa merced que como son gentes alegres y de placer, todos los favorecen, todos los amparan, ayudan y estiman, y más siendo de aquellos de las compañias reales y de título, que todos, o los más, en sus trajes y compostura parecen unos príncipes." (II, 106)
>
> ("Schlagt Euch das aus dem Sinn", entgegnete Sancho, "und nehmt meinen Rat an, und der geht dahin, daß man niemals mit Schauspielern Händel suchen soll; denn das sind Leute, die überall bevorzugt werden. (...) Euer Gnaden müssen wissen, das sind fröhliche und für das Vergnügen wirkende Leute und werden darum von jedermann beschützt, begünstigt, unterstützt und geschätzt, namentlich, wenn sie Mitglieder einer königlichen oder privilegierten Truppe sind, denn die sehen alle oder zum größten Teil in Tracht und Haltung wie Fürsten aus.") (625)

Als jedoch Don Quijote nicht abläßt von seinem Racheplan und als sich die Schauspieler ihrerseits mit Steinen bewaffnen, kehrt Sancho Panza den Spieß seiner Argumente schnell um und warnt Don Quijote nunmehr davor, sich mit dem Tod selbst, mit Kaiser und Engeln einzulassen:

> (y también se ha de considerar que es más temeridad que valentía acometer un hombre solo un ejército donde está la Muerte, y pelean en persona emperadores, y a quien ayudan los buenos y los malos ángeles; (...). (II,107)
>
> (Auch ist außerdem noch zu bedenken, daß es eher Tollkühnheit als Tapferkeit ist, wenn ein Mann allein ein ganzes Heer angreift, in welchem sich der Tod befindet und Kaiser in eigener Person kämpfen und welchem gute und böse Engel beistehen.) (625)

Als auch dies nicht zu helfen scheint, zieht Sancho Panza in seiner Not Profit aus der Kenntnis der einzigen wirklich schwachen Stelle im Geiste Don Quijotes, aus seiner Abhängigkeit von der Ritterwelt:

y si esta consideración no le mueve a estarse quedo, muévale saber de cierto que entre todos los que allí están, aunque parecen reyes, príncipes y emperadores, no hay ningún caballero andante. (II, 107)

(Und wenn Euch diese Erwägung noch nicht bestimmt, Euch ruhig zu verhalten, so tut dies vielleicht die Gewissheit, daß unter all den Leuten dort, wenn sie auch wie Könige, Fürsten und Ritter aussehen, sich kein einziger fahrender Ritter befindet.) (626)

Wir haben es bei dieser letzten Äußerung mit einer im Sinne unseres Themas hochexplosiven Mischung von Schein und Realität zu tun. Sie wirkt bezeichnenderweise nicht so sehr durch das Verb scheinen ("parecer"), mit dem noch einmal das Rollenproblem gestellt wird, wie durch die Feststellung "No hay ningún caballero andante" (es ist kein einziger fahrender Ritter dabei). Erst diese doch von der Wirklichkeitsfrage scheinbar abführende Feststellung entspricht Don Quijotes Urteilsverfahren und bringt ihn dazu, sein reales Verhalten zu überdenken:

"Ahora sí", dijo don Quijote, "has dado, Sancho, en el punto que puede y debe mudarme de mi ya determinado intento. Yo no puedo ni debo sacar la espada, como otras veces muchas te he dicho, contra quien no fuere armado caballero." (II, 107)

("Jetzt allerdings, Sancho", versetzte Don Quijote, "hast du den Punkt getroffen, der mich von meinem bereits gefassten Entschluß abbringen kann und soll. Ich kann und darf, wie ich Dir des öfteren gesagt habe, gegen keinen das Schwert ziehen, der nicht zum Ritter geschlagen ist.") (626)

Entscheidend für Don Quijote ist, so können wir resümieren, nicht die Wahrheitsfrage, sondern die Einordnung in das Koordinatensystem der Ritterwelt, die für ihn an die Stelle der Wirklichkeit getreten ist.

Es ist kaum vorstellbar, daß man das Spiel mit den Erscheinungen und ihrer Bedeutung noch weiter treiben könnte als hier, wo die Grenzen zwischen dargestellter Realität und Fiktion so verfließen. Die bekannte Episode des als Puppenspieler verkleideten Ginés de Pasamonte etwa, der übrigens - sicher kein zufälliges Detail - wie der Spaßmacher der eben erwähnten Theatertruppe schon im ersten Teil des Romans den Esel Sancho Panzas geraubt hatte, scheint keine Steigerung in dieser Hinsicht bieten zu können. Die Grenzen zwischen dargestellter Wirklichkeit und Puppenspiel sind eindeutig, eine Verwechslung scheint unmöglich, und nur Don Quijote bringt es, durch das der Ritterepik entnommene Thema der Handlung verführt, fertig, diese für real zu halten und sogar in sie einzugreifen.[10]

Dennoch, der Fall verdient eine genauere Betrachtung, stellt er doch die andere Variante der oben genannten Versuchsanordnung dar, eine als solche gekennzeichnete Nachahmung der Wirklichkeit, jedoch ohne direkt ablesbare Bedeutungsfunktion wie bei der Allegorie. Das Raffinement dieses dritten Beispiels liegt allerdings - und insofern ist der Abstand zur Allegorie nicht allzu groß - darin, daß der Puppenspieler einen Knaben beschäftigt, der die dargestellte Handlung mit erklärenden Worten begleitet, der also durch seine Worte zum Bild die Bedeutung liefert. Es handelt sich jedoch dabei nicht um einen verborgenen Sinn, der wie im allegorischen Tanz erst durch Schriftzeichen verständlich wird, sondern nur um die kommentierende Erläuterung dessen, was die Zuschauer eigentlich auch mit ihren eigenen Augen sehen können. Insofern könnte man sagen, daß hier zum Spielverlauf als Text ein Metatext geliefert wird, ein Metatext überdies, der in der Diskussion mit Don Quijote, dem ausgewiesenen Spezialisten auf dem Gebiete der Ritterepik, seinerseits kritisch kommentiert wird und dies sogar so engagiert, daß es darüber zu Handgreiflichkeiten kommt. Diese allerdings richten sich nicht gegen den Erklärungsgehilfen. Sie beweisen eigentlich ganz im Gegenteil, daß es diesem und seinem Meister, dem *titerero,* gelingt, Don Quijote so zu fesseln, daß er die gerade bei einem Puppenspiel deutlich ausgewiesene Grenze zwischen Realität und Fiktion vergißt und naiv wie ein Kind in die Handlung eingreift.

Bei allem Wohlwollen, daß wir Don Quijote entgegenbringen, müssen wir allerdings feststellen, daß gerade hier sein Versagen liegt, nämlich in der Unfähigkeit zu einem Miterleben der Spielhandlung, das doch zugleich auch die Distanz der ästhetischen Wahrnehmung kennt.[11] Sinn und Ziel dieser

10. Vgl. dazu George Haley: The Narrator in Don Quijote: Maese Pedro's Puppet Show. In: Modern Language Notes 80 (1965) S. 145-165.

11. Uri Rapp nennt diese Haltung im Unterschied zur theatralischen Illusion Inlusion (Handeln und Zuschauen. Darmstadt/Neuwied 1973. S. 76-78). Ähnlich unterscheidet schon Dagobert Frey zwischen Distanzierung und Identifizierung (zitiert ebda., S. 75).

Doppelhaltung ist es ja gerade, sich bei aller Ergriffenheit nicht von der täuschenden Illusion mitreißen zu lassen, sondern sie als eine Symbolwelt zu verstehen, die, in der Zielsetzung ganz ähnlich wie die Allegorie, in der Form der Realitäts-Mimesis jedoch verschieden, eine verborgene Sinnwelt sinnlich aufzeigt.

Auch Don Quijote ist, wie sein erstes korrigierendes Eingreifen in das Puppenspiel zeigt, im Prinzip zu dieser Haltung fähig. Eine Bemerkung des jugendlichen Bilderklärers zum juristischen Beweisverfahren der im Stück auftretenden Araber weist er mit den Worten zurück:

> "Niño, niño, ..., seguid vuestra historia línea recta, y no os metáis en las curvas o transversales; que para sacar una verdad en limpio menester son muchas pruebas y repruebas." (II, 227)
> ("Kind, Kind, ..., verfolge deine Geschichte in gerader Linie und laß dich nicht auf Quersprünge ein; denn um den Tatbestand klarzustellen, sind zu viele Beweise und Gegenbeweise nötig." (746f.)

Hier spricht ein Zuschauer aus der ästhetischen Distanz und Meister Pedro, der *titerero,* bestätigt ihn darin:

> "Muchacho, no te metas en dibujos, sino haz lo que ese señor te manda, que será lo más acertado; sigue tu canto llano, y no te metas en contrapuntos, que se suelen quebrar de sutiles." (II, 227)
> ("Junge, laß dich auf keine Weitschweifigkeiten ein, sondern tu, was der Herr dir befiehlt, das wird am richtigsten sein; bleibe du bei deinem einfachen Lied und laß dich nicht auf kontrapunktische Figuren ein, die gewöhnlich vor lauter Künstlichkeit in die Brüche gehen.") (747)

Gleiches gilt für den zweiten Eingriff Don Quijotes, den Hinweis, daß die Araber nicht mit Glocken Alarm schlagen, sondern dafür Pauken sowie eine Art Hörner verwenden:

> "En esto de las campanas anda muy impropio maese Pedro, porque entre moros no se usan campanas, sino atabales, y un género de dulzainas que parecen nuestras chirimías; y esto de sonar campanas en Sansueña sin duda que es un gran disparate." (II,228)
> ("Was die Glocken betrifft, so begeht Meister Pedro einen ganz groben Irrtum; denn bei den Mauren gibt es keine Glocken, sondern nur Pauken und eine Art von Holzflöten, ähnlich unsern Schalmeien; und das Glockenläuten in Sansueña ist jedenfalls eine große Verkehrtheit.") (748)

Auch hier kritisiert Don Quijote die Kunst als ein Verfahren der

Welterzeugung im Sinne historischer Genauigkeit.[12]

Erst als die dramatische Handlung des Puppenspiels auf ihren Höhepunkt zusteuert und die Liebenden des Ritterstücks aus der Stadt fliehen, erliegt dann Don Quijote seiner bekannten Schwäche: er identifiziert sich direkt mit der Handlung und greift mit der für seine Erlebnisweise bezeichnenden Begründung gewalttätig in sie ein, daß in seiner Gegenwart ("en mis días y en mi presencia"; II, 229) niemand ungestraft einem so edlen Ritter Unrecht antun dürfe.

Ein Wort hier zu dem Begriff Schwäche. Daß es sich dabei um eine Art psychischen Ausfalls handelt, sieht Don Quijote selbst, als sein Zorn wieder abgeklungen ist:

> "Real y verdaderamente os digo, señores que me oís, que a mí me pareció todo lo que aquí ha pasado que pasaba al pie de la letra: que Melisendra era Melisendra, don Gaiferos don Gaiferos, Marsilio Marsilio y Carlomagno Carlomagno. Por eso se me alteró la cólera, y por cumplir con mi profesión de caballero andante, quise dar ayuda y favor a los que huían, y con este buen propósito hice lo que habéis visto; si me ha salido al revés, no es culpa mía, sino de los malos que me persiguen." (II, 231)
> ("Wirklich und wahrhaftig, ich sage euch, ihr Herren, die ihr mich anhört, mir ist alles, was hier geschehen ist, so vorgekommen, als wenn es buchstäblich so geschähe und Melisendra wäre Melisendra und Don Gaiferos wäre Don Gaiferos und Marsilius wäre Marsilius und Karl der Große wäre Karl der Große. Deshalb ist mein Zorn entbrannt, und um meinen Beruf als fahrender Ritter zu erfüllen, wollte ich dem fliehenden Paar Hilfe und Beistand gewähren, und in dieser guten Absicht hab' ich getan, was ihr gesehen habt. Ist es verkehrt ausgeschlagen, so ist es nicht meine Schuld, sondern die der Bösewichte, die mich verfolgen.") (751)

Don Quijotes Beschreibung gleicht eher einem Krankheitsbericht als einer phantastischen Ausflucht. Aber allein die Tatsache, daß er sich selbst die Diagnose zu stellen vermag und

12. Eine geradezu entgegengesetzte, nämlich innerliterarische Fragerichtung verfolgt Viktor Sklovskij in seinem Aufsatz "Wie Don Quijote gemacht ist". In: Theorie der Prosa. Frankfurt am Main 1966. S. 89-130. Vgl. ders.: Die Kunst als Verfahren. In: Jurij Striedter (Hrsg.): Texte der russischen Formalisten. Band I. München 1969. S. 2-35.

daß er sofort bereit ist, die Kosten seines zeitweiligen mentalen Ausfalls zu übernehmen, zeigt schon, daß Don Quijotes Intellekt wieder regiert:

> "Con todo esto, deste mi yerro, aunque no ha procedido de malicia, quiero yo mismo condenarme en costas; vea maese Pedro lo que quiere por las figuras deshechas, que yo me ofrezco a pagárselo luego, en buena y corriente moneda castellana." (II, 231)
>
> ("Nichtsdestoweniger will ich für diesen meinen Irrtum, obschon er nicht aus Böswilligkeit entsprungen, mich selbst zu den Kosten verurteilen. Überlegt, Meister Pedro, was Ihr für die zerschlagenen Puppen haben wollt; ich erbiete mich, es Euch sofort in gutem kastilischem Gelde zu bezahlen.") (751)

Wir wollen hier nicht weiter auf den Theaterskandal *en miniature* eingehen, den Don Quijote entfacht hat und der ihn auch finanziell teuer zu stehen kommt. Wir wollen uns vielmehr allein der Frage stellen, ob es hier noch Gründe geben kann, nicht an Don Quijotes Verstand zu zweifeln und ihn, wenn schon nicht zu entschuldigen, so doch wenigstens zu verstehen. "Die Bühne ist" nach Georg Lukács im Gegensatz zum Film "absolute G e g e n w a r t".[13] Als solche erlebt sie offensichtlich auch Don Quijote. Der fahrende Ritter, für den die Ritterwelt die Alltagswelt, die Alltagswelt die Ritterwelt ist, erkennt in der Puppenwelt die eigene Welt. Don Quijote läßt es an Distanz zum Spiel fehlen, weil er selbst im Spiel lebt und in Distanz zur Welt, zur sogenannten 'wirklichen' Welt.

Wir könnten die Versuchsreihe hier abbrechen und Don Quijote, was seinen Verstand allgemein, aber auch was seine Fähigkeit, den sprachlich oder bildlich konstituierten Sinn eines Textes zu verstehen, ein insgesamt überwiegend befriedigendes Zeugnis ausstellen. Don Quijote beherrscht die Kulturtechniken seiner Zeit soweit, daß er, abgesehen von zeitweiligen Ausfällen, zuweilen aber auch ganz ohne sie, Zeichen und Bezeichnetes, *signifiant* und *signifié*, zueinander in Beziehung setzen kann und sich sogar schwierigen Situationen wie der erwähnten Konfrontation mit allegorischen Figuren als Straßenpassanten gewachsen zeigt.

13. Zitiert bei Rapp, a.a.O. S. 35.

Es empfiehlt sich jedoch, noch einen letzten Schritt zu tun. Es gilt, auch hier die Debatte um Don Quijotes Verhalten der Realität selbst gegenüber aufzunehmen, die gemeinhin als erste in Gang kommt, wenn es um die angebliche Verrücktheit des Helden geht. Wir überschreiten damit die durch Fiktionalitätssignale abgesicherte Welt der kulturabhängigen Zeichen und Bilder und ihrer Bedeutungen in Richtung auf die von gewollter Sinnhaftigkeit freie Alltagswelt der Gasthäuser, Windmühlen und Viehherden. Es sind dies Objekte, die sich durch ihre schlichte Faktizität von den soeben behandelten Kulturzeichen unterscheiden, sei es, daß sie Don Quijote schlicht als das begegnen, was sie sind, sei es, daß sie Sancho Panza, der Pfarrer oder das Herzogspaar zur Irreführung Don Quijotes einsetzen und mit einer (ritterlichen) Bedeutung versehen. Beginnen wir mit dem zweiten Fall. Don Quijote wird immer wieder bewußt getäuscht, er wird durch Worte wie diejenigen Sanchos im Falle der angeblich zur Bäuerin verzauberten Dulcinea oder durch gezielte Manipulation an der sichtbaren Realität wie im Falle des Herzogspaares förmlich aus der adäquaten Erfassung der wahrgenommenen Phänomene herausgedrängt und gewaltsam in die Ritterwelt zurückgeworfen.

Als eine gleichsam absteigende Kurve läßt sich dies besonders eindrucksvoll an der Dulcinea-Episode im zehnten Kapitel des zweiten Bandes ablesen. Von der sonst eigentlich Sancho vorbehaltenen Formel

> "Ich sehe nichts als drei Bäuerinnen auf drei Eseln." (615)
> (Yo no veo, Sancho, ..., sino a tres labradoras sobre tres borricos.")
> (II, 96)

führt diese Kurve über

> "Wenigstens kommen sie mir so vor."
> ("a lo menos, a mí tales me parecen.") (II, 97)

und die Beschreibung

> (Don Quijote) schaute mit weit vortretenden Augen und wirrem Blick
> (Miraba con ojos desencajados y vista turbada) (II, 97)

bis hin zu der üblichen und uns schon aus der Puppenspieler-Episode bekannten Kapitulationsdeutung, in die Don Quijote seine doppelte Enttäuschung gegenüber der vermeintlichen Dulcinea kleidet:

> "El maligno encantador me persigue, y ha puesto nubes y cataratas en

mis ojos, y para sólo ellos y no para otros ha mudado y transformado tu sin igual hermosura y rostro en el de una labradora pobre, ..." (II, 98)
("Der boshafte Zauberer, der mich verfolgt, (hat) mir einen Nebelflor und grauen Star auf die Augen gelegt und nur für meine und nicht für andrer Augen deine Schönheit sondergleichen und dein holdes Angesicht in das einer armseligen Bäuerin verwandelt und umgeschaffen.") (616f.)

Hier wie so oft ist es also, will man Don Quijote glauben, ein böser Zauberer, der nicht nur die Wirklichkeit ins Phantastische verwandelt, sondern der umgekehrt auch die Ritterwelt als Banalität erscheinen läßt. Nur so jedenfalls entgeht Don Quijote der bitteren Erkenntnis, daß er zum Narren gehalten wird.[14]

Wenden wir uns nun noch einem Fall echter, d.h. nicht zum Zwecke der Täuschung vorgefertigter Konfrontation mit dem äußeren Schein zu, diesmal aus dem ersten Teil des Romans. Um Don Quijote zu schonen, wollen wir für dieses Mal nicht von den Windmühlen reden, die den Ruf Don Quijotes als eines nur sehr eingeschränkt zurechnungsfähigen Gesprächspartners begründet haben, sondern von einer anderen, nicht minder bemerkenswerten Begegenheit - "otras aventuras dignas de ser contadas", wie schon der Titel des Kapitels verspricht. Es handelt sich um die Begegnung Don Quijotes mit den beiden Viehherden im achtzehnten Kapitel des ersten Teiles, ein Erlebnis, das sich von der Windmühlen-Episode schon allein dadurch unterscheidet, daß zunächst wegen der riesigen Staubwolken wirklich nicht auszumachen ist, wer sich da aufeinander zubewegt. Während dort, im achten Kapitel des ersten Teiles, der Ritterwahn eindeutig dominiert und Don Quijote klar erkennbare Windmühlen zu Riesen macht, liegt der Fall hier etwas anders: Die Staubwolken lassen zunächst Raum für alle möglichen Hypothesen, was die sie auslösende Ursache betrifft. Don Quijote nutzt denn auch diesen Raum so bereitwillig und schildert so überzeugend zwei Ritterheere, die sich aufeinander zubewegen, daß der hier wie

14. Zu den sich im zweiten Teil des Romans häufenden Fällen der gezielten Täuschung Don Quijotes vgl. Alexander A. Parker: Die Auffassung der Wahrheit im Don Quijote. In: Helmut Hatzfeld (Hrsg.): Don Quijote. Forschung und Kritik. Darmstadt 1968. S. 17-36.

immer abwartende Sancho ihm vorerst Glauben schenkt. Erst als sich nichts von dem Geschilderten erkennbar zeigt, beginnt Sancho mißtrauisch zu werden:

> "Señor, encomiendo al diablo hombre, ni gigante, ni caballero de cuantos vuestra merced dice parece por todo esto; a lo menos, yo no los veo: quizá todo debe ser encantamento, como las fantasmas de anoche." (I, 220)
>
> ("Gnädiger Herr, der Teufel soll's holen, weder Mensch noch Riese noch Ritter, soviel Euer Gnaden auch benennt, läßt sich weit und breit sehen; ich wenigstens erblicke keinen, es muß alles vielleicht nur Zauberei sein wie die Spukgestalten heut' nacht." (151)

Das Eis ist gebrochen und Sancho Panza erobert sich gegen den zähen Widerstand Don Quijotes, der Pferde wiehern und Trompeten erschallen hört, wieder den Zugang zur Wirklichkeit:

> "No oigo otra cosa ... sino muchos balidos de ovejas y carneros." (I, 220)
>
> ("Ich höre nichts andres ... als vielfaches Blöken von Schafen und Hammeln.") (151)

Auch Don Quijotes Abwehr-Theorie, daß die Angst Sancho Panza die Sinne verwirre, hilft ihm nichts: Sancho hat endgültig erkannt, daß es sich um zwei Viehherden handelt und sein Herr ein weiteres Mal der Verrücktheit, der locura verfallen ist. Der Vorgang erscheint, bezogen auf unser Thema, wenig aussagekräftig und recht eindeutig: Sancho erkennt nach anfänglichen, rein wahrnehmungstechnischen Problemen die Wirklichkeit und bekennt sich zu ihr. Don Quijote dagegen leugnet sie auch dann noch, als er in schmerzhaftester Weise auf sie gestoßen wird: durch den Steinhagel der Hirten, die ihre Herden vor ihm zu schützen suchen.

Dennoch, der Fall hat neben seinem paradigmatischen Charakter auch eine epochenspezifische Dimension. 1610, also exakt zur selben Zeit, da Cervantes am zweiten Teil des *Don Quijote* arbeitet, entdeckt Galileo Galilei mit seinem selbstgebauten Fernrohr in Venedig die vier Monde des Jupiter, die Saturnringe, die Sonnenflecken und die Phasen der Venus. Eine neue Beschreibung des Kosmos ist fällig und ein Weltbild, das ptolemäische, bricht endgültig zusammen. Ihm war gerade eben noch, das heißt in den ersten Tagen des neuen Jahrhunderts, ein Opfer von tragischer Dimension gebracht worden: Giordano

Bruno, der am 17. Februar 1600 auf dem römischen Campo dei fiori den Scheiterhaufen besteigen mußte.

Auch hier erscheint die Situation eindeutig: Galilei erkennt wie Sancho Panza die Wahrheit und nur Verblendete können sie nach ihm noch leugnen. Galilei als Anwalt in eigener Sache stellt seine Situation auch so dar. Doch er stößt auf unerwartete Schwierigkeiten. In einem Brief an Kepler schildert Galilei am 19. August 1610 seinen gescheiterten Versuch, den Gelehrten in Padua und Bologna die Jupiter-Monde vorzuführen:

> Quid dices de primariis huius Gimnasii philosophis, qui, aspidis pertinacia repleti, nunquam, licet me ultro dedita opera millies offerente, nec Planetas, nec [lunam], nec perspicillum, videre voluerunt? Verum ut ille aures, sic isti oculos, contra veritatis lucem obturarunt. Magna sunt haec, nullam tamen mihi inferunt admirationem. Putat enim hoc hominum genus, philosophiam esse librum quendam velut Eneida et Odissea; vera autem non in mundo aut in natura, sed in confrontatione textuum (utor illorum verbis), esse quaerenda.
>
> (Was sagt Ihr über die Hauptphilosophen unseres Gymnasiums, die mit der Hartnäckigkeit einer Natter, obwohl ich mir tausendmal Mühe gab und ihnen ein entsprechendes Anerbieten machte, die Planeten, den Mond oder auch nur das Fernrohr selbst nicht ansehen wollten? Wahrhaftig, wie Odysseus die Ohren, so haben diese die Augen gegen das Licht der Wahrheit verschlossen. Das ist ungeheuerlich, aber es erregt keine Verwunderung bei mir. Denn diese Art von Menschen hält die Philosophie ***(das heißt, im Sinne der damaligen Terminologie: die Naturwissenschaften)*** für ein Buch, wie es die Aeneis und die Odyssee sind. Sie glauben, daß die Wahrheit nicht in der Welt und in der Natur, sondern in der Vergleichung der Texte (wie sie es ausdrücken) gesucht werden müsse.)[15]

Galileis Worte lassen sich ohne weiteres auch auf Don Quijote und seine Manie anwenden, alles um ihn herum nach dem Modell der Ritterromane zu erklären. Auch er scheint blind für die Wirklichkeit, auch er beharrt auf der Vergleichung der Texte, in diesem Falle der Ritterromane.

Jedoch, wir sollten uns nicht vorschnell auf die Seite Sancho

15. Le opere di Galileo Galilei, vol. X. Firenze 1968. S. 423. (Übersetzung: Hans Blumenberg). Vgl. dazu H. Blumenberg: Die Genesis der kopernikanischen Welt. Frankfurt am Main 1975. S. 762ff.

Panzas schlagen, der sich nach anfänglichem Zögern im sicheren Besitze der Wahrheit weiß. Hans Blumenberg hat in seiner Analyse der kopernikanischen Wende darauf hingewiesen, daß auch Galileis Gegner durchaus ihre Gründe hatten, nicht durch sein Fernrohr zu schauen, ja sogar wie Don Quijote angesichts der Windmühlen das dort mit eigenen Augen Gesehene zu leugnen. Für sie stand nämlich, wie gesagt, ein ganzes Weltbild auf dem Spiele, das zudem, wie das Ritterschema Don Quijotes, fast fehlerfrei funktionierte und nicht nur Erklärungen für alle auftretenden Phänomene bereithielt, sondern auch eine Sinngebung der Welt lieferte, wie sie die seither dominierenden Naturwissenschaften *per se* und bis heute vermissen lassen. Galileis Entdeckung der Jupiter-Monde und ihre Deutung als neue Planeten etwa gefährdete das herkömmliche Weltmodell mehr als der kopernikanische Platztausch zwischen Erde und Sonne. Denn plötzlich gab es damit mehr als die sieben bekannten Planeten (Merkur, Venus, Erde, Mond, Mars, Jupiter, Saturn), eine Zahl, die auch noch Kopernikus heilig ist und die Makrokosmos und Mikrokosmos durch unzählige, zum Beispiel astrologische und medizinische Analogien miteinander verbindet.

> Der Augenschein verschlägt nichts gegen eine solide unterbaute Antizipation der Weltstruktur. Daß es nur sieben Planeten geben könne, ist keine Frage des empirischen Datums. Ist es schon schwer zu erblicken, was man nicht erwartet, so ist es nahezu unmöglich, durch bloße optische Erfahrung zu akzeptieren, was im Kontext der präsumptiven Welterfassung nicht zulässig ist.[16]

Der letzte Satz gilt durchaus auch für Don Quijote, und zwar nicht nur für seine Deutung der Windmühlen, Gasthäuser oder Viehherden, sondern z.B. auch für seine Schwierigkeiten mit der ihm von Sancho Panza als Dulcinea hingestellten Bäuerin. Auch hier hat Don Quijote Schwierigkeiten, das Gesehene mit dem Erwarteten in Einklang zu bringen. Der Unterschied zu den

16. Ebda., S. 767f. Die Unfähigkeit, Anomalien innerhalb eines gegebenen Weltbildes richtig zu deuten oder auch nur zu erkennen, reicht bis in die Psychophysiologie der Wahrnehmung. Vgl. Thomas S. Kuhn: Die Struktur wissenschaftlicher Revolution. Frankfurt am Main 1967. Kap VI und X.

Viehherden liegt darin, daß Sancho Panza, um seinem Auftrag gerecht zu werden, die Bäuerin in betrügerischer Absicht von vornherein in den Zusammenhang von Don Quijotes Ritterphantasien stellt. Im Gegensatz zum Herzogspaar aber kann er keine sichtbaren Beweise dieses Zusammenhangs mitliefern. Anders als dort hat Don Quijote daher nur das Wort Sanchos und damit die ritterweltliche Bedeutung, nicht jedoch das Erscheinungsbild, das allein das von Sancho postulierte substanzlose *arbitraire du signe* ikonisch-real bestätigen und zwischen Wort und Bedeutung eine beweiskräftige Verbindung stiften könnte. Don Quijote ist so gezwungen, zur Überwindung dieser Kluft auf seine bekannte Zauberer-Hypothese auszuweichen. Sie allein ermöglicht es ihm, sein (Ritter-)Weltbild zu retten, an dessen ungebrochene Geltung zu glauben ihn die betrügerischen Machenschaften seiner Gesprächspartner geradezu zwingen. Können wir erwarten, daß Don Quijote sich hier kritischer verhält als die Kollegen Galileis, die sich auch ohne solchen suggestiven Zwang und ohne die etwa vom Herzogspaar bereitgestellten Täuschungsmittel weigern, der Wahrheit der sichtbaren Phänomene die Ehre zu geben?

Es ist offenkundig, daß Don Quijote in bestimmten Phasen den Kontakt zur Realität verliert und phantasiert. Doch auch Don Quijote hat seine Gründe, wenn er die übliche Weltsicht durchbricht, und er geht dabei durchaus konsequent vor. Seine Argumente unterscheiden sich strukturell kaum von denen, die die Anhänger bestimmter, dem eigenen Verständnis nach 'wissenschaftlich' abgesicherter Weltbilder anführen. Ein letztes Beispiel soll dies belegen. Als der Barbier Don Quijote im ersten Kapitel des zweiten Teiles, als man noch auf die Gesundung des fahrenden Ritters hofft, fragt, wie groß er sich eigentlich den Riesen Morgante vorstelle, gibt unser Held eine Antwort von, dem ersten Anschein nach, strenger Wissenschaftlichkeit. Zunächst weist er relativierend darauf hin, daß es schon, was die Existenz des Riesen betrifft, verschiedene Theorien gebe. Schon diese Vorbemerkung zeugt von der Einsicht in die Unsicherheit aller Tatsachenbehauptungen.[17] Sodann aber bringt Don Quijote, ohne sich der

17. Dies gilt im übrigen auch für Don Quijotes Behauptung, er könne f a s t sagen, Amadís von Gallien mit eigenen Augen gesehen zu haben

Frage zu entziehen oder sie dogmatisch präjudizieren zu wollen, in vorbildlicher Ausgewogenheit drei Belege zur Bestimmung der Größe vor. Zunächst erinnert er an die Figur des Goliath aus dem Alten Testament, aus einem Text also, der am Beginn des 17. Jahrhunderts noch eine schlechthin unwiderlegbare Autorität darstellt. Sodann beruft er sich auf Berichte über den Fund von Riesenknochen auf Sizilien, mit dem entweder naiven oder listigen Nachsatz, "die Meßkunst stellt diese Tatsache außer Zweifel" ("la geometría saca esta verdad de duda"; II, 37). Diese Berichte mögen auf prähistorische Tierfunde zurückgehen oder auf die sogenannten *telamoni,* die mit acht Meter Höhe weit überlebensgroßen Friesfiguren des Zeustempels von Agrigent. Schließlich führt Don Quijote ein Zeugnis aus der schönen Literatur an, die Erinnerung daran, daß der Riese Morgante im gleichnamigen Epos des italienischen Renaissance-Dichters Luigi Pulci oft in Häusern geschlafen habe und schon deshalb nicht allzu groß gewesen sein könne.

Was anderes unternimmt Don Quijote hier, wenn nicht den Versuch, seine Vorstellungen von der Wirklichkeit - es ist die Wirklichkeit der Ritterromane - auch denen einsichtig zu machen, die sie wie der Pfarrer zunächst so nicht akzeptieren wollen. Das Verfahren, das Don Quijote dabei anwendet, ist beeindruckend flexibel und scheint für Wirklichkeitsnähe zu bürgen: Argumente der Schriftgläubigkeit (Bibel, Luigi Pulci) und der Erfahrungswissenschaft (Archäologie) treten zum Zwecke der Beweisführung nebeneinander, so wie man im Bereich der Naturwissenschaften eine Modellrechnung durch Experimente absichert und bei Übereinstimmung zum Abbild der Wirklichkeit erklärt.

Entscheidend ist selbstverständlich die Interpretation der gesammelten und miteinander in Beziehung gesetzten Daten, nicht ihre bloße Zusammenstellung. Im vorliegenden Falle sind diese Daten zu heterogen, zu wenig kompatibel, als daß sie jemanden zu überzeugen vermöchten. Der Pfarrer stimmt Don Quijotes Argumentation vielmehr nur deshalb scheinbar zu, um das

(556 bzw. II, 37: "estoy por decir que con mis propios ojos vi a Amadís de Gaula") — eine Äußerung, die nicht vorschnell zu einer Tatsachenfeststellung verkürzt werden darf (Bihler [a.a.O., Anm. 1], S.101).

grausame Spiel mit den Phantasien seines Gesprächspartners noch ein wenig weitertreiben zu können:

"Así es", dijo el cura. El cual, gustando de oírle decir tan grandes disparates, le preguntó que qué sentía acerca de los rostros de Reinaldos de Montalbán y de don Roldán, y de los demás doce Pares de Francia, pues todos habían sido caballeros andantes. (II, 37)

("Das ist richtig", sagte der Pfarrer; und da er zu Vergnügen daran fand, ihn so ungereimtes Zeug vorbringen zu hören, so fragte er ihn um seine Meinung über die Gesichtszüge des Rinald von Montalbán, des Don Roldán und der übrigen zwölf Pairs von Frankreich, da sie sämtlich fahrende Ritter gewesen seien.) (557)

Wiederum reagiert Don Quijote ganz ernsthaft und in sorgsam abwägender Wortwahl:

"De Reinaldos", respondió don Quijote, "me atrevo a decir que era ancho de rostro, de color bermejo, los ojos bailadores y algo saltados, puntoso y colérico en demasía, amigo de ladrones y de gente perdida. De Roldán, o Rotolando, o Orlando, que con todos estos nombres le nombran las historias, soy de parecer y me afirmo que fue de mediana estatura, ancho de espaldas, algo estevado, moreno de rostro y barbitaheño, velloso en el cuerpo y de vista amenazadora, corto de razones, pero muy comedido y bien criado." (II, 37f.)

("Von Rinald", antwortete Don Quijote, "wage ich zu sagen, daß er ein breites und stark gerötetes Gesicht hatte, die Augen stets beweglich und etwas hervorstehend, reizbar und zornsüchtig über die Maßen, ein großer Freund von Räubern und schlechtem Gesindel. Über Roldán oder Hruotland oder Roland - denn mit all diesen Namen bezeichnet ihn die Geschichte - bin ich der Meinung, ja ich bin überzeugt, daß er von mittelhoher Gestalt war, breitschultrig, etwas krummbeinig, braun von Gesicht und mit struppigem Bart, dicht behaart am Körper, dräuenden Blickes, karg mit Worten, doch im übrigen sehr höflich und wohlgesittet.") (557)

Spätestens an der dreifach variierten Version des Namens Roland wird dem Leser bewußt, daß Cervantes seinem Helden hier eine Wissenschaftlichkeit andichtet, die nicht so sehr seine Verrücktheit wie die der zeitgenössischen humanistischen Gelehrten im Visier hat - einen Gegenstand, dessen vollkommenste Karikatur bekanntlich der Vetter ist, der Don Quijote zur Höhle des Montesinos führt und der ganz ähnlich wie die Philologen des 19. und zuweilen auch noch des 20. Jahrhunderts ernsthafte Quellenstudien zu Fragen treibt wie der, "wer zuerst auf der Welt den Schnupfen hatte, wer zuerst Einreibungen gebraucht hat, um sich von der Franzosenkrankheit zu heilen" (712) u.ä.m. Sancho setzt, wie könnte es anders sein, mit seiner Frage, wer den ersten Purzelbaum auf der Welt geschlagen habe, auf einen Schelm anderthalben. Don Quijote wird also hier und, wie wir rückblickend feststellen können, auch in der Riesen-Frage als ein Opfer humanistischer Buchstabengläubigkeit dargestellt, deren philologische Exaktheit zu scheinbar konkreten, in Wirklichkeit aber absurden Ergebnissen führt.[18]

Der Pfarrer spinnt den Faden noch einmal fort. Er lenkt die Aufmerksamkeit Don Quijotes von der historisch-mythisch-literarischen Gestalt Rolands hinüber zu der von Ariost dazugedichteten, nunmehr rein literarischen Erscheinung der schönen Angelika. Don Quijote folgt dem Pfarrer auch hier. Auch er verläßt den Bereich der Geschichten ("historias"), die, wenn auch sagenumwoben, von Tatsachen berichten, und wendet sich der Literatur und ihren Fiktionen zu. Das Gespräch mit dem Pfarrer, der hier wie auch sonst den Standpunkt einer aufgeklärten Vernünftigkeit vertritt, unterscheidet sich daher in keiner Weise von einer Diskussion, wie sie gebildete Leser führen, die Romanhelden und -geschehnisse der Einfachheit halber wie tatsächliche behandeln, ohne doch jemals deren reale Existenz zu unterstellen.

Die letzte Frage - sie kommt diesmal vom Barbier - gilt möglichen Satiren auf die schöne Angelika. Eine Satire würde die literarische Figur Ariosts in ihrer Fiktionalität potenzieren, dem Status vergleichbar, den Don Quijote, Sancho Panza, Dulcinea und Rocinante in den Widmungsgedichten des ersten Teiles erhalten. Don Quijote überhört auch hier die Ironie der Frage und erörtert das Problem in ganz grundsätzlicher Weise. Sowohl epische Helden wie auch ihre Schöpfer, die Dichter, können, so scheint es der Text nahezulegen, im Liebesdienst fiktiver Damen stehen. Während die letzteren jedoch im Falle der Abweisung zur Satire als Mittel der Rache greifen, erachten die edelmütigen

18. Vgl. dazu Charles V. Aubrun: Cervantes y los humanistas. In: Rolf Kloepfer (Hrsg.): Bildung und Ausbildung in der Romania. Band III. München 1979. S. 97-104.

Helden der Geschichte, die "pechos generosos", eine solche Reaktion für unwürdig. Cervantes führt uns hier von der Humanistenparodie über die literarische Charakterkunde bis zu einem Punkt, an dem sich Realität und Fiktion erneut kaum unterscheidbar berühren. Reale Dichter, die fiktive Damen besingen oder aber in der Satire verspotten, stehen neben epischen Helden, deren Edelmut Don Quijote ganz konkret beurteilt - am Maßstab eines fiktiven Ritterideals, das doch, wie Don Quijotes eigenes Schicksal zeigt, so überaus real wirksam werden kann. Don Quijote allerdings pariert, wie wir gesehen haben, souverän alle Versuche, dieses Ideal zu erschüttern. Da nur sein Urteil gefragt ist, nicht die handelnde Bewährung, entgeht er für dieses Mal der "ästhetischen Nichtunterscheidung", die ihm im Falle des Puppenspiels zum Verhängnis wurde.[19] Die literarische Fiktion tritt Don Quijote nämlich in der Diskussion mit dem Pfarrer und dem Barbier nicht als Schauspiel oder als Schauspielertruppe vor Augen, sondern sie verharrt in der Abstraktion des Buches, über das man spricht. Im Wortlaut der Ritterromane und im diese schon ironisierenden Epos des Ariost dominiert die Schrift. Um sie adäquat zu interpretieren, bedarf es der Phantasie ebenso wie der literarischen Kritik.[20] Don Quijote nutzt daher zu Recht wie jeder Leser vor ihm oder nach ihm die Möglichkeit, zwischen den Polen ästhetisch-kritischer Distanz und ethisch-affektiver Betroffenheit hin- und herzupendeln. Ein Vorwurf kann ihm daraus nicht gemacht werden, im Gegenteil: Don Quijote erweist sich einmal mehr und wie auf der Hochzeit des Camacho als versierter und, wie seine zögernden Formulierungen zeigen ("me atrevo a decir soy de parecer / bien creo yo"), als umsichtiges Mitglied seines frühbarocken Kulturkreises.

Wenn Don Quijote überhaupt etwas vorzuhalten ist, so ist es, darauf hat Harald Weinrich hingewiesen[21], die Wahl des

19. S.o. Anm. 10. Zur "ästhetischen Nichtunterscheidung" vgl. Hans-Georg Gadamer: Wahrheit und Methode. Grundzüge einer philosophischen Hermeneutik. Tübingen 1960. S. 110ff.

20. Zur "Grenzstellung der Literatur" vgl. ebda. S. 152-157.

21. Die Leser des Don Quijote. In: Zeitschrift für Literaturwissenschaft und Linguistik 15 (1985). Heft 57/58. S. 52-66.

Gegenstandes seiner intensiven Lektüre. Don Quijote erlebt Trivialliteratur - als solche müßte man die Ritterromane wohl beschreiben - wie Hochliteratur, er identifiziert sich mit Gestalten und Verhaltensweisen, deren Fixiertheit auf bestimmte Muster einer schöpferischen Phantasie nur wenig Spielraum läßt. Die Starre und Überlebtheit des vorgegebenen Modells verhindert auch jeden Versuch einer Anpassung an die historisch veränderte Situation, sie läßt, wie dies etwa das Herzogspaar vorführt, nur noch die Maskerade zu. Don Quijote muß sich, will er seinem Ideal handelnd treu bleiben, geradezu zwangsläufig der reinen Imitation verschreiben und gerät so, ohne jede Chance der Vermittlung oder der kritischen Distanz, in Konflikte, die eher tragisch als komisch genannt zu werden verdienen.

Carlos Fuentes hat in einem scharfsinnigen Essay die Taten Don Quijotes als einen Kampf um die Übereinstimmung der Worte mit den Dingen bezeichnet, der Worte der Ritterromane mit der ihnen entgegenstehenden Wirklichkeit des 16. Jahrhunderts.[22] Cervantes verlegt diesen Kampf zu Recht in die Literatur. In ihr als einzigem Ort kommen das Wort und die (fingierte) Wirklichkeit ganz zur Deckung. In der Utopie, im Nicht-Ort der Literatur gelingt, was die Wissenschaften, die des Geistes wie die der Natur, vergeblich anstreben: Die Identifikation der Beschreibung mit dem Beschriebenen.[23]

Cervantes macht sich mit seinem Roman um die Verschmelzung der beiden Positionen in doppelter Hinsicht verdient. Indem er einen Roman auf der Folie der Ritterromane entwirft und dem ersten Teil dieses Romans einen zweiten folgen läßt, in dem die Protagonisten selbst die eigene Existenz kommentieren, realisiert Cervantes jene wissenschaftliche Poesie oder poetische Wissenschaft, von der zweihundert Jahre nach ihm die Romantiker sprechen.[24] Da er aber seinen fahrenden Ritter dabei auch mit der

22. Cervantes o la crítica de la lectura. Mexico (City) 1976. S. 110.

23. Zu den Natur- wie Geisteswissenschaften gleichermaßen betreffenden Schwierigkeiten der Beobachtung der Phänomene vgl. Wolfgang Stegmüller: Walther von der Vogelweides Lied von der Traumliebe und Quasar 3 C 273. In: Ders.: Rationale Rekonstruktion von Wissenschaft und ihrem Wandel. Stuttgart 1979. S. 27-86.

24. Zur Cervantes-Rezeption in der deutschen Romantik vgl. Wilhelm

historischen und sozialen Realität seiner Zeit konfrontiert, Sanchos Statthalterschaft mit ihrem Scheitern, die liebenden Schäfer mit dem realen Landleben, bricht er die bis dahin gängige Selbstgenügsamkeit der literarischen Fiktion auf und negiert die reine Utopie.[25] Don Quijote scheitert als Held seiner Ritterphantasien. Als Theoretiker eines Rittertums aber, das sich der Wirklichkeit stellt, gewinnt Don Quijote die Unsterblichkeit. In all seiner Tragikomik ist er der Held der gescheiterten Utopien aller Zeiten, auch der unseren. Wir sollten ihn ernstnehmen.

Brüggemann: Cervantes und die Figur des Don Quijote in Kunstanschauung und Dichtung der deutschen Romantik. Münster 1958. Weitere Angaben bei Gerhart Hoffmeister: Spanien und Deutschland. Geschichte und Dokumentation der literarischen Beziehungen. Berlin 1976. S. 94ff., 101, 123-128, 138f.

25. "Gerade weil Don Quijote einem vorgegebenen, idealen Maßstab folgen will und sich nichts sehnlicher wünscht, als die Welt w i r k l i c h zu verändern, stellt sein Unternehmen alle überlieferten und zeitgenössischen Ideale vom Menschen und von der Gesellschaft vor eine echte, praktische Bewährungsprobe." Monika Walter: "Don Quijote": Vom Ritterbuch zum realistischen Roman. In: Robert Weimann (Hrsg.): Realismus in der Renaissance. Aneigung der Welt in der erzählenden Prosa. Berlin/Weimar 1977. S. 676. Vgl. zu diesem Thema José Antonio Maravall: Utopia y contrautopia en el "Quijote". Santiago de Compostela 1976.

Heimo Reinitzer

LANDGRAF PHILIPP III. VON HESSEN ALS BIBELÜBERSETZER

Wer Bücher verbrennt und Denkmäler vernichtet, weiß offenkundig um die Kräfte, mit denen in der Gegenwart Geschichte wirkt. In oft brutaler Selbstüberschätzung sucht er sie zu tilgen aus Furcht vor einer mächtigen Zeugenschaft oder aus Angst vor der Verantwortung und den Folgelasten, welche die Vergangenheit je aufbürdet. Die Einebnung der Gegenwart auf beziehungslose Aktualitäten soll von moralischem Druck und von Schuld befreien, als ob Schulden zu begleichen wären, indem man offene Rechnungen zerreißt.

Das Sammeln von Büchern und die Errichtung von Bibliotheken und Denkmälern verdankt sich hingegen nicht selten den Ängsten um die Preisgabe der Vergangenheit und um den Verlust der Legitimation der Gegenwart aus ihrer Geschichte. Sie wird nicht als Ballast empfunden, vielmehr wird ihr Gegenwartswert nicht nur zugebilligt, sondern auch zugetraut, ja zugemutet. Besonnene Zeiten, die sich zu orientieren, selbst zu vergewissern, darzustellen oder zu definieren suchen, erinnern sich und bemühen ihr Gedächtnis. *Memoria* kann zur Selbstverherrlichung, zur Mythisierung einer auch zweifelhaften Vergangenheit führen, *memoria* ist aber auch Grundlage für die lebendige Auseinandersetzung und Konfrontation von Gegenwart und Geschichte, deren Gewicht oft übermächtig scheint und einem Konservatismus dient, der die Vergangenheit gegen alles Neue ausspielt.

Philipp Melanchthon betrachtete in der Vorrede zu seiner Ausgabe von Nonnos' Gedicht über das Johannesevangelium die Bewahrung der guten, alten Bücher als die beste Antwort auf die schlechte Gegenwartsliteratur:

> Non alii melius de rebus humanis mereri iudicandi sunt, quam qui bonos libros ad posteritatem transmitti curant. Neque enim sine illis stare religiones aut civitates teneri regique possunt. Sed ego semper ita

existimavi, optimos esse fere auctores, qui vetustissimi essent: et multo verius esse de libris quam quod Germani dicunt, veteres aureos probissimos esse...[1]

Das Richteramt dessen, der gute Bücher den Nachgeborenen überliefert und bewahrt, übte Johann Melchior Goeze aus. Der verwirrenden Vielfalt von Bibelübersetzungen, der zunehmend rationalistischen Bibelkritik, der Flucht in die biblische Dichtung stellte der Hauptpastor an der Hamburger St. Katharinenkirche seine Bibelsammlung entgegen, um das Neue an der Tradition zu messen und um den beständigen Wert der Übersetzung Luthers zu dokumentieren.[2]

Anders Herzog August von Braunschweig und Lüneburg. Für ihn war *Memoria*, der Gedächtniskunst Maximilians I. vergleichbar, Selbstdarstellung und Selbstrechtfertigung, seine Büchersammlung holte Geschichte in die Gegenwart, erzeugte Universalität und bezeugte die reale Präsenz der Vergangenheit und die Gleichzeitigkeit des Ungleichzeitigen.[3]

In der Bibliothek des Herzogs nahm die Bibelsammlung mit ca. 400 Exemplaren keinen hervorragenden, jedoch auch keinen unwichtigen Platz ein. Den heutigen Umfang erhielt sie aber erst durch die Sammlung der frommen Herzogin Elisabeth Sophie Marie, deren Bibliothek die Bedeutung und die Verbreitung spiegelte, die das Wort Gottes haben sollte, damit es reichlicher unter den Menschen wohne. Sammlungen wie die ihre haben dazu beigetragen, das 18. Jahrhundert das 'biblische' zu nennen.[4]

August gebrauchte seine Bibeln zur regelmäßigen, täglichen Lektüre und zur Arbeit am Text, zu eigenem Revisionsbemühen

1. Philipp Melanchthons an Friedrich (Pistorius) gerichtete Vorrede zur Ausgabe des Nonnos, die 1527 in Hagenau erschien, ist abgedruckt in CR 1, Sp. 925f.

2. Zu Goeze vgl. Heimo Reinitzer: Biblia deutsch. Luthers Bibelübersetzung und ihre Tradition (Ausstellungskataloge der Herzog August Bibliothek, 40). Wolfenbüttel und Hamburg 1983. S. 11f. und 305ff.

3. Vgl. Paul Raabe in: Herzog August zu Braunschweig und Lüneburg 1579-1666. Sammler. Fürst. Gelehrter (Ausstellungskatalog der Herzog August Bibliothek, 27). Wolfenbüttel 1979. S. 13.

4. Reinitzer (wie Anm.2). S. 305ff.

und zur Veranlassung einer neuen Übersetzung.[5] Seine Arbeit wurde von lutherischen Theologen, aber auch von Standespersonen nur gering geachtet, denn es schrieb einst Nathanael D. Schuppius an Ferdinand Albrecht I., den Herzog von Braunschweig und Bevern:

> Ich habe von unterschiedenen hohen Standespersohnen gehört das sie gar *sinistrè* außgedeutet haben das E.F.D. Herr Vater lasse Bücher drucken/ sich umb *version* der Bibel und dergleichen Dinge bekümmere. Es sagte einsmahls in Gegenwart vieler Grafen und *Cavalieren* zu Wildungen beym Saurbrunnen eine Gräfl. Nassauische Wittibe/ welche eine gebohrne Hertzogin von Braunschweig war/ 'Es seyn Paffen Possen welche keinen Fürsten anstehen/ sondern Leute welche nicht satt Brodt zufressen haben/ sollen sich darumb bekümmern'.[6]

Sophie Hedwig, die Tochter von Heinrich Julius, die sich derart abfällig über den gelehrten Nachfolger ihres Vaters äußerte[7], hat wohl nicht gewußt, daß zwei Jahrzehnte zuvor schon ein anderer Fürst, Landgraf Philipp III. von Hessen, sich als Bibelübersetzer betätigte, freilich offensichtlich nie Ambitionen verwirklichte, sein Werk im Druck erscheinen zu lassen.[8]

An Philipp (Darmstadt, 26.12.1581 - Butzbach, 28.4.1643) wurde gerühmt, daß er auf den *Fundamenta Theologica* fest

5. Wolf-Dieter Otte: Herzog August und die Revision der deutschen Lutherbibel. In: Wolfenbütteler Beiträge 5 (1982) S.53-82. Heimo Reinitzer: Auch in psalmis ex bubonibus ranas gemachet. Herzog August d.J. von Braunschweig und Lüneburg und seine Revision der Luther-Bibel. In: Vestigia bibliae. Jahrbuch des Deutschen Bibel-Archis 4 (1982) S. 42-69.

6. Ferdinand Albrecht I. Hzg v. Braunschweig-Bevern, Die Wunderliche Göttliche Dinge des Alten und Neuen Testaments, auß dem Wunder=Buch der heil. göttlichen Schrifft/ und andern geist=reichen Büchern mit Verwunderung angesehen Von dem Wunderlichen im Fruchtbringen, Bevern 1680, S. (o) iii sequ. (ex: HAB, Sign.: Lo 1388.1).

7. Sofie Hedwig (20.2.1592-23.1.1642) wurde am 8.6.1607 verheiratet mit Ernst Kasimir Gf.v.Nassau-Dietz (22.12.1573-4.6.1632).

8. Den Hinweis auf die Notiz in der ADB danke ich Dr. Jill Bepler. Herrn Dr. Kurt Hans Staub, Handschriftenabteilung der Hessischen Landes- und Hochschul-Bibliothek Darmstadt, danke ich für die Freundlichkeit, die Hs. einsehen zu dürfen.

gestanden und in den *artibus humanioribus* trefflich gebildet gewesen sei. Ausgedehnte Bildungsreisen führten ihn nach Frankreich, in die Generalstaaten und nach Italien, 1603 besuchte er Erzherzog Ferdinand in Graz, sah Wien und Ungarn und weilte bei Kaiser Rudolf II. in Prag, von dem er ein Pferd zum Geschenk erhielt. Eine ausgedehnte Reise führte ihn nach Spanien, an den Escorial zu König Philipp II., 1607 besuchte er nochmals Italien und lernte die Palatina ausführlich kennen. Sein Interesse galt Kunst, Architektur und Sprachen, seine Kenntnisse und Beziehungen machten ihn zu einem gefragten Diplomaten und zum erfolgreichen Vermittler im Streit zwischen Hessen-Kassel und Hessen-Darmstadt. 1606 weilte er ein zweites Mal am kaiserlichen Hof in Prag. 1604 war Marburg an Hessen-Kassel übergegangen, die Universität nahm daraufhin das reformierte Bekenntnis an. Philipp wirkte mit, um vom Kaiser das Privileg für die Universität Gießen zu erhalten, die 1607 mit lutherischem Bekenntnis gegründet wurde.

Der Fürst kümmerte sich nachdrücklich um das Schulwesen, ließ Schulen gründen und Kirchen bauen, eine Kapelle beim Neubau von Schloß Philippseck in Butzbach, eine Kirche mit schöner Orgel in Münster im Amt Hohenweisel, eine andere Kirche in Holzheim (Amt Gambach). Wer in Kirche oder Schule, bei Hof, in weltlicher Regierung, in vornehmen Diensten oder öffentlichen Ämtern beschäftigt werden sollte, mußte das *Iuramentum religionis* leisten, mußte mit 'leiblichem Eid' auf das reine, unverfälschte Wort Gottes, die Confessio Augustana von 1530 und auf das Konkordienbuch schwören. Die Bewahrung der strengen Lehre wurde genau überwacht. Philipp selbst hielt täglich Betstunden morgens und abends, besuchte fleißig die Predigten, nahm jährlich viermal das Abendmahl und las jeden Tag mehrere Kapitel in der Bibel. In theologisch schwierigen Fragen wandte er sich an seinen Beichtvater oder diskutierte mit seinen Hofpredigern, die er stets achtete und wertschätzte.[9]

9. M.Martinus Erythropilus: Monumentum Exequiale. Das ist / Eine Christliche Leich= Trauer= vnd Trostpredigt / Bey der Fürstlichen Begräbnuß/ weyland deß Durchleuchtigen ... Herrn Philippsen deß dritten/ Landgraven zu Hessen ... Gehalten zu Butzbach ... Frankfurt/

All diese Eigenschaften weisen Philipp als streng lutherischen Fürsten aus, an dem jedoch eine Fähigkeit besonders hervorsticht und ungewöhnlich erscheint:

die *Hebra*ische heilige Sprache (als in welcher GOTT selbst geredet) haben Ihre F. Gn. dermassen *excoliret*, daß sie dieselbige/ nicht allein vollkommen verstanden/ sondern auch darinnen dermassen *excelliret*, daß Sie auch die Bibel auß der *Hebra*ischen Sprache/ wie Sie dem Wort Verstand nach lautet/ gleich vom Herrn Luthero der Meynung nach geschehen/ mehrentheils ins Teutsche versetzet/ welche *version* von berühmten Leuthen/ so der Hebraischen Sprache mächtig/ daß sie *richtig* vnnd *congruè, vertiret approbiret* worden: wie dann solche *version* Ihre F. Gn. zum theil mit eigener Hand geschrieben/ vnd wird solche vff Fürstlicher *Bibliothec* allhie/ zu rühmenwürdiger Gedächtnuß Ihrer F. Gn. verwahret gehalten. Vnd hatt Ihre F. Gn. sonderlich zu Erlernung der Hebraischen Sprache/ dieses veranlasset/ daß derselben Herr Vatter/ weyland Herr Landgraff Georg zu Hessen/ etc. sich zum offtern beklagt/ vnnd gesaget/ Es thete Ihro sehr leyd/ daß sie in dero F. Jugend die Hebraische vnd Grichische Sprache nicht gefasset hetten/ weiln durch solcher Sprachen Wissenschafft/ der rechte Verstand der Göttl. Schrifft desto besser erlanget werden könte.[10]

Die von Erythropel (1610-1655) genannte Bibelübersetzung befindet sich als vierbändiger Autograph in der Handschriftensammlung der Landes- und Hochschulbibliothek Darmstadt unter der Signatur Hs 1648.

Die Aufschrift auf den mit A, B, C und D bezeichneten Büchern lautet: "Die Bücher des Alten Testaments übersetzt und eigenhändig geschrieben von dem Landgrafen Philipp von Butzbach". Dies ist irreführend insoweit, als das Manuskript von mehreren Händen verfaßt ist. Es ist durchgehend mit schwarzer Tinte, über weite Strecken gut lesbar geschrieben, enthält Korrekturen und Eintragungen mit grüner und brauner Tinte. Ab Bl. 9r (Gn 7,2) läßt der Schriftspiegel einen ca. 5 cm breiten Rand für Glossen und Notabene. Das Manuskript ist auf Papier

M., Friedrich Weiß. MDCXLVII, S. 98-104 (ex: HAB, Sign.: 302.3 Theol.4° (10). In dem Exemplar LP 13194 fehlen Porträt- und Wappenstich Philipps).

10. Erythropilus (wie Anm. 9). S. 110f.

geschrieben und enthält eine alte Lagenzählung (in Quart), die moderne Blattzählung (mit Bleistift) bricht mit Bl. 160 ab.

Die Bände enthalten im einzelnen A: Die 5 Bücher Mosis sowie das Hohelied Salomonis bis einschließlich Vers 3,7. B: Hohes Lied (Schluß), Ruth, Klagelieder Jeremiae, Prediger Salomonis, Esther, Josua, Daniel, Richter, die Bücher Samuelis. C: Das Buch der Könige, Chronica, Esdra, Nehemia und Hiob (bis 41,3). D: Hiob (Schluß), Sprüche Salomonis, Psalter und schließlich den Propheten Jesaias bis einschließlich V. 22,7.

Nach den Manuskripteinträgen begann Philipp seine Übersetzung am 3. Juli 1620. Zu Kap. 3 des Predigers Salomonis notierte er: "Wieder ahngefangen zu vertiren den 29. April 1621". Josua 12 begann er am 31. Juli 1621 und vollendete die Übersetzung dieses Buches am 4. August. 2 Tage später nahm er sich Richter vor. Den zwischen Josua und Richter stehenden Propheten Daniel begann Philipp am 3. Juni 1621 zu vertieren, früher also als Josua. Die Psalterübertragung wurde am 17. Dezember 1624 abgeschlossen, Jesaia sogleich begonnen, aber am 19. Dezember bei Vers 1,31 abgebrochen. Erst drei Jahre später, am 1. Januar 1628, nahm der Fürst seine Arbeit mit Is 2,1 wieder auf, legte sie aber am 18. Januar (bei Vers 22,7) endgültig beiseite.

Eine Begründung dafür findet sich ebensowenig wie für die längeren Arbeitsunterbrechungen oder die Anordnung und Reihenfolge der Übersetzungen. Briefliche Äußerungen, Korrespondenzen über die Übersetzung existieren offenbar nicht, haben sich in Darmstadt zumindest nicht finden lassen. Unklar ist auch, nach welcher Vorlage Philipp übersetzte. Aus dem Kanon ist die merkwürdige Reihenfolge der Bücher sicher nicht zu erklären, möglich ist, daß bei der Bindung der Lagen Unordnung entstand. Für das Hohelied, das unmittelbar auf den Pentateuch folgt, trifft dies nicht zu. Hier liegt eher der Schluß nahe, daß es Philipp vor allem an der Tätigkeit des Übersetzens lag und er nach den erzählenden Texten sich nun an poetischen Partien probieren wollte. Aus diesem Sachverhalt schließen zu wollen, Philipp hätte nur an sprachlichen Übungen, nicht aber an einem druckwürdigen Manuskript für eine neue Bibelübersetzung gelegen, wäre voreilig. Immerhin zeigt die Einrichtung der Handschrift, zeigen gelegentliche Hinweise *(ad marginem zu setzen)*, daß an mehr als nur ein Privatvergnügen gedacht war. Freilich sollte wohl immer nur das AT übertragen werden, von Griechischkenntnissen Philipps ist nichts bekannt.

Für den Abbruch seiner Arbeiten mögen äußere Gründe, vielleicht der Krieg und die mit ihm zusammenhängenden Unruhen eine Rolle gespielt haben. Schwierigkeiten des Textes haben dafür wohl keinen Ausschlag gegeben.

Außer den verstreuten Bemerkungen zum Tag des Übersetzungsbeginns enthält das Manuskript nur wenige und unbedeutende Eintragungen. Nach den Büchern der Chronik heißt es: "Das gesetzbuch wird nicht schaden", am Ende von Hiob steht der anspruchslose Reim: "Das buch Job ist zu endt gebracht lob sei dem der die welt gemacht". Merkwürdig ist die Vorliebe Philipps, am Ende eines biblischen Buches eine Reihe von Zahlen zu notieren, die die Summe der übersetzten Verse ergeben, etwa beim Psalter 915 Verse. Ob damit nur Rechenschaft über die Arbeitsleistung gegeben werden soll oder ob sich hinter den Zahlen theologische Spekulationen (z.B. zur Errechnung der Endzeit) verbergen, ist mir unklar.

Die eigentliche Übersetzung und die Qualität der Glossen zu beurteilen, muß dem Hebraisten vorbehalten bleiben. Die folgenden Textproben sollen jedoch nicht nur einen allgemeinen Eindruck geben, sondern das Interesse an einer Arbeit wecken, die in der Geschichte der protestantischen und lutherischen Bibelübersetzung Beachtung verdient und die dazu angetan ist, die Bemühungen Herzog Augusts von Braunschweig und Lüneburg besser als bisher zu verstehen und einzuordnen. Im Unterschied zu Augusts Revision ist Philipps Arbeit eine eigene Übersetzung, die durchaus keine Nachahmung der Zürcher oder Piscators Bibel ist.[11]

Geneseos 1. Cap. Angefangen den 3. Julii 1620 1r
Im anfang <hatt geschaffen> schuff Gott den himmel vndt die erde. 2
/ Vndt die erde war<dt> wüst vndt lehr vndt <die> es <kal in der
tieff> war finster vber dem abgrunt vndt der Geist Gottes schwebet
auff dem wasser 3 /vndt Gott sagt, es werde licht vndt es wardt lichtt 4

11. Folgende diakritischen Zeichen werden verwandt: { } Hinzufügung der Handschrift; < > Tilgung der Handschrift; ( ) Klammervermerk der Handschrift; [ ] meine kommentierende Bemerkung.

/ vndt Gott sahe das das licht Gut war vndt Gott macht ein vnterscheidt zwischen dem liechtt vndt zwischen dem <dunckel vndt> finstern [5]/ vndt Gott nennete das licht tag vndt <den> dz finstere nandt er nacht vndt es wardt abendts vndt morgens ein tag. vndt Gott sagt es werde ein feste <im> (eine außthänunge) in der mitte der wasser vndt ein Vnterscheidt zwischen den wassern <vndt> (zu den wassern) [darüber:] {ad marginem zu setzen} vnd Gott machte die feste vndt Vnter scheidete zwischen den wassern {welhe} vnter der feste vndt zwischen den wassern welche vber der feste {vndt es geschach also} wardt [darüber:] {ad marginem} also, [8]/ Vndt Gott nennet die wasser [darüber:] {himmel} vndt es wardt abendts vndt morgens der zweite Tag [9]/ vndt Gott sprach es versamlen sich die wasser <vm> vnter dem himmel auff ein ortt vndt es werde geschehen das truckene vndt es geschahe also, [10]/ Vndt Gott nante das truckene erde vndt die versamlung der wasser nennete er meer vndt Gott sahe das es gut war [11]/ vndt Gott sprach es lase die erde herfür wachsen <graaß> graaß, kraut, daß <sich besahme> herfür pringe 1v
saamen {fruchtbar} bäume <frucht>, die frucht pringen {nach ihrer art} <nach seiner art> aus sich selbst welhe (ihren) seinen saamen in sich haben Auff der erde vndt es geschahe also [12]/ vndt es prachte herfür die erde graaß kräuter das da gab saamen <aus sich selbst> nach seiner art vndt bäum <vndt> <der bäume> die prachtn̄ frücht welche saamen in sich hatten <von sich selbst> nach <seiner> ihrer art Vndt Gott sahe das es gut war, [13]/ vndt es wart abents vndt morgens der dritte Tag [14]/ vndt Gott sprach, es werden lichter am firmament deß himmels, zum vnterscheidt zwischen dem tag vndt zwischen der nacht...

Psalm 23

1. Ein psalm Davids, der herr ist mein hirt Mir 2. wirdt nichts mangen {*unleserlich*} Er lägert <Er leitet> mich auf {eine} grüne 3. weide [darüber:] {Auen} vndt führet [darüber:] {leitet{ mich an <frische> stille wasser Er erquicket meine seele vndt führet mich auff den fußsteig der gerechtigkeit. vmb seines nahmen willen <Also heißt er also> <*unleserlich*> Wann ich auch wandel im finstern thal, so fürcht ich doch kein Vnglück den du bist bey mir, dein Stecken vnd stab trösten mich. Du bereitest vor mir einen tisch gegen meine feindt, du salbest mein haubt mitt oel, mein Kelch ist mir voll eingeschenkt. Auch <güte> gutts vndt barmherzigkeit werden mir folgen mein leben lang, vndt ich werde bleiben im haus des hern {ein} lange Zeit:

Die Glossen und Marginalien, die durchgehend von anderer Hand als der Text geschrieben sind, enthalten Worterklärungen,

Erläuterungen zur hebräischen Grammatik, zu Redensarten, zur Etymologie, zu Verbformen, zum Gebrauch der Zeiten. Dazu abschließend nur zwei Beispiele. Zu Gn 25,30: "Vndt Esau sagt zu Jaacob: {Ey lieber lieber} Laß mich essen" heißt die Glosse: [hā ’ądom hā’ād, rote, rote] ein hebreische art zu reden, da eben dasselbe wort widerholet wird. vndt ist durch solche widerholung alhier angezeiget, die sehr große begierde des Esau zu dem Linsenmuß."

Zu Gn 26,11: "Vndt Abimeleh gebott allem Volk vnd sprach, welcher <anrühret> ahntastett" wird bemerkt: [nāga‘] wird auch von feinseligen anrühren, beleidigen, darumb Luthery lieber wollen brauchen des worts antasten welches dem Hebraischen an der bedeutung fast nahe kompt".

Die Rechtfertigung einer lutherischen Übersetzung findet sich nicht selten. Dies mag beweisen, daß Philipp (wenn die Glossen tatsächlich von ihm stammen) keine Übersetzung liefern wollte, die Luther übertrifft oder mit ihr konkurriert, ihr aber in ihrer Wörtlichkeit zur Seite stehen und sie ergänzen konnte.

Blake Lee Spahr

THE LETTER AS A LITERARY SUB-GENRE IN THE GERMAN BAROQUE[1]

> Will man die Sprache der Briefe (im 17. Jahrhundert) ... charakterisieren, will man ein prägnantes innerliches Merkmal für sie finden, so giebt es nur eins: *Unnatur*, entsetzliche Unnatur. (34) Am meisten blühte diese übertriebene, widerwärtige Schreibart, wenn es galt, seine Gefühle, sei es der Trauer sei es der Freude auszudrücken. (49) Die deutschen Briefe zeigen in diesem alamodischen Zeitalter kein erfreuliches Bild. (4)[2]

These are the pronouncements of old Georg Steinhausen at the end of the 19th century (1891), from his positivistic pinnacle. But if one compare his evaluation with those of other positivists concerning the total literary picture of the Baroque, then one may come to the conclusion, if one assumes a positive and not a positivistic stance, that the letter, as other literary prose forms, was a mirror of the times, reflecting the principles of rhetoric, often expanded into mannerism, courtly etiquette with its self-conscious awareness of *Standesunterschied* and a search for form - all of which are tempered by the unfortunate inheritance of the cumbersome *Kanzleistil,* from which the German scholarly style, even of today - alas! - has not yet freed itself.

Moreover, the letter, far from being an unrestrained attempt at communication, even within the above-mentioned straitjackets, reflects the same principles which governed purely literary products. Just as the prescriptive poetic handbooks of the day abounded, so also one finds a whole host of pre- und proscriptive

1. This paper was delivered at the meeting of the Modern Language Association of America in December, 1983.

2. Georg Steinhausen: Geschichte des deutschen Briefes. 2 Teile, 1891. 2. (unveränderte) Aufl. Dublin, Zürich 1968. 2. Teil. S. 34,49,4.

Briefsteller, whose authors include some wellknown names of the day: Harsdörffer, Stieler, Christian Weise, Bohse, Hunold-Menantes, Neukirch.

In fact, Reinhard Nickisch, in his 1966 Göttingen dissertation[3], numbers no fewer than 76 handbooks for letter-writing in the seventeenth century, and this does not include successive editions of the same work. This plethora of primers is certainly indicative of a conscious striving for proper and appropriate form.

Moreover, this "form" of the letter is that which is all-important, whereas the "content" fades often into such obscurity that one may question whether communication be indeed the prime object. Harsdörffer begins *his* treatise with 50 pages consisting solely of the proper titles with which to address the different degrees of nobility, ranging from the court musicians, who can be finished off with a simple "Edler und Vester", through a *Geheimrat* who receives 3 lines of titles, the Pope, who merits 7 lines, and, finally, Kaiser Ferdinand, who would have had to wade through 17 lines of salutation before the real compliments might begin.[4] Moreover, most end with "etc." or "Tit." or "p.p.", just in case one has forgotten something. This German mania for titles (from which, again, modern German has not yet freed itself!) may be contrasted with the French style in which a simple "Mon sire" or "Monsieur" or "Madame" suffices from the king to the carpenter.

An extreme is reached in the exaggerated courtly style and in what one might term "the inverse compliment"; i.e. the failure to answer a letter, or even a relatively short reply is a sign of disfavor; or an inappropriate number of self-denigrating phrases may

3. Reinhard M. G. Nickisch: Die Stilprinzipien in den deutschen Briefstellern des 17. und 18. Jahrhunderts: Mit einer Bibliographie zur Briefschreiblehre (1474-1800). Göttingen 1969. S.160-280.

4. Georg Philipp Harsdörffer: Der Teutsche SECRETARIUS: Das ist: Allen Cantzley-Studir- und Schreibstuben nützliches und fast noht-weniges Formular- und Titularbuch. ... Nürnberg/In Verlegung Wolfgang Endters/deß Aeltern. Im Jahr 1655. Cf. pp. 1-50, Titular: oder Ordentliche Verzeichniß der Ehrentitul aller dieser Zeit hohen Potentaten/ Könige/ Churfürsten/ Fürsten/ Herren und Stätte etc. Hereafter cited by page numbers within the text.

betoken presumptuousness. Interestingly enough, such compliments may be misunderstood by one who is not versed in courtly etiquette. For example, *der Rüstige,* Johann Rist writes a reply to Birken's ultra-courtly compliments, as follows:

> Was sonst mein geliebter herr von meiner ungunst und das Er dieselbe ohne verdienst müsse ertragen, so weitläuffig klaget, so verstehe ich solche Complementa nicht. Ich meines es mit Ihme und allen redlichen Hertzen recht teutsch und auffrichtig, wüste ia nicht, das Ich Ihme die geringste ungunst erwiesen hette, bitte derowegen mich mit solchen gahr zu höfischen Höflichkeiten zu verschonen, den der baurische Rist kan sich von natur damit nicht behelffen.[5]

But, first, the external form. Again, turning to Harsdörffer as an extremist, we find that the letter might be compared to a painting with regard to the *Schriftbild* which it presents. Indeed, one might speak of a *Geheimsprache des Briefes,* which, to my knowledge, no one has noted before.

Harsdörffer prescribes that after one has written the titles and salutation of the letter, one should leave a number of blank lines to correspond to the distance in rank from the writer to the recipient: "Ist nun der Titel besagter massen gesetzt/ so soll man die Wort nicht gleich anfügen/ sondern drey oder mehr Zeilen darunter anfangen/ nach dem die Person viel höheres Standes ist/ als der/ welcher schreibet." (52) If the recipient is a born nobleman, but in royal or princely *service*, one or two lines of distance will suffice:

> Solten aber beede gleich seyn/ so möchte nach dem Titel ein Punct und folgendes der Anfang deß Briefes/ sonder Absatz/ auch mitten in der Zeile angefüget werden: doch ist es höflicher/ man fange mit einer neuen Zeile an/ und lasse so viel weniger Raum: Also weist der Titul seinen Herrn/ wie die Pforten eines Palasts desselben Inwohner. (53)

Moreover, the higher the rank of the recipient, the larger the *handwriting* of the salutation should be! "weil ihnen der besondere Vorzug in allen gebühret." (53)

5. Unpubl. letter in the Archives of the Pegnesischer Blumenorden in the Germanisches Nationalmuseum in Nürnberg. Serial number according to my catalogue (The Archives of the Pegnesischer Blumenorden: A Survey and Reference Guide. Berkeley and Los Angeles 1960) is Pg.B.O., 49-9c. It is dated, "Wedel am 25 tage des Wintermonaths Im 1646 Jahr."

The end of the letter is also appropriately prescribed; the title of the recipient is repeated, but abbreviated, followed by a modesty formula, such as "Unterthänig gehorsamer Knecht", (54) after, again, a suitable interval of blank lines according to the difference in rank. Moreover, even moral obligation plays a part in this language of letters: "Wann der Briefsteller/ dem/ an welchen er schreibet/ nicht verpflichtet ist/ so mag er seinen Namen so tieff nicht unterschreiben/ ..." (53). But, if the moral obligation extends toward the other direction, that is, from the recipient to the writer, then one writes one's honorific and name on the same line (e.g. "Dein Eigenherr N.N." (53)), or one may even place the signature on the left side of the page.

Singularly, Harsdörffer treats the letter's external form as one would a mirror image, or to put it another way, writes as though *he* were the letter personified, facing his audience as if he were on a stage, addressing, complimenting and communicating from within the letter itself, whilst facing the person addressed. He gives directions enantiomorphically. For example, when he designates the right side of the letter, he refers to the left side, and *vice versa*. When he refers to the repetition of the nobleman's title at the end of a letter, where it belongs on the left side, he writes: "zu der rechten Hand/ *wo die Zeilen anfahen*." (59, emphasis mine). The letter is described in the same way in which we would describe the portrait of a person, where we would refer to the subject's "right hand", although it appears on the lefthand side of the picture.

Even the seal, placed on wax by a signet to keep the folded sheets of the letter together in place of an envelope, plays a rôle, for if one seals the letter with the signet upside-down, it indicates that one is an enemy of the recipient; but Harsdörffer must admit: "Viel wissen dieses nicht/ und nemen es deßwegen nicht in obacht."(57)

So we see the letter emerging as an entity in itself, in that it is indeed "der Abwesenden Sprache" and "die Feder (ist) derselben Zunge."[6] Moreover, I have just described cursorily the bases for a semiotics of the letter.

6. Kaspar von Stieler: Teutsche Sekretariat-Kunst/ Was sie sey/ worvon sie handele/ was darzu gehöre/ welcher Gestalt zu derselben

Lest these details of *die Geheimsprache der Briefe* be considered a mere vagary of *der Spielende* Harsdörffer, we may point out that eighteeen years later, Kaspar von Stieler, in his monumental *Teutsche Sekretariat-Kunst* (1673, more than 3.000 pages), confirms *mutatis mutandis* every detail, with variations and amplifications of these conventions, even extending to the mirror-image references. For example, referring to the sealing of the letters, he writes:

> Sonsten ist Herkommens/ daß der höchste Ort im Siegeln auf den Briefen *die Linke/* und gegen dem Lesenden gerechnet/ die rechte Hand ist. Da hingegen in der Unterschrift *die Rechte/* und gegen dem Lesenden die linke Hand die Oberstelle führet. Denn wenn ein Siegel link (sic) aufgedrucket ist/ zeiget es entweder Feindschaft oder Beschimpfung/ oder zum wenigsten des Siglenden Unverstand und Unwißenheit an. (II,493)

While the external form of the letter can be exactly prescribed, its content, because of the limitless breadth can scarcely be circumscribed. Stieler writes: "Daß der Zeug .../ worvon ein Secretarius zu schreiben hat/ unendlich und nicht zuzehlen sey/ solches haben wir in vorigen Teilen gehöret: ... Sintemal nichts in der Welt/ es sey geist-oder weltlich/ göttlich oder menschlich/ zu finden ist/ worvon man nicht schreiben könte ..." (III, 1)

Hence, the *Briefsteller* take recourse to typification, and, following the example which Opitz provided for the literary genres, classify *types* of letters with examples of each kind. Stieler goes even further by providing appropriate *formulae* to be used in each type of letter in order effectively to elicit the reaction of the reader. According to him, the letter-writer has 3 perspectives to consider in formulating the stuff of his letter: first, himself; second, the content; and, third, the recipient. For these purposes, he derives from rhetoric the three levels of style: "die hohe, mittlere und geringe Schreibart." In Part III of the *Sekretariatskunst* (which part alone numbers 1192 pages), he lists some 23 different

glück- und gründlich zugelangen ... auch was zur Schreibfertigkeit und rechtschaffener Briefstellung eigentlich und vornehmlich erfordert werde ... in vier Teile gesondert ... von dem Spahten. Nürnberg/In Verlegung Johann Hofmann/Kunsthändlern. ... M.DC.LXXIII. Teil III. S.1. Hereafter cited by part and page within the text.

generic types of letters, under each of which are sub-types with examples. Moreover, he provides for each general type a supply of "Scharfsinnige Rede, Gleichnisse, Sprüche" and other formulae, which may be used in the composition of each type. The generic types include such general topics as: "Besuchungsschreiben, Benachrichtigungsschreiben, Berichtsschreiben, Vermahnungsschreiben, Abmahnungsschreiben, etc." and the subjects range from "Neujahrswunsch an einen Fürsten" to "Klage einer schwangeren Frau". In addition, models and principles of an *answer* to each of this myriad of sub-genres in provided. In this connection, we might mention that Benjamin Neukirch produced an entire volume (832 pages) of answers to those letters which Menantes had supplied in *his* Briefsteller with an "Anleitung" instructing the letter-writer: "wie in dem Antwort-Schreiben die Feder nach dem Wohlstande und der Klugheit zu führen..."[7] Certainly no other literary form in the seventeenth century has been so precisely prescribed and so copiously illustrated. A self-conscious attempt at artistry and artifice, which in the Baroque Era is equivalent to art, is evident. In extent alone, the *Briefsteller* outnumber by a considerable margin the poetics of the age, and each one strives for a model of excellence.

However, a part of the value of such prescriptive writings, whether poetics or *Briefsteller* or, indeed, a legal code, lies in their negative or reverse evaluation. That is to say, an *accepted* norm needs no prescription, it is only the departures from that norm that call for regulation and modification, so that such aberrance can be so amended that it may fit into the norm. Using this principle as a criterion, we may see not only the ideals for the letter, but also the obvious faults, which, according to the taste of the day called out for emendation. Reinhard Nickisch formulates into two groups the principal demands of the *Briefsteller* of the seventeenth century: first, "die älteren Stilprinzipien", which are evident throughout the first half of the century, and second, "die jüngeren Stilprinzipien", which obtain until the mid-eighteenth century and to some extent,

7. Auserlesene neue Briefe ... An das Licht gestellet von Menantes ... Halle/in Verlegung des Wäysenhauses/ 1728.

even thereafter.[8] His first category includes: "Kürze, Ordnung, Deutlichkeit und Zierlichkeit", but even a cursory overview of the letters of this period demonstrates conclusively: *Länge, Unordnung, Undeutlichkeit* and a stilted *Kanzleistil.* It is often difficult to ascertain just what a given letter is all about. A rambling, structureless discourse, overburdened with titles and florid compliments and filled with the *dannenhero, hinwiderum* and *es sei denn, daß* of the Kanzleistil, characterizes the earlier letters, and it is really to rectify these defects that the authors of the *Briefsteller* are writing. The "jüngere Stilprinzipien" call for: "Angemessenheit, Natürlichkeit, Lebendigkeit und Individualität", - how clearly we may see the new style of the eighteeenth century emerging!

That which applies to style, can be seen also in structure. The *Briefsteller* of the sixteenth century call for a division into: *"Salutatio, Narratiò, Petitio* and *Conclusio".* Or, the French theoreticians of the letter call for an even simpler structure. Using De la Serre as an example *(Secrétaire de la Cour,* translated into German in 1638), we find a tripartite structure - simply, *Exorde, Discours* and *Conclusion.* Moreover, the *discours* is so described: "On n'y observe communement aucun ordre, mais on traite les choses comme elles se présentent sous la plume sans se soucier beaucoup de connexion." He notes also: "Les figures des orateurs ... n'y conviennent point, non plus que les longues periodes".[9] This is almost the exact opposite from the German *Briefsteller.* Only with Christian Weise's artificial *Chrie* does the structure of the German letter approach that of the French. Weise postulates two main parts to the letter; namely, the *antecedens* and the *consequens,* which are joined by a *connexio.* These parts can be repeated at will, but they are framed by the *Initial-Complimente* and the *Final-Complimente.* Any of the five parts permits an *amplificatio.* Complicated as this "simplified" structure may seem, Weise believed that he had found the panacea for letter writers: "... in Warheit/ hierinne besteht die gantze Kunst vom Brieff schreiben ... alle Gattungen die man sonst in so vielen mühsamen Capiteln

8. Cf. Nickisch (note 3 above), Part V. p.204ff.
9. Cited after Nickisch. p.376-7.

lernen soll/ die können sich aus diesem einzigen Principio ... auff einmal lernen lassen".[10]

I have no space here to trace the development of letter-writing in its concurrence with the progression of other literary genres; rather, I intend these brief remarks to stimulate research in the epistolary genre. It should be pointed out that the letter of the seventeenth century is also important as a sociological document, for each letter is, in a sense, a *Gelegenheitsschrift,* aimed toward a given purpose, whether it be the congratulations for an accomplishment, the petition for a favor, or simply a pleasant presentation of compliments. Hence, the style of the letter is pointed toward the effective completion of a given end. In this sense its guiding principles are clearer than the purely literary genres. If one had only been assured in the seventeenth century that the drama should be dramatic, the lyric should be lyric, and the epic should be epic — then modern German literature might have been off to an earlier start.

10. Cited by Nickisch. p.103.

Elida Maria Szarota

BELAUSCHUNGSSZENEN

In den letzten Jahrzehnten beschäftigte sich die Forschung mehrmals mit dem "Spiel im Spiel". Ich erinnere an das erste Aufsehen erregende Werk von Robert J. Nelson (1956)[1], an einen wichtigen Aufsatz von Wolfgang Iser (1962), der das Spiel im Spiel neu beleuchtet[2] und zwei Spiele aus dem *Sommernachtstraum* und *Hamlet* analysiert hat, und endlich an Georges Forestiers *Le Théâtre dans le Théâtre sur la scène française du XVIIe siècle.*[3]

Hingegen hat man sich mit einem verwandten Szenentypus - soweit ich es übersehe - kaum beschäftigt, der Belauschungsszene. Im Barockdrama war sie überaus beliebt und verbreitet; oft bildet sie den Wendepunkt der Handlung. Über den Unterschied und das Gemeinsame beider Szenentypen kommen wir am Ende unserer Erörterungen zu sprechen.

Man kann dreierlei Arten Belauschungsszenen unterscheiden: Erstens die banale Belauschungsszene. Jemand wird während eines Gesprächs heimlich beobachtet; so verrät er sich und wird sogleich darauf bestraft. Das geschieht in der *Spanish Tragedy* von Thomas Kyd (1589), wo Bellimperia und ihr Geliebter Horatio in einer nächtlichen zärtlichen Liebesszene überrascht werden (II,4).[4] Der

1. Robert J. Nelson: The Play within a Play. New Haven 1958.

2. Wolfgang Iser: Das Spiel im Spiel. Formen dramatischer Illusion bei Shakespeare. In: Archiv für das Studium der Neueren Sprachen 192 (1962) S. 209-226, abgedruckt in: Wege der Shakespeare-Forschung, Band CXV, hrsg. von Karl Klein. Darmstadt 1971. S. 212-235.

3. Georges Forestier: Le Théâtre dans le Théâtre sur la scène française du XVIIe siècle. Genève Droz 1981.

4. Über The Spanish Tragedy wird in letzter Zeit wieder oft gesprochen, besonders im Zusammenhang mit Hamlet. Vgl. dazu Robert Speaight: Shakespeare. The man and his achievement. London 1977. p.

falsche Diener Pedringano, einer der Vorläufer des Racineschen Narziß, hat dem eifersüchtigen portugiesischen Prinzen Balthasar und Lorenzo, dem Bruder Bellimperias, das Stelldichein verraten. Diese erscheinen, machen kurzen Prozeß mit Horatio und hängen ihn an einem Baum auf. Dies ist der Wendepunkt des Dramas. Es beginnt die Verzweiflung von Horatios Vater Hieronimo, und es folgt schließlich ein Racheakt in einem eindrucksvollen Spiel im Spiel. Darin wiederholen die Schuldigen jene Szene als Schauspieler eines ähnlichen Stücks und werden dabei von Hieronimo und Bellimperia ermordet.

Im zweiten Typus der Belauschungsszene, im *Britannicus* von Racine, wird das Liebespaar - Britannicus-Junie - in ähnlicher Weise verraten, von Nero überrascht, Britannicus festgenommen, und das weitere folgt mit unerbittlicher Logik aus diesem Akt.

Im *Leo Armenius* von Andreas Gryphius horcht Nikaner hinter der Tür, als Michael Balbus dem Exabolius seine Meinung über den Kaiser sagt und seine Pläne durchblicken läßt; er wird sofort verhaftet. Dies ist der erste entscheidende Moment des Trauerspiels, von dem aus die Handlung schnell ins Rollen kommt.

Ähnlich belauscht der Herzog von Ferrara in Lope de Vegas *El Castigo sin Venganza* (1631) eine Liebesszene seiner jungen Frau mit seinem illegitimen Sohn. Sofort ist sein Entschluß gefaßt, sich zu rächen und beide umzubringen.

Der zweite Typ der Belauschungsszene hängt mit einem Irrtum zusammen, der durch das Horchen zustande kommt oder, falls schon vorhanden, durch dieses verstärkt wird. In beiden Fällen hat die Belauschung tragische oder sogar unabsehbare Folgen. Wir meinen die zweite Belauschungsszene im *Hamlet* und die von Jago inszenierte im *Othello*. Hier wird die Bedeutung der Belauschungsszene noch durch den barocken Sein-Schein-Gegensatz erhöht: Othello wird eine Illusionsszene vorgespielt.

Der dritte Szenentyp beruht darauf, daß die Belauschten wissen, daß man ihnen zuhört, und sich infolgedessen anders benehmen müssen, als es der ahnungslose Gesprächspartner erwartet: Sie

224; Peter Alexander: Hamlet Father and Son. Oxford 1963. p. 132, 135, 159-160; Georges Forestier wie Anm. 3, p. 24 u. 53.

sind gezwungen, sich zu verstellen. Hier verbindet sich die Belauschungsszene mit dem barocken Verstellungsmotiv. Wir denken an die hervorragende Szene in der *Hija del Aire* von Calderón und an die erschütternde erste Belauschungsszene im *Britannicus.*

Alle Belauschungsszenen sind mit der Spiel-im-Spiel-Struktur verwandt, besonders aber, wie wir sehen werden, dieser dritte Typus.

Es gibt auch Szenen, die für den Gang des Stücks zwar wichtig und aufschlußreich sind, aber keinen Wendepunkt bilden, so etwa die erste Belauschungsszene im *Hamlet,* während der König Claudius herausfinden will, ob Hamlets Wahnsinn in einer Liebenenttäuschung gründet oder nicht. Gemeinsam mit Polonius beobachtet er nach dem großen Monolog im dritten Akt ("To be or not to be") das Gespräch Hamlets mit Ophelia. Er kommt dabei zu dem unfehlbaren Schluß, daß des Prinzen "Hang nicht nach Liebe geht" ("Love! his affections do not that way tend".) und weiß nun, daß Hamlets Wahnsinn andere, ihn persönlich viel näher angehende Ursachen haben muß, was seinen Haß vertieft.

Für unsere Fragestellung sind die Szenen des zweiten und dritten Typus die interessantesten. Wir wenden uns deshalb vorerst der zweiten Belauschungsszene des *Hamlet* zu.

Hamlet

Die Szene ist im dritten Akt (III,iv, The Queen's Closet). Das Spiel im Spiel ist zu Ende; Polonius erscheint, um Hamlet sogleich vor seine Mutter zu zitieren. Ehe Hamlet in das Boudoir der Königin tritt, geht er an Claudius vorbei und sieht ihn beten. Er hat Lust zuzuschlagen - aber es scheint ihm nicht der rechte Augenblick, denn er würde, wie er meint, den Mörder seines Vaters stracks in den Himmel schicken; so zögert er denn. Dennoch hat er den Augenblick verpaßt, denn Claudius' Gebet war, wie wir gleich danach erfahren, kein Gebet echter Reue und drang nicht zum Himmel. Robert Speaight hält seine Überlegungen für "a genuine refinement of his hatred".[5] Wir kommen noch auf diese Frage zurück.

Polonius kündigt der Königin das Kommen ihres Sohnes an, worauf sich der Diensteifrige und Neugierige hinter einem Teppich verbirgt, um die Szene zu belauschen.

Schon Hamlets dreimal wiederholtes "Mutter!" kündigt seine erregte Stimmung an; er kommt mit Groll im Herzen. Hier tritt nicht ein Angeklagter auf den Plan - wie Gertrude und Polonius gewähnt hatten -, sondern ein Ankläger. Schlag auf Schlag folgen die Sätze, die die unerwartete Lage enthüllen und Gertrude aus der Offensive in die Defensive drängen.

Die Auseinandersetzung zwischen Mutter und Sohn beginnt mit einer glänzenden Stichomythie, in der Hamlet die Worte seiner Mutter aufnimmt und sie in anderem Sinne oder in abgewandelter Form gegen sie zurückschleudert. Das schafft eine Atmosphäre äußerster Spannung, die vielleicht noch dadurch gesteigert wird, daß Hamlet möglicherweise ahnt, daß er belauscht wird - an den Höfen des 17. Jahrhunderts ein ganz alltäglicher Vorgang! Die Königin ist der Anklage, dem glühenden Zorn ihres Sohnes, nicht gewachsen; sie möchte, daß Polonius plötzlich als *deus ex machina* erscheint - fühlt sie doch seine unmittelbare Nähe und weiß, er kann jederzeit eingreifen; dann würde er Hamlet schon den Kopf zurechtrücken. Deshalb sagt sie, relativ ruhig:

Queen: Nay then, I'll set those to you that can speak.
Gut, andere sollen zur Vernunft Euch bringen.

Aber Hamlet reagiert überhaupt nicht auf eine solche Zumutung; er ist fest entschlossen, endlich und definitiv Klarheit zwischen sich und seiner Mutter zu schaffen.

Sie will gehen, aber er läßt sie nicht mehr los. Er zwingt sie auf ihren Sessel und richtet sich bedrohlich vor ihr auf. Eine entsetzliche Angst befällt sie, denn Hamlet hat ihr Gewissen aufgerüttelt; deshalb hat sie nur einen Gedanken: er will sie ermorden.

Queen: What wilt thou do? thou wilt not murder me?
Help, help, ho!

5. Speaight spricht von "a genuine refinement of his hatred", p. 234, was man mit "Zuspitzung seines Hasses" übersetzen könnte.

Was willst du tun? Du willst mich doch nicht ermorden?
He, Hilfe, Hilfe!

Polonius gehorcht dem Ruf und schreit - unsichtbar, hinter dem Teppich - nach Hilfe. Ist es dieser feige Hilfeschrei aus dem Hintergrund, der Hamlet ärgert, wie ihn jedes unwürdige Benehmen ärgert (denken wir an die Kirchhofszene mit Laertes)? Oder ist er überzeugt, daß es des Königs Stimme war? Ober bildet vielleicht diese plötzliche Bereitschaft zur Tat das notwendige Komplement zu seinem vorherigen Zögern, so daß jene "union of opposites" zustande kommt, von der Peter Alexander in so überzeugend-temperamentvoller Weise sprach?[6] So stößt Hamlet mit dem verächtlichen Ausruf "How now! a rat?" - "Wie? was? eine Ratte?" seinen Degen durch den Teppich und ersticht Polonius.

Seine Enttäuschung ist groß, als er feststellt, daß es nicht der König ist. Kurz zuvor war es nicht der rechte Augenblick - der König betete - nun ist es nicht der richtige Mann, den er getroffen hat. Irrtümer über Irrtümer! Fehlschlüsse und Fehlgriffe! Das ist die Welt Hamlets, aus der er bis zuletzt nicht herausfindet.

Sein Kardinalirrtum aber ist, Polonius erdolcht zu haben. Zwar fällt in dieser Szene die Schuld des Lauschens auf den Lauscher zurück, so daß sich Hamlet keine Vorwürfe zu machen braucht, einen Mann ermordet zu haben, der sich in fremde Angelegenheiten mischt ("intruding fool") und allzu dienstbeflissen ist ("too busy"). Aber die Folgen dieses Irrtums sind unabsehbar: der Tod des Polonius reißt alle mit in den Abgrund. Deshalb gelten ihm auch die letzten Worte dieser Szene und dieses Akts:

Hamlet: Come, sir, to draw toward an end with you. -
Kommt, Herr, ich muß mit Euch ein Ende machen.

6. Peter Alexander, wie oben in Anm. 4, p. 140-150. Ich zitiere hier einen Absatz, der uns Hamlets Haltung erklärt, seine "union of opposites". Man kann es nicht besser formulieren: "Hamlet indeed ... is shown us in succession of contrasts, yet it is precisely by these apparent contrasts that the dramatist secures the unified and dominating impression the character leaves on us. Let me insist on this point once again by a final illustration from the play itself and a last comment on the principle that I am venturing to maintain is the secret of the wonderful variety and no less wonderful unity of the piece." (p. 147)

Und das ist es eben, daß es nicht so leicht ist, ein Ende mit Polonius zu machen. Das Poloniusmotiv: seine unauffindbare Leiche, sein Begräbnis in aller Stille, das Munkeln des Volkes über seine Ermordung, alle einzelnen Folgen seines Todes - das ist die düstere Begleitmusik zum vierten und fünften Akt. Gleichzeitig aber ist die Tötung des Polonius die Wurzel alles Bösen, das nunmehr geschieht. Deshalb nannten wir die Belauschungsszene den Wendepunkt des Dramas. Denn nun verschiebt sich der Horizont; im Mittelpunkt steht nicht mehr Hamlets Rache am König, sondern des Königs Rache an Hamlet. Und auch Hamlet selber wird in dieser Szene ein anderer; aus dem vor einem Betenden Scheu empfindenden wird ein Mörder.

Nun hat Claudius, dieser Vertreter des Machiavellismus,[7] einen ausgezeichneten Vorwand, um sich so schnell wie möglich Hamlets zu entledigen. (Verschickung nach England, Uriasbrief).

Ophelia wird wahnsinnig, bald begeht sie Selbstmord aus Verzweiflung; Laertes ist entschlossen, den Tod seines Vaters in einem Duell an Hamlet zu rächen, der unverhofft aus England zurückkehrt. An seinem vergifteten Rapier stirbt nicht nur Hamlet, sondern auch er selbst und König Claudius, von Hamlet verwundet. Gertrude trinkt Gift, das der König für Hamlet bestimmt hatte. Das alles sind die Folgen von Polonius' Tod!

Wir kommen zu unserem Ausgangspunkt zurück. Eine Belauschungsszene, ein scheinbar so banaler Vorgang in einem Jahrhundert des gegenseitigen Mißtrauens und Aushorchens, des Sich-Auflauerns, was den Menschen zur Gewohnheit geworden war und woran sie keinen Anstoß nahmen. Und dennoch! Wie entwürdigte dieses Belauschungssystem den Menschen, wie stellte es ihn bloß, wie brachte es ihn aber auch in Gefahr, und welche verhängnisvollen Folgen hatte es! Und nicht nur für den Lauscher oder den Belauschten, sondern auch für alle, die - ob sie es wollten oder nicht - mit hineingezogen werden und die grausamen Folgen zu tragen haben.

Und mit welcher Luzidität Shakespeare die Zusammenhänge sieht, erkennt man schon aus der Tatsache, daß es ja Hamlet selber

7. Vgl. Speaight, p. 277: "Claudius is far more than the villain of the piece; thec role is a brilliant study in Machiavellian amorality."

ist, der durch seine ständige Verstellung, seinen fingierten Wahnsinn, sein zweideutiges, rätselhaftes Reden die Belauschung einfach herausfordert! Sie ist die Konsequenz, die seine Umwelt aus seinem Benehmen, seinem Lebensstil unweigerlich zieht,[8] und es ist für unseren Zusammenhang relevant, daß die Belauschungsszene kurz auf das Spiel im Spiel, "Die Mausefalle", folgt, also eine Belauschungsszene besonderen Typus' ist, in der der König von Hamlet beobachtet wurde - gleichsam hinter dem Teppich des Spiels im Spiel. So wird in unserer Belauschungsszene dem Prinzen sein Verfahren etwa mit gleicher Münze bezahlt: Er wird von Polonius belauscht, womit der Königshof weitere Zwecke verfolgt.

Verstellung, Verrätselung, Scheinbenehmen, Scheinbewahren, Verhüllen - und immer wieder Versuche der Enthüllung, des Vordringens zu Wissen und Klarheit: das ist eines der Grundmotive des *Hamlet*, in welches uns die Belauschungsszene einen guten Einblick gewährt.

Aber nicht nur dies. Die Nervosität, die sich Hamlets bemächtigt, als er sich der Belauschung bewußt wird, bringt plötzlich die komplementäre Anlage seines Wesens zu stürmischer Entfaltung, zum Brausen und Dröhnen.[9] Er, der sonst Zögernde, Überlegende, Wägende, der sich zu allem Zeit nimmt, wird plötzlich zu einem kurz entschlossenen Dreinschläger, bei dem das Denken aussetzt, und greift zu einer Handlungsweise, die die unwürdige Situation des Belauschtwerdens aus ihm hervortreibt.

So ist diese Belauschungsszene innerhalb des Dramas ein Wendepunkt; für die Akteure aber dieser Szene ist sie ein Probierstein ihres Wesens und ihrer Möglichkeiten: Polonius wird feige und schwach, Hamlet schnellhandelnd und allzuheftig, Gertrude aber bekommt Angst vor ihrem Sohn.

8. Sehr gut erklärt Robert Speaight den fingierten Wahnsinn Hamlets, seine Wahnsinnsrolle: "Cast for a part for which he felt himself unsuited, he chose to play another." (p. 232)

9. Ich entwickele hier den Gedanken von Peter Alexander (vgl. Anm. 6) aus der Belauschungsszene heraus.

Obwohl die Belauschungsszene im *Othello* (IV,i) keinen eigentlichen Wendepunkt der Handlung bildet, ist sie dennoch für die weitere Entwicklung des Dramas sehr bedeutungsvoll und aus dem Ganzen nicht wegzudenken.

Von der großen dritten Szene des dritten Aktes an hatte Jago alles daran gesetzt, Othello das Gift der Eifersucht langsam einzuträufeln. Er hatte sich dazu ein raffiniertes System erdacht, dessen Wirkung er genau vorher berechnete und sich dabei niemals irrte. Diese Unfehlbarkeit seines Denkens ist mit der der modernen Kernphysiker vergleichbar, die Schritt für Schritt unbeirrbar ihren Weg verfolgten, um endlich an das Ziel, dem sie zustrebten, zu kommen: die Atombombe. Und so geht es Jago, der sein Ziel, die Vernichtung eines Menschen durch Anwendung seiner Methode, endlich erreicht.

Zuerst waren es nur vorsichtige Insinuationen. Dann suchte er nach etwaigen Gründen, die Desdemonas fingierten Ehebruch plausibel machen sollten. Was er dabei anführte, war gar nicht einmal aus den Fingern gesogen und völlig von der Hand zu weisen. Gerade dadurch erweckte er Othellos Vertrauen zu seiner Argumentation. Er meinte nämlich, daß die Lebensart der Venetianerinnen[10] einen auf solche Gedanken brächte; dann erinnerte er Othello daran, wie Desdemona ihren Vater betrogen habe, als sie ihn heiraten wollte, und schließlich wagte er es, an den wunden Punkt Othellos, seinem Komplex, zu rühren: seine dunkele Hautfarbe[11] und sein Alter. Nachdem Jago so drei triftige

10. Der Gesichtspunkt der venezianischen Sensibilität ist in der jüngsten Forschung hervorgehoben worden. Man vergleiche dazu die erhellenden Erörterungen in Michael Long: The Unnatural Scene. London 1976, wo in Kap. 2 "The Moor of Venice" auf die "collapses" der drei Venezianer dieses Stücks aufmerksam gemacht wird. Zu ihnen gehören Brabantio, Desdemona und Cassio (p. 41-45). Zu Cassio bemerkt er: "I include Cassio as a member if the venetian nobility. He is in fact a Florentine, but the play makes no dramatic use of this fact. His relation to the core-culture of Venice is entirely orthodox" (p.261).

11. Dazu bemerkt Robert Speaight, Othello sei ein christlicher Neger aus Afrika, kein Berber, wie manche wollen (p. 268).

Gründe aufgezählt und das "grüngeäugte Scheusal Eifersucht" in Othellos Herz hatte aufkeimen lassen, konnte er mit immer vollendeterer Technik[12] weiterbohren in die Tiefen der leidenschaftlichen und seiner nicht sicheren Seele des unglücklichen[13] Mohren. Othello, der naive, unerfahrene Mensch, verlangte nach "Beweisen" dieser Untreue. Nun mußte Jago, der Versucher und Zerstörer, ein neues Verfahren anwenden. Er bediente sich der Lüge, der elenden, infamen Verleumdung. Und wieder waren es drei "Beweise", die er ersann: der unruhige Schlaf Cassios, in dem dieser Desdemonas Namen gerufen haben soll, die verhängnisvolle Geschichte mit dem Taschentuch, das sie angeblich Cassio geschenkt hatte, und schließlich der Höhepunkt der Infamie: unsere Belauschungsszene.[14]

Jago spielt Othello eine kleine Szene vor: Es ist eine Art Theater im Theater, jedenfalls aber eine Illusionsszene, in der nur einer, Jago, der Schauspieler und Regisseur ist, während sich der andere, Cassio, natürlich gibt und die Fragen Jagos zu dessen Zufriedenheit beantwortet. Natürlich ahnt er nicht, zu welchem Zweck er mißbraucht wird. Hier wird ein doppeltes Spiel vorgeführt: einmal spiegelt Jago dem Leutnant Cassio sein Interesse für das Verhältnis Cassio-Bianca vor, um die erwartete Reaktion Cassios hervorzurufen; zum andern lenkt er das Gespräch so, daß Othello vollkommen in die Irre geführt wird. Die Szene soll ein Gespräch darstellen, das Jago angeblich mit Cassio über Desdemona führt. Cassio beichtet anscheinend darin, "wo, wann, wie oft, wie lange schon und wie" er Desdemona geliebkost

12. Auch Robert Speaight spricht von "Technik" (p. 273).

13. "der unglückliche Mohr". So scheint es auch Speaight zu empfinden, wenn er mehrmals von dem Mitleid spricht, das man Othello entgegenbringt (p. 267). Auch Dieter Mehl: Die Tragödien Shakespeares. Berlin 1983: "So grotesk seine Verblendung ist, so real ist seine Qual, und dies macht ihn für den Zuschauer zum Objekt erschütterten Mitleids, nicht moralischen Abscheus." (S. 88)

14. Mehl formuliert: "... der Dramatiker stellt ihrem (Desdemonas) Vertrauen nicht nur die Tortur Othellos, sondern auch die ordinäre Eifersucht Biancas gegenüber, auf deren Niveau Jago und Othello mit ihrer Belauschung herabsinken." (S. 89)

hat.[15] Othello soll von seinem Versteck aus "den Hohn, den Spott, die Schadenfreude", das Mienen- und Gebärdenspiel Cassios beobachten und dadurch völlige Sicherheit über Desdemonas Untreue erlangen. In Wirklichkeit aber reden Jago und Cassio in gemeiner Weise über die unglückliche Bianca, die in Cassio verliebt ist.[16]

Othello verfolgt von seinem Versteck aus das Gespräch in ständig wachsender Erregung. Es sind weniger die Worte, die zu ihm dringen, als die Gebärden, das Mienenspiel, das wiederholte Lachen, das er aufs genaueste beobachtet. Er ist unfähig, sich dabei ruhig zu verhalten. Immer wieder kommentiert er halblaut die einzelnen Phasen des Gesprächs, wobei er seiner Phantasie die Zügel schießen läßt. Er wähnt, daß Cassio von Jago bestürmt wird, "es zu gestehen", Cassios Lachen hält er für Triumph, für Freude über den errungenen Sieg, er deutet die Gebärden der Liebkosung Cassios und fügt die Worte hinzu, die Desdemona dabei gesprochen haben müsse; schließlich ersteht vor seinem geistigen Auge ein schreckliches Bild: Desdemona zieht Cassio in Othellos Kammer! Zum Überfluß kommt auch noch Bianca selber und bringt Cassio das berühmte Taschentuch zurück. Das ist der Gipfel von Othellos Verzweiflung.[17]

Aber diese Szene[18] hat noch ein Nachspiel, nämlich Jagos Kommentar und Othellos Reaktion auf diesen dritten, entscheidenden "Beweis". Jago streicht die Punkte heraus, auf die es ihm besonders ankam: Cassios Hohn:

Jago: Did you perceive how he laughed at his vice?
Bemerktet Ihr's, wie er zu seiner Schandtat lachte?

15. Von den Belauschungen dieses Stücks spricht Mehl auch anderswo, z.B. S. 92, während sie z.B. Speaight niemals erwähnt.

16. Dahinter scheint sich ein nur angedeuteter Gedanke zu verbergen, daß nämlich Cassio für Desdemona ein zwar uneingestandenes, aber nicht zu unterdrückendes Faible hat; vgl. dazu Speaight p. 272, 273, 276.

17. Verzweiflung ist wahrhaftig ein Begriff der Marlowe-Shakespeare-Zeit. Wieviel Verzweiflung die Heroen und Heroinen Marlowes erleben, wie oft die Protagonisten Shakespeares verzweifeln, weiß nur der, der imstande ist, die tiefste Verzweiflung nachzuvollziehen.

18. Aus ihr geht auch die große Theaterleidenschaft Shakespeares, von der die Forschung oft spricht, besonders deutlich hervor.

Ferner Cassios Verachtung für Desdemona:

Jago: ...: and to see how he prizes the foolish woman your wife! she gave it him, and he hath given it his whore.

...! und seht nur, wie er das törichte Weib, Eure Gattin, achtet! Sie schenkte es ihm, und er schenkte es einer Dirne.

Othellos erste Regung gleich nach der Belauschung ist: Rache an Cassio. Aber Jagos Kommentar ist so zwingend, daß sich nun sein ganzer Haß über Desdemona ausgießt und er zum ersten Mal den festen Entschluß faßt, Desdemona zu töten.

Allerdings hatte er schon in der dritten Szene des dritten Aktes in leidenschaftlichen Ausrufen und Ausbrüchen Desdemona Tod und Rache geschworen,

Othello: I'll tear her all to pieces: III,iii, v. 431
In Stücke reiß ich sie!

und: Arise, black vengeance, from thy hollow hell! III,iii, v. 466
Auf, schwarze Rach'! aus deiner tiefen Hölle!

und: O, blood, Iago, blood! III,ii, v. 451
Blut, o Jago, Blut!

wobei er jedoch mehr an Cassio als an Desdemona dachte.

Jetzt aber erfolgt der definitive Umschwung, der unerschütterliche Entschluß; es ist ihm jetzt bitterernst zumute; es ist nicht mehr Ausbruch, nicht mehr momentane leidenschaftliche Aufwallung; nach dieser Stunde gibt es kein Zurück mehr. Mit solchem Haß und solcher Härte hatte er noch nie gesprochen:

Othello: Ay, let her rot, and perish, and be damned to-night;
for she shall not live: no, my heart is turned to stone;
I strike it, and it hurts my hand. IV,i, v. 191-193

Mag sie verfaulen und verderben und zur Hölle fahren zu Nacht: denn sie soll nicht leben. Nein, mein Herz ist zu Stein geworden; ich schlage daran und die Hand schmerzt mich.

Freilich hat Othello auch noch jetzt Augenblicke ungeheuren Schmerzes und Bedauerns, die in das aus den Tiefen seiner gequälten Seele kommenden "but yet, the pity of it, Iago! O Iago, the pity of it, Iago! - "aber, wie schade dennoch, Jago! - O Jago! wie schade, Jago!" münden. Danach aber werden diese zärtlichen

Gedanken von Jago getötet, und wieder will Othello seine Frau "in Stücke hacken". Und noch in derselben Szene wird kühl erwogen, welches die beste Todesart für Desdemona ist. Es ist Jago, der rät, sie in ihrem Bett zu erdrosseln.

Diese von Jago inszenierte Belauschungsszene ist das Niederträchtigste, was er erdacht hat.[19] Denn in der Tat, was gibt es Infameres, als einem Mann vorzumachen, daß ein anderer mit dem Besitz seiner Frau prahlt, sie womöglich auslacht und obendrein geringschätzt? Daß er jedem, der ihm über den Weg läuft, ausführlich darüber erzählt? Die normale Reaktion Othellos müßte sein, daß er aus seinem Versteck herausrennt und Cassio eine Ohrfeige versetzt. Das tut er nicht, aber die Ohrfeige, die eigentlich Cassio gilt, gibt er - zum Entsetzen aller Beistehenden - in der nächsten Szene seiner Frau! So verketten sich die Dinge bei Shakespeare, und was während der Belauschungsszene nicht zum Austrag kommt, kommt wenige Augenblicke später. Die Belauschungsszene ist Jagos letzte Infamie: danach wird sich alles genau so entwickeln, wie er es vorausgesehen und geplant hatte; er braucht fürderhin seine teuflischen Künste nicht mehr spielen zu lassen.

Von dieser Szene an überstürzen sich die Ereignisse. Denn nun hat Othello den schlagendsten "Beweis" für Desdemonas Treulosigkeit, was den Becher der eifersüchtigen Raserei zum Überschäumen bringt. Er beschließt unwiderruflich ihren Tod; er bestimmt auch, wie sie sterben soll. Nur diese Szene erklärt sein unwürdiges Benehmen bei Ludovicos Ankunft; der zur Weißglut Gereizte hat die Herrschaft über sich völlig verloren.

Auch in dieser Belauschungsszene zeigen die Akteure genau, wer sie sind: Othello, wie weit er es gebracht hat, wie tief er gesunken ist; Jago die verabscheuungswürdige Niedertracht seines Wesens; Cassio seine primitive Offenherzigkeit. Überdies charakterisiert es Othello besonders, daß er sich zu diesem Manöver herbeiläßt: hatte ihm doch Jago in Akt III,iii ans Herz gelegt, seine Frau mit Cassio gut zu beobachten. Er hatte sich also lange vor

19. Es ist bedauernswert, daß sich die Forschung so wenig um das Crescendo kümmert, das die "Methode", die "Technik" und überhaupt das Verfahren Jagos charakterisiert. Ich konnte das hier nur andeuten.

unserer Szene zum Spion seiner Frau gemacht; die Belauschungsszene ist nur der letzte und niederste Schritt in einer Kette anderer Schritte, von denen wir nichts wissen, und die wir uns möglicherweise denken können.

In der Belauschungsszene verbinden sich die Hauptfäden des Dramas zu einem verhängnisvollen Knoten. Jagos Verstellungskunst und Destruktivität erreicht ihren Gipfel, und ihm kommt Othellos grenzenlose Vertrauensseligkeit und Naivität entgegen. Seine quälende Neugierde und Eifersucht inspiriert ihrerseits die Erfindungsgabe des teuflischen[20] Jago. Der Irrtum, der in Othellos Bewußtsein Wurzel gefaßt hat, dringt immer tiefer; und immer mehr ergreift Jago von seiner irregeführten Seele Besitz, um sie ganz zu verderben und Othello überdies eine brutale Todesart für Desdemona zu diktieren.

So ist in den beiden hier besprochenen Shakespeareschen Belauschungsszenen der Irrtum der unsichtbare Gott, der über dem Schicksal der Menschen waltet: Hamlet begeht einen folgendschweren Irrtum, indem er Polonius tötet, weil er hinter dem Teppich lauscht; und Othello wird so sehr vom Irrtum beherrscht, daß er in sein ursprüngliches "Chaos" zurückfällt

Othello: Excellent wretch! Perdition catch my soul,
But I do love thee! and when I love thee not,
Chaos is come again. III,iii, v. 89-91

Holdselig ding! Verdammnis meiner Seele,
Lieb' ich dich nicht! und wenn ich dich nicht liebe,
Dann kehrt das Chaos wieder.

Und so findet Othello nicht mehr den Weg zur Klarheit zurück.

Wie Polonius im *Hamlet*, wird auch hier der Lauscher, Othello, bestraft. Freilich wird er nicht nur wegen dieser letzten Belauschung bestraft, aber immerhin ist diese das auslösende Moment, das eine Katastrophe herbeiführt. Othello wird doppelt betraft: erst einmal verliert er den Menschen, der ihm Kraft zum

20. Zu "teuflischer Jago": Frühere Forschung sah in Jago eine Verkörperung des Teufels. Heutige Forschung sieht in ihm den Verführer und Verleumder; Speaight spricht von seiner "artistry of evil" (p. 274) und sieht in Jago "a satanist malgré lui" (p. 275) — In meinen Augen ist er der Vertreter und Praktiker der Destruktivität.

Leben gab, Desdemona, seine einzige große Liebe, und zweitens wird er durch diesen Verlust in eine Lage gebracht, aus der ihn nur der Selbstmord[21] befreien kann.

Über Desdemona konnte in unserem Zusammenhang kaum etwas gesagt werden, da sie ja selber in unserer Belauschungsszene nicht hervortritt. Dennoch möchte ich abschließend noch einen Begriff einführen, den Peter Alexander für Hamlet fruchtbar machte, den der "union of opposites". Dieser paßt ganz besonders zu Desdemona, was aus den Erörterungen Robert Speaights hervorgeht, die er so beschließt: "A precocious strength of will is matched by a precocious capacity for submission".[23]

La Hija del Aire

Zum Verständnis der Belauschungsszene in der *"Tochter der Luft"* ist vorauszuschicken, daß König Ninus Semiramis liebt - ein Wesen von außergewöhnlicher Schönheit und Anziehungskraft, das der Feldherr Menon aus einem unwürdigen Höhlendasein befreit hatte -, daß seine Schwester Irene eben diesen Menon liebt und der Verwirklichung der Pläne der beiden königlichen Geschwister die geplante Ehe Menons mit Semiramis im Wege steht. Menon liebt Semiramis leidenschaftlich, während Semiramis ihm herzliche Freundschaft und Dankbarkeit für ihre Befreiung entgegenbringt.[23]

Die Belauschungsszene, die jeder auf seine Rechnung organisiert (Ninus weiß nichts von der Aushorchung der Semiramis durch seine Schwester und umgekehrt), soll dazu dienen, dem horchenden königlichen Geschwisterpaar über die Gefühle Menons zu Semiramis und umgekehrt eindeutigen

21. Mit Speaights Auffassung des Selbstmords Othellos bin ich durchaus einverstanden. "Since justice must be done upon him it is all in character that he should do it himself." (p. 271)

22. Speaight. S. 272. Speaight wendet jedoch den Begriff der "union of opposites" nicht an.

23. Ich gebe die Übersetzungen dieses Textes in der adäquaten, den Versrhythmus ausgezeichnet wiedergebenden und niemals übertroffenen Übertragung Max Kommerells, erschienen bei Vittorio Klostermann 1948.

Aufschluß zu geben. Die beiden Belauschten sollen beweisen, ob sie fähig sind, ihrer Liebe und Freundschaft abzuschwören und sich gegenseitigen Haß zu erklären - oder nicht. Wenn sie dem königlichen Befehl gehorchen und sich so weit verstellen können, daß ihr gegenseitiger Abscheu keinen Zweifel mehr läßt, werden die königlichen Geschwister erstens ihr Ziel erreichen - nämlich Semiramis wird dann für Ninus und Menon für Irene frei -; zweitens werden sie sich an der furchtbaren Qual weiden, die diese Verstellung die Belauschten kosten wird. Wenn sie aber nicht gehorchen, werden Ninus und Irene die grausamsten Konsequenzen daraus ziehen - jedenfalls für Menon.

Im Garten erscheinen von der einen Seite Irene mit Semiramis, von der anderen Ninus mit Menon. Ninus und Irene verbergen sich in zwei Ecken des Gartens; in der Mitte begegnen sich, beiden hörbar, Menon und Semiramis.

Die folgende Szene ist ein vierfaches Versteckspiel: Ninus weiß nichts von Irenes, Irene nichts von des Ninus Belauschung; Semiramis ahnt nicht, daß Ninus zuhört, und Menon nicht, daß Irene horcht. Vor allem müssen die Verlobten voreinander mit ihren Gefühlen Versteck spielen. Jeder von ihnen handelt unter hartem Zwang; von seinem Verhalten wird sein und seines Partners Schicksal abhängen; deshalb tun beide ihr Äußerstes, um die sie belauschenden Gebieter zufriedenzustellen — aber was hilft es? Zwar versucht Semiramis, einen Anfall von Groll zu simulieren: da Menon sie schwer beleidigt habe, solle er den Gedanken aufgeben, ihr Gatte zu werden. Zwar läßt sich auch Menon zu einer Antwort hinreißen, in der erzwungener und echter Groll sich mischen (echter Groll darüber, daß die Kündigung der Treue von ihr und nicht von ihm ausging); zwar scheint es, als trennten sie sich ohne besonderes Herzeleid. Kaum aber fühlen sie sich selbst überlassen, als doch Zweifel in ihren Seelen aufsteigen und unverhohlener Schmerz darüber, daß sie einander nicht ihre wahren Gefühle aufdecken können und ihr erzwungenes Schweigen nicht beredter sein kann:

Semiramis: ....
Geh mit Gott!
Menon: Und bleib mit Gott!
(sie machen Miene auseinander zu gehen).

Semiramis: (für sich) Wie er unbewegt von Liebe
Mit mir spricht und sich verzieht!
Menon: (für sich) Wie sie mich, so stumpf erleichtert,
Ohne Rückruf scheiden sieht!
Semiramis: Doch Verschwiegenheit ist Pflicht.
Menon: Doch Erdulden ist Geheiß.
Semiramis: Gibt es eine Art und Weise
Stumm zu sprechen?
Menon: Gibt es irgend
Einen Stil, der schweigend spricht? (II,176)

Die beiden Verlobten haben getan, was in ihren Kräften stand, um sich voneinander loszusagen. Aber den Tyrannen ist dies noch nicht genug. Sie wollen noch mehr Beschimpfungen, noch deutlichere Worte des Hasses hören! Irene, weil sie annimmt, der so verächtlich gehaßte und beleidigte Mann werde Semiramis wiederhassen und sich ihr, Irene, zuwenden; Ninus, weil er hofft, daß die verschmähte Semiramis sich nun ihm, Ninus, in die Arme werfen werde. Irene ruft deshalb Semiramis, Ninus noch einmal Menon zurück; beide erhalten einzeln den Befehl, viel deutlicher, verächtlicher und grausamer zu werden — denn dieser Bruch sei viel zu zahm, viel zu lau gewesen!

Vor allem aber wollen sich die königlichen Geschwister an den Qualen weiden, die das Herz des Menon und der Semiramis zerreißen. Diese Wollust an der Grausamkeit ist ein typischer Zug mancher Calderónscher Stücke. Gewiß hat die grausame und blutige Geschichte Spaniens — denken wir an die Geschichte der Reconquista und Conquista, die Kolonisierung Südamerikas, die Unterdrückung der Niederlande, die Inquisition — tiefe Spuren hinterlassen, und nun dringen in den großen schöpferischen Stunden aus seinem spanischen Unterbewußtsein all die Gestalten herauf, in denen sich das alte Erbe noch einmal belebt und fortan die Jahrhunderte überdauert. Calderón hat die Qualen, die die Unterdrückten und Ungläubigen jeder Art seit der Reconquista in Spanien zu leiden hatten und die die Häretiker auf den Folterbänken der Inquisition erduldeten, hier ins Seelische und Künstlerische projiziert und eine der großartigsten Szenen der ganzen Barockdramatik geschaffen.

Denn gegen allen raffinierten Kalkül, gegen alle intellektuelle Berechnung des Geschwisterpaars geschieht hier mitten in der

Belauschungsszene ein völlig unerwarteter Umschlag, der von großer dichterischer Kraft ist. Gerade jetzt, wo die Lauschenden auf viel stärkere Worte des Hasses und der Verachtung gefaßt sind, ja diese schon im voraus mit Wollust konsumieren, sickert langsam, zuerst kaum hörbar, die Stimme der Liebe, des Schmerzes und der Verzweiflung durch - nicht mehr im "a parte", sondern im Gespräch von Angesicht zu Angesicht —, um schließlich immer hörbarer und unmißverständlicher zu werden, wenn auch eigentlich nichts deutlich und expressis verbis ausgesprochen wird.

Zuerst ein Zögern, ein Tasten. "Weshalb kehrst du um?" "Ich weiß nicht. Und du?" "Ach, weiß ich es?" Semiramis wollte ihm einfach nur sagen, daß es sie ärgert, ihm falsche Hoffnung gemacht zu haben. Bei Menon ist es genau aus demselben Grunde umgekehrt. Aber Semiramis wollte, daß dies von ihr ausgeht, sie wollte es zuerst sagen. Menon w i l l es ja gar nicht sagen. Das betonte "will nicht" Menons läßt ernsthafte Zweifel in Semiramis aufkommen. Ob er wohl unter einem Zwang steht? Menon weiß es nicht, er gibt die Frage an Semiramis zurück. Auch sie weiß von nichts. Immer mehr Zweifel steigen in Menon auf. Vielleicht steht dennoch Semiramis unter kleinerem Druck? (damit gibt er unausgesprochen seinen eigenen zu) Nein, sie ist unfreier als er! Unmöglich! Keiner versteht mehr, was der andere meint, oder besser: beide beginnen das Schlimmste zu ahnen. Aber es ist zu viel, es ist nicht zu ertragen. Menon ist der erste, der sich verrät:

Menon: Wüßtest du, was ich nicht sage —
Semiramis: Du, was stumm ich übergehe —
Menon: Ahntest du -
Semiramis: Errietest du —
Menon: Was ich —
Semiramis: Leide —
Menon: Dulde —

Die wie Seufzer geflüsterten Worte werden von einem grausamen, dissonanten "Ha!" der Geschwister unterbrochen. Dennoch reden die Verlobten noch einige Sekunden weiter; allerdings ist es mehr ein Schweigen, ein Redenwollen.

Semiramis: Denn -
Menon: So sag!

Semiramis: Mein Mund ist zu.
Rede du!
Menon: Ich bin zu zag.
Semiramis: Leb denn wohl
Menon: Leb wohl
(II, 177/78)

Anstatt der geforderten Beschimpfungen hören die verdutzten und empörten Königsgeschwister die verhaltenen Geständnisse zweier gequälter Herzen. Die Lage wird noch unzweideutiger durch das immer beredtere Schweigen, das dem "Ha!" folgt. Die Verlobten gehen auseinander, absichtlich in entgegengesetzter Richtung, denn beide wollen ihren Tyrannen aus dem Wege gehen; da aber stößt Menon auf Irene und Semiramis auf Ninus. Die fürchterlichsten Ahnungen beider stellen sich als wohlbegründet heraus; der Entsetzensschrei der Semiramis "Muerta estoy" - "Ich bin hin!" bezeugt, daß sie das ganze Spiel durchschaut hat.

Auch diese Belauschungsszene ist in gewissem Sinne ein "Theater im Theater". Die beiden Verlobten sollen hier den königlichen Geschwistern etwas vorspielen; daran, daß sie es nicht vermögen, wird schließlich Menon zugrunde gehen. Während in Shakespeares *Hamlet* die "Mausefalle" der Entlarvung des wichtigsten Zuschauers, des Königs Claudius, dient, bewirkt sie hier, ähnlich wie in Rotrous *Saint-Genest*[24] die Entlarvung der Schauspieler selbst. Sie führt zum "desengaño" von Ninus und Irene. Sie erkennen nun, wer Menon und Semiramis eigentlich sind und was sie fühlen. Ninus begreift, daß Menon Semiramis weiterliebt - trotz aller Drohungen und seines ausdrücklichen Verbots, und er weiß nunmehr, daß er künftig wird besondere Mittel anwenden müssen, um die begehrte Frau zu gewinnen, viel grausamere und barbarischere als bisher. Er hat auch eingesehen, daß Semiramis, wenn auch ganz Weib, so dennoch Mensch genug ist, um Menon die innere Treue zu wahren; und daß sie nur in äußerster Zwangslage und unter ganz besonderen Umständen ihre dankbaren Gefühle Menon gegenüber fahren lassen wird. Irene

24. Vgl. dazu meine Interpretation von Rotrous: Le véritable Saint-Genest in meinem Buch: Künstler, Grübler und Rebellen. Francke, Bern 1967.

muß erkennen, daß all ihre Hoffnungen, Menon wiederzugewinnen, zerronnen sind, daß es Semiramis nicht fertiggebracht hat, ihren Haß so aufzublähen, daß dieser fingierte Haß hätte Menons Gegenhaß erwecken können. Alle Kalküle haben sich als trügerisch erwiesen.

Während die beiden Belauschungsszenen Shakespeares der Schaffung und Vertiefung des Irrtums dienten, dient gerade diese hier der Desillusionierung, dem desengaño. Das eine ist nur die Kehrseite des anderen.[25]

In ihren Folgen ist sie ebenso verhängnisvoll wie die beiden Shakespeareschen Szenen. Menon wird in erbarmungsloser Weise von Ninus bestraft, und Semiramis folgt demjenigen, der ihre Machtgelüste befriedigen wird, Ninus. In der Belauschungsszene erreicht sie ihren moralischen Höhepunkt, von da an wird sie immer verabscheuungswürdiger denken und handeln. So ist auch diese Belauschungsszene ein absoluter Wendepunkt des ganzen Dramas, und durch ihre Zweiteilung auch an sich von größter dramatischer Spannung.

Britannicus

Die erste Belauschungsszene des *Britannicus* von Racine erinnert sehr an die eben besprochene in der *Tochter der Luft*. Auch sie zeigt Nero genau, woran er ist, und läßt ihm keinerlei Illusionen mehr über die Liebe der beiden jungen Menschen, Junie und Britannicus. Auch sie zeigt Nero von seiner schlimmsten, der sadistischen Seite, und auch sie bringt die beiden Liebenden in eine scheußliche Lage, in der sich Junie - was ihrem Charakter widerstrebt - verstellen muß. Und auch von dieser Szene aus entscheidet sich bereits das Schicksal des Kaisersohns; alles übrige ist nur die zwangsläufige Folge dieser einen Belauschung. Wie die entsprechende Szene der *Hija del Aire* offenbart sie uns den grausamen Zug des Barocktheaters, seine Lust an der Qual der Mitmenschen.

25. Die neuere spanische Calderón-Forschung sieht in ihm den Schöpfer einer neuen Gattung, des mythologischen Dramas. (s. Angel Valbuena Prat: Historia de la Literatura española, Tomo II. Barcelona 1963).

Dennoch sind die beiden Szenen grundverschieden in ihrem Gehalt, ihrer inneren Situation und in ihrer objektiven Aussage. Erstens wissen in Calderóns Stück beide, sowohl Semiramis als auch Menon, daß sie von einem der königlichen Geschwister belauscht werden; im *Britannicus* weiß aber nur Junie, daß Nero der unsichtbare Zeuge ihrer Unterredung mit Britannicus ist, er selber ahnt nicht das geringste davon. Dadurch entsteht eine viel größere, fast unerträgliche dramatische Spannung. Zweitens stehen Menon und Semiramis in einem anderen Verhältnis zueinander als Junie und Britannicus. Beide sind zwar verlobte Paare; aber Semiramis bringt Menon keine leidenschaftliche Liebe, sondern nur Freundschaft und Dankbarkeit entgegen, während sie selber von Menon grenzenlos geliebt wird. Junie und Britannicus lieben sich aufs zärtlichste, sind sich gegenseitig die ganze Welt, das Ein und Alles, das sie besitzen. Drittens wissen Semiramis und Menon, daß sie auf königliches Geheiß unrettbar für einander verloren sind; die Szene soll dieses Faktum nur beschleunigen und besiegeln; die Tragik für sie beide beruht darauf, daß sie unfähig sind, sich zu belügen und zu verstellen. Keineswegs aber handelte es sich in dieser Szene um irgendeinen Versuch, ihre Liebe zu retten; es ging nur darum, Menons Existenz nicht zu gefährden. Im *Britannicus* will Junie ihren Geliebten um jeden Preis retten, aber nicht, weil sie ihn bereits aufgegeben hat - wie Semiramis Menon -, sondern weil sie hofft, ihn auf diese Weise sich selbst zu erhalten. Viertens tragen Menon und Semiramis - trotz der Verschiedenheit ihrer Gefühle - ein gemeinsames Schicksal, sie helfen einander - halb ausgesprochen, halb stammelnd, halb schweigend -, dieses Schicksal zu tragen; jedenfalls noch in dieser Szene. Junie aber muß das ganze Gewicht der quälenden und unmenschlichen Lage auf sich nehmen, muß nicht nur selber eine Komödie spielen, die sie unsagbar martert, sondern muß - was noch viel grausamer ist - zuschauen, wie ihr Geliebter gequält wird und beginnt, an ihrer Liebe und Treue zu zweifeln, und wie er schließlich verzweifelt von ihr geht.

26. Zum Verständnis des ganzen Semiramis-Mythos vgl. Gwynne Edwards: Pedro Calderón de la Barca, La Hija del Aire. Edición critica con introducción y notas , Tamesis Books. London 1970, pp. XXIV-XXVII.

Aber auch objektiv betrachtet, bedeuten die beiden so ähnlichen Belauschungsszenen etwas anderes. Bei Racine ist es der junge Nero, "le monstre naissant", der seine ersten Schritte auf dem Pfade des Bösen macht, und eine seiner ersten Niederträchtigkeiten ist die Entführung Junies mitten in der Nacht und die von ihm inszenierte Belauschung der Liebenden. Dies wird als Ausdruck seiner Infamie, seiner sadistischen Triebe dargestellt, als ein A n f a n g , der nichts Gutes verheißt - gerade an einer solchen Szene zeigt Racine in genialer Weise den Keim, die Knospe des Bösen. Aber Calderóns Ninus und seine Schwester Irene sind seit langem schon an die Vergewaltigung des Gewissens anderer Menschen gewöhnt, für sie ist eine solche Belauschung ein alltägliches Verfahren, das sie in allen Situationen ihrer absoluten Herrschaft anwenden, um die Menschen irre zu machen. Für sie ist das Routine, nichts weiter. Sie haben zwar ihre Lust daran, aber machen sich keine Skrupel darüber - während ein Nero sich der Perfidie seiner Handlungsweise vollkommen bewußt ist. ("Je lui vendrai cher le plaisir de la voir".)

Die Racine-Kritik hat immer wieder auf die große Rolle hingewiesen, die das Sehen bei Racine spielt. So Spitzer in seiner Analyse des "récit de Théramène"[27], so Pierre Guéguen im Zusammenhang mit dieser Belauschungsszene[28] bis zum Werk von Charles Mauron über das Unbewußte bei Racine[29], wo unsere Szene wieder zur Exemplifizierung der Lust am Sehen dient.

Mauron spricht von einer Weiterentwicklung des wollüstig visuellen Sadismus in dieser Szene, einem Sadismus, der bereits in der Entführung Junies zum Ausdruck kam, als Nero die so oft zitierten Worte sprach:

27. Leo Spitzer: The récit de Théramène. In: Linguistic and literary history; essays in stilistics, Princeton University Press 1948, VI, abgedruckt in: Racine, hrsg. von Wolfgang Theile. Darmstadt 1976. (Der Bericht des Théramène in Racines Phèdre. S. 43-98.)

28. Pierre Guéguen: Poésie de Racine, les tragédies nautiques, les passions. Paris 1946.

29. Charles Mauron: L'inconscient dans l'œuvre et la vie de Racine, Nouvelle Edition. Gap [1965], No.16 der Publications des Annales de la Faculté des Lettres, Aix-en-Provence, Nouvelle série No 16. p. 76-78

J'aimais jusqu'à ses pleurs que je faisais couler.[30]
(ihr Aug, ihr Antlitz hielt mich fest)
Bis auf den Tränenstrom, den ich ihr selbst entpreßt.
(II,ii, 402)

Sein Blick will sich an einem Liebesopfer weiden, an der Hinopferung eines Menschen, der unter dem Zwang ja sagt, und sich dabei selbst trifft. Das Ganze ist eine Art Vergewaltigung, bei der der Peiniger diesseits, das Opfertier jenseits des Vorhangs ist. Und Mauron weist darauf hin, daß dieser visuelle Sadismus keineswegs auf Nero beschränkt ist, sondern daß die unerträgliche Gegenwart des Henkers, der darauf wartet, daß das Opfertier seine Zusage gibt und sich opfert, überall bei Racine in *Andromaque,* in *Bérénice,* in *Bajazet,* in *Iphigénie* zu finden ist. Das eben ist jener grausame Zug bei Racine, auf den im Vorbeigehen bereits hingewiesen wurde. So hätten wir, wie die Erörterungen Maurons deutlich zeigen, gerade in unserer Belauschungsszene einen ausgezeichneten Ausgangspunkt zum Verständnis eines grundlegenden Zuges der Racineschen Dramatik - genauso wie die bisher besprochenen Belauschungsszenen auch für Shakespeare und Calderón so charakteristisch sind, daß man von ihnen ausgehend, grundlegende Merkmale, Tendenzen und Aspekte ihrer dramatischen Kunst entwickeln könnte.

Die so kurze Belauschungsszene des *Britannicus* (II,vi) ist von unerhörter dramatischer Spannung. Sie beginnt mit einem Jauchzen des vor Freude strahlenden jungen Kaisersohnes, der endlich, endlich, nach langen Mühen seine Geliebte zu sehen bekommt. Aber schon in diesem Jauchzen ist eine Frage enthalten, eine Unsicherheit: Stimmt denn hier alles? Und dann die nächste: Werde ich dich denn wiedersehen?

Madame, quel bonheur me rapproche de vous?
Quoi? je puis donc jouir d'un entretien si doux?
Mais parmi ce plaisir quel chagrin me dévore!
Hélas! puis-je espérer de vous revoire encore?
Prinzessin, welches Glück vergönnt mir Eure Näh?
Ward mir die Seligkeit, daß Euch sprech und seh?
Und doch, in meine Lust mengt sich ein heimlich Grauen:

30. Die deutschen Übersetzungen sind von R.A. Schröder.Gesammelte Werke, Bd. VI. Frankfurt/M. 1958.

Weh mir! wird's möglich sein, Euch öfters hier zu schauen? (II,vi)

Und dann bestürmt er Junie mit hundert Fragen. Die letzten beziehen sich auf ihn selbst: Ob sie in ihrem Schrecken eine geheimee Klage an ihn gerichtet, ob sie geruht habe, ihn herbeizuwünschen, ob sie an seinen Schmerz gedacht habe? Und hier kommt das lange, das wunderbare Schweigen Racines, von dem schon die Rede war. Junie antwortet nicht. Sie steht neben ihrem Geliebten wie eine Marmorstatue und schweigt. Denn Nero hatte sie zur Genüge gewarnt:

Vous n'aurez point pour moi de langages secrets:
J'entendrai des regards qui vous croirez muets,
Et sa perte sera l'infaillible salaire
d'un geste ou d'un soupir échappé pour lui plaire.

Verschließt ins tiefste Herz ein jegliches Gefühl:
Ich les, was Ihr verschweigt, aus Eurem Mienenspiel.
Er zahlt mir - dessen seid gewiß - durch sein Verderben
Den Seufzer oder Wink, die um sein Lächeln werben.

(II,iii)

Britannicus ist sprachlos, fassungslos. Wie soll er sich dieses Schweigen, diese eisige Kälte erklären:

Vous ne me dites rien? Quel accueil! Quelle glace!
Est-ce ainsi que vos yeux consolent ma disgrâce?
Parlez. Nous sommes seul...

Ihr schweigt? Ihr blickt nicht auf? Welch frostiger Willkommen!
Habt Ihr an meiner Not so wenig teilgenommen?
Sprecht! Wir sind hier allein...

(II,vi)

Da belehrt ihn Junie, daß der Kaiser in diesem Palais immer gegenwärtig ist. Britannicus begreift diese Furcht nicht. Er ist seiner Sache sicher, allzusicher. Ihre gerechte Sache findet Beschützer, er nennt Agrippina, ja Rom selbst ist beleidigt von Neros Benehmen. Junie weiß nicht, wie sie sich helfen soll. Sie greift zum Äußersten und insinuiert, daß Britannicus Neros Tugend immer gelobt habe. Aber das ist dennoch zu viel für Britannicus. Daß sie den glücklichen Augenblick, da sie sich sprechen können, dazu benutzt, Nero zu loben - damit wird er nicht fertig. Und wieder stellt er unzählige aufgeregte Fragen: Wie sie sich an einem Tag so verändern könne, warum denn sogar ihre Blicke schweigen, warum sie seinen Blick meide, ob ihr denn Nero gefalle, ob sie Britannicus hasse? Er fleht sie an, etwas zu sagen. Aber da schickt ihn Junie fort, denn sie hört Nero kommen.

Nero erscheint und will mit ihr sprechen. Aber diese Szene hat Junie völlig erschöpft, sie ist unfähig, zwei Worte mit ihm zu wechseln. Sie hat ihm gehorcht, aber sie will weinen in aller Stille, ohne Zeugen.

Nero hat mit Wollust diese Szene beobachtet; er hat die ungeheure Kraft dieser Liebe begriffen, die sogar in den Augenblicken des Schweigens spürbar war. Diese gewaltige Liebe aber will er zerstören; das ist seine Lust, hier ist die Geburtsstunde des *monstre naissant*. Er will den Rivalen zur Verzweiflung bringen, indem er durch Narziß immer neue Verdachtsmomente gegen Junie in seine Seele senken wird. Mit ungeheurer Lust stellt er sich schon jetzt die Qualen seines Opfers vor.

Die Belauschungsszene des *Britannicus* ist ein Wendepunkt für die weitere Entwicklung des Dramas und seiner Hauptakteure - denn sie wird unfehlbar zur zweiten Belauschungsszene führen, in der der nichtsahnende Britannicus zwar Klarheit über Junies Liebe erhält, gleichzeitig aber verhaftet und sehr bald darauf ermordet wird.

Ergebnisse

Es ging mir in diesem Beitrag darum, die Funktion und Bedeutung der Belauschungsszene hervorzuheben und sie gleichzeitig gegen das "Theater im Theater" abzuheben. Dieses ist ein Einschub in die Rahmenhandlung, der eine bestimmte Funktion erfüllt. Das Theater im Theater oder das Spiel im Spiel will eine Frage beantworten, die in der Rahmen- oder der Haupthandlung aufgeworfen und für die bisher noch keine Antwort gefunden wurde. Sie beantwortet die Frage, die man "Wer ist der Mörder?" nennen könnte. Das Spiel im Spiel dient der Wahrheitsfindung. Einer der Zuschauer (z.B. Claudius)[31], der gleichzeitig eine Person

31. Ich spiele auf "Die Mausefalle" im Hamlet an.

der Haupthandlung ist, wird von einer Person der Haupthandlung (z.B. Hamlet) beobachtet, weil er bereits verdächtigt worden ist. Während dieses Spiels begreift er (Claudius) allmählich: *tua res agitur*. Er fühlt sich angesprochen und angeklagt. Je deutlicher ihm die Anspielungen und parallelen Situationen erscheinen, desto klarer wird ihm, daß er gemeint ist. Er verrät sich, indem er daß Theater verläßt. So glorifiziert sich das Theater in den Spiel-im-Spiel-Szenen selbst, da es eine Wirkung auf den Betroffenen im Stück selber zeigt. So ist das Spiel im Spiel eine höhere, kompliziertere, künstlerischere Form der Entlarvung und Wahrheitsfindung als die Belauschungsszene. Das Spiel im Spiel ist eine Art stummes Gericht, das zur vollkommenen Verurteilung durch Umwelt und Zuschauer - die auf der Bühne und die im Zuschauerraum - führt.

Die Belauschungsszene ist die weit einfachere und weniger eindrucksvolle Form der Aufdeckung, dafür aber ist sie viel lebensnäher und spiegelt die Atmosphäre der Gesellschaft an den Höfen und in den sogen. höheren Schichten. Sie enthält eine Warnung an die leichtgläubigen Menschen, die sich sicher fühlen, während doch schon das Damokles-Schwert über ihnen schwebt. Die Belauschten fühlen sich sicher, frei, unbeobachtet, sie kennen kein Mißtrauen. Die Situation der Belauschten und der Lauscher erinnert viel mehr an unsere ganz und gar unsichere Zeit, wo in jedem Auto eine Bombe stecken kann, die Menschenleben vernichtet. Die Belauschungsszene nimmt sehr viel mehr unsere gefährdeten Zeiten voraus als das Theater im Theater, das eben nur ein Spiel ist. Die Belauschungsszene aber ist bitterer Ernst. Hüten wir uns vor den Lauschern aller Kontinente!

Marian Szyrocki

DER "POLNISCHE WALTER" ODER DAS BLUTIGE ENDE EINES EHEBRUCHS

Das erste Zeugnis der Rezeption einer mittelalterlichen epischen Dichtung in Polen ist die faszinierende Geschichte von Walter und Helgunda, die die *Großpolnische Chronik* überliefert.[1] In zahlreichen Untersuchungen[2] bemühten sich die polnischen und deutschen Forscher, die Rätsel, die dieses Werk aufgibt, in allen Einzelheiten zu lösen. Es waren allerdings vor allem Slawisten und Historiker, denen, wie es scheint, die Modelle der mittelalterlichen Epik nicht geläufig waren. Deshalb wird in diesem Aufsatz die Übernahme des Walterstoffes in die *Großpolnische Chronik* aus der Sicht eines Germanisten untersucht und in neue literarhistorische Zusammenhänge gestellt.

In der lateinischen *Großpolnischen Chronik,* deren erste Fassung aus der zweiten Hälfte des 13. Jahrhunderts stammte, finden wir eine polnische Umarbeitung der Walthersage, die uns aus dem in lateinischen Hexametern geschriebenen Heldenepos *Waltharius manu fortis* (Starkhand) zuerst überliefert ist.[3] Die

1. Es existiert eine Kopie der Erstfassung der Chronik aus der Zeit um 1300 (Hs. H.).

2. Eine Zusammenstellung der Bibliographie bringen: Gerard Labuda: Powieść o Walgierzu z Tyńca i o Wisławie z Wiślicy (Roman über Walter aus Tyniec und Wislaus aus Wiślica). In: Źródła, sagi i legendy do najdawniejszych dziejów Polski. Warszawa 1961; Willy Krogmann: Die polnische Walthersage und ihr Verhältnis zur germanischen Überlieferung. In: Zeitschrift für Slavische Philologie, Bd. XXXII, H. 1. Heidelberg 1965.

3. Das Heldengedicht ist wahrscheinlich in karolingischer Zeit (9. Jh.) entstanden. Es geht möglicherweise auf Bruder Gerald zurück, der auch die Widmung verfaßte. Die ältere Forschung dagegen schreibt es einem Schüler des St. Gallener Klosters (um 930) zu, der später als Ekkehart I.

Walthersage fand bereits früh in verschiedenen Sprachen Europas eine Neugestaltung. Sie wurde ausgebaut und umgearbeitet, wobei viele Texte uns heute nur in Fragmenten überliefert oder unwiderruflich verloren gegangen sind. So konnte auch trotz großem Forschungsaufwand die Vorlage für den Walthertext, der uns aus der polnischen Chronik bekannt ist, nicht ermittelt werden.

Die lateinische Waltherdichtung erzählt die Vorgeschichte und berichtet über die Flucht des westgotischen Königssohns Walther von Aquitanien und der burgundischen Königstochter Hiltgund von Attilas Hof, wo sie zusammen mit dem Franken Hagen als Geiseln leben. Als Gunther in Franken an die Macht kommt, verläßt Hagen Attilas Reich. Nach ihm fliehen Walther und Hiltgund. Sie, die den Schatz des Hunnenkönigs beaufsichtigt hat, nimmt zwei Schreine voller goldenen Geschmeides mit. Auf dem Weg nach Walthers Heimat Aquitanien kommen sie nach vierzig Tagen an den Rhein; Gunther, der ihnen dort auflauert, verlangt den Schatz der Hunnen als Rückerstattung des von seinem Vater an Attila gezahlten Tributs.

Die Dichtung hat eine Unzahl prächtiger, dramatisch anmutender Szenen. Eine künstlerische Leistung ist die die Beschreibung des Treffens zwischen Walther und 11 Recken, wobei jeder Kampf anders geschildert wird. Die Variationskunst und der Sprachreichtum finden ihren Höhepunkt in der Schilderung des Dreikampfes zwischen Gunther, Hagen und Walther. Hagens tragischer Gewissenskonflikt, zwischen Freundschaft und Vasallentreue polarisiert, wird zugunsten der letzteren entschieden, doch wird in der Versöhnung auch ein Ausgleich gefunden. Besondere Beachtung verdient die Gestalt der Hiltgund. Sie ist nicht mehr das rachsüchtige germanische Weib, sondern die demütig liebende Frau.

Aus späterer Zeit als das lateinische Waltherepos stammt das angelsächsische Lied *Waldere* (um 1000), wobei vermutet wird, daß beiden Werken eine verlorengegangene Dichtung zugrunde

(gest. 973) die Würde eines Dekans bekleidete. Die Datierungs- und Verfasserfrage ist nicht endgültig entschieden. Im 11. Jahrhundert wurde das Gedicht von Ekkehart IV. überarbeitet und verbessert.

liegt. Im 12. Jahrhundert tritt Walter, 'der Hunne', in französischen Liedern über Roland auf. Später, während der Blütezeit der höfischen Dichtung, ist Walter in verschiedenen Heldenepen nachzuweisen, vor allem im *Nibelungenlied,* der isländischen *Thidrekssaga* und der oberdeutschen Dichtung *Biterolf.* Sie alle weichen stark vom *Waltharius* ab. So wird in einem in Bruchstücken überlieferten Walterepos die Hochzeit von Walter und Hiltgund geschildert, wo Ortwin, der Herrscher von Metz, als ihr Feind auftritt. Auch die *Thidrekssaga* variiert stark den *Waltharius,* obwohl sie ganze Szenen übernimmt; sie tauscht einzelne Personen aus, verlegt Schauplätze in andere Gegenden und schreibt die Helden anderen Dynastien zu. Am weitesten weicht von der lateinischen Walther-Dichtung der polnische Walter-Text ab. Hermann Schneider bringt in seinem Buch *Germanische Heldensage* eine Inhaltsangabe der polnischen Fassung, wobei er jedoch die Geschichte ihrer Buntheit beraubt.[4]

Der polnische Walter unterscheidet sich von dem *Waltharius* aus der Sicht des Literaturforschers u.a. dadurch, daß seine unmittelbare Vorlage eindeutig kein Heldenepos, sondern ein höfischer Roman aus der Spätzeit dieser Gattung ist. Im 29. Kapitel der *Großpolnischen Chronik* wird erzählt, wie 'Walterus robustus', der Herr der Burg Tyniec bei Kraków, während eines bewaffneten Konflikts den Herrn auf Wyslicia (Wiślica), einer seinerzeit berühmten, von hohen Mauern umgebenen Stadt, den

4. "Walther ist ein Pole aus der Nähe von Krakau, der in der Fremde durch seinen Gesang die Liebe der Königstochter Helgunde gewinnt und sie dem deutschen Königssohn abspenstig macht; sie flieht mit ihm; am Rhein werden sie aufgehalten, weil der Rivale die Fähren hat sperren lassen; da setzt sich Walther mit Helgunde auf sein Roß und durchreitet den Rhein. Der Königssohn stellt ihn aber noch zum Zweikampf und wird getötet. Sie kommen glücklich heim. Als sie vermählt sind, nimmt Walther einmal in einer Fehde den Nachbarfürsten Wislaus gefangen, der sich während Walthers Kriegszügen bei Helgunde einschmeichelt und mit ihr flieht. Walther verfolgt sie, wird aber gefangen genommen und in Eisen gelegt. Durch die Schwester des Feindes befreit, tritt er plötzlich vor das Bett, auf dem die beiden Ehebrecher ruhen, und tötet sie." Hermann Schneider: Germanische Heldensage, I. Band. Berlin 1962, S. 340.

schönen (decorus) Wislaus (Wyslaus) gefangennahm und ihn im Turm unter Bewachung halten ließ. In diesem Vorbericht wird darauf hingewiesen, daß beide Herren von dem polnischen König Pompilius (Popiel) abstammen und noch in der heidnischen Zeit lebten. Helgunda (Hiltgund) war eine Tochter des Frankenkönigs und die Verlobte des Sohnes eines Alemannenkönigs. Walter hat sie unter großen Gefahren nach Polen entführt.

Nach dieser allgemein gehaltenen Einführung, die typisch für die mittelalterliche Epik ist, werden die Einzelheiten der Geschichte noch einmal, und zwar ausführlicher, erzählt. Walter weilt an dem Hof des Frankenkönigs und nicht, wie im *Waltharius,* an Attilas (Etzels) Hof. Dort lebt auch der Sohn des Alemannenkönigs, um dort gute Sitten zu erwerben. Auch dies ist eine Zielsetzung aus dem höfischen Roman. Als Walter merkt, daß Helgunda den Alemannenprinzen liebt, singt er auf der Burgmauer vor Helgundas Gemach während dreier Nächte so schön, daß Helgunda, als sie erfährt, wer es war, zu ihm in heißer Liebe entbrennt und ihrem Verlobten, dem Alemannenprinzen, ihre Gunst entzieht. Bereits hier wird die Unstetigkeit der Gefühle Helgundas offenbar. Der junge Alemanne kehrt wütend an den Rhein in sein Reich zurück und läßt alle Flußübergänge bewachen.

Nach einiger Zeit, nachdem sie eine günstige Gelegenheit abgewartet haben, fliehen Walter und Helgunda. Es ist zu vermuten, daß Walter befürchtete, die Tochter des Frankenkönigs nicht heiraten zu dürfen. Als Walter am Rhein angelangt war und ihm trotz hoher Bezahlung die Überquerung des Flusses verwehrt wurde, sprang er mit seinem Roß, das auch Helgunda trug, in die Fluten. Schnell erreichte er auch das andere Ufer. Doch bald wurde er von dem alemannischen Königssohn eingeholt und zum Zweikampf um die Dame des Herzens aufgefordert. Zuerst gewann der Alemanne an Boden, der durch den Anblick der vor ihm stehenden Helgunda zum Kampf angefeuert wurde. Als Walter, der zurückweichen mußte, schließlich auch die Königstochter erblickte, wurde er von einer unerhörten Scham gepackt. Durch den Anblick der Geliebten in grenzenloser Liebe entflammt, erlangte er seine Kraft wieder[5] und erschlug den

5. Auch dieses Motiv ist verbreitet in der mittelalterlichen Epik. So

Gegner. Pferd und Schwert wurden seine Beute.

Damit endet der erste Teil des 'polnischen Walter', der, wie wir sehen, durch eine Reihe von Einzelheiten und allgemeinen Merkmalen, durch Gehalt und Stil einen höfischen Roman als Vorlage vermuten läßt. Die Forschung hat das bis dahin nicht erkannt. Hier die Stichworte: Erwerbung der guten Sitten am Frankenhof, Minnesang, Zweikampf um die Dame.

Der zweite Teil des polnischen Textes, dessen Motive im *Waltharius* nicht mehr auftreten, beginnt mit einem Hinweis auf das zeitweilige 'Verliegen' des Helden, nachdem dieser auf die Tyniecburg kam (wir kennen das 'Verliegen' als Vergehen gegen die Ritterehre unter anderem aus dem *Erek*-Roman). Der polnische Chronist, dem der Geist der höfischen Epik fremd zu sein scheint, versuchte den Helden mit der Wendung zu entschuldigen: Nach der Rückkehr hat Walter 'sich eine Zeitlang der Ruhe hingegeben, um zu genesen'. Selbst als Walter aus den Klagen seiner Nächsten erfuhr, daß der schöne Wislaus, der Fürst von Wiślica, während Walters Abwesenheit sie geschädigt hat, fordert er ihn nur mit Unwillen zum Kampf und kerkert dann den besiegten Wislaus, wie bereits erwähnt, im Turm seiner Burg ein.

Nach einiger Zeit, berichtet weiter der Chronist, zieht Walter, wie es Rittersitte ist, in weite Länder, um an Kriegszügen teilzunehmen. Helgunda wartet zwei Jahre, dann beklagt sie sich bei ihrer Vertrauten über ihr Schicksal: 'Sind wir doch weder Witwen noch Ehefrauen'. Sie meinte die Frauen, deren Männer kriegerische Taten dem häuslichen Leben vorziehen. Hier wird Walters Drang zur Aventiure, zum Kampf angesprochen. Wir haben es mit einer umgekehrten Situation wie im *Erek* zu tun. Nun wird Walters Glück nicht mehr durch das 'Verliegen' sondern durch die allzu lange Aventiuresucht verscherzt. Diese Konstellation kennen wir aus Hartmanns *Iwein*, der trotz seiner Liebe zu der schönen Laudine auf Aventiure auszieht mit der durch Eid verbürgten Verpflichtung, innerhalb eines Jahres zurückzukehren.

beispielsweise im Parzival Wolfram von Eschenbachs, der sich in der kritischen Phase des Zweikampfes mit Feirefiz seine Frau Kondwiramur vergegenwärtigt. Ihr Anblick, wenn auch nur vor seinem geistigen Auge, verleiht Parzival neue Kräfte im Kampf.

Iwein hält den Eid nicht ein, und dafür trifft ihn der Fluch seiner Gattin. Helgunda aus der polnischen Chronik wartet die doppelte Frist ab, bis sie sich auf den Zuspruch ihrer Vertrauten hin entscheidet, den schönen Wislaus aus dem Turm zu holen, um seine Umarmungen einmal kurz zu genießen. Doch dann läßt sie ihn nicht wieder, wie zuerst geplant, einkerkern, sondern flieht mit ihm nach Wiślica.

Der heimgekehrte Walter erfährt in Tyniec, daß Wislaus dank der Hilfe der Bewacher Helgunda nach Wiślica entführt hat. Wislaus ist auf der Jagd, als der wütende Eheman zu Helgunda kommt. Sie klagt Walter, daß sie von Wislaus gewaltsam entführt wurde und lockt den Nichtsahnenden in ein Gemach, wo er gefangengenommen wird. Wislaus und Helgunda freuen sich über den für sie günstigen Ausgang und lassen Walter mit eisernen Klammern an die Wand des Speisesaals festmachen, damit er Zeuge des Ehebruchs wird, wenn sie sich zur Sommerzeit nach dem Mittagtisch auf dem dort aufgestellten Bett der Liebe hingeben. Das ist raffiniert ausgedacht; der hungrige Gefangene muß ihnen beim Essen und bei der Liebe im Tageslicht zuschauen.

Die häßliche Schwester des Wislaus, die Mitleid mit Walter hatte, bot ihm an, ihn zu befreien unter der Bedingung, daß er sie zur Frau nehme und niemals mit seinem Schwert gegen ihren Bruder kämpfen würde. Der seiner Fesseln ledige Walter bittet um das Schwert ihres Bruders, das sie aus dessen Schlafgemach holt, und durchbohrt mit diesem (nicht mit seinem) Schwert die Leiber des während des Liebesaktes überraschten ehebrecherischen Paares mit solch einer Wut, daß sie an die Lagerstätte 'angenagelt' wurden. So endete — schreibt der Chronist — das elende Leben der Beiden auf eine noch elendere Art, und der Grabstein Helgundas, der in Fels gehauen ist, wurde noch zur Zeit des Berichterstatters auf der Burg Wiślica gezeigt.

Die Geschichte vom Ehebruch der Frau mit dem Gefangenen ihres Mannes wurde oft variiert und war weit verbreitet. So handelt die Dichtung *Der Nußberg* von einer untreuen Frau, die einen Gefangenen ihres Mannes befreit und mit ihm flieht.[6] Auch

6. Wir kennen den Text als Bruchstück einer Königsberger Handschrift, die heute in der Universitätsbibliothek Toruń aufbewahrt wird.

Gualterus Mapes erzählt in seinen *Nugae Curialium*[7] die Geschichte von einem christlichen Ritter, dessen Frau seinen Gefangenen, einen Emir, bewachen soll. Als der Ritter auf einem Kriegszug ist, befreit sie den schönen Gefangenen und flieht mit ihm auf dem besten Pferd. Der zornige Gatte folgt den Flüchtlingen in Verkleidung, wird aber von seiner Frau erkannt und zum Tode verurteilt, schließlich aber doch befreit. In einem russischen Lied[8] wird der verratene Ehemann an die Wand genagelt, doch später von der Schwester des Ehebrechers (er heiratet sie) befreit.

Ähnlich wie dem 'polnischen Walter' ergeht es dem fränkischen Ritter Rudolf von Schlüsselberg, als er seiner untreuen Frau folgt. Er wird gefangengenommen, an eine Säule im Schlafgemach des Königs gebunden und muß Zeuge beim Ehebruch sein. Befreit — diesmal von seinem Sohn — tötet er das schlafende Liebespaar.[9]

In dem weitverbreiteten Spielmannsepos von *Salman und Morolf* finden wir die Geschichte von Salmans Gattin, die zu einem Gefangenen, den sie bewacht, in Liebe entbrennt. Salman wird von den Ehebrechern gefangengenommen. Er flieht, fällt aber erneut in die Hände des Liebespaares. Als er getötet werden soll, findet er Hilfe bei der Schwester des Ehebrechers. Salman entflieht noch ein drittes Mal. Schließlich wird seine Frau getötet, und er heiratet die Schwester. Sie herrschen noch 30 Jahre lang in Jerusalem.

Der polnische Historiker Labuda verbindet die Geschichte von Walter und Wislaus mit dem Ort Wiślica in der zweiten Hälfte des 12. Jahrhunderts, als dieser vorübergehend Fürstensitz war und seine Ritter an einem Kreuzzug nach Palästina teilgenommen haben.[10] Gegen diese Datierung spricht die Tatsache, daß der Text Spuren der späten mittelalterlichen Epik aufweist und somit erst im 13. Jahrhundert entstanden sein konnte. Die polnische Walter-Geschichte wurde in späteren polnischen Chroniken geändert. Die Bearbeiter hielten sich nicht einmal an die Schreibweise der Namen der Helden. Zum Beispiel im *Wappenbuch der polnischen*

7. Distinctio III, Cap. IV.

8. Orient und Occident, Bd. 38. S. 357 f.

9. Sitzungsberichte der Kaiserlichen Akademie der Wissenschaften in Wien, Bd. 48. S. 257 ff.

10. Labuda: Powieść o Walgierzu.

Ritterschaft (Krakau 1584) von Paprocki heißt Walter Walcerus, Helgunda heißt Heligunga, Wislaus Wislimir, und der alemannische Prinz bekommt den Namen Arinaldus.

Bis dahin glaubten die Forscher, daß der polnische Chronist die Geschichte von Walter und Helgunda deshalb in der Chronik nacherzählt, weil er seinen historischen Text beleben wollte; so habe er auch den Ort der Handlung eigenwillig nach Polen verlegt. In Wirklichkeit ist die Übernahme der Waltergeschichte doch motiviert. In der *Großpolnischen Chronik* herrscht Walter nicht im Westgotenreich, also in Spanien bzw. Südwestfrankreich oder Italien, sondern regiert in Tyniec bei Kraków. Seine Flucht mit Helgunda führt nicht aus dem Osten nach dem Westen, sondern aus dem Westen nach dem Osten, und zwar aus dem Frankenreich nach Polen; berichtet doch die *Thidrekssaga* von Walters Flucht aus dem Reich der Franken nach Púl oder Pulle (eig. Apulien). Durch diese Namen irregeleitet, spricht der Chronist nicht von Pulle, sondern von Polen und versäumt es nicht, dem Helden Walter, den er als einen Landsmann zu erkennen glaubt, in der vorgeschichtlichen Zeit Polens — die Handlung spielt, wie bereits erwähnt, in der heidnischen Zeit — einen gebührenden Platz einzuräumen. Die Forschung glaubt auch, daß die Walter-Sage in Polen um eine polnische Wislaus-Geschichte, die in Wiślica entstanden sein soll, erweitert wurde.

Nun die große Überraschung: der Name Wislau(s) tritt in der mittelalterlichen Epik auf. Es gibt ein wenig bekanntes mittelniederdeutsches Bruchstück mit dem Titel *Van den bere Wisselau.*[11] Wisselau galt dem Chronisten als ein polnischer Held,

11. "Der Name stimmt zu der Bezeichnung Vizleo, die sich Wildifer beilegt, und bedeutet 'weißer Löwe'. Auf jeden Fall ist er ebenso unpassend wie der Name Wildeber (so übersetzt die Ths.) für den verkleideten Bären. Schon Jakob Grimm hat hier das Rechte gesehen: Wildeber ist in Wahrheit ein wildi bero, Wildbär, und Wizleo ist volksetymologische Umbildung des Namens Vaclow (Wenzel) für den böhmischen Tanzbären....Ein Spielmann hat einen riesenstarken Bären zum Begleiter, der die menschliche Sprache versteht und jedermann erschreckt. Die Gegner, die die beiden in ihrem Land aufsuchen, sind Riesen....Persönlichkeiten der Sagendichtung spielen auch sonst herein....Sicherlich wahrt es etwas Alteres in der zentralen

gab es doch den Fluß Wisła (Weichsel), einen polnischen Stamm der Wislanen (Wiślanie) und den Ort Wiślica. Der Chronist hatte so Grund genug, die beiden Helden der mittelalterlichen Epik Walter und Wisselau eindeutig als Polen einzustufen und ihre Abenteuer in der Chronik kurz zusammenzufassen; hielt er sie doch für würdig, in die polnische Geschichte einzugehen. Als Vorlage benutzte er kein Heldenepos, sondern mit großer Wahrscheinlichkeit einen späten höfischen Roman, den wir ins 13. Jahrhundert datieren dürfen. Diese Vorlage scheint nicht mehr zu existieren. So verblieb nur der Text des 'polnischen Walter', der von Liebe und Kampf, aber auch vom zweimaligen Treuebruch der Helgunda, einmal gegenüber ihrem Verlobten, dann gegenüber ihrem Ehemann, auf eine Weise erzählt, die auf das Vorbild eines höfischen Romans verweist.

Es sei noch ein Schlußsatz erlaubt: Aus dem Waltertext der polnischen Chronik kann man ersehen, daß bereits vor einem Jahrtausend auch die Helden nicht immer in den Augen ihrer Ehefrauen bestehen konnten.

Rolle, die es dem Riesen gibt.... de Vries zeigt Einflüsse des Rother und sieht in dem Bere Wisselaue ein niederrheinisches burlesk spielmännisches...Gedicht..., das den heldenepischen Stil noch...wahrt." Schneider: Germanische Heldensage. S. 330.

Wilhelm Voßkamp

INTERDISZIPLINARITÄT IN DEN GEISTESWISSENSCHAFTEN (AM BEISPIEL EINER FORSCHUNGSGRUPPE ZUR FUNKTIONSGESCHICHTE DER UTOPIE)

Möglichkeiten und Grenzen interdisziplinären Arbeitens in den Geisteswissenschaften und das (notwendige) Aufeinander-Verwiesensein von Disziplinarität und Interdisziplinarität lassen sich am Beispiel der 1980/81 am Zentrum für interdisziplinäre Forschung der Universität Bielefeld eingerichteten Forschungsgruppe zur "Funktionsgeschichte literarischer Utopien in der frühen Neuzeit" charakterisieren und diskutieren. Im folgenden sollen deshalb Erfahrungen mitgeteilt werden, wie sie während der Arbeit in dieser aus Literaturwissenschaftlern verschiedener Nationalphilologien, Philosophen, Historikern und Soziologen zusammengesetzten Forschergemeinschaft gemacht wurden.[1] Meine Hauptfrage ist dabei, in welcher Weise sich in dieser interdizisplinären Forschungsgruppe ein fächerübergreifender Diskurs zur Utopieforschung konstituieren konnte und inwieweit

1. Vgl. insgesamt: Utopieforschung. Interdisziplinäre Studien zur neuzeitlichen Utopie. Hg. v. Wilhelm Voßkamp. 3 Bde. Stuttgart 1982. Taschenbuchausgabe: Frankfurt/Main 1985. Paul Raabe danke ich für seine großzügige Unterstützung dieses Forschungsprojekts. Dank seiner Hilfsbereitschaft war es möglich, ältere, in Bielefeld nicht vorhandene Quellentexte direkt aus der Herzog August Bibliothek in Wolfenbüttel an die Utopieforschungsgruppe auszuleihen.
Für Anregungen und Kritik dieses Beitrags danke ich Jürgen Fohrmann, der als damaliger Assistent am Zentrum für interdisziplinäre Forschung die wissenschaftliche und organisatorische Arbeit der Forschungsgruppe wesentlich unterstützt hat.
Dieser Aufsatz erscheint in erweiterter Form auch in: "Ideologie und Praxis der Interdisziplinarität" Hg. v. Jürgen Kocka. Frankfurt/Main 1987.

Formen interdisziplinärer Forschung in einer Gruppe Modellcharakter für die Entwicklung von (disziplinärer) Wissenschaft überhaupt haben.

Wenn, wie Thomas S. Kuhn betont hat, "Wissenschaft zwar von einzelnen betrieben wird, ... aber die wissenschaftliche Erkenntnis wesentlich ein *Gruppen*ergebnis ist und [sich] ... ihre besondere Fruchtbarkeit und ihre Entwicklung nur im Hinblick auf die Eigenart der Gruppen verstehen" läßt,[2] könnten Beobachtungen, wie sie im Verlauf einer ein Jahr dauernden Forschungsgruppe am Zentrum für interdisziplinäre Forschung gewonnen worden sind, aufschlußreich sein im Blick auf die Eigenart von Wissenschaftlergruppen und ihrer Ergebnisse. Zu fragen ist deshalb nach den Ausgangsbedingungen, Ablaufprozessen und Resultaten der Utopie-Forschungsgruppe.

Die Ausgangsbedingungen für eine interdisziplinäre Forschungsgruppe zum Thema "Utopie" in den historischen Geistes- und Sozialwissenschaften sind ebenso günstig wie heikel. Der Utopiebegriff gehört zu den zentralen neuzeitlichen Schlüsselbegriffen mit einer bemerkenswerten semantischen Vieldeutigkeit und Ambivalenz.[3]

Entsprechend "belastet" ist dieser Begriff und häufig auch vage und unbestimmt sein Gebrauch. Es gibt nur eine historisch schwach ausgebildete definitorische Kontinuität; Brüche, Neuansätze, Diskontinuitäten überwiegen.

Damit ergeben sich aber eine Vielzahl von *Anschluß-* und *Ausschluß*möglichkeiten für ein wissenschaftliches Projekt. Eine interdisziplinäre Forschungsgruppe kann (und muß) deshalb auf die verschiedenen Diskussionstraditionen zur Utopie in den unterschiedlichen Fächern (hauptsächlich Literaturwissenschaft, Soziologie, Philosophie und Geschichte) reagieren und die

2. Thomas S. Kuhn: Vorwort zu: Die Entstehung des Neuen. Studien zur Struktur der Wissenschaftsgeschichte. Hg. v. Lorenz Krüger. Frankfurt/Main 1978. S. 43.

3. Vgl. dazu Lucian Hölscher: Artikel "Utopie" (unveröffentlichtes Manuskript für das 'Historische Lexikon der politisch-sozialen Begriffe'). Bielefeld 1985. S. 3; vgl. außerdem meine Einleitung zu: Utopieforschung. Bd. I.

dadurch gegebenen, disziplinären Kommunikationsgrenzen zugleich zu überspringen versuchen.

Es geht zunächst um eine vorläufige definitorische Bestimmung des Utopiebegriffs und sowohl um Ausgrenzung, als auch Bündelung von Aspekten mittels einer möglichst präzisen Problemfrage durch die für die Forschungsgruppe vorgegebene Themenstellung.

Die Formulierung dieses Themas ("Funktionsgeschichte literarischer Utopien in der frühen Neuzeit") bedingt eine (zumindest partielle) Umformulierung vorliegender Fragestellungen und eine deutlich "isolierende Fortsetzung des "allgemeinen" [öffentlich politischen] Diskurses"[4] zur Utopie.

Unter *literarischen Utopien* wurden fiktionale Entwürfe von in den Raum oder in die Zeit projektierten und anschaulich gemachten, versinnlichten Gegenbildern verstanden, die sich implizit oder explizit kritisch auf die historisch-politische Situation, in der sie entstehen, beziehen.

Funktionsgeschichte der Literatur geht davon aus, daß die Beziehung zwischen Literatur und Gesellschaft, wie die zwischen kulturellen Manifestationen und Sozialstrukturen überhaupt, keinen determinierenden Charakter hat, so daß sich Literatur von historischer Wirklichkeit auch weder problemlos "ableiten" läßt noch in eine widerspruchsfreie 'homologe Beziehung' zu ihr gebracht werden kann. Die Bestimmung des Verhältnisses von Literatur und historisch-politischer Realität ist damit aber nicht beliebig. Ein fiktionaler, "literarischer" Text bildet "[...] nicht die in der Lebenswelt herrschenden Formen- und Orientierungssysteme ab, vielmehr selektiert er aus ihren Beständen und erweist sich durch die Anordnung gewählter Elemente gegenüber solchen Systemen als kontingent."[5] Jeder Selektionsvorgang (also auch der

4. Gernot Böhme: Die Ausdifferenzierung wissenschaftlicher Diskurse. In: Wissenschaftssoziologie. Studien und Materialien. Hg. v. Nico Stehr u. René König. Opladen 1975. S. 231.

5. Wolfgang Iser: Der Akt des Lesens. Theorie ästhetischer Wirkung. München 1976. S. 108f.; vgl. dazu Wilhelm Voßkamp: Literaturgeschichte als Funktionsgeschichte der Literatur (am Beispiel der frühneuzeitlichen Utopie). In: Literatur und Sprache im historischen Prozeß. Hg. v. Thomas Cramer. Bd. I: Literatur. Tübingen 1983. S. 34.

bei der Auswahl aus lebensweltlichen "Konventionsbeständen" in der Literatur) bedeutet deshalb nicht nur eine Reduktion von Komplexität, sondern zugleich ein Aufbewahren komplexer Möglichkeiten. Diese im Kunstwerk "aufgehobenen" komplexen Möglichkeiten bilden das eigentliche, wirksam werdende Potential der Funktionsgeschichte der Literatur.

Dabei gibt es in jeder historischen Epoche einen 'Überschuß' an literarischen und künstlerischen Formen, der gesellschaftlichen Strukturen nicht vollständig zuzuordnen ist; man könnte sogar von einer katalytischen Wirkung dieses Faktors sprechen. Geht man von diesem Überschußcharakter der Literatur aus, wird auch deutlich, weshalb die Funktionsgeschichte der Literatur nicht auf Ideologiegeschichte reduzierbar ist.

Der skizzierte Utopiebegriff und die Kennzeichnung des funktionsgeschichtlichen Ansatzes machen die (konkurrierende) Abgrenzung gegenüber einer Reihe anderer, möglicher Fragestellungen deutlich. Ich nenne nur die wichtigsten: Das Problem der Utopie als sozialem Leit- und Kampfbegriff bzw. als Konzept sozialistischer Programmatik;[6] die Thematisierung der "utopischen Intention" im Sinne von Ernst Blochs Hoffnungsphilosophie;[7] die Analyse der westlichen (europäischen und amerikanischen) Utopieentwürfe im Zeichen einer psychologisch begründeten Kategorie von "propensity";[8] die Untersuchung kollektiver Wunsch- und Phantasiebilder als ikonologisch relativ stabile universale Leitbilder (ideale Stadt, Garten Eden, Schlaraffen-

6. Vgl. etwa Friedrich Engels: Die Entwicklung des Sozialismus von der Utopie zur Wissenschaft (1882); vgl. dazu Ludwig Stockinger: Ficta Respublica. Gattungsgeschichtliche Untersuchungen zur utopischen Erzählung in der deutschen Literatur des frühen 18. Jahrhunderts. Tübingen 1981. S. 15ff.

7. Vgl. vor allem Ernst Bloch: Das Prinzip Hoffnung. Frankfurt/Main 1959; vgl. dazu Wilhelm Voßkamp: 'Grundrisse einer besseren Welt'. Messianismus und Geschichte der Utopie bei Ernst Bloch. In: Juden in der deutschen Literatur. Ein deutsch-israelisches Symposion. Hg. v. Stéphane Moses und Albrecht Schöne. Frankfurt/Main 1986. S. 316-329.

8. Vgl. Frank u. Fritzie Manuel: Utopian Thought in the Western World. Cambridge, Mass. 1979.

land)[9] oder die Parallelisierung von Kunst und Utopie, wobei der Begriff der Utopie mit dem der Literatur gleichgesetzt worden ist ("Literatur ist Utopie").[10]

Der thematischen *Abgrenzung* (Themenvorgabe) korrespondiert die institutionelle Ausgrenzung durch die Bildung einer interdisziplinären Forschungsgruppe nach entsprechend intensiver Vorbereitungszeit. Fünf Jahre vor Beginn der Arbeit in der Forschungsgruppe fand ein erstes Colloquium zum Thema "Utopie und Melancholie" am Zentrum für interdisziplinäre Forschung statt.

Nicht unwichtig scheint mir auch, daß das jeweils gewählte Thema einen bestimmten wissenschaftlichen 'Reifegrad' erreicht hat, wobei sich dieser nicht nur im jeweils erreichten Erkenntnisfortschritt anzeigt, sondern sich durchaus auch in einer spezifischen Umschlags- oder Krisenerfahrung bemerkbar machen kann. So ist zweifellos die wissenschaftliche und interdisziplinäre Thematisierung der Utopieproblematik in den siebziger und achtziger Jahren auch eine kritische Reaktion auf den utopischen Überschwang der sechziger Jahre.

Die Zusammensetzung der Forschungsgruppe und die Auswahl ihrer Mitglieder erfolgte entsprechend der skizzierten Themenstellung. Dabei wurden Wissenschaftler eingeladen, die bereits selbst interdisziplinär arbeiten. Damit waren die Ausgangsbedingungen festgelegt, der Ablauf der Forschungsentwicklung innerhalb der Gruppe - und innerhalb einer begrenzten Zeit - aber offen. Die wichtigste Weichenstellung für die Forschungsgruppe zur Utopie - was das vorgegebene Thema betrifft - mag insgesamt der Wechsel von Gegenstandsreferenz zu Problemreferenz gewesen sein, ablesbar im prononcierten Hervorheben der zentralen (Problem)frage nach den Funktionen literarischer Utopien und ihrer Selbstreflexion.

9. Vgl. vor allem Bronislaw Baczko: Lumières de l'Utopie. Paris 1978, und ders.: Les imaginaires sociaux. Memoires et Espoires collectifs. Paris 1984.

10. Vgl. den gleichlautenden Sammelband hg. v. Gert Ueding. Frankfurt/Main 1978.

II.

Die *Ablaufprozesse* innerhalb einer Forschungsgruppe sind prinzipiell durch Differenzierung und weitere Selektion bestimmt. Dabei ließ sich eine zunehmende Schwerpunktverlagerung von "Ausdifferenzierung" (im Blick auf die allgemeine Utopiediskussion) hin zu "Innendifferenzierung"[11] (im Blick auf die wissenschaftliche Diskussion) insofern beobachten, als die vorgegebene Themenstellung "Funktionen literarischer Utopien" eine dreifache Spezifizierung, Problematisierung und Theoretisierung erfuhr.

1. In methodischer Hinsicht: Funktionsgeschichtliche Analysen literarischer Utopien sind nur möglich, wenn Texte, die der literarischen Gattung "Utopie" zugerechnet werden, unter Aspekten ihrer Entstehungsbedingungen und Wirkungen untersucht werden. Die "Leistung" von Utopien läßt sich nur in historisch jeweils unterschiedlichen Situationen ermitteln; und das heißt, einerseits den lebensweltlichen, geschichtlichen Kontext (Erwartungs- und Verhaltensdispositionen unterschiedlicher Leser) zu analysieren und andererseits die adressatenspezifische Kommunikationsstruktur in den Texten zu untersuchen. Beide Aspekte zielen auf die Analyse literarischer Kommunikation und die Untersuchung von Bewußtseinsformen und Verhaltensweisen von Lesern und Leserinnen, die heute vornehmlich unter Gesichtspunkten einer Mentalitätsforschung diskutiert werden.[12]

11. Vgl. die Begriffe bei Niklas Luhmann (Selbststeuerung der Wissenschaft. In: Jahrbuch für Sozialwissenschaften 19 (1968) S. 147-170; Die Ausdifferenzierung von Erkenntnisgewinn: Zur Genese von Wissenschaft. In: Wissenssoziologie. Hg. v. Nico Stehr u. Volker Meja. Opladen 1981. S. 102-139); Rudolf Stichweh: Zur Entstehung des modernen Systems wissenschaftlicher Disziplinen. Physik in Deutschland 1740-1890. Frankfurt/Main 1984.

12. Vgl. dazu Rolf Reichardt: 'Histoire des Mentalités'. Eine neue Dimension der Sozialgeschichte am Beispiel des französischen Ancien Régime. In: Internationales Archiv für Sozialgeschichte der deutschen Literatur. Bd. III. S. 130-166.

2. Es kristallisierte sich - unter historischen Aspekten - die Beschäftigung und kritische Auseinandersetzung mit einem zentralen geschichtlichen Paradigmawechsel im 18. Jahrhundert heraus, dem Übergang von der "klassischen", statisch-inselhaften *Raum*utopie (Platon- und Morustradition) zur "modernen", dynamischen *Zeit*utopie. Die durch "vernünftige", geometrische Konstruktion bestimmten Raumutopien, in denen die Interessen von (selbst)disziplinierten Subjekten mit den Interessen des sozialen Ganzen als kongruent gedacht werden, verändern sich im Horizont einer modernen "Verzeitlichung der Geschichte"[13] und dem Übergang von ständischen zu funktionsorientierten Gesellschaften.

Die Temporalisierung der Erfahrung vollzieht sich theoretisch in der Form von Fortschrittsphilosophie, literarisch in der Form einer politisch-gesellschaftlich orientierten Zeitutopie (vgl. Louis Sébastien Mercier: *Das Jahr 2440*), aber auch im psychologisch angelegten Roman der individuellen Vervollkommnungsmöglichkeit, als Bildungsroman.[14]

Erst die Hoffnung auf die prinzipielle Vervollkommnungsfähigkeit des Menschen und seiner Gattung (und damit auch der gesamten Menschheitsgeschichte) erlaubt die kontrafaktische Antizipation des Zukünftigen und treibt den Wunsch nach seiner Realisierung hervor. Damit vollzieht sich aber ein entscheidender Funktionswandel in der Geschichte der Utopie: Ihre Gegenweltfunktion wird unter Rückgriff auf (ältere) chiliastische Traditionen erweitert zur Funktion der vorwegnehmenden Antizipation und zur Konstruktion des hypothetisch Möglichen. Das Mögliche aber - als das noch nicht Verwirklichte - drängt zu seiner, zumindest approximativen Realisierung; die Herstellbarkeit von menschlicher Geschichte durch den Menschen wird von nun an zum Hauptmotiv der

13. Vgl. dazu vor allem Reinhart Koselleck: Vergangene Zukunft. Zur Semantik geschichtlicher Zeiten. Frankfurt/Main 1979, u. ders.: Die Verzeitlichung der Utopie. In: Utopieforschung. Bd. III. S. 1-14.

14. Vgl. Wilhelm Voßkamp: Utopie und Utopiekritik in Goethes Romanen 'Wilhelm Meisters Lehrjahre' und 'Wilhelm Meisters Wanderjahre'. In: Utopieforschung. Bd. 3. S. 227-249.

Utopie. Zudem hat der sich dadurch vollziehende Ausdifferenzierungsprozeß im literarischen Gattungssystem der Neuzeit Folgen für die Geschichte der Utopie bis in die Gegenwart.[15]

3. Unter systematischen Gesichtspunkten stand im Zentrum der Forschungsgruppe jene Doppeldeutigkeit von Utopien (Wunsch- und Schreckbilder zugleich), die in ihrer Geschichte selbst reflektiert wird. Utopiegeschichte läßt sich nur als Geschichte der Utopie und ihrer Kritik rekonstruieren. Der Systemcharakter von Utopien macht dies in besonderer Weise deutlich. Die Herrschaft der Vernunft setzt die Normierung der Subjekte und ihre strenge Affektregulierung voraus; die logische Geschlossenheit des Systems erfordert in letzter Konsequenz die Schaffung eines "neuen" Menschen. Die Einsicht in diesen Zusammenhang nimmt zu mit dem Grad der Selbstreferentialität der Utopie seit dem 18. Jahrhundert. Der "Realitätsschock der Revolution"[16] bewirkt darüber hinaus einen Rückzug der Utopie in gesteigerte Subjektivität. Dies wiederum ermöglicht aber zugleich eine radikale "Kritik utopischer Vernunft": d.h. Kritik sowohl am bloß zweckrationalen, subjektfeindlichen Funktionalismus als auch an momentanistischen Fluchtbewegungen in geschichtslose Idyllen.

Konsensbildung über die genannten Schwerpunkte erfolgte - mit zunehmender Homogenisierung und Institutionalisierung innerhalb der Gruppe - im Verlauf von vier unterschiedlichen Zeitphasen. Unter Homogenisierung verstehe ich hier das Sich-Einspielen eines Grundkonsensus über die genannten methodischen, historischen und systematischen Schwerpunkte; unter Institutionalisierung die Verfestigung bestimmter Redestrukturen in der Gruppe.

Die erste Phase läßt sich als Orientierungs- und Einübungsphase charaktersieren. Sie war einerseits bestimmt durch den wechselseitigen Austausch von Utopiebegriffen und -konzepten aus den verschiedenen Disziplinen und dem Versuch wechselseitigen, die

15. Vgl. Wilhelm Voßkamp: Literaturgeschichte als Funktionsgeschichte der Literatur ... S. 46f., und die Einleitung zu: Utopieforschung. Bd. 1. S. 5ff.

16. Werner von Koppenfels: Rez. 'Utopieforschung'. In: Arbitrium 1984. S. 226.

Fachgrenzen überschreitenden Nachvollzugs und andererseits durch rivalisierende Diskussionen mit (noch) fachterminologischen Mitteln. Diese erste Lernphase diente vornehmlich dazu, bestimmte Integrationsniveaus anzupeilen, mit Hilfe derer dann weitere Verständigung, also Kommunikation möglich ist.

Die zweite Phase kann man als (vorläufige) Konstituierungsphase bezeichnen, weil eine Verständigung über die Grundbegriffe im Sinne einer Definitionskonvention erzielt wurde. Utopien wurden im folgenden grundsätzlich einerseits als Gegenbilder (qua Negation) zur bestehenden Realität und andererseits als Konstruktionen des Hypothetisch-Möglichen (im Sinne von Antizipation) definiert. Damit konnte die im Grunde unabschließbare Definitionsdiskussion beendet werden. Die beiden Bestimmungen von "Utopie" (im Sinne von Gegen-Bildlichkeit und - antizipatorisch verstandener - Vor-Bildlichkeit) erlaubten die entscheidende Eingrenzung des Arbeitsfeldes der Gruppe.

Damit setzte eine dritte Phase ein. Erzielter (und bestätigter) Konsens hat in Gruppen eine überproportionale Wirkung und die Funktion von Stabilisierung. Die einzelnen Gruppenmitglieder konnten deshalb nun ihre (zum Teil recht heterogenen) eigenen Utopie-Forschungsarbeiten zur Diskussion stellen, ohne daß der Grundkonsens wieder verloren ging. Es zeigte sich vielmehr jene eigentümliche "Zentrumsneigung", die zur definitiven Herausbildung und Verfestigung der oben genannten drei Schwerpunktbereiche führte.

Diese ("konsolidierte") Umsetzungsphase (Ausarbeitung und Entfaltung der Problemfelder) wurde durch eine Selbstreflexionsphase abgelöst, die den Abschluß des Forschungsjahres bildete. Hier zeigten sich wieder mehr Offenheit und die Bereitschaft, auf Anschlußprobleme einzugehen bzw. neue Problemfragen zu formulieren. Im Mittelpunkt standen allerdings selbstthematisierende Überlegungen zu den gewählten Verfahren der Selektion und historischen Rekonstruktion und Fragen zur Konstituierung jenes Forschungsdiskurses, wie er sich innerhalb der Gruppe entwickelt hatte.[17]

17. Erwähnt werden sollte schließlich noch die letzte, (Redaktions)phase für die Publikation der Ergebnisse nach dem Abschluß der Forschungsgruppenarbeit.

III.

Dieser sich im Verlauf der einzelnen Zeitphasen entwickelnde Diskurs (im Sinne einer zumindest für eine begrenzte Dauer akzeptierten und institutionalisierten Redeweise) wirft ebenso interessante wie schwierige *Sprachprobleme* auf. Dies vornehmlich deshalb, weil Sprache "nicht nur ein Problem der Worte, sondern vor allem ein Problem der Übermittlung von Selektionszusammenhängen"[18] darstellt und damit die Konstituierung eines wissenschaftlichen Diskurses unmittelbar betrifft, gerade wenn die Zeit knapp (einjährige Forschungsgruppen) und der Zwang zur "schnellen" Selektion entsprechend groß ist.

In interdisziplinären Forschungsgruppen, soviel läßt sich zunächst sagen, besteht ein Zwang zur Verständlichkeit über die fachterminologischen Grenzen hinaus. Die Bedingung der Möglichkeit für einen Dialog zwischen den beteiligten Forschern ist wechselseitiges Verstehen, nicht ein bestimmtes Maß von Exaktheit der Begriffe. Im Verlauf der zweiten Zeitphase einer Forschungsgruppe (Konstituierungsphase) lassen sich Basisdefinitionen festlegen, die durch Übereinkunft zustande kommen.[19]

Für Geisteswissenschaftler ergibt sich die zusätzliche Schwierigkeit, der Erwartung nach Verständlichkeit für ein nichtwissenschaftliches Publikum zumindest partiell gerecht werden zu müssen, und das in verstärktem Maß bei interdisziplinären Projekten, die stets mit großen, auch öffentlichen Erwartungen verbunden sind. Diese Frage der Verständlichkeit über ein wissenschaftliches Fachpublikum hinaus erweist sich insbesondere als nur bedingt lösbares Problem, wenn Fragen, die durch das vorgegebene Thema und den Gang der internen Forschungsentwicklung auftreten, nur durch eine Theoretisierung (Theorieumbau, -wechsel etc.) aufgefangen werden können. In der Forschungsgruppe zur Utopie zeigte sich dies in dem Augenblick,

18. Niklas Luhmann: Unverständliche Wissenschaft. Probleme einer theorieeigenen Sprache. In: Jahrbuch der deutschen Akademie für Sprache und Dichtung 1979. S. 37 (auch in: Niklas Luhmann: Soziologische Aufklärung ... Opladen 1981. S. 170ff.).

19. Vgl. Gerhard Frey: Methodenprobleme interdisziplinärer Gespräche. In: Ratio 15 (1973) S. 156f.

als Probleme der Reflexion und zunehmenden Selbstreflexion von Utopien seit den siebziger Jahren des 18. Jahrhunderts im Vordergrund standen.

Insgesamt entwickelte sich im Ablauf der Forschungsgruppe eine Sondersprache, die aus Elementen verschiedener, fachwissenschaftlicher Diskussionstraditionen bestand. Diese "Mischsprache"[20] zeigte eine Art Balance von terminologischen Komponenten vornehmlich aus der Soziologie (z.B. "Ausdifferenzierung"), Literaturwissenschaft ("Fiktionsstruktur", "Erwartungshorizont") und Geschichtstheorie ("Verzeitlichung"), wobei die funktionsgeschichtliche Perspektive die Neigung zur Verwendung systemtheoretischer und rezeptionsästhetischer Begriffe erklärt.

Wenn der Rückgriff auf die Umgangssprache als Verständigungsmittel eher selten erfolgte, so mag das damit zusammenhängen, daß man von einem bestimmten Zeitpunkt an bewußt vermied, die allgemeine Utopiediskussion neu zu eröffnen. Soll ein Forschungsthema wie "Utopie" nicht in prinzipielle Grundsatzdiskussionen der Humanwissenschaften ausufern, unterliegt es einem nicht geringen Zwang zur Verwissenschaftlichung im Sinne von thematischer Eingrenzung und begrifflicher Präzision.

Erwähnenswert ist schließlich eine Differenzierung innerhalb der Forschungsgruppe, die nicht die fachliche Herkunft der Beteiligten betrifft. Beobachten ließen sich einerseits interne Kleingruppenbildungen durch gemeinsame Arbeit an einem bestimmten historischen Gegenstand oder an einer spezifischen Problemfrage. Andererseits kristallisierte sich eine stärker konzeptionell arbeitende Gruppe von Wissenschaftlern heraus, und der Leiter einer Forschungsgruppe muß darauf achten, daß sie sich nicht von den anderen Mitgliedern abkoppelt, sondern daß jeweils Anschlußmöglichkeiten für alle am Forschungsprozeß Beteiligten bleiben.[21]

20. Vgl. Wilhelm Voßkamp: Von der wissenschaftlichen Spezialisierung zum Gespräch zwischen den Disziplinen. In: Kindlers Enzyklopädie Der Mensch. Bd. VII. 1984. S. 458.

21. Vgl. dazu Niklas Luhmann: Unverständliche Wissenschaft... S. 43.

IV.

Ein Erfahrungsbericht über die Forschungsgruppe zur "Funktionsgeschichte literarischer Utopien in der frühen Neuzeit" wäre unvollständig, wiese man nicht auch auf Lücken und Grenzen des interdisziplinären Arbeitens und ihrer Ergebnisse hin. Hierbei fallen etwa der Mangel kunst- und architekturgeschichtlicher Analysen und die nur ansatzweise vorgenommenen Untersuchungen über die Beziehung zwischen jüdisch-christlichem Messianismus und säkularisierten Zeitutopien ins Gewicht. Die Frage, inwieweit Utopien in der Neuzeit generell die Funktion von Heilsgeschichte übernehmen können (oder übernommen haben), gehört in diesen Zusammenhang.

Für das Forschungsprojekt insgesamt erwies sich ein anderes Problem als gravierend. Wenn man weniger danach fragt, wie sich utopisches Denken in Texten manifestiert hat, sondern statt dessen die funktionsgeschichtliche Rekonstruktion zur zentralen Aufgabe macht, bedürfte es konsequenterweise der schrittweisen Vergegenwärtigung der jeweiligen historisch-kontextuellen Situation und der genauen Einzelanalyse des utopischen Textes innerhalb dieser komplexen lebensweltlichen Zusammenhänge. Solche Analysen (möglicherweise anhand "synchroner Schnitte") sind aber innerhalb einer zeitlich befristeten Forschungsgruppe nur begrenzt möglich.

Hinzuweisen bleibt schließlich auf Probleme der Umsetzung wissenschaftlicher Ergebnisse in eine adäquate Darstellung. Der in interdisziplinären Gruppen erzielte konzeptuelle Konsens verbürgt noch keine lesbare Schreibart. Spätestens in der Redaktionsphase beim Druck der vielen unterschiedlichen Einzelbeiträge wird deutlich, welche Gratwanderung gerade der interdisziplinäre geisteswissenschaftliche Diskurs darstellt - zwischen notwendiger wissenschaftlicher Sachangemessenheit und erwarteter Verständlichkeit für ein "interessiertes Publikum".

V.

Hat eine interdisziplinäre Forschungsgruppe - so mag abschließend gefragt werden - *Modellcharakter* für die Entwicklung von Wissenschaft überhaupt? Wohl nur bedingt. Zwei Unterschiede fallen besonders in Gewicht: die Rolle der Gruppe und der Zeitfaktor.

Mitglieder interdisziplinärer Forschungsgruppen sind - mit Ausnahme ihres Leiters - in einer Weise von Organisation entlastet, wie das unter "normalen", institutionellen Bedingungen von Wissenschaft mit permanenter Zeitzerstückelung unmöglich ist. Die größere Autonomie einer Gruppe ermöglicht kompromißlosere Diskussionen. Wissenschaftssystembedingte Faktoren wie die wechselseitige Konkurrenz der Wissenschaftler untereinander oder Karriereprobleme treten in interdisziplinären Gruppen zurück; es kann von einer zeitweiligen "Entlastung" vom (disziplinär organisierten) Wissenschaftsbetrieb gesprochen werden.

Das Wohlbefinden der Gruppenmitglieder ist eine Voraussetzung dafür, daß Kontroversen ausgetragen und Übereinkünfte erzielt werden können. Gruppenpsychologische Aspekte und Prozesse sind deshalb kaum zu überschätzen. Kommunikation und Dialogbereitschaft spielen eine zentrale Rolle. Das Ergebnis ist offen und vorher nicht berechenbar. Der Forschungsprozeß bietet soviel Kontingenz, wie für die erforderliche Spannung und Aufmerksamkeit aller Beteiligten nötig ist.

Der Zeitfaktor ist zumindest in zweifacher Weise wichtig. Auf ein Jahr begrenzte Forschungsgruppen erlauben keinen Zeitverlust; Selektionen stehen im Zeichen von Zeitknappheit, Ergebnisse sollen nach einem Jahr vorliegen. Zeitverschwendung gilt als Verletzung der Spielregeln.

Die andere Seite der zeitlichen Begrenzung: Der 'Zwang' zu Übereinkünften und Ergebnissen in einer Gruppe hört definitiv nach einem Jahr auf. Diese Voraussetzung ist jedem von Anfang an bewußt; das Risiko von daher kalkulierbar.

Parallelen zwischen der Arbeit interdisziplinärer Gruppen und allgemeiner Wissenschaftsentwicklung lassen sich unter Gesichtspunkten von Ablaufprozessen und Formen sprachlicher Kommunikation gerade in den Geisteswissenschaften beobachten. Hier können interdisziplinäre Forschungsgruppen, die keine bloße Addition disziplinärer Kompetenzen darstellen, durchaus exemplarische Hinweise liefern.

TABULA GRATULATORIA

Wolfgang Adam, Wuppertal
Jeremy Adler, London
Burkhard Anglewitz, Braunschweig
Fedja Anzelewski, Berlin
Gerhard Baader, Berlin
Wilfried Barner, Tübingen
Barbara Becker-Cantarino, Columbus, Ohio
Pierre Béhar, Limoges
Jill u. Jochen Bepler, Wolfenbüttel
Günter Berger, Bayreuth
Peter Berghaus, Münster
Jörg Jochen Berns, Marburg
Edward Białek, Wrocław
Martin Bircher, Wolfenbüttel
Elger Blühm, Bremen
Herbert Blume, Braunschweig
Reiner Bölhoff, Waldshut-Tiengen
Irmgard Böttcher, Kiel
Emilio Bonfatti, Padova
Wolfgang Borm, Wolfenbüttel
Marianna Borysiak, Wrocław
Urs Boschung, Bern
Wolfgang Braecklein, Berlin
Eike Brakebusch, Braunschweig
Hans Braun, Cologny-Genève
Braunschweig, Seminar für deutsche Sprache u. Literatur der TU
Reinhard Breymayer, Reutlingen
Dietrich Briesemeister, Mainz
Klaus Brodbeck, Renchen
Walther P. Buchler, Braunschweig
August Buck, Marburg
Thomas Bürger, Wolfenbüttel
Joachim Classen, Göttingen
Klaus Conermann, Pittsburgh
Patricia Conring, Weener-Holthusen
Angelika Corbineau-Hoffmann, Mainz
Erik Dal, Kopenhagen
Joseph Dallett, Ottawa
Wolfgang Dittrich, Wolfenbüttel/Hannover
Jerzy Drewnowski, Warszawa
Joachim Dyck, Oldenburg
Gerhard Ebeling, Zürich
Adalbert Elschenbroich, Kierspe
Alfred u. Monika Estermann-Ammermann, Frankfurt/M.
Gottfried u. Ute Etzold, Wolfenbüttel
Franz Eybl, Wien
Bernhard Fabian, Münster
Jörg-Ulrich Fechner, Bochum
Manfred Finke, Essen
Ludwig Finscher, Heidelberg
Peter Fix, Leipzig
Jeanne u. Leonard Forster, Cambridge
Ruth Froriep, Hannover
Gotthardt Frühsorge, Wolfenbüttel
Stephan Füssel, Regensburg
Peter Ganz, Wolfenbüttel
Klaus Garber, Osnabrück
Jan Garewicz, Warszawa
Thomas Gelzer, Bern
Guillaume van Gemert, Nijmegen
Renate Giermann, Wolfenbüttel
Herbert G. Göpfert, München
Hermann Goldbrunner, Rom
Christa Graefe, Wolfenbüttel
Ute Grothusen, Hamburg

Rainer Gruenter, Wuppertal
Alois M. Haas, Zürich
Klaus Haberkamm, Münster
Karl-Heinz u. Ulrike Habersetzer, Baden-Baden
Karl-Heinz Hahn, Weimar
Hamburg, Institut für Griechische u. Lateinische Philologie der Universität
Notker Hammerstein, Frankfurt/M.
Burghardt u. Gisela von Hanstein, Wolfenbüttel
James N. Hardin, Columbia
Wolfgang Harms, München
Eberhard Haufe, Weimar
Bodo Hedergott, Braunschweig
Klaus Heitmann, Heidelberg
Gabriele Henkel, Braunschweig
Helmut Henne, Braunschweig
Hans Henning, Weimar
Otto Herding, Freiburg i. Br.
Andreas Herz, Braunschweig
Günter Hess, Würzburg
Ellen Hickmann, Hannover
Giles R. Hoyt, Indianapolis
Jozef IJsewijn, Louvain
Ferdinand van Ingen, Amsterdam
Eyke Isensee, Wolfenbüttel
Dietrich Jöns, Mannheim
Christian Juranek, Bad Harzburg
Georg Kauffmann, Münster
Friedhelm Kemp, München
Kiel, Institut für Literaturwissenschaft der Universität
Tibor Klaniczay, Budapest
Jürgen Klatt, Bremen
Raymond Klibansky, Montreal/Oxford
Renate Knoll, Münster
Mathieu Knops, Haarlem
Hans-Albrecht u. Uta Koch, Bremen
Johannes Köhler, Hildesheim
Dominik von König, Essen
Susanne Koppel, Hamburg
Konrad Kratzsch, Weimar
Jean-Daniel Krebs, Marcq.-en-Baroeul
Konrad von Krosigk, Bad Homburg v.d. H.
Otto Kruggel, Königslutter
Hans-Henrik Krummacher, Mainz
Wilhelm Kühlmann, Gundelfingen
Rolf M. Kully, Solothurn
Victor Lange, Princeton
Joseph Leighton, Bristol
Wolf-Dieter Lepiorz, Witten
Klaus Ley, Bonn
Gerhard Liebers, Münster
Kurt Lindner, Bamberg
Dieter Lohmeier, Kiel
Egon Lorenz, Renchen
Eberhard Mannack, Kiel
Johannes Marbach, Hamburg
W. Gordon Marigold, Barbourville, Kentucky
Alberto Martino, Wien
Matten Meitzel, Bonn/Genève
Horst Meyer, Bad Iburg
Julie Meyer, Wolfenbüttel
Gino Mühlen-Di Jullo, Blaustein
Gerhard Müller, Wolfenbüttel
Irmgard Müller, Bochum
W.-D. Müller-Jahncke, Heidelberg
Maria Munding, Wolfenbüttel
Jürgen Neubauer, Braunschweig
Karl August Neuhausen, Bonn
Sebastian Neumeister, Berlin
Cornelia Niekus Moore, Honolulu
Theo van Oorschot, Seeheim
Karl F. Otto, Philadelphia
David L. Paisey, London
Jan Pirozyński, Kraków
Hans Pörnbacher, Nijmegen
Fidel Rädle, Göttingen

Heimo Reinitzer, Hamburg
Henryk Rietz, Toruń
Gerhard Römer, Karlsruhe
Eberhard Rohse, Braunschweig
Hans-Gert Roloff, Berlin
Peter u. Sibylle Rusterholz, Bern
Dora Sakayan, Montreal
Martin Salzmann, Zürich
Walter Ernst Schäfer, Schwäbisch Gmünd
Günter Scheel, Wolfenbüttel
Marcus de Schepper, Hemiksem, Belgien
Jost Schillemeit, Braunschweig
Eveline Schledermann, Wolfenbüttel
Paul Gerhard Schmidt, Marburg
Wilhelm Schmidt-Biggemann, Berlin
Albrecht Schöne, Göttingen
Christoph Schreckenberg, Münster
Werner Schubert, Weimar
Elisabeth Schütze, Wolfenbüttel
George Schulz-Behrend, Austin, Texas
Christoph E. Schweitzer, Chapel Hill, North Carolina
Karl-Ludwig Selig, New York
William Sheldon, Nürnberg
Gabriele Simon, Braunschweig
Peter Skrine, Manchester
Hans-Heinrich u. Sabine Solf, Wolfenbüttel
Wolfgang Sommer, Celle
Agostino Sottili, Torino
Blake Lee u. Herlinde Spahr, Berkeley
Walter Sparn, Bayreuth
Gerhard Spellerberg, Berlin
Karl Stackmann, Göttingen
Marlies u. Simon Stähli, Bern
Ulfa von den Steinen-Mend, Ermatingen
Jürgen Stenzel, Wolfenbüttel
Rainer Stillers, Konstanz
Barbara Strutz, Wolfenbüttel
Elida Maria Szarota, Warszawa
Krystina u. Marian Szyrocki, Wrocław
Rolf Tarot, Zürich
Joachim Telle, Heidelberg
Roger Thiel, Braunschweig
Andrée Thill, Mulhouse
Hellmut Thomke, Bern
Richard Toellner, Münster
Erich Trunz, Kiel
Claus Uhlig, Marburg
Jean Marie Valentin, Paris
Kim Veltman, Santa Monica
Theodor Verweyen, Erlangen
Brian Vickers, Zürich
Rudolf Vierhaus, Göttingen
András Vizkelety, Budapest
Peter Vodosek, Stuttgart
Helmut Vogt, Göttingen
Susanne Vogtherr, Ansbach
Helmut Voigt, Quickborn
Wilhelm Voßkamp, Bielefeld
Mara R. Wade, Wooster, Ohio
Johannes Wallmann, Bochum
Karl Klaus Walther, Halle
Martin Warnke, Hamburg
Helen Watanabe-O'Kelly, Reading
Alexander Weber, Tübingen
Max Wehrli, Zürich
Wolfgang Weiß, München
Günther Weydt, Münster
Erdmann Weyrauch, Wolfenbüttel
Wien, Institut für Vergleichende Literaturwissenschaft an der Universität
Reinhard Wittmann, München
Erika Wollnick, Wolfenbüttel
Jean M. Woods, Eugene, Oregon
Franz Josef Worstbrock, Münster
Stefan Zabłocki, Gdańsk
Marie-Luise Zarnitz, Hannover
Carsten Zelle, Wolfenbüttel